MOS

Microsoft Office Specia

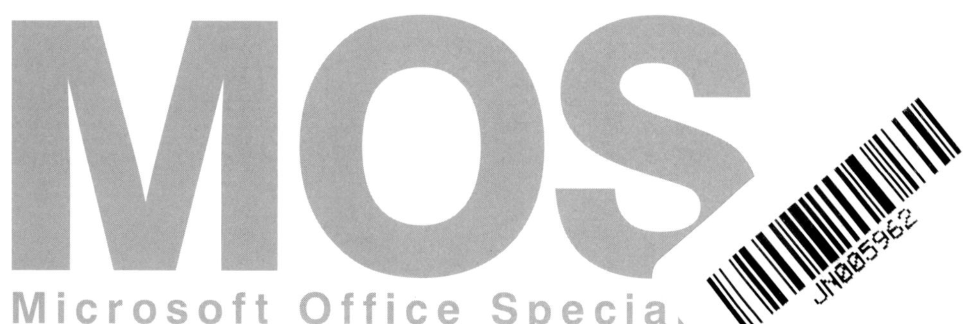

攻略問題集 Excel 365

2023年リリース版

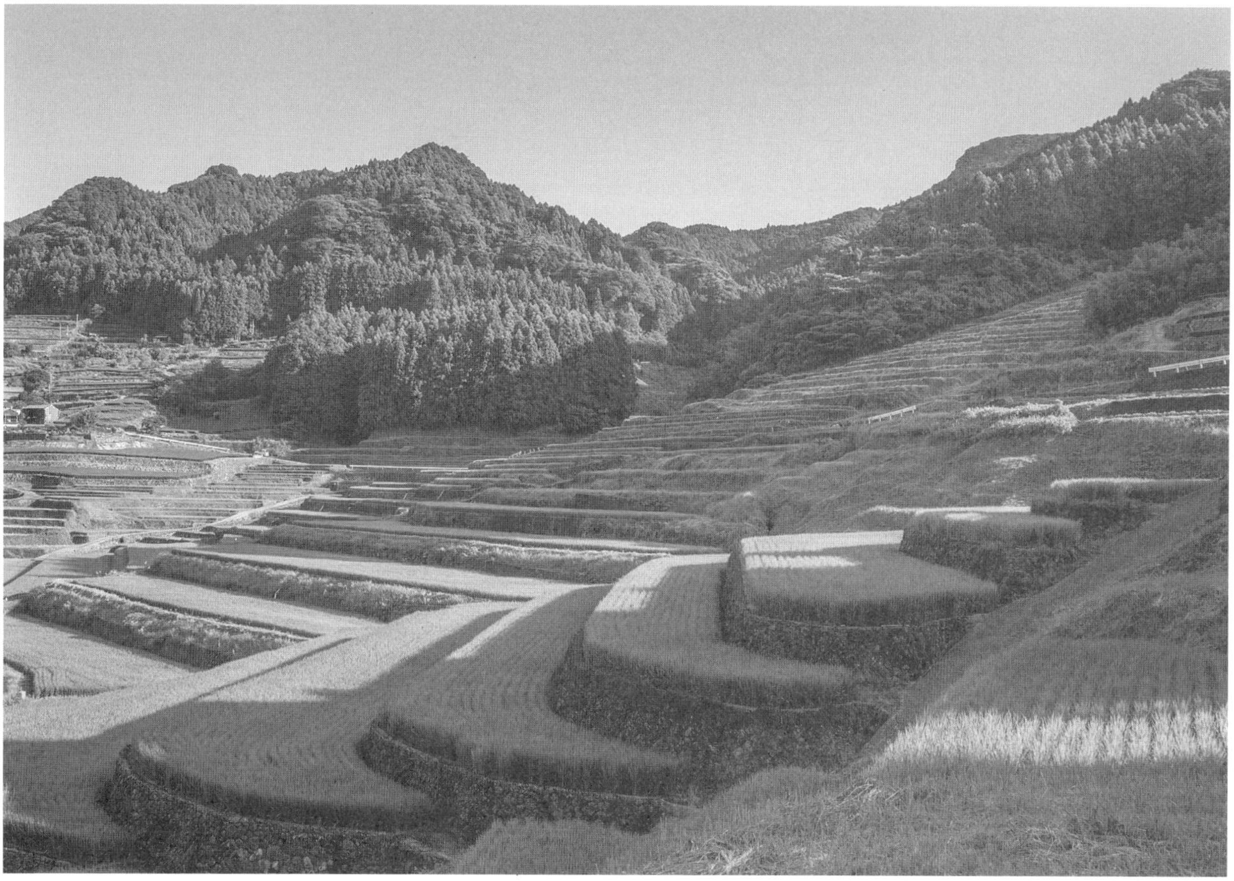

日経BP

目次

第2章　セルやセル範囲のデータの管理 ―― 95

第3章　テーブルとテーブルのデータ管理 ―― 165

第 4 章　数式や関数を使用した演算の実行　191

第 5 章　グラフの管理　245

はじめに

重要なお知らせ

- 本書解説および模擬練習問題の実習と、模擬テストプログラムの実行には、コンピューターに適切なバージョンの Windows と Office がインストールされている必要があります。次ページの「■学習に必要なコンピューター環境」を参照してください。
- 模擬テストプログラムを実行する前に、必ず 276 ページの「模擬テストプログラムの使い方」を確認してください。
- 本書や模擬テストについての最新情報は、本書のウェブページをご参照ください。
https://nkbp.jp/050529

本書は、Microsoft Office Specialist（MOS）に必要なアプリケーションの機能と操作方法を、練習問題で実習しながら学習する試験対策問題集です。試験の出題範囲をすべて学習することができます。
本書は「本誌解説」「模擬練習問題」「模擬テストプログラム」の 3 つの教材で学習を行います。

■ 本誌解説

個々の機能について、練習問題＋機能の説明＋操作手順という 3 ステップで学習します。
学習のために利用する実習用データのインストール方法は（9）ページを参照してください。

■ 模擬練習問題

より多くの問題を練習したい、という方のための模擬問題です。模擬テストプログラムではプログラムの都合上判定ができないような問題も収録しています。問題は 274 ページに掲載しています。解答に使用するファイルは実習用データと一緒にインストールされます。解答が終了したらプロジェクト単位でファイルを保存し、解答（PDF ファイル）および完成例ファイルと比較し、答え合わせを行ってください。

■ 模擬テストプログラム

実際の MOS 試験に似た画面で解答操作を行います。採点は自動で行われ、実力を確認できます。模擬テストのインストール方法は（9）ページ、詳しい使い方は 276 ページを参照してください。

模擬テストには次の 3 つのモードがあります。

- ・練習モード：　一つのタスクごとに採点します。
- ・本番モード：　実際の試験と同じように、50 分の制限時間の中で解答します。終了すると合否判定が表示され、タスクごとの採点結果を確認できます。作成したファイルはあとで内容を確認することもできます。
- ・実力判定テスト：毎回異なる組み合わせでプロジェクトが出題されます。何回でも挑戦できます。

■ 学習に必要なコンピューター環境（実習用データ、模擬テストプログラム）

OS	Windows 10 および 11(日本語版、32 ビットおよび 64 ビット。ただし S モードを除く)。本書発行後に発売された Windows のバージョンへの対応については、本書のウェブページ（https://nkbp.jp/050529）を参照してください。
アプリケーションソフト	Microsoft 365 または Microsoft Office 2021（日本語版、32 ビットおよび 64 ビット）をインストールし、ライセンス認証を完了させた状態。 なお、お使いの Office がストアアプリ版の場合、模擬テストプログラムが動作しないことがあります。くわしくは、本書のウェブページ（https://nkbp.jp/050529）の「お知らせ」を参照してください。
インターネット	本誌解説の中には、インターネットに接続されていないと実習できない機能が一部含まれています。模擬テストプログラムの実行にインターネット接続は不要ですが、ダウンロード版の入手および模擬テストプログラムの更新プログラムの適用にはインターネット接続が必要です。
ハードディスク	300MB 以上の空き容量。動画解答をハードディスクにインストールする場合はさらに 1.2GB 以上が必要です。
画面解像度	本誌解説は画面解像度が 1366×768 ピクセルの環境での画面ショットを掲載しています。環境によりリボンやボタンの表示が誌面とは異なる場合があります。模擬テストプログラムの実行には、横 1366 ピクセル以上を推奨します。
DVD-ROM ドライブ	付録ディスクからの実習用データおよび模擬テストのインストールに必要です。また、動画解答をハードディスクにインストールしないで、動画解答を表示したいときは、DVD-ROM ドライブに DVD-ROM が挿入されている必要があります。
サウンド機能	動画解答のナレーションを聞くためには、音声再生（サウンド）機能が必要です。

※ 模擬テストプログラムは、Microsoft 365 または Microsoft Office 2021 以外のバージョンや Microsoft 以外の互換 Office では動作しません。また、複数の Office が混在した環境では、本プログラムの動作を保証しておりません。

※Office のインストールは、模擬テストプログラムより先に行ってください。模擬テストプログラムのインストール後に Office のインストールや再インストールを行う場合は、いったん模擬テストプログラムをアンインストールしてください。

■ インストール方法

本書付属 DVD-ROM およびダウンロード版セットアップファイルでは次の 3 つをインストールできます。

・模擬テストプログラム
・動画解答
・実習用データと模擬練習問題

これらは別々にインストールできます（動画解答は模擬テストプログラムがインストールされているときのみ利用可能）。

※ 本書の電子版には付属 DVD-ROM はありません。次ページの「ダウンロード版の入手とインストール」をお読みください。

●付録 DVD-ROM からのインストール方法

DVD-ROM をドライブに挿入すると、自動再生機能によりインストールが始まります。始まらない場合は、DVD-ROM の中にある MosExcel2021_Setup.exe をダブルクリックしてください（ファイルを間違えないようご注意ください）。

インストールウィザードで右の画面が表示されたら、インストールするモジュールの左にあるアイコンをクリックします。インストールする場合は［この機能をローカルのハードディスクドライブにインストールします。］（既定値）、インストールしない場合は［この機能を使用できないようにします。］を選んでください。その他の項目を選択すると正常にインストールされないのでご注意ください。

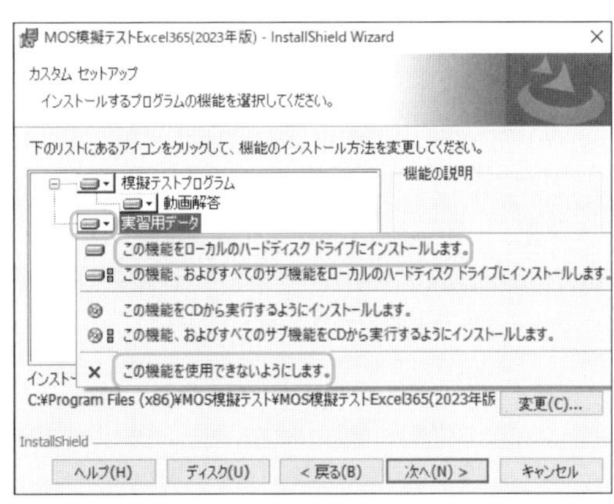

あとから追加でインストールする場合は、［コントロールパネル］の［プログラムと機能］で表示される一覧から［MOS 模擬テスト Excel365（2023 年版）］を選び、［変更］をクリックします。右の画面で［変更］を選んで［次へ］をクリックすると、右上と同じ画面が表示されます。

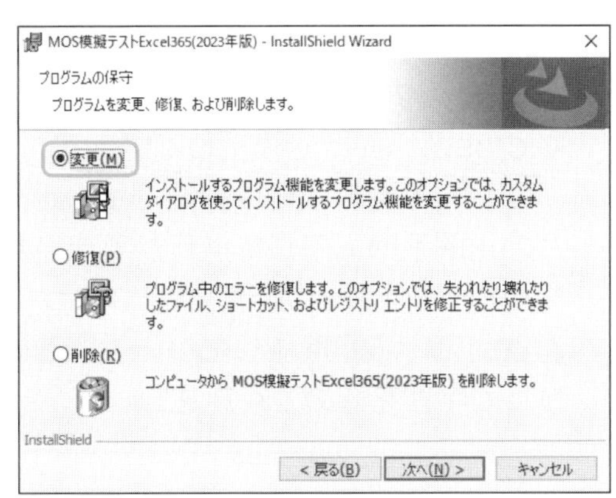

※「インストールしています」の画面が表示されてからインストールが開始されるまで、かなり長い時間がかかる場合があります。インストールの進行を示すバーが変化しなくても、そのまましばらくお待ちください。

●ダウンロード版の入手とインストール

本書の電子版をご利用の場合や、光学ドライブを装備しないパソコンで利用する場合などのためにダウンロード版も用意しています。本書のウェブページ（https://nkbp.jp/050529）の「お知らせ」欄にある「模擬テスト（ダウンロード版）」のリンクを開いてセットアップファイルをダウンロードします。

※ ファイルのダウンロードには、日経 ID および日経 BOOK プラスへの登録が必要になります（いずれも登録は無料）。

ファイルのダウンロードおよびインストールの詳細は、開いたページの説明をご覧ください。

●インストール場所

模擬テストプログラム：インストールプログラムが提示します。この場所は変更できます。

動画解答：［パブリックのビデオ］-［MOS 模擬テスト動画］-［Excel 365（2023 年版）］フォルダー。この場所は変更できません。

実習用データ：［ドキュメント］-［Excel36_2023 年版（実習用）］フォルダー。この場所は変更できませんが、インストール後に移動させることはできます。

●アンインストール方法（付録 DVD-ROM、ダウンロード版共通）

① Windows に管理者（Administrator）でサインイン / ログオンします。

② 設定の［アプリ］から［アプリと機能］を開き、［MOS 模擬テスト Excel365（2023 年版）］を選んで［アンインストール］をクリックします。

※ アンインストールを行うと、動画解答、実習用データ（インストール後に作成したものを除く）も削除されます。

おことわり

本書の内容および模擬テストプログラムは、2023年9月現在のMicrosoft 365で検証しています。

Officeの更新状況や機能・サービスの変更により、模擬テストプログラムの正解手順に応じた操作ができなかったり、正しい手順で操作したにもかかわらず正解とは判定されなかったりすることがあります。その場合は、適宜別の方法で操作したり、手順を確認のうえ、ご自分で正解と判断したりして学習を進めてください。

本書の使い方

練習問題
問題文を読んで操作してください。

その他の操作方法
ショートカットキーやショートカットメニューなど、同じ機能を他の操作手順で行う方法を掲載しています。

ここで学習する項目です。

練習問題ファイル
練習問題で使用するファイルと、そのファイルを収めたフォルダーの名称です。

解答例ファイル
練習問題を解いた解答例のファイルと、そのファイルを収めたフォルダーの名称です。

重要用語
覚えておくべき単語を列挙しています。

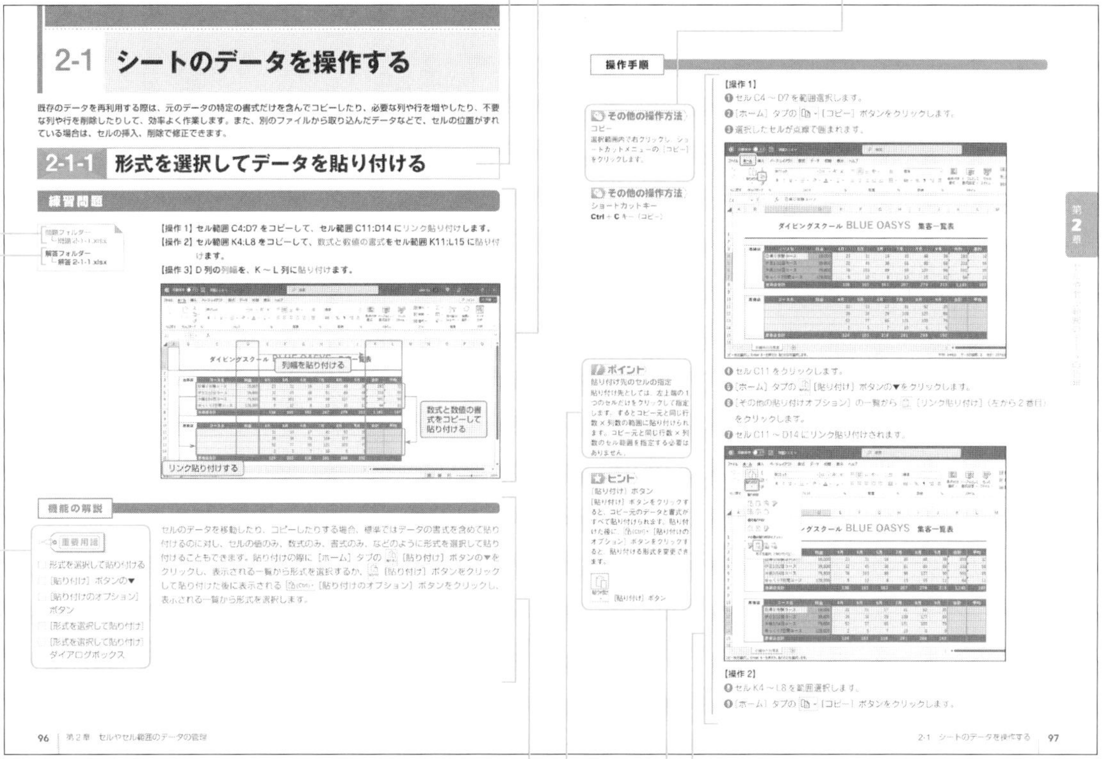

2-1 シートのデータを操作する

2-1-1 形式を選択してデータを貼り付ける

練習問題

機能の解説

操作手順

機能の解説
試験範囲の機能を理解し、練習問題を解くうえで最も重要な点について説明しています。手順だけでなく背景となる知識も身に付けてください。

ポイント
機能に関する専門用語や操作するうえで重要な手順などについて解説しています。

ヒント
機能の説明を補足する追加情報です。

操作手順
練習問題の解答例として、最も望ましい操作手順を掲載しています。

注意 練習問題によっては、問題用のExcelファイルがない場合もあります。また、問題を解くときに問題用のExcelファイルに加えて他のファイルも使用する場合があります。

注意 練習問題によっては、解答ファイルを収録せず誌面に画面を掲載している場合もあります。また、解答ファイルのファイル名は通常「解答 1-1-1」のように付けていますが、「請求書（解答 1-5-5)」のように、問題で指示されたファイル名を付けたり、別のファイル形式で保存している場合があります。

注意 同じ結果を得るために複数の操作手順がある場合は、そのうちの一つを記載しています。

■ Excel 365 の画面

［ファイル］タブ

クリックすると、［新規］［開く］［名前を付けて保存］［印刷］などのファイルに関する操作を選択して、その設定画面を表示できる

タブ

ウィンドウ上の［ホーム］［挿入］…と表示された部分。クリックすると、その下のボタンの内容が変化する。グラフやテーブルなどを選択すると、それに関するタブが新たに表示される。

リボン

ウィンドウ上の［ホーム］［挿入］…と表示された部分（タブ）に応じたコマンドボタンが並んでいるエリア。

名前ボックス

アクティブセルの位置を示す。セルやセル範囲に名前を付けると、その名前が表示される。

表示選択ショートカット

［標準］［ページレイアウト］［改ページプレビュー］の各表示画面に切り替えるボタンが配置されている。

コマンドボタン

各グループを構成する個々のボタン。コマンドボタンにマウスポインターを合わせて少し待つと、そのコマンドボタンの名前や機能がポップヒントで表示される。

検索ボックス

語句を入力すると、関連する操作のコマンドが検索され、クリックすると実行できる。ワークシート内の文字列を検索することもできる。

詳細なダイアログボックスの表示

クリックすると、より詳細な設定ができるダイアログボックスや作業ウィンドウが表示される。

グループ

ボタンが［フォント］や［数値］などのグループに分類されている。グループには、似た機能を持つボタン（コマンドボタン）が集められている。

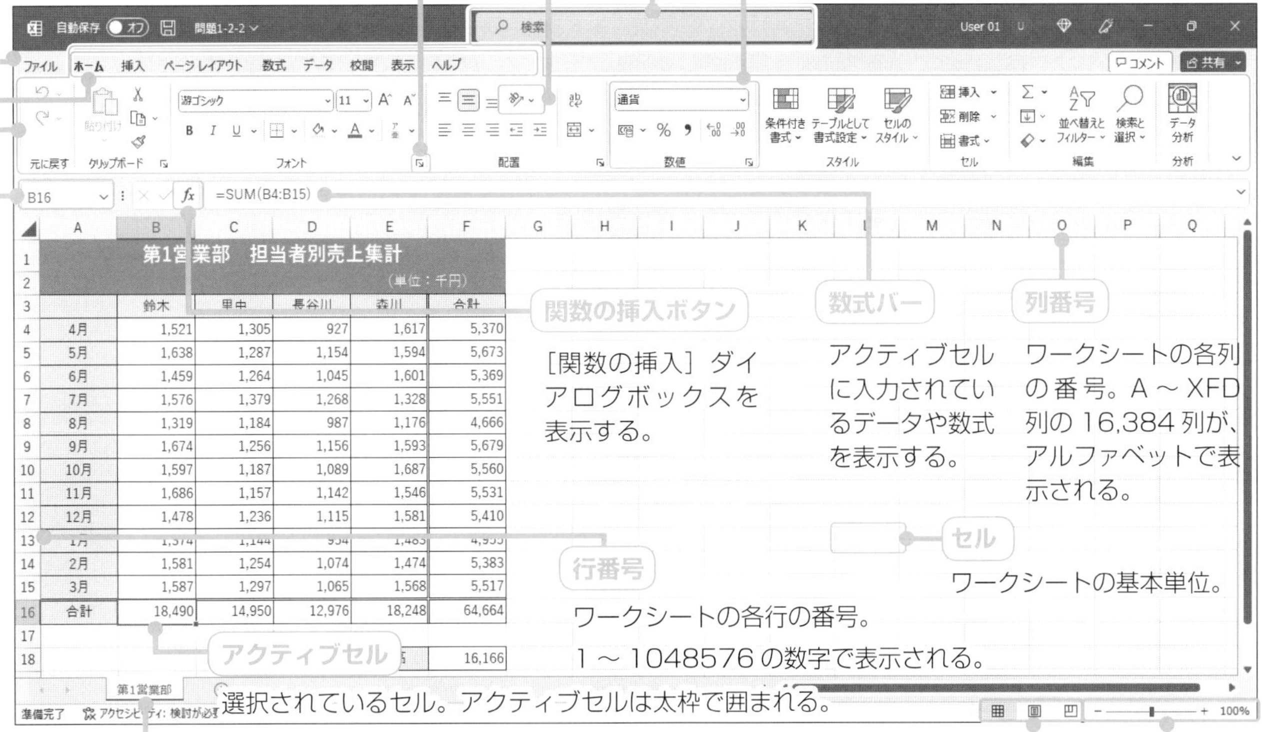

関数の挿入ボタン

［関数の挿入］ダイアログボックスを表示する。

数式バー

アクティブセルに入力されているデータや数式を表示する。

列番号

ワークシートの各列の番号。A～XFD列の16,384列が、アルファベットで表示される。

セル

ワークシートの基本単位。

行番号

ワークシートの各行の番号。

1～1048576の数字で表示される。

アクティブセル

選択されているセル。アクティブセルは太枠で囲まれる。

シート見出し

ワークシート名が表示される。クリックしてワークシートを切り替えることができる。

ズームスライダー

ウィンドウ右下にあり、表示倍率を変更する。スライダーをドラッグすると表示倍率を変更できる。また、［拡大］、［縮小］をクリックすると10%ずつ拡大、縮小できる。

■ 本書の表記

本書では、Windows 11 上で Excel365 を操作した場合の画面表示、名称を基本に解説し、次のように表記しています。

●画面に表示される文字

メニュー、コマンド、ボタン、ダイアログボックスなどの名称で画面に表示される文字は、角かっこ（[ ]）で囲んで表記しています。アクセスキー、コロン（:）、省略記号（...）、チェックマークなどの記号は表記していません。

●ボタン名の表記

ボタンに表記されている名前を、原則的に使用しています。なお、ボタン名の表記がないボタンは、マウスでポイントすると表示されるポップヒントで表記しています。
また、右端や下に▼が付いているボタンでは、「[○○] ボタンをクリックする」とある場合はボタンの左側や上部をクリックし、「[○○] ボタンの▼をクリックする」とある場合は、ボタンの右端や下部の▼部分をクリックすることを表します。

■ 実習用データの利用方法

インストール方法は、(9) ページを参照してください。[Excel365_2023 年版（実習用)] フォルダーは［ドキュメント］の中にあり、以下のフォルダーとファイルが収録されています。

フォルダー名	内容
[問題] フォルダー	練習問題用のファイル
[解答] フォルダー	練習問題の解答例ファイル
[模擬練習問題] フォルダー	模擬練習問題に関する、解答に必要なファイル、完成例ファイル、問題と解答例

おことわり

Officeのバージョンやエディション、更新状況に伴う機能・サービスの変更により、誌面の通りに表示されなかったり操作できなかったりすることがあります。その場合は適宜別の方法で操作してください。

■ 学習の進め方

本誌解説は、公開されている MOS 365 の「出題範囲」に基づいて構成しています。このため、Excel の機能を学習していく順序としては必ずしも適切ではありません。Excel の基本から応用へと段階的に学習する場合のカリキュラム案を以下に示しますが、もちろんこの通りでなくてもかまいません。
本書は練習問題（1-1-1 のような項目ごとに一つの練習問題があります）ごとに実習用の問題ファイルが用意されているので、順序を入れ替えても問題なく練習できるようになっています。

1. 表の作成

1-1	ブックにデータをインポートする
2-1	シートのデータを操作する
1-3	ワークシートやブックの書式を設定する
1-4	オプションと表示をカスタマイズする （1-4-6、1-4-7 を除く）

2. 表の編集

2-2	セルやセル範囲の書式を設定する
2-3-1	名前付き範囲を定義する
1-2	ブック内を移動する
2-4-2	組み込みの条件付き書式を適用する
2-4-3	条件付き書式を削除する

3. 印刷と保存

1-5	共同作業と配布のためにブックを準備する
1-4-6	ブックの組み込みプロパティを変更する

4. 数式と関数

4-1	参照を追加する
2-3-2	名前付き範囲を参照する
4-2	データを計算する、加工する
4-3	文字列を整形する、変更する
1-4-7	数式を表示する

5. グラフの作成

5-1	グラフを作成する
5-2	グラフを変更する
5-3	グラフを書式設定する
2-4-1	スパークラインを挿入する

6. データベース機能

3-1	テーブルを作成する、書式設定する
3-2	テーブルを変更する
3-3	テーブルのデータをフィルターする、並べ替える

MOS 試験について

●試験の内容と受験方法

MOS（マイクロソフトオフィススペシャリスト）試験については、試験を実施しているオデッセイコミュニケーションズの MOS 公式サイトを参照してください。
https://mos.odyssey-com.co.jp/

● Excel365 の出題範囲

より詳しい出題範囲（PDF ファイル）は MOS 公式サイトからダウンロードできます。その PDF ファイルにも書かれていますが、出題範囲に含まれない操作や機能も出題される可能性があります。

ワークシートやブックの管理

・ブックにデータをインポートする
・ブック内を移動する
・ワークシートやブックの書式を設定する
・オプションと表示をカスタマイズする
・共同作業と配布のためにブックを準備する

セルやセル範囲のデータの管理

・シートのデータを操作する
・セルやセル範囲の書式を設定する
・名前付き範囲を定義する、参照する
・データを視覚的にまとめる

テーブルとテーブルのデータの管理

・テーブルを作成する、書式設定する
・テーブルを変更する
・テーブルのデータをフィルターする、並べ替える

数式や関数を使用した演算の実行

・参照を追加する
・データを計算する、加工する
・文字列を変更する、書式設定する

グラフの管理

・グラフを作成する
・グラフを変更する
・グラフを書式設定する

試験の操作方法

試験問題の構成や操作方法などは試験開始前に説明画面が表示されますが、なるべく事前に頭に入れておき、問題の解答操作以外のところで時間を取られないよう注意しましょう。

●試験問題の構成

試験は「マルチプロジェクト」と呼ぶ形式で、5 ～ 8 個のプロジェクトで構成されています。プロジェクトごとに 1 つの文書（ファイル）が開き、そのファイルに対して解答操作を行います。タスク（問題）はプロジェクトごとに 1 ～ 7 個、試験全体で 26 ～ 35 個あります。

●プロジェクトの操作

※ 実際の試験では画面のデザインやマークなどが異なります。

試験が始まると上記のような画面が表示されます。上半分がプロジェクトファイルを開いたExcel のウィンドウです。下半分が試験の操作ウィンドウ（プロジェクト操作画面）で、問題文の表示、タスク（問題）の切り替え、次のプロジェクトへの移動、[解答済みにする] と [あとで見直す] のマーク付けなどを行います。[プロジェクトの背景] [タスク 1] [タスク 2] …という部分はタブになっていて、選択されているタスクの問題文やプロジェクトの簡単な説明がその下に表示されます。

一つのタスクについて、解答操作を行ったら［解答済みにする］をクリック、解答操作に自信がない（あとで見直したい）場合や解答をいったんスキップする場合は［あとで見直す］をクリックします。なお、［解答済みにする］マークや［あとで見直す］マークは確認のためのものであり、試験の採点には影響しません。その後、ほかのタスクに切り替えます。タスクは番号にかかわらずどの順序でも解答することができます。解答操作をキャンセルしてファイルを初期状態に戻したいときは［リセット］をクリックします。この場合、そのプロジェクトのすべてのタスクに関する解答操作が失われます。
全部のタスクを解答またはスキップしたら［次のプロジェクト］をクリックします。すると、確認メッセージとともにそのプロジェクトが保存され、次のプロジェクトが開きます。試験の操作ウィンドウの上部のバーには試験に含まれるプロジェクト数と現在が何番目のプロジェクトかが「1/7」という形式で表示されており、その横に残り時間が表示されています。最後のプロジェクトで［次のプロジェクト］をクリックすると、確認メッセージに続いてレビューページが表示されます。

●レビューページ

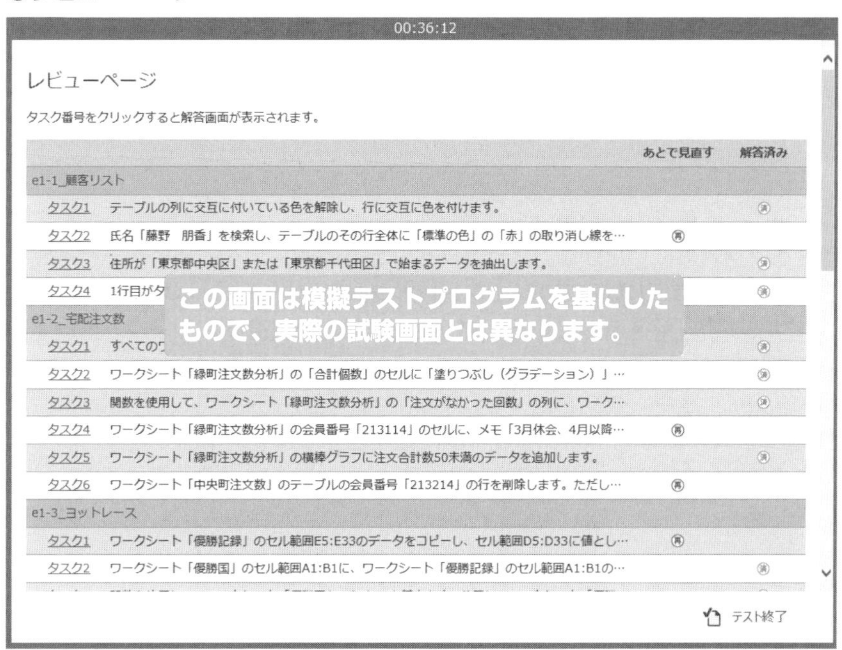

レビューページには、解答操作の際に付けた［解答済みにする］と［あとで見直す］のマークがそれぞれのタスクに表示されます。タスク番号をクリックすると試験の操作画面に戻り、該当するプロジェクトのファイルが開きます。プロジェクトファイルは保存したときの状態で、クリックしたタスクが選択されています。解答の操作、修正、確認などを行ったら［解答済みにする］や［あとで見直す］のマークの状態を更新します。
すべての操作や確認が完了したら［テスト終了］ボタンをクリックして試験を終了します。［テスト終了］ボタンをクリックしなくても、試験時間の50分が経過したら自動的に終了します。

受験時のアドバイス

▶▶▶ タスクの解答順にはこだわらない

一つのプロジェクト内では同じファイルに対して操作を行いますが、タスクは基本的に相互の関連がないので、前のタスクを解答しないと次のタスクが解答できない、ということはありません。左の「タスク 1」から順に解答する必要はありません。

▶▶▶ 一つのタスクに固執しない

できるだけ高い得点をとるためには、やさしい問題を多く解答して正解数を増やすようにします。とくに試験の前半で難しい問題に時間をかけてしまうと、時間が足りなくなる可能性があります。タスクの問題文を読んで、すぐに解答できる問題はその場で解答し、すぐに解答できそうにないと感じたら、早めにスキップして解答を後回しにします。全部のタスクを開いたら、スキップしたタスクにこだわらず次のプロジェクトに進みます。

▶▶▶ [解答済みにする] か [あとで見直す] のチェックは必ず付ける

一つのタスクについて、解答したときは [解答済みにする]、解答に自信がないかすぐに解答できないときは [あとで見直す] のチェックを必ず付けてから、次のタスクを選択するようにします。これらのチェックは採点結果には影響しませんが、あとでレビューページを表示したときに重要な情報になるので、付け忘れないようにします。

▶▶▶ レビューページで未了タスクを確認

どのタスクの解答を解答済みにしたかは、レビューページで確認します。レビューページはすべてのプロジェクトを保存（[次のプロジェクト] ボタンをクリック）しないと表示されません。レビューページで [解答済みにする] マークも [あとで見直す] マークも付いていないタスクは、解答し忘れている可能性があるので、そのようなタスクがあればまず確認し解答します。

次に、[あとで見直す] マークが付いているタスクに取りかかります。解答できたら [あとで見直す] マークのチェックを外し [解答済みにする] マークをチェックし直してから、レビューページに戻ります。

▶▶▶ 残り時間を意識し、早めに全プロジェクトに目を通す

プロジェクト操作画面とレビューページには、試験の残り時間が表示されています。試験終了間際にならないうちに、すべてのプロジェクトに目を通してレビューページを表示するように心がけます。

▶▶▶ [リセット] ボタンは慎重に

[リセット] ボタンをクリックすると、現在問題文が表示されているタスクだけではなく、そのプロジェクトにあるタスクの操作がすべて失われるので注意が必要です。途中で操作の間違いに気づいた場合、なるべく [リセット] ボタンを使わず、[元に戻す] ボタン (または Ctrl+Z キー) で操作を順に戻すようにしましょう。

▶▶▶ 指示外の設定は変更しない

操作項目に書かれていない設定項目はテスト開始時の状態のままにしておきます。これを変更すると採点結果に悪影響を与える可能性があります。

▶▶▶ 文字は直接入力せずコピー機能を利用する

問題文で下線が引かれた文字列をクリックするとその文字がクリップボードにコピーされ、解答操作で Ctrl+V キーなどで貼り付けて利用できます。セルやグラフなどへの入力のほか、文字列の検索やプロパティの設定などで利用できます。入力ミスを防ぎ操作時間を短縮するために、コピーが可能な場合はできるだけコピー機能を利用しましょう。

▶▶▶ 英数字や記号は基本的に半角文字

英数字や記号など、半角文字と全角文字の両方がある文字については、具体的な指示がない限り半角文字を入力します。

▶▶▶ ファイルの保存は適度に

ファイルをこまめに保存するよう、案内画面には書かれていますが、それほど神経質になる必要はありません。ファイルの保存操作をするかどうかは採点結果には影響しません。何らかの原因で試験システムが停止してしまった場合に、操作を途中から開始できるようにするためのものです。ただし、このようなシステム障害の場合にどういう措置がとられるかは状況次第ですので、会場の試験官の指示に従ってください。

Chapter 1

ワークシートやブックの管理

本 章 で 学 習 す る 項 目

- □ ブックにデータをインポートする
- □ ブック内を移動する
- □ ワークシートやブックの書式を設定する
- □ オプションと表示をカスタマイズする
- □ 共同作業と配付のためにブックを準備する

1-1 ブックにデータをインポートする

ブックを作成するときに、テキストファイルや PDF ファイルなど Excel 以外のファイルのデータを取り込んで利用することができます。これを「インポート」といいます。

1-1-1 テキストファイルからデータをインポートする

練習問題

問題フォルダー
└問題 1-1-1.xlsx
解答フォルダー
└解答 1-1-1.xlsx

ワークシート「通信講座」のセル A3 を基点する位置に、「問題」フォルダーに保存されているタブ区切りのテキストファイル「通信講座一覧」を、テーブルとしてインポートします。

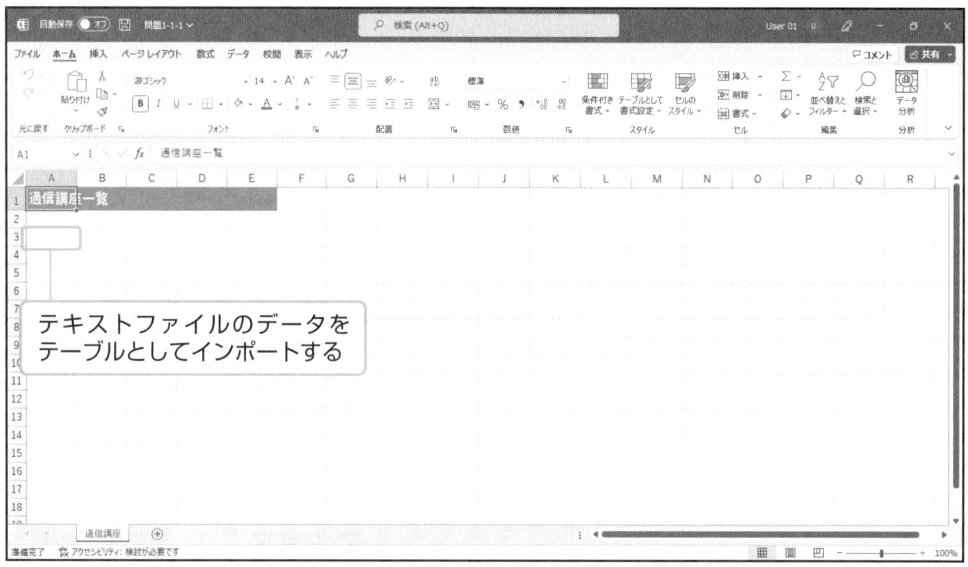

機能の解説

- テキストファイル
- テーブルやピボットテーブルとしてインポート
- [テキストまたは CSV から] ボタン
- [データの取り込み] ダイアログボックス
- [インポート]
- [読み込み]
- [読み込み先]

カンマやタブなどの区切り文字で区切られた .txt 形式や .csv 形式のテキストファイルに接続し、そのデータをテーブルやピボットテーブルとしてインポートすることができます。テキストファイルをインポートするには、[データ] タブの [テキストまたは CSV から] [テキストまたは CSV から] ボタンをクリックします。[データの取り込み] ダイアログボックスが表示されるので、取り込み元のファイルを指定し、[インポート] をクリックします。ファイル名がタイトルの、データのプレビューが表示されたウィンドウが表示されるので、すべてのデータを取り込む場合は [読み込み] または [読み込み] の▼をクリックして [読み込み先] をクリックします。

[読み込み] をクリックした場合は、現在開いているブックに取り込み元のファイル名がシート名となった新しいシートが作成され、セル A1 を基点とする位置に、すべてのデータがテーブルとしてインポートされます。[読み込み] ボタンの▼をクリックし、[読み込み先] をクリックした場合は、[データのインポート] ダイアログボックスが表示され、取り込んだデータをテーブルで表示するのか、ピボットテーブルで表示するのかなどの形式や、データを取り込む際に基点となる位置を指定してインポートすることができます。

- [データのインポート] ダイアログボックス
- [クエリと接続] 作業ウィンドウ
- [コンテンツの有効化]
- [すべて更新] ボタン

ヒント

区切り記号

プレビューのデータの各列の区切りが正しくない場合は、[区切り記号] ボックスの▼をクリックし、区切り文字を変更します。

ヒント

[データの変換]

一部のデータを取り込んだり、データを変換したりする場合は [データの変換] をクリックします (「1-1-2」参照)。

取り込み元ファイルのプレビューが表示されたウィンドウ

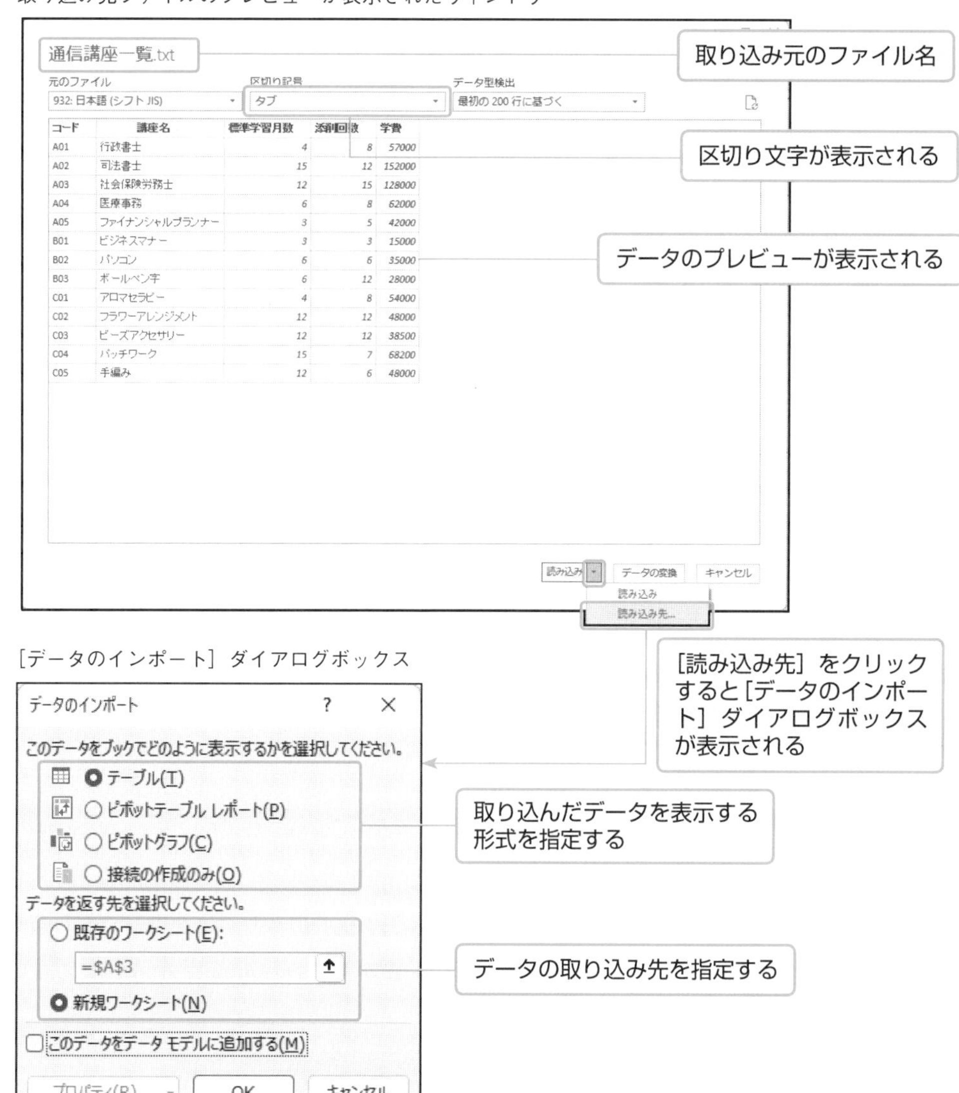

[データのインポート] ダイアログボックス

インポートしたデータは元のファイルと接続していて、[クエリと接続] 作業ウィンドウに接続されているファイル名と読み込まれた行数が表示されます。
ポイントすると元のファイルのプレビューや読み込みの詳細が表示され、編集や削除を行うことができます。

データをインポートし、[クエリと接続] 作業ウィンドウの接続されているファイルの詳細をプレビュー表示したところ

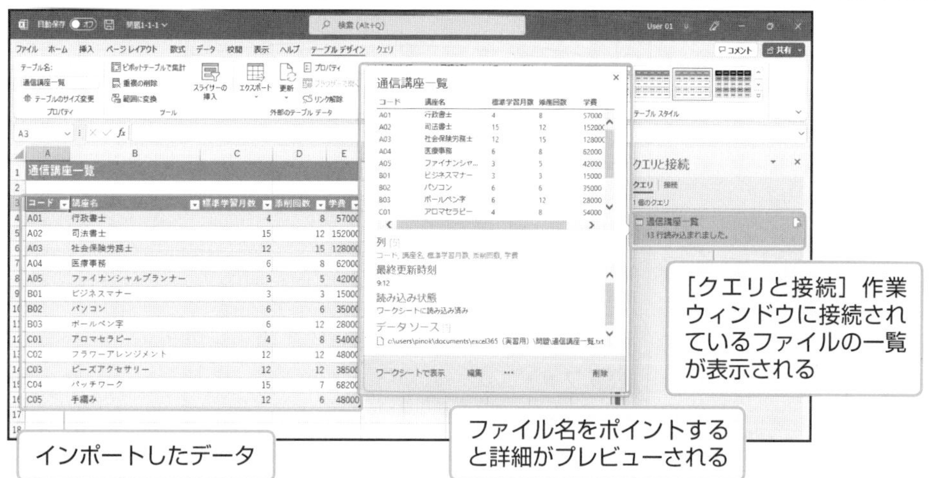

なお、インポート機能により取り込んだデータを含むブックを開くと、「セキュリティの警告」のメッセージバーが表示され、コンテンツの有効化［コンテンツの有効化］をクリックすると、元のデータとの接続が有効になります。

インポートしたデータ含むブックを開いた状態

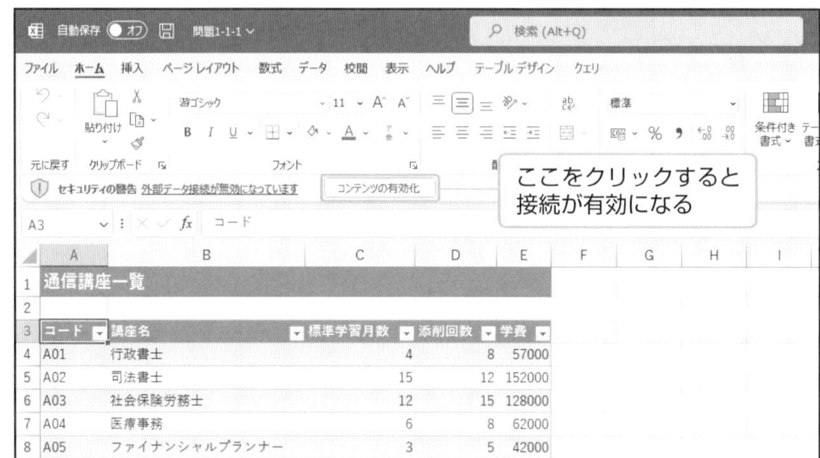

接続が有効なときは、元のデータが変更された場合でも［データ］タブの［すべて更新］ボタンをクリックすることにより、ブック内のデータに反映されます。

ヒント
［クエリと接続］作業ウィンドウの表示
［データ］タブの クエリと接続［クエリと接続］ボタンをクリックすると、［クエリと接続］作業ウィンドウが表示され、接続されているファイルが確認できます。

操作手順

ヒント
インポート時のセルの選択
あらかじめデータを取り込む際に基点となるセルを選択してからインポート操作をすると、手順⑩の［データのインポート］ダイアログボックスの［データを返す先を選択してください。］の［既存のワークシート］の下のボックスにこのセル番地が表示されます。

【操作 1】

❶ワークシート「通信講座」のセルA3をクリックします。

❷［データ］タブの テキストまたは CSV から［テキストまたはCSVから］ボタンをクリックします。

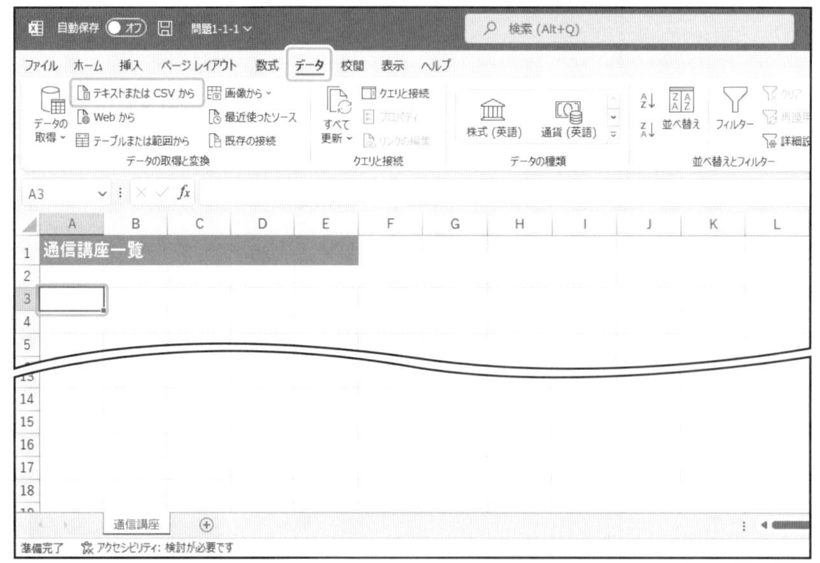

❸［データの取り込み］ダイアログボックスが表示されるので、［ファイルの場所］ボックスに［問題］フォルダーを指定します。

❹ファイルの一覧から［通信講座一覧］をクリックします。

⑤［インポート］をクリックします。

⑥［通信講座一覧.txt］ウィンドウが表示されるので、［区切り記号］ボックスに［タブ］と表示されていて、プレビューにデータの各列が正しく区切られていることを確認します。

⑦［読み込み］の▼をクリックします。

⑧［読み込み先］をクリックします。

コード	講座名	標準学習月数	添削回数	学費
A01	行政書士	4	8	57000
A02	司法書士	15	12	152000
A03	社会保険労務士	12	15	128000
A04	医療事務	6	8	62000
A05	ファイナンシャルプランナー	3	5	42000
B01	ビジネスマナー	3	3	15000
B02	パソコン	6	6	35000
B03	ボールペン字	6	12	28000
C01	アロマセラピー	4	8	54000
C02	フラワーアレンジメント	12	12	48000
C03	ビーズアクセサリー	12	12	38500
C04	パッチワーク	15	7	68200
C05	手編み	12	6	48000

⑨［データのインポート］ダイアログボックスが表示されるので、［このデータをブックでどのように表示するかを選択してください。］の［テーブル］が選択されていることを確認します。

⑩［データを返す先を選択してください。］の［既存のワークシート］をクリックし、下のボックスに［=$A$3］と表示されていることを確認します。

⑪［OK］をクリックします。

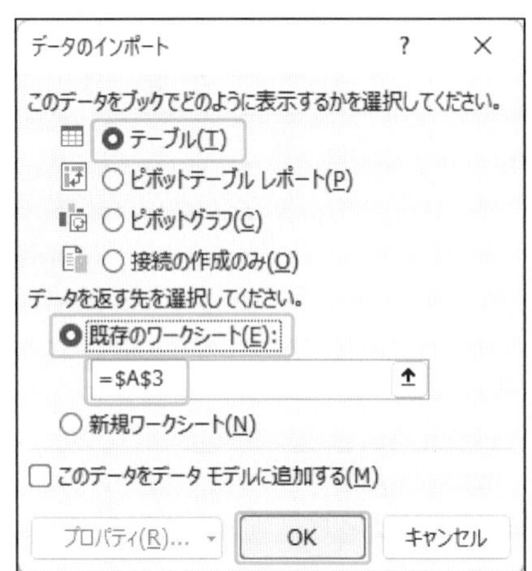

⑫ワークシート「通信講座」のセルA3を基点とする位置にテーブルがインポートされます。

ヒント
インポートしたデータの列幅
インポート機能を使用してデータをテーブルとして取り込んだ場合、列幅はデータの幅に合わせて自動調整されます。

⑬［クエリと接続］作業ウィンドウに「通信講座一覧　13行読み込まれました。」と表示されていることを確認します。

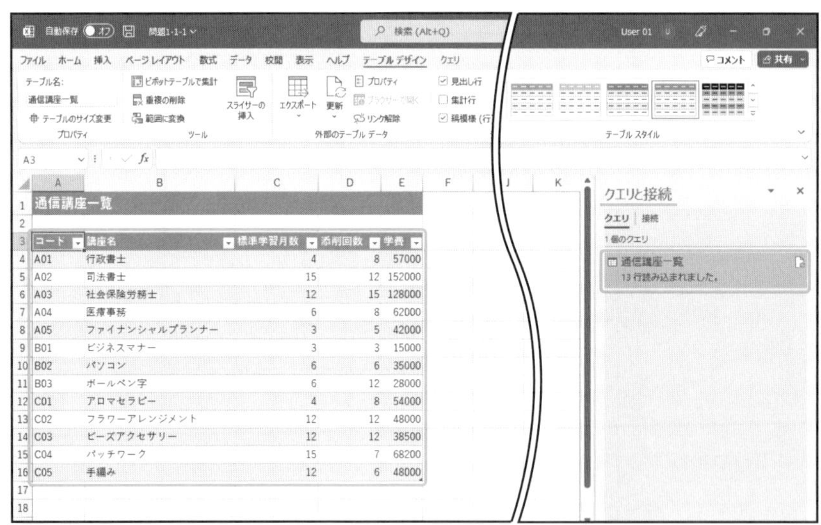

⑭［クエリと接続］作業ウィンドウを閉じるために、［×］［閉じる］ボタンをクリックします。

1-1-2 .csv ファイルからデータをインポートする

練習問題

問題フォルダー
└問題 1-1-2.xlsx

解答フォルダー
└解答 1-1-2.xlsx

ワークシート「名古屋ルピア」のセル A3 を基点とする位置に、「問題」フォルダーに保存されている .csv ファイル「アパレル売上 _bp」の「名古屋ルピア」のデータを抽出して、テーブルとしてインポートします。なお、インポートする際に、「No」と「販売先」の列は削除します。

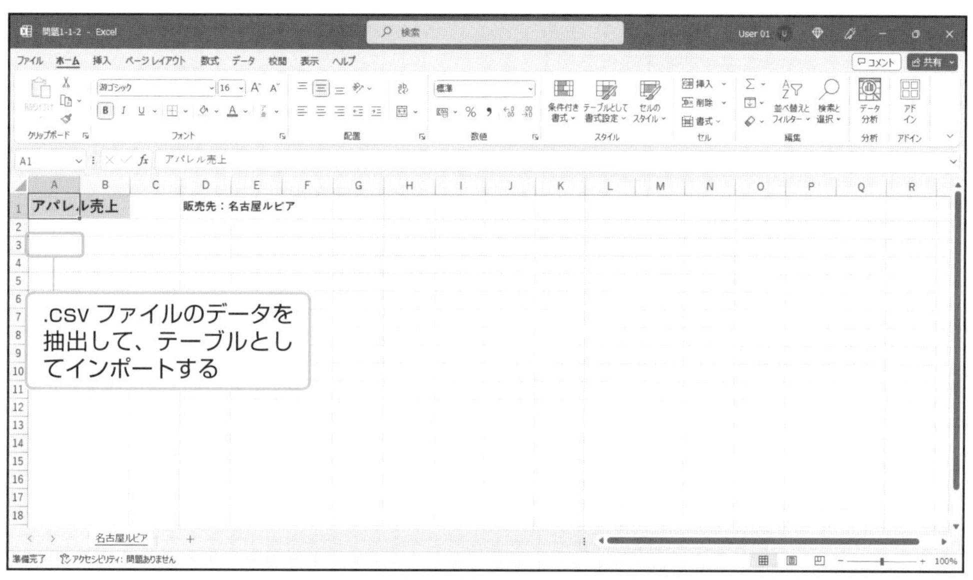

機能の解説

- テキストファイル
- テーブルやピボットテーブルとしてインポート
- [テキストまたは CSV から] ボタン
- [データの取り込み] ダイアログボックス
- [インポート]
- [データの変換]
- [Power Query エディター] ウィンドウ
- [閉じて読み込む]
- [閉じて次に読み込む]
- [データのインポート] ダイアログボックス

.txt 形式や .csv 形式のテキストファイルをテーブルやピボットテーブルとしてインポートする際に、一部のデータを取り込んだり、データを変換したりすることができます。[データ] タブの [テキストまたは CSV から] ボタンをクリックし、表示される [データの取り込み] ダイアログボックスで取り込み元のファイルを指定し、[インポート] をクリックします。次に表示されるデータのプレビューが表示されたファイル名のウィンドウで [データの変換] をクリックします。[Power Query エディター] ウィンドウが表示されるので、データの抽出や並べ替え、列や行の削除、データ型の変更など、データの整理を行います。

ヒント

取り込み元ファイルの1行目が見出しとして表示されない場合

プレビューの1行目に取り込み元のファイルの1行目でなく、「Column1」「Column2」…と表示された場合は、［データの変換］をクリックし、表示される［Power Query エディター］ウィンドウの［ホーム］タブにある［1行目をヘッダーとして使用］ボタンをクリックします。

ヒント

クエリとは

対象となるテーブルやデータの抽出条件、並び順などを指定するものです。Excel 365では［Power Query エディター］ウィンドウを使用して作成できます。

取り込み元ファイルのプレビューが表示されたウィンドウ

［Power Query エディター］ウィンドウ

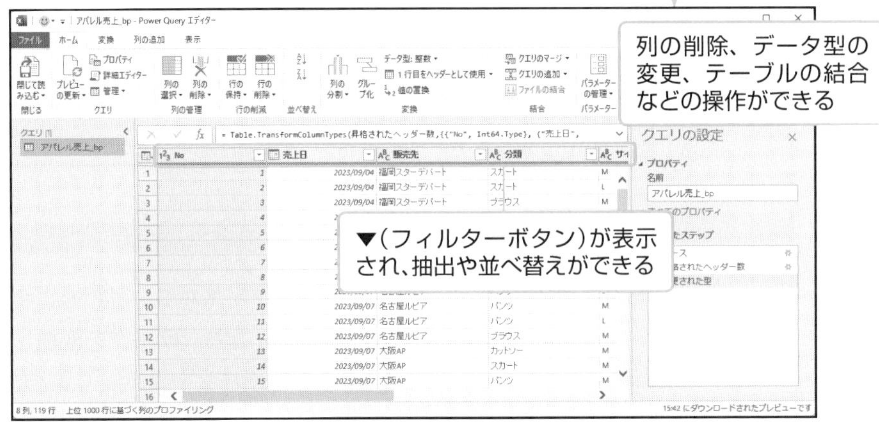

［ホーム］タブの［閉じて読み込む］をクリックすると、現在開いているブックに新しいシートが作成され、セルA1を基点とする位置に、すべてのデータがテーブルとしてインポートされます。［閉じて次に読み込む］をクリックすると、［データのインポート］ダイアログボックス（「1-1-1」参照）が表示され、取り込んだデータをテーブルで表示するのか、ピボットテーブルで表示するのかなどの形式や、データを取り込む際に基点となる位置を指定して取り込むことができます。

操作手順

【操作 1】

❶ワークシート「名古屋ルピア」のセル A3 をクリックします。

❷［データ］タブの テキストまたは CSV から ［テキストまたは CSV から］ボタンをクリックします。

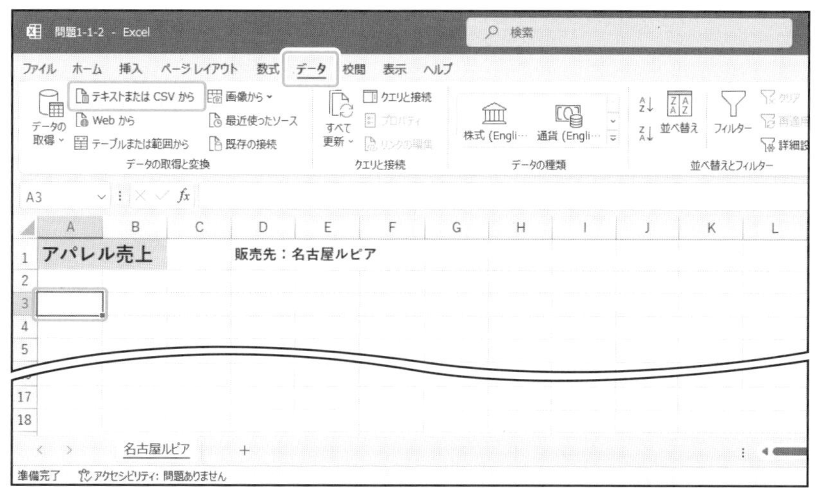

❸［データの取り込み］ダイアログボックスが表示されるので、［ファイルの場所］ボックスに［問題］フォルダーを指定します。

❹ファイルの一覧から［アパレル売上 _bp］をクリックします。

❺［インポート］をクリックします。

⑥ [アパレル売上 _bp.csv] ウィンドウが表示されるので、[区切り記号] ボックスに [コンマ] と表示されていて、プレビューにデータの各列が正しく区切られていることを確認します。

⑦ [データの変換] をクリックします。

アパレル売上_bp.csv

元のファイル: 932: 日本語 (シフト JIS)　区切り記号: コンマ　データ型検出: 最初の 200 行に基づく

No	売上日	販売先	分類	サイズ	単価	数量	売上金額
1	2023/09/04	福岡スターデパート	スカート	M	12000	5	60,000.00
2	2023/09/04	福岡スターデパート	スカート	L	12000	5	60,000.00
3	2023/09/04	福岡スターデパート	ブラウス	M	7000	15	105,000.00
4	2023/09/04	福岡スターデパート	ブラウス	L	7000	10	70,000.00
5	2023/09/04	福岡スターデパート	パンツ	M	12000	5	60,000.00
6	2023/09/04	福岡スターデパート	パンツ	L	12000	5	60,000.00
7	2023/09/07	名古屋ルピア	スカート	S	12000	6	72,000.00
8	2023/09/07	名古屋ルピア	スカート	M	12000	6	72,000.00
9	2023/09/07	名古屋ルピア	パンツ	S	12000	3	36,000.00
10	2023/09/07	名古屋ルピア	パンツ	M	12000	6	72,000.00
11	2023/09/07	名古屋ルピア	パンツ	L	12000	3	36,000.00
12	2023/09/07	名古屋ルピア	ブラウス	M	7000	3	21,000.00
13	2023/09/07	大阪AP	カットソー	M	4500	10	45,000.00
14	2023/09/07	大阪AP	スカート	M	12000	5	60,000.00
15	2023/09/07	大阪AP	パンツ	M	12000	5	60,000.00
16	2023/09/10	東京レグア	パンツ	M	12000	3	36,000.00
17	2023/09/10	東京レグア	スカート	L	12000	3	36,000.00
18	2023/09/10	東京レグア	カットソー	M	4500	5	22,500.00
19	2023/09/10	大阪ペパーミント	パンツ	M	12000	3	36,000.00
20	2023/09/10	大阪ペパーミント	コート	M	35000	3	105,000.00

サイズ制限よりプレビュー内のデータが切り詰められています。

読み込み　データの変換　キャンセル

売上日の年

.csv ファイル「アパレル売上 _bp」の日付は月日のみで年はありません。そのため、Excel にインポートしたり、Excel で開いたりしたときには、今年の年として認識されます。

⑧ [アパレル売上 _bp-Power Query エディター] ウィンドウが表示されます。

データの抽出

「3-3-1」参照

ヒント

チェックボックスの操作

初期状態ではすべてのチェックボックスがオンになっており、いくつかのチェックボックスだけを残して他のすべてをオフにするのは手間がかかります。そこで、ここではまず [(すべて選択)] チェックボックスをクリックしてすべてのチェックボックスをオフにし、改めてオンにしたいチェックボックスをクリックしています。

⑨ [販売先] の▼（フィルターボタン）をクリックします。

⑩ [(すべて選択)] チェックボックスをオフにします。

⑪ [名古屋ルピア] チェックボックスだけをオンにします。

⑫ [OK] をクリックします。

⑬ 名古屋ルピアのデータだけが抽出されます。

⑭ ［販売先］の列が選択されている状態のまま、［ホーム］タブの ［列の削除］ボタンをクリックします。

⑮ ［販売先］の列が削除されます。

⑯ ［No］をクリックします。

⑰ ［No］の列が選択されるので、［ホーム］タブの ［列の削除］ボタンをクリックします。

⑱ ［No］の列が削除されます。

⑲ ［ホーム］タブの ［閉じて読み込む］ボタンの▼をクリックします。

⑳ ［閉じて次に読み込む］をクリックします。

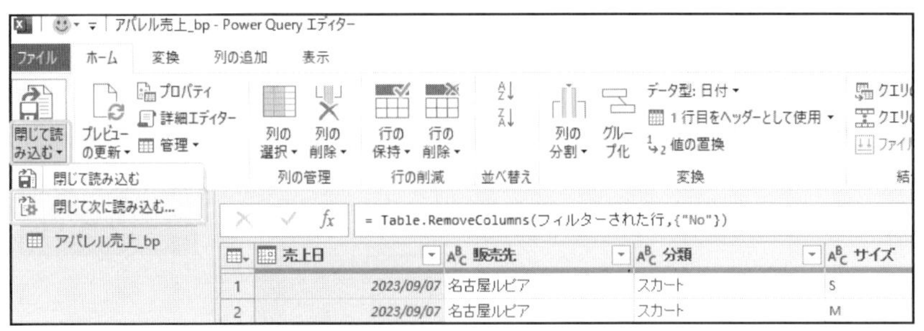

㉑ ［データのインポート］ダイアログボックスが表示されるので、［このデータをブックでどのように表示するかを選択してください。］の［テーブル］が選択されていることを確認します。

㉒ ［データを返す先を選択してください。］の［既存のワークシート］をクリックし、下のボックスに［=$A$3］と表示されていることを確認します。

㉓ ［OK］をクリックします。

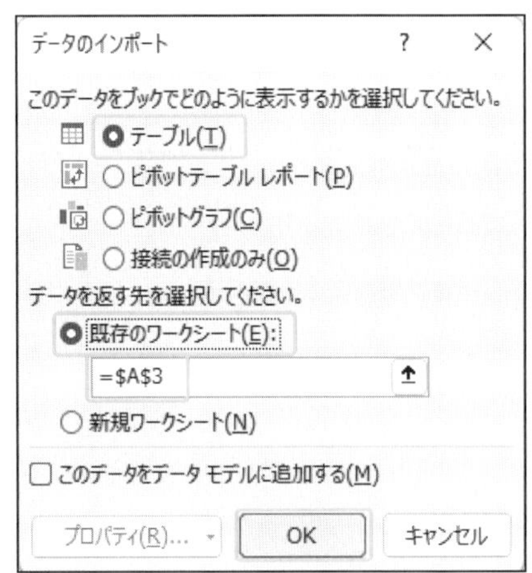

㉔ ワークシート「名古屋ルピア」のセル A3 を基点とする位置にテーブルがインポートされます。

㉕ ［クエリと接続］作業ウィンドウに「アパレル売上_bp　20 行読み込まれました。」と表示されていることを確認します。

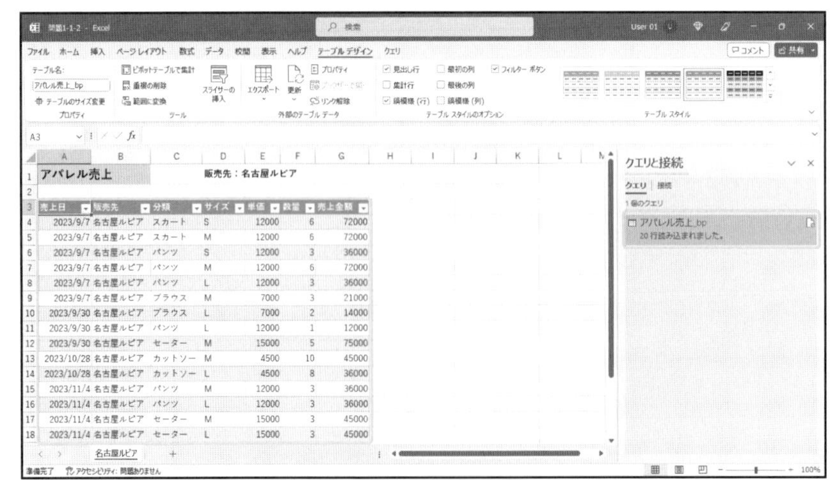

㉖ ［クエリと接続］作業ウィンドウを閉じるために、 × ［閉じる］ボタンをクリックします。

1-1-3 オンラインソースからデータをインポートする

練習問題

問題フォルダー
└問題 1-1-3.xlsx

解答フォルダー
└解答 1-1-3.xlsx

ワークシート「夏ギフト」のセル A3 を基点とする位置に、「問題」フォルダーに保存されている PDF ファイル「ギフトセット一覧 _bp」のギフトセット一覧表（上の表）をテーブルとしてインポートします。ご注文方法の表（下の表）はインポートしません。

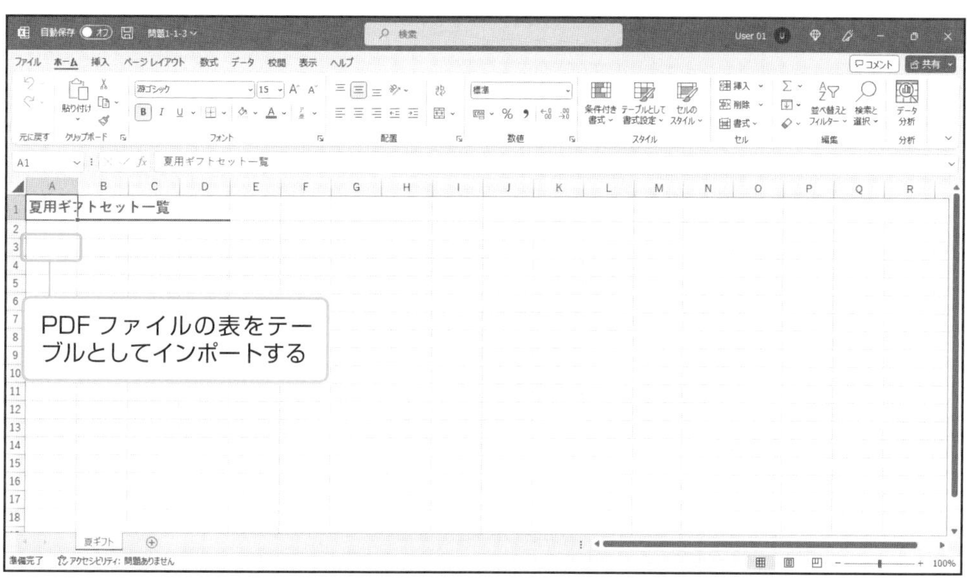

機能の解説

- Web ページ
- PDF ファイル
- XML ファイル
- JSON ファイル
- テーブルやピボットテーブルとしてインポート
- ［データの取得］ボタン
- ［ファイルから］
- ［データの取り込み］ダイアログボックス
- ［インポート］
- ［ナビゲーター］ウィンドウ
- ［読み込み］
- ［読み込み先］
- ［データのインポート］ダイアログボックス

インターネット上に公開されている Web ページや PDF ファイル、Web ページを記述している XML や JSON ファイルなどのデータを、テーブルやピボットテーブルとしてインポートすることができます。

データを取り込む際に基点となるセルを選択し、［データ］タブの［データの取得］ボタンをクリックし、［ファイルから］をポイントします。表示される［XML から］、［JSON から］、［PDF から］などの一覧から、ファイルの形式を選択します。［データの取り込み］ダイアログボックスが表示されるので取り込み元のファイルを指定し、［インポート］をクリックします。PDF を指定した場合は、［ナビゲーター］ウィンドウが表示され、左側に PDF 内に含まれる表とページの一覧が表示されます。クリックすると右側にプレビューが表示されるので確認し、すべてのデータを新しいシートに取り込む場合は［読み込み］をクリックします。取り込みの形式や取り込み位置を指定する場合は［読み込み］の▼をクリックして［読み込み先］をクリックし、［データのインポート］ダイアログボックスを表示します（「1-1-1」参照）。

データの抽出や並べ替え、列や行の削除、データ型の変更など、データの整理を行ってからデータを取り込む場合は、［データの変換］をクリックして［Power Query エディター］ウィンドウを表示します（「1-1-2」参照）。

[データの変換]
[Power Query エディター] ウィンドウ

[データの取得] ボタンをクリックし [ファイルから] をポイントして表示される一覧

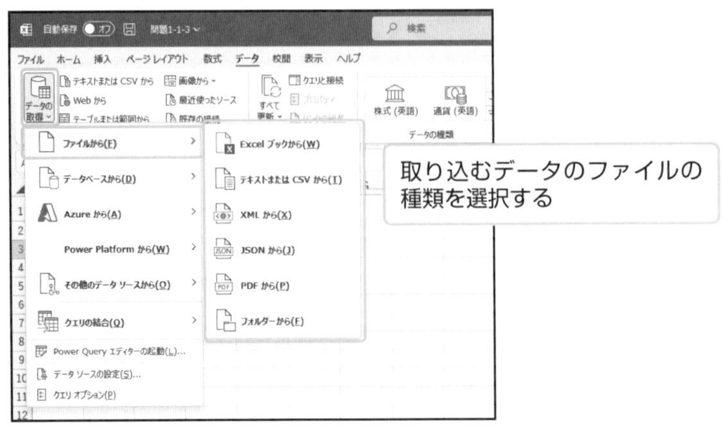

PDF ファイルのデータを取り込む際に表示されるナビゲーターウィンドウ

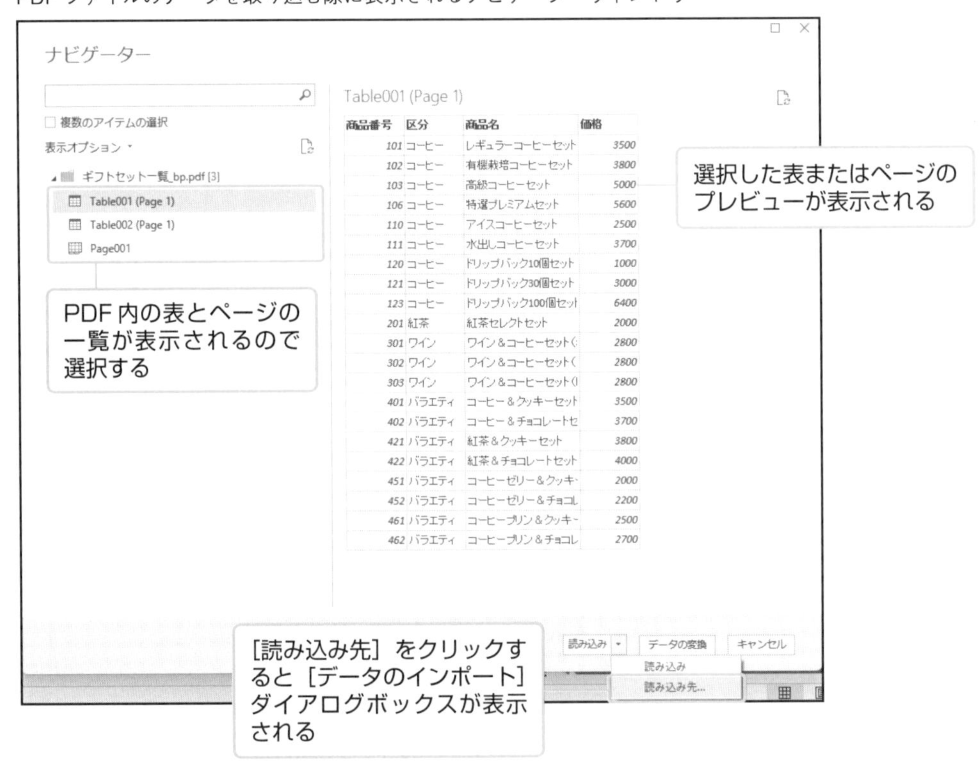

操作手順

【操作 1】

❶ワークシート「夏ギフト」のセル A3 をクリックします。

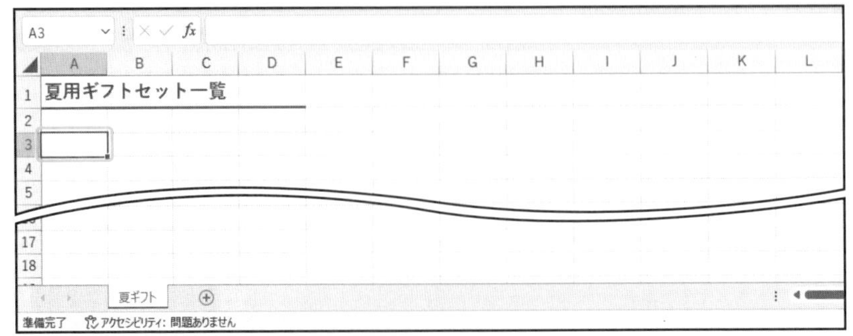

❷［データ］タブの［データの取得］ボタンをクリックします。

❸［ファイルから］の［PDF から］をクリックします。

❹［データの取り込み］ダイアログボックスが表示されるので、［ファイルの場所］ボックスに［問題］フォルダーを指定します。

❺ファイルの一覧から［ギフトセット一覧_bp］をクリックします。

❻［インポート］をクリックします。

第1章 ワークシートやブックの管理

❼［ナビゲーター］ウィンドウが表示されるので、［Tabel001（Page1）］をクリックします。

❽プレビューにギフトセット一覧表が表示されていることを確認します。

❾［読み込み］の▼をクリックします。

❿［読み込み先］をクリックします。

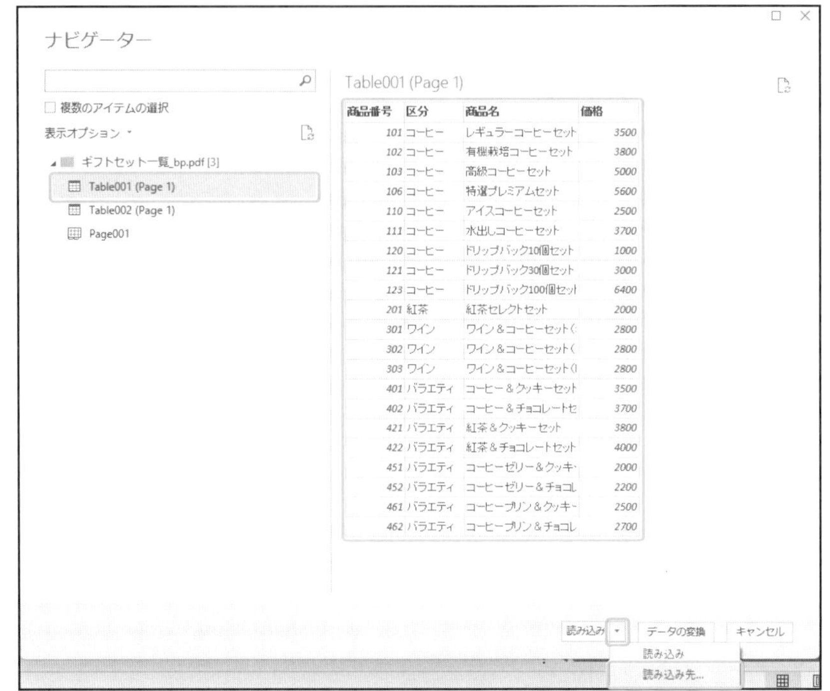

⓫［データのインポート］ダイアログボックスが表示されるので、［このデータをブックでどのように表示するかを選択してください。］の［テーブル］が選択されていることを確認します。

⓬［データを返す先を選択してください。］の［既存のワークシート］をクリックし、下のボックスに［=$A$3］と表示されていることを確認します。

⓭［OK］をクリックします。

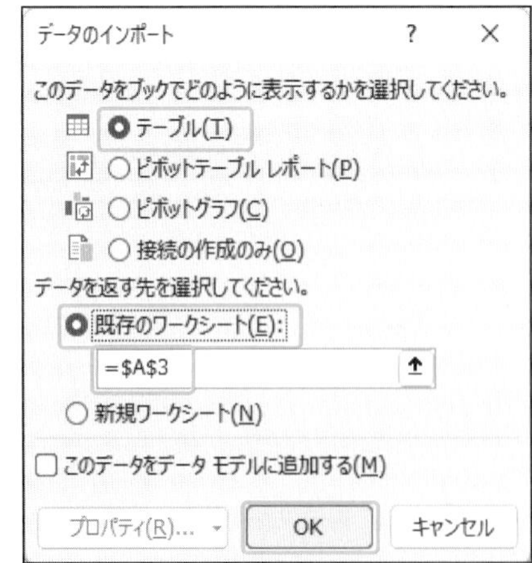

⑭ ワークシート「夏ギフト」のセル A3 を基点とする位置にテーブルがインポートされます。

⑮［クエリと接続］作業ウィンドウに「Tabel001（Page1） 21 行読み込まれました。」と表示されていることを確認します。

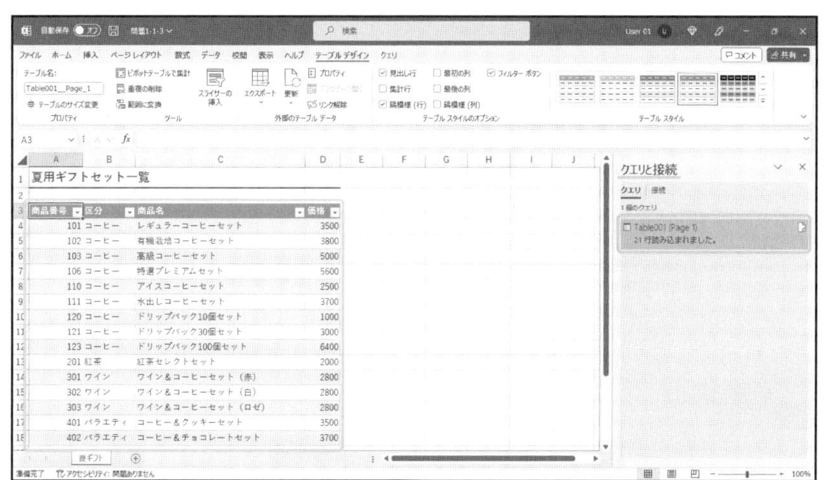

⑯ ［×］［閉じる］ボタンをクリックして、［クエリと接続］作業ウィンドウを閉じます。

1-2 ブック内を移動する

ブック内の大量のデータから目的のデータを探したり、関連した項目にジャンプしたりするときは、検索やハイパーリンクの機能を使うと効率よく操作できます。また、名前ボックスを使用すると、任意の名前を付けたセル範囲をすばやく選択できます。

1-2-1 ブック内のデータを検索する

練習問題

問題フォルダー
└問題 1-2-1.xlsx

解答フォルダー
└解答 1-2-1.xlsx

【操作 1】「佐藤」を含むセルを検索し、一覧表示します。
【操作 2】2 番目に見つかった「佐藤」のセルのフォントの色を「標準の色」の「濃い赤」にします。

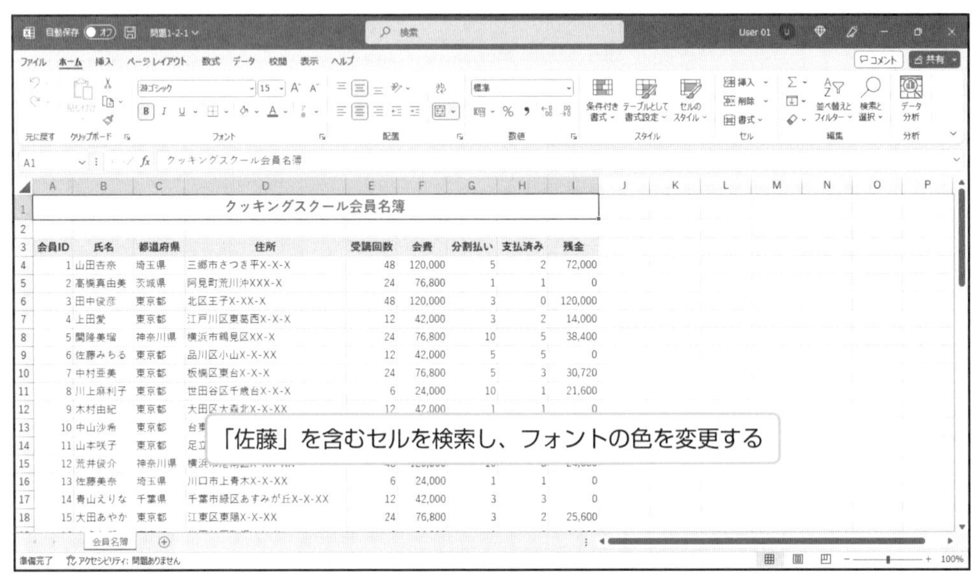

機能の解説

- 検索
- [検索と選択] ボタン
- [検索]
- [検索と置換] ダイアログボックスの [検索] タブ

ワークシートまたはブック全体から特定の文字列を含むセルを検索することができます。[ホーム] タブの [検索と選択] ボタンをクリックし、[検索] をクリックすると、[検索と置換] ダイアログボックスの [検索] タブが表示されます。[検索する文字列] ボックスに文字列を入力し、[すべて検索] をクリックすると該当するセルが一覧表示され、[次を選択] をクリックすると該当するセルが 1 つずつ選択されます。[オプション] をクリックすると、ダイアログボックスが拡張表示され、書式で検索するためのボタンや、検索場所や検索方向、文字種の指定などの詳細な設定項目が表示されます。

［検索と置換］ダイアログボックスの［検索］タブ（［オプション］をクリックして拡張表示した状態）

検索と置換
検索(D)　置換(P)
検索する文字列(N): 佐藤　書式セットなし　書式(M)...
検索場所(H): シート　検索方向(S): 行　検索対象(L): 数式
□ 大文字と小文字を区別する(C)
□ セル内容が完全に同一であるものを検索する(O)
□ 半角と全角を区別する(B)
オプション(T) <<
すべて検索(I)　次を検索(F)　閉じる

これをクリックすると詳細な設定項目が表示される

一括で検索する

１つずつ検索する

操作手順

その他の操作方法

ショートカットキー

Ctrl ＋ **F** キー
（［検索と置換］ダイアログボックスの［検索］タブの表示）

【操作 1】

❶［ホーム］タブの［検索と選択］ボタンをクリックします。

❷一覧から［検索］をクリックします。

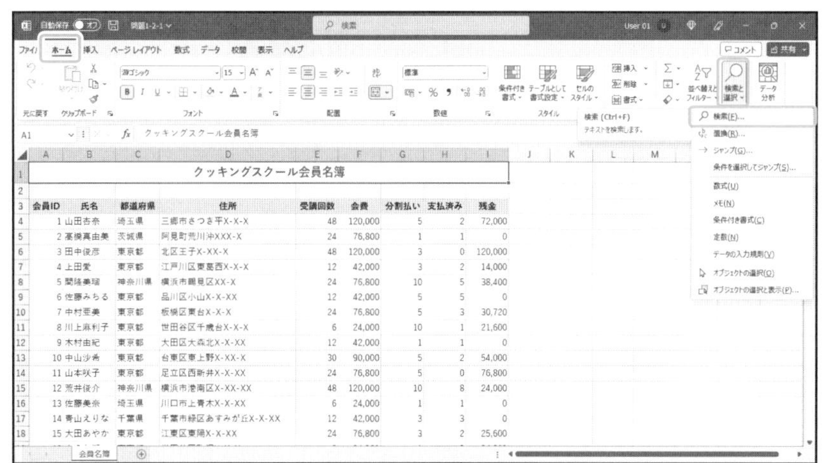

❸［検索と置換］ダイアログボックスの［検索］タブが表示されるので、［検索する文字列］ボックスにカーソルが表示されていることを確認し、「佐藤」と入力します。

❹［すべて検索］をクリックします。

❺ 検索結果の一覧が表示され、ステータスバーに「3 セルが見つかりました」と表示されます。

【操作 2】

❻ 検索結果の 2 番目の項目をクリックします（マウスポインターの形は 👆 になります）。

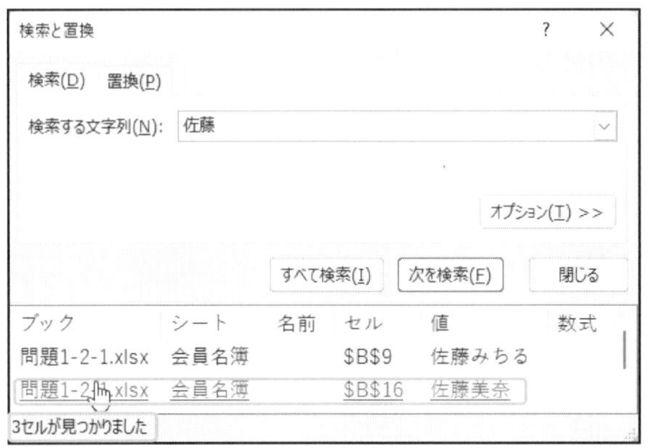

❼ セル B16（「佐藤美奈」のセル）が選択されます。

❽ ［ホーム］タブの A ［フォントの色］ボタンの▼をクリックします。

❾ ［標準の色］の一覧から［濃い赤］をクリックします。

❿ セル B16 のフォントの色が濃い赤に変わります。

⓫ ［検索と置換］ダイアログボックスの［閉じる］をクリックします。

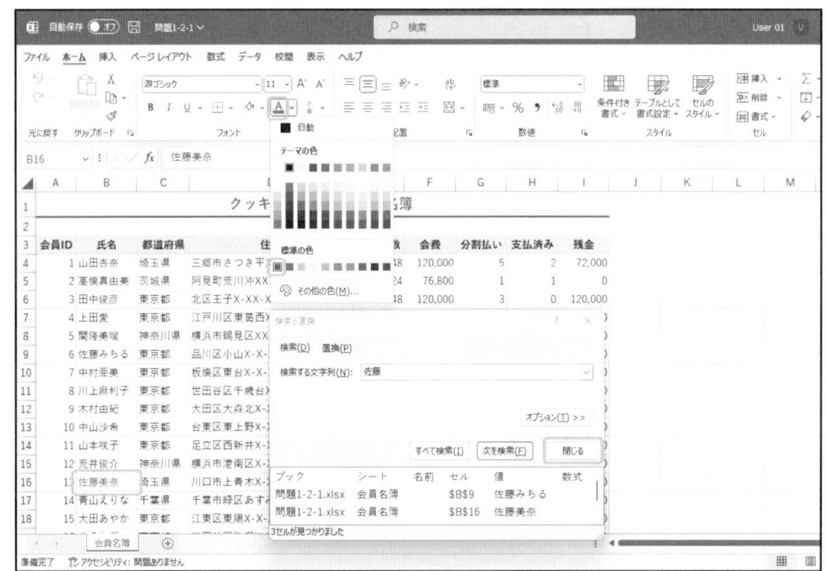

1-2-2 名前付きのセル、セル範囲、ブックの要素へ移動する

練習問題

問題フォルダー
└問題 1-2-2.xlsx

解答フォルダー
└解答 1-2-2.xlsx

【操作 1】「鈴木売上」という名前で登録されているセル範囲に「標準の色」の「オレンジ」の塗りつぶしの色を適用します。

【操作 2】担当者：山本の月ごとの売上を示すセル範囲を「山本売上」という名前で登録します。

【操作 3】ジャンプ機能を使用して、数式が設定されているセル範囲を選択し、太字にします。

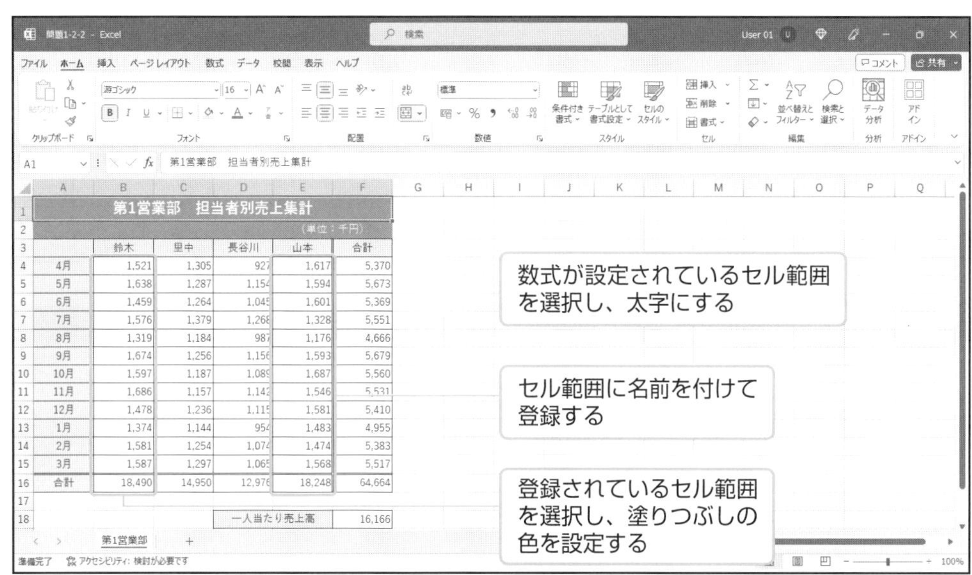

機能の解説

- 名前ボックス
- ジャンプ機能
- 名前
- [検索と選択] ボタン
- [条件を選択してジャンプ]
- [選択オプション] ダイアログボックス

名前ボックスやジャンプ機能を使用すると、登録された名前の一覧から選択したり、数式やコメントといったブックの要素を指定したりして、アクティブセルの移動や範囲選択を素早く行うことができます。

●名前ボックスの使用

セル範囲に任意の名前を付けて登録することができます。登録するには、目的のセル範囲を選択し、名前ボックスに名前を入力します。名前ボックスの▼をクリックすると、登録した名前の一覧が表示され、クリックすると、その範囲が選択されます。

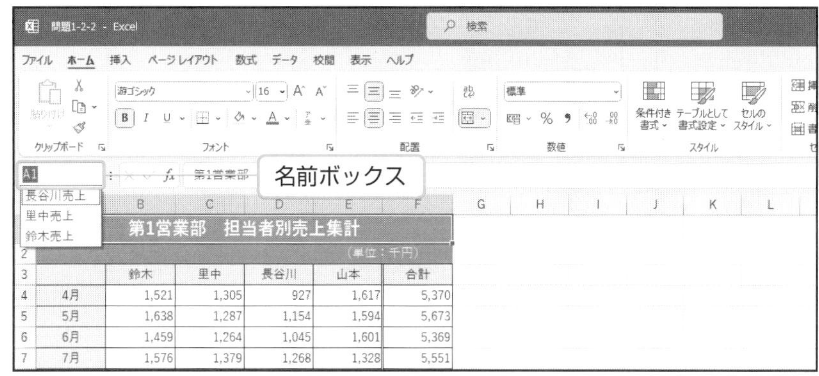

●ジャンプ機能の使用

ジャンプ機能を使用すると、数式、メモ、条件付き書式、データの入力規則などの条件を指定して、それらを含むセルだけを一度に選択できます。条件は［ホーム］タブの［検索と選択］ボタンの一覧から指定します。また、一覧に目的の条件がない場合は［条件を選択してジャンプ］をクリックすると、［選択オプション］ダイアログボックスが表示され、空白セル、最後のセルなども指定できます。

［検索と選択］ボタンをクリックして表示される一覧　　［選択オプション］ダイアログボックス

操作手順

【操作 1】

❶ 名前ボックスの▼をクリックします。

❷ 一覧から［鈴木売上］をクリックします。

❸ セル B4 ～ B15 が選択されます。

❹［ホーム］タブの［塗りつぶしの色］ボタンの▼をクリックします。

❺［標準の色］の一覧から［オレンジ］をクリックします。

❻ セル B4 ～ B15 にオレンジの塗りつぶしの色が設定されます。

その他の操作方法

名前の登録

名前を登録する範囲を選択し、[数式] タブの [名前の定義] ボタンをクリックします。[新しい名前] ダイアログボックスが表示されるので、[名前] ボックスに名前を入力して、[OK] をクリックします（「2-3-1」参照）。

ポイント

名前に使用できない文字

名前の最初の文字には、文字、アンダーバー（_）、円記号（¥）しか使用できません。また、スペースは名前の一部として使用できません。単語を区切るときは、アンダーバー（_）やピリオド（.）を使用します。

ヒント

名前の削除

[数式] タブの [名前の管理] ボタンをクリックすると、[名前の管理] ダイアログボックスに登録されている名前の一覧が表示されます。削除する場合は、目的の名前をクリックし、[削除] をクリックします。

[名前の管理]ボタン

ヒント

ジャンプ機能の対象

あらかじめ複数のセルが範囲選択されているときに検索や置換、ジャンプ機能を行うと、その範囲だけが対象となってしまいます。

【操作 2】

⑦ セル E4 ～ E15 を範囲選択します。

⑧ 名前ボックス内をクリックします。

⑨「E4」が選択された状態になるので、「山本売上」と上書き入力します。

⑩ **Enter** キーを押します。

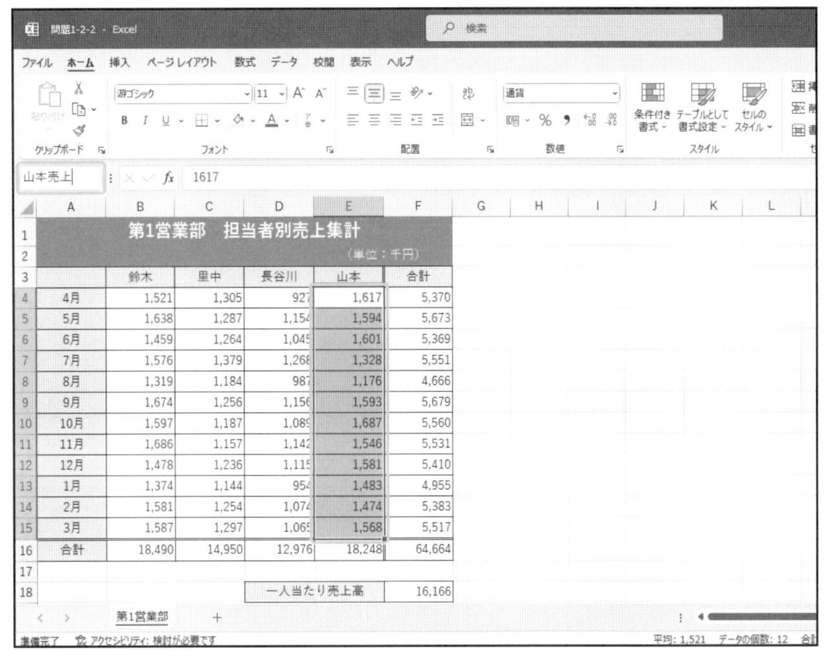

⑪ セル E4 ～ E15 の範囲が「山本売上」という名前で登録されます。

【操作 3】

⑫ 任意のセルをクリックして、範囲選択を解除します。

⑬ [ホーム] タブの [検索と選択] ボタンをクリックします。

⑭ 一覧から [数式] をクリックします。

⑭ セル F4 〜 F16、B16 〜 E16、F18 が選択されます。

⑮［ホーム］タブの **B**［太字］ボタンをクリックします。

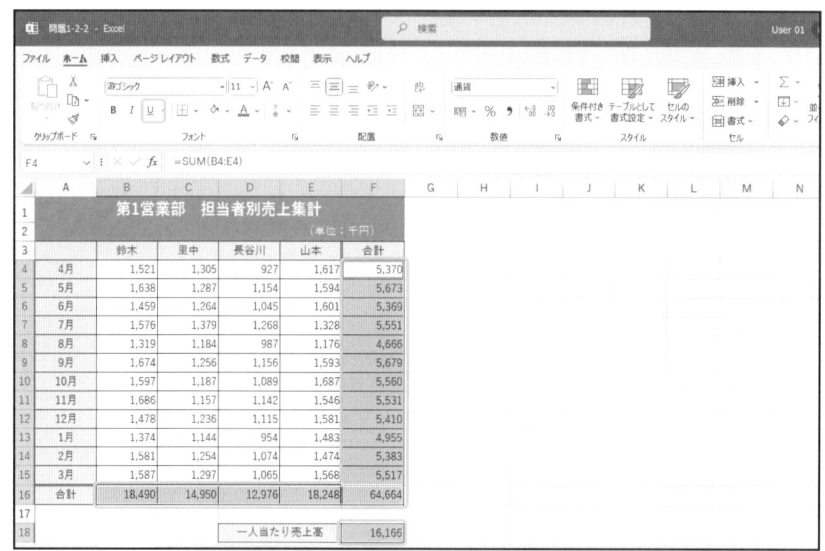

	鈴木	里中	長谷川	山本	合計
第1営業部　担当者別売上集計					(単位：千円)
4月	1,521	1,305	927	1,617	5,370
5月	1,638	1,287	1,154	1,594	5,673
6月	1,459	1,264	1,045	1,601	5,369
7月	1,576	1,379	1,268	1,328	5,551
8月	1,319	1,184	987	1,176	4,666
9月	1,674	1,256	1,156	1,593	5,679
10月	1,597	1,187	1,089	1,687	5,560
11月	1,686	1,157	1,142	1,546	5,531
12月	1,478	1,236	1,115	1,581	5,410
1月	1,374	1,144	954	1,483	4,955
2月	1,581	1,254	1,074	1,474	5,383
3月	1,587	1,297	1,065	1,568	5,517
合計	18,490	14,950	12,976	18,248	64,664
			一人当たり売上高		16,166

⑯ 選択された範囲が太字になります。

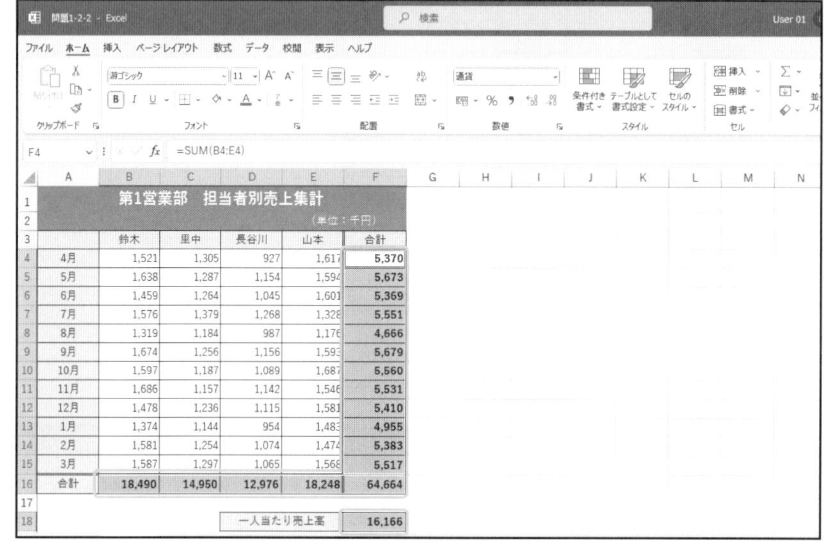

	鈴木	里中	長谷川	山本	合計
第1営業部　担当者別売上集計					(単位：千円)
4月	1,521	1,305	927	1,617	**5,370**
5月	1,638	1,287	1,154	1,594	**5,673**
6月	1,459	1,264	1,045	1,601	**5,369**
7月	1,576	1,379	1,268	1,328	**5,551**
8月	1,319	1,184	987	1,176	**4,666**
9月	1,674	1,256	1,156	1,593	**5,679**
10月	1,597	1,187	1,089	1,687	**5,560**
11月	1,686	1,157	1,142	1,546	**5,531**
12月	1,478	1,236	1,115	1,581	**5,410**
1月	1,374	1,144	954	1,483	**4,955**
2月	1,581	1,254	1,074	1,474	**5,383**
3月	1,587	1,297	1,065	1,568	**5,517**
合計	**18,490**	**14,950**	**12,976**	**18,248**	**64,664**
			一人当たり売上高		**16,166**

1-2-3 ハイパーリンクを挿入する、削除する

練習問題

問題フォルダー
└問題 1-2-3.xlsx

解答フォルダー
└解答 1-2-3.xlsx

【操作 1】ワークシート「案内」のセル F4 に、ワークシート「予約表 4 月」のセル B1 へのハイパーリンクを挿入し、「2022 年 4 月予約表」というヒントを設定します。
【操作 2】ワークシート「案内」のセル C9 に設定されているハイパーリンクを削除します。

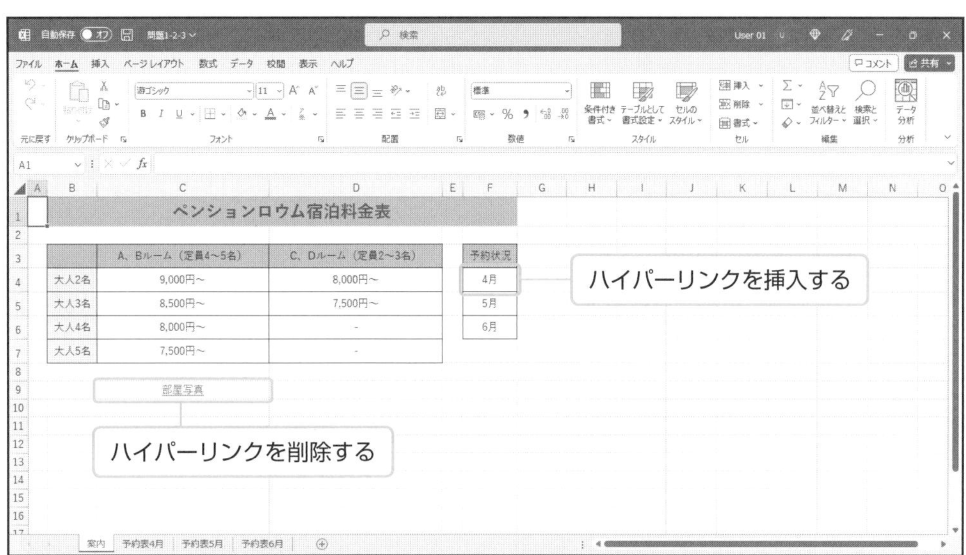

機能の解説

- ハイパーリンク
- ［リンク］ボタン
- ［ハイパーリンクの挿入］ダイアログボックス
- ［ヒント設定］
- ［ハイパーリンクのヒント設定］ダイアログボックス
- ［ハイパーリンクの削除］
- ［ハイパーリンクの編集］
- ［ハイパーリンクの編集］ダイアログボックス

ハイパーリンクとは、他のワークシートやブック、Web ページ、他のファイルなどの指定した場所にジャンプしたり表示したりする機能です。ハイパーリンクを挿入するには、［挿入］タブの ［リンク］ボタンをクリックし、表示される［ハイパーリンクの挿入］ダイアログボックスでリンク先を指定します。指定したリンク先によって、ダイアログボックス内の表示が切り替わるので詳細な設定をします。

［ハイパーリンクの挿入］ダイアログボックス（［リンク先］で［このドキュメント内］を選択した状態）

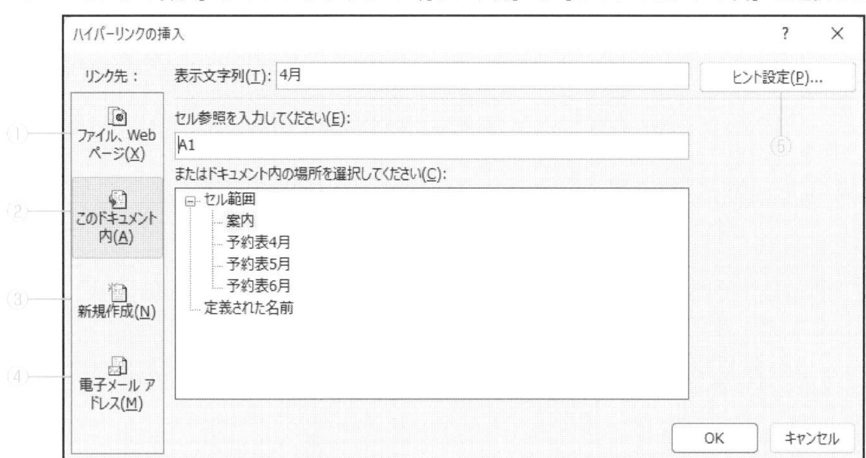

①ファイル、Webページ

他のファイルやインターネットのWebページにハイパーリンクを設定します。

②このドキュメント内

同じブック内の別の場所へのハイパーリンクを設定します。

③新規作成

新しいブックを作成して、そのブックへのハイパーリンクを設定します。

④電子メールアドレス

ハイパーリンクを設定したセルをクリックすると、送信先として指定したメールアドレスが入力済みの状態でメールソフトが起動します。

⑤[ヒント設定]

クリックすると［ハイパーリンクのヒント設定］ダイアログボックスが表示され、ヒントを設定できます。

ハイパーリンクが設定されているセルをポイントすると、マウスポインターの形が に変わり、リンク先がポップアップ表示されます。セルをクリックするとリンク先にジャンプします。このリンク先の表示を任意の文字列に変更することも可能です。［ハイパーリンクの挿入］ダイアログボックスの［ヒント設定］をクリックし、表示される［ハイパーリンクのヒント設定］ダイアログボックスで設定します。

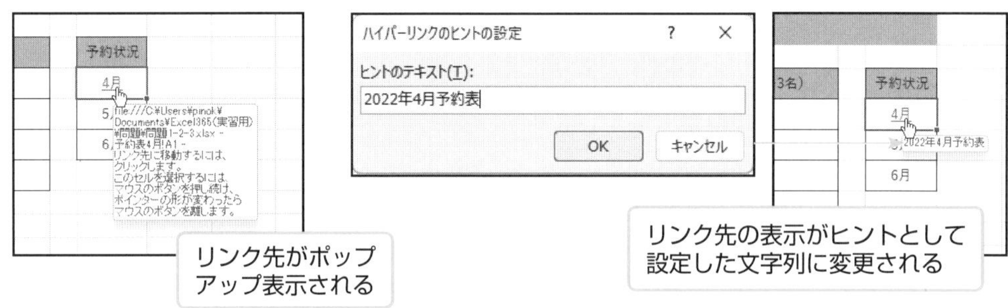

ハイパーリンクを削除するには、ハイパーリンクが設定されているセルを右クリックし、ショートカットメニューの［ハイパーリンクの削除］をクリックします。

ハイパーリンクを編集するには、同様にショートカットメニューの［ハイパーリンクの編集］をクリックします。［ハイパーリンクの編集］ダイアログボックスが表示され、リンク先などハイパーリンクの内容を変更できます。

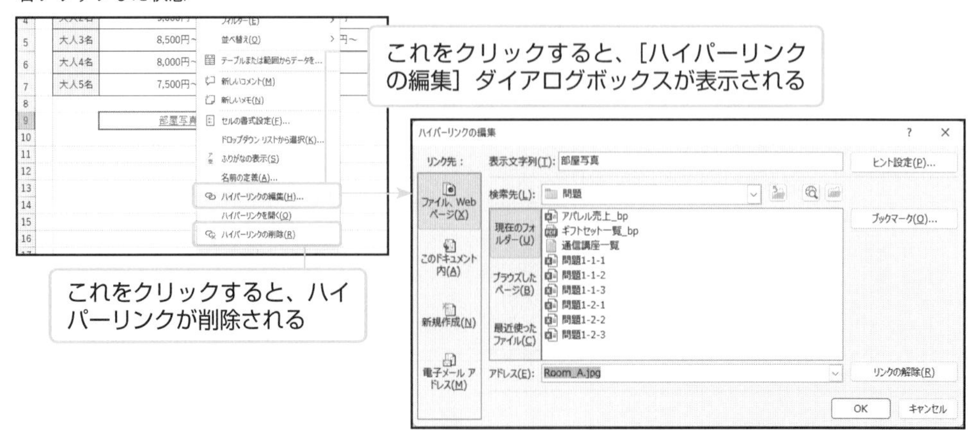

操作手順

その他の操作方法
ハイパーリンクの挿入

ハイパーリンクを設定したいセルを右クリックして、ショートカットメニューの［リンク］をクリックする手順でも［ハイパーリンクの挿入］ダイアログボックスを表示できます。

その他の操作方法
ショートカットキー

Ctrl ＋ **K** キー
（［ハイパーリンクの挿入］ダイアログボックスの表示）

ヒント
表示文字列

［ハイパーリンクの挿入］ダイアログボックスの［表示文字列］ボックスにはセルに入力されている文字列が表示されます。ここの文字列を書き換えるとセルの文字列も書き換わります。

【操作 1】

❶ワークシート「案内」のセル F4 をクリックします。

❷［挿入］タブの［リンク］ボタンをクリックします。

❸［ハイパーリンクの挿入］ダイアログボックスが表示されるので、［リンク先］で［このドキュメント内］をクリックします。

❹［またはドキュメント内の場所を選択してください］の［セル範囲］の［予約表 4 月］をクリックします。

❺［セル参照を入力してください］ボックスの「A」をドラッグして選択し、「B」と上書き入力して「B1」に変更します。

❻［ヒント設定］をクリックします。

❼［ハイパーリンクのヒントの設定］ダイアログボックスが表示されるので、［ヒントのテキスト］ボックスにカーソルが表示されていることを確認し、「2022 年 4 月予約表」と入力します。

❽［OK］をクリックします。

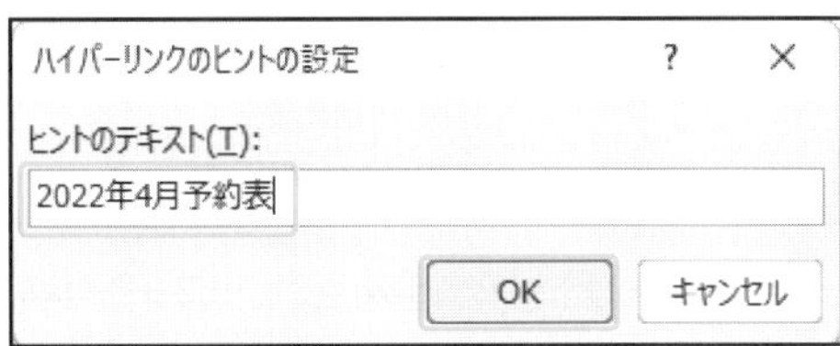

⑨［ハイパーリンクの挿入］ダイアログボックスの［OK］をクリックします。

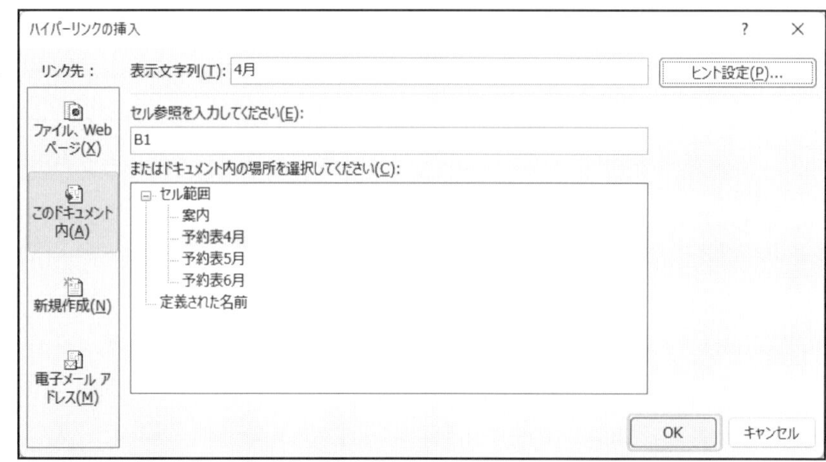

⑩セル F4 にハイパーリンクが設定され、フォントの色が青になり、下線が引かれたことを確認します。

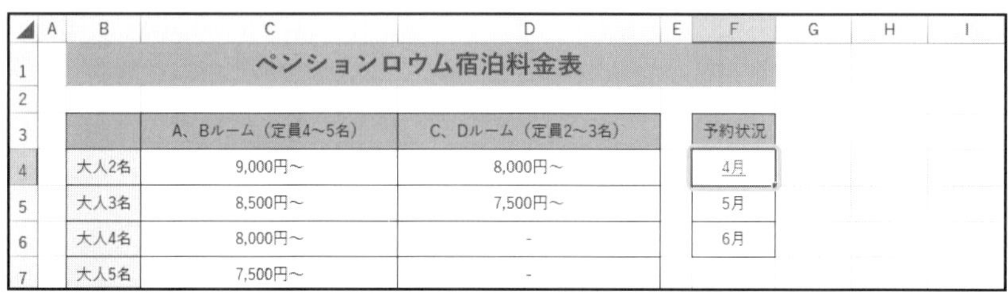

ヒント

ハイパーリンクと書式設定

ハイパーリンクを設定すると、［セルのスタイル］の［データとモデル］の［ハイパーリンク］のスタイルが自動的に設定されます。ハイパーリンクを削除すると、［標準］のスタイルに戻り、書式設定もクリアされます。

【操作 2】

⑪ワークシート「案内」のセル C9 を右クリックし、ショートカットメニューの［ハイパーリンクの削除］をクリックします。

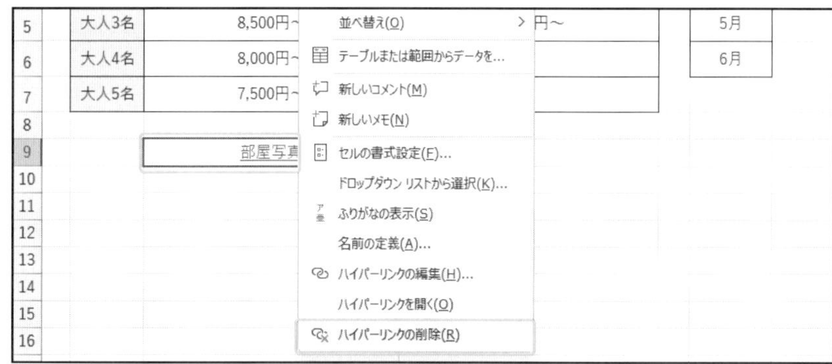

その他の操作方法

ハイパーリンクの削除

ハイパーリンクが設定されているセルをクリックし、［挿入］タブの［リンク］ボタンをクリックします。［ハイパーリンクの編集］ダイアログボックスが表示されるので、［リンクの解除］をクリックします。

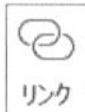

［リンク］ボタン

⑫セル C9 のハイパーリンクが削除され、フォントの色が黒になり、配置が初期値に戻り、下線がなくなります。

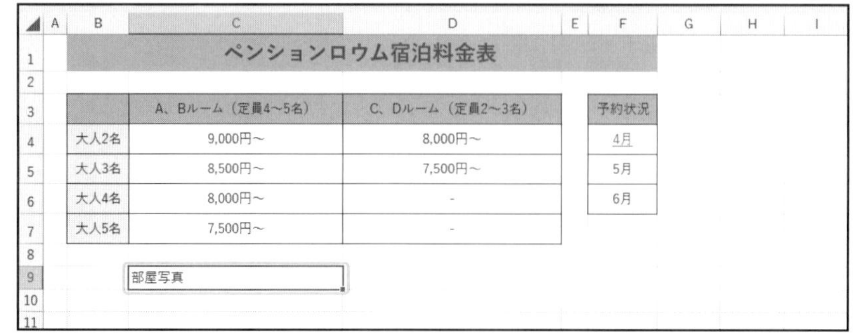

1-3 ワークシートやブックの書式を設定する

ページ設定を行って用紙サイズや印刷の向きなどを設定し、列の幅や行の高さを調整するなどして、ワークシートの書式を目的の表に合うように変更します。また、ヘッダーやフッターを挿入すると、ページの上下の余白に必要事項を印刷できます。

1-3-1 ページ設定を変更する

練習問題

問題フォルダー
└問題 1-3-1.xlsx

解答フォルダー
└解答 1-3-1.xlsx

【操作 1】ワークシートの用紙サイズを B5 に変更します。
【操作 2】ワークシートの印刷の向きを横に変更します。
【操作 3】ワークシートの上と左の余白を「2.5」cm に変更します。

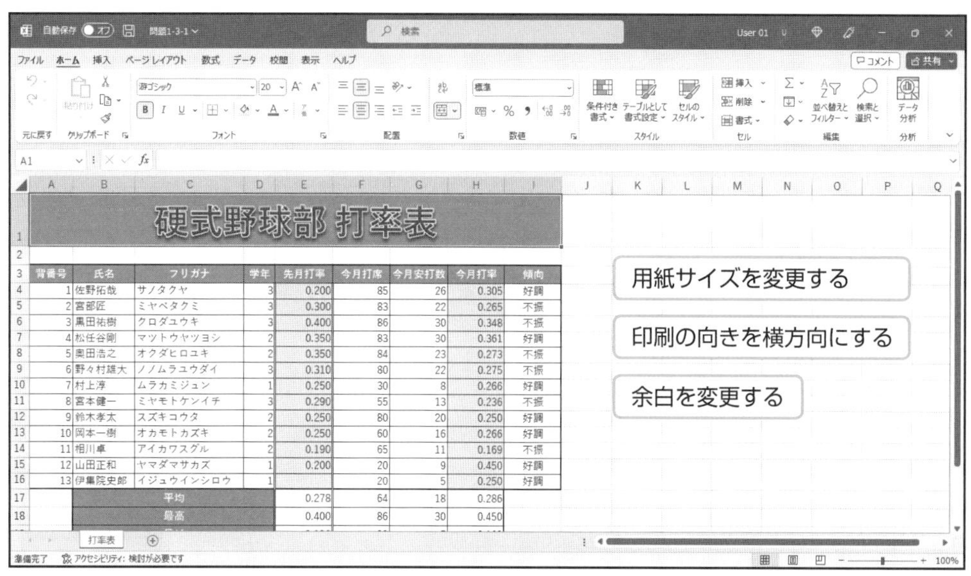

機能の解説

- 用紙サイズ
- 印刷の向き
- 余白
- ページ設定
- [ページレイアウト] タブの [ページ設定] グループ
- [ページ設定] ダイアログボックス

用紙サイズ、印刷の向き、余白などの設定をすることをページ設定といいます。基本的なページ設定は、[ページ レイアウト] タブの [ページ設定] グループの各ボタンで行えます。

[ページレイアウト] タブの [ページ設定] グループ

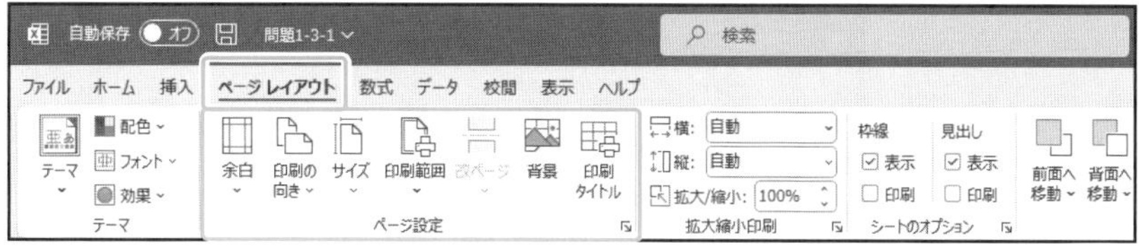

詳細な設定をする場合は、[ページレイアウト] タブの [ページ設定] グループ右下の [ページ設定] ボタンをクリックして、[ページ設定] ダイアログボックスを表示します。

その他の操作方法

[ページ設定] ダイアログボックスの表示

[ページレイアウト] タブの [余白] ボタンをクリックし [ユーザー設定の余白] をクリックすると、[ページ設定] ダイアログボックスの [余白] タブが表示されます。[サイズ] ボタンをクリックし [その他の用紙サイズ] をクリックすると、[ページ設定] ダイアログボックスの [ページ] タブが表示されます。

[余白] ボタン

[サイズ] ボタン

[ページ設定] ダイアログボックスの [ページ] タブ

[余白] タブ

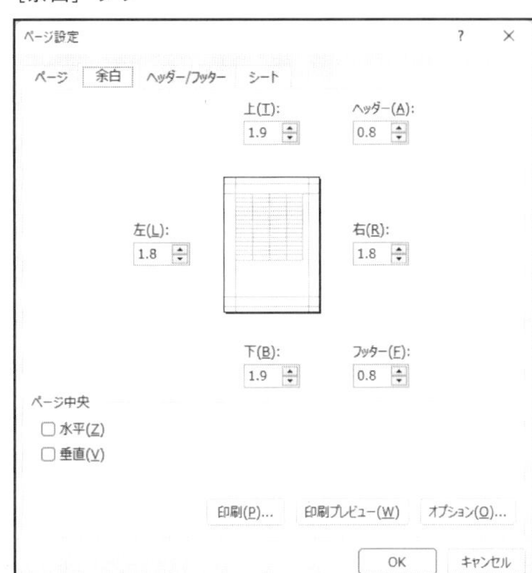

操作手順

ポイント

用紙サイズ

Excel の初期設定では用紙サイズが [A4] になっています。

ヒント

サイズの表記

[サイズ] ボタンをクリックして表示される一覧のサイズの表記は、設定されているプリンターによって異なります。ここでは [B5] サイズをクリックします。

[サイズ] ボタン

ヒント

ページの区切り

ページ設定を変更すると、ワークシートを印刷したときのページの区切りを示す点線が表示されます。

ポイント

印刷の向き

Excel の初期設定では印刷の向きが [縦] になっています。

【操作 1】

❶ [ページレイアウト] タブの [サイズ] ボタンをクリックします。

❷ 一覧から […B5…] をクリックします。

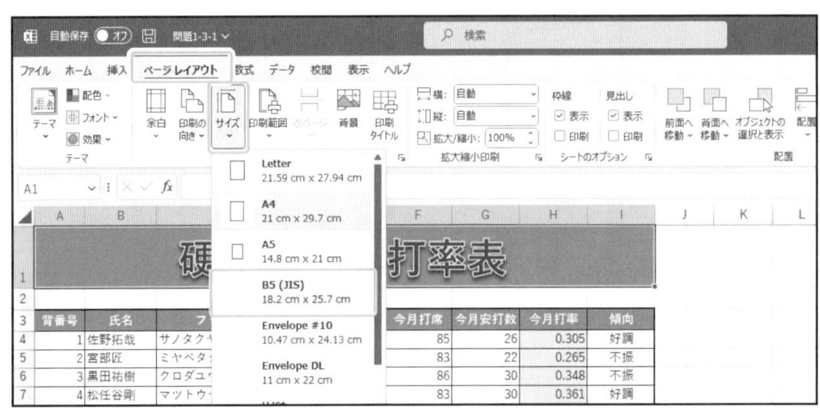

※ この操作によって、用紙サイズが B5 に変更されます。

【操作 2】

❸ [ページレイアウト] タブの [印刷の向き] ボタンをクリックします。

❹ 一覧から [横] をクリックします。

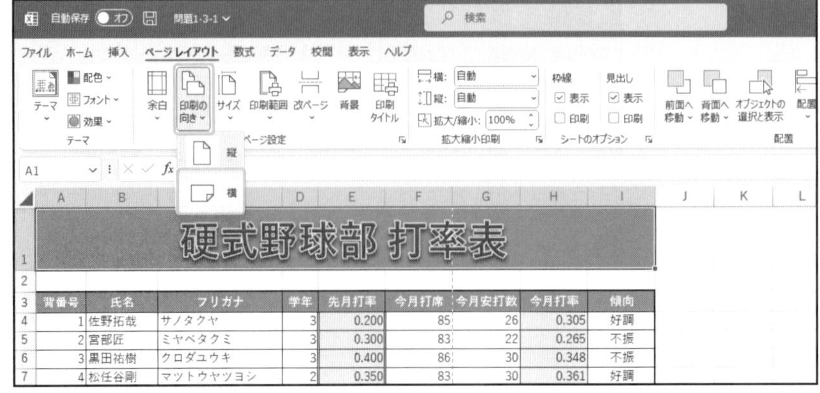

※ この操作によって、印刷の向きが横になります。

【操作 3】

⑤［ページレイアウト］タブの ［余白］ボタンをクリックします。

⑥［ユーザー設定の余白］をクリックします。

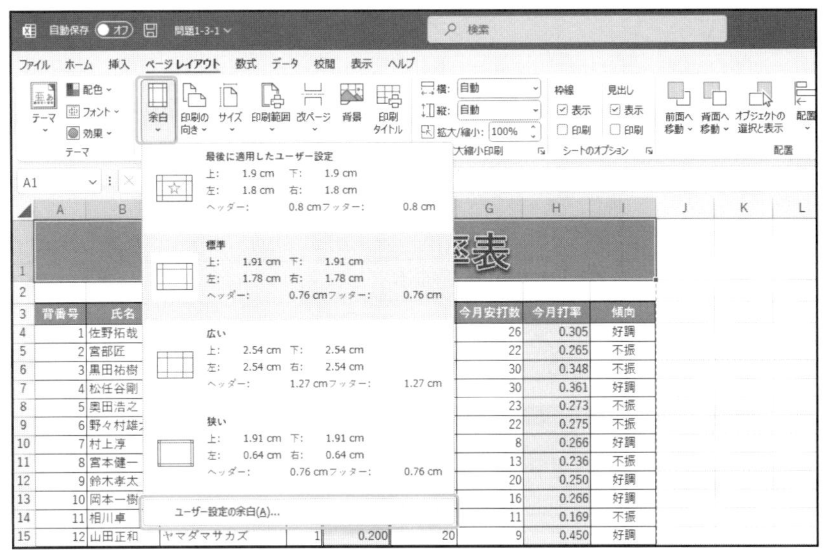

⑦［ページ設定］ダイアログボックスの［余白］タブが表示されるので、［上］ボックスの［1.9］をドラッグして選択し、「2.5」と上書き入力します。

⑧同様に［左］ボックスの「1.8」をドラッグして選択し、「2.5」と上書き入力します。

⑨［OK］をクリックします。

ヒント

印刷の向きや余白の確認

印刷の向きや余白などは、［印刷］画面の右側に表示される印刷プレビューで確認できます。［印刷］画面を表示するには、［ページ設定］ダイアログボックスの［印刷プレビュー］をクリックするか、［ファイル］タブをクリックして、［印刷］をクリックします。

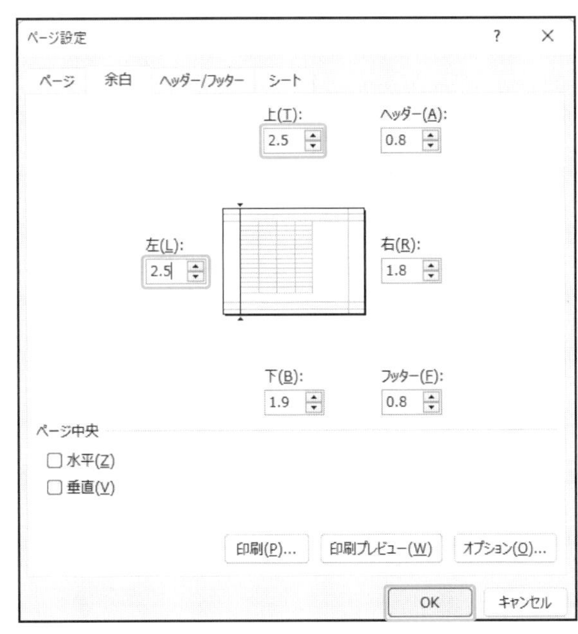

※ この操作によって、余白が変更されます。

1-3-2 列の幅や行の高さを調整する

練習問題

問題フォルダー
└問題 1-3-2.xlsx

解答フォルダー
└解答 1-3-2.xlsx

【操作 1】A ～ C 列の幅を 12 に変更、E 列の幅を自動調整します。
【操作 2】4 ～ 12 行目の行の高さを 22 に変更します。

機能の解説

- 列の幅の変更
- 行の高さの変更
- 自動調整
- [列の幅]
- [行の高さ]
- [セルの幅] ダイアログボックス
- [セルの高さ] ダイアログボックス

列の幅や行の高さを変更するには、列番号の右や行番号の下の境界線をポイントし、マウスポインターの形が ⟺ や ⇕ になったらドラッグします。数値がポップアップ表示されるので参考にします。境界線上でダブルクリックすると、列内の一番長い文字列の幅や行内の一番大きい文字の高さに合わせて列の幅や行の高さが自動調整されます。
列の幅や行の高さを数値で指定して変更するには、列番号や行番号を右クリックし、ショートカットメニューの［列の幅］や［行の高さ］をクリックし、表示される［セルの幅］もしくは［セルの高さ］ダイアログボックスを使用します。［列の幅］をクリックしたときは［セルの幅］ダイアログボックスに［列の幅］ボックス、［行の高さ］をクリックしたときは［セルの高さ］ダイアログボックスに［行の高さ］ボックスが表示されます。

［セルの幅］ダイアログボックス

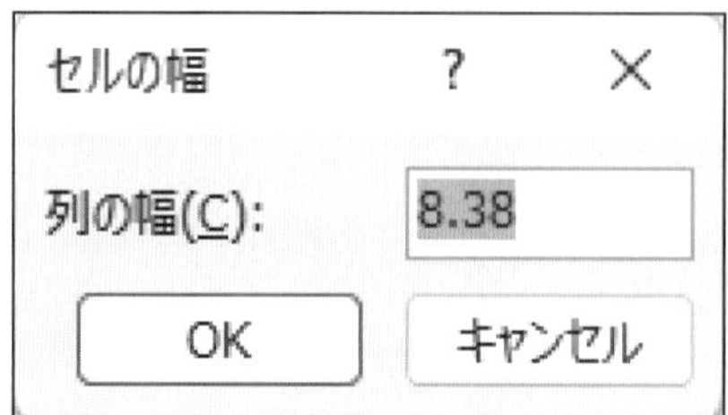

［セルの高さ］ダイアログボックス

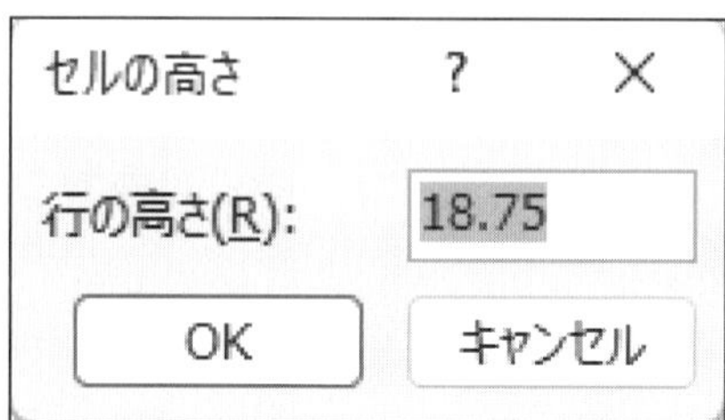

なお、複数の列の幅や行の高さをまとめて変更する場合は、列や行を選択し、選択範囲内のいずれかの境界線をドラッグ（自動調整の場合はダブルクリック）するか、右クリックして［列の幅］や［行の高さ］をクリックし、表示されるダイアログボックスで設定します。

操作手順

その他の操作方法

列の幅や行の高さの変更

列番号または行番号をクリック（複数列や複数行の場合は選択）し、[ホーム] タブの [書式] ボタンをクリックし、[セルのサイズ] の [列の幅] または [行の高さ] をクリックします。[セルの幅] ダイアログボックスもしくは [セルの高さ] ダイアログボックスが表示されるので、[列の幅] または [行の高さ] ボックスに数値を指定します。また、列の幅や行の高さを自動調整する場合は、[ホーム] タブの [書式] ボタンをクリックし、[セルのサイズ] の [列の幅の自動調整] または [行の高さの自動調整] をクリックします。

【操作 1】

❶ 列番号 A ～ C をドラッグして、A ～ C 列を選択します。

❷ 選択範囲内で右クリックし、ショートカットメニューの [列の幅] をクリックします。

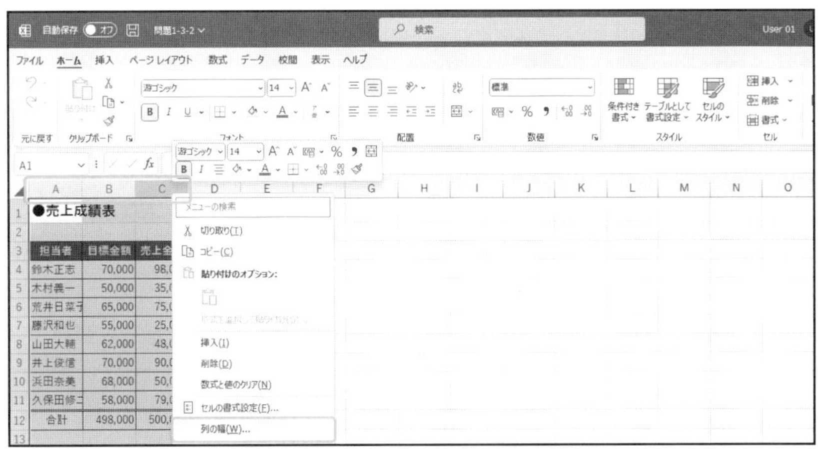

❸ [セルの幅] ダイアログボックスが表示されるので、[列の幅] ボックスの「8.38」が選択されている状態で、「12」と上書き入力します。

❹ [OK] をクリックします。

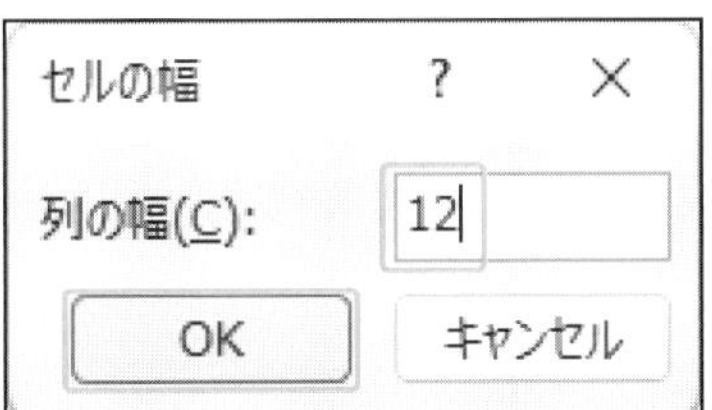

❺ A ～ C 列の列幅が広がります。

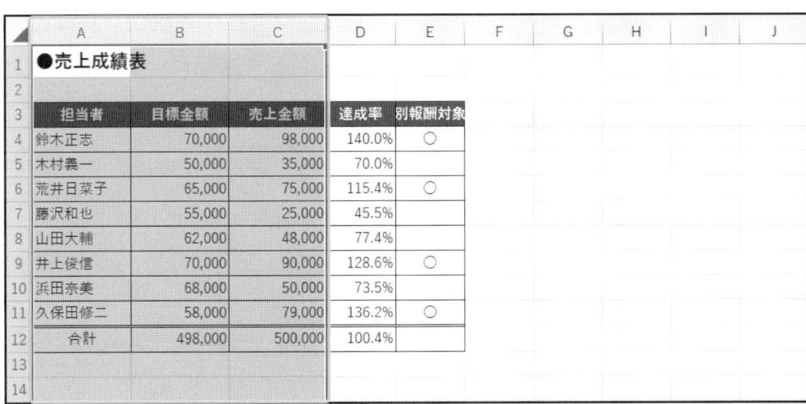

	A	B	C	D	E
1	●売上成績表				
2					
3	担当者	目標金額	売上金額	達成率	別報酬対象
4	鈴木正志	70,000	98,000	140.0%	○
5	木村義一	50,000	35,000	70.0%	
6	荒井日菜子	65,000	75,000	115.4%	○
7	藤沢和也	55,000	25,000	45.5%	
8	山田大輔	62,000	48,000	77.4%	
9	井上俊信	70,000	90,000	128.6%	○
10	浜田奈美	68,000	50,000	73.5%	
11	久保田修二	58,000	79,000	136.2%	○
12	合計	498,000	500,000	100.4%	

❻ E 列の列番号の右の境界線上をポイントし、マウスポインターの形が ✛ になったらダブルクリックします。

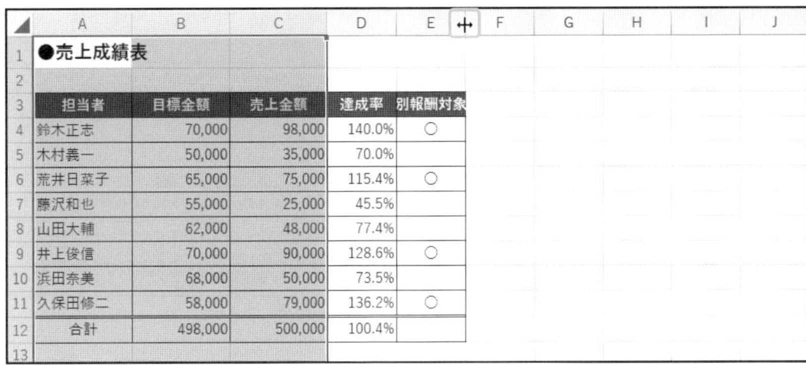

	A	B	C	D	E
1	●売上成績表				
2					
3	担当者	目標金額	売上金額	達成率	別報酬対象
4	鈴木正志	70,000	98,000	140.0%	○
5	木村義一	50,000	35,000	70.0%	
6	荒井日菜子	65,000	75,000	115.4%	○
7	藤沢和也	55,000	25,000	45.5%	
8	山田大輔	62,000	48,000	77.4%	
9	井上俊信	70,000	90,000	128.6%	○
10	浜田奈美	68,000	50,000	73.5%	
11	久保田修二	58,000	79,000	136.2%	○
12	合計	498,000	500,000	100.4%	

⑦E 列の列幅が列内の一番長い文字列（セル E3）の幅に合わせて広がります。

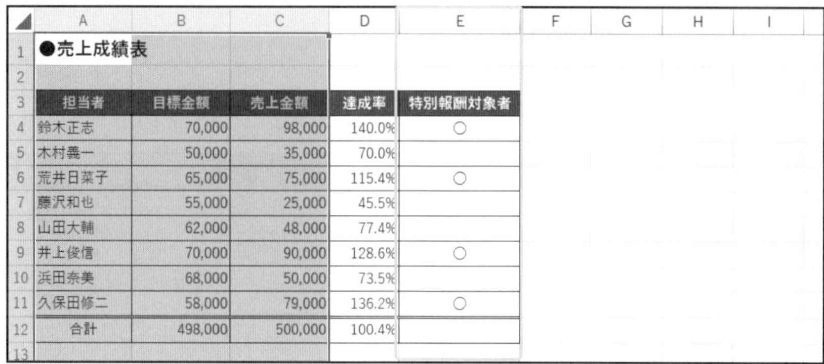

●売上成績表				
担当者	目標金額	売上金額	達成率	特別報酬対象者
鈴木正志	70,000	98,000	140.0%	○
木村義一	50,000	35,000	70.0%	
荒井日菜子	65,000	75,000	115.4%	○
藤沢和也	55,000	25,000	45.5%	
山田大輔	62,000	48,000	77.4%	
井上俊信	70,000	90,000	128.6%	○
浜田奈美	68,000	50,000	73.5%	
久保田修二	58,000	79,000	136.2%	○
合計	498,000	500,000	100.4%	

【操作 2】

⑧行番号 4 ～ 12 をドラッグして、4 ～ 12 行目を選択します。

⑨選択範囲内で右クリックし、ショートカットメニューの[行の高さ]をクリックします。

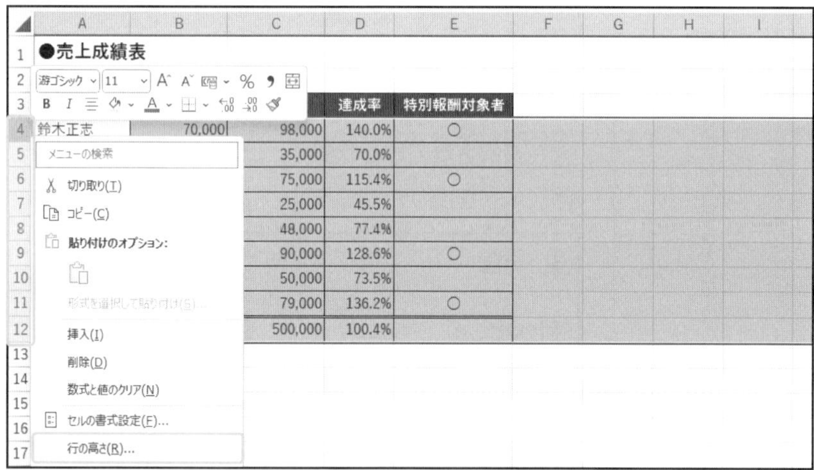

⑩［セルの高さ］ダイアログボックスが表示されるので、［行の高さ］ボックスにカーソルが表示されていることを確認し、「22」と入力します。

⑪［OK］をクリックします。

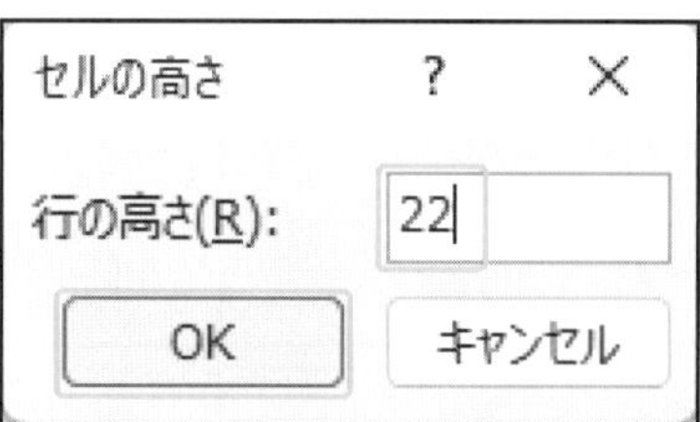

⑫4 ～ 12 行目の行の高さが広がります。

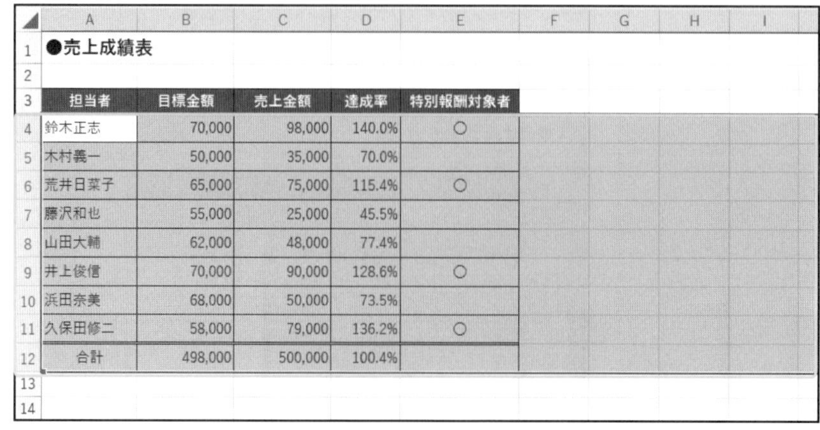

●売上成績表				
担当者	目標金額	売上金額	達成率	特別報酬対象者
鈴木正志	70,000	98,000	140.0%	○
木村義一	50,000	35,000	70.0%	
荒井日菜子	65,000	75,000	115.4%	○
藤沢和也	55,000	25,000	45.5%	
山田大輔	62,000	48,000	77.4%	
井上俊信	70,000	90,000	128.6%	○
浜田奈美	68,000	50,000	73.5%	
久保田修二	58,000	79,000	136.2%	○
合計	498,000	500,000	100.4%	

1-3-3 ヘッダーやフッターをカスタマイズする

練習問題

問題フォルダー
└問題 1-3-3.xlsx

解答フォルダー
└解答 1-3-3.xlsx

【操作 1】ヘッダーに「シート名，機密，1 ページ」の形式で表示するフィールドを追加します。

【操作 2】フッターの右側に現在の日付を表示します。

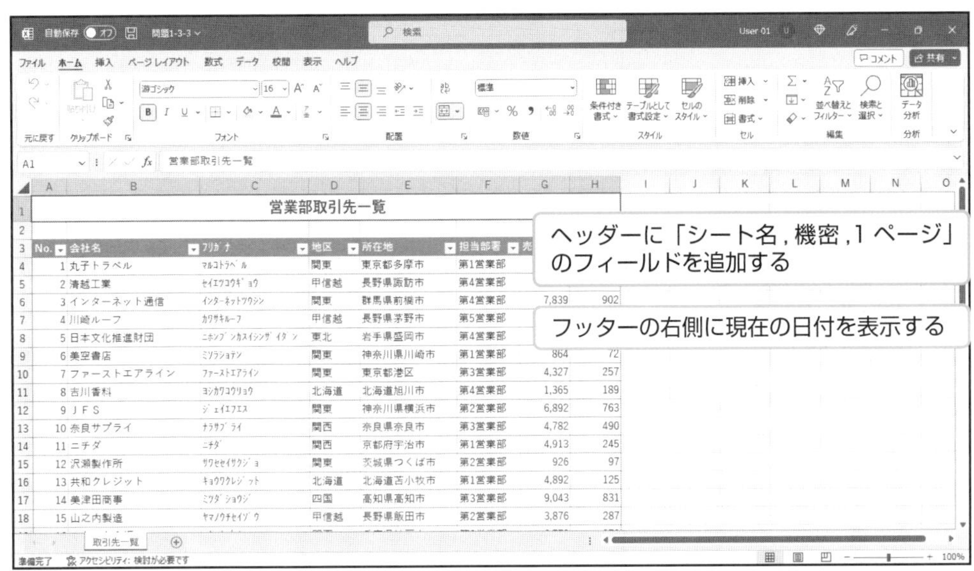

機能の解説

重要用語

- ヘッダー
- フッター
- [テキスト] ボタン
- [ヘッダーとフッター] ボタン
- ページレイアウトビュー
- [ヘッダーとフッター] タブ

ページの上下の余白に日付やページ番号、任意の文字列などを印刷する場合は、ヘッダーやフッターを挿入します。ヘッダーやフッターは [ページ設定] ダイアログボックスの [ヘッダー / フッター] タブでも設定できますが、Excel にあらかじめ登録されている形式のフィールドを追加したり、ページレイアウトを見ながら文字や要素を配置したりするには、[挿入] タブの [テキスト] ボタンをクリックし、[ヘッダーとフッター] ボタンをクリックして、ページレイアウトビューに切り替えます。ヘッダー / フッター領域が表示されるので、文字列を入力したり、[ヘッダーとフッター] タブの各ボタンを使用して要素を追加したりします。

[ヘッダーとフッター] のタブ

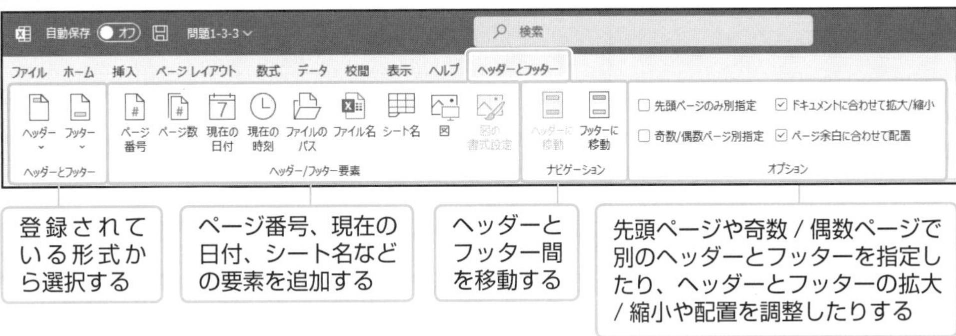

ヒント

フィールド

[ヘッダーとフッター] タブのボタンを使って挿入した要素は、文字ではなく「フィールド」といい、ブックやコンピューターの情報を表示するものです。日付やシート名など元の情報が変更されると、自動的に更新されます。

操作手順

ヒント

[テキスト] ボタン

画面の解像度によっては、[テキスト] ボタンが [テキスト] グループとして展開されている場合があります。

[テキスト] ボタン

その他の操作方法

ヘッダー / フッターの挿入

ヘッダー / フッターの挿入には、[ページレイアウト] タブの [ページ設定] グループ右下の [ページ設定] ボタンをクリックして [ページ設定] ダイアログボックスを表示し、[ヘッダー / フッター] タブで行う方法もあります。

ポイント

[ヘッダーとフッター] タブ

ヘッダー / フッター領域が選択されているときに表示されます。非表示の場合は、ヘッダー / フッターの任意の場所をクリックすると表示されます。

【操作 1】

❶ [挿入] タブの [テキスト] ボタンをクリックし、[ヘッダーとフッター] ボタンをクリックします。

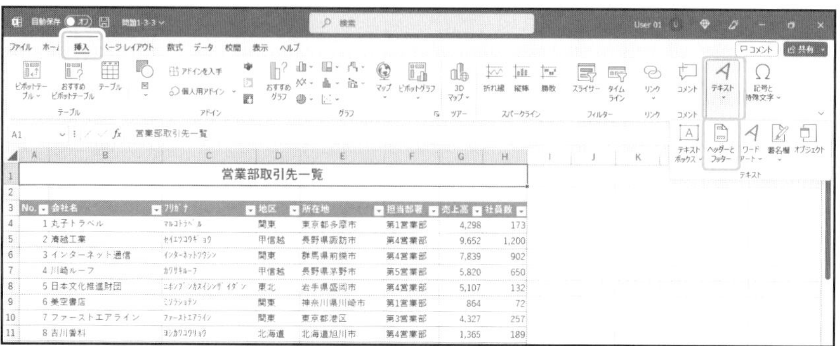

❷ ページレイアウトビューに切り替わり、ヘッダー / フッター領域が表示されます。

❸ [ヘッダーとフッター] タブの [ヘッダー] ボタンをクリックします。

❹ 一覧から [取引先一覧 , 機密 , 1 ページ] をクリックします。

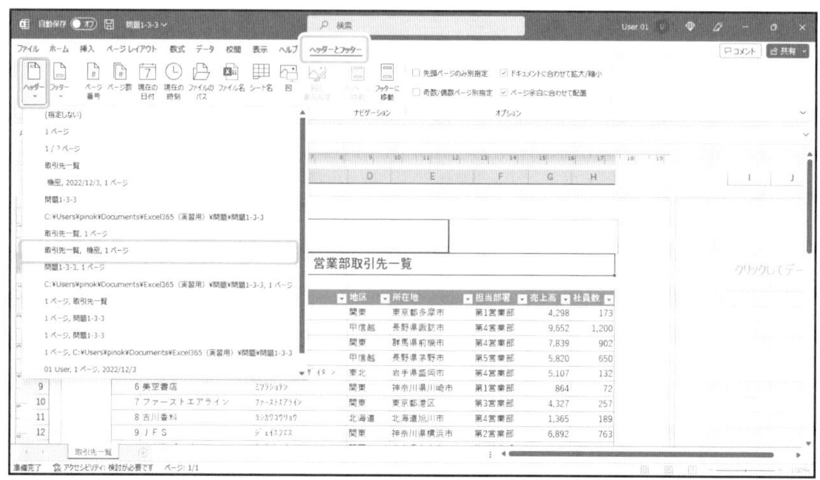

❺ ヘッダーに指定したフィールドが追加されます。

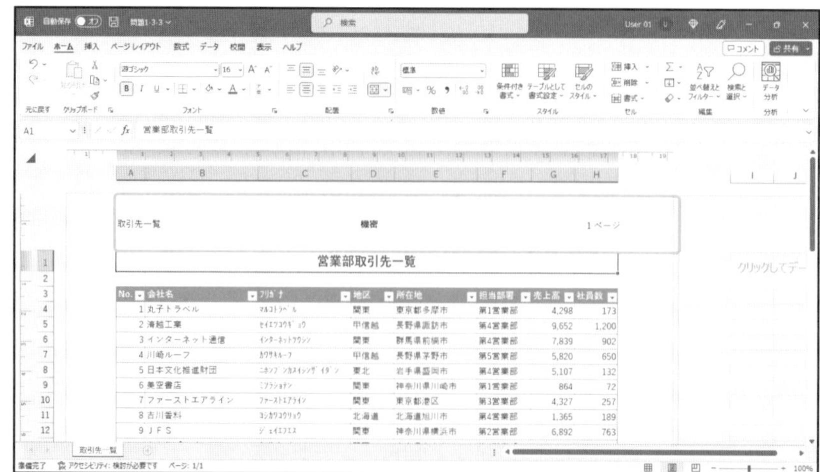

【操作 2】

⑥ 画面をスクロールして、フッターの右側部分をクリックします。

⑦［ヘッダーとフッター］タブの［現在の日付］ボタンをクリックします。

⑧ フッターに「&［日付］」と入力されます。

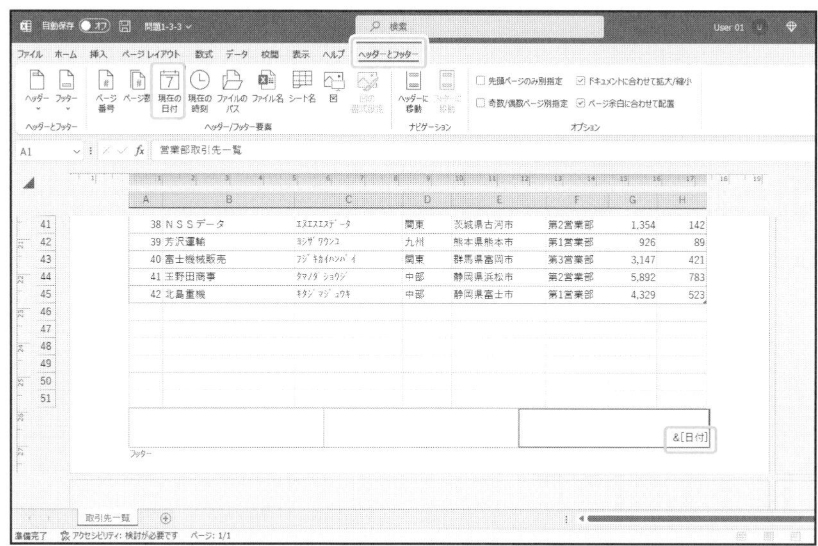

⑨ 任意のセルをクリックして、フッターの選択を解除します。

⑩ フッターに現在の日付が表示されます。

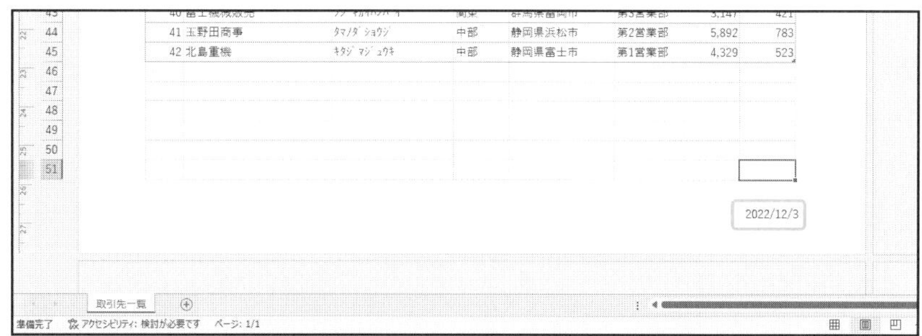

1-4 オプションと表示をカスタマイズする

クイックアクセスツールバーを表示してよく使うコマンドのボタンを追加したり、目的に応じてワークシートの表示を切り替えたりすると、効率よく作業ができます。また、ファイルの情報をプロパティに追加すると、ファイルの検索や整理に役立ちます。

1-4-1 クイックアクセスツールバーを管理する

練習問題

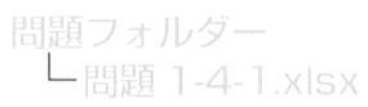
問題フォルダー
└問題 1-4-1.xlsx

解答フォルダー
└解答 1-4-1.xlsx
※ 練習問題の操作をすると、すべてのブックに追加したクイックアクセスツールバーのボタンが表示されますが、解答ファイルはこのブックのみに追加される設定にしています。

【操作 1】リボンにクイックアクセスツールバーを表示します。

【操作 2】クイックアクセスツールバーに、［印刷プレビューと印刷］ボタンと［PDF または XPS 形式で発行］ボタンを追加します。

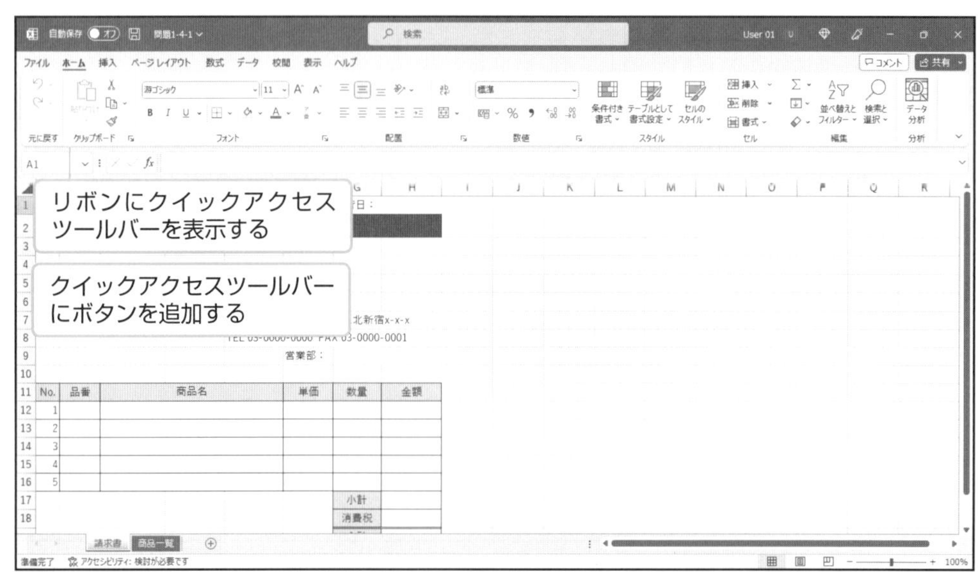

機能の解説

- クイックアクセスツールバー
- ［リボンの表示オプション］ボタン
- ［クイックアクセスツールバーを表示する］
- ［クイックアクセスツールバーのユーザー設定］ボタン
- ［その他のコマンド］

リボンの下もしくは上にクイックアクセスツールバーを表示してよく使うコマンドのボタンを表示することができます。クイックツールバーはリボンのどのタブを使用しているときでも常に表示されていて、この中のボタンはいつでも使うことができます。

クイックアクセスツールバーを表示するには、リボンの右端の ［リボンの表示オプション］ボタンをクリックし、［クイックアクセスツールバーを表示する］をクリックします。リボンの下もしくは上にクイックアクセスツールバーが表示されます。

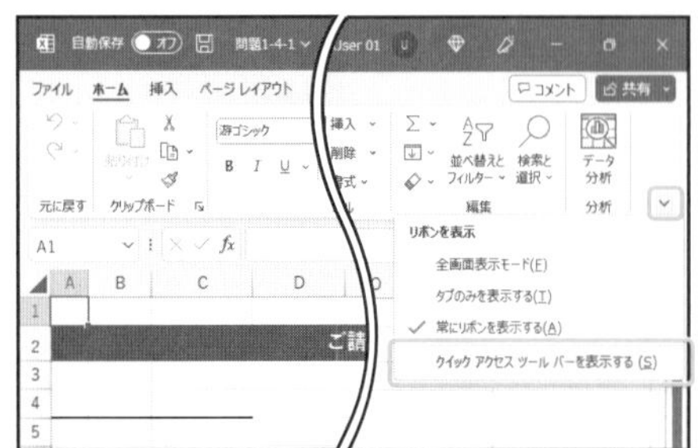

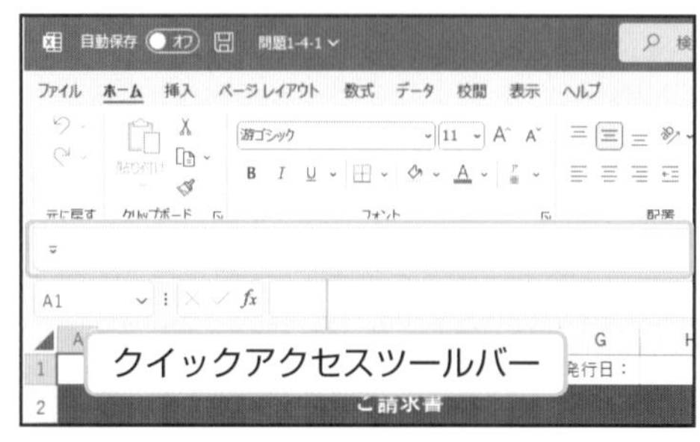

[Excel のオプション] ダイアログボックスの [クイックアクセスツールバー]

[クイックアクセスツールバーのユーザー設定] ボタンをクリックするとコマンドの一覧が表示されます。いずれかをクリックするとクイックアクセスツールバーにそのコマンドのボタンが追加されます。一覧に目的のコマンドがない場合は [その他のコマンド] をクリックします。[Excel のオプション] ダイアログボックスの [クイックアクセスツールバー] が表示され、そこから選択して、任意のコマンドのボタンを追加することができます。

[クイックアクセスツールバーのユーザー設定] ボタンをクリックしたところ

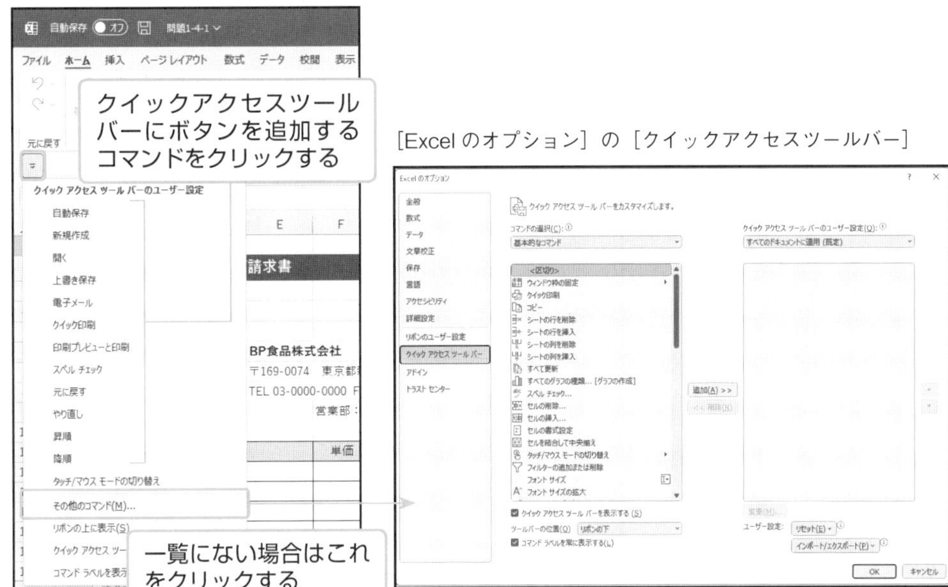

操作手順

【操作 1】

❶ リボンの右端の [リボンの表示オプション] ボタンをクリックします。

❷ [クイックアクセスツールバーを表示する] をクリックします。

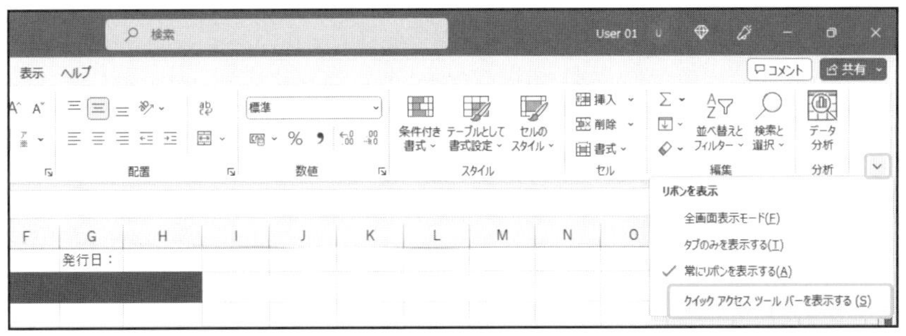

❸ リボンの下もしくは上にクイックアクセスツールバーが表示されます。

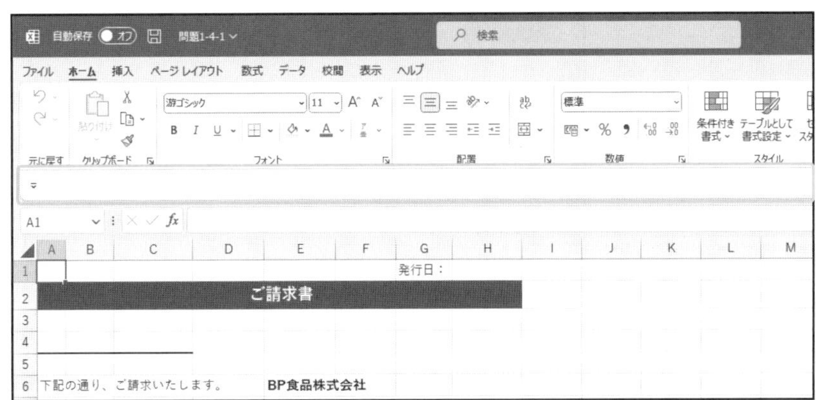

ヒント

クイックアクセスツールバーの表示位置

クイックアクセスツールバーは、環境によってリボンの上 (タイトルバー) に表示されることがあります。これを下に変更する場合は [クイックアクセスツールバーのユーザー設定] ボタンをクリックし、[リボンの下に表示] をクリックします。

【操作 2】

④ クイックアクセスツールバーの ▿［クイックアクセスツールバーのユーザー設定］ボタンをクリックします。

⑤ 一覧から［印刷プレビューと印刷］をクリックします。

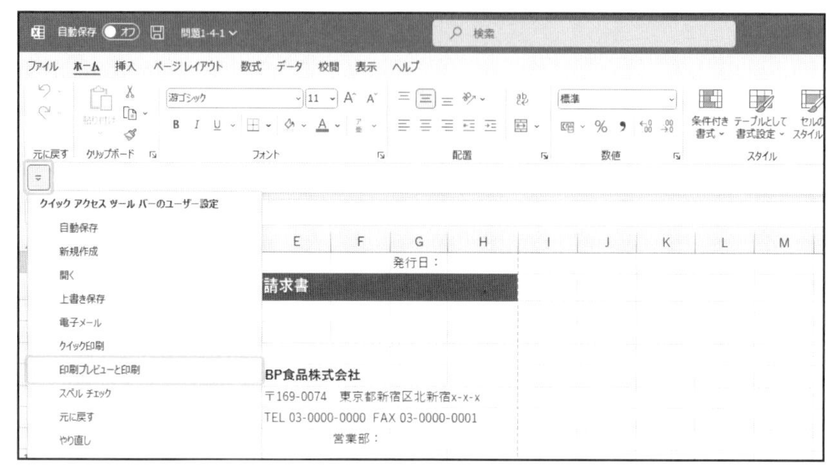

⑥ クイックアクセスツールバーに［印刷プレビューと印刷］ボタンが追加されます。

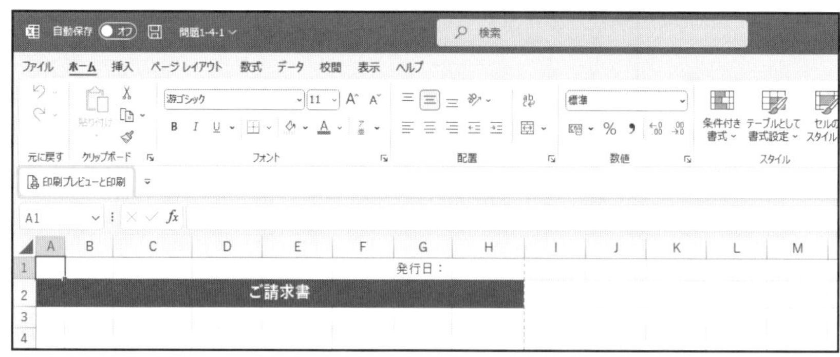

⑦ クイックアクセスツールバーの ▿［クイックアクセスツールバーのユーザー設定］ボタンをクリックします。

⑧ 一覧から［その他のコマンド］をクリックします。

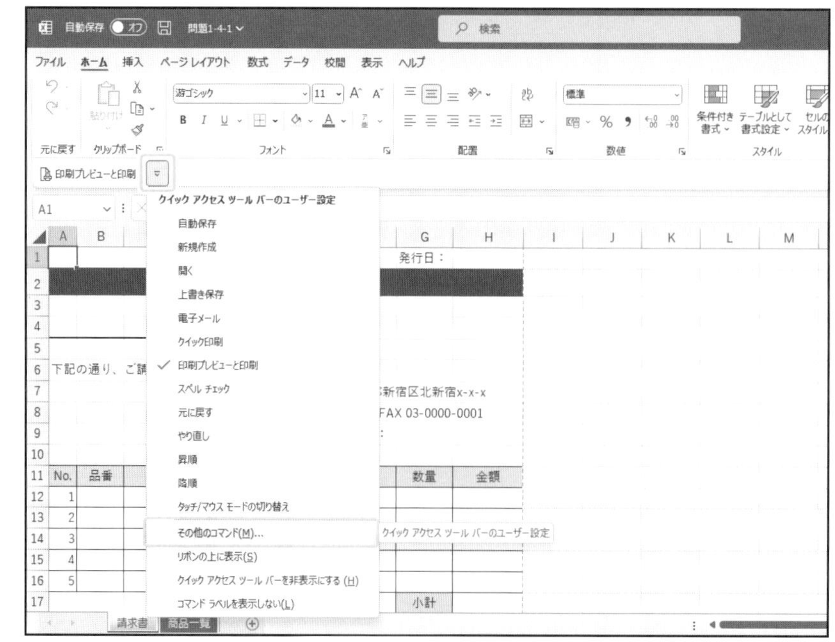

ヒント

コマンドラベルの非表示

クイックアクセスツールバーのボタンのコマンド名を非表示にして、アイコンだけを表示する場合は、▿［クイックアクセスツールバーのユーザー設定］ボタンをクリックし、［コマンドラベルを表示しない］をクリックします。

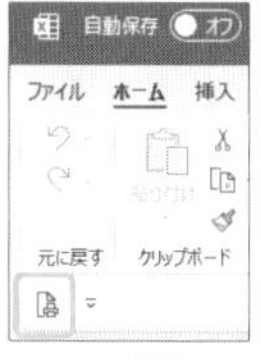

コマンドラベルが非表示の状態の［印刷プレビューと印刷］ボタン

ヒント

クイックアクセスツールバーのボタンの削除

チェックが付いているのはクイックアクセスツールバーに表示されているコマンドです。クリックしてチェックを外すと、クイックアクセスツールバーのボタンが削除されます。

❾［Excel のオプション］ダイアログボックスの［クイックアクセスツールバー］が表示されるので、［コマンドの選択］ボックスの▼をクリックします。

❿一覧から［ファイルタブ］をクリックします。

⓫下側のボックスの一覧から［PDF または XPS 形式で発行］をクリックします。

⓬［追加］をクリックします。

⓭右側のボックスに［PDF または XPS 形式で発行］が追加されます。

⓮［OK］をクリックします。

⓯クイックアクセスツールバーに［PDF または XPS］ボタンが追加されます。

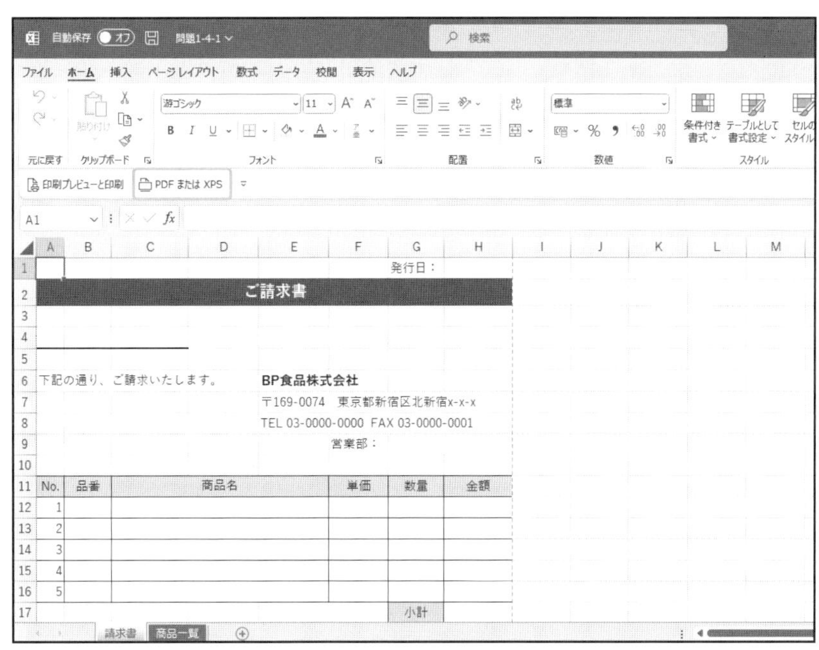

※解答操作が終了したら、クイックアクセスツールバーに追加した［印刷プレビューと印刷］ボタンと［PDF または XPS］ボタンを削除して、元の環境に戻します。

ポイント
コマンドの選択

［コマンドの選択］ボックスは初期値では［基本的なコマンド］が表示されています。下側のボックスの一覧に目的のコマンドがない場合は▼をクリックし、コマンドのあるリボンのタブがわかる場合はタブを指定します。タブが不明な場合やリボンにないコマンドを選ぶ場合は［すべてのコマンド］を指定します。

ヒント
ブックを指定して追加

［クイックアクセスツールバーのユーザー設定］ボックスは既定値では［すべてのドキュメントに適用（既定）］となっていて、追加したボタンはすべてのブックに表示されます。このボックスの▼をクリックし、［(ファイル名).xlsx に適用］をクリックしてから、ボタンの追加の操作を行うと、そのブックだけに表示されます。

その他の操作方法
クイックアクセスツールバーのボタンの追加

リボンにあるコマンドを追加する場合は、リボンのボタンを右クリックし、ショートカットメニューの［クイックアクセスツールバーに追加］をクリックします。

ヒント
クイックアクセスツールバーのボタンの削除

クイックアクセスツールバーのボタンを右クリックし、ショートカットメニューの［クイックアクセスツールバーから削除］をクリックします。

ヒント
クイックアクセスツールバーの非表示

クイックアクセスツールバーを非表示にする場合は、［クイックアクセスツールバーのユーザー設定］ボタンをクリックし、［クイックアクセスツールバーを非表示にする］をクリックします。

第1章 ワークシートやブックの管理

1-4-2 シートを異なるビューで表示する、変更する

練習問題

問題フォルダー
└問題 1-4-2.xlsx

解答フォルダー
└解答 1-4-2.xlsx

【操作 1】ワークシート「案内」をページレイアウトビューで表示します。

【操作 2】ワークシート「予約表 4 月」を改ページプレビューで表示し、A 列を除いた印刷範囲が 1 ページに収まるように改ページ位置を変更します。

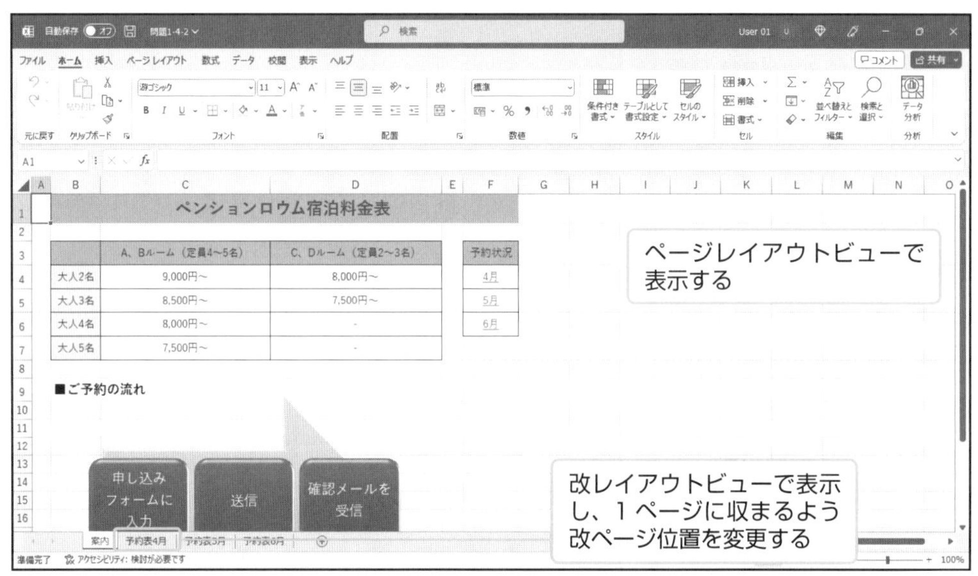

機能の解説

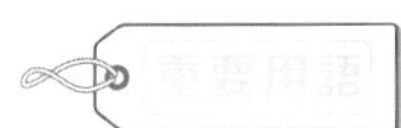

重要用語

- 標準ビュー
- ページレイアウトビュー
- 改ページプレビュー
- [ページレイアウト] ボタン
- [改ページプレビュー] ボタン
- [改ページ] ボタン
- [標準] ボタン

ワークシートの表示には、標準ビュー、ページレイアウトビュー、改ページプレビューの 3 種類のモードが用意されていて、必要に応じて切り替えることができます。

ページレイアウトビューは、印刷結果に近いイメージで表示するモードです。ページレイアウトビューでは、用紙の余白部分も表示されるので、ヘッダーやフッターを確認でき、ヘッダーやフッターの領域をクリックすると編集が可能になります。ページレイアウトビューに切り替えるには、[表示] タブの ページレイアウト [ページレイアウト] ボタンをクリックします。

ページレイアウトビュー

改ページプレビューでは、印刷範囲のみが表示され、改ページされる位置を確認することができます。また、印刷範囲や改ページの位置はマウスのドラッグ操作で変更することができます。改ページ位置を変更すると、その範囲に収まるように自動的に縮小率が設定されます。
改ページプレビューに切り替えるには、[表示] タブの [改ページプレビュー] ボタンをクリックします。

改ページプレビュー

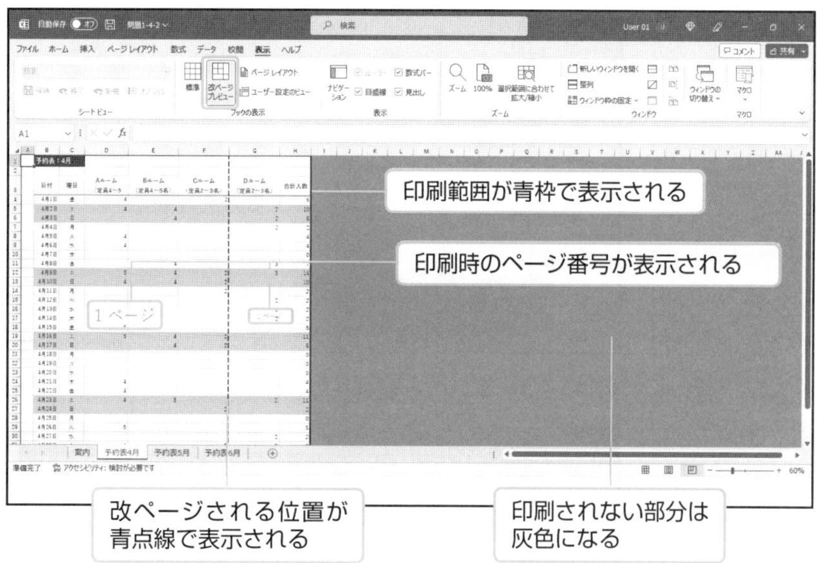

任意の位置で改ページする場合は、改ページしたときに次ページの先頭になる行や列を選択し、[ページレイアウト] タブの [改ページ] ボタンをクリックして、[改ページの挿入] をクリックします。選択した行の上や、列の左に改ページを示す境界線が引かれます。この操作は、標準ビューやページレイアウトビューでも行うことができます。

[改ページ] ボタン

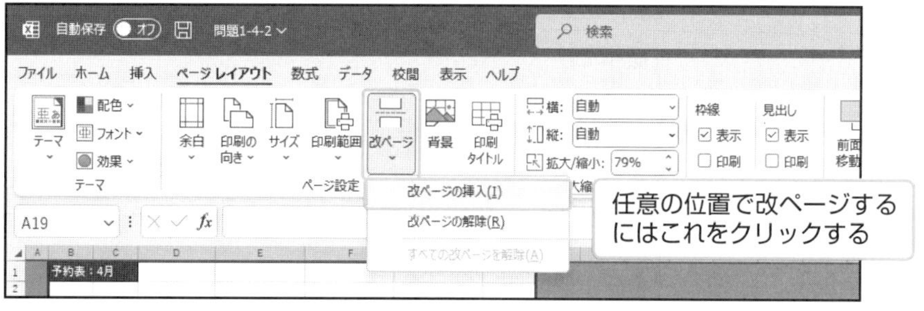

初期値の標準ビューに戻すには、[表示] タブの [標準] ボタンをクリックします。
なお、ブックの表示の切り替えはステータスバーにある表示選択ショートカットのボタンを使っても行えます。

表示選択ショートカット

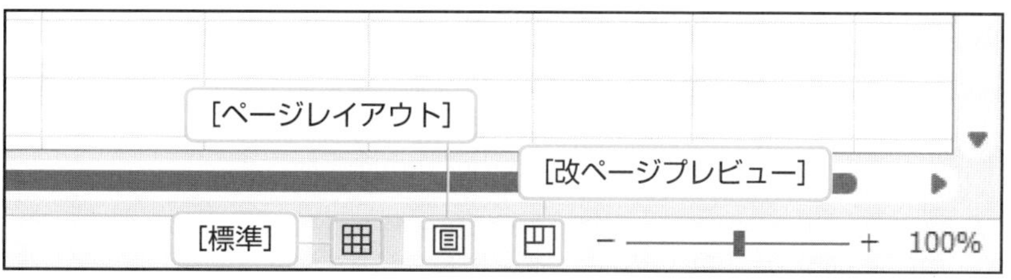

操作手順

【操作 1】

❶ワークシート「案内」が表示されていることを確認します。

❷[表示] タブの [ページレイアウト] [ページレイアウト] ボタンをクリックします。

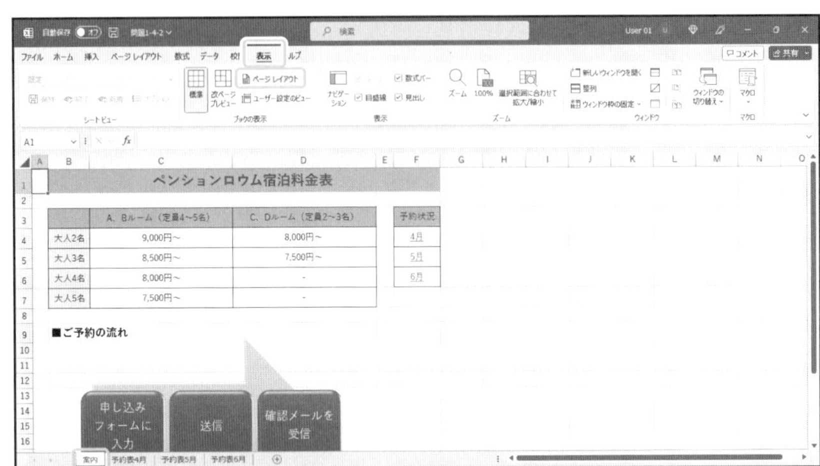

❸ページレイアウトビューで表示されます。

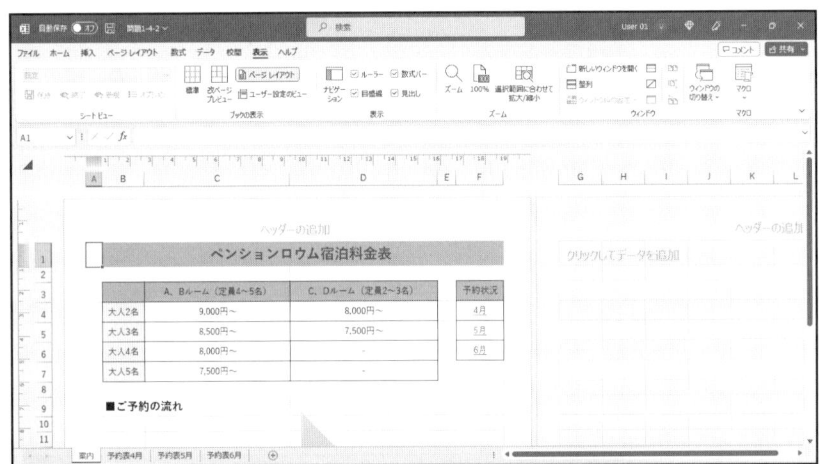

【操作 2】

❹ワークシート「予約表 4 月」のシート見出しをクリックします。

❺[表示] タブの [改ページプレビュー] [改ページプレビュー] ボタンをクリックします。

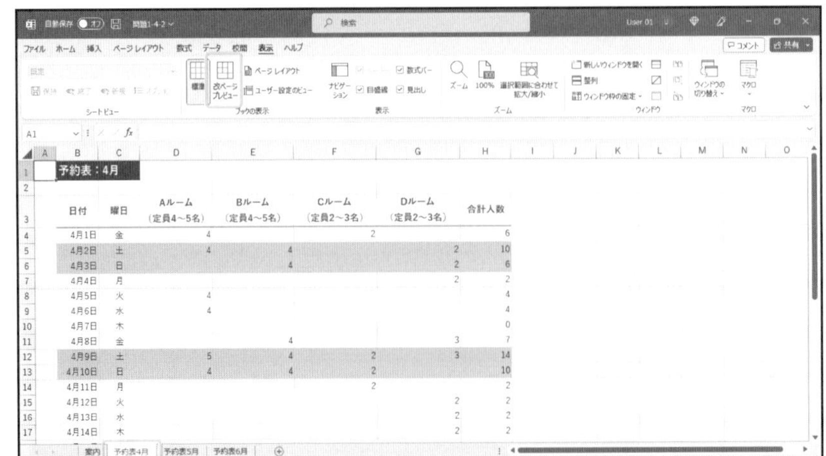

❻ 改ページプレビューで表示されます。

❼ A 列の左側の印刷範囲を表す青線をポイントし、マウスポインターの形が ↔ に変わったら、A 列と B 列の境界線までドラッグします。

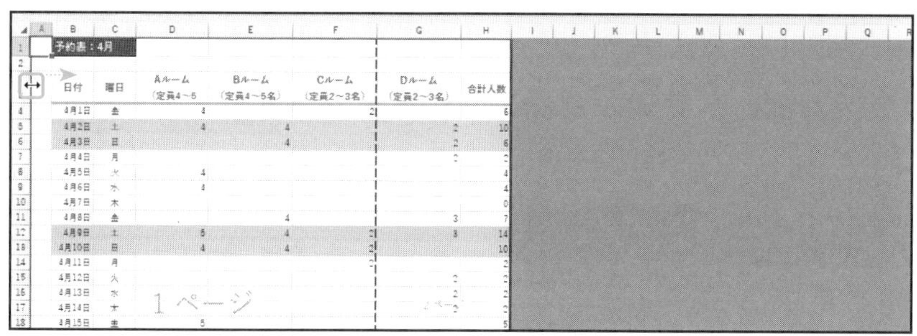

❽ F 列と G 列の間の改ページ位置を示す青点線をポイントし、マウスポインターの形が ↔ に変わったら、H 列と I 列の間の印刷範囲を表す青線までドラッグします。

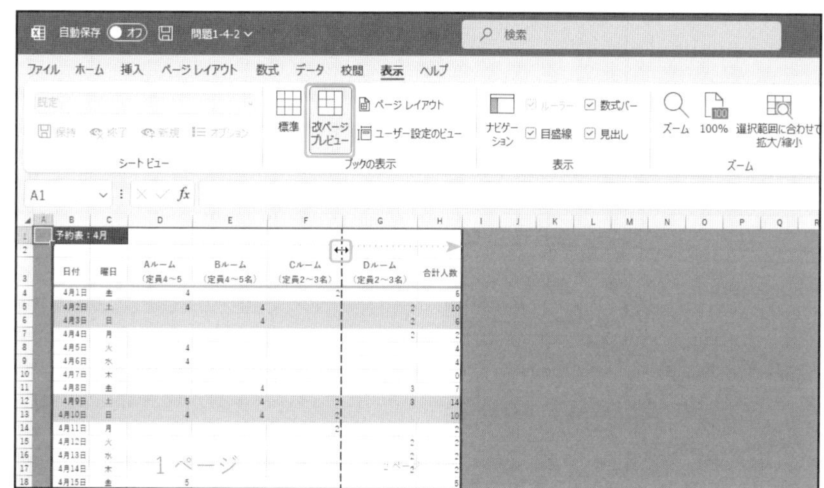

❾ 画面を下方向にスクロールして印刷範囲が 1 ページに収まっていることを確認します。

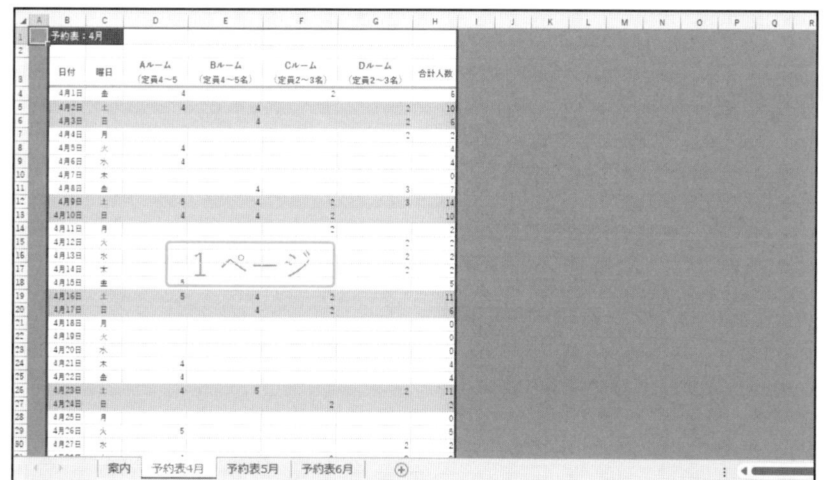

ヒント

印刷範囲や改ページ位置

登録しているプリンターやワークシートの編集操作によって、印刷範囲や改ページ位置を示す境界線の表示位置が誌面と異なる場合があります。

ヒント

縮小率の確認

改ページ位置を変更したことによって変更された縮小率は、[ページレイアウト] タブの [拡大 / 縮小] ボックスで確認できます。

1-4-3 ワークシートの行や列を固定する

練習問題

問題フォルダー
└問題 1-4-3.xlsx

解答フォルダー
└解答 1-4-3.xlsx

ウィンドウ枠を固定して1～3行目までが常に表示されるようにし、スクロールして41行目以降を表示します。

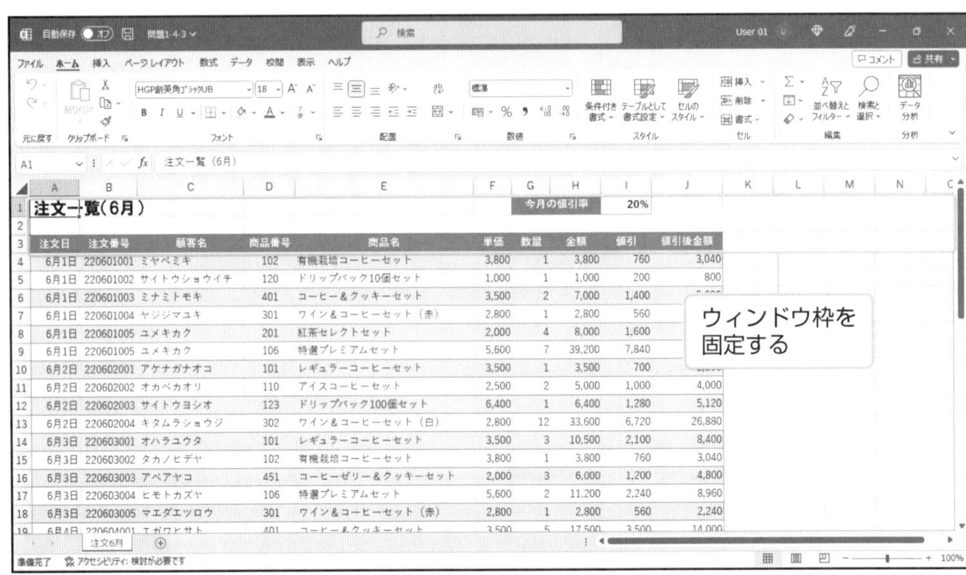

機能の解説

- ウィンドウ枠の固定
- [ウィンドウ枠の固定]ボタン
- [ウィンドウ枠の固定]

大きな表をスクロールしても、ワークシートの特定の行や列が常に表示されるように設定することができます。この機能をウィンドウ枠の固定といいます。大きな表のタイトルや見出しを常に表示させたいときに使用します。行を選択してウィンドウ枠を固定するとその行より上の行が、列を選択して固定するとその列より左の列が、セルを選択して固定するとそのセルより上の行と左の列が、常に表示されるようになります。
ウィンドウ枠を固定するには、[表示]タブの ウィンドウ枠の固定 [ウィンドウ枠の固定]ボタンをクリックし、[ウィンドウ枠の固定]をクリックします、固定される行や列とスクロールできる行や列の区切りに境界線が表示されます。

1～3行目のウィンドウ枠が固定された状態

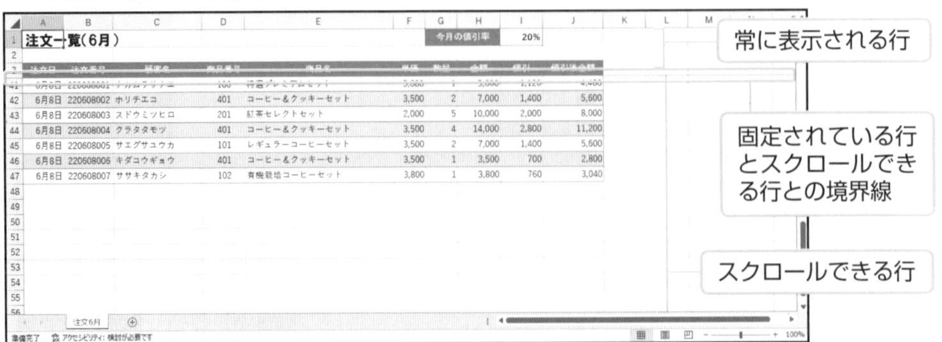

操作手順

❶ 行番号 4 をクリックして、4 行目を選択します。

❷［表示］タブの ［ウィンドウ枠の固定］ボタンをクリックします。

❸ 一覧から［ウィンドウ枠の固定］をクリックします。

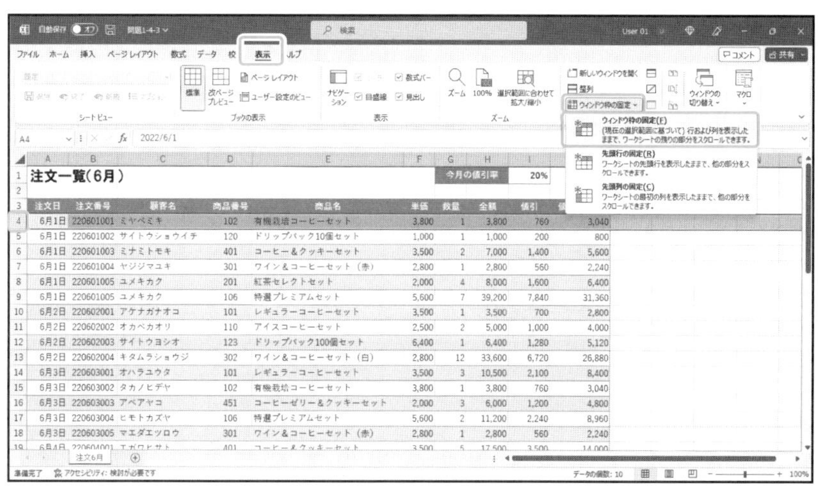

❹ 任意のセルをクリックし、行の選択を解除します。

❺ 3 行目と 4 行目の間に境界線が表示されたことを確認します。

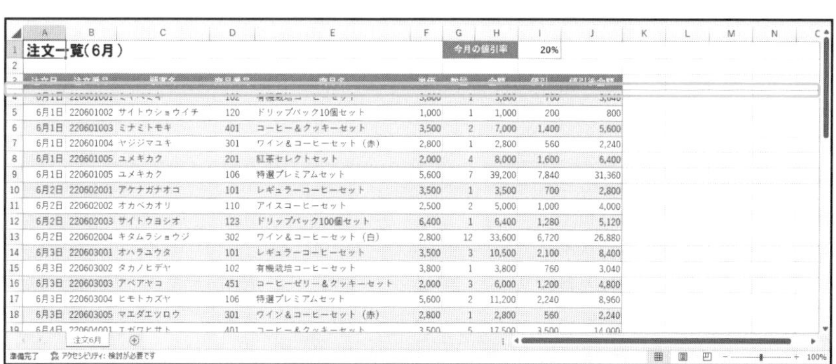

❻ スクロールバーの▼をクリックするかスクロールボックスをドラッグして、41 行目以降を表示します。

❼ スクロールしても、1 ～ 3 行目は常に表示されていることを確認します。

ヒント

先頭行 / 先頭列の固定

ワークシートに表示されている先頭行や先頭列を固定する場合は、［ウィンドウ枠の固定］ボタンの一覧から［先頭行の固定］または［先頭列の固定］をクリックします。この場合、行や列の選択は不要です。

ヒント

ウィンドウ枠の固定の解除

設定されているウィンドウ枠の固定を解除するには、 ［ウィンドウ枠の固定］ボタンをクリックし、一覧から［ウィンドウ枠固定の解除］をクリックします。ウィンドウ枠が固定されている場合は［ウィンドウ枠の固定］コマンドが［ウィンドウ枠固定の解除］コマンドに変わります。

1-4-4 ウィンドウを分割する

練習問題

問題フォルダー
└問題 1-4-4.xlsx

解答フォルダー
└解答 1-4-4.xlsx

ウィンドウを上下に分割して、上のウィンドウには 1 ～ 9 行目、下のウィンドウには 41 行目以降を表示します。

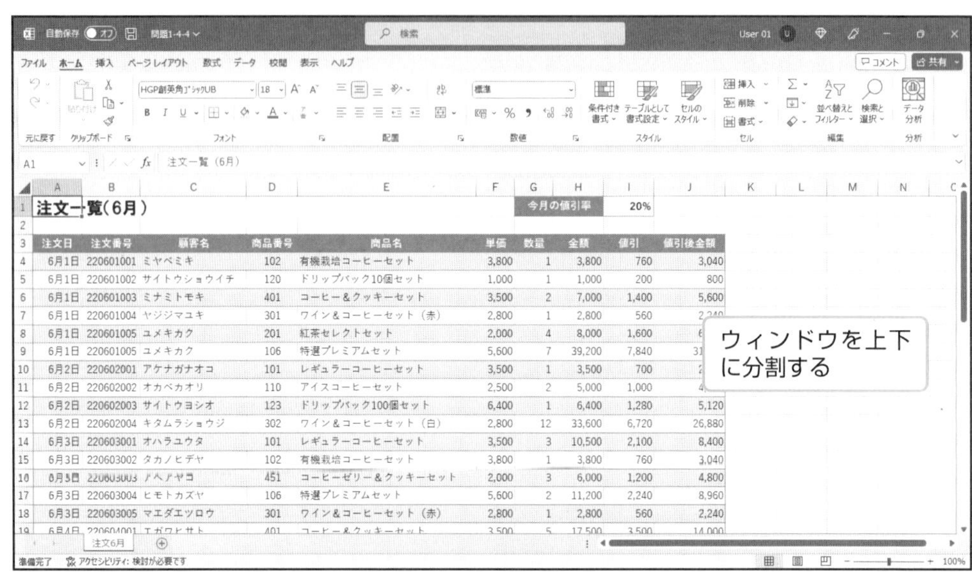

機能の解説

- ウィンドウの分割
- ［分割］ボタン
- 分割バー

ワークシートは、上下または左右にウィンドウを分割して表示することができます。各ウィンドウには、同じワークシートの異なる部分を表示できるので、ワークシート上の離れた場所にあるデータを同時に表示することができます。

行を選択してウィンドウを分割するとその行の上で上下に分割され、列を選択して分割するとその列の左で左右に分割されます。セルを選択して分割するとそのセルの上と左で上下左右に 4 分割されます。

ウィンドウを分割するには、基点となる位置をクリックして、［表示］タブの ［分割］ボタンをクリックします。分割した位置に分割バーが表示され、ウィンドウが分割されます。

ヒント

左端のセルを選択した場合

表示されている左端のセルを選択して分割した場合は上下に分割されます。

［分割］ボタンをクリックして分割バーを表示した状態

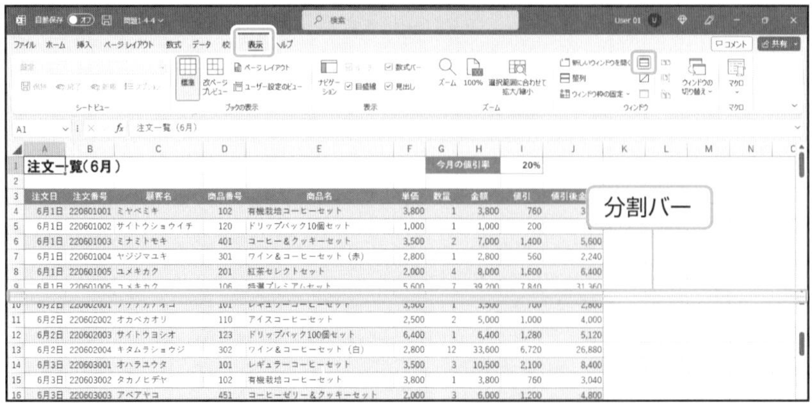

分割バーの位置は後から変更することも可能です。分割バーをポイントし、マウスポインターの形が ⇕ または ⇔ に変わったら、変更したい位置にドラッグします。

操作手順

❶ 行番号 10 をクリックして、10 行目を選択します。

❷［表示］タブの ⊟［分割］ボタンをクリックします。

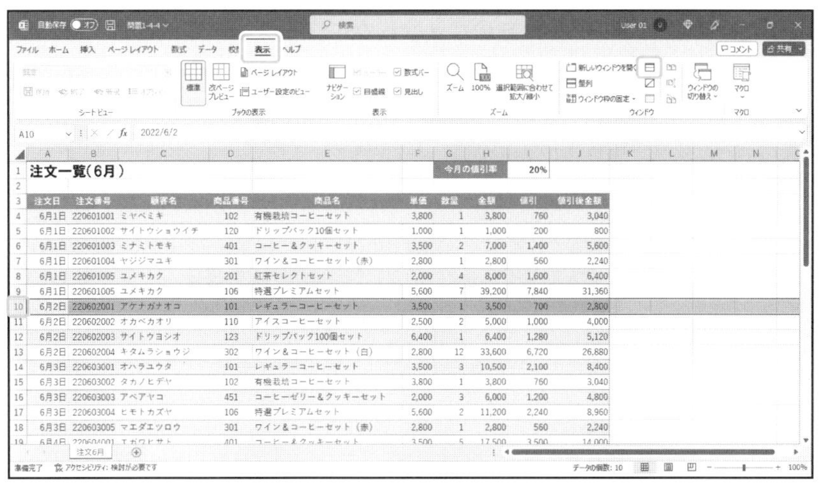

❸ 任意のセルをクリックして、行の選択を解除します。

❹ 9 行目と 10 行目の間に分割バーが表示されて、ウィンドウが分割されたことを確認します。

分割の解除

ウィンドウの分割を解除するには、［表示］タブの ⊟［分割］ボタンをクリックしてオフにするか、分割バーをポイントし、マウスポインターの形が ⇕ または ⇔ に変わったらダブルクリックします。

❺ 下のウィンドウのスクロールバーの▼をクリックするかスクロールボックスをドラッグして、41 行目以降を表示します。

1-4-5 ウィンドウを整列する

練習問題

問題フォルダー
└問題 1-4-5.xlsx

解答フォルダー
└解答 1-4-5.xlsx

【操作 1】新しいウィンドウを開きます。
【操作 2】ウィンドウを左右に並べて表示し、左のウィンドウにワークシート「請求書」、右のウィンドウにワークシート「商品一覧」を表示します。

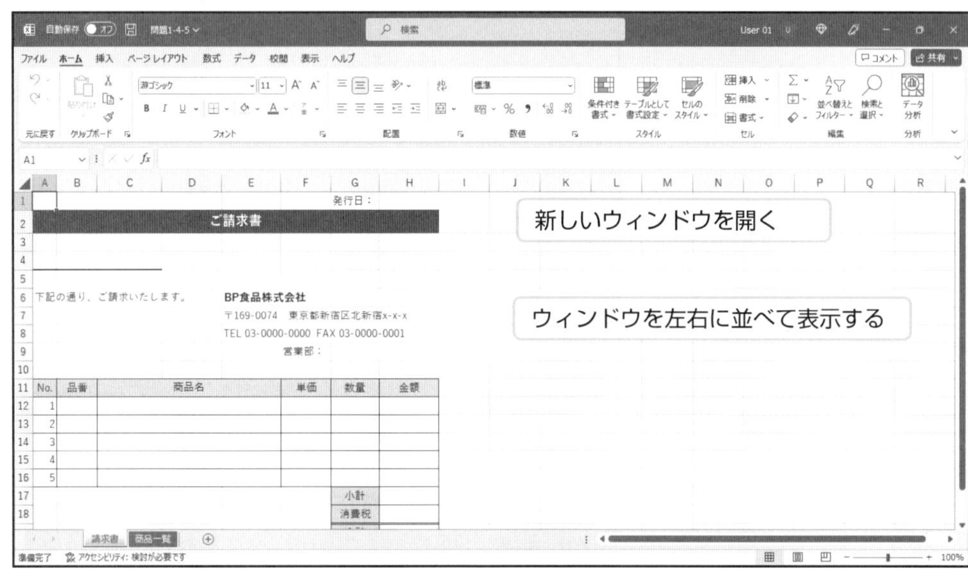

機能の解説

- ウィンドウを並べて表示
- ［整列］ボタン
- ［ウィンドウの整列］ダイアログボックス
- 新しいウィンドウ
- ［新しいウィンドウを開く］ボタン

複数のブックを開いている場合、各ブックのウィンドウを並べて表示することができます。表示したいブックを開き、［表示］タブの［整列］ボタンをクリックします。［ウィンドウの整列］ダイアログボックスが表示されるので、整列方法を指定します。なお、最小化されているウィンドウは、整列の対象になりません。

［ウィンドウの整列］ダイアログボックス

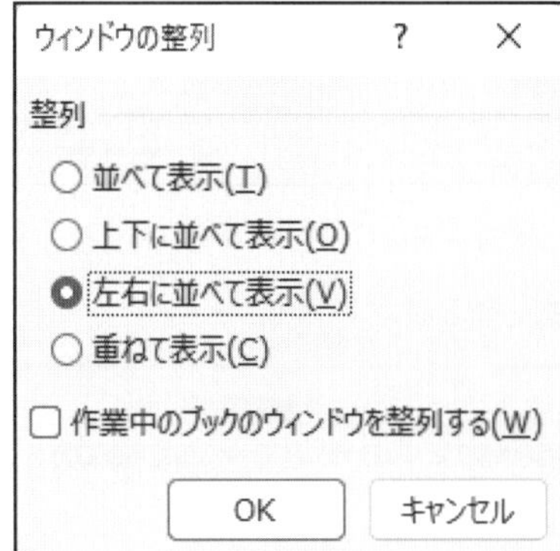

同一のブック内の別のワークシートを別のウィンドウとして並べて表示することもできます。それには作業中のブックを新しいウィンドウで開き、ウィンドウを整列します。新しいウィンドウを開くには、[表示] タブの 新しいウィンドウを開く [新しいウィンドウを開く] ボタンをクリックします。新しいウィンドウを開くと、タイトルバーのファイル名の右側に「-1」「-2」のような連番が表示され、それぞれのウィンドウを区別することができます。どのウィンドウで作業しても、作業結果はブックに反映されます。

操作手順

【操作 1】

❶ [表示] タブの 新しいウィンドウを開く [新しいウィンドウを開く] ボタンをクリックします。

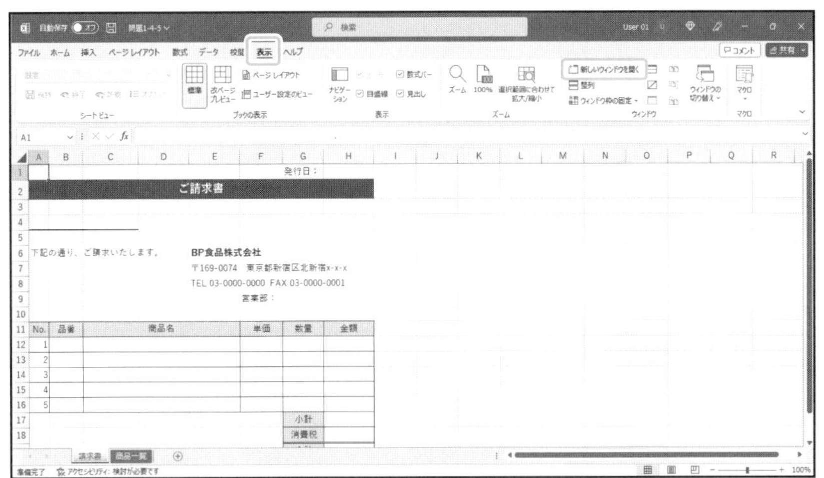

❷ タイトルバーのファイル名の右側に「-2」と表示され、新しいウィンドウが表示されたことが確認できます。

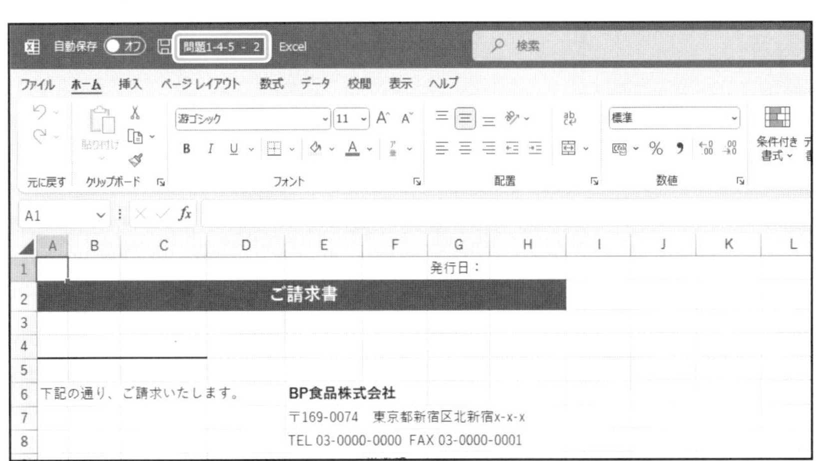

ヒント

ウィンドウを閉じる

ここでいずれかのウィンドウの × [閉じる] ボタンをクリックすると、残ったウィンドウのタイトルバーからは「-1」や「-2」の表示が消えます。

【操作 2】

❸ [表示] タブの 整列 [整列] ボタンをクリックします。

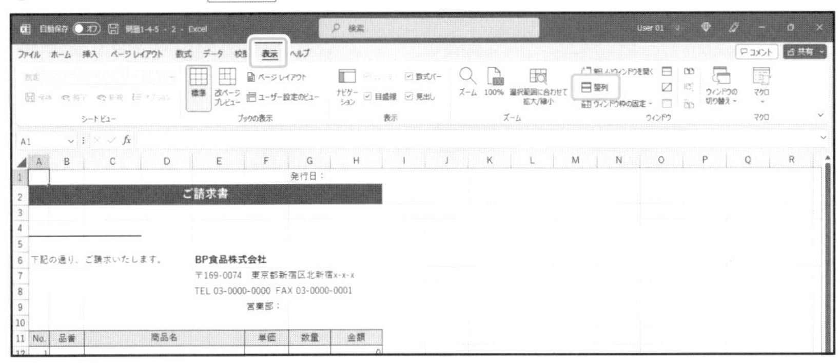

❹［ウィンドウの整列］ダイアログボックスが表示されるので、［整列］の［左右に並べて表示］をクリックします。

❺［OK］をクリックします。

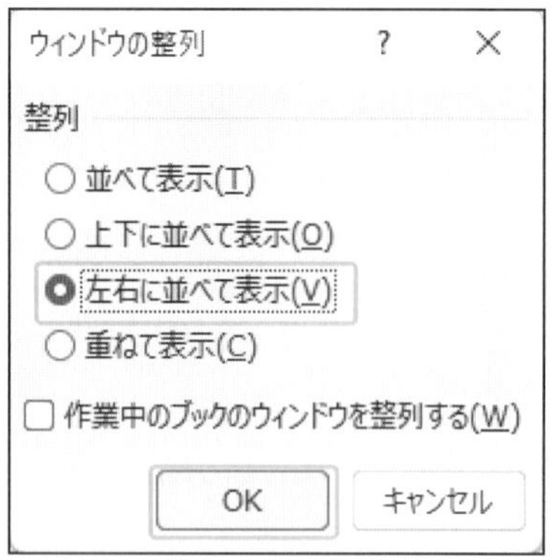

❻左右のウィンドウともワークシート「請求書」が表示されていることを確認します。

❼右のウィンドウ内のコマンド以外の場所をクリックしてアクティブにします。

❽ワークシート「商品一覧」のシート見出しをクリックします。

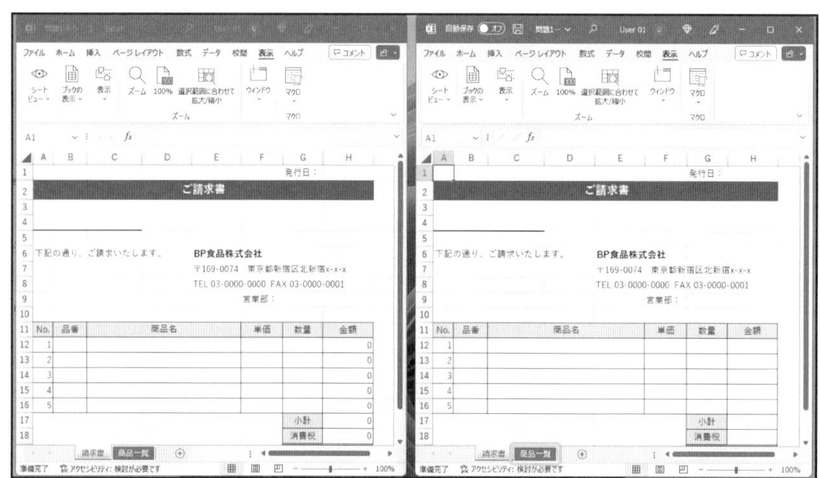

❾右のウィンドウにワークシート「商品一覧」が表示されます。

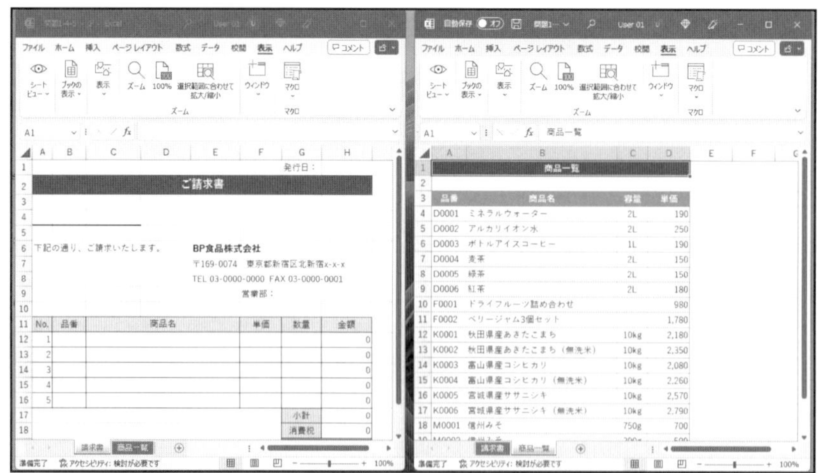

ヒント

［並べて表示］と［左右に並べて表示］の違い

開いているウィンドウが２つの場合は、［並べて表示］をクリックしても、ウィンドウが左右に並べて表示されます。開いているウィンドウが３つ以上の場合は、［左右に並べて表示］をクリックするとウィンドウが左右に並べて表示されるのに対し、［並べて表示］をクリックすると左右と上下に並べて表示されます。

ヒント

［作業中のウィンドウを整列する］チェックボックス

同じブックのウィンドウを複数開いていて、別のブックも開いている場合に、このチェックボックスをオンにすると作業中のブックのウィンドウのみが整列されます。オフの場合は、別のブックのウィンドウも整列されます。

1-4-6 ブックの組み込みプロパティを変更する

練習問題

問題フォルダー
└問題 1-4-6.xlsx

解答フォルダー
└解答 1-4-6.xlsx

【操作 1】ブックのプロパティのタイトルを「請求書」にします。
【操作 2】ブックのプロパティの会社名を「BP 食品」にします（「BP」は半角英大文字）。

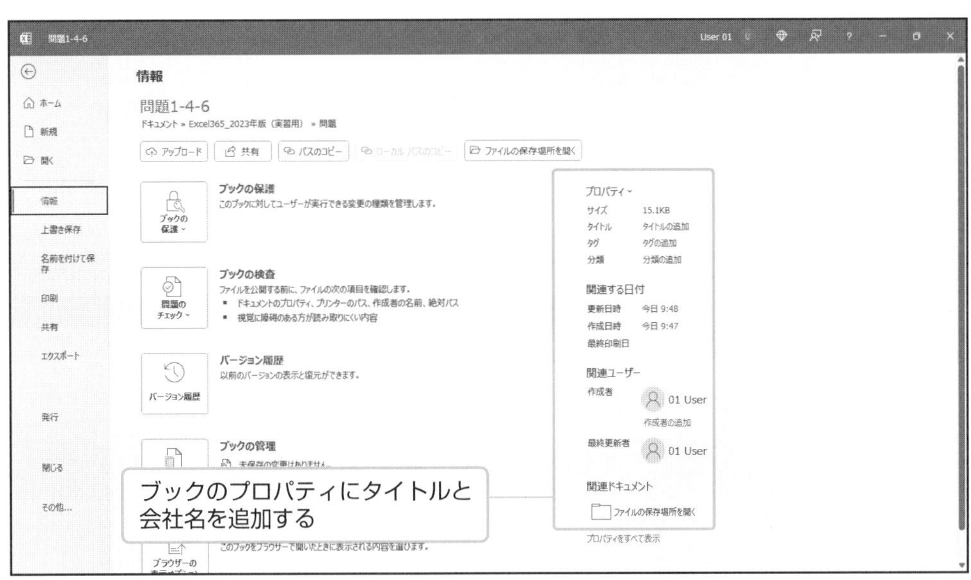

機能の解説

- ブックのプロパティ
- ［情報］画面
- ［プロパティをすべて表示］

プロパティとは、シートに保存されているデータとは別に、ブックの属性として記録される各種の情報のことです。ファイルサイズ、更新日時や作成日時、作成者や最終更新者などは自動的に設定されます。タイトル、サブタイトル、会社名、コメントなどは必要に応じてユーザーが設定します。ブックのプロパティは、［ファイル］タブをクリックし、［情報］をクリックして表示される［情報］画面で確認と設定ができます。初期状態では一部のプロパティの内容しか表示されませんが、［プロパティをすべて表示］をクリックすると、すべての情報を表示、確認できます。情報の種類によっては、ここでその値を入力または変更することができます。

［情報］画面の［プロパティ］

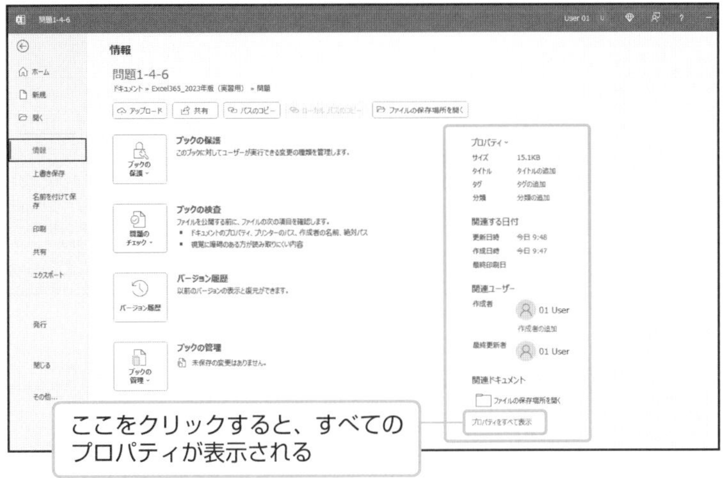

操作手順

【操作 1】

❶［ファイル］タブをクリックします。

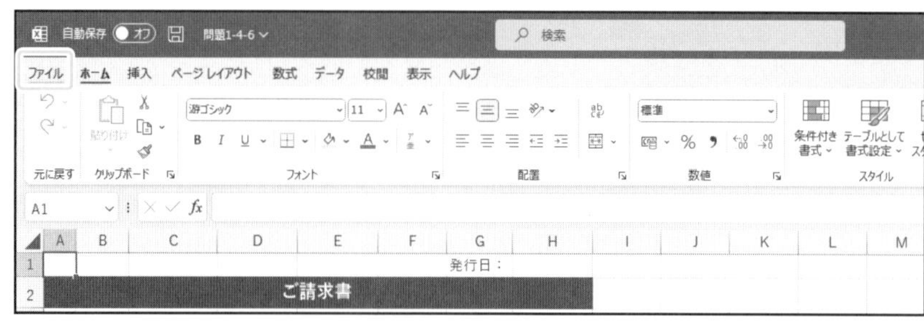

❷［情報］をクリックします。

❸［情報］画面が表示されます。

❹［プロパティ］の［タイトル］の［タイトルの追加］をクリックします。

❺「請求書」と入力します。

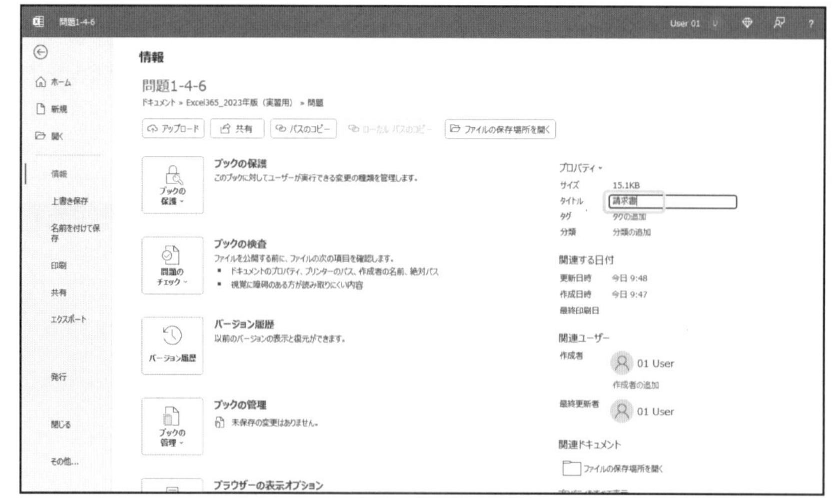

その他の操作方法

プロパティの表示

プロパティはフォルダーウィンドウでも確認できます。エクスプローラーで目的のファイルが保存されているフォルダーウィンドウを開き、［表示］ボタンをクリックし、［表示］の［詳細ウィンドウ］をクリックします。ファイルの一覧からファイルをクリックすると、右側の詳細ウィンドウにプロパティが表示されます。
または、ファイルを右クリックし、ショートカットメニューの［プロパティ］をクリックすると、[（ファイル名）のプロパティ］ダイアログボックスが表示されます。その［全般］タブや［詳細］タブで、各プロパティの情報を確認できます。

【操作 2】

❻［プロパティ］の一番下の［プロパティをすべて表示］をクリックします。

❼すべてのプロパティが表示されます。

❽［会社］の［会社名の指定］をクリックします。

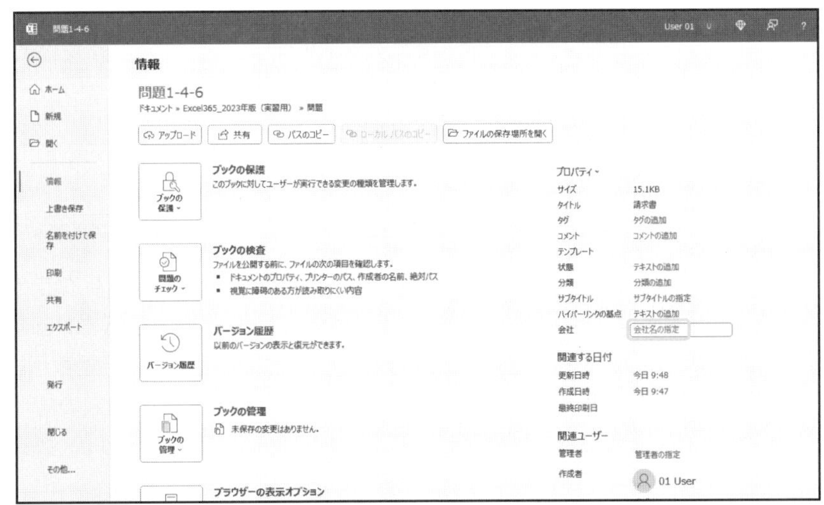

❾「BP 食品」と入力します（「BP」は半角英大文字）。

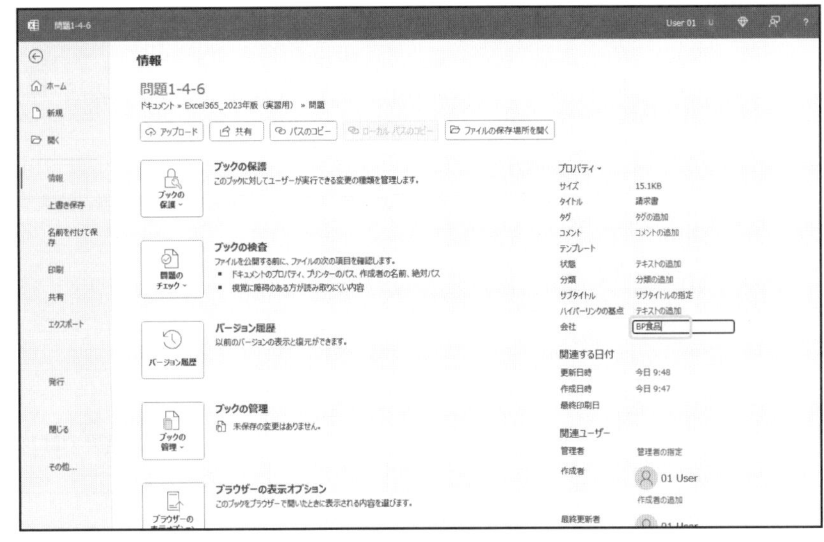

❿プロパティ以外の場所をクリックして入力を確定します。

1-4-7 数式を表示する

練習問題

問題フォルダー
└問題 1-4-7.xlsx
解答フォルダー
└解答 1-4-7.xlsx

【操作 1】数式バーを非表示にします。
【操作 2】ワークシートに数式を表示します。

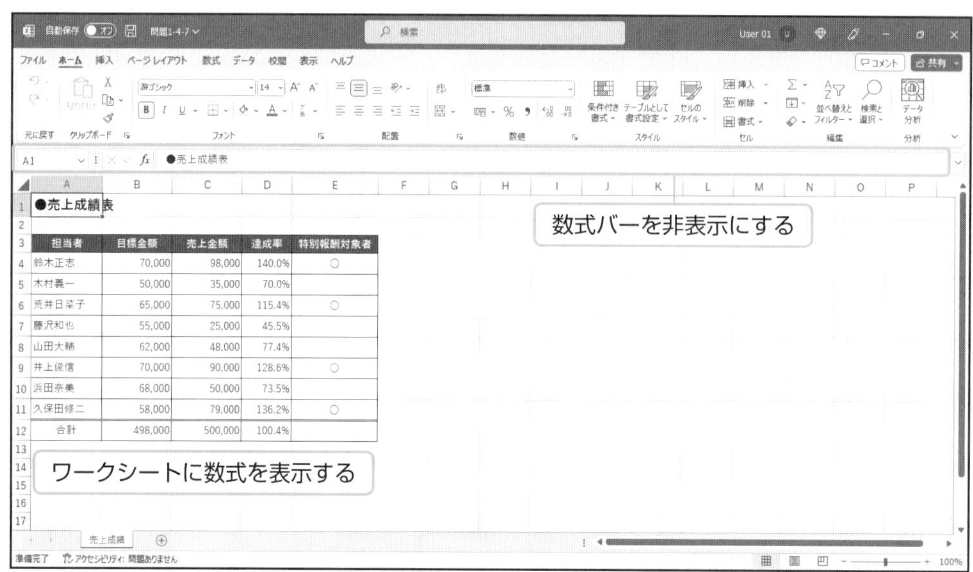

機能の解説

- 数式バーの非表示
- [数式バー] チェックボックス
- 数式の表示
- [数式の表示] ボタン

数式バーは非表示にすることができます。[表示] タブの [数式バー] チェックボックスをオフにすると非表示になり、オンにすると表示されます。
また、既定では数式を入力したセルには計算結果が表示されますが、数式を表示させることも可能です。[数式] タブの 数式の表示 [数式の表示] ボタンをクリックすると、セルに数式が表示され、列幅が自動的に広がります。[数式の表示] ボタンを再びクリックしてオフにすると元の表示に戻ります。

数式バーを非表示にして、数式を表示した状態

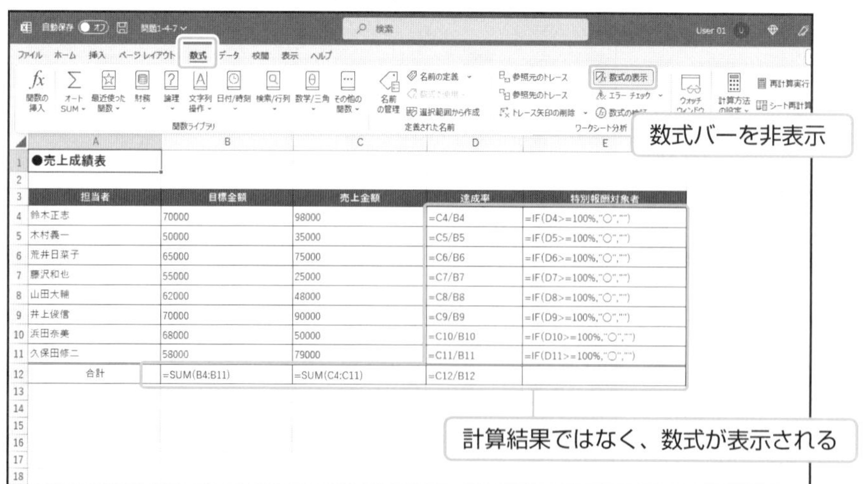

操作手順

【操作 1】

❶ 数式バーが表示されていることを確認します。

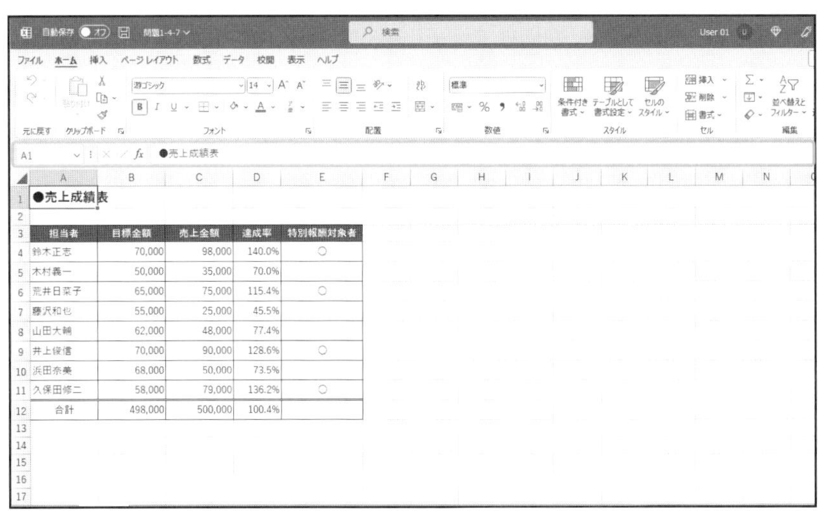

ヒント

枠線と見出しの非表示

［表示］タブの［目盛線］チェックボックスをオフにするとセルの枠線が非表示になります。［見出し］チェックボックスをオフにすると行番号と列番号が非表示になります。

❷［表示］タブの［数式バー］チェックボックスをオフにします。

❸ 数式バーが非表示になります。

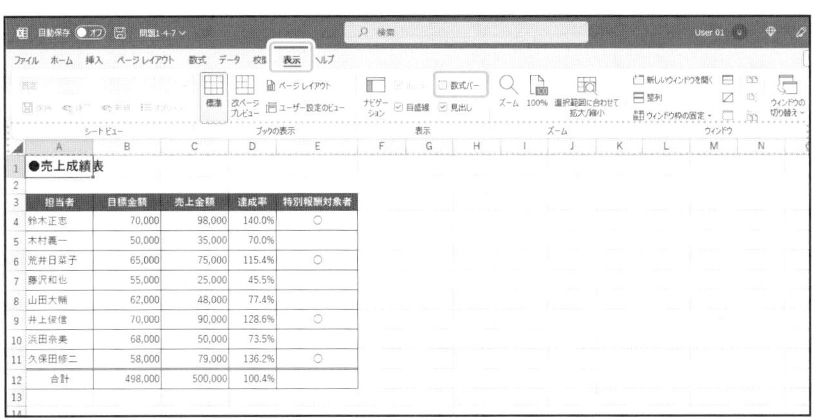

【操作 2】

❹［数式］タブの［f_x 数式の表示］［数式の表示］ボタンをクリックします。

❺ 数式が入力されていたセルに、結果ではなく数式が表示されます。

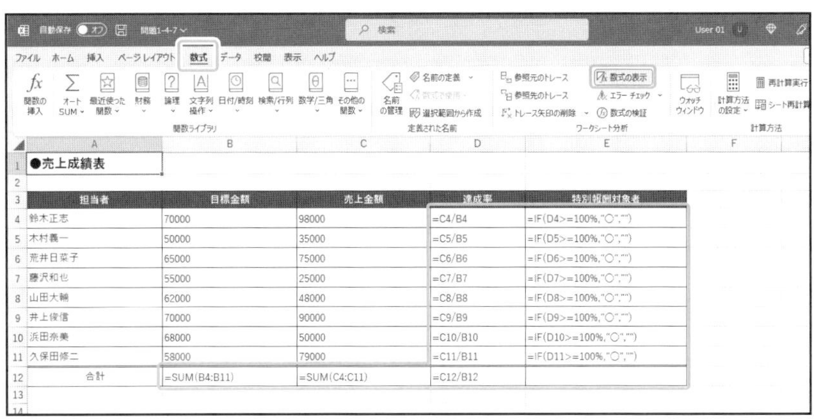

※ 操作が終了したら、［表示］タブの［数式バー］チェックボックスをオンにし、数式バーを表示します。

1-5 共同作業と配付のためにブックを準備する

作成したブックを印刷する際は、印刷範囲や、用紙のサイズ、向き、拡大縮小などの設定をして必要な情報を見やすくします。また、ファイルで配布する際には、適切なファイル形式に変更したり、個人情報を削除したりするなどの注意を払います。

1-5-1 印刷範囲を設定する

練習問題

問題フォルダー
└問題 1-5-1.xlsx

解答フォルダー
└解答 1-5-1.xlsx

セル範囲 A1:H18 を印刷範囲として設定します。

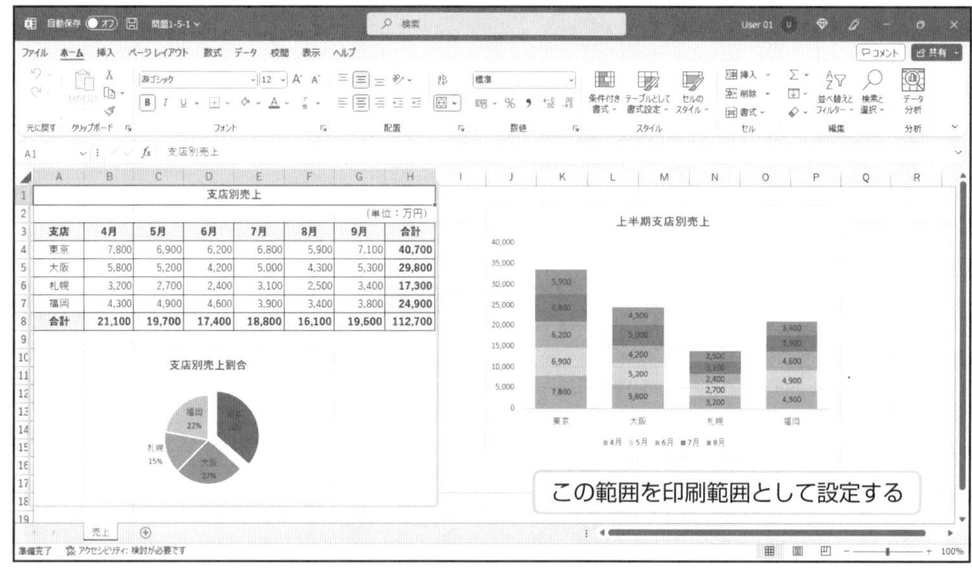

機能の解説

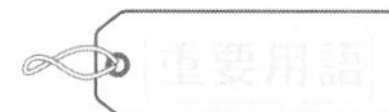

- 印刷範囲の設定
- [印刷範囲] ボタン
- [印刷範囲の設定]
- ワークシートの枠線（目盛線）の非表示
- [目盛線] チェックボックス
- 印刷プレビュー
- [印刷範囲のクリア]

ワークシートの一部分のみを印刷する場合は、印刷範囲を設定します。目的の範囲を選択し、[ページレイアウト] タブの [印刷範囲] ボタンをクリックし、[印刷範囲の設定] をクリックします。

[ページレイアウト] タブの [印刷] ボタン

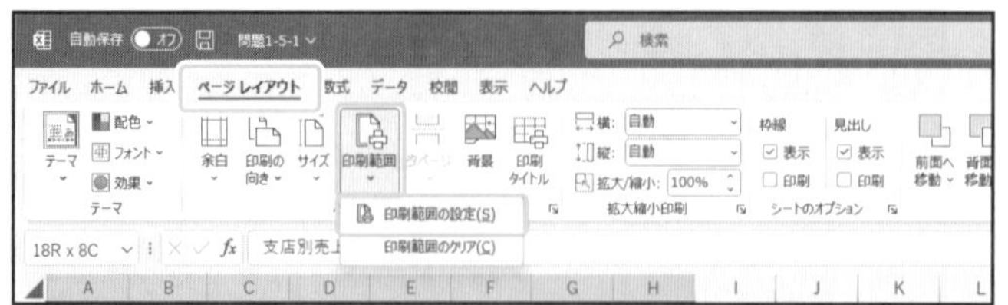

印刷範囲を設定すると、ワークシートに印刷範囲を示す枠線が表示されます。枠線は細い実線なので、ワークシートの枠線（目盛線）を非表示にすると確認しやすくなります。ワークシートの枠線を非表示にするには、[表示] タブの [目盛線] チェックボックスをオフにします。

また、ブックを保存し再度開くと印刷範囲を示す枠線が表示されません。このような場合は印刷プレビューで確認します。[ファイル] タブをクリックし、[印刷] をクリックすると、[印刷] 画面が表示され、印刷範囲として設定した部分だけが印刷プレビューに表示されます。
印刷範囲を解除する場合は、[ページレイアウト] タブの [印刷範囲] ボタンをクリックし、[印刷範囲のクリア] をクリックします。

操作手順

❶ セル A1 ～ H18 を範囲選択します。
❷ [ページレイアウト] タブの [印刷範囲] ボタンをクリックします。
❸ [印刷範囲の設定] をクリックします。

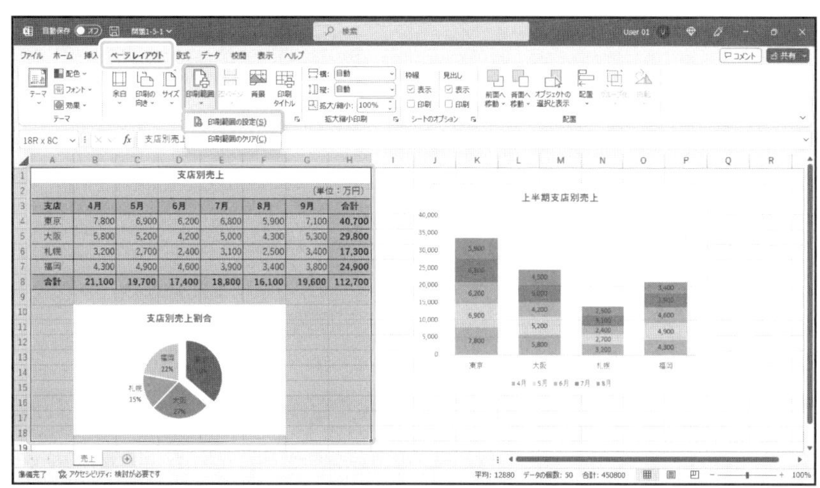

❹ 任意のセルをクリックして、範囲選択を解除します。
❺ 印刷範囲を示す枠線が表示されていることを確認します。

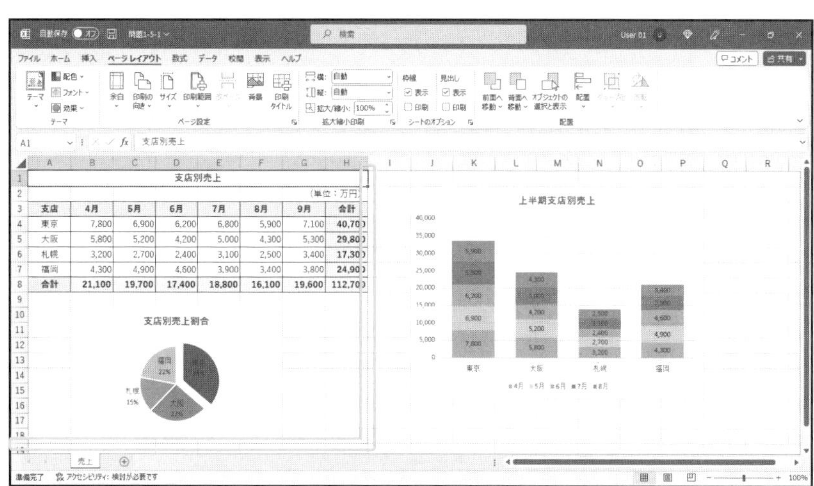

ヒント
選択した部分を印刷
印刷範囲を設定せずに、ワークシートの一部分のみを印刷する場合は、目的の範囲を選択し、[ファイル] タブをクリックし、[印刷] をクリックします。[印刷] 画面が表示されるので、[設定] の [作業中のシートを印刷] をクリックし、[選択した部分を印刷] をクリックします (「1-5-2」参照)。

1-5-2 ブック全体またはブックの一部を印刷する

練習問題

問題フォルダー
└問題 1-5-2.xlsx

解答フォルダー
└解答ファイルなし
※P.62 の上図で確認してください。

ブック全体を印刷する設定にします。

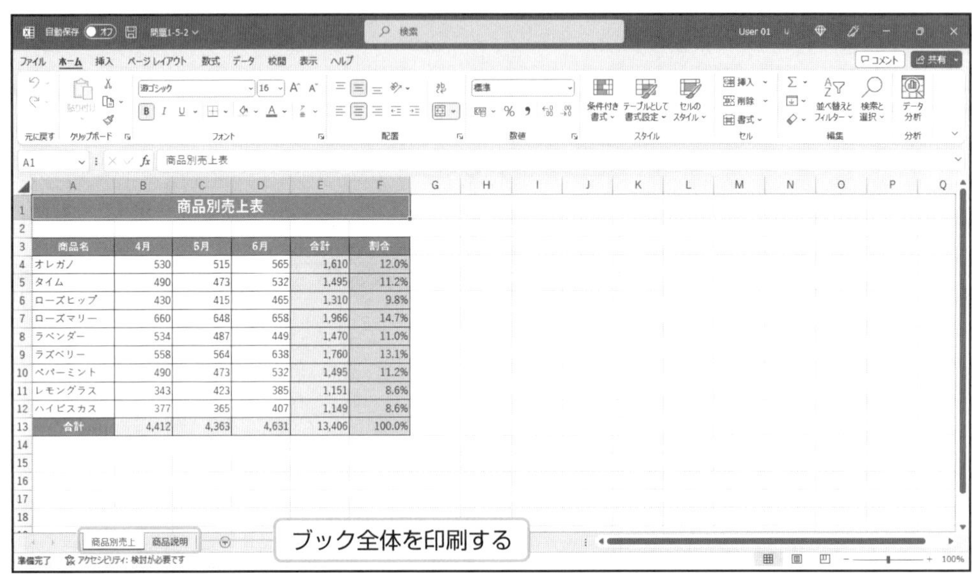

機能の解説

- ［印刷］
- ［印刷］画面
- 印刷プレビュー
- ［作業中のシートを印刷］
- ［ブック全体を印刷］
- ［選択した部分を印刷］

ブックは、ワークシート単位で印刷するのが既定の設定ですが、ブック全体をまとめて印刷したり、ワークシートの選択した範囲だけを印刷したりすることができます。［ファイル］タブをクリックし、［印刷］をクリックすると、［印刷］画面が表示されます。右側に印刷プレビューが表示され、印刷結果を画面上で確認できます。印刷する対象は、中央の［設定］のオプションで［作業中のシートを印刷］、［ブック全体を印刷］、［選択した部分を印刷］から指定します。選択した部分のみを印刷する場合は、［ファイル］タブをクリックする前に、印刷したい範囲を選択しておく必要があります。

ヒント

印刷範囲の設定

印刷範囲をブックに保存する場合は、目的の範囲を選択し、［ページレイアウト］タブの［印刷範囲］ボタンをクリックして、［印刷範囲の設定］をクリックします（「1-5-1」参照）。

［印刷範囲］ボタン

［印刷］画面

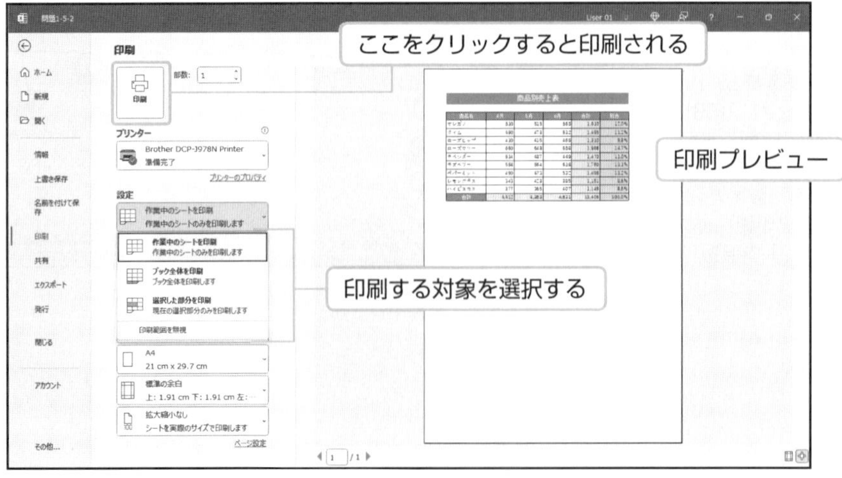

操作手順

❶ ブックに「商品別売上」と「商品説明」の2枚のワークシートがあり、ワークシート「商品別売上」が表示されていることを確認します。

❷［ファイル］タブをクリックします。

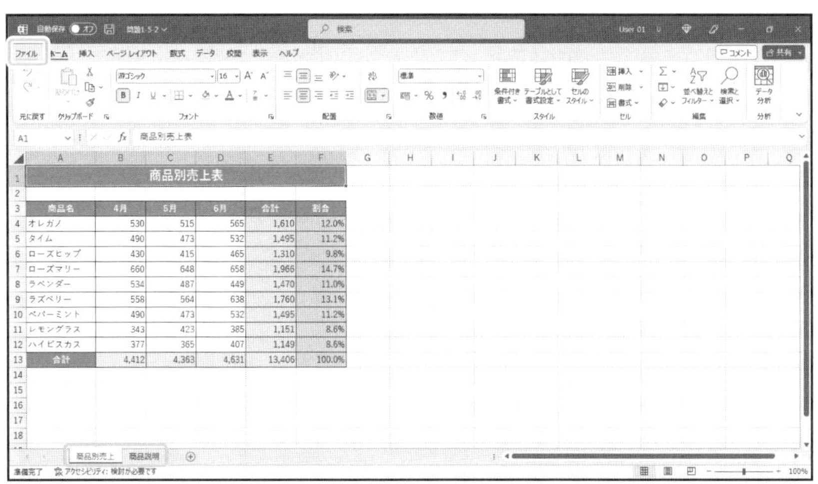

商品別売上表

商品名	4月	5月	6月	合計	割合
オレガノ	530	515	565	1,610	12.0%
タイム	490	473	532	1,495	11.2%
ローズヒップ	430	415	465	1,310	9.8%
ローズマリー	660	648	658	1,966	14.7%
ラベンダー	534	487	449	1,470	11.0%
ラズベリー	558	564	638	1,760	13.1%
ペパーミント	490	473	532	1,495	11.2%
レモングラス	343	423	385	1,151	8.6%
ハイビスカス	377	365	407	1,149	8.6%
合計	4,412	4,363	4,631	13,406	100.0%

その他の操作方法

ショートカットキー

Ctrl ＋ **P** キー
（［印刷］画面を表示）

❸［印刷］をクリックします。

❹［印刷］画面が表示されます。

❺ 右側にワークシート「商品別売上」の印刷プレビューが表示されます。

❻ 印刷プレビューの下に「1/1 ページ」と表示されていることを確認します。

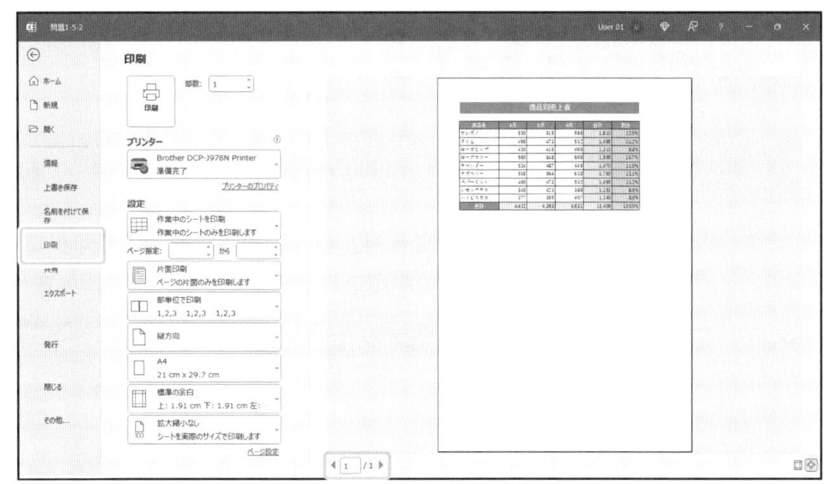

⑦［設定］の［作業中のシートを印刷］をクリックし、表示されたメニューから［ブック全体を印刷］をクリックします。

⑧印刷プレビューの下のページが「1/2 ページ」に変わります。

⑨▶［次のページ］ボタンをクリックします。

⑩ページが「2/2 ページ」に変わります。

⑪ワークシート「商品説明」の印刷プレビューが表示されたことを確認します。

ヒント

ページを指定して印刷

一部のページだけを印刷するには、［設定］の［ページ指定］ボックスで印刷したいページ範囲を指定します。

1-5-3 印刷設定を行う

練習問題

問題フォルダー
└問題 1-5-3.xlsx

解答フォルダー
└解答 1-5-3.xlsx

ワークシート「注文６月」の印刷の向きを「横方向」にし、A4 用紙 1 ページに収まるように拡大縮小印刷の設定をします。さらに枠線が印刷される設定にします。

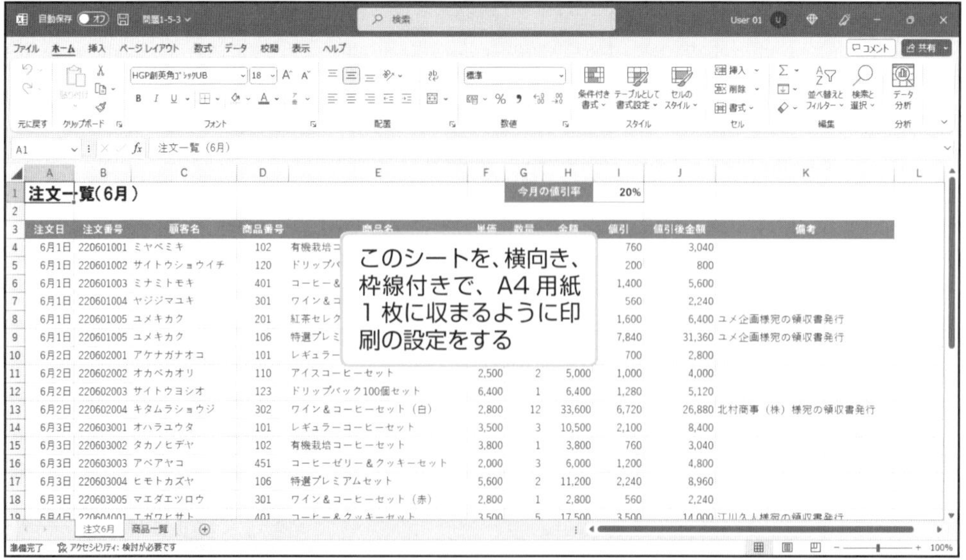

機能の解説

重要用語

- [印刷]
- [印刷] 画面
- 印刷の向き
- 用紙サイズ
- 余白
- 拡大縮小印刷
- 枠線
- [ページ設定] ダイアログボックス

その他の操作方法

印刷範囲と印刷タイトル

[印刷] 画面から表示した [ページ設定] ダイアログボックスの [シート] タブでは、[印刷範囲] と [印刷タイトル] のボックスは淡色表示になっていて使用できません。これらの設定を行うときは、[ページレイアウト] タブの [印刷範囲] ボタン、[印刷タイトル] ボタンを使用します(「1-5-1」、「1-5-4」参照)。

[印刷範囲] ボタン

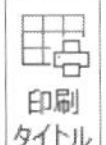

[印刷タイトル] ボタン

[ファイル] タブをクリックし、[印刷] をクリックすると、[印刷] 画面が表示されます。この画面の [設定] で、印刷の向き、用紙サイズ、余白、拡大縮小印刷の設定ができます。用紙に対して水平、垂直方向の中央に印刷したり、枠線を印刷したりする場合は、[ページ設定] ダイアログボックスで設定します。[ページ設定] ダイアログボックスは、[設定] の右下にある [ページ設定] をクリックすると表示されます。

[印刷] 画面

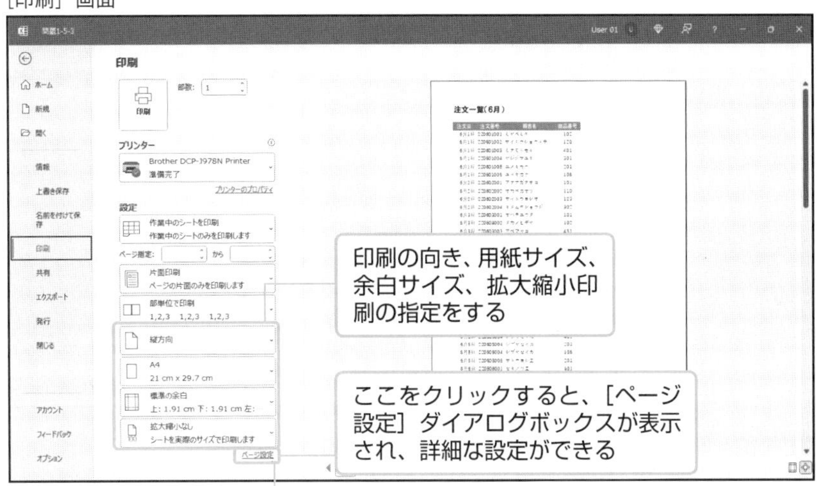

[ページ設定] ダイアログボックスの [余白] タブ

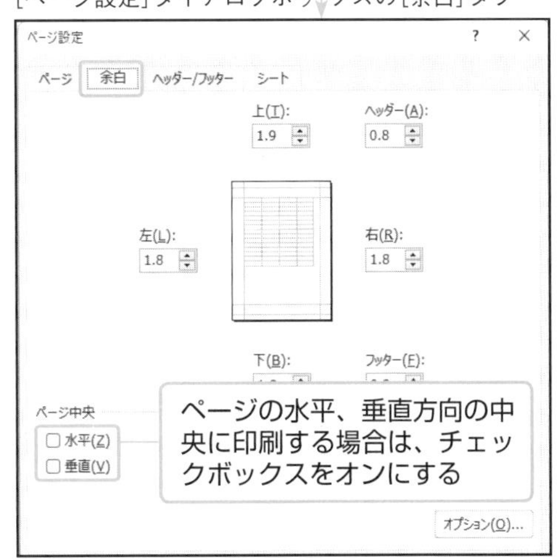

[ページ設定] ダイアログボックスの [シート] タブ

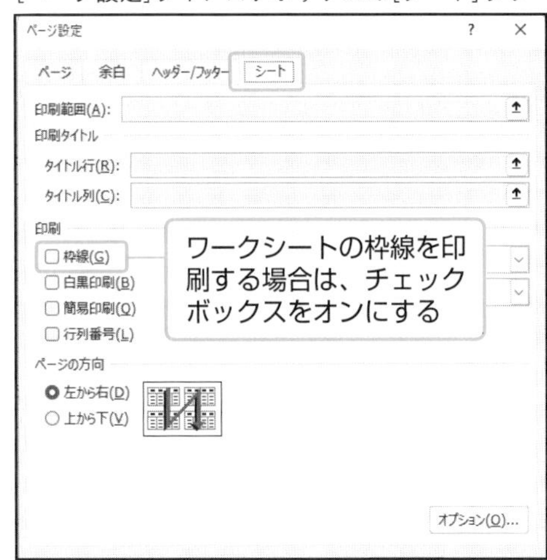

印刷の向き、用紙サイズ、余白、拡大縮小印刷の設定はワークシート単位です。ブック全体に対して適用したいときはワークシートごとに設定する必要があります。

操作手順

❶ワークシート「注文６月」が表示されていることを確認します。

❷［ファイル］タブをクリックします。

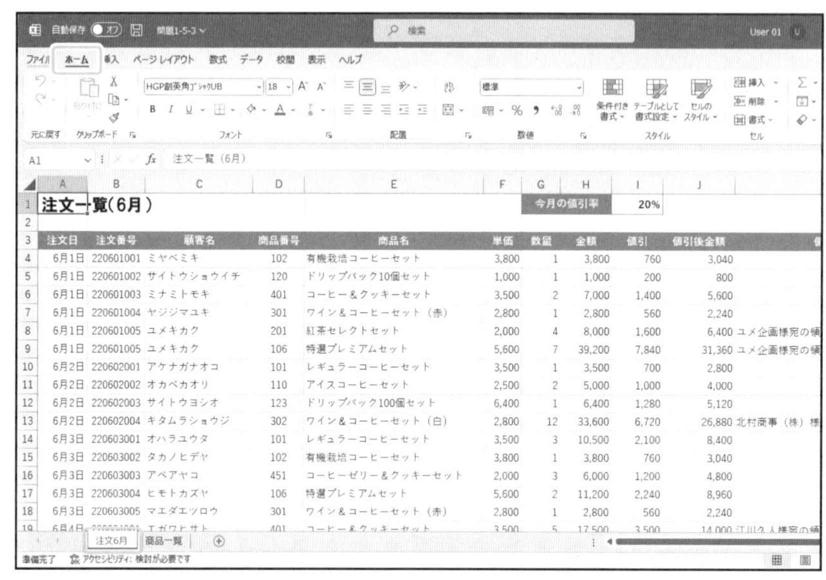

その他の操作方法
ショートカットキー
Ctrl ＋ P キー
（［印刷］画面を表示）

❸［印刷］をクリックします。

❹［印刷］画面が表示されます。

❺右側にワークシート「注文６月」の印刷プレビューが表示されます。

❻印刷プレビューで用紙の向きが縦方向、下の表示が「1/3ページ」になっていることを確認します。

ヒント
印刷時のページ数
設定されているプリンターにより、印刷時のページ数は変わることがあります。

❼［設定］の［縦方向］をクリックし、一覧から［横方向］をクリックします。

❽印刷プレビューで用紙の向きが横方向になったことを確認します。

❾用紙サイズが「A4」になっていることを確認します。

❿［拡大縮小なし］をクリックして、一覧から［シートを１ページに印刷］をクリックします。

⓫印刷プレビューの下の表示が「1/1ページ」になり、シート全体が１ページに収まったことを確認します。

その他の操作方法
印刷の向きの設定
［ページレイアウト］タブの［印刷の向き］ボタンをクリックして、［縦］、［横］を指定します。

［印刷の向き］ボタン

その他の操作方法

用紙サイズの設定

[ページレイアウト]タブの[サイズ]ボタンをクリックして、一覧から選択します。

[サイズ] ボタン

その他の操作方法

1ページに印刷

[ページレイアウト] タブの [横]、[縦] の各ボックスをそれぞれ [1ページ] にします。

その他の操作方法

枠線の印刷

[ページレイアウト] タブの [枠線] の [印刷] チェックボックスをオンにします。

⑫ [ページ設定] をクリックします。

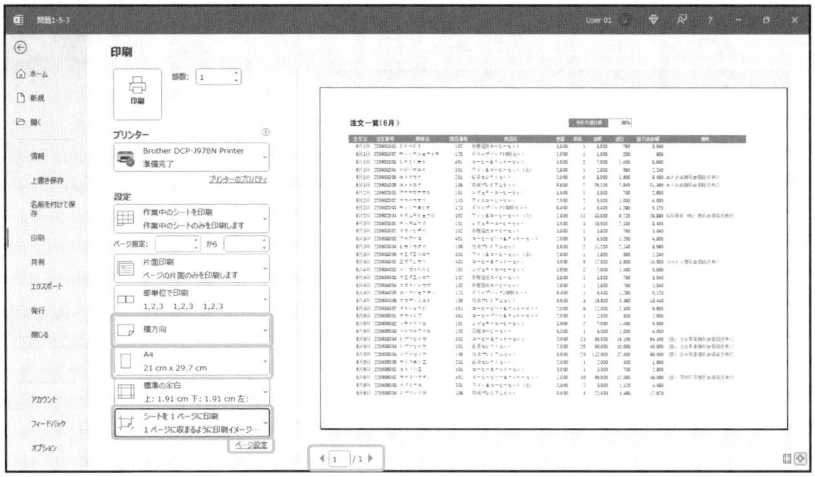

⑬ [ページ設定] ダイアログボックスが表示されるので、[シート] タブの [印刷] の [枠線] チェックボックスをオンにします。

⑭ [OK] をクリックします。

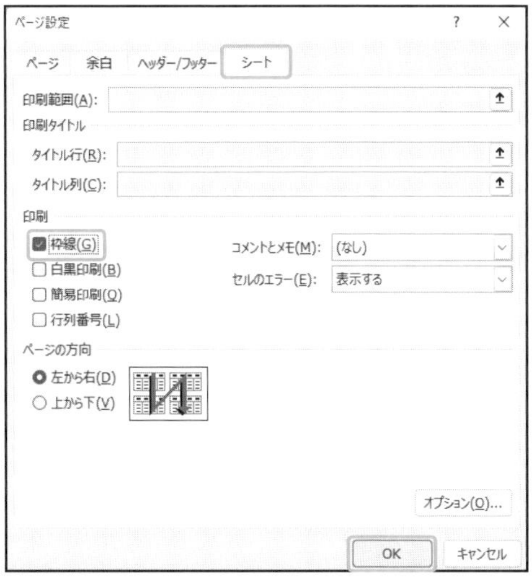

⑮ 印刷プレビューで、ワークシートの枠線が表示されたことを確認します。

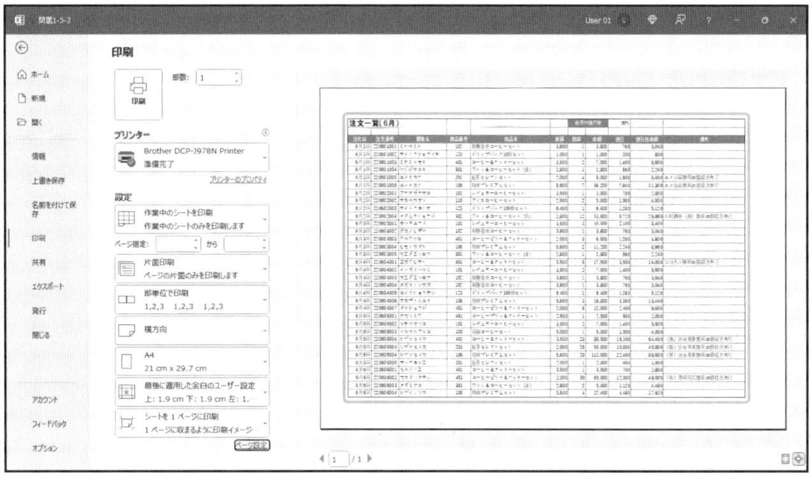

1-5-4 複数ページのワークシートにタイトル行とタイトル列を繰り返し表示する

練習問題

問題フォルダー
└問題 1-5-4.xlsx

解答フォルダー
└解答 1-5-4.xlsx

1 ～ 3 行目が各ページにタイトル行として繰り返し印刷されるように設定し、印刷プレビューで 2 ページを表示して確認します。

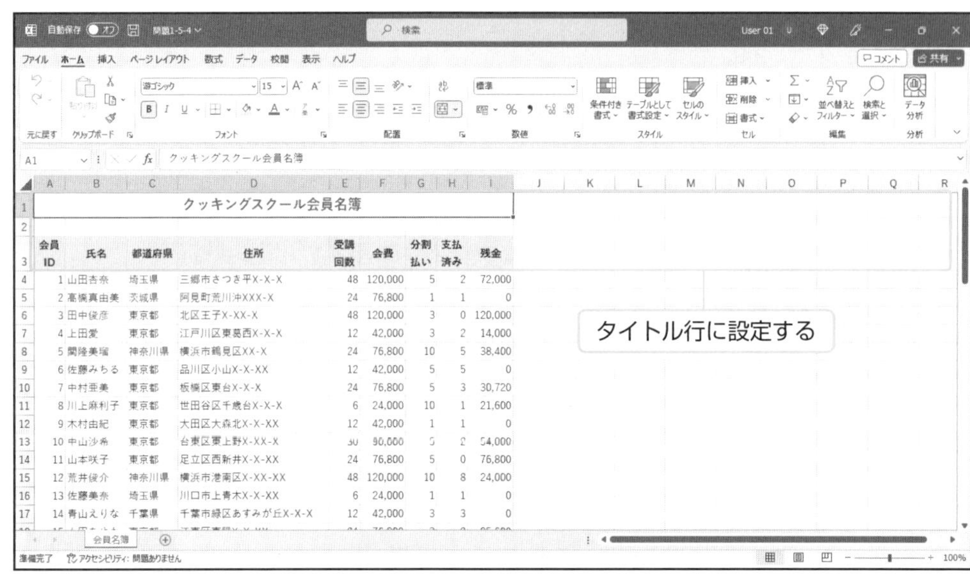

機能の解説

- 印刷タイトル
- [印刷タイトル] ボタン
- [ページ設定] ダイアログボックスの [シート] タブ
- [タイトル行] ボックス
- [タイトル列] ボックス

表が複数ページにわたって印刷される場合、表のタイトルは最初のページにしか印刷されませんが、印刷タイトルを設定するとすべてのページに共通のタイトルを印刷することができます。

印刷タイトルを設定するには、[ページレイアウト] タブの [印刷タイトル] ボタンをクリックします。[ページ設定] ダイアログボックスの [シート] タブが表示されるので、[印刷タイトル] の [タイトル行]、[タイトル列] の各ボックスに、印刷タイトルとして設定したい行番号または列番号を指定します。

[ページ設定] ダイアログボックスの [シート] タブ

操作手順

① ［ページレイアウト］タブの［印刷タイトル］ボタンをクリックします。

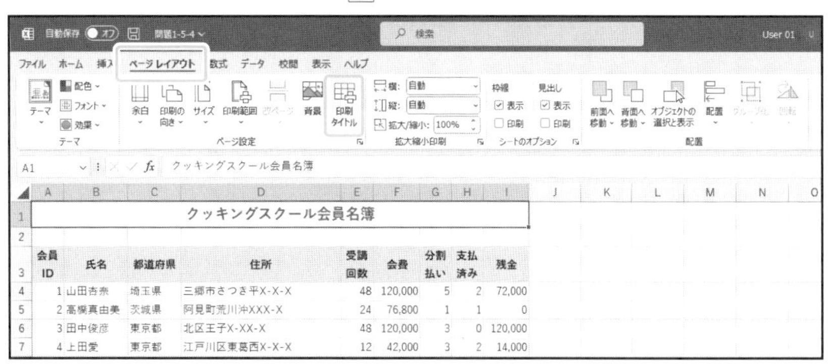

② ［ページ設定］ダイアログボックスの［シート］タブが表示されるので、［印刷タイトル］の［タイトル行］ボックスをクリックします。

③ 行番号1～3をドラッグします。

④ ［タイトル行］ボックスに「$1:$3」と表示されます。

⑤ ［印刷プレビュー］をクリックします。

その他の操作方法

印刷タイトル行の指定

印刷タイトルとして指定する行の任意のセルを選択することにより行全体を指定できます。

⑥ ［印刷］画面が表示されます。

⑦ 印刷プレビューの「1/2 ページ」の右側の▶［次のページ］ボタンをクリックします。

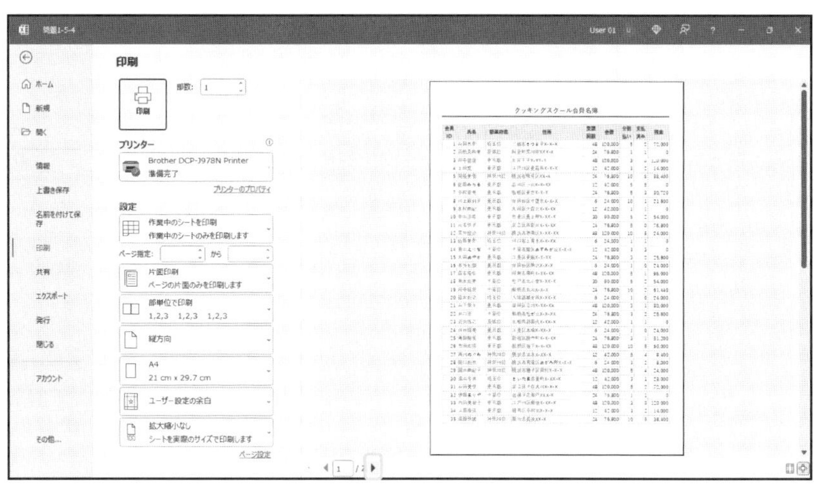

第1章

❽ ページが「2/2 ページ」に変わり、2 ページ目が表示されます。

❾ 1 ～ 3 行目がタイトル行として表示されていることを確認します。

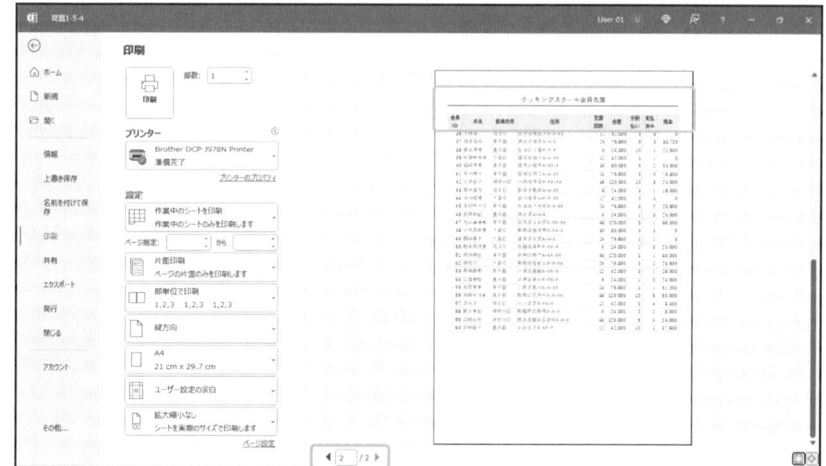

1-5-5 別のファイル形式でブックを保存する、エクスポートする

練習問題

問題フォルダー
└問題 1-5-5.xlsx

解答フォルダー
└請求書
（解答 1-5-5）.pdf

ワークシート「請求書」を［Excel365_2023 年版（実習用）］フォルダーに「請求書」という名前で、PDF として保存します。

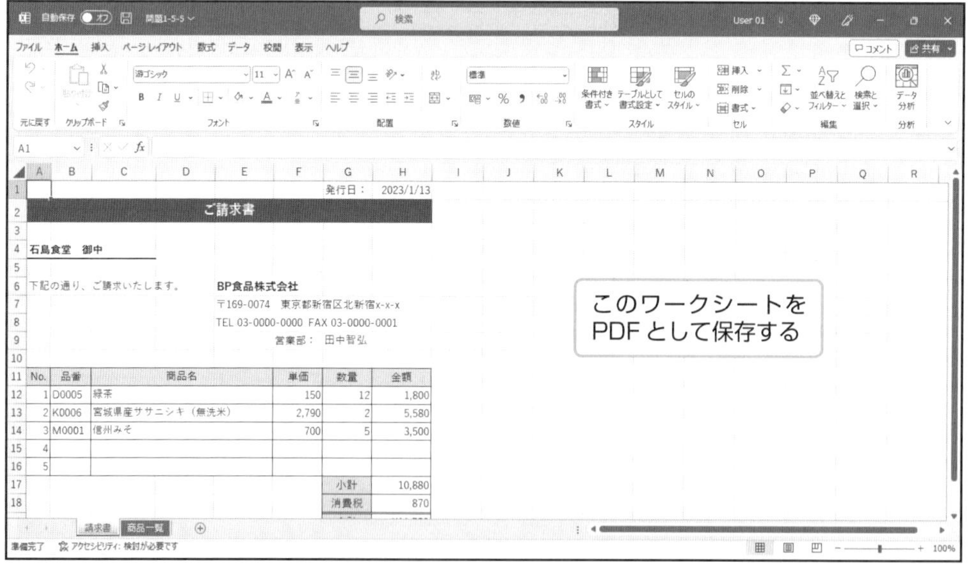

機能の解説

重要用語

- PDF
- Excel97-2003 ブック
- ファイルの種類の変更
- ［エクスポート］
- ［エクスポート］画面
- ［PDF/XPS ドキュメントの作成］
- ［ファイルの種類の変更］

Excel ブックは、PDF や以前の Excel のバージョンと下位互換性を保つ Excel97-2003 ブックなどに、ファイルの種類を変更して保存することができます。PDF は、Windows に付属しているブラウザーの Edge やアドビシステムズ社から提供されている Acrobat Reader などの無料のアプリケーションを使って閲覧や印刷することができるファイル形式のため、パソコンに Excel がインストールされていない環境でも利用できます。
ブックの種類を変更して保存するには、［ファイル］タブをクリックし、［エクスポート］をクリックして［エクスポート］画面を表示します。［PDF/XPS ドキュメントの作成］を使用すると PDF ファイルとして保存できます。［ファイルの種類の変更］を使用すると、［Excel97-2003 ブック］、［テンプレート］、［テキスト（タブ区切り）］などの一覧が表示され、選択した形式でファイルを保存できます。

［エクスポート］画面

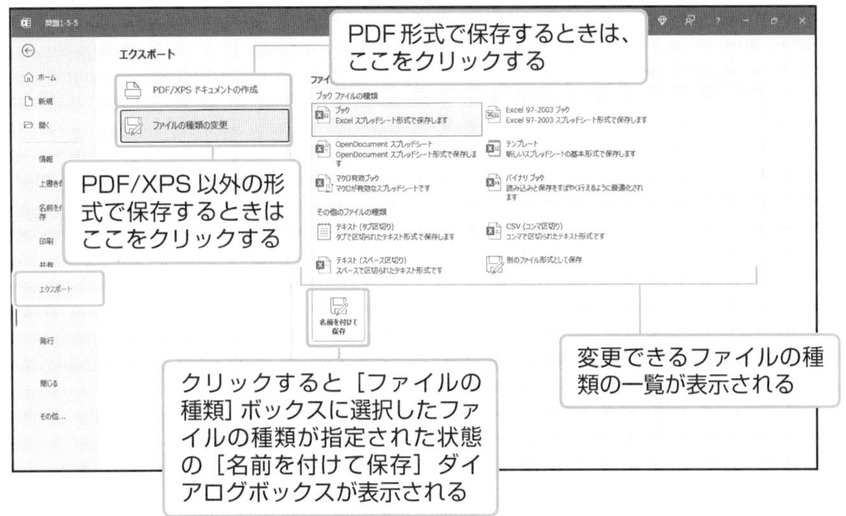

操作手順

❶ワークシート「請求書」が表示されていることを確認します。

❷［ファイル］タブをクリックします。

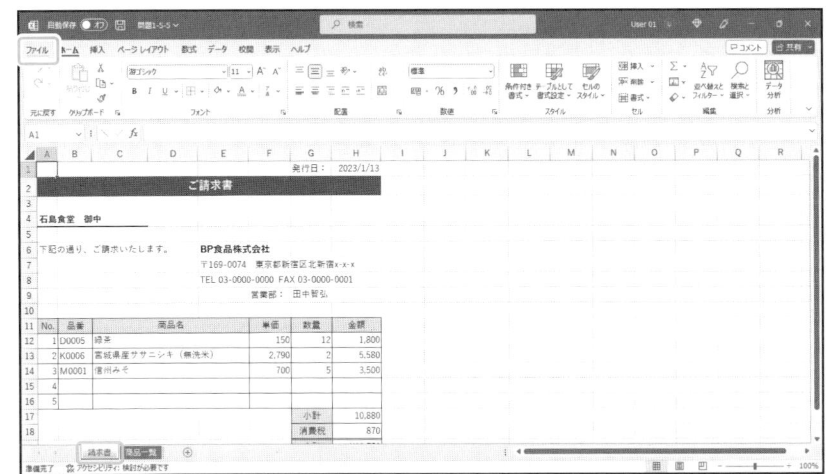

ヒント

アクセシビリティを調べる

［PDF/XPS の作成］ボタンの右側にある［アクセシビリティを調べる］をクリックすると、［アクセシビリティ］作業ウィンドウが表示され、アクセシビリティの問題を検査した結果を確認することができます（「1-5-8」参照）

その他の操作方法

ファイルの種類の変更

［ファイル］タブをクリックし、［名前を付けて保存］をクリックして、［名前を付けて保存］画面を表示します。［参照］をクリックすると［名前を付けて保存］ダイアログボックスが表示されるので［ファイルの種類］ボックスの▼をクリックし、一覧からファイルの種類を選択し、［保存］をクリックします。

③［エクスポート］をクリックします。

④［エクスポート］画面が表示されます。

⑤［PDF/XPS ドキュメントの作成］が選択されていることを確認します。

⑥［PDF/XPS ドキュメントの作成］の［PDF/XPS の作成］ボタンをクリックします。

⑦［PDF または XPS 形式で発行］ダイアログボックスが表示されるので、［ファイルの場所］ボックスの［Excel365_2023 年版（実習用）］をクリックします。

⑧ファイルの保存場所が「Excel365_2023 年版（実習用）」になります。

⑨［ファイル名］ボックスの「問題 1-5-5」が選択されている状態で、「請求書」と上書き入力します。

⑩［ファイルの種類］ボックスに「PDF」と表示されていることを確認します。

※「XPS 文書」と表示されている場合は、クリックして、一覧から［PDF］をクリックします。

⑪［発行］をクリックします。

ヒント

XPS 形式

XPS 形式は、PDF と同様に、パソコンに Excel がインストールされていない環境でも、無料のアプリケーションを使って閲覧や印刷することができるファイル形式です。表示には Windows に XPS ビューアーの機能を追加して使用します。

ヒント

ブック全体を PDF にする

ここで紹介した方法でブックを PDF で保存すると、アクティブなワークシートだけが保存されます。ブック全体を PDF にする場合は、［PDF または XPS 形式で発行］ダイアログボックスの［オプション］をクリックします。［オプション］ダイアログボックスが表示されるので、［発行対象］の［ブック全体］をクリックし、［OK］をクリックします。

⑫ PDF ファイルが作成され、[Excel365_2023 年版（実習用)] フォルダーに保存されます。

⑬ [PDF または XPS 形式で発行] ダイアログボックスの [発行後にファイルを開く] チェックボックスがオンになっている場合は、Windows の標準ブラウザー Edge など、PDF 閲覧用の既定のアプリケーションが起動して PDF ファイルが表示されるので、内容を確認してから × 閉じるボタンをクリックします。

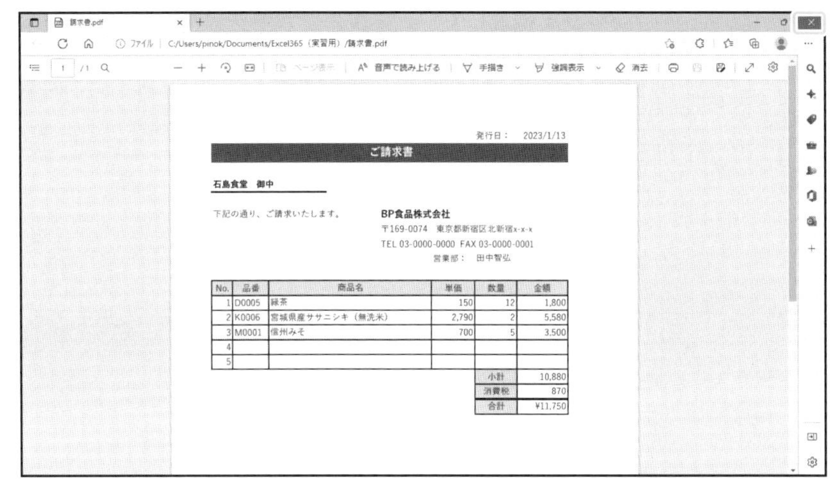

発行日： 2023/1/13

ご請求書

石島食堂　御中

下記の通り、ご請求いたします。

BP食品株式会社
〒169-0074　東京都新宿区北新宿x-x-x
TEL 03-0000-0000 FAX 03-0000-0001
営業部：　田中智弘

No.	品番	商品名	単価	数量	金額
1	D0005	緑茶	150	12	1,800
2	K0006	宮城県産ササニシキ（無洗米）	2,790	2	5,580
3	M0001	信州みそ	700	5	3,500
4					
5					
				小計	10,880
				消費税	870
				合計	¥11,750

※ 解答操作が終了したら、[Excel365_2023 年版（実習用)] フォルダーに保存した PDF ファイルを削除しておきます。

1-5-6 非表示のプロパティや個人情報を見つけて削除する

練習問題

問題フォルダー
└問題 1-5-6.xlsx

解答フォルダー
└解答 1-5-6.xlsx

ブックを検査して、ドキュメントのプロパティと個人情報を削除します。

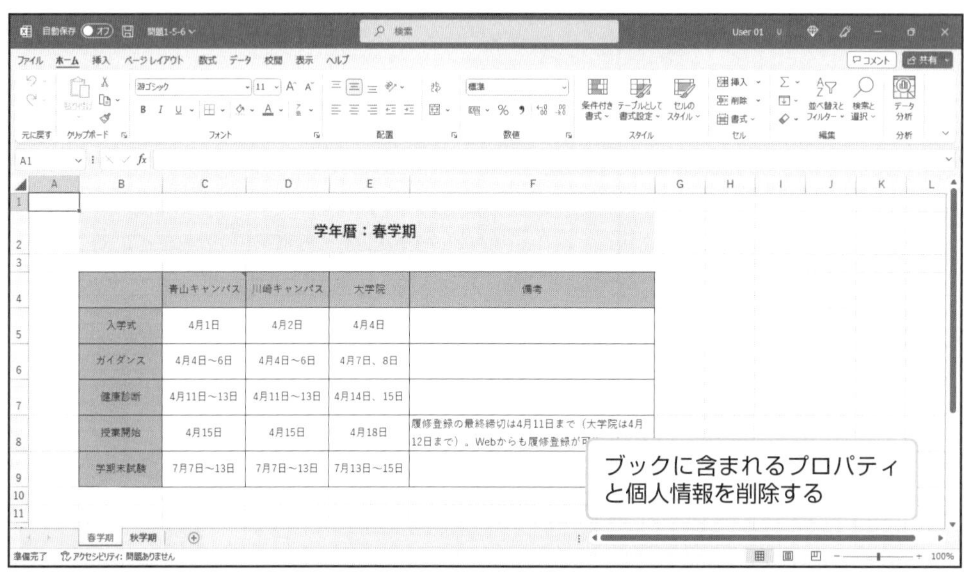

機能の解説

- ドキュメントのプロパティと個人情報
- ドキュメント検査

ドキュメント検査を行うと、ブックに非表示のデータや個人情報などの不要な情報が含まれていないかを調べて、必要に応じて削除することができます。ブックを共有したり、配布したりする場合は、事前にドキュメント検査を行い、知られたくない情報を削除しておきます。
ドキュメント検査で検出して削除できる主な内容は次の通りです。

ドキュメント検査の項目名	検出される内容
コメント	コメントの内容や作業者名
ドキュメントのプロパティと個人情報	作成者、タイトル、コメントなどブックについての詳細情報と Office プログラムによって自動的に保存されたブックの最終保存者名や作成日など
カスタム XML データ	ブックに含まれるカスタム XML データ
ヘッダーとフッター	ヘッダーやフッターの情報
非表示の行、列	非表示になっている行、列
非表示のワークシート	非表示になっているワークシート
非表示のコンテンツ	非表示になっているグラフ、図形、画像、SmartArt などのオブジェクト

ドキュメント検査では、ピボットテーブル、ピボットグラフ、スライサー、タイムライン、埋め込みドキュメント、マクロ、他のファイルへのリンク、フィルターなども検出できますが、ブックが正しく動作しなくなる可能性があるため一括で削除することはできません。必要に応じて手動で削除します。

操作手順

❶［ファイル］タブをクリックします。

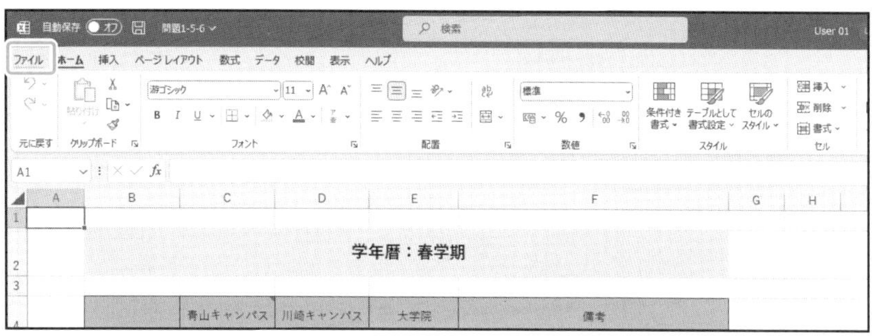

❷［情報］をクリックします。

❸［情報］画面が表示されるので、右側の［プロパティ］にタイトル「学年暦」、［関連ユーザー］に作成者名と最終更新者名が表示されていることを確認します。

❹ ［問題のチェック］ボタンをクリックします。

❺一覧から［ドキュメント検査］をクリックします。

※ ファイルの保存を確認するメッセージが表示された場合は、［はい］をクリックします。

❻［ドキュメント検査］ダイアログボックスが表示されるので、［ドキュメントのプロパティと個人情報］チェックボックスがオンになっていることを確認します。

❼［検査］をクリックします。

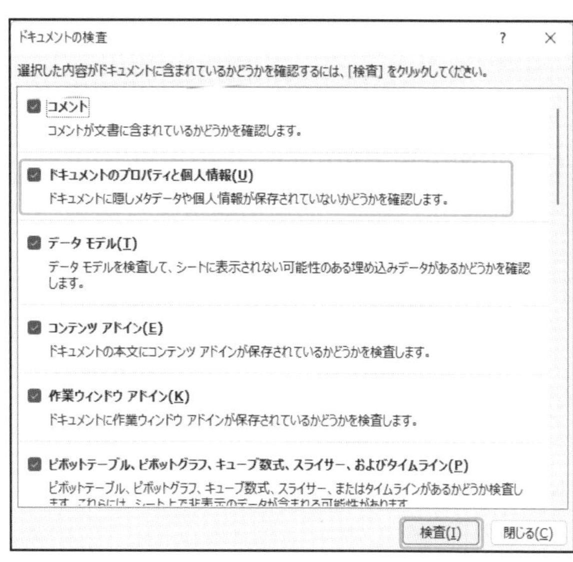

ヒント

プロパティの確認

ファイルのプロパティは、［情報］画面の右側に表示されます。［プロパティをすべて表示］をクリックすると、さらに詳しいプロパティが表示されます（「1-4-6」参照）。

⑦ドキュメント検査が実行され、[ドキュメントのプロパティと個人情報]の先頭に赤の「！」が表示され、「次のドキュメント情報が見つかりました」と表示されていることを確認します。

⑧［ドキュメントのプロパティと個人情報］の［すべて削除］をクリックします。

⑨［ドキュメントのプロパティと個人情報］の先頭がチェックマークになり、「ドキュメントのプロパティと個人情報が削除されました。」と表示されます。

⑩［閉じる］をクリックします。

ポイント

他の検査結果

［コメント］と［ヘッダーとフッター］の先頭にも赤の「！」が表示され、「次のアイテムが見つかりました」と表示されていますが、問題文で削除する指定がないので、ここではそのままにします。

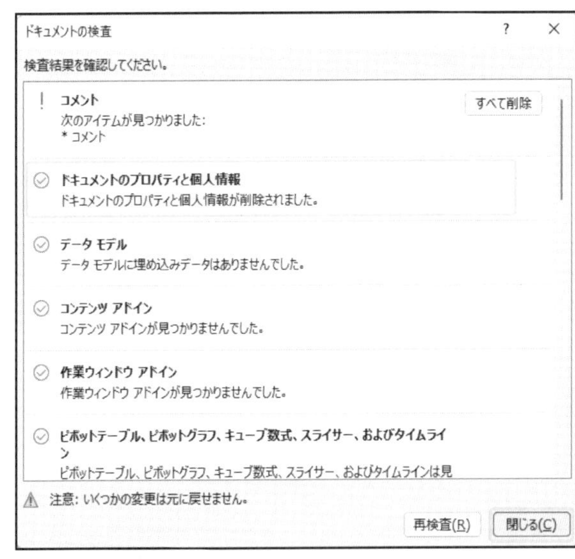

⑪［情報］画面の右側の［プロパティ］のタイトル、［関連ユーザー］の作成者名と最終更新者名がなくなったことを確認します。

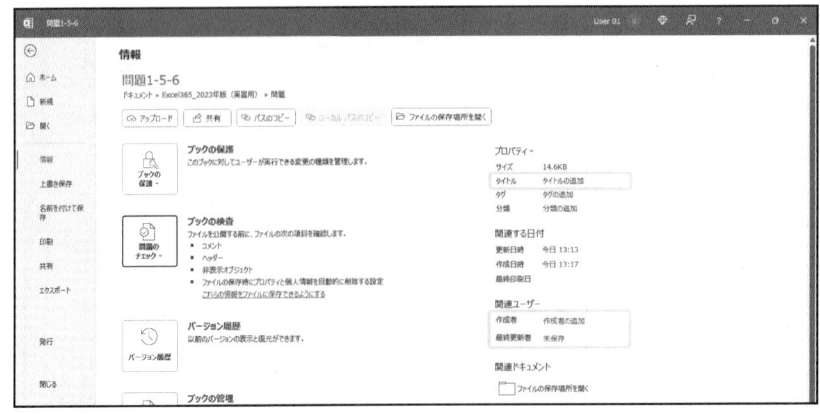

1-5-7 互換性の問題を見つけて修正する

練習問題

問題フォルダー
└問題 1-5-7.xls
※この問題を操作するとファイルが上書き保存されます。元の問題ファイルを残す場合は、操作前にファイルをコピーしておきます。

解答フォルダー
└解答 1-5-7.xlsx

互換モードであるこのブックを、Excel 365/2021 のすべての機能が利用できるファイル形式に変換します。

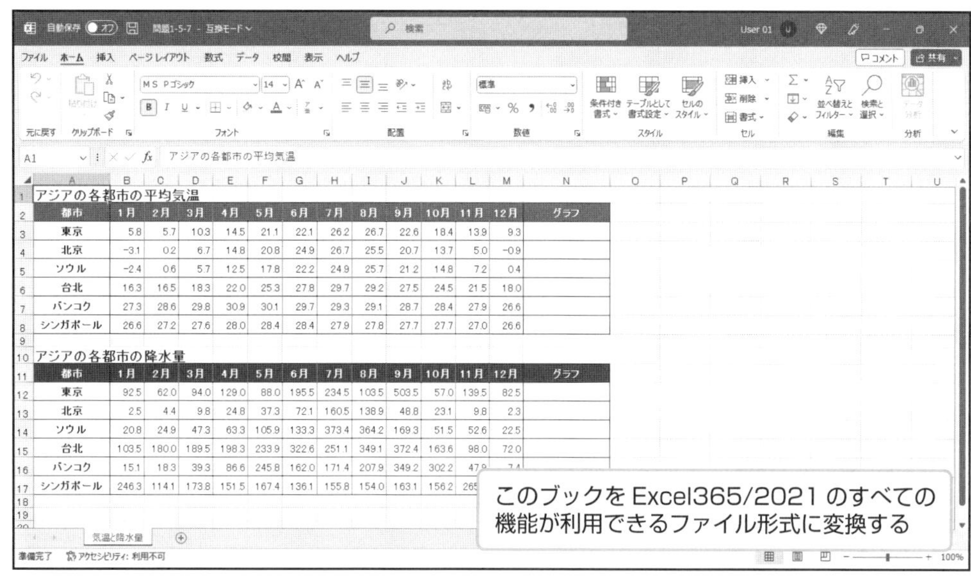

機能の解説

- 互換モード
- [変換] ボタン
- Excel 97-2003 ブック
- [Microsoft Excel- 互換性チェック] ダイアログボックス

Excel のファイル形式は、Excel 2003 以前と、Excel 2007 以降で異なります。Excel 2003 以前の形式で保存されたブックを Excel 365 もしくは 2021 で開くと、タイトルバーのファイル名の後ろに「- 互換モード」と表示されます。また、[挿入] タブの [3D マップ] ボタンや、[アドイン] グループ、[スパークライン] グループ、[フィルター] グループなどのボタンが淡色表示され、操作できなくなります。これらは Excel 2007 以降に追加された機能で、互換モードでは利用することができないからです。

こうした機能を利用するには、[ファイル] タブをクリックして、[情報] をクリックします。[情報] 画面に [互換モード] の [変換] ボタンがあるので、クリックします。

[情報] 画面

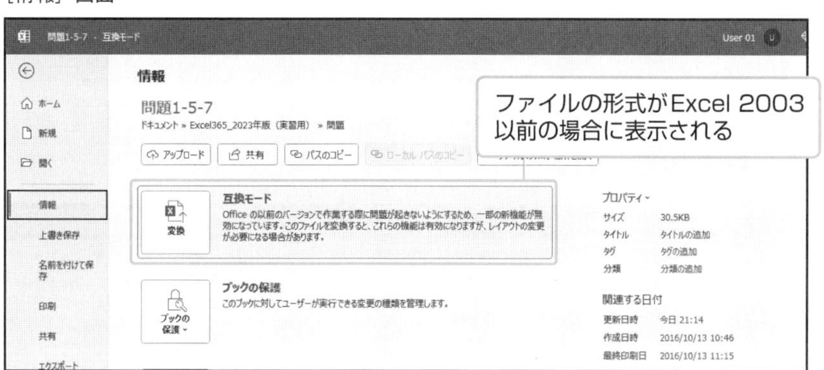

ブックが最新のファイル形式に変換され、元のブックが削除されるというメッセージが表示された場合は、[OK] をクリックします。次に表示される正常にファイル形式が変換されたというメッセージの [はい] をクリックします。ブックがいったん閉じられてから、再表示されます。タイトルバーの「- 互換モード」の表示はなくなり、淡色表示になっていたボタンが表示され、Excel 365 のすべての機能が利用できるようになります。

互換モードのブックを変換するときに表示されるメッセージ

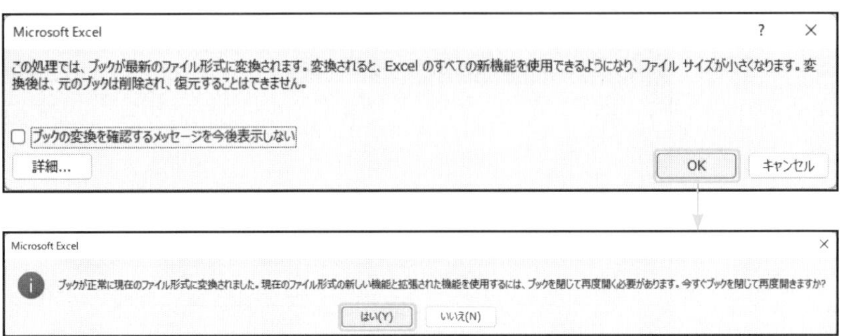

ヒント

互換性チェック

互換モードでの保存はせずに、互換性チェックだけを行う場合は、[ファイル] タブの [情報] をクリックします。[情報] 画面が表示されるので、[問題のチェック] ボタンをクリックし、一覧から [互換性チェック] をクリックします。すると [Microsoft Excel- 互換性チェック] ダイアログボックス（右図）が表示されます。

[問題のチェック] ボタン

逆に、Excel 365 で作成したブックを 2003 以前の Excel で開けるように「互換モード」で保存するには、ファイルの種類を「Excel 97-2003 ブック」の形式に変更して保存します（「1-5-5」参照）。保存時に [Microsoft Excel- 互換性チェック] ダイアログボックスが表示され、このブックに含まれていて、2003 以前の Excel で開いたときに利用できなくなる機能の一覧が表示されます。

[Microsoft Excel- 互換性チェック] ダイアログボックス

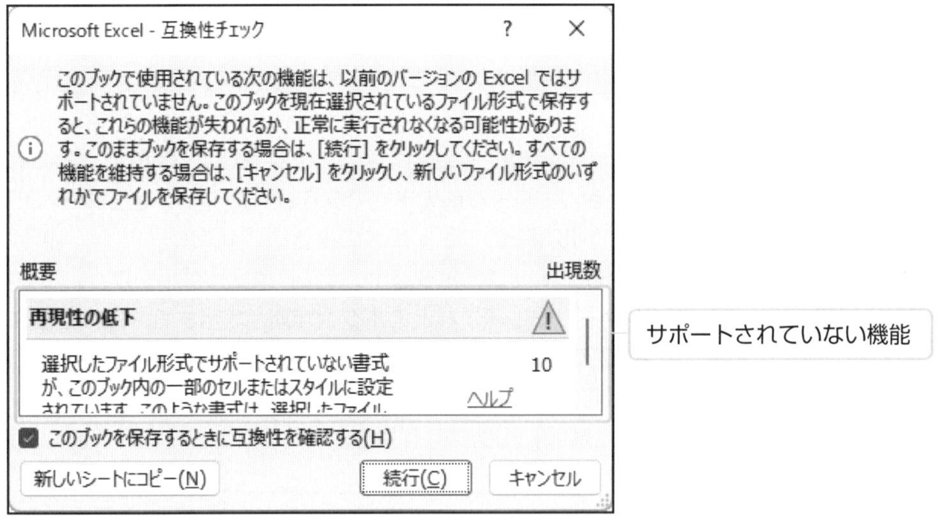

操作手順

❶ タイトルバーのファイル名の後に「- 互換モード」と表示されていることを確認します。

❷ [ファイル] タブをクリックします。

❸［情報］をクリックします。

❹［情報］画面が表示されるので、［互換モード］の［変換］ボタンをクリックします。

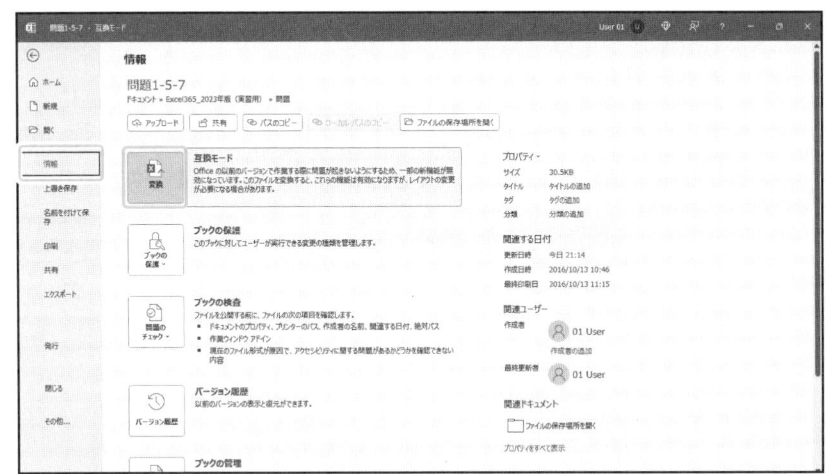

❺「この処理では、ブックが最新のファイル形式に変換されます。変換されると…」というメッセージが表示された場合は［OK］をクリックします。

❻「ブックが正常に現在のファイル形式に変換されました。現在のファイル形式の…」というメッセージが表示されるので、［はい］をクリックします。

❼ブックが再表示されます。タイトルバーに「- 互換モード」の表示がないことを確認します。

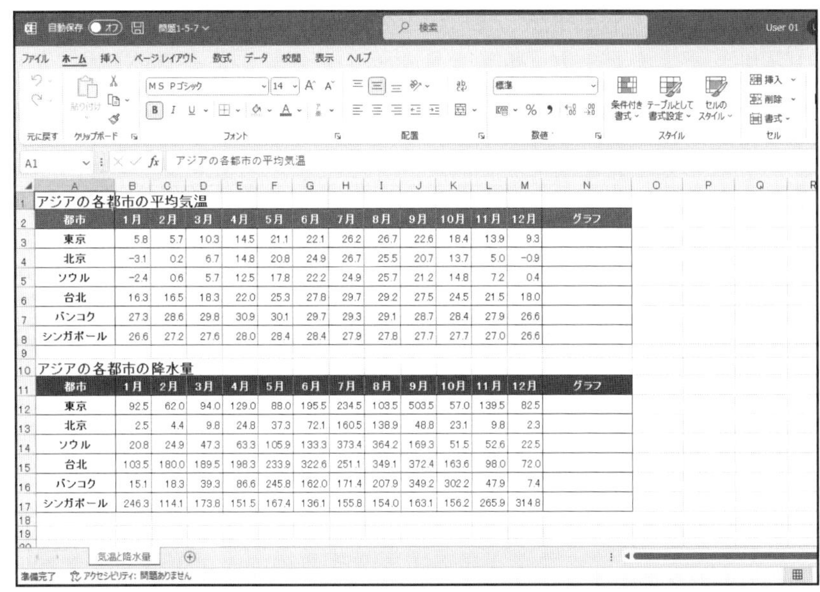

アジアの各都市の平均気温

都市	1月	2月	3月	4月	5月	6月	7月	8月	9月	10月	11月	12月	グラフ
東京	5.8	5.7	10.3	14.5	21.1	22.1	26.2	26.7	22.6	18.4	13.9	9.3	
北京	-3.1	0.2	6.7	14.8	20.8	24.9	26.7	25.5	20.7	13.7	5.0	-0.9	
ソウル	-2.4	0.6	5.7	12.5	17.8	22.2	24.9	25.7	21.2	14.8	7.2	0.4	
台北	16.3	16.5	18.3	22.0	25.3	27.8	29.7	29.2	27.5	24.5	21.5	18.0	
バンコク	27.3	28.6	29.8	30.9	30.1	29.7	29.3	29.1	28.7	28.4	27.9	26.6	
シンガポール	26.6	27.2	27.6	28.0	28.4	28.4	27.9	27.8	27.7	27.7	27.0	26.6	

アジアの各都市の降水量

都市	1月	2月	3月	4月	5月	6月	7月	8月	9月	10月	11月	12月	グラフ
東京	92.5	62.0	94.0	129.0	88.0	195.5	234.5	103.5	503.5	57.0	139.5	82.5	
北京	2.5	4.4	9.8	24.8	37.3	72.1	160.5	138.9	48.8	23.1	9.8	2.3	
ソウル	20.8	24.9	47.3	63.3	105.9	133.3	373.4	364.2	169.3	51.5	52.6	22.5	
台北	103.5	180.0	189.5	198.3	233.9	322.6	251.1	349.1	372.4	163.6	98.0	72.0	
バンコク	15.1	18.3	39.3	86.6	245.8	162.0	171.4	207.9	349.2	302.2	47.9	7.4	
シンガポール	246.3	114.1	173.8	151.5	167.4	136.1	155.8	154.0	163.1	156.2	265.9	314.8	

1-5-8 アクセシビリティの問題を見つけて修正する

練習問題

問題フォルダー
└問題 1-5-8.xlsx

解答フォルダー
└解答 1-5-8.xlsx

アクセシビリティの問題を検査し、「図 1」の写真に「ハワイの写真」、「図 2」のイラストに「ヨットのイラスト」という代替テキスト、「四角形：メモ 3」の図形に装飾用の設定をして、エラーを修正します。なお、警告はそのままにします。

機能の解説

重要用語

- アクセシビリティ
- アクセシビリティの問題を検査
- [アクセシビリティチェック] ボタン
- [アクセシビリティ] 作業ウィンドウ

アクセシビリティとは、情報やサービスの利用しやすさのことです。Excel では、高齢者や障害者などハンディキャップを持つ人が利用したときに情報の欠落などの問題が生じないかという観点で評価します。

Excel のブックのアクセシビリティの問題を検査するには、アクセシビリティチェックを行います。[校閲] タブの [アクセシビリティチェック] ボタンをクリックすると、検査結果が [アクセシビリティ] 作業ウィンドウに一覧表示されます。見つかった問題は「エラー」、「警告」、「ヒント」に分類され、問題を解決すると消えます。

分類	問題の内容
エラー	障害のあるユーザーにとってはアクセスが難しいか、または不可能なコンテンツ
警告	障害のあるユーザーにとってはアクセスしにくい可能性のあるコンテンツ
ヒント	障害のあるユーザーにとってもアクセス可能だが、わかりやすくするために構成や表示を改善したほうがよいコンテンツ

［アクセシビリティ］作業ウィンドウ

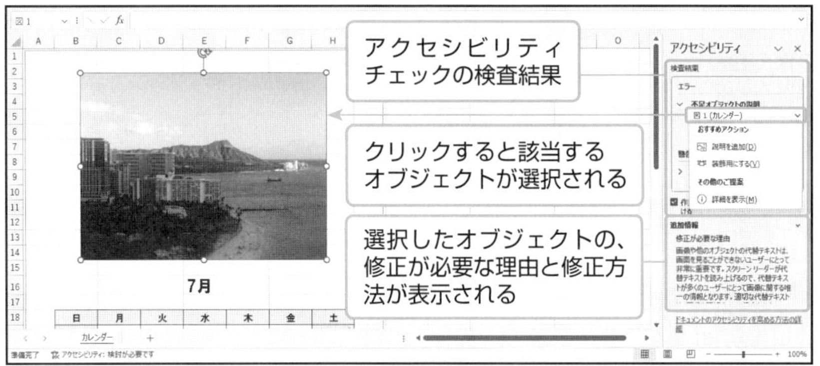

操作手順

❶［校閲］タブの［アクセシビリティチェック］ボタンをクリックします。

❷［アクセシビリティチェック］作業ウィンドウが表示されるので、［検査結果］の［エラー］の［不足オブジェクトの説明（3）］をクリックします。

❸代替テキストがないオブジェクトの一覧が表示されます。

ヒント
代替テキスト
代替テキストは、読み上げソフトが使う情報としても使用されます。また、Web ページとして保存した場合にも、画像を読み込んでいる間、オブジェクトに対応したテキストとして利用されます。

ヒント
オブジェクト名
オブジェクトの一覧には、「オブジェクト名（ワークシート名）」が表示されます。オブジェクト名は［名前ボックス］で変更することが可能です。

修正方法

問題を解決するための修正手順が表示されるので、参考にして改善します。まったく同じ手順で操作しなくてもかまいません。

その他の操作方法

代替テキストの設定

写真が選択されている状態で、[アクセシビリティ] タブの [代替テキスト] ボタンをクリックしても、手順❽の [代替テキスト] 作業ウィンドウが表示され、代替テキストを設定できます。

[代替テキスト] ボタン

❹一覧から [図 1(カレンダー)] をクリックします。

❺写真が選択されます。

❻作業ウィンドウの下部に [追加情報] として修正が必要な理由と修正方法が表示されるので確認します。

❼[おすすめアクション] の [説明を追加] をクリックします。

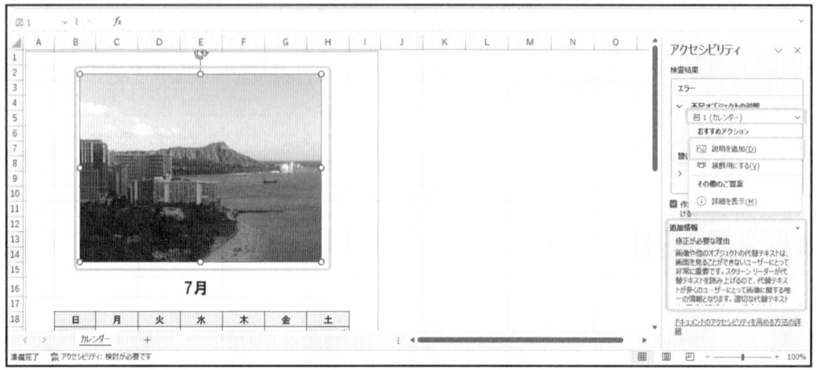

❽[代替テキスト] 作業ウィンドウに切り替わるので、テキストボックスにカーソルが表示されていることを確認し、「ハワイの写真」と入力します。

❾作業ウィンドウ右上の [アクセシビリティ] ボタンをクリックします。

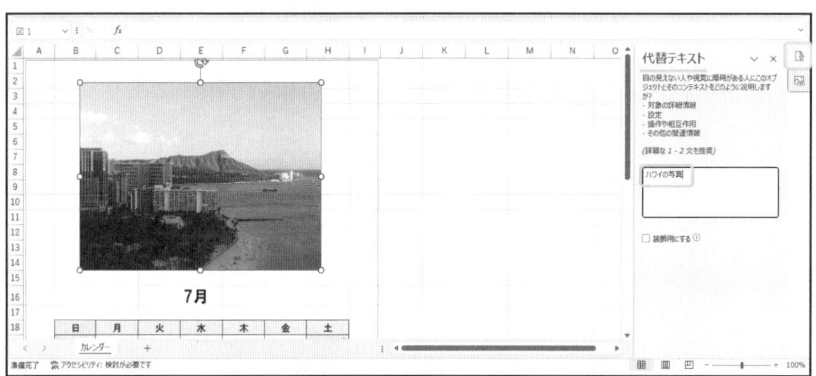

❿[アクセシビリティ] 作業ウィンドウに切り替わるので、[検索結果] の [エラー] の [不足オブジェクトの説明] の一覧から [図 1(カレンダー)] がなくなったことを確認します。

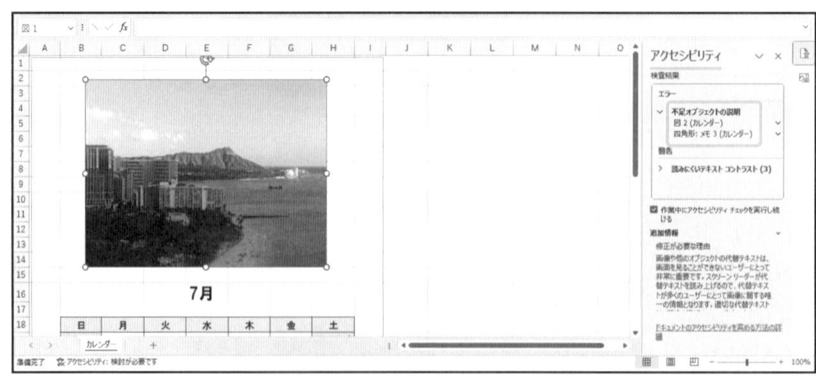

⑪［エラー］の［代替テキストがありません］の一覧の［図2（カレンダー）］をクリックします。

⑫ヨットのイラストが選択されます。

⑬［おすすめアクション］の［説明を追加］をクリックします。

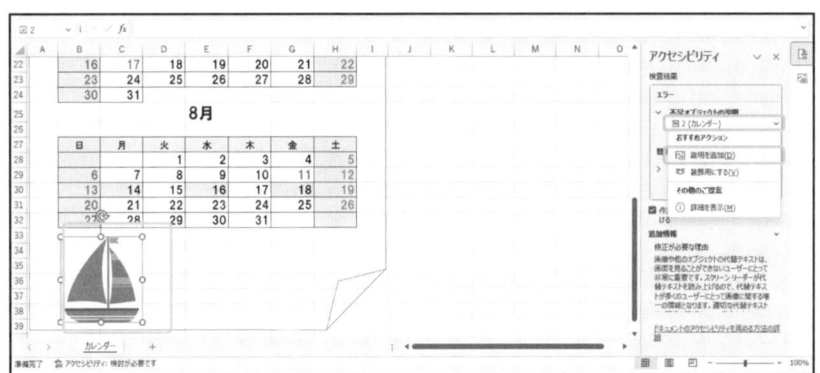

⑭［代替テキスト］作業ウィンドウに切り替わるので、テキストボックスにカーソルが表示されていることを確認し、「ヨットのイラスト」と入力します。

⑮作業ウィンドウ右上の［アクセシビリティ］ボタンをクリックします。

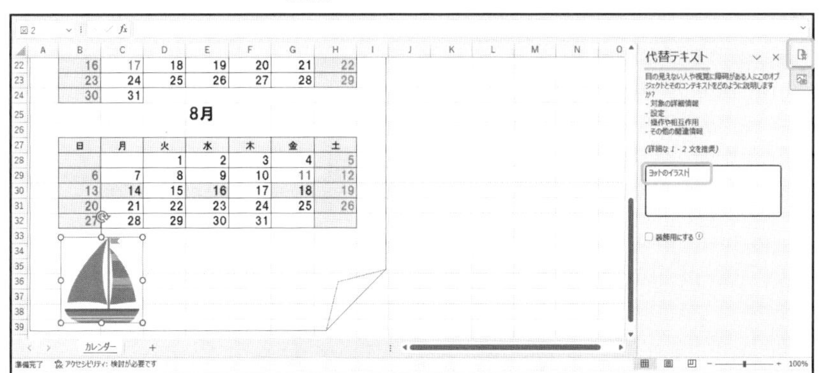

⑯［アクセシビリティ］作業ウィンドウに切り替わるので、［検査結果］の［エラー］の［不足オブジェクトの説明］の一覧から［図2（カレンダー）］がなくなったことを確認します。

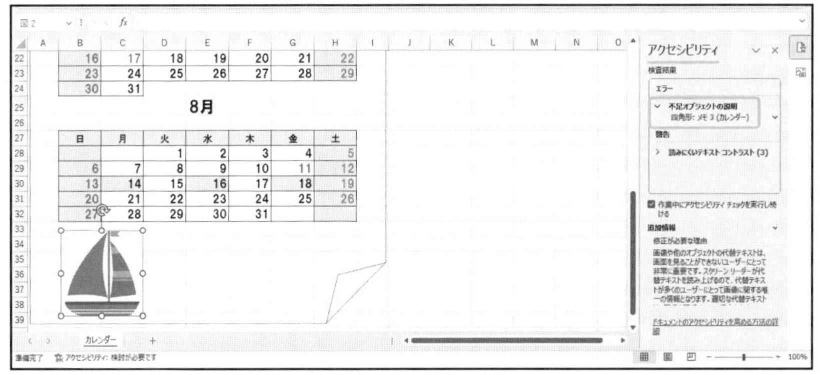

第1章 ワークシートやブックの管理

⑰［エラー］の［不足オブジェクトの説明］の［四角形：メモ３（カレンダー）］をクリックします。

⑱メモの図形が選択されます。

⑲［おすすめアクション］の［装飾用にする］をクリックします。

ヒント
装飾用にする
単なる装飾用のオブジェクトの場合は、［装飾用にする］をクリックすると、エラーから除外されます。

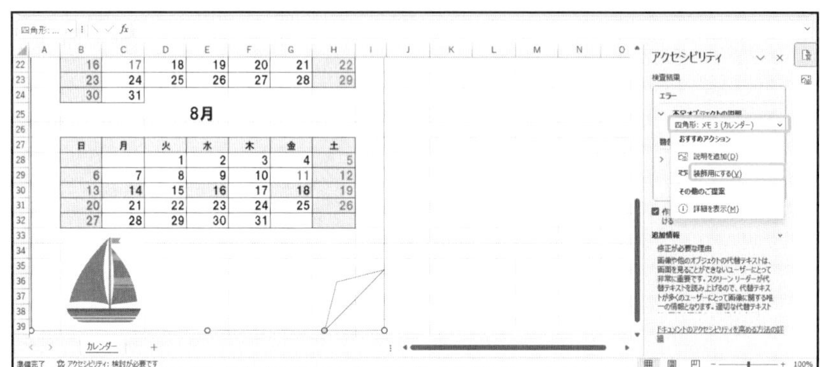

⑳［アクセシビリティ］作業ウィンドウの［検査結果］の［エラー］の表示がなくなります。

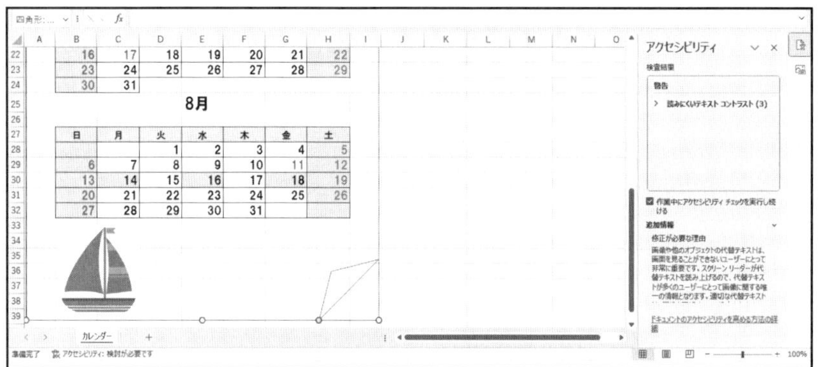

※ 解答操作が終了したら、［アクセシビリティ］作業ウィンドウを閉じるために、☒［閉じる］ボタンをクリックします。続いて［代替テキスト］作業ウィンドウを閉じるために、☒［閉じる］ボタンをクリックします。

1-5-9 コメントを管理する

練習問題

問題フォルダー
└問題 1-5-9.xlsx

解答フォルダー
└解答 1-5-9.xlsx

【操作 1】セル A4 に「円グラフの東京のデータを切り出して強調しました。」というコメントを挿入します。

【操作 2】セル A10 に設定されているコメントに「追加しました。ご確認ください。」と返信します。

【操作 3】セル I1 に設定されているコメントを削除します。

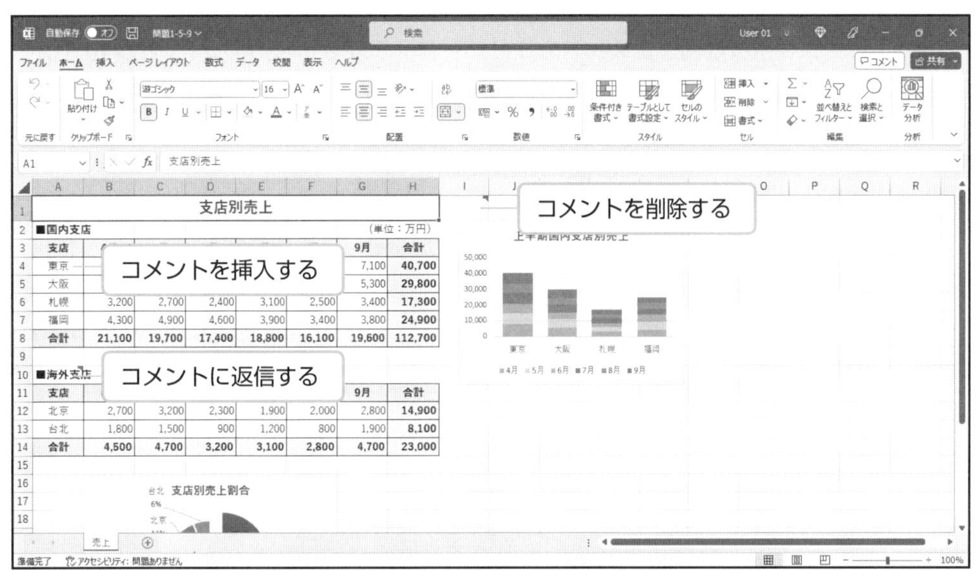

機能の解説

重要用語

- コメント機能
- コメントの挿入
- [新しいコメント]ボタン
- [会話を始める]ボックス
- [コメントを投稿する]ボタン
- ユーザー名
- [Excel のオプション]ダイアログボックスの[全般] タブの [Microsoft Office のユーザー設定]の[ユーザー名]ボックス
- [Office へのサインイン状態にかかわらず、常にこれらの設定を使用する]チェックボックス

他の人と共有するブックに伝達事項や質問・回答などを入れたりするときは、セルに別途テキストを追加できるコメント機能を使うと便利です。Excel365 のコメント機能ではスレッド形式で返信ができるようになり、コメントのやり取りを確認できます。なお、Excel 365 以前にあった返信ができないコメント機能はメモ機能と名称を変えて残っています（「1-5-10」参照)。

●コメントの挿入

コメントを挿入するセルを選択し、[校閲] タブの [新しいコメント] ボタンをクリックします。セルの脇にユーザー名と [会話を始める] ボックスが表示されるので、コメントを入力します。入力後に [コメントを投稿する] ボタンをクリックするか、**Ctrl** + **Enter** キーを押すと投稿され、投稿日時とともに表示されます。

- コメントの編集
- ［コメントを編集］ボタン
- コメントに返信
- ［返信］ボックス
- ［返信を投稿する］ボタン
- コメントの削除
- ［削除］ボタン
- コメントの表示／非表示
- ［前のコメント］ボタン
- ［次のコメント］ボタン
- ［コメントの表示］ボタン
- ［コメント］作業ウィンドウ

コメントを入力する

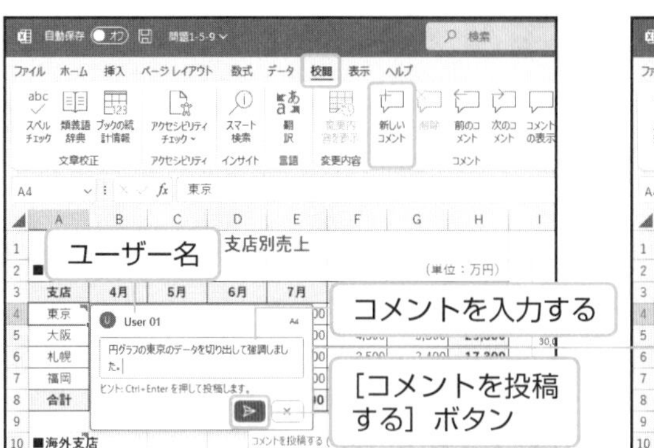

コメントが挿入された状態

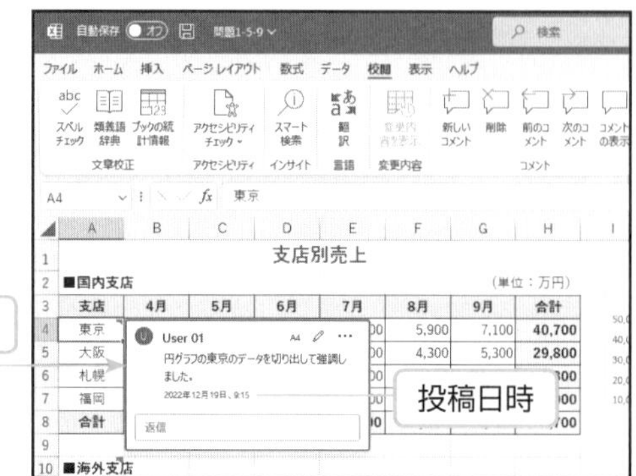

コメントのユーザー名はExcel365にサインインしているアカウント名です。変更したい場合は、［ファイル］タブをクリックし、［その他］をクリックして［オプション］をクリックします。［Excelのオプション］ダイアログボックスの［全般］が表示されるので、［Microsoft Officeのユーザー設定］の［ユーザー名］ボックスに変更する名前を入力し、［Officeへのサインイン状態にかかわらず、常にこれらの設定を使用する］チェックボックスをオンします。ユーザー名を変更すると、メモ（「1-5-10」参照）のユーザー名や、Excel以外のWordなどのOfficeアプリのコメントのユーザー名も変更されます。

ヒント

ユーザー名の変更

環境によりユーザー名の変更が誌面通りにならないこともあります。

コメントのユーザー名を変更する

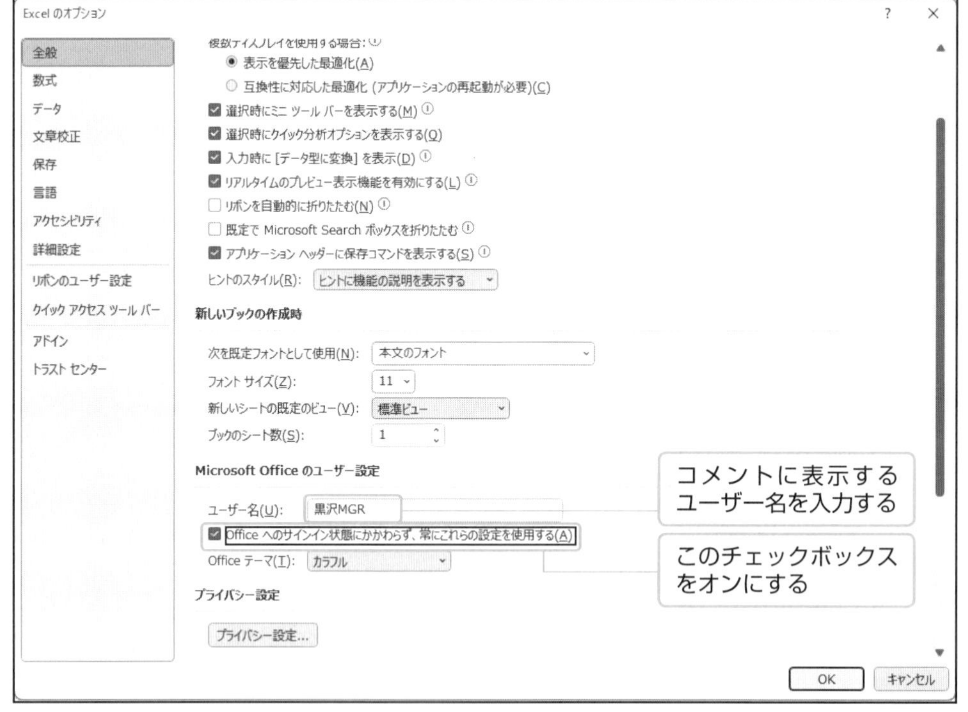

●コメントの編集

コメントが挿入されているセルには、右上にコメントがあることを示す紫のマーク（ ）が表示され、セルをポイントするとコメントが表示されます。ここで［コメントを編集］ボタンをクリックすると、入力済のコメントの末尾にカーソルが表示され、文字が編集できます。編集後に ［コメントを投稿する］ボタンをクリックするか、**Ctrl** + **Enter** キーを押すとコメントの内容が書き換わります。

コメントを表示した状態

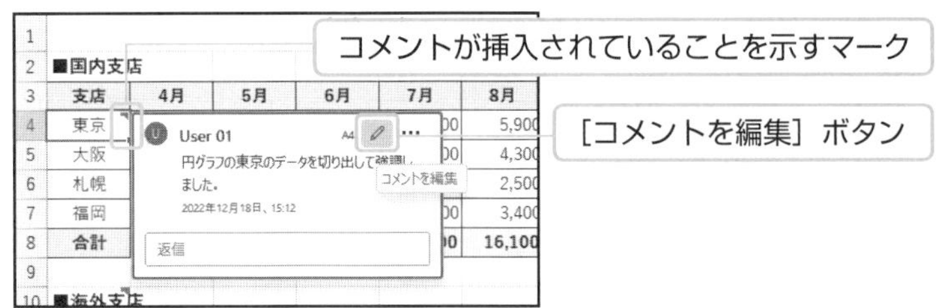

●コメントに返信

コメントに返信するには、コメントを表示し、［返信］ボックスをクリックして、返信内容を入力します。入力後に ［返信を投稿する］ボタンをクリックするか、**Ctrl** + **Enter** キーを押すと投稿され、返信したユーザー名や投稿日時とともにコメントが表示されます。

コメントに返信する　　コメントに返信した状態

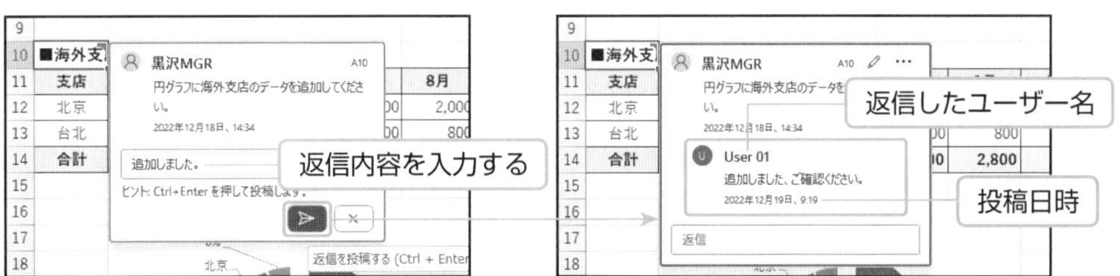

●コメントの削除

コメントを削除するには、コメントが挿入されているセルを選択して、［校閲］タブの ［削除］ボタンをクリックします。複数のセルや、列や行、ワークシート全体を選択して上記の操作をすると、選択範囲内のコメントをまとめて削除することができます。

●コメントの表示 / 非表示

ワークシート内のコメントを一つずつ確認したいときは、［校閲］タブの ［前のコメント］ボタンまたは ［次のコメント］ボタンをクリックすると、コメントが挿入されているセル が順々に選択され、それぞれコメントが表示されます。

● [コメント] 作業ウィンドウの表示

[校閲] タブの [コメントの表示] ボタンをクリックすると、[コメント] 作業ウィンドウが表示され、ワークシート内のすべてのコメントが一覧表示されます。ここでコメントを編集したり、返信したりすることも可能です。

[コメント] 作業ウィンドウを表示した状態

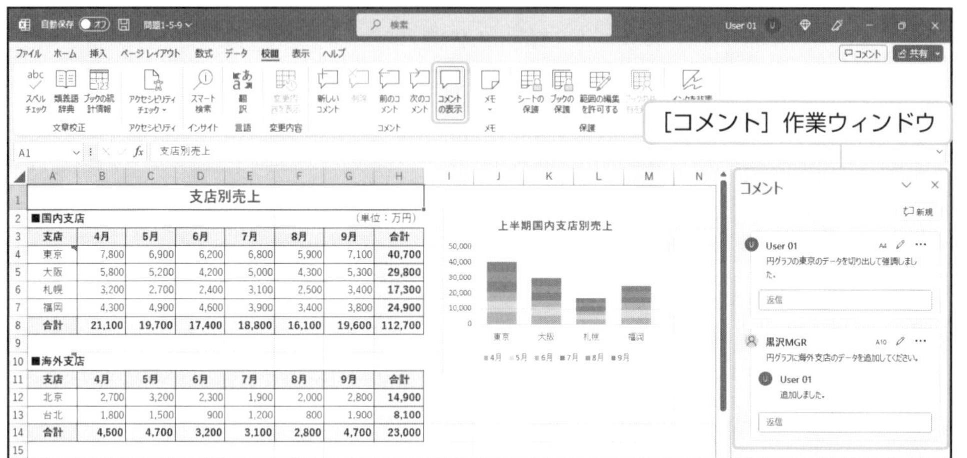

操作手順

その他の操作方法

コメントの挿入

セルを右クリックし、ショートカットメニューの [新しいコメント] をクリックしても、コメントを挿入できます。なお、このコマンドはコメントやメモがないセルを選択した場合にショートカットメニューに表示されます。

【操作 1】

❶ セル A4 をクリックします。

❷ [校閲] タブの [新しいコメント] ボタンをクリックします。

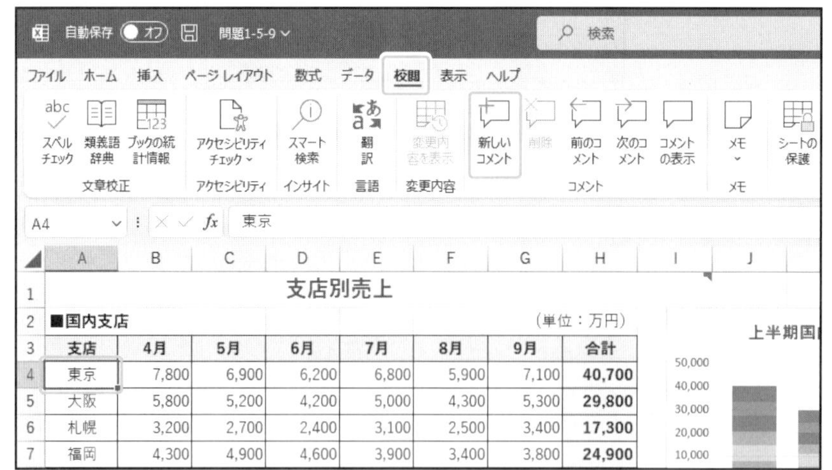

❸ セル A4 に空のコメントが表示されます。

❹ [会話を始める] ボックスの中にカーソルが表示されていることを確認します。

❺「円グラフの東京のデータを切り出して強調しました。」と入力します。

❻ [コメントを投稿する] ボタンをクリックするか、**Ctrl** + **Enter** キーを押します。

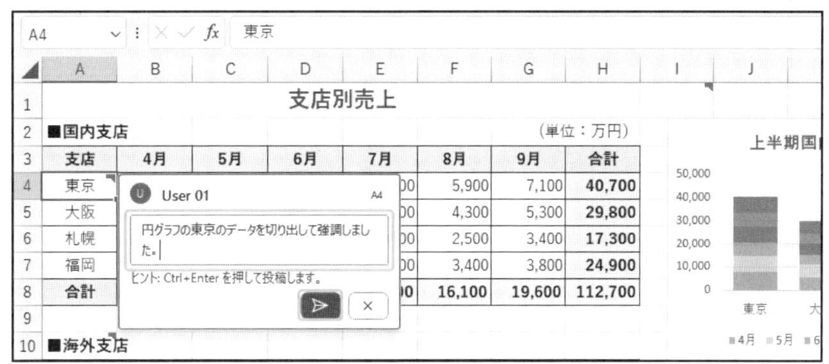

❼コメントが投稿され、投稿日時とともに表示されます。

❽セル A4 の右上にコメントがあることを示す紫のマーク（ ）が表示されます。

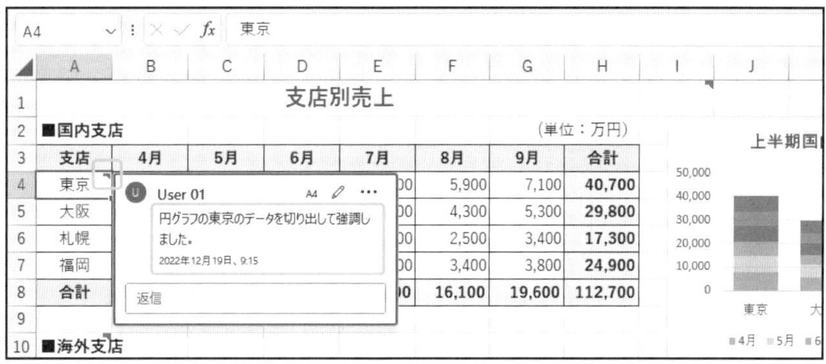

【操作 2】

❾セル A10 をクリックします。

❿コメントが表示されます。

⓫［返信］ボックスをクリックします。

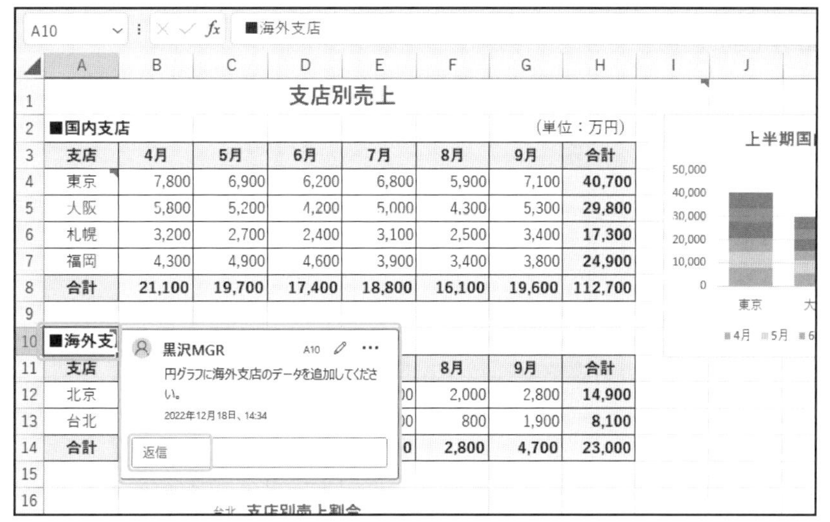

ヒント

コメントの表示

コメントが表示されている状態で、他のコメントを表示するにはコメントが挿入されているセルをクリックします。

その他の操作方法

コメントに返信

セルを右クリックし、ショートカットメニューの［コメントに返信する］をクリックします。なお、このコマンドはコメントが挿入されているセルを選択したときのみショートカットメニューに表示されます。

⑫「追加しました。ご確認ください。」と入力します。

⑬ [返信を投稿する] ボタンをクリックするか、**Ctrl** + **Enter** キーを押します。

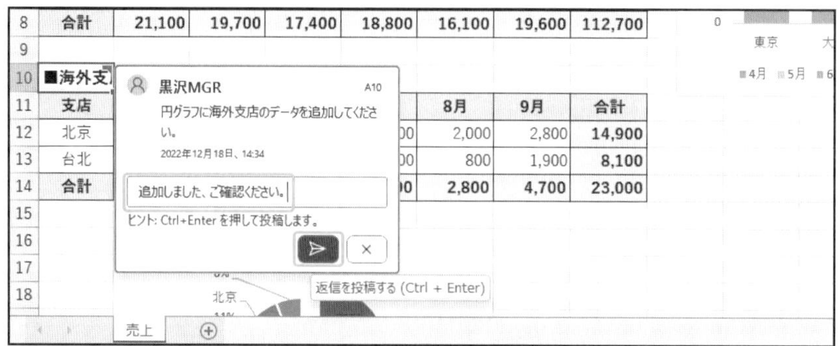

⑭ コメントに返信が追加され、返信したユーザー名と投稿日時とともに表示されます。

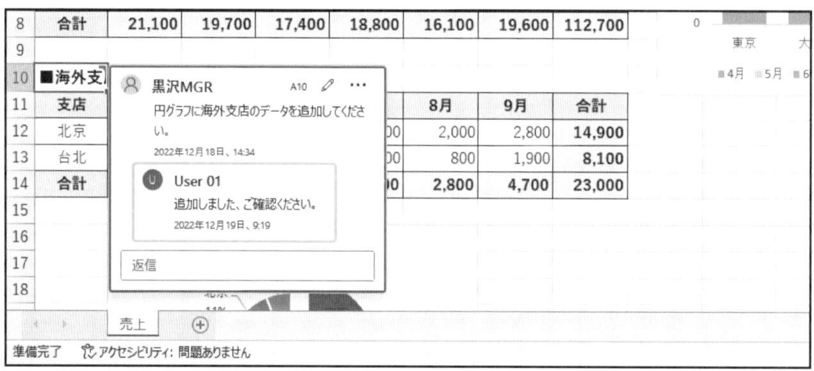

【操作 3】

⑮ セル I1 をクリックします。

⑯ [校閲] タブの [削除] ボタンをクリックします。

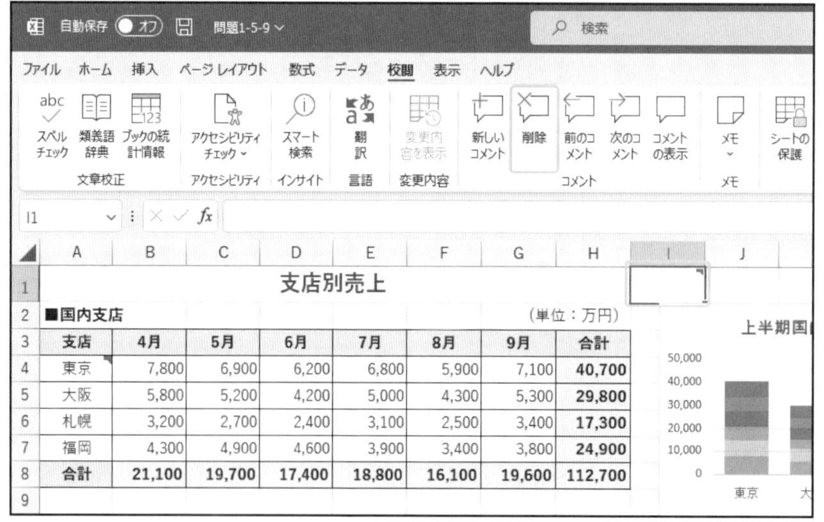

その他の操作方法

コメントの削除

セルを右クリックし、ショートカットメニューの [コメントの削除] をクリックします。なお、このコマンドはコメントの挿入されているセルを選択したときのみショートカットメニューに表示されます。

ヒント

[削除] ボタン

コメントやメモがないセルを選択すると、[校閲] タブの [削除] ボタンは淡色になり、クリックできません。

[削除] ボタン

⑰ セル I1 のコメントが削除され、コメントがあることを示すセルの右上の紫のマーク（▀）がなくなります。

	A	B	C	D	E	F	G	H
1	支店別売上							
2	■国内支店							（単位：万円）
3	支店	4月	5月	6月	7月	8月	9月	合計
4	東京	7,800	6,900	6,200	6,800	5,900	7,100	40,700
5	大阪	5,800	5,200	4,200	5,000	4,300	5,300	29,800
6	札幌	3,200	2,700	2,400	3,100	2,500	3,400	17,300
7	福岡	4,300	4,900	4,600	3,900	3,400	3,800	24,900
8	合計	21,100	19,700	17,400	18,800	16,100	19,600	112,700
9								

1-5-10 メモを管理する

練習問題

問題フォルダー
└問題 1-5-10.xlsx

解答フォルダー
└解答 1-5-10.xlsx

【操作 1】セル D3 に「達成率が 100%以上の場合は特別報酬を支給」というメモを挿入します。

【操作 2】セル E3 のメモの「発表」を「表彰」に編集します。

【操作 3】A 列のすべてのメモを削除します。

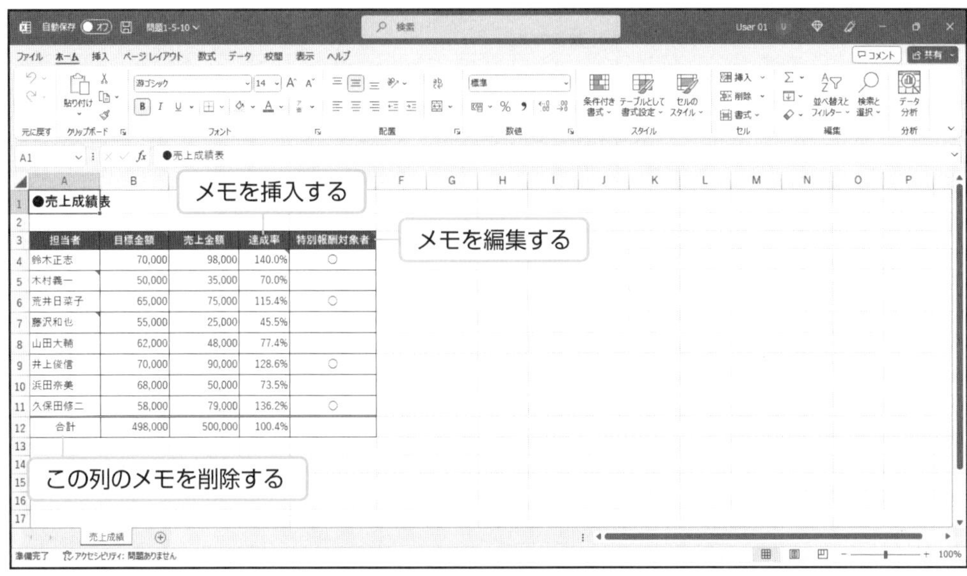

機能の解説

- メモ機能
- ［メモ］ボタン
- メモの挿入
- ［新しいメモ］
- ［メモの編集］
- メモの削除
- ［削除］ボタン
- ［前のメモ］
- ［次のメモ］
- ［メモの表示 / 非表示］
- ［すべてのメモを表示］
- ［コメントに変換］

セルに覚え書きや注意書きなどを吹き出しで記入し、返信が必要ない場合はメモ機能を使用します。メモ機能は［校閲］タブの ［メモ］ボタンをクリックした一覧から設定することができます。

［メモ］ボタンをクリックして表示される一覧

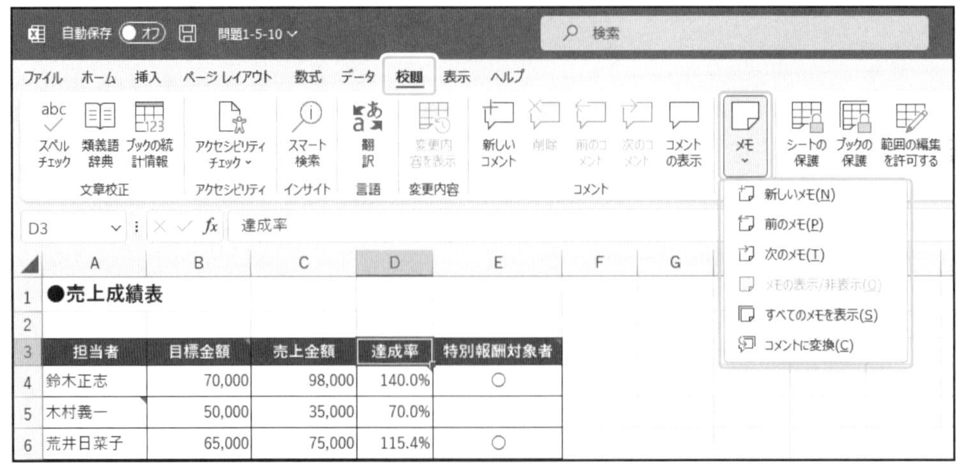

●メモの挿入

メモを挿入するセルを選択してから、[校閲] タブの [メモ] ボタンをクリックし、[新しいメモ] をクリックします。吹き出しにユーザー名とカーソルが表示されるので、内容を入力します。メモが挿入されたセルには右上にメモがあることを示す赤い三角（ ）が表示され、セルをポイントするとメモが吹き出しで表示されます。

メモを入力する

	A	B	C	D	E
1	●売上成績表				
2					
3	担当者	目標金額	売上金額	達成率	
4	鈴木正志	70,000	98,000	140.0%	
5	木村義一	50,000	35,000	70.0%	
6	荒井日菜子	65,000	75,000	115.4%	○
7	藤沢和也	55,000	25,000	45.5%	
8	山田大輔	62,000	48,000	77.4%	
9	井上俊信	70,000	90,000	128.6%	○
10	浜田奈美	68,000	50,000	73.5%	

User 01:
達成率が100%以上の場合は特別報酬を支給

メモが挿入された状態

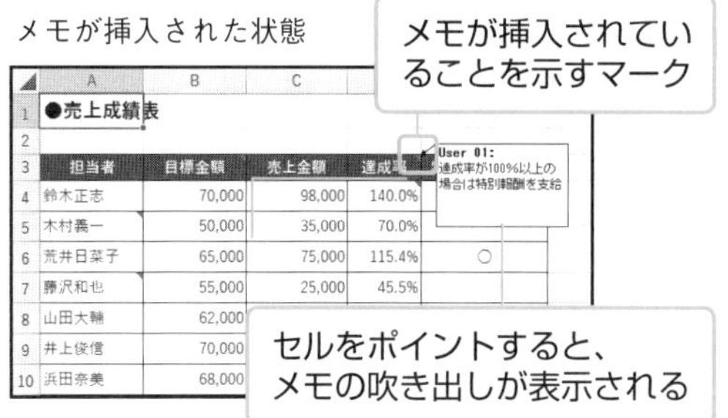

●メモの編集

メモの内容を編集するには、メモが挿入されているセルをクリックし、[校閲] タブの [メモ] ボタンをクリックして、[メモの編集] をクリックします。メモの吹き出しとその中にカーソルが表示され、文字が編集できます。

●メモの削除

メモを削除するには、メモが挿入されているセルを選択して、[校閲] タブの [削除] ボタンをクリックします。複数のセルや、列や行、ワークシート全体を選択して上記の操作をすると、複数のメモを一度に削除することができます。

●メモの表示 / 非表示

ワークシート内のメモを 1 つずつ確認したいときは、[校閲] タブの [メモ] ボタンをクリックし、[前のメモ] や [次のメモ] をクリックすると、メモがあるセルが順々に選択されてメモが表示されます。

メモを常に表示された状態に固定することも可能です。選択したセルのメモだけを常に表示した状態にするには、[校閲] タブの [メモ] ボタンをクリックし、[メモの表示 / 非表示] をクリックします。ワークシート内のすべてのメモを常に表示した状態にするには、[すべてのメモを表示] をクリックします。

なお、メモを非表示にする場合は、[校閲] タブの [メモ] ボタンをクリックし、[すべてのメモを表示] をクリックしてオフにします。

●コメントに変換

Excel 365 のコメントに対して返信する機能を使うために（「1-5-9」参照）、挿入済みのメモはコメントに変換することも可能です。[校閲] タブの [メモ] ボタンをクリックし、[コメントに変換] をクリックします。[メモをコメントにする場合、メモの画像と書式設定はすべて削除されます。すべてのメモをコメントに変換しますか？] というメッセージが表示されるので、[すべてのメモを変換] をクリックします。ブック内のすべてのメモがコメントに変換されます。

［すべてのメモを変換］をクリックしたときに表示されるダイアログボックス

メモがコメントに変換された状態

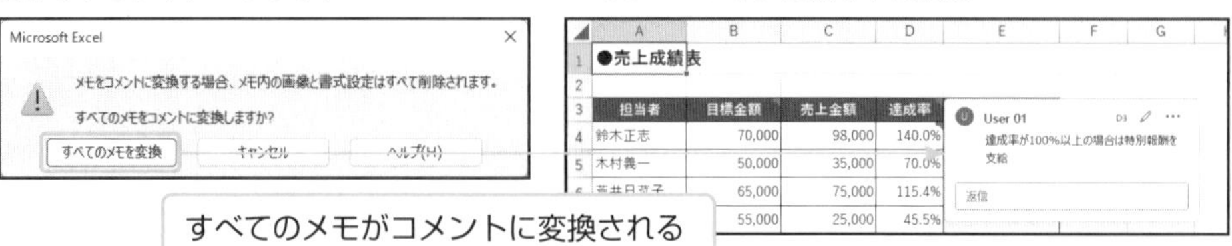

操作手順

【操作 1】

❶セル D3 をクリックします。

❷［校閲］タブの［メモ］ボタンをクリックします。

❸［新しいメモ］をクリックします。

❹セル D3 にメモの吹き出しが表示されます。

❺ユーザー名とカーソルが表示されていることを確認します。

❻「達成率が 100%以上の場合は特別報酬を支給」と入力します。

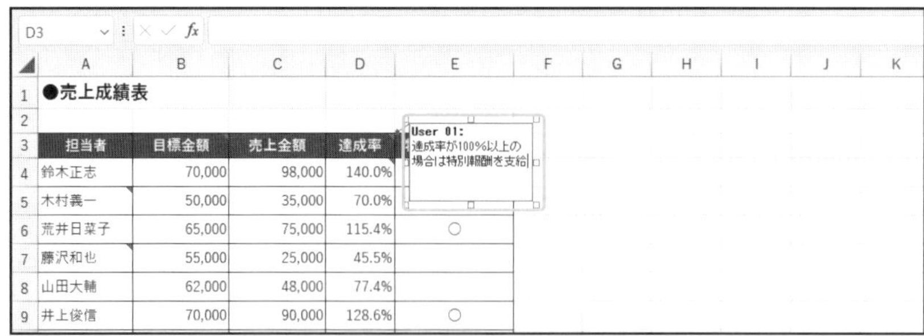

❼ワークシート上のメモ以外の部分をクリックします。

❽メモが確定し、セル D3 の右上にメモがあることを示す赤い三角（ ◥ ）が表示されます。

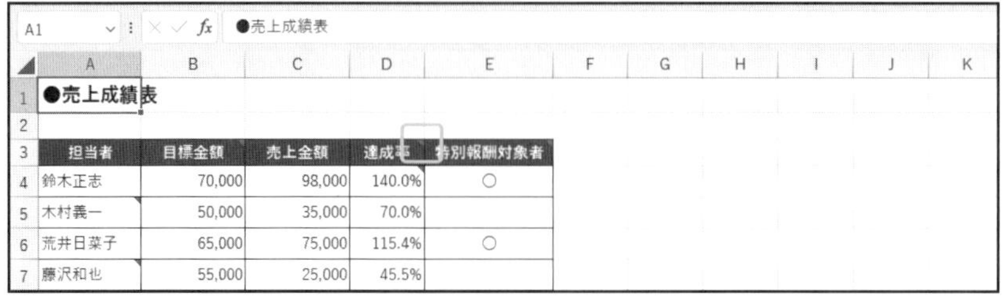

その他の操作方法

メモの挿入

セルを右クリックし、ショートカットメニューの［新しいメモ］をクリックします。なお、このコマンドはメモやコメントがないセルを選択した場合にショートカットメニューに表示されます。

その他の操作方法

ショートカットキー

Shift+**F2** キー

（メモやコメントがないセルを選択した場合：メモの挿入）

ヒント

メモの吹き出しのサイズ変更

メモの吹き出しが選択されている状態で、サイズ変更ハンドル（□）をマウスポインターの形が ⤡ や ⟷ の状態でドラッグすると吹き出しのサイズを変更できます。

【操作 2】

⑨ セル E3 をクリックします。

⑩［校閲］タブの［メモ］ボタンをクリックします。

⑪［メモの編集］をクリックします。

⑫ セル E3 にメモの吹き出しが表示されます。

⑬ メモの末尾にカーソルが表示されていることを確認します。

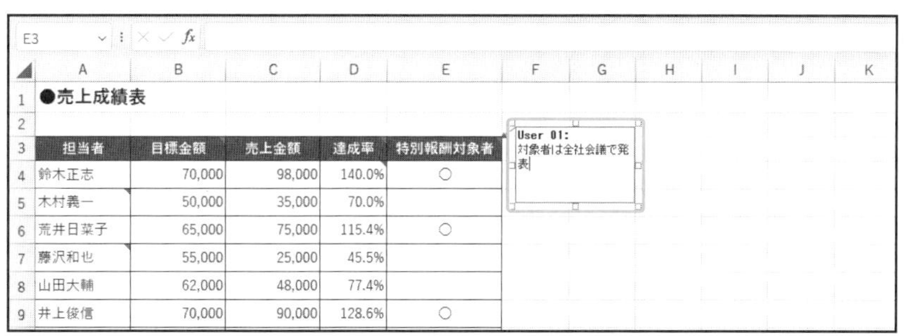

⑭「発表」を削除し、「表彰」と入力します。

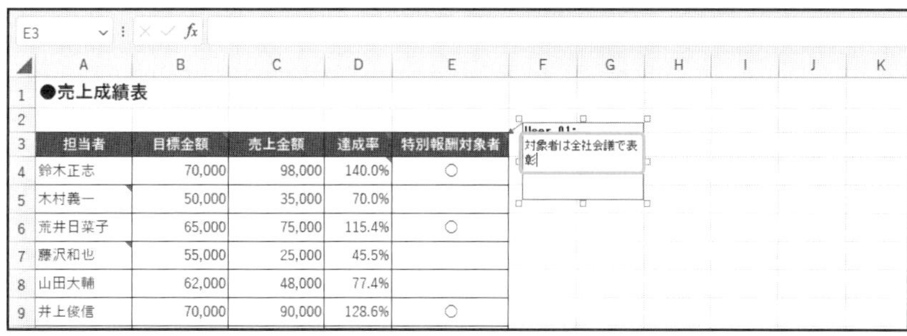

⑮ ワークシート上のメモ以外の部分をクリックします。

⑯ メモが確定します。

その他の操作方法

メモの編集

メモがあるセルを右クリックし、ショートカットメニューの［メモの編集］をクリックしても、メモの吹き出しとメモの末尾にカーソルが表示され、文字を編集できます。

その他の操作方法

ショートカットキー

Shift+F2 キー
（メモがあるセルを選択した場合：メモの編集）

【操作 3】

⑰ 列番号 A をクリックして、A 列を選択します。

⑱［校閲］タブの［削除］ボタンをクリックします。

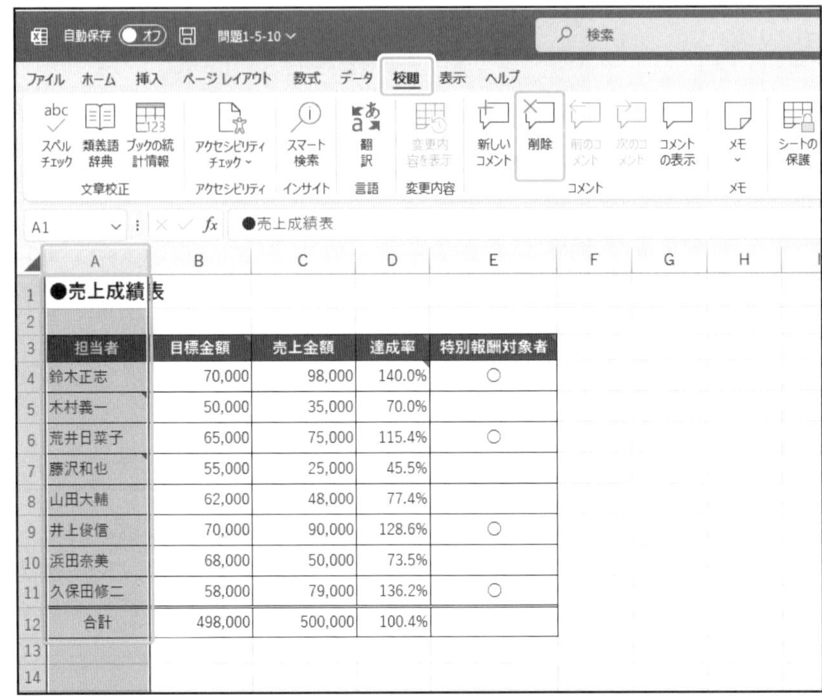

担当者	目標金額	売上金額	達成率	特別報酬対象者
鈴木正志	70,000	98,000	140.0%	○
木村義一	50,000	35,000	70.0%	
荒井日菜子	65,000	75,000	115.4%	○
藤沢和也	55,000	25,000	45.5%	
山田大輔	62,000	48,000	77.4%	
井上俊信	70,000	90,000	128.6%	○
浜田奈美	68,000	50,000	73.5%	
久保田修二	58,000	79,000	136.2%	○
合計	498,000	500,000	100.4%	

⑲ A 列のすべてのメモが削除されます。

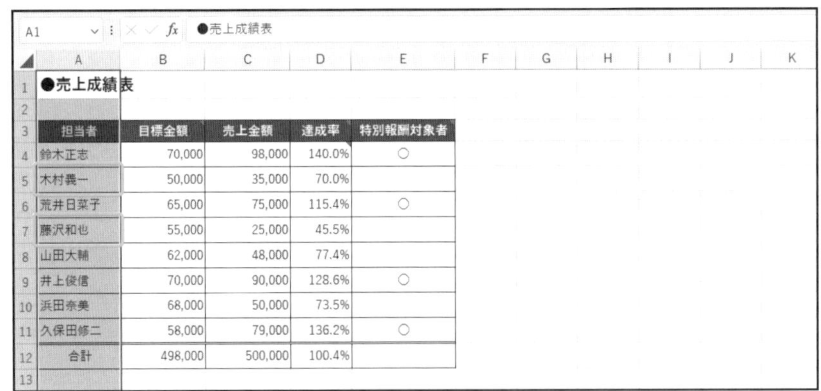

担当者	目標金額	売上金額	達成率	特別報酬対象者
鈴木正志	70,000	98,000	140.0%	○
木村義一	50,000	35,000	70.0%	
荒井日菜子	65,000	75,000	115.4%	○
藤沢和也	55,000	25,000	45.5%	
山田大輔	62,000	48,000	77.4%	
井上俊信	70,000	90,000	128.6%	○
浜田奈美	68,000	50,000	73.5%	
久保田修二	58,000	79,000	136.2%	○
合計	498,000	500,000	100.4%	

その他の操作方法

メモの削除

セルを右クリックし、ショートカットメニューの［メモの削除］をクリックします。ただし、列や行、ワークシート全体を選択した状態ではこのコマンドは表示されず、使用できません。

Chapter 2

セルやセル範囲のデータの管理

本章で学習する項目

- □ シートのデータを操作する
- □ セルやセル範囲の書式を設定する
- □ 名前付き範囲を定義する、参照する
- □ データを視覚的にまとめる

2-1　シートのデータを操作する

既存のデータを再利用する際は、元のデータの特定の書式だけを含んでコピーしたり、必要な列や行を増やしたり、不要な列や行を削除したりして、効率よく作業します。また、別のファイルから取り込んだデータなどで、セルの位置がずれている場合は、セルの挿入、削除で修正できます。

2-1-1　形式を選択してデータを貼り付ける

練習問題

問題フォルダー
└問題 2-1-1.xlsx

解答フォルダー
└解答 2-1-1.xlsx

【操作 1】セル範囲 C4:D7 をコピーして、セル範囲 C11:D14 にリンク貼り付けします。

【操作 2】セル範囲 K4:L8 をコピーして、数式と数値の書式をセル範囲 K11:L15 に貼り付けます。

【操作 3】D 列の列幅を、K ～ L 列に貼り付けます。

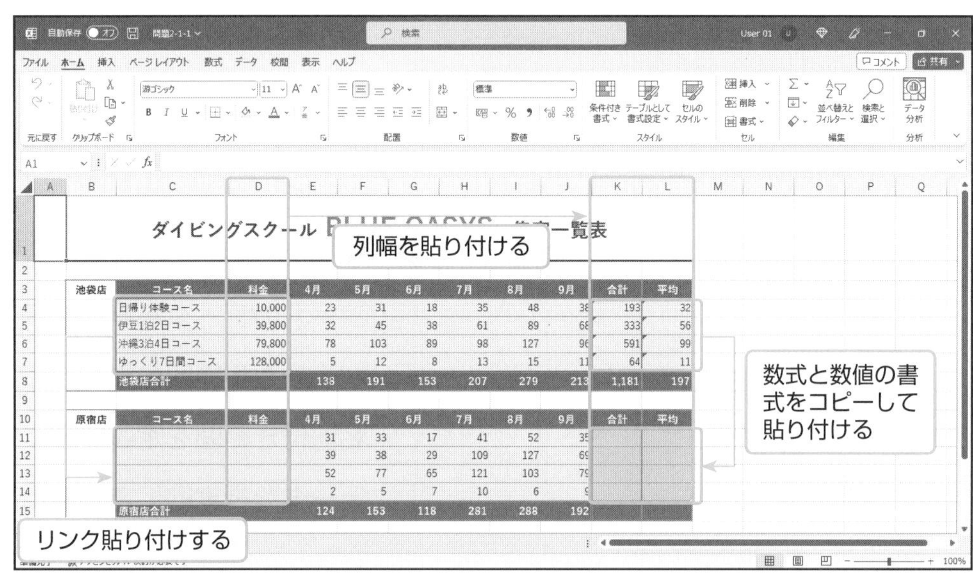

機能の解説

- 形式を選択して貼り付ける
- [貼り付け] ボタンの▼
- [貼り付けのオプション] ボタン
- [形式を選択して貼り付け]
- [形式を選択して貼り付け] ダイアログボックス

セルのデータを移動したり、コピーしたりする場合、標準ではデータの書式を含めて貼り付けるのに対し、セルの値のみ、数式のみ、書式のみ、などのように形式を選択して貼り付けることもできます。貼り付けの際に［ホーム］タブの［貼り付け］ボタンの▼をクリックし、表示される一覧から形式を選択するか、［貼り付け］ボタンをクリックして貼り付けた後に表示される (Ctrl)▾［貼り付けのオプション］ボタンをクリックし、表示される一覧から形式を選択します。

［貼り付け］ボタンの▼の一覧

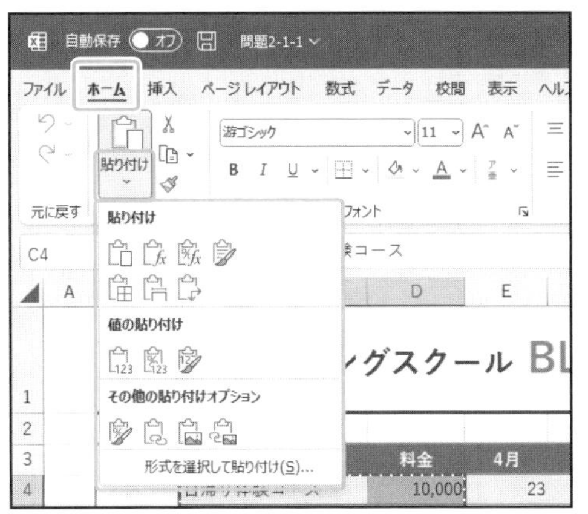

［貼り付けのオプション］ボタンの一覧

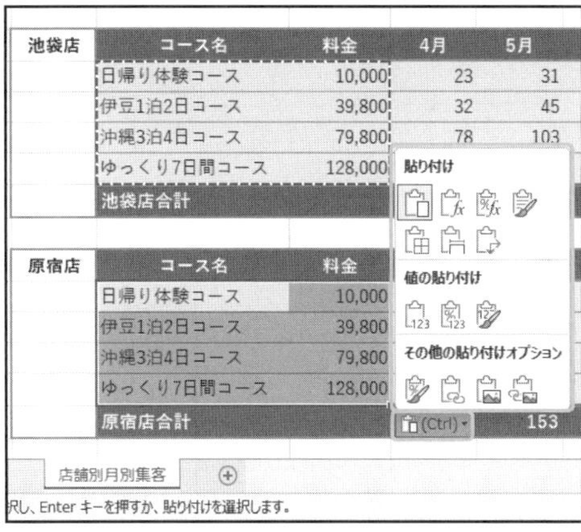

ポイント

貼り付け結果のプレビュー

［貼り付け］ボタンの▼の一覧に表示されるアイコンをポイントすると、対象のセルでは貼り付け後のイメージがプレビューされ、貼り付け結果を確認することができます。

［貼り付け］ボタン

［貼り付け］ボタンの▼や［貼り付けのオプション］ボタンをクリックして表示される一覧のアイコン

アイコン	名称	内容
［貼り付け］		
	貼り付け	セルのデータと書式をすべて貼り付ける
	数式	数式のみを貼り付ける
	数式と数値の書式	数式と数値の表示形式のみを貼り付ける
	元の書式を保持	罫線を含めてコピー元の書式を保持して貼り付ける
	罫線なし	罫線以外のコピー元の書式を保持して貼り付ける
	元の列幅を保持	コピー元の列幅を保持して貼り付ける
	行／列の入れ替え	行と列を入れ替えて貼り付ける
［値の貼り付け］		
	値	数式の結果の値のみを貼り付ける
	値と数値の書式	数式の結果の値と数値の表示形式のみを貼り付ける
	値と元の書式	コピー元の書式を保持して数式の結果の値を貼り付ける
［その他の貼り付けオプション］		
	書式設定	書式のみを貼り付ける
	リンク貼り付け	コピー元のデータにリンクして更新される形式で貼り付ける
	図	図に変換して貼り付ける
	リンクされた図	図に変換して、コピー元のデータと書式にリンクして更新される形式で貼り付ける

［貼り付け］ボタンの▼をクリックし、［形式を選択して貼り付け］をクリックすると、［形式を選択して貼り付け］ダイアログボックスが表示され、さらに詳細な形式を指定した貼り付けも指定できます。

［形式を選択して貼り付け］ダイアログボックス

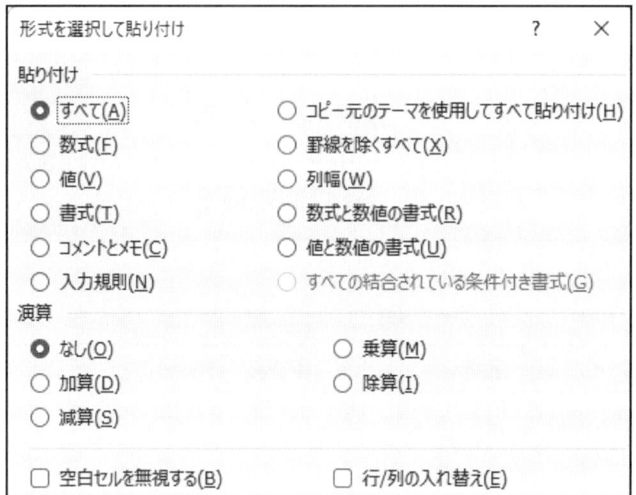

操作手順

その他の操作方法
コピー
選択範囲内で右クリックし、ショートカットメニューの［コピー］をクリックします。

その他の操作方法
ショートカットキー
Ctrl ＋ **C** キー（コピー）

【操作 1】

❶セル C4 ～ D7 を範囲選択します。

❷［ホーム］タブの［コピー］ボタンをクリックします。

❸選択したセルが点線で囲まれます。

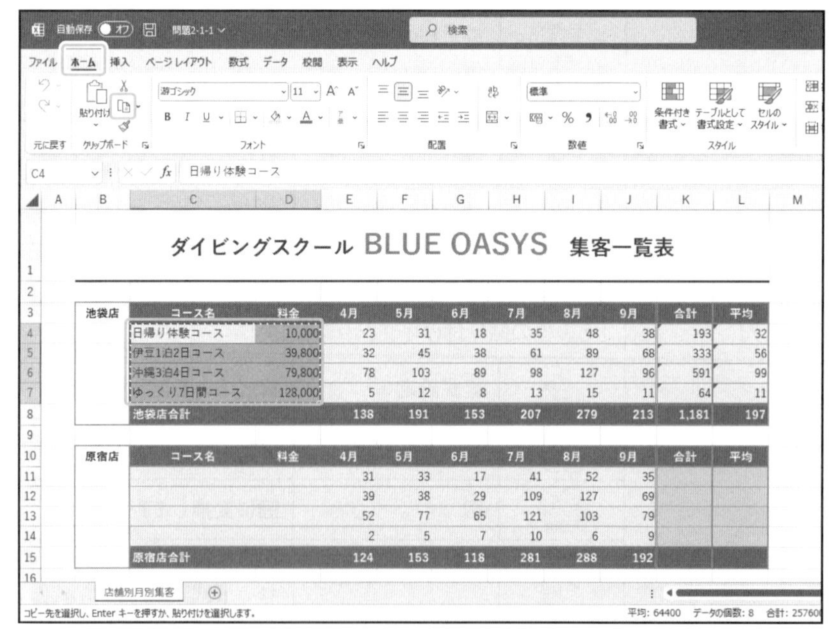

❹ セル C11 をクリックします。

❺［ホーム］タブの［貼り付け］ボタンの▼をクリックします。

❻［その他の貼り付けオプション］の一覧から［リンク貼り付け］（左から 2 番目）をクリックします。

❼ セル C11 ～ D14 にリンク貼り付けされます。

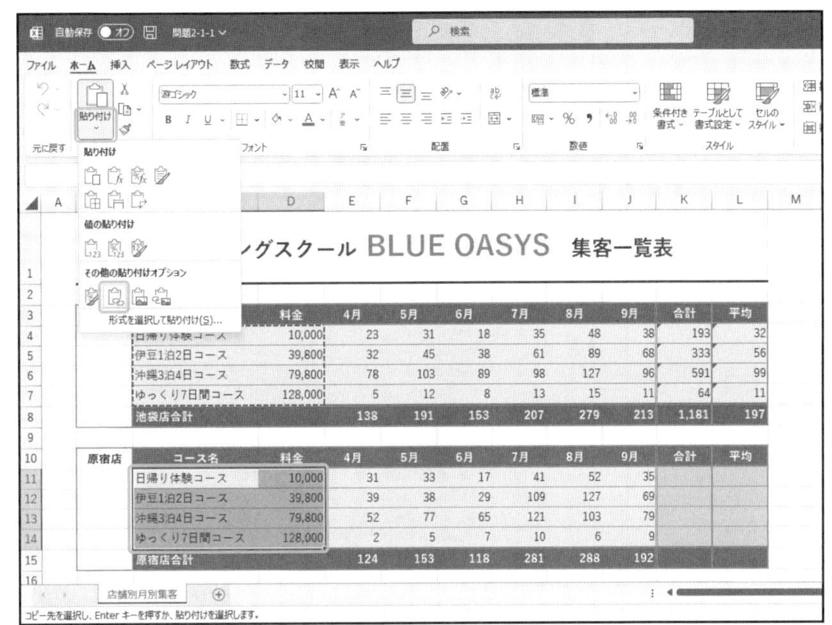

【操作 2】

❽ セル K4 ～ L8 を範囲選択します。

❾［ホーム］タブの［コピー］ボタンをクリックします。

❿ 選択したセルが点線で囲まれます。

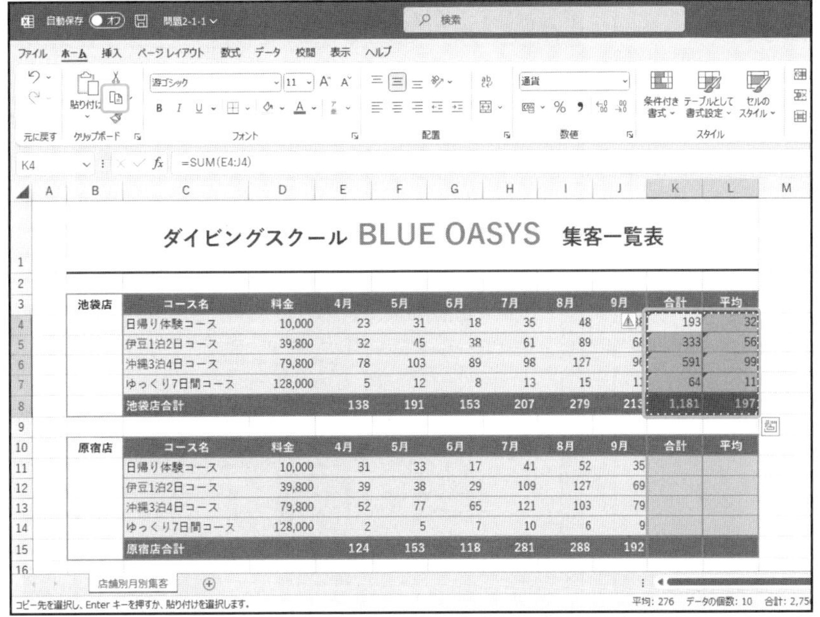

ポイント

貼り付け先のセルの指定

貼り付け先としては、左上端の 1 つのセルだけをクリックして指定します。するとコピー元と同じ行数 × 列数の範囲に貼り付けられます。コピー元と同じ行数 × 列数のセル範囲を指定する必要はありません。

ヒント

［貼り付け］ボタン

［貼り付け］ボタンをクリックすると、コピー元のデータと書式がすべて貼り付けられます。貼り付けた後に、(Ctrl)［貼り付けのオプション］ボタンをクリックすると、貼り付ける形式を変更できます。

［貼り付け］ボタン

その他の操作方法

リンク貼り付け

貼り付け先のセルを右クリックし、ショートカットメニューの［貼り付けのオプション］の一覧から［リンク貼り付け］をクリックします。

ポイント

リンク貼り付け

セルをリンク貼り付けすると、コピー先のセルにはコピー元のセル番地を表す数式「= セル番地」が入力されます（異なるシートの場合は「= シート名 ! セル番地」という形でシート名を含めた数式が入力されます）。コピー元のセルの値を変更すると、コピー先のセルの値もそれに合わせてコピー元と同じ値に変更されます。

ヒント

エラー表示

セル K4 ～ L7 の左上にエラーインジケーター（◤）が表示されています。セルをアクティブにすると、［エラー］ボタンが表示され、ポイントすると「このセルにある数式は、隣接したセル以外の範囲を参照します。」と表示されます。これは合計と平均の範囲が隣接する料金のセルを含んでいないためです。数式は正しいのでこのままにします。

⑪セルK11をクリックします。

⑫［ホーム］タブの［貼り付け］ボタンの▼をクリックします。

⑬［貼り付け］の一覧から［数式と数値の書式］（一番上、左から3番目）をクリックします。

⑭セルK11～L15にセルK4～L8の数式と数値の書式が貼り付けられます。

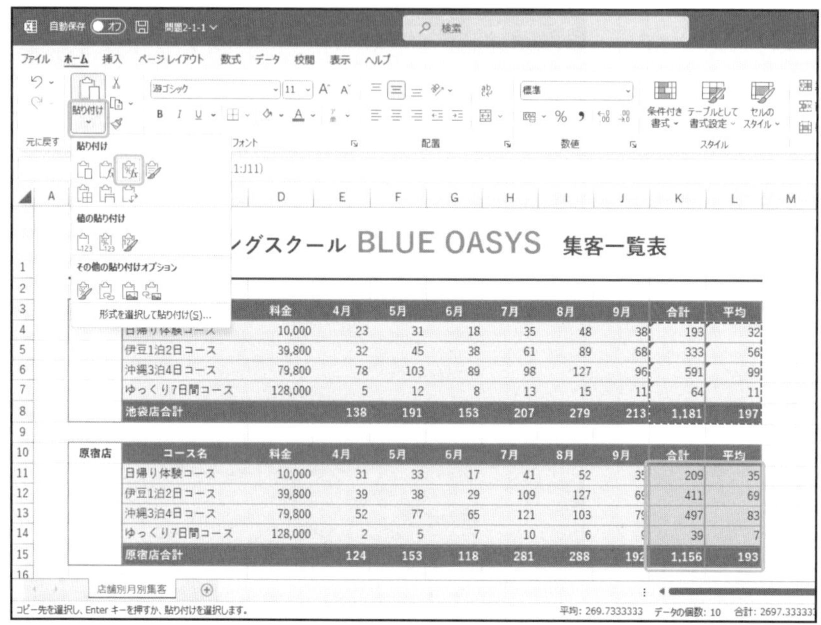

【操作3】

⑮列番号Dをクリックして、D列を選択します。

⑯［ホーム］タブの［コピー］ボタンをクリックします。

⑰D列が点線で囲まれます。

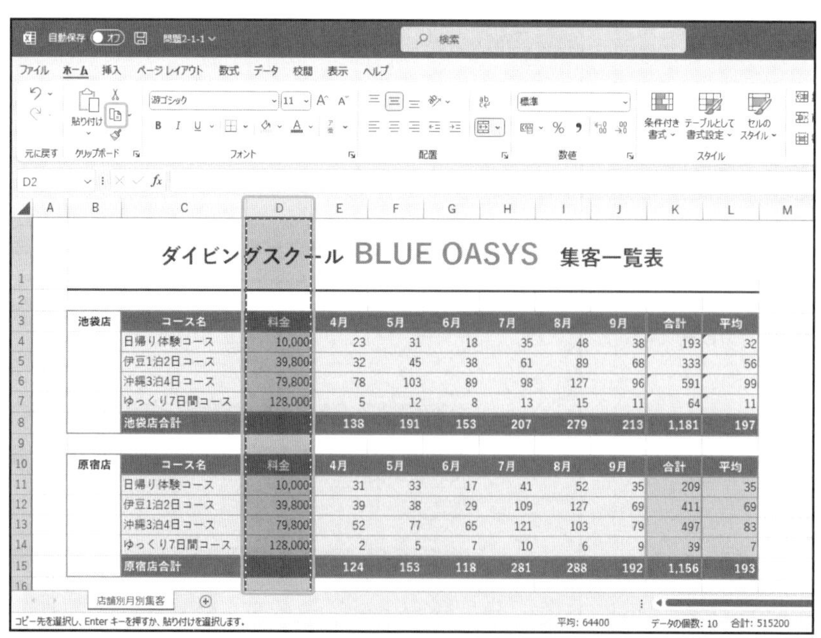

ヒント
列幅のコピー元／コピー先の指定
列幅をコピーする場合、コピー元およびコピー先は列ではなく、セルを指定してもかまいません。

⑰ 列番号K～Lをドラッグして、K～L列を選択します。

⑱［ホーム］タブの［貼り付け］ボタンの▼をクリックします。

⑲［形式を選択して貼り付け］をクリックします。

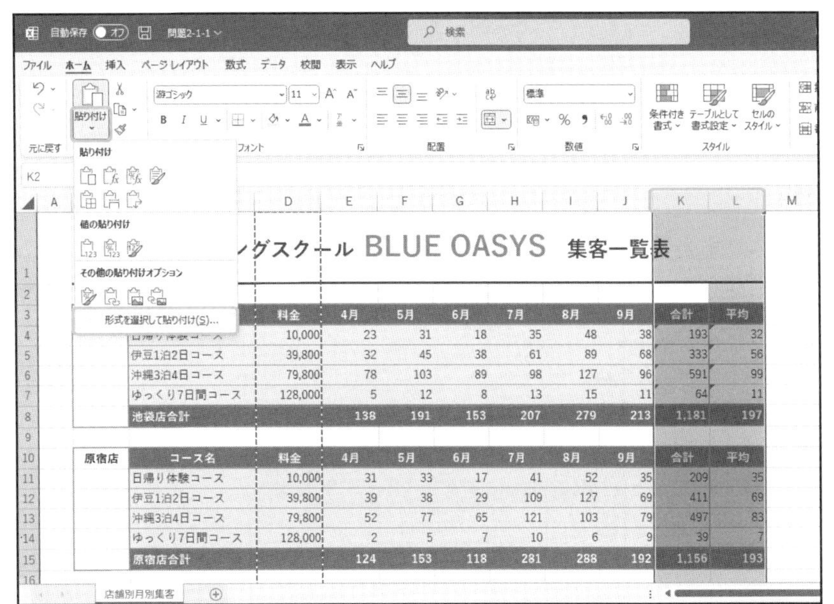

	コース名	料金	4月	5月	6月	7月	8月	9月	合計	平均
	伊豆1泊2日コース	39,800	32	45	38	61	89	68	333	56
	沖縄3泊4日コース	79,800	78	103	89	98	127	96	591	99
	ゆっくり7日間コース	128,000	5	12	8	13	15	11	64	11
	池袋店合計		138	191	153	207	279	213	1,181	197
原宿店	コース名	料金	4月	5月	6月	7月	8月	9月	合計	平均
	日帰り体験コース	10,000	31	33	17	41	52	35	209	35
	伊豆1泊2日コース	39,800	39	38	29	109	127	69	411	69
	沖縄3泊4日コース	79,800	52	77	65	121	103	79	497	83
	ゆっくり7日間コース	128,000	2	5	7	10	6	9	39	7
	原宿店合計		124	153	118	281	288	192	1,156	193

⑳［形式を選択して貼り付け］ダイアログボックスが表示されるので、［貼り付け］の［列幅］をクリックします。

㉑［OK］をクリックします。

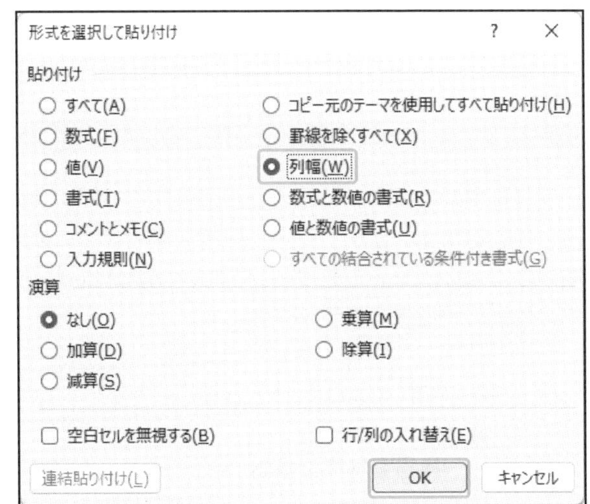

㉒ K～L列の列幅が、D列と同じになります。

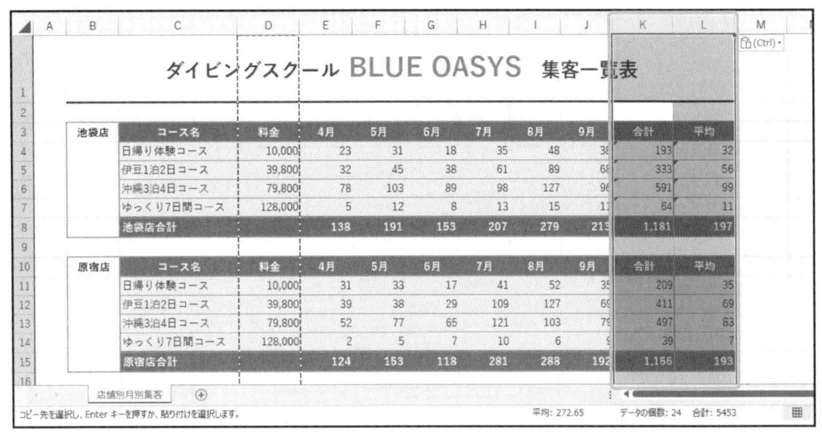

ダイビングスクール BLUE OASYS 集客一覧表

池袋店	コース名	料金	4月	5月	6月	7月	8月	9月	合計	平均
	日帰り体験コース	10,000	23	31	18	35	48	38	193	32
	伊豆1泊2日コース	39,800	32	45	38	61	89	68	333	56
	沖縄3泊4日コース	79,800	78	103	89	98	127	96	591	99
	ゆっくり7日間コース	128,000	5	12	8	13	15	11	64	11
	池袋店合計		138	191	153	207	279	213	1,181	197
原宿店	コース名	料金	4月	5月	6月	7月	8月	9月	合計	平均
	日帰り体験コース	10,000	31	33	17	41	52	35	209	35
	伊豆1泊2日コース	39,800	39	38	29	109	127	69	411	69
	沖縄3泊4日コース	79,800	52	77	65	121	103	79	497	83
	ゆっくり7日間コース	128,000	2	5	7	10	6	9	39	7
	原宿店合計		124	153	118	281	288	192	1,156	193

その他の操作方法

［形式を選択して貼り付け］ダイアログボックスの表示

貼り付け先のセルを右クリックし、ショートカットメニューの［形式を選択して貼り付け］をクリックします。

第2章 セルやセル範囲のデータの管理

2-1-2 オートフィル機能を使ってセルにデータを入力する

練習問題

問題フォルダー
└問題 2-1-2.xlsx

解答フォルダー
└解答 2-1-2.xlsx

【操作 1】オートフィル機能を使用して、セル範囲 C3:E3 に「第 2 四半期」～「第 4 四半期」という連続データを入力します。その際、セルの書式はコピーしません。

【操作 2】オートフィル機能を使用して、セル F4 に入力されている数式をセル範囲 F5:F9 にコピーします。

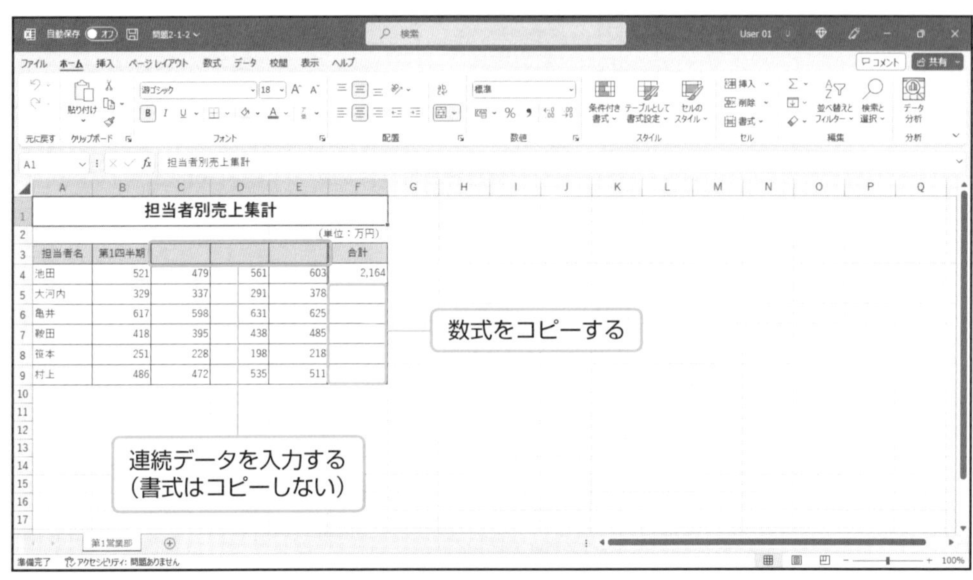

機能の解説

- オートフィル機能
- コピー
- フィルハンドル
- 連続データ
- [オートフィルオプション] ボタン
- [フラッシュフィル]

オートフィル機能を使用すると、セルに入力されている値や数式を隣接するセルにコピーすることができます。オートフィル機能を使用するには、コピー元となるセルをクリックして右下のフィルハンドルをポイントし、マウスポインターの形が ＋ に変わったら、コピー先の最後のセルまでドラッグします。

オートフィル機能を使用したコピー（セル B3 のデータをセル C3 ～ E3 にコピー）

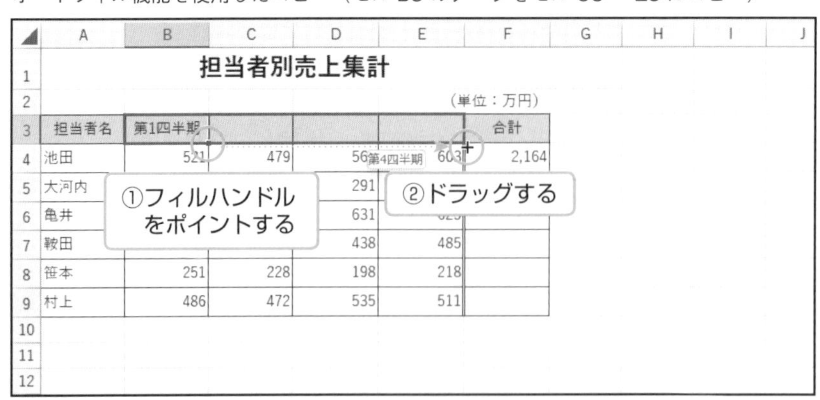

ポイント

フィルハンドル

アクティブセルまたは選択範囲の右下隅の緑色の四角形のことです。フィルハンドルをポイントすると、マウスポインターの形が ＋ に変わります。

次の表のような日付や時刻などの規則性のあるデータや文字列と数値を組み合わせた値をオートフィル機能を使ってコピーすると、連続データが入力されます。

基準となるセルの例	連続データとして入力される値
1 月	2 月、3 月、4 月、5 月、6 月…11 月、12 月、1 月…
1 月 1 日	1 月 2 日、1 月 3 日、1 月 4 日…1 月 31 日、2 月 1 日…
1 週目	2 週目、3 週目、4 週目、5 週目…
月	火、水、木、金、土、日、月…
月曜日	火曜日、水曜日、木曜日、金曜日、土曜日、日曜日、月曜日…
1:00	2:00、3:00、4:00…23:00、0:00、1:00…
第 1	第 2、第 3、第 4、第 5…

オートフィル機能を使うとセルに設定されている書式もコピーされますが、操作後に表示される［オートフィルオプション］ボタンをクリックして表示される一覧から、データをコピーするのか、連続データを作成するのか、書式をコピーするのかなどを選択することができます。

［オートフィルオプション］ボタンの一覧にある［フラッシュフィル］は、入力したデータから Excel が規則性を認識し、ほかのセルにその規則でデータを自動的に埋め込む機能です。

その他の操作方法

フラッシュフィル

データを入力した後、［データ］タブの［フラッシュフィル］ボタンをクリックします。同様のデータのセル範囲が自動認識され、入力したデータと同じ規則のデータが自動的に入力されます。

フラッシュフィルを使用したデータの入力

セル A2 の「姓」とセル B2 の「名」を続けて入力する

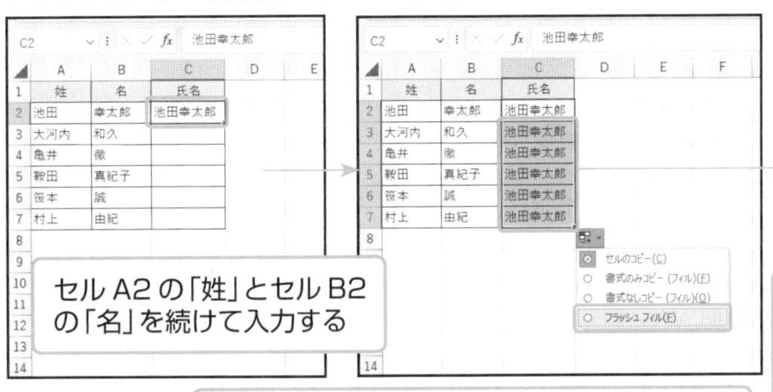

各行の A 列の「姓」と B 列の「名」を続ける、という規則だと Excel が判断し、その規則を 3 行目以降にも適用する

オートフィル機能を使用してデータをコピーし、［オートフィルオプション］ボタンの一覧から［フラッシュフィル］を選択する

操作手順

【操作 1】

❶ セル B3 をクリックして、セルの右下のフィルハンドルをポイントします。

❷ マウスポインターの形が ＋ に変わったら、セル E3 までドラッグします。

	A	B	C	D	E	F
1		担当者別売上集計				
2						(単位：万円)
3	担当者名	第1四半期				合計
4	池田	521	479	56第4四半期	603	2,164
5	大河内	329	337	291	378	
6	亀井	617	598	631	625	
7	鞍田	418	395	438	485	
8	笹本	251	228	198	218	
9	村上	486	472	535	511	

③セル C3 ～ E3 に「第 2 四半期」～「第 4 四半期」が入力されます。

④[オートフィルオプション] ボタンをクリックします。

⑤一覧から［書式なしコピー（フィル）］をクリックします。

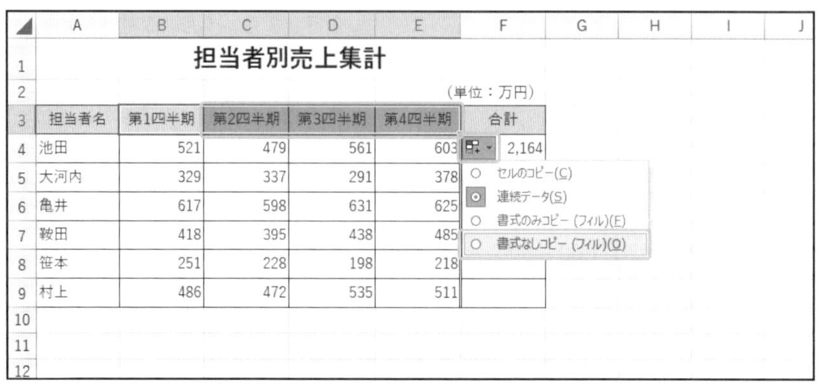

	A	B	C	D	E	F
1		担当者別売上集計				
2						（単位：万円）
3	担当者名	第1四半期	第2四半期	第3四半期	第4四半期	合計
4	池田	521	479	561	603	2,164
5	大河内	329	337	291	378	
6	亀井	617	598	631	625	
7	鞍田	418	395	438	485	
8	笹本	251	228	198	218	
9	村上	486	472	535	511	

⑥任意のセルをクリックして、範囲選択を解除し、セル E3 の右側の縦線が二重線になっていることを確認します。

	A	B	C	D	E	F
1		担当者別売上集計				
2						（単位：万円）
3	担当者名	第1四半期	第2四半期	第3四半期	第4四半期	合計
4	池田	521	479	561	603	2,164
5	大河内	329	337	291	378	
6	亀井	617	598	631	625	

【操作 2】

⑦セル F4 をクリックして、セルの右下のフィルハンドルをポイントします。

⑧マウスポインターの形が ＋ に変わったら、セル F9 までドラッグします。

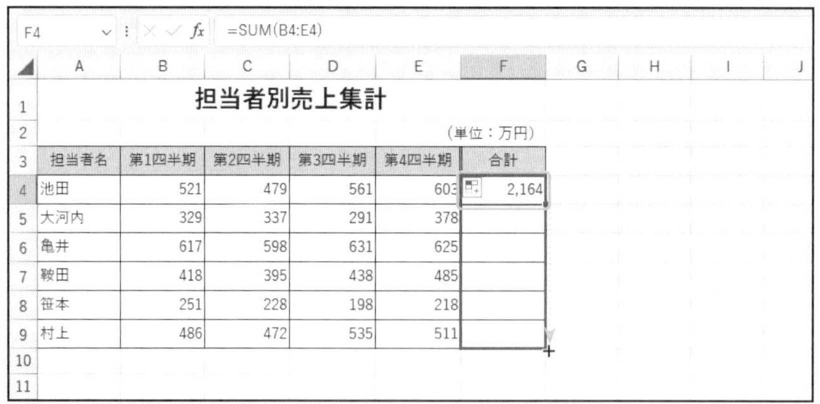

	A	B	C	D	E	F
1		担当者別売上集計				
2						（単位：万円）
3	担当者名	第1四半期	第2四半期	第3四半期	第4四半期	合計
4	池田	521	479	561	603	2,164
5	大河内	329	337	291	378	
6	亀井	617	598	631	625	
7	鞍田	418	395	438	485	
8	笹本	251	228	198	218	
9	村上	486	472	535	511	

⑨セル F4 の数式がセル F5 ～ F9 にコピーされます。

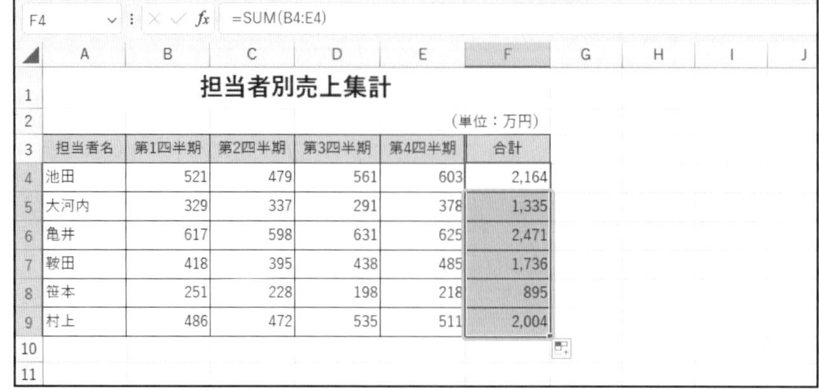

	A	B	C	D	E	F
1		担当者別売上集計				
2						（単位：万円）
3	担当者名	第1四半期	第2四半期	第3四半期	第4四半期	合計
4	池田	521	479	561	603	2,164
5	大河内	329	337	291	378	1,335
6	亀井	617	598	631	625	2,471
7	鞍田	418	395	438	485	1,736
8	笹本	251	228	198	218	895
9	村上	486	472	535	511	2,004

ヒント

書式なしコピーにする理由

オートフィルを使用してコピーすると、書式もコピーされるため、手順③では、セル E3 の右側の縦線がセル B3 の右側と同様の一本線に変わります。これを二重線に戻すため、手順④、⑤の操作をします。

その他の操作方法

フィルハンドルをダブルクリックする

フィルハンドルをダブルクリックすると、隣接する列の最終行を認識して、その行まで下方向に自動でデータがコピーされます。

ヒント

数式のコピー

数式でセルを相対参照（「4-1-1」参照）で指定している場合は、数式をコピーするとコピー先のセル位置に対応してセル番地が自動的に変更されます。

2-1-3 複数の列や行を挿入する、削除する

練習問題

問題フォルダー
└問題 2-1-3.xlsx

解答フォルダー
└解答 2-1-3.xlsx

【操作 1】B 列と C 列の間に空白列を 2 列挿入して右側と同じ書式を適用し、セル C4 に「旬の季節」、セル D4 に「開花時期」と入力します。
【操作 2】6 行目と 9 ～ 10 行目を削除します。

機能の解説

重要用語

- 列の挿入
- 行の挿入
- ［挿入］
- ［挿入オプション］ボタン
- 列の削除
- 行の削除
- ［削除］

列や行を挿入するには、挿入する位置の列番号または行番号を右クリックし、ショートカットメニューの［挿入］をクリックします。複数の列や行を挿入する場合は、挿入したい数の列や行を選択してから同様の操作をします。列を挿入した場合は左側の列と同じ書式、行を挿入した場合は上の行と同じ書式が適用されます。右側の列や下の行と同じ書式を適用したり、書式を適用しない場合は、列や行の挿入後に表示される［挿入オプション］ボタンをクリックして指定します。

列の挿入

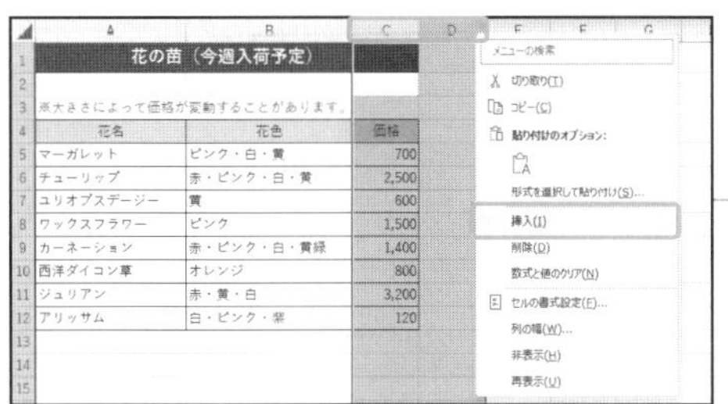

列の挿入後に［挿入オプション］ボタンをクリックした状態

列や行を削除するには、削除する列や行を選択して右クリックし、ショートカットメニューの［削除］をクリックします。

操作手順

> **その他の操作方法**
> **列や行の挿入**
> 挿入する位置のセル、列番号または行番号をクリック（複数列や複数行の場合はドラッグして選択）し、［ホーム］タブの［挿入］ボタンの▼をクリックし、［シートの列を挿入］または［シートの行を挿入］をクリックします。

【操作 1】

❶ 列番号 C ～ D をドラッグして、C ～ D 列を選択します。

❷ 選択範囲内で右クリックし、ショートカットメニューの［挿入］をクリックします。

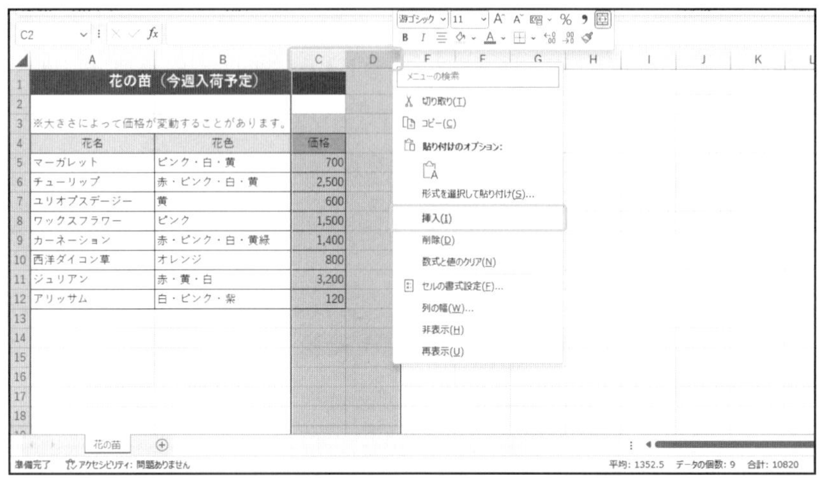

花名	花色	価格
マーガレット	ピンク・白・黄	700
チューリップ	赤・ピンク・白・黄	2,500
ユリオプスデージー	黄	600
ワックスフラワー	ピンク	1,500
カーネーション	赤・ピンク・白・黄緑	1,400
西洋ダイコン草	オレンジ	800
ジュリアン	赤・黄・白	3,200
アリッサム	白・ピンク・紫	120

❸ C ～ D 列に空白列が挿入されます。

❹ ［挿入オプション］ボタンをクリックします。

❺ 一覧から［右側と同じ書式を適用］をクリックします。

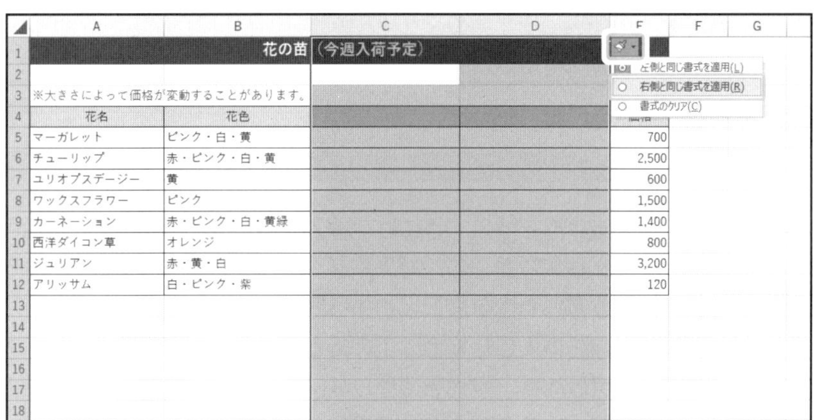

❻ C ～ D 列の幅が E 列と同じになります。

❼ セル C4 に「旬の季節」、D4 に「開花時期」と入力します。

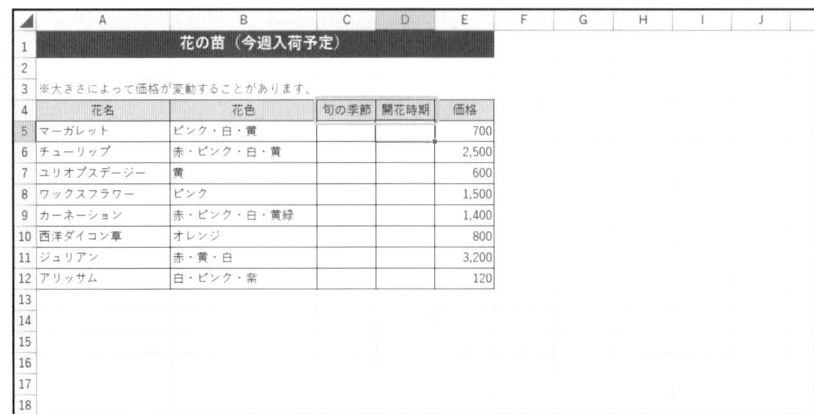

花の苗（今週入荷予定）

※大きさによって価格が変動することがあります。

花名	花色	旬の季節	開花時期	価格
マーガレット	ピンク・白・黄			700
チューリップ	赤・ピンク・白・黄			2,500
ユリオプスデージー	黄			600
ワックスフラワー	ピンク			1,500
カーネーション	赤・ピンク・白・黄緑			1,400
西洋ダイコン草	オレンジ			800
ジュリアン	赤・黄・白			3,200
アリッサム	白・ピンク・紫			120

【操作 2】

❽ 行番号 6 をクリックして、6 行目を選択します。

❾ **Ctrl** キーを押しながら行番号 9 ～ 10 をドラッグして、9 ～ 10 行目を選択します。

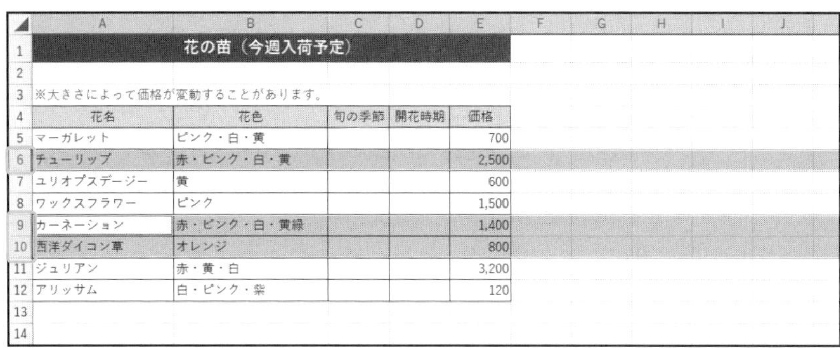

	A	B	C	D	E
1	花の苗（今週入荷予定）				
2					
3	※大きさによって価格が変動することがあります。				
4	花名	花色	旬の季節	開花時期	価格
5	マーガレット	ピンク・白・黄			700
6	チューリップ	赤・ピンク・白・黄			2,500
7	ユリオプスデージー	黄			600
8	ワックスフラワー	ピンク			1,500
9	カーネーション	赤・ピンク・白・黄緑			1,400
10	西洋ダイコン草	オレンジ			800
11	ジュリアン	赤・黄・白			3,200
12	アリッサム	白・ピンク・紫			120
13					
14					

❿ 選択範囲内で右クリックし、ショートカットメニューの［削除］をクリックします。

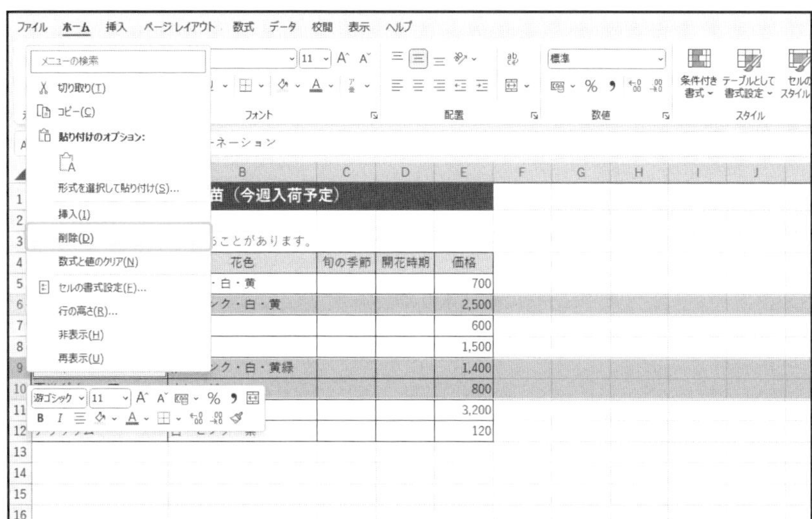

⓫ 6 行目と 9 ～ 10 行目が削除されます。

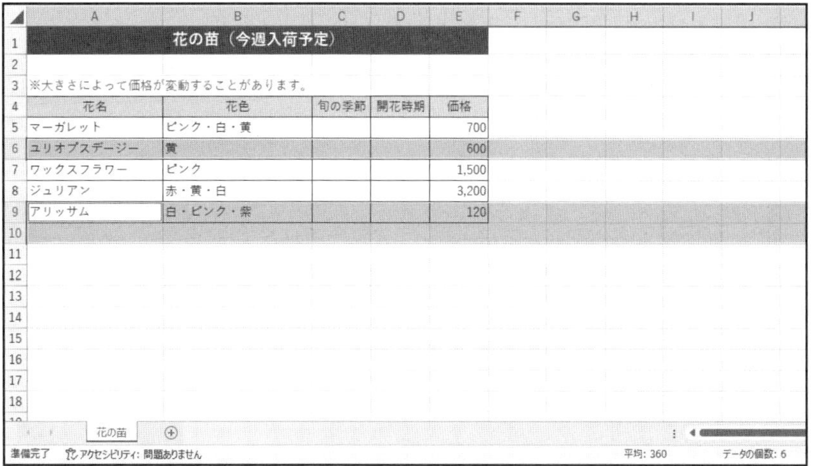

	A	B	C	D	E
1	花の苗（今週入荷予定）				
2					
3	※大きさによって価格が変動することがあります。				
4	花名	花色	旬の季節	開花時期	価格
5	マーガレット	ピンク・白・黄			700
6	ユリオプスデージー	黄			600
7	ワックスフラワー	ピンク			1,500
8	ジュリアン	赤・黄・白			3,200
9	アリッサム	白・ピンク・紫			120
10					
11					
12					
13					
14					
15					
16					
17					
18					

ヒント

複数箇所の選択

1 カ所目を選択後、2 カ所目以降を **Ctrl** キーを押しながら選択します。

その他の操作方法

列や行の削除

削除する列または行にあるセル、列番号または行番号をクリック（複数列や複数行の場合はドラッグして選択）し、［ホーム］タブの［削除］ボタンの▼をクリックし、［シートの列を削除］または［シートの行を削除］をクリックします。

2-1-4 セルを挿入する、削除する

練習問題

問題フォルダー
└問題 2-1-4.xlsx

解答フォルダー
└解答 2-1-4.xlsx

【操作 1】セル A8 に空白セルを挿入して右方向にシフトします。
【操作 2】セル範囲 C4:C7 およびセル C16 のセルを削除して左方向にシフトします。

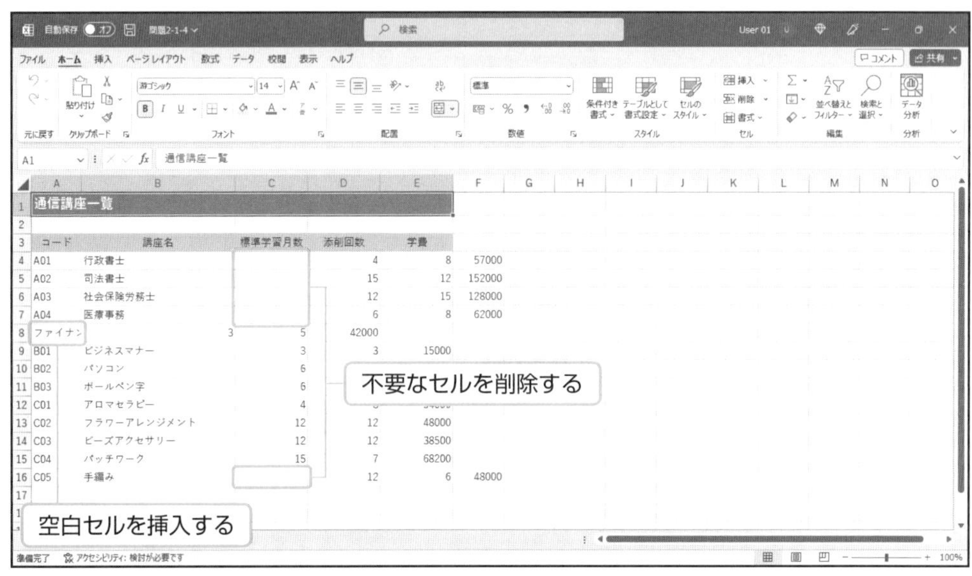

機能の解説

- セルの挿入
- セルの削除
- [挿入]
- [挿入]ダイアログボックス
- [削除]
- [削除] ダイアログボックス

テキストファイルなど Excel 以外のアプリで作成したファイルのデータを取り込んだり、長い文字列のデータを列幅を調整して表示してみると、セルがずれて入力されている場合があります。このような場合には空白のセルを挿入したり、不要なセルを削除して、修正します。

セルを挿入するには、空白セルを挿入する位置のセルを右クリックし、ショートカットメニューの［挿入］をクリックします。［挿入］ダイアログボックスが表示されるので、セルを挿入したことによって現在のセルが移動する方向を指定します。セルを削除するには、削除するセルを右クリックし、ショートカットメニューの［削除］をクリックします。［削除］ダイアログボックスが表示されるので、セルを削除することによって現在のセルが移動する方向を指定します。複数のセルを挿入、削除する場合は、挿入したい数のセル、削除したいセル範囲を選択してから同様の操作をします。

ヒント
行や列の挿入、削除
［挿入］ダイアログボックスで［行全体］もしくは［列全体］を指定した場合は、現在選択されているセルの位置に空白の行もしくは列が挿入されます。削除も同様です。

［挿入］ダイアログボックス

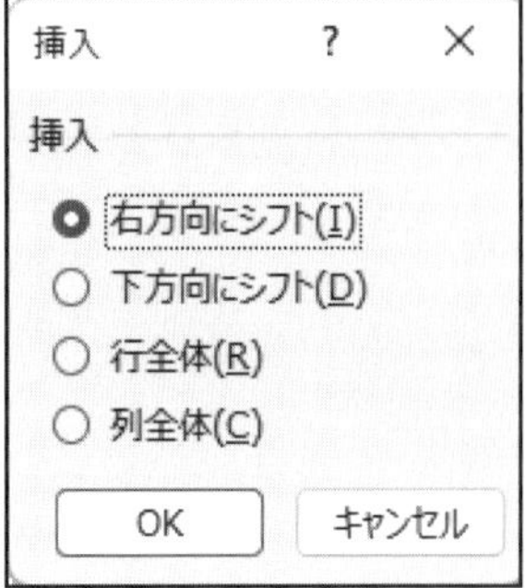

［削除］ダイアログボックス

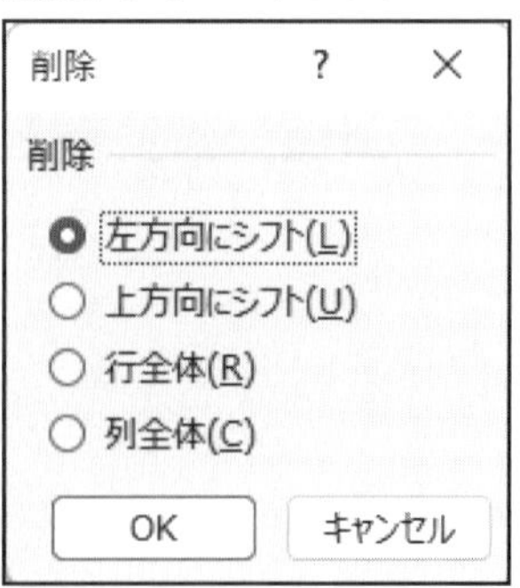

操作手順

その他の操作方法

セルの挿入

セルを選択し、［ホーム］タブの［挿入］ボタンの▼をクリックし、［セルの挿入］をクリックします。

【操作 1】

❶セル A8 を右クリックし、ショートカットメニューの［挿入］をクリックします。

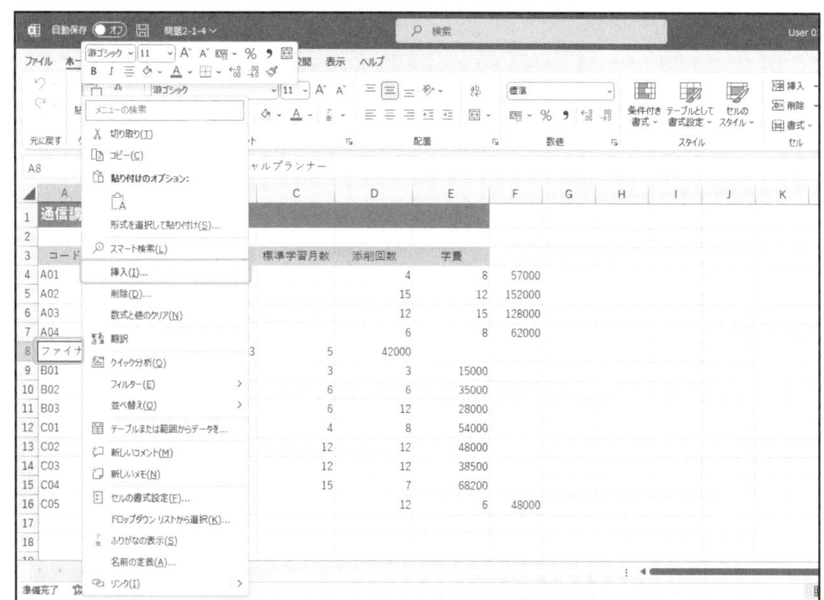

❷［挿入］ダイアログボックスが表示されるので、［挿入］の［右方向にシフト］が選択されていることを確認します。

❸［OK］をクリックします。

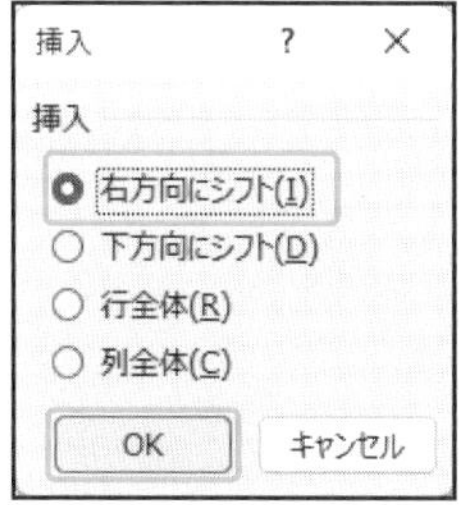

❹セル A8 に空白セルが挿入され、セル A8 ～ D8 に入力されていたデータが 1 列右のセル B8 ～ E8 に移動します。

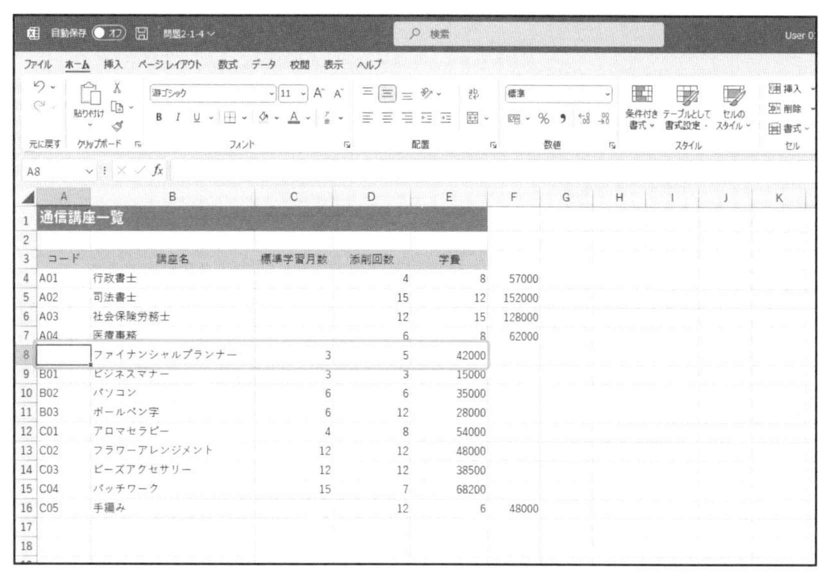

	A	B	C	D	E	F
1	通信講座一覧					
2						
3	コード	講座名	標準学習月数	添削回数	学費	
4	A01	行政書士		4	8	57000
5	A02	司法書士		15	12	152000
6	A03	社会保険労務士		12	15	128000
7	A04	医療事務		6	8	62000
8		ファイナンシャルプランナー	3	5	42000	
9	B01	ビジネスマナー		3	3	15000
10	B02	パソコン		6	6	35000
11	B03	ボールペン字		6	12	28000
12	C01	アロマセラピー		4	8	54000
13	C02	フラワーアレンジメント		12	12	48000
14	C03	ビーズアクセサリー		12	12	38500
15	C04	パッチワーク		15	7	68200
16	C05	手編み			12	6
17						
18						

【操作 2】

❺ セル C4 ～ C7 を範囲選択します。

❻ **Ctrl** キーを押しながら、セル C16 をクリックします。

❼ 選択範囲内で右クリックし、ショートカットメニューの［削除］をクリックします。

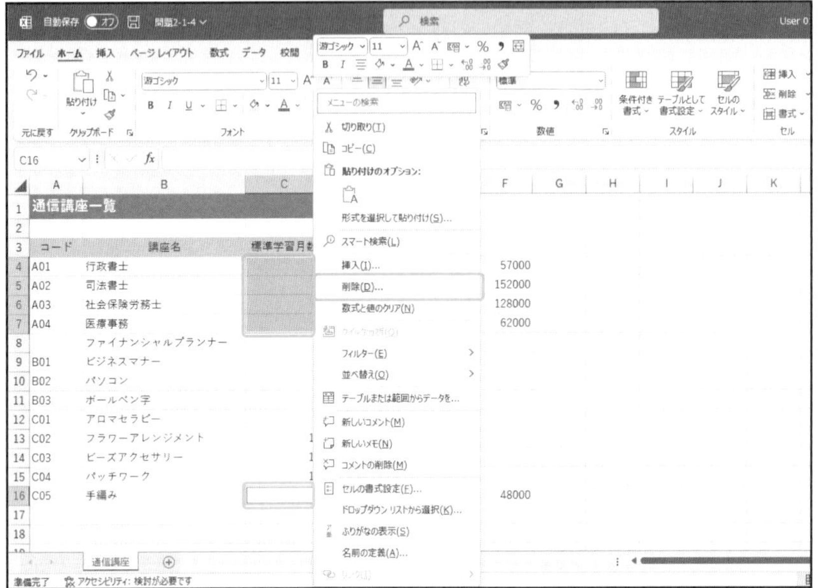

❽［削除］ダイアログボックスが表示されるので、［削除］の［左方向にシフト］が選択されていることを確認します。

❾［OK］をクリックします。

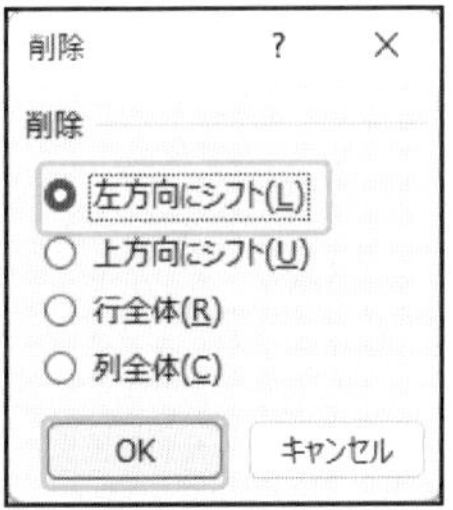

❿ セル C4 ～ C7、セル C16 の空白セルが削除され、セル D4 ～ F7、セル D16 ～ F16 に入力されていたデータが 1 列左のセル C4 ～ E7、セル C16 ～ E16 に移動します。

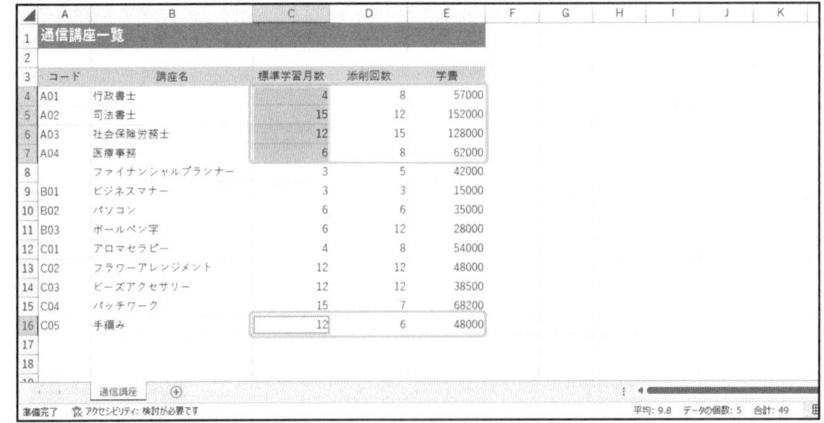

	A	B	C	D	E
1	通信講座一覧				
2					
3	コード	講座名	標準学習月数	添削回数	学費
4	A01	行政書士	4	8	57000
5	A02	司法書士	15	12	152000
6	A03	社会保険労務士	12	15	128000
7	A04	医療事務	6	8	62000
8		ファイナンシャルプランナー	3	5	42000
9	B01	ビジネスマナー	3	3	15000
10	B02	パソコン	6	6	35000
11	B03	ボールペン字	6	12	28000
12	C01	アロマセラピー	4	8	54000
13	C02	フラワーアレンジメント	12	12	48000
14	C03	ビーズアクセサリー	12	12	38500
15	C04	パッチワーク	15	7	68200
16	C05	手編み	12	6	48000

その他の操作方法

セルの削除

セルを選択し、［ホーム］タブの［削除］ボタンの▼をクリックし、［セルの削除］をクリックします。

2-1-5 SEQUENCE関数とRANDBETWEEN関数を使用して数値データを生成する

練習問題

問題フォルダー
└問題2-1-5.xlsx
解答フォルダー
└解答2-1-5.xlsx

【操作1】関数を使用して、セルE3を先頭とする5行3列に、1から始まる連続する整数を生成します。

【操作2】関数を使用して、セルI2に1～15の範囲内の整数を乱数（ランダムな値）で生成します。

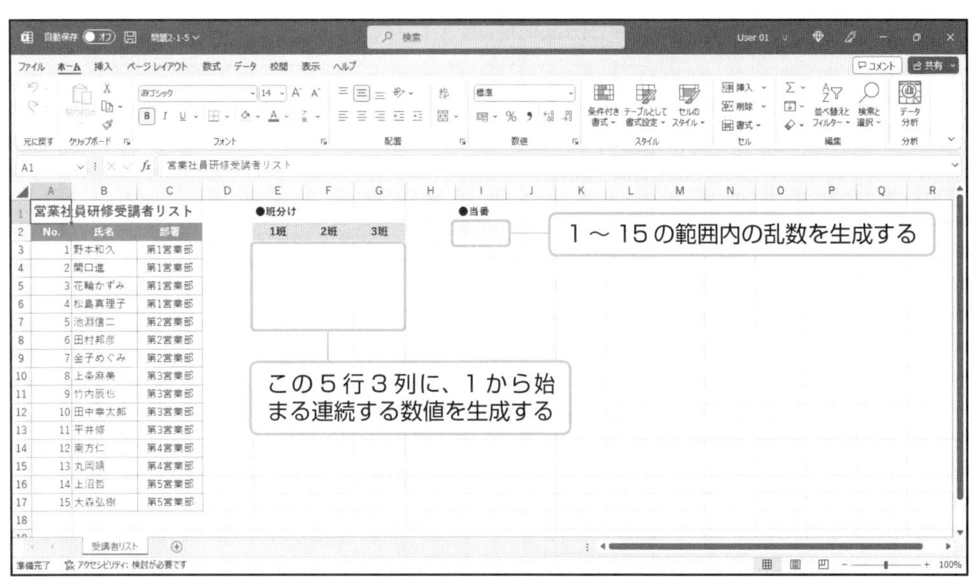

機能の解説

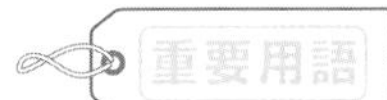

重要用語

- SEQUENCE関数
- 配列内に連続する数値データを生成
- スピル機能
- RANDBETWEEN関数
- 指定された範囲内の整数の乱数を生成

SEQUENCE（シーケンス）関数を使うと、配列内に連続する数値データを生成できます。スピル機能（「4-2-6」参照）に対応しているので、先頭のセルに数式を入力すると、指定した配列内に連続する数値が表示されます。

RANDBETWEEN（ランドビトゥィーン）関数を使うと、指定された範囲内の整数の乱数を生成できます。「乱数」とは規則性のないランダムな値です。なお、数式を入力したり、データを入力したりしてワークシートが自動的に再計算されるたびに、新しい値がランダムに生成されます。ワークシートを手動で再計算するときは、**F9**キーを押すか、［数式］タブの 再計算実行 ［再計算実行］ボタンをクリックします。

●SEQUENCE関数

書　式	**SEQUENCE（行,[列],[開始],[目盛り]）**
引　数	**行**　　：返される行数を指定する **列**　　：返される列数を指定する。省略時は「1」とみなされる **開　始**：最初の数値を指定する。省略時は「1」とみなされる **目盛り**：増分値を指定する。省略時は「1」とみなされる
戻り値	**行**、**列**で指定した配列内に**開始**の数値から**目盛り**分増える連続する数値データを生成する

例）5 行 1 列に 1 から 1 ずつ増える連続する数値データを生成する

= SEQUENCE（5）

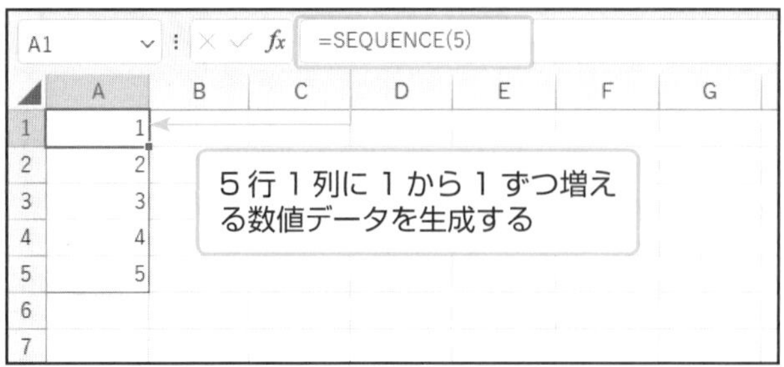

例）1 行 7 列に 1 から 1 ずつ増える連続する数値データを生成する

=SEQUENCE（1,7）

A1　=SEQUENCE(1,7)

	A	B	C	D	E	F	G
1	1	2	3	4	5	6	7
2							
3							
4							
5							
6							

1 行 7 列に 1 から 1 ずつ増える数値データを生成する

例）5 行 7 列に 1 から 1 ずつ増える連続した数値データを生成する

=SEQUENCE（5,7）

A1　=SEQUENCE(5,7)

	A	B	C	D	E	F	G
1	1	2	3	4	5	6	7
2	8	9	10	11	12	13	14
3	15	16	17	18	19	20	21
4	22	23	24	25	26	27	28
5	29	30	31	32	33	34	35
6							
7							
8							

5 行 7 列に 1 から 1 ずつ増える数値データを生成する

●RANDBETWEEN 関数

書　式	**RANDBETWEEN（最小値 , 最大値）**
引　数	**最小値**：乱数の最小値を整数で指定する **最大値**：乱数の最大値を整数で指定する
戻り値	**最小値**から**最大値**の範囲内で整数の乱数を生成する

例）300 から 700 の範囲内で整数の乱数を生成する

=RANDBETWEEN (300,700)

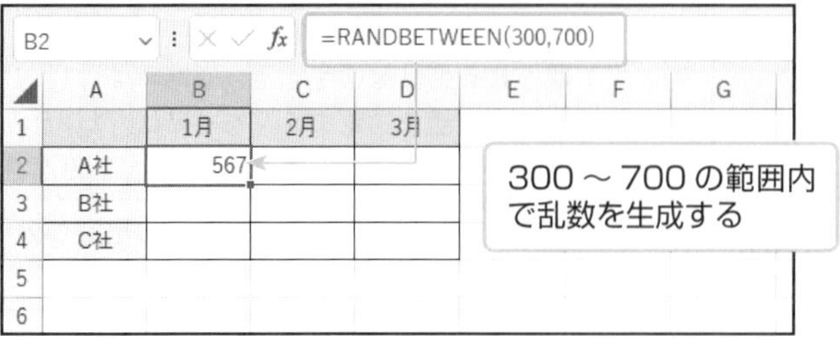

操作手順

関数

関数の指定方法については「4-2-1」で詳しく解説しています。

【操作 1】

❶ 連続する整数を生成する 5 行 3 列の先頭のセル E3 をクリックします。

❷［数式］タブの［数学 / 三角］ボタンをクリックします。

❸ 一覧から［SEQUENCE］をクリックします。

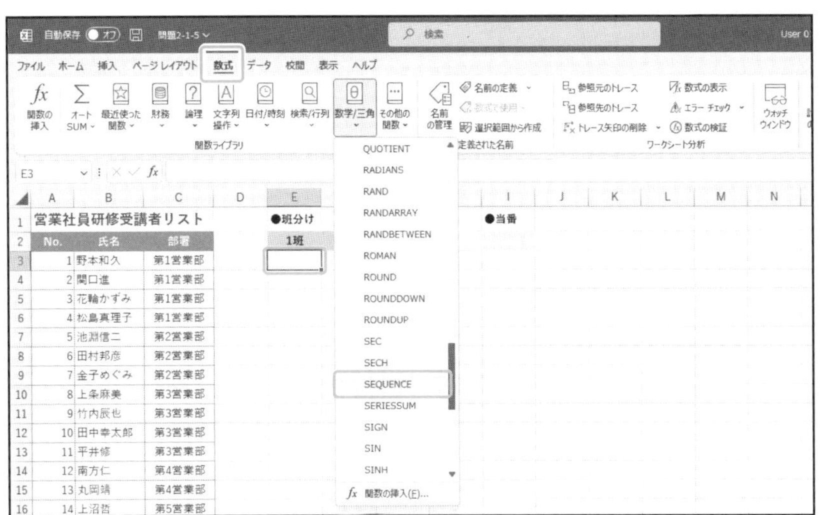

❹ SEQUENCE 関数の［関数の引数］ダイアログボックスが表示されるので、［行］ボックスにカーソルが表示されていることを確認し、「5」と入力します。

❺［列］ボックスをクリックし、「3」と入力します。

❻［開始］ボックス、［目盛り］ボックスには何も入力しません。

❼［数式の結果 =］に、「1」が表示されます。

❽［OK］をクリックします。

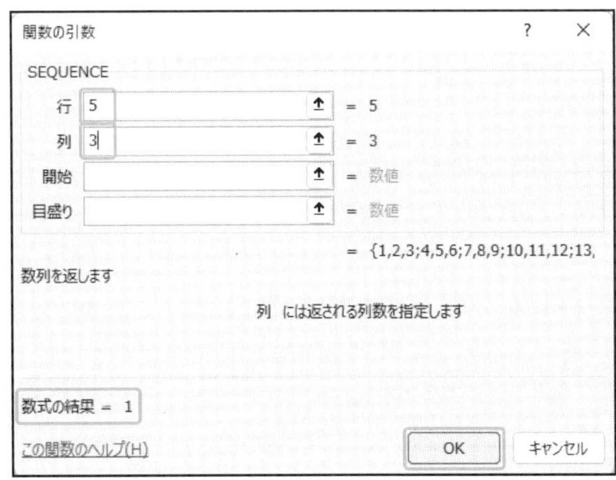

ヒント

引数「開始」

ここでは、1 から連続する数値データを生成するので、引数「開始」には「1」を指定します。省略しても「1」とみなされるので［開始］ボックスの入力は省略します。

ヒント

引数「目盛り」

ここでは、1 ずつ増える数値データを生成するので、引数「目盛り」には「1」を指定します。省略しても「1」とみなされるので［目盛り］ボックスの入力は省略できます。

⑨数式バーに「**=SEQUENCE(5,3)**」が表示されます。

※［関数の引数］ダイアログボックスを使わずに、この数式を直接セルに入力してもかまいません。

⑩セル E3 に「1」と表示され、セル E3 ～ G7 の 5 行 3 列の範囲に 1 ～ 15 の連続する整数が生成されます。

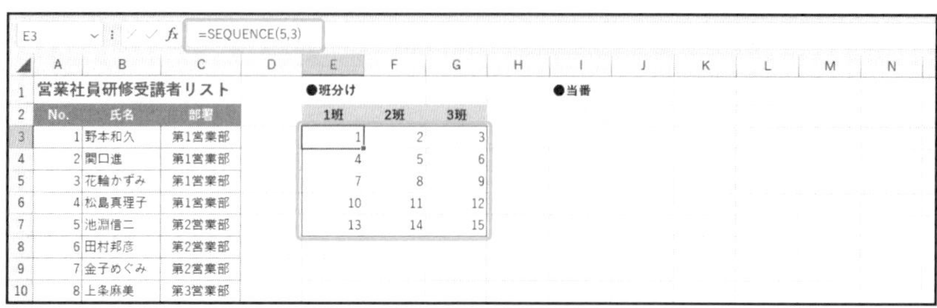

【操作 2】

⑪乱数を生成するセル I2 をクリックします。

⑫［数式］タブの［数学 / 三角］ボタンをクリックします。

⑬一覧から［RANDBETWEEN］をクリックします。

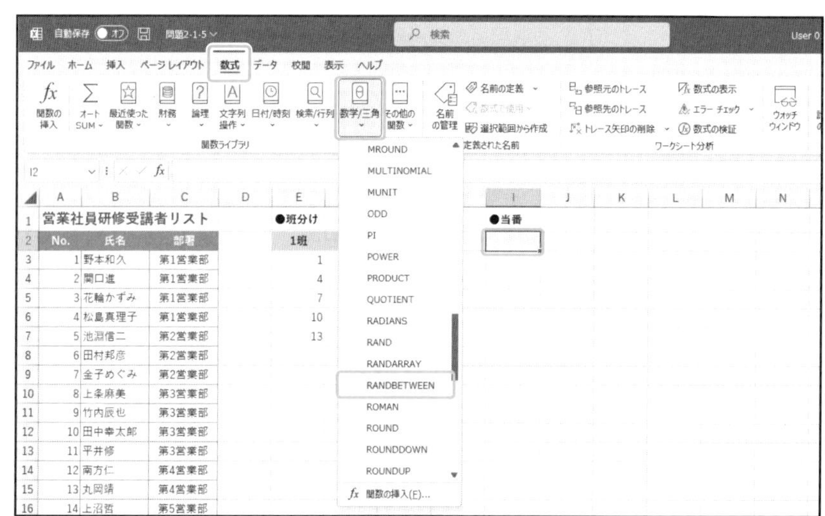

⑭RANDBETWEEN 関数の［関数の引数］ダイアログボックスが表示されるので、［最小値］ボックスにカーソルが表示されていることを確認し、「1」と入力します。

⑮［最大値］ボックスをクリックし、「15」と入力します。

⑯［数式の結果 =］に、「可変」が表示されます。

⑰［OK］をクリックします。

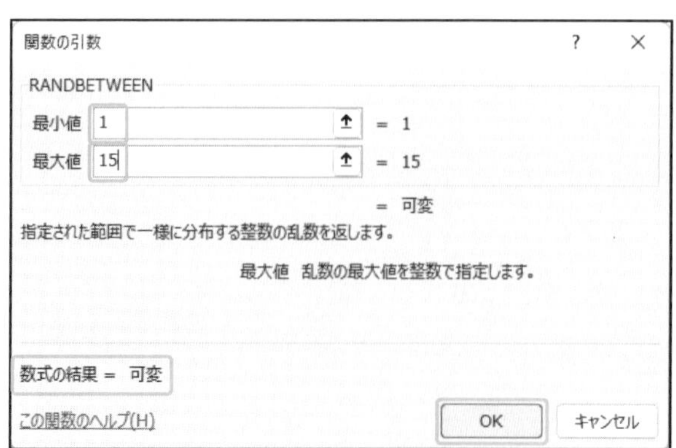

ヒント

RANDBETWEEN 関数の数式の結果

RANDBETWEEN 関数で生成された乱数はワークシートの更新により変更されます。そのため、［数式の結果 =］には変わりうることを示す「可変」が表示されます。セルに表示される結果もいつも同じとは限りません。

⑱数式バーに「**=RANDBETWEEN(1,15)**」が表示されます。

※［関数の引数］ダイアログボックスを使わずに、この数式を直接セルに入力してもかまいません。

⑲セル I2 に 1 ～ 15 の範囲内の整数が乱数で生成されます。

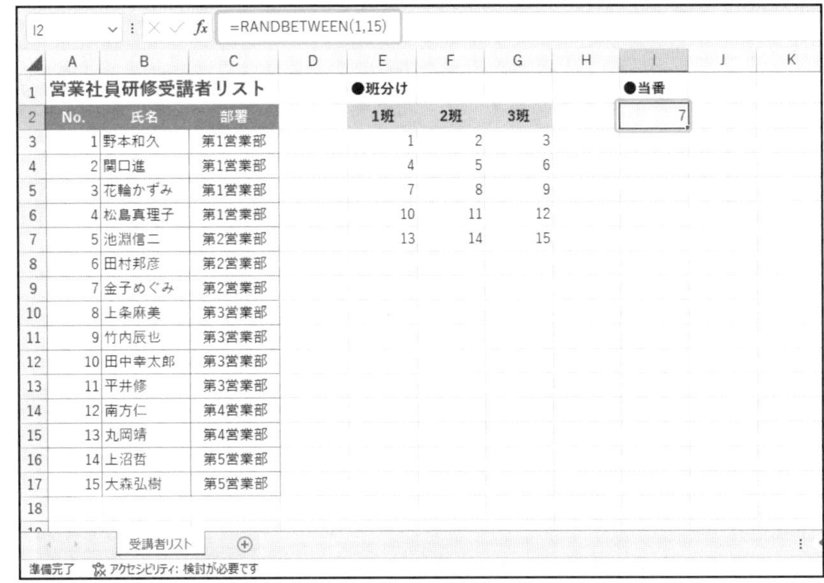

営業社員研修受講者リスト			●班分け			●当番
No.	氏名	部署	1班	2班	3班	7
1	野本和久	第1営業部	1	2	3	
2	関口進	第1営業部	4	5	6	
3	花輪かずみ	第1営業部	7	8	9	
4	松島真理子	第1営業部	10	11	12	
5	池淵信二	第2営業部	13	14	15	
6	田村邦彦	第2営業部				
7	金子めぐみ	第2営業部				
8	上条麻美	第3営業部				
9	竹内辰也	第3営業部				
10	田中幸太郎	第3営業部				
11	平井修	第3営業部				
12	南方仁	第4営業部				
13	丸岡靖	第4営業部				
14	上沼哲	第5営業部				
15	大森弘樹	第5営業部				

2-2 セルやセル範囲の書式を設定する

表は、文字列の配置を調整したり、罫線や網かけを設定したりすると、見やすくなります。さらに複数の書式を登録したスタイルや書式のコピー機能などを使うと、すばやく書式を設定することができます。

2-2-1 セルを結合する、セルの結合を解除する

練習問題

問題フォルダー
└問題 2-2-1.xlsx

解答フォルダー
└解答 2-2-1.xlsx

【操作 1】セル範囲 A1:F1 を結合し、文字列を中央に配置します。
【操作 2】文字列の配置を変更せずに、セル範囲 A4:A8 および A9:A13 を結合します。
【操作 3】セル A14（結合セル）のセルの結合と文字列の配置を解除します。

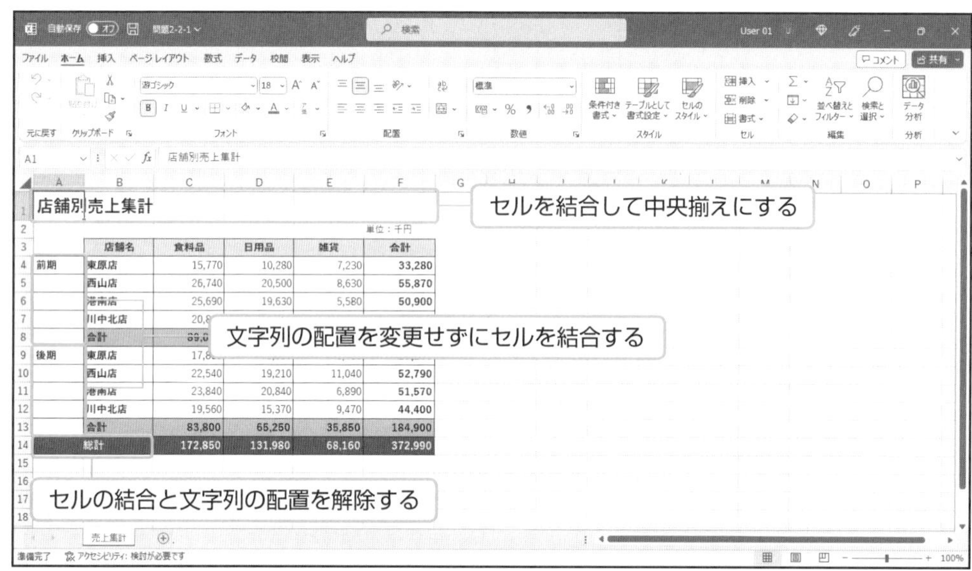

機能の解説

- セルの結合
- [セルを結合して中央揃え] ボタン
- [横方向に結合]
- [セルの結合]
- セルの結合の解除
- [セル結合の解除]

複数のセルを結合して 1 つのセルにし、その中のデータの配置を変更することができます。[ホーム] タブの [セルを結合して中央揃え] ボタンを使用します。左側のボタン部分をクリックすると、範囲選択した複数のセルが 1 つに結合され、入力されているデータが横方向の中央に配置されます。データの配置を変更せずにセルを結合する場合は、[セルを結合して中央揃え] ボタンの▼をクリックして、[横方向に結合] または [セルの結合] をクリックします。[横方向に結合] を選択すると行単位でセルが結合され、[セルの結合] をクリックすると範囲選択したセルが 1 つのセルとして結合されます。

[セルを結合して中央揃え] ボタンの▼の一覧

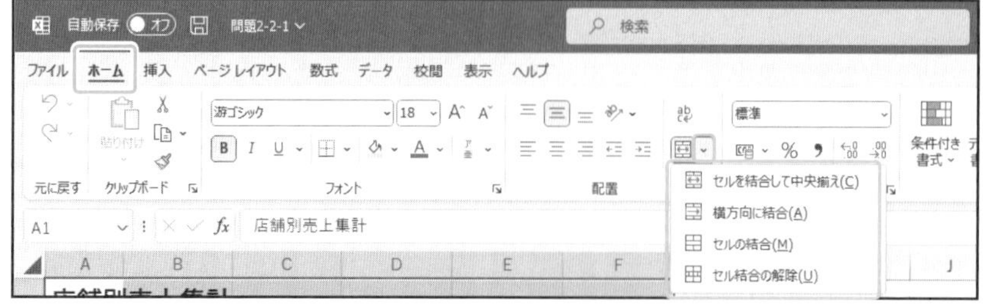

結合されているセルを選択すると、[セルを結合して中央揃え] ボタンが灰色に変わり、結合されていることが確認できます。セルの結合を解除するには、結合されているセルを選択し、[セルを結合して中央揃え] ボタンをクリックしてオフにします。セルの結合と中央揃えが解除され、データの配置が初期値に戻ります。なお、データの配置を変更せずにセルの結合を解除する場合は、[セルを結合して中央揃え] ボタンの▼をクリックし、[セル結合の解除] をクリックします。

操作手順

【操作 1】

❶セル A1 ～ F1 を範囲選択します。

❷[ホーム] タブの [セルを結合して中央揃え] ボタンをクリックします。

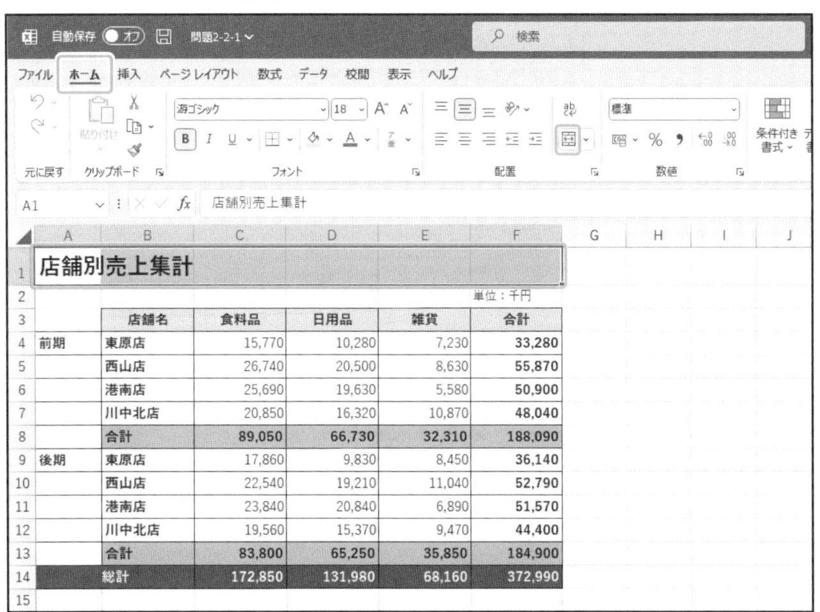

	A	B	C	D	E	F
1	店舗別売上集計					
2						単位：千円
3		店舗名	食料品	日用品	雑貨	合計
4	前期	東原店	15,770	10,280	7,230	33,280
5		西山店	26,740	20,500	8,630	55,870
6		港南店	25,690	19,630	5,580	50,900
7		川中北店	20,850	16,320	10,870	48,040
8		合計	89,050	66,730	32,310	188,090
9	後期	東原店	17,860	9,830	8,450	36,140
10		西山店	22,540	19,210	11,040	52,790
11		港南店	23,840	20,840	6,890	51,570
12		川中北店	19,560	15,370	9,470	44,400
13		合計	83,800	65,250	35,850	184,900
14		総計	172,850	131,980	68,160	372,990
15						

❸セル A1 ～ F1 が結合され、文字列が中央に配置されます。

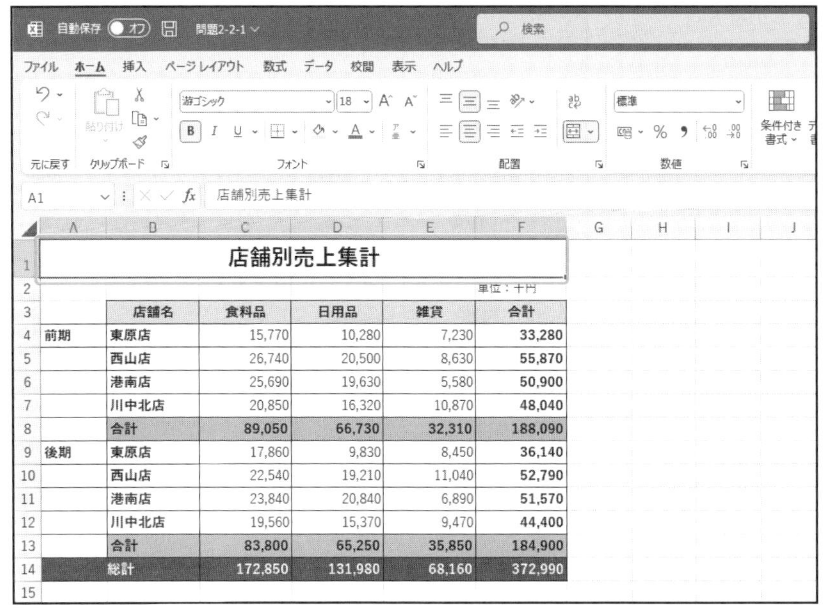

	A	B	C	D	E	F
1	店舗別売上集計					
2						単位：千円
3		店舗名	食料品	日用品	雑貨	合計
4	前期	東原店	15,770	10,280	7,230	33,280
5		西山店	26,740	20,500	8,630	55,870
6		港南店	25,690	19,630	5,580	50,900
7		川中北店	20,850	16,320	10,870	48,040
8		合計	89,050	66,730	32,310	188,090
9	後期	東原店	17,860	9,830	8,450	36,140
10		西山店	22,540	19,210	11,040	52,790
11		港南店	23,840	20,840	6,890	51,570
12		川中北店	19,560	15,370	9,470	44,400
13		合計	83,800	65,250	35,850	184,900
14		総計	172,850	131,980	68,160	372,990
15						

縦方向の配置

[セルを結合して中央揃え] ボタンをクリックした場合、データは横方向の中央に配置され、縦方向の配置は元の設定（初期設定では上下中央揃え）が保持されます。

ヒント

2カ所の範囲選択

この例では、セルA4～A8とセルA9～A13の2カ所を別々に結合するため、**Ctrl**キーを使ってそれぞれ選択します。A4～A13を連続して範囲選択するとこの範囲が1つのセルとして結合されることになり、結合を実行する前に、選択範囲の左上の値にあたるセルA4のデータだけが結合したセルに保持され、セルA9のデータは破棄されるという警告メッセージが表示されます。

【操作2】

④セルA4～A8を範囲選択します。

⑤**Ctrl**キーを押しながら、セルA9～A13を範囲選択します。

⑥［ホーム］タブの［セルを結合して中央揃え］ボタンの▼をクリックします。

⑦一覧から［セルの結合］をクリックします。

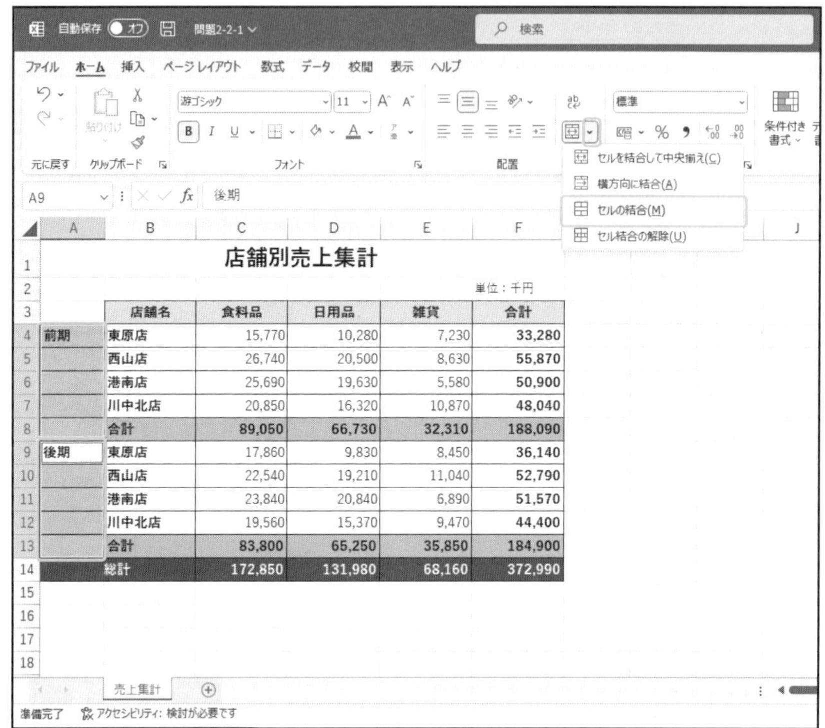

	A	B	C	D	E	F
1		店舗別売上集計				
2						単位：千円
3		店舗名	食料品	日用品	雑貨	合計
4	前期	東原店	15,770	10,280	7,230	33,280
5		西山店	26,740	20,500	8,630	55,870
6		港南店	25,690	19,630	5,580	50,900
7		川中北店	20,850	16,320	10,870	48,040
8		合計	89,050	66,730	32,310	188,090
9	後期	東原店	17,860	9,830	8,450	36,140
10		西山店	22,540	19,210	11,040	52,790
11		港南店	23,840	20,840	6,890	51,570
12		川中北店	19,560	15,370	9,470	44,400
13		合計	83,800	65,250	35,850	184,900
14		総計	172,850	131,980	68,160	372,990

ヒント

縦方向の配置

［セルの結合］をクリックした場合、横方向の配置と縦方向の配置は元の設定（初期設定では文字列は標準つまり左揃えで、上下中央揃え）が保持されるため、データは結合したセルの縦方向の中央に配置されます。

⑧セルA4～A8およびセルA9～A13が結合されます。

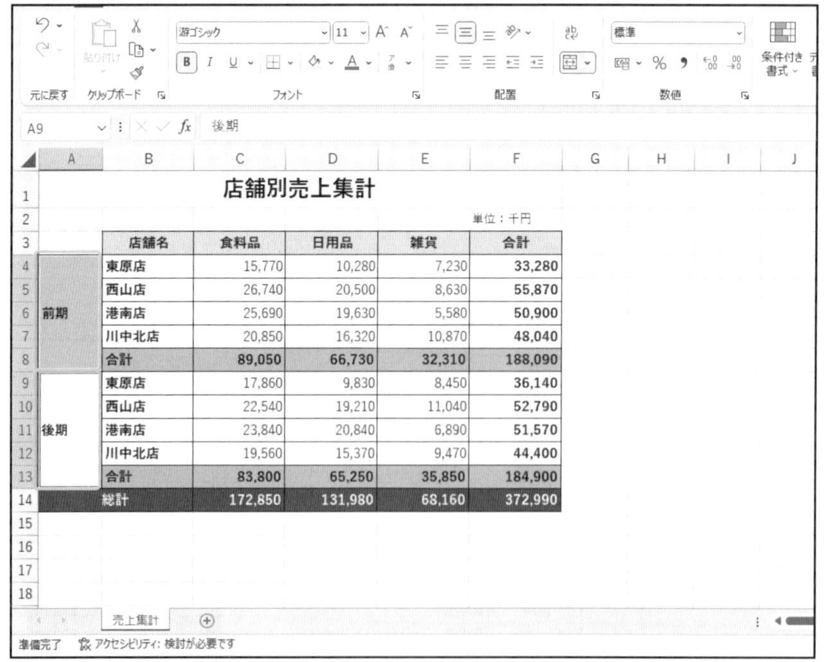

	A	B	C	D	E	F
1		店舗別売上集計				
2						単位：千円
3		店舗名	食料品	日用品	雑貨	合計
4		東原店	15,770	10,280	7,230	33,280
5		西山店	26,740	20,500	8,630	55,870
6	前期	港南店	25,690	19,630	5,580	50,900
7		川中北店	20,850	16,320	10,870	48,040
8		合計	89,050	66,730	32,310	188,090
9		東原店	17,860	9,830	8,450	36,140
10		西山店	22,540	19,210	11,040	52,790
11	後期	港南店	23,840	20,840	6,890	51,570
12		川中北店	19,560	15,370	9,470	44,400
13		合計	83,800	65,250	35,850	184,900
14		総計	172,850	131,980	68,160	372,990

【操作 3】

❾ セル A14（結合セル）をクリックします。

❿［ホーム］タブの［セルを結合して中央揃え］をクリックしてオフにします。

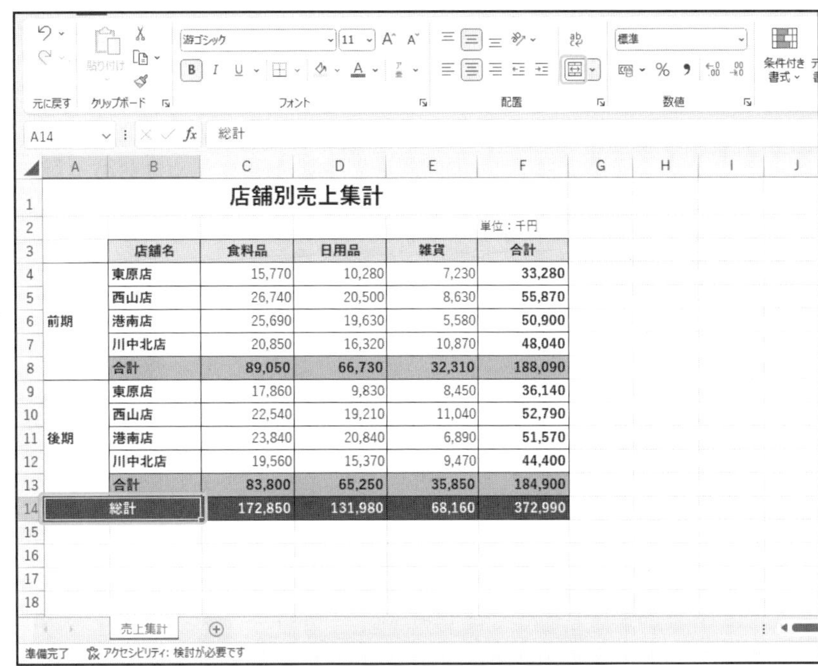

	A	B	C	D	E	F
1	店舗別売上集計					
2						単位：千円
3		店舗名	食料品	日用品	雑貨	合計
4	前期	東原店	15,770	10,280	7,230	33,280
5		西山店	26,740	20,500	8,630	55,870
6		港南店	25,690	19,630	5,580	50,900
7		川中北店	20,850	16,320	10,870	48,040
8		合計	89,050	66,730	32,310	188,090
9	後期	東原店	17,860	9,830	8,450	36,140
10		西山店	22,540	19,210	11,040	52,790
11		港南店	23,840	20,840	6,890	51,570
12		川中北店	19,560	15,370	9,470	44,400
13		合計	83,800	65,250	35,850	184,900
14	総計		172,850	131,980	68,160	372,990

⓫ セル A14～B14 の結合が解除され、セル A14 に「総計」の文字列が左揃えで表示されます。

	A	B	C	D	E	F
1	店舗別売上集計					
2						単位：千円
3		店舗名	食料品	日用品	雑貨	合計
4	前期	東原店	15,770	10,280	7,230	33,280
5		西山店	26,740	20,500	8,630	55,870
6		港南店	25,690	19,630	5,580	50,900
7		川中北店	20,850	16,320	10,870	48,040
8		合計	89,050	66,730	32,310	188,090
9	後期	東原店	17,860	9,830	8,450	36,140
10		西山店	22,540	19,210	11,040	52,790
11		港南店	23,840	20,840	6,890	51,570
12		川中北店	19,560	15,370	9,470	44,400
13		合計	83,800	65,250	35,850	184,900
14	総計		172,850	131,980	68,160	372,990

2-2-2 セルの配置、方向、インデントを変更する

練習問題

問題フォルダー
└問題 2-2-2.xlsx

解答フォルダー
└解答 2-2-2.xlsx

【操作 1】セル F2 の文字列を右揃え、セル範囲 B8、B13 の文字列を中央揃えに設定します。
【操作 2】セル A4（結合セル）、A9（結合セル）を縦書きにします。
【操作 3】セル範囲 B4:B7、B9:B12 に 1 文字分のインデントを設定します。

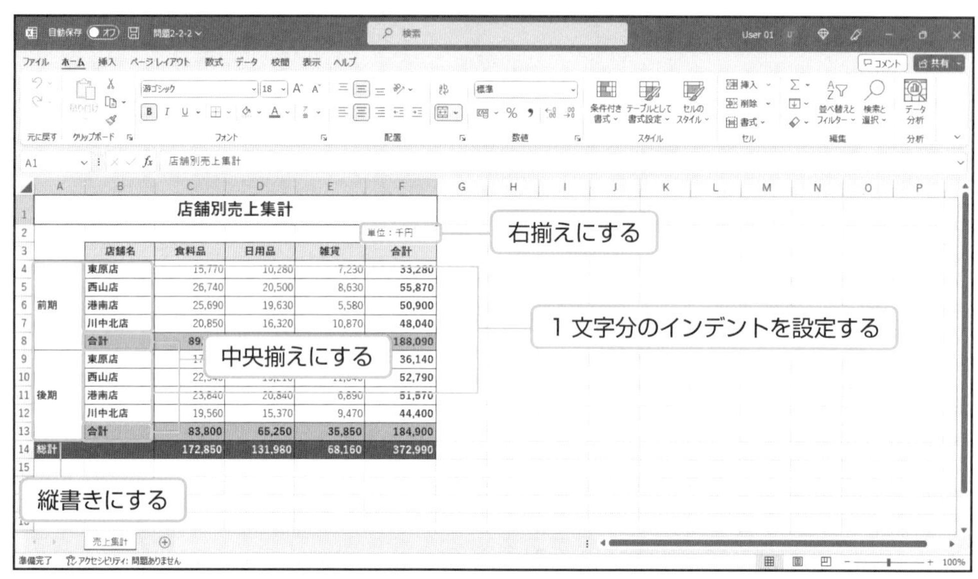

機能の解説

重要用語

- [左揃え] ボタン
- [中央揃え] ボタン
- [右揃え] ボタン
- [インデントを減らす] ボタン
- [インデントを増やす] ボタン
- [上揃え] ボタン
- [上下中央揃え] ボタン
- [下揃え] ボタン
- [方向] ボタン
- [セルの書式設定] ダイアログボックスの [配置] タブ

セル内のデータの表示位置の初期設定では、文字列が左揃え、数値が右揃えで配置されます。また、縦位置は文字列、数値とも上下中央に配置されます。セルを選択して、[ホーム] タブの [配置] グループの各ボタンをクリックすると、セル内のデータの配置を変更できます。

[ホーム] タブの [配置] グループ

①[左揃え] ボタン：データをセルの左に表示します。
②[中央揃え] ボタン：データをセルの横方向の中央に表示します。
③[右揃え] ボタン：データをセルの右に表示します。
④[インデントを減らす] ボタン：1 回クリックするごとに、1 文字分のインデントを解除します。
⑤[インデントを増やす] ボタン：1 回クリックするごとに、データの先頭を 1 文字分ずつ右にずらして表示します。
⑥[上揃え] ボタン：データをセルの上に表示します。
⑦[上下中央揃え] ボタン：データをセルの縦方向の中央に表示します。
⑧[下揃え] ボタン：データをセルの下に表示します。
⑨[方向] ボタン：データを斜めまたは縦方向に回転します。

ヒント
左詰め（インデント）、右詰め（インデント）
［セルの書式設定］ダイアログボックスの［配置］タブの［文字の配置］の［横位置］ボックスの▼をクリックし、一覧から［左詰め（インデント）］または［右詰め（インデント）］を選択し、［インデント］ボックスで文字数を指定すると、左詰めまたは右揃えにしたうえに、データの先頭を指定した文字数分右または左にずらして表示することができます。

［セルの書式設定］ダイアログボックスの［配置］タブを使用すると、横位置と縦位置など複数の配置の指定を一括で行ったり、均等割り付けなどリボンのボタンでは指定できないセル内の配置を設定することができます。［セルの書式設定］ダイアログボックスの［配置］タブを表示するには、［ホーム］タブの［配置］グループ右下の ［配置の設定］ボタンをクリックします。

［セルの書式設定］ダイアログボックスの［配置］タブ

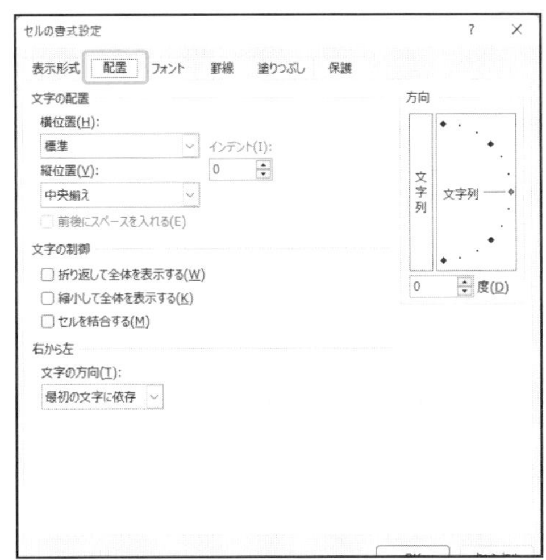

操作手順

【操作 1】

❶ セル F2 をクリックします。

❷［ホーム］タブの ［右揃え］ボタンをクリックします。

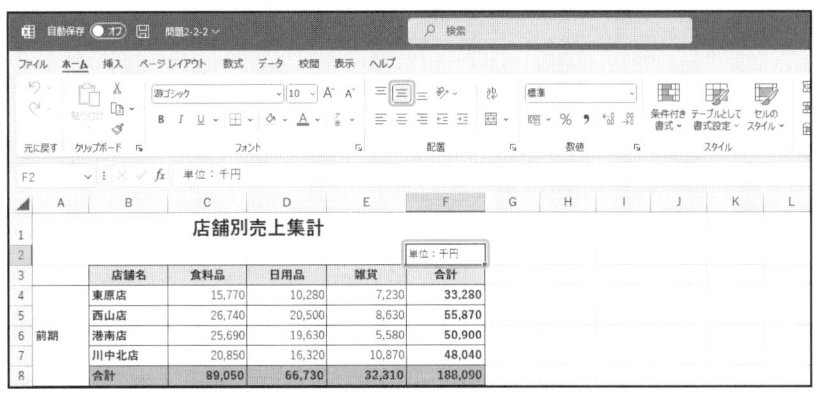

	A	B	C	D	E	F
1			店舗別売上集計			
2						単位：千円
3		店舗名	食料品	日用品	雑貨	合計
4	前期	東原店	15,770	10,280	7,230	33,280
5		西山店	26,740	20,500	8,630	55,870
6		港南店	25,690	19,630	5,580	50,900
7		川中北店	20,850	16,320	10,870	48,040
8		合計	89,050	66,730	32,310	188,090

❸ セル F2 の文字列が右揃えになります。

	A	B	C	D	E	F
1			店舗別売上集計			
2						単位：千円
3		店舗名	食料品	日用品	雑貨	合計
4	前期	東原店	15,770	10,280	7,230	33,280
5		西山店	26,740	20,500	8,630	55,870
6		港南店	25,690	19,630	5,580	50,900
7		川中北店	20,850	16,320	10,870	48,040
8		合計	89,050	66,730	32,310	188,090
9		東原店	17,860	9,830	8,450	36,140

ヒント
右揃え、中央揃えの解除
右揃えや中央揃えが設定されているセルを選択すると、［右揃え］ボタン、［中央揃え］ボタンが灰色に変わり、設定されていることが確認できます。ボタンを再度クリックすると、元の配置に戻ります。

❹ セル B8 をクリックします。

❺ **Ctrl** キーを押しながらセル B13 をクリックします。

❻［ホーム］タブの ☰［中央揃え］ボタンをクリックします。

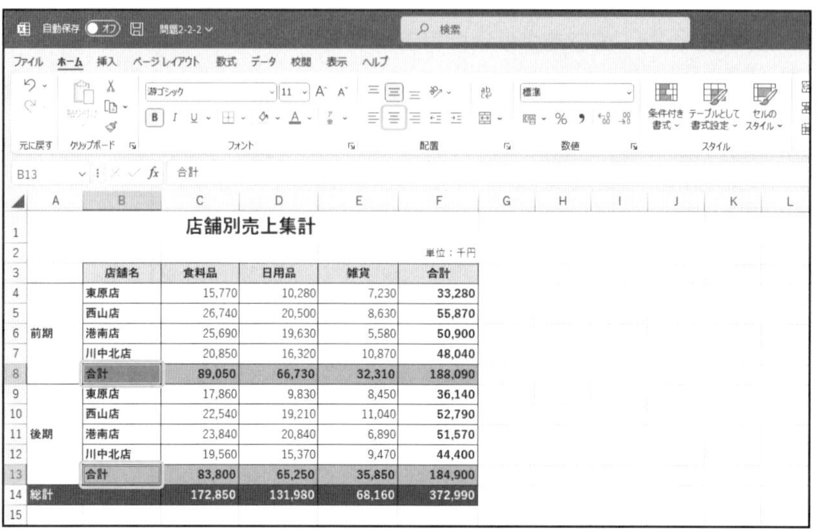

店舗別売上集計

単位：千円

	店舗名	食料品	日用品	雑貨	合計
前期	東原店	15,770	10,280	7,230	33,280
	西山店	26,740	20,500	8,630	55,870
	港南店	25,690	19,630	5,580	50,900
	川中北店	20,850	16,320	10,870	48,040
	合計	89,050	66,730	32,310	188,090
後期	東原店	17,860	9,830	8,450	36,140
	西山店	22,540	19,210	11,040	52,790
	港南店	23,840	20,840	6,890	51,570
	川中北店	19,560	15,370	9,470	44,400
	合計	83,800	65,250	35,850	184,900
総計		172,850	131,980	68,160	372,990

❼ セル B8 とセル B13 の文字列が中央揃えになります。

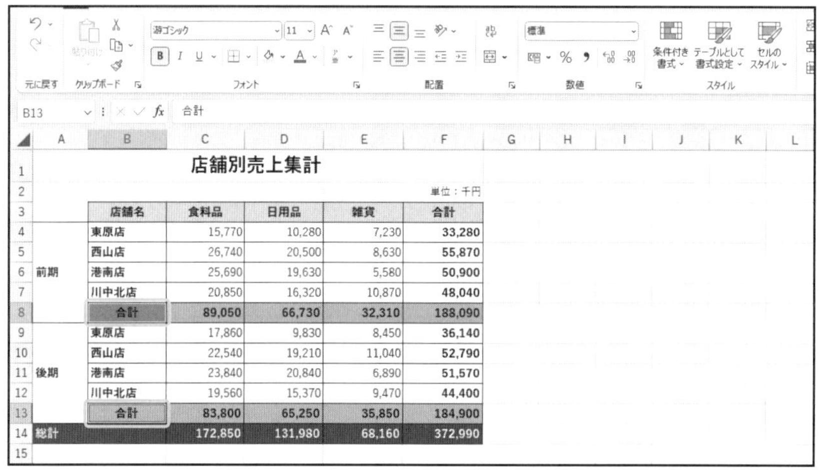

店舗別売上集計

単位：千円

	店舗名	食料品	日用品	雑貨	合計
前期	東原店	15,770	10,280	7,230	33,280
	西山店	26,740	20,500	8,630	55,870
	港南店	25,690	19,630	5,580	50,900
	川中北店	20,850	16,320	10,870	48,040
	合計	89,050	66,730	32,310	188,090
後期	東原店	17,860	9,830	8,450	36,140
	西山店	22,540	19,210	11,040	52,790
	港南店	23,840	20,840	6,890	51,570
	川中北店	19,560	15,370	9,470	44,400
	合計	83,800	65,250	35,850	184,900
総計		172,850	131,980	68,160	372,990

【操作 2】

❽ セル A4（結合セル）～ A9（結合セル）を範囲選択します。

❾［ホーム］タブの ⟋ ［方向］ボタンをクリックします。

❿ 一覧から［縦書き］をクリックします。

店舗別売上集計

単位：千円

	店舗名	食料品	日用品	雑貨	合計
前期	東原店	15,770	10,280	7,230	33,280
	西山店	26,740	20,500	8,630	55,870
	港南店	25,690	19,630	5,580	50,900
	川中北店	20,850	16,320	10,870	48,040
	合計	89,050	66,730	32,310	188,090
後期	東原店	17,860	9,830	8,450	36,140
	西山店	22,540	19,210	11,040	52,790
	港南店	23,840	20,840	6,890	51,570
	川中北店	19,560	15,370	9,470	44,400
	合計	83,800	65,250	35,850	184,900
総計		172,850	131,980	68,160	372,990

⑪セル A4（結合セル）、セル A9（結合セル）の文字列が縦書きになります。

	店舗名	食料品	日用品	雑貨	合計
前期	東原店	15,770	10,280	7,230	33,280
	西山店	26,740	20,500	8,630	55,870
	港南店	25,690	19,630	5,580	50,900
	川中北店	20,850	16,320	10,870	48,040
	合計	89,050	66,730	32,310	188,090
後期	東原店	17,860	9,830	8,450	36,140
	西山店	22,540	19,210	11,040	52,790
	港南店	23,840	20,840	6,890	51,570
	川中北店	19,560	15,370	9,470	44,400
	合計	83,800	65,250	35,850	184,900
総計		172,850	131,980	68,160	372,990

【操作 3】

⑫セル B4 ～ B7 を範囲選択します。

⑬**Ctrl** キーを押しながら、セル B9 ～ B12 を範囲選択します。

⑭［ホーム］タブの ［インデントを増やす］ボタンをクリックします。

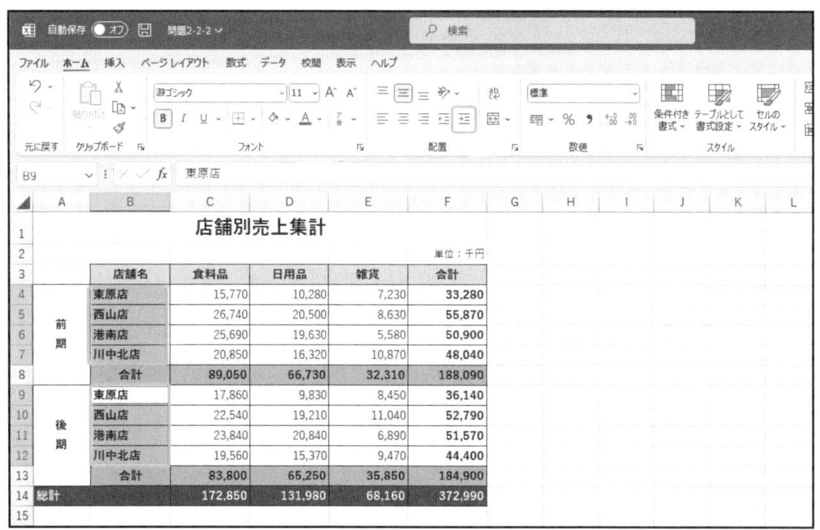

	店舗名	食料品	日用品	雑貨	合計
前期	東原店	15,770	10,280	7,230	33,280
	西山店	26,740	20,500	8,630	55,870
	港南店	25,690	19,630	5,580	50,900
	川中北店	20,850	16,320	10,870	48,040
	合計	89,050	66,730	32,310	188,090
後期	東原店	17,860	9,830	8,450	36,140
	西山店	22,540	19,210	11,040	52,790
	港南店	23,840	20,840	6,890	51,570
	川中北店	19,560	15,370	9,470	44,400
	合計	83,800	65,250	35,850	184,900
総計		172,850	131,980	68,160	372,990

⑮セル B4 ～ B7、セル B9 ～ B12 に 1 文字分のインデントが設定されます。

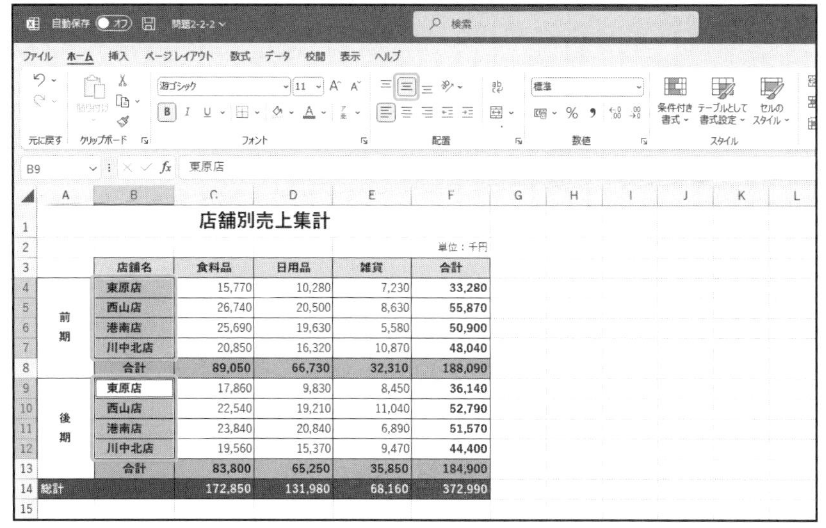

	店舗名	食料品	日用品	雑貨	合計
前期	東原店	15,770	10,280	7,230	33,280
	西山店	26,740	20,500	8,630	55,870
	港南店	25,690	19,630	5,580	50,900
	川中北店	20,850	16,320	10,870	48,040
	合計	89,050	66,730	32,310	188,090
後期	東原店	17,860	9,830	8,450	36,140
	西山店	22,540	19,210	11,040	52,790
	港南店	23,840	20,840	6,890	51,570
	川中北店	19,560	15,370	9,470	44,400
	合計	83,800	65,250	35,850	184,900
総計		172,850	131,980	68,160	372,990

ヒント

インデントの解除

インデントを設定したセルを選択し、［インデントを減らす］ボタンをクリックします。

2-2-3 セル内の文字列を折り返して表示する

練習問題

問題フォルダー
└問題 2-2-3.xlsx

解答フォルダー
└解答 2-2-3.xlsx

セル F8 に入力されている文字列をセル内で折り返して表示します。

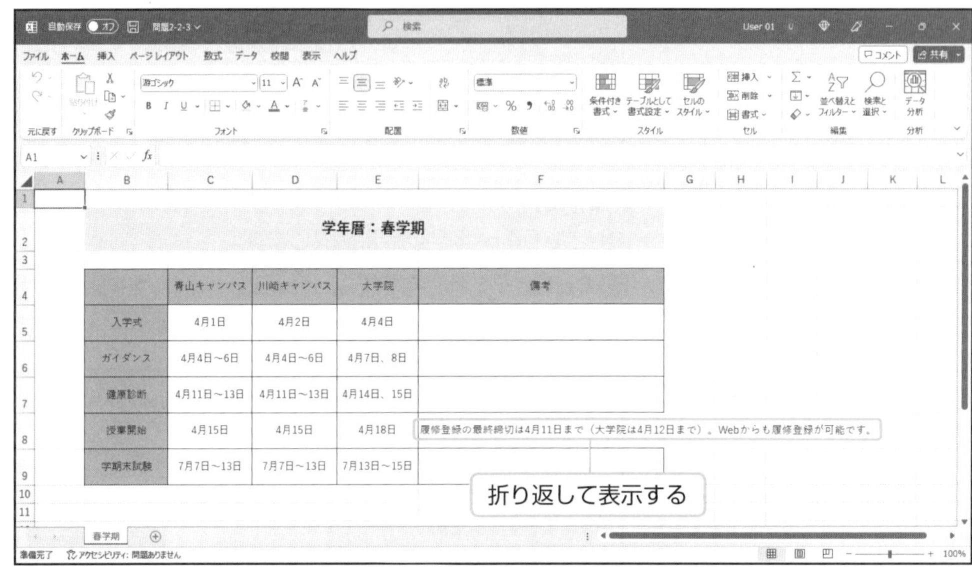

機能の解説

［折り返して全体を表示する］ボタン

文字列がセルの幅より長い場合、［ホーム］タブの ab ［折り返して全体を表示する］ボタンをクリックすると、文字列を折り返してすべて表示することができます。折り返しを解除するには、文字列の折り返しを設定しているセルを選択し、再度 ab ［折り返して全体を表示する］ボタンをクリックしてオフにします。

操作手順

ヒント
行の高さ
文字列を折り返して表示すると自動的に行の高さが変更されます。行の高さを手動で変更している場合は、自動的に行の高さが調整されず、文字列の一部が表示されないことがあります。

ヒント
ボタンの色
文字列の折り返しが設定されているセルを選択すると ab ［折り返して全体を表示する］ボタンが灰色に変わり、設定されていることが確認できます。

❶ セル F8 をクリックします。

❷［ホーム］タブの ab ［折り返して全体を表示する］ボタンをクリックします。

❸ セル内で文字列が折り返して表示されます。

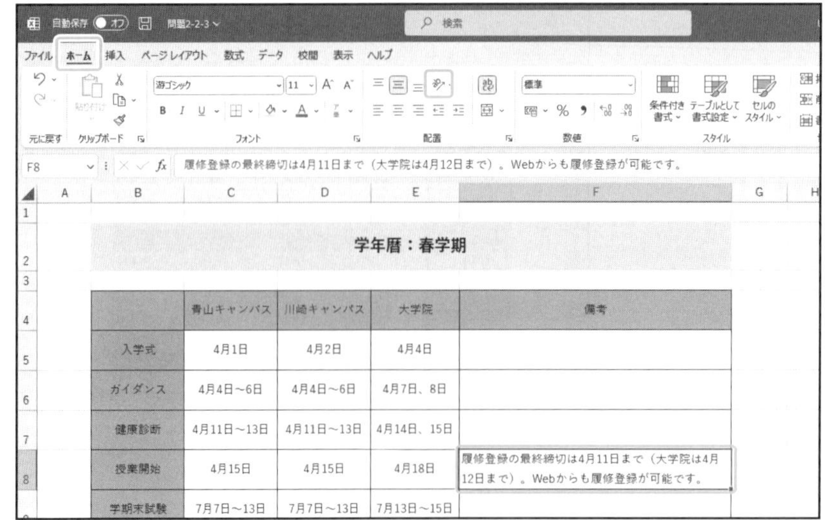

2-2-4 数値の書式を適用する

練習問題

問題フォルダー
└問題 2-2-4.xlsx

解答フォルダー
└解答 2-2-4.xlsx

【操作 1】セル範囲 B4:C12 に桁区切りスタイルを設定します。
【操作 2】セル範囲 D4:D12 がパーセントスタイルで小数点以下第 2 位まで表示されるように設定します。

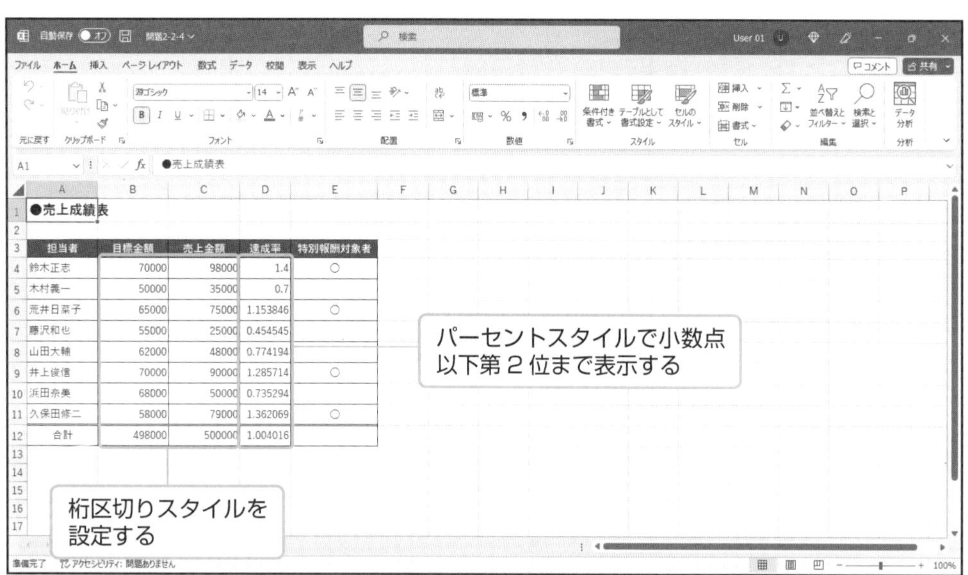

機能の解説

重要用語

- 表示形式
- ［数値の書式］ボックス
- ［通貨表示形式］ボタン
- ［パーセントスタイル］ボタン
- ［桁区切りスタイル］ボタン
- ［小数点以下の表示桁数を増やす］ボタン
- ［小数点以下の表示桁数を減らす］ボタン
- ［セルの書式設定］ダイアログボックスの［表示形式］タブ

セルに入力されている数値データは、「¥」（円記号）や 3 桁ごとに「,」（カンマ）を付けたり、小数点以下の表示桁数を変更したりするなど表示形式を変更することができます。表示形式は、セルを選択して、［ホーム］タブの［数値］グループのボックスやボタンで設定します。

［ホーム］タブの［数値］グループ

① ［数値の書式］ボックス：［数値の書式］ボックスの▼をクリックすると、よく使用される表示形式の一覧が表示され、選択できます。
② ［通貨表示形式］ボタン：「¥」などの通貨記号と 3 桁ごとに「,」（カンマ）を付けて表示します。
③ ［パーセントスタイル］ボタン
：パーセントスタイルにして、「%」を付けて表示します。
④ ［桁区切りスタイル］ボタン：3 桁ごとに「,」（カンマ）を付けて表示します。
⑤ ［小数点以下の表示桁数を増やす］ボタン：小数点以下の桁数を 1 桁ずつ増やします。
⑥ ［小数点以下の表示桁数を減らす］ボタン：小数点以下の桁数を 1 桁ずつ減らします。

[セルの書式設定] ダイアログボックスの [表示形式] タブを使用すると、リボンのボタンにない表示形式も設定できます。[セルの書式設定] ダイアログボックスの [表示形式] タブを表示するには、[ホーム] タブの [数値] グループ右下の [表示形式] ボタンをクリックします。

[セルの書式設定] ダイアログボックスの [表示形式] タブ

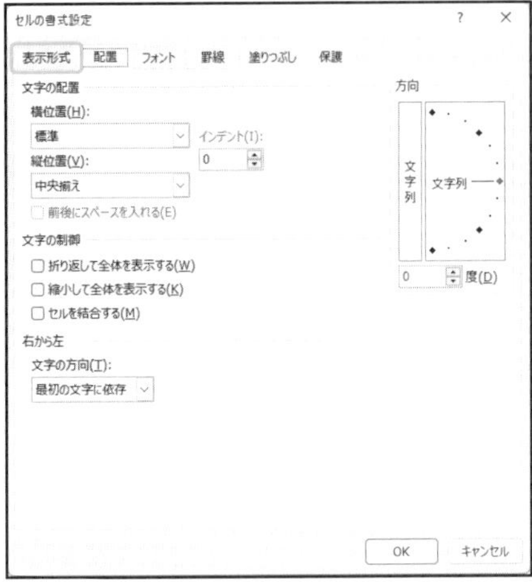

操作手順

【操作 1】

❶ セル B4 ～ C12 を範囲選択します。

❷ [ホーム] タブの [桁区切りスタイル] ボタンをクリックします。

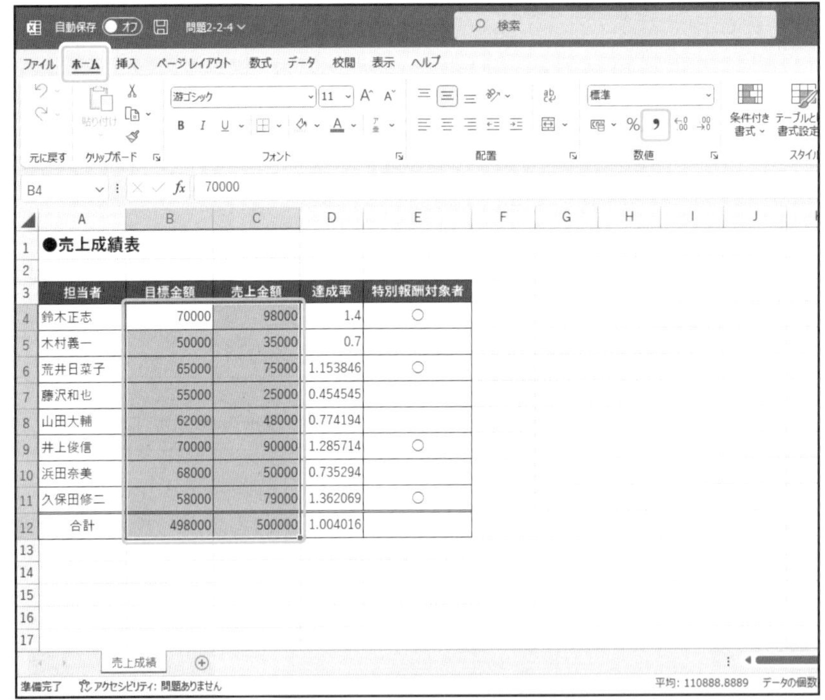

	A	B	C	D	E
1	●売上成績表				
2					
3	担当者	目標金額	売上金額	達成率	特別報酬対象者
4	鈴木正志	70000	98000	1.4	○
5	木村義一	50000	35000	0.7	
6	荒井日菜子	65000	75000	1.153846	○
7	藤沢和也	55000	25000	0.454545	
8	山田大輔	62000	48000	0.774194	
9	井上俊信	70000	90000	1.285714	○
10	浜田奈美	68000	50000	0.735294	
11	久保田修二	58000	79000	1.362069	○
12	合計	498000	500000	1.004016	

❸セル B4 ～ C12 の数値に 3 桁ごとに「,」（カンマ）が付きます。

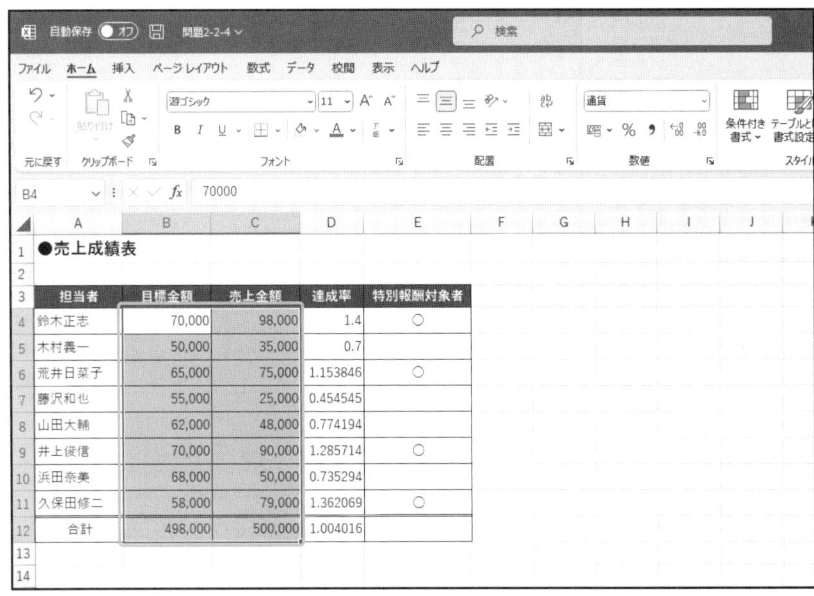

	A	B	C	D	E
1	●売上成績表				
2					
3	担当者	目標金額	売上金額	達成率	特別報酬対象者
4	鈴木正志	70,000	98,000	1.4	○
5	木村義一	50,000	35,000	0.7	
6	荒井日菜子	65,000	75,000	1.153846	○
7	藤沢和也	55,000	25,000	0.454545	
8	山田大輔	62,000	48,000	0.774194	
9	井上俊信	70,000	90,000	1.285714	○
10	浜田奈美	68,000	50,000	0.735294	
11	久保田修二	58,000	79,000	1.362069	○
12	合計	498,000	500,000	1.004016	

【操作 2】

❹セル D4 ～ D12 を範囲選択します。

❺［ホーム］タブの % ［パーセントスタイル］ボタンをクリックします。

その他の操作方法

ショートカットキー

Ctrl + **Shift** + **5** キー

（パーセントスタイル）

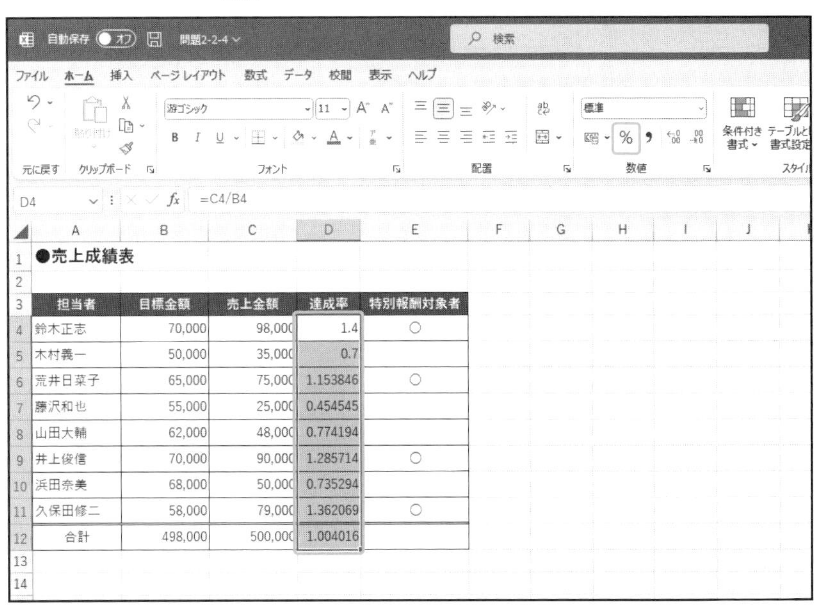

	A	B	C	D	E
1	●売上成績表				
2					
3	担当者	目標金額	売上金額	達成率	特別報酬対象者
4	鈴木正志	70,000	98,000	1.4	○
5	木村義一	50,000	35,000	0.7	
6	荒井日菜子	65,000	75,000	1.153846	○
7	藤沢和也	55,000	25,000	0.454545	
8	山田大輔	62,000	48,000	0.774194	
9	井上俊信	70,000	90,000	1.285714	○
10	浜田奈美	68,000	50,000	0.735294	
11	久保田修二	58,000	79,000	1.362069	○
12	合計	498,000	500,000	1.004016	

❻セル D4 ～ D12 の数値がパーセントスタイルで表示されます。

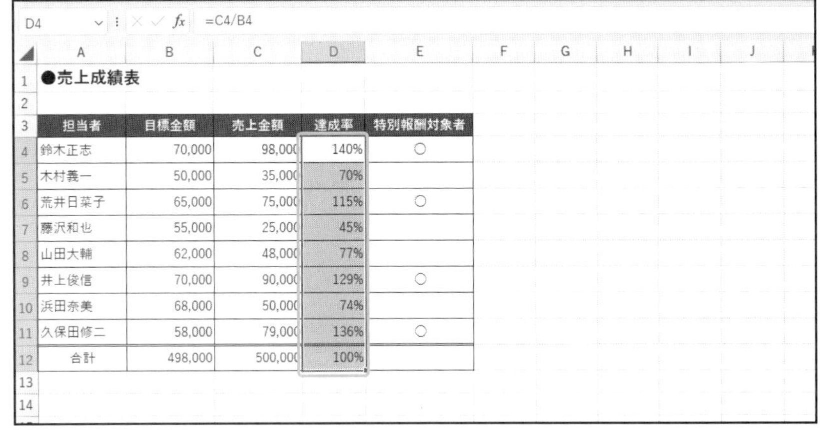

	A	B	C	D	E
1	●売上成績表				
2					
3	担当者	目標金額	売上金額	達成率	特別報酬対象者
4	鈴木正志	70,000	98,000	140%	○
5	木村義一	50,000	35,000	70%	
6	荒井日菜子	65,000	75,000	115%	○
7	藤沢和也	55,000	25,000	45%	
8	山田大輔	62,000	48,000	77%	
9	井上俊信	70,000	90,000	129%	○
10	浜田奈美	68,000	50,000	74%	
11	久保田修二	58,000	79,000	136%	○
12	合計	498,000	500,000	100%	

❼［ホーム］タブの［小数点以下の表示桁数を増やす］ボタンを２回クリックします。

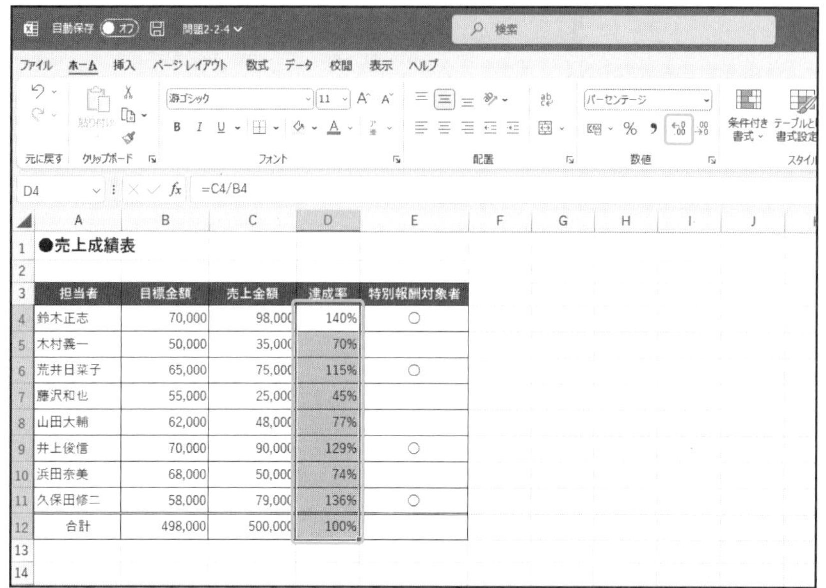

	A	B	C	D	E
1	●売上成績表				
2					
3	担当者	目標金額	売上金額	達成率	特別報酬対象者
4	鈴木正志	70,000	98,000	140%	○
5	木村義一	50,000	35,000	70%	
6	荒井日菜子	65,000	75,000	115%	○
7	藤沢和也	55,000	25,000	45%	
8	山田大輔	62,000	48,000	77%	
9	井上俊信	70,000	90,000	129%	○
10	浜田奈美	68,000	50,000	74%	
11	久保田修二	58,000	79,000	136%	○
12	合計	498,000	500,000	100%	

❽セルD4～D12の数値が、パーセントスタイルで小数点以下第２位まで表示されます。

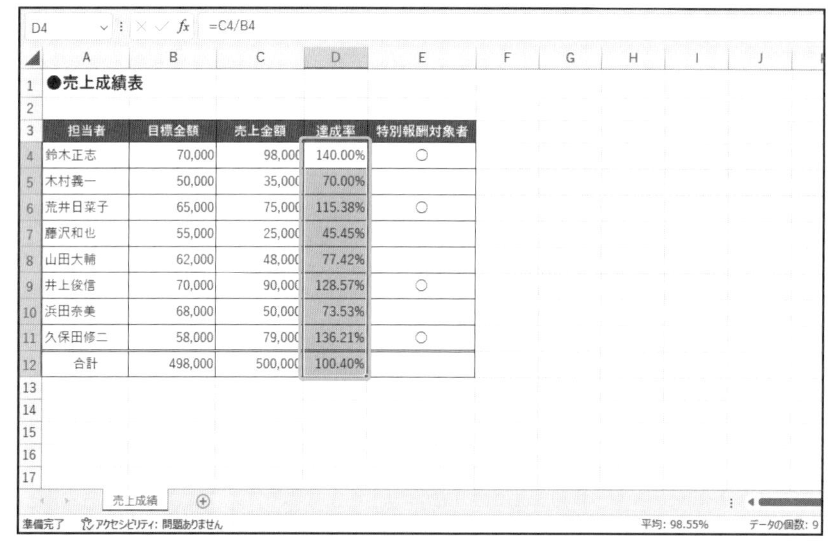

	A	B	C	D	E
1	●売上成績表				
2					
3	担当者	目標金額	売上金額	達成率	特別報酬対象者
4	鈴木正志	70,000	98,000	140.00%	○
5	木村義一	50,000	35,000	70.00%	
6	荒井日菜子	65,000	75,000	115.38%	○
7	藤沢和也	55,000	25,000	45.45%	
8	山田大輔	62,000	48,000	77.42%	
9	井上俊信	70,000	90,000	128.57%	○
10	浜田奈美	68,000	50,000	73.53%	
11	久保田修二	58,000	79,000	136.21%	○
12	合計	498,000	500,000	100.40%	

ヒント

表示形式をクリアする

［数値の書式］ボックスの▼をクリックし、一覧から［標準］をクリックすると表示形式をクリアすることができます。

2-2-5 [セルの書式設定]ダイアログボックスからセルの書式を適用する

練習問題

問題フォルダー
└問題 2-2-5.xlsx
解答フォルダー
└解答 2-2-5.xlsx

【操作 1】セル範囲 A3:C3 を均等割り付けにし前後にスペースを入れ、パターンの色「テーマの色」の「青、アクセント 5」、パターンの種類「12.5%灰色」の塗りつぶしを設定します。
【操作 2】セル範囲 A3:C8 に色「青、アクセント 5」の格子、商品ごとに区切る横線にスタイル「………」の点線の罫線を引きます。
【操作 3】セル範囲 B4:B8 のフォントの色を「標準の色」の「赤」にし、取り消し線を設定します。

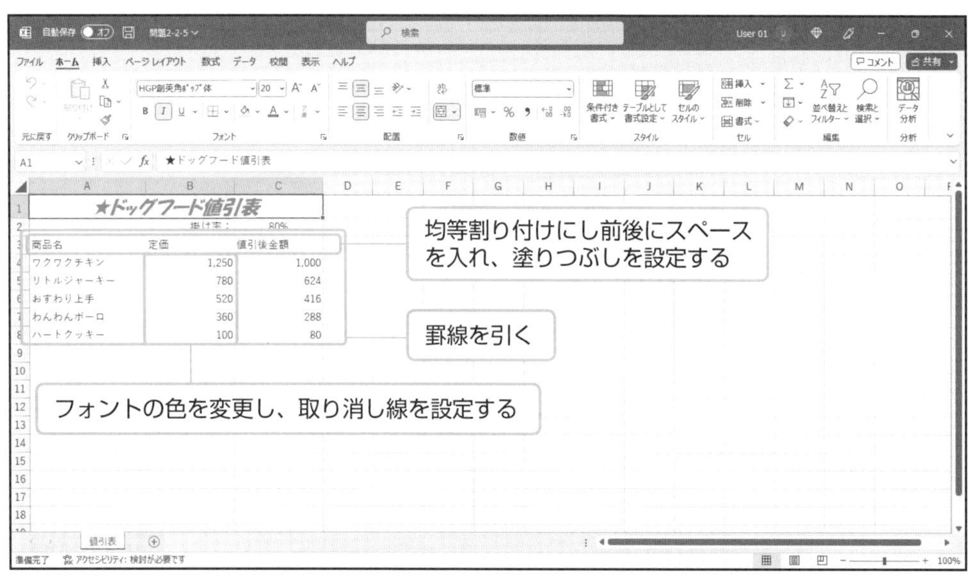

機能の解説

重要用語
- [セルの書式設定]ダイアログボックス
- [セルの書式設定]ダイアログボックスの[フォント]タブ
- ～の[配置]タブ
- ～の[表示形式]タブ
- 罫線
- [罫線]ボタン
- [塗りつぶしの色]ボタン
- [セルの書式設定]ダイアログボックスの[罫線]タブ
- ～の[塗りつぶし]タブ

セルの書式は、[ホーム]タブの[フォント]グループや[配置]グループ、[数値]グループなどのボタンやボックスを使って設定できますが、[セルの書式設定]ダイアログボックスを使用すると、複数の書式を一括で設定したり、リボンのボタンやボックスにない書式を設定したりすることができます。[セルの書式設定]ダイアログボックスを表示するには、[ホーム]タブの各グループ右下の ⧉ をクリックします。[フォント]グループ右下の ⧉ [フォントの設定]ボタンをクリックすると[セルの書式設定]ダイアログボックスの[フォント]タブが、[配置]グループ右下の ⧉ [配置の設定]ボタンをクリックすると[配置]タブが、[数値]グループ右下の ⧉ [表示形式]ボタンをクリックすると[表示形式]タブが表示されます。

[ホーム]タブ

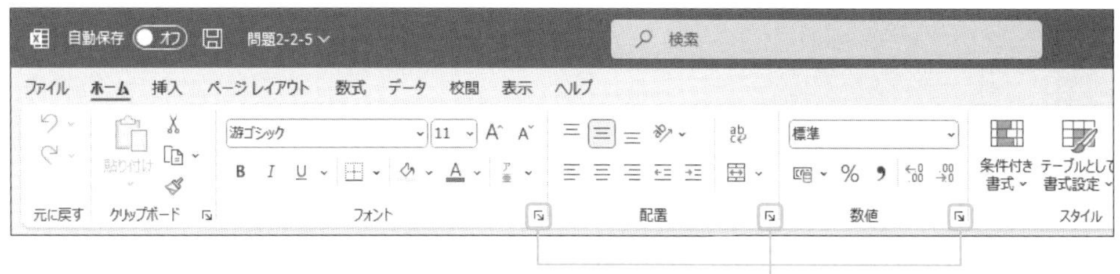

その他の操作方法

ショートカットキー

Ctrl + 1

（［セルの書式設定］ダイアログボックスの［表示形式］タブを表示）

［セルの書式設定］ダイアログボックスの［フォント］タブ　［配置］タブ

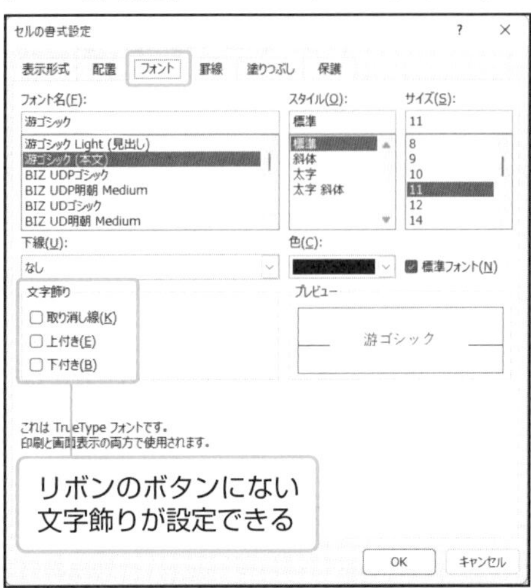

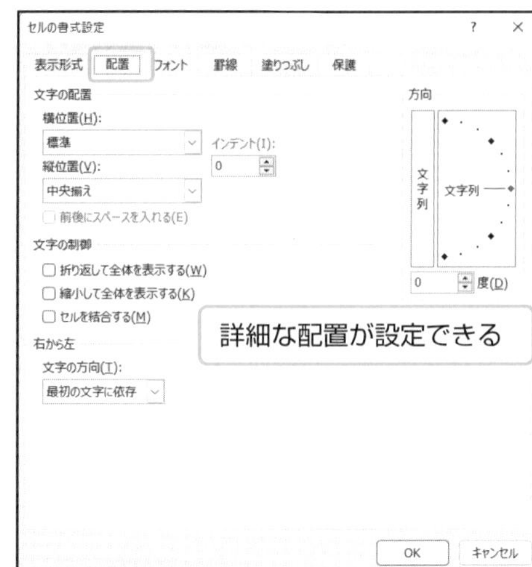

セルの枠線は初期値では印刷されません。表のセルの枠線を印刷する場合は、罫線を設定します。また、セルに塗りつぶしの色を設定すると、表のデータが一目で区別できるようになります。［ホーム］タブの［罫線］ボタン、［塗りつぶしの色］ボタンで設定することができますが、［セルの書式設定］ダイアログボックスの［罫線］タブ、［塗りつぶし］タブを使用すると、線の引き方や、塗りつぶしの種類などの詳細な設定ができて便利です。

［セルの書式設定］ダイアログボックスの［罫線］タブ　［塗りつぶし］タブ

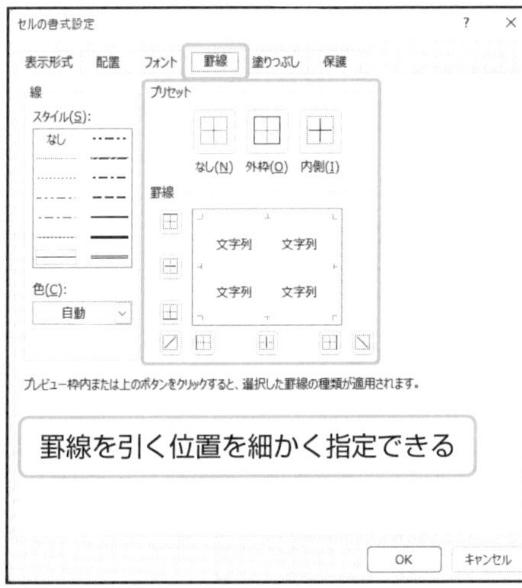

操作手順

【操作 1】

❶セル A3 ～ C3 を範囲選択します。

❷［ホーム］タブの［配置］グループ右下の ［配置の設定］ボタンをクリックします。

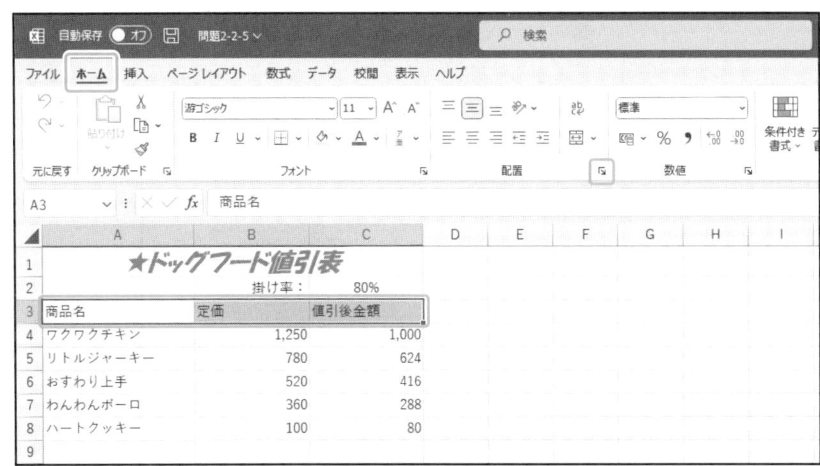

❸［セルの書式設定］ダイアログボックスの［配置］タブが表示されるので、［横位置］ボックスの▼をクリックします。

❹一覧から［均等割り付け（インデント）］をクリックします。

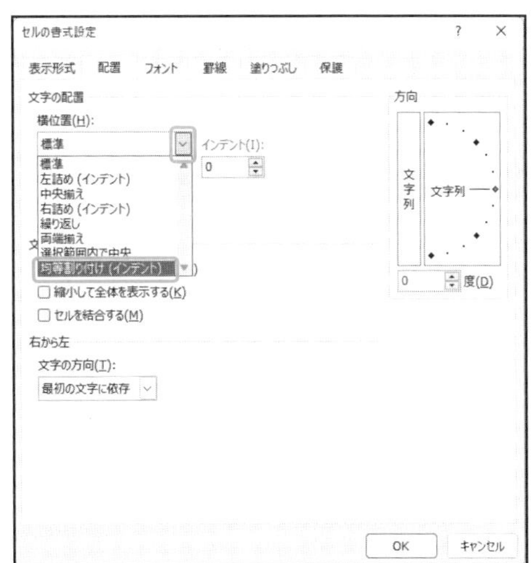

❺［前後にスペースを入れる］チェックボックスをオンにします。

❻［横位置］ボックスが［均等割り付け］に変わります。

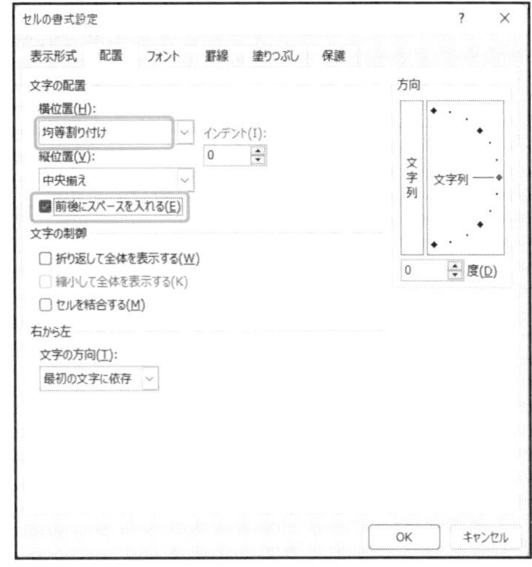

⑦［塗りつぶし］タブをクリックします。

⑧［パターンの色］ボックスの▼をクリックします。

⑨［テーマの色］の一覧から［青、アクセント 5］をクリックします。

⑩［パターンの種類］ボックスの▼をクリックします。

⑪［テーマの色］の一覧から［12.5%灰色］をクリックします。

⑫［サンプル］に指定したパターンが表示されるので、確認します。

⑬［OK］をクリックします。

⑭セル A3 ～ C3 が均等割り付けになり前後にスペースが入り、指定したパターンの塗りつぶしが設定されます。

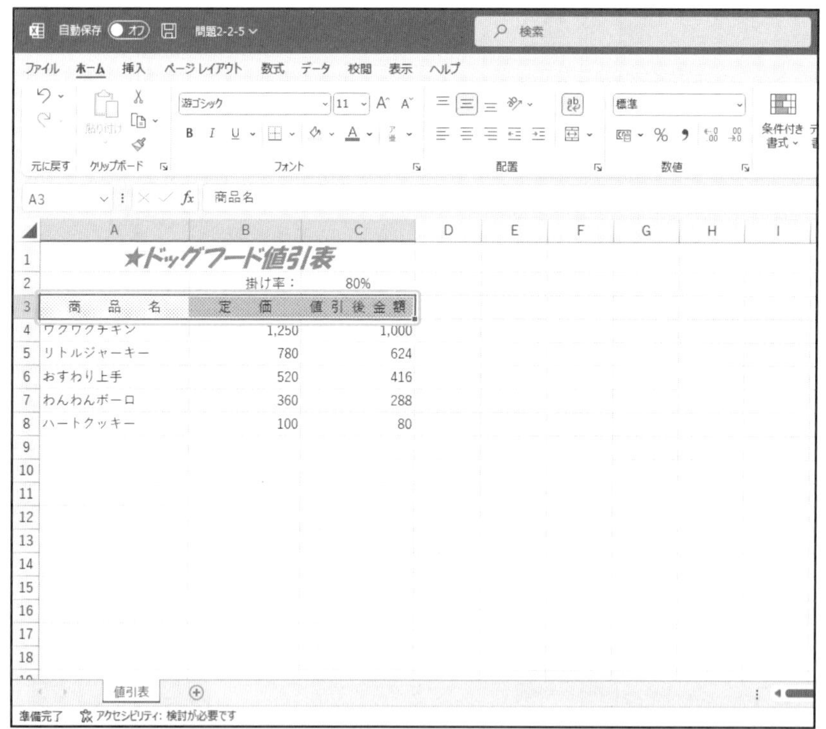

【操作 2】

⑮セル A3 ～ C8 を範囲選択します。

⑯［ホーム］タブの［フォント］グループ右下の ［フォントの設定］ボタンをクリックします。

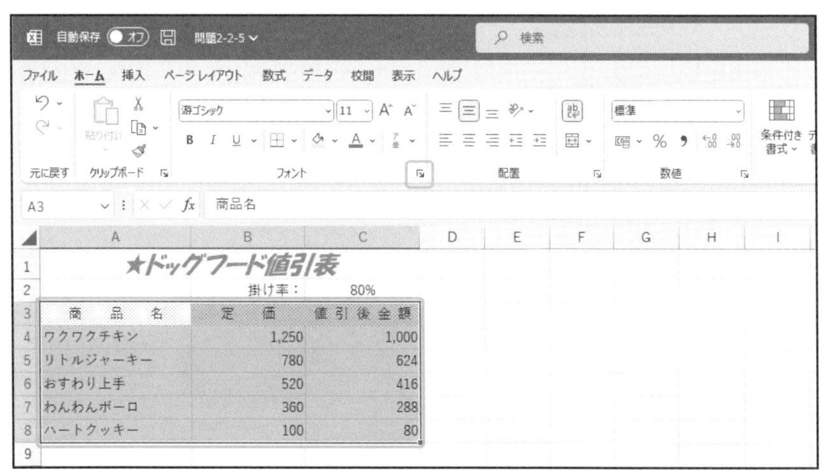

商　品　名	定　価	値 引 後 金 額
ワクワクチキン	1,250	1,000
リトルジャーキー	780	624
おすわり上手	520	416
わんわんボーロ	360	288
ハートクッキー	100	80

⑰［セルの書式設定］ダイアログボックスが表示されるので、［罫線］タブをクリックします。

⑱［色］ボックスの▼をクリックします。

⑲［テーマの色］の一覧から［青、アクセント 5］をクリックします。

⑳［プリセット］の［外枠］をクリックします。

㉑［プリセット］の［内側］をクリックします。

㉒［罫線］のプレビューに青色の格子線が表示されたことを確認します。

㉓［OK］をクリックします。

㉔任意のセルをクリックして、範囲選択を解除します。

㉕セル A3 ～ C8 に青色の格子線が引かれたことを確認します。

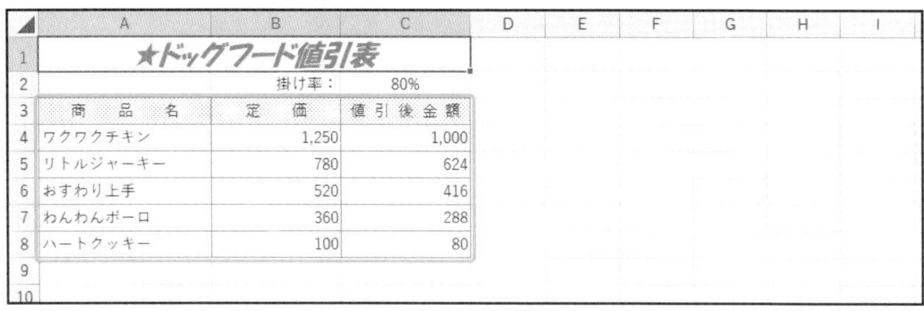

商　品　名	定　価	値 引 後 金 額
ワクワクチキン	1,250	1,000
リトルジャーキー	780	624
おすわり上手	520	416
わんわんボーロ	360	288
ハートクッキー	100	80

その他の操作方法

［セルの書式設定］ダイアログボックスの［罫線］タブの表示

［ホーム］タブの 罫線のボタンの▼をクリックし、［その他の罫線］クリックしても表示できます。

㉖セル A4 ～ C8 を範囲選択します。

㉗［ホーム］タブの［フォント］グループ右下の ［フォントの設定］ボタンをクリックします。

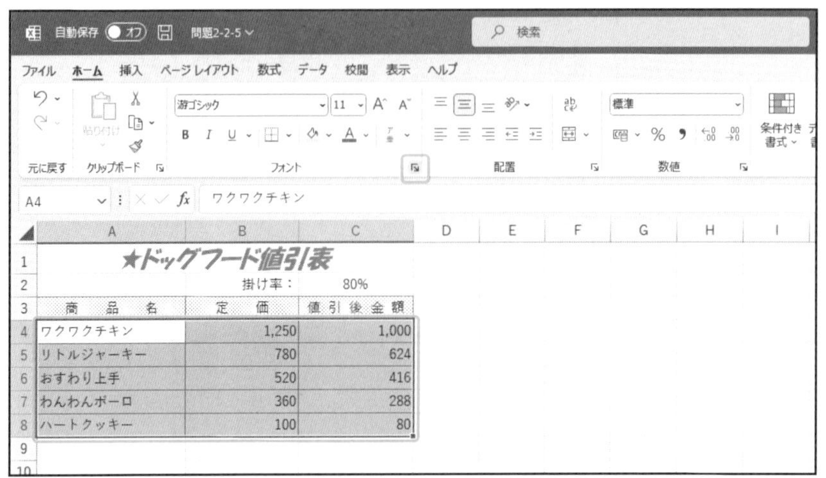

㉘［セルの書式設定］ダイアログボックスが表示されるので、［罫線］タブをクリックします。

㉙［線］の［スタイル］の一覧から ……………（左上から 2 番目）をクリックします。

㉚［色］ボックスに青色が表示されていることを確認します。

㉛［罫線］のプレビューの内側の横線をクリックします。

㉜内側の横線が点線に変わったことを確認します。

㉝［OK］をクリックします。

その他の操作方法

罫線の変更

表の内側の横線を変更する場合は、［罫線］のプレビュー左側上から 2 番目の をクリックします。

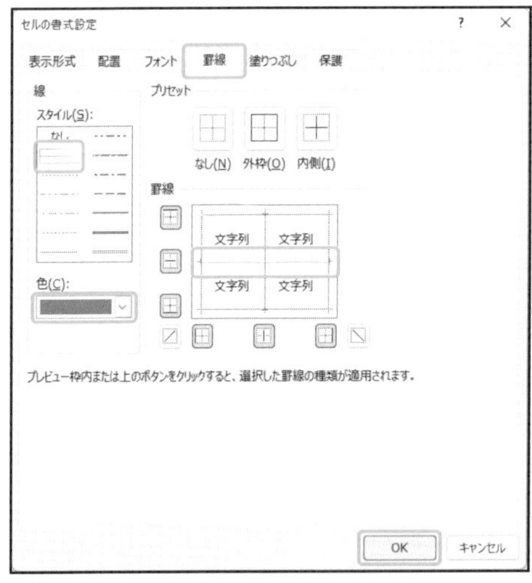

㉞任意のセルをクリックして、範囲選択を解除します。

㉟商品ごとに区切る横線が点線に変わったことを確認します。

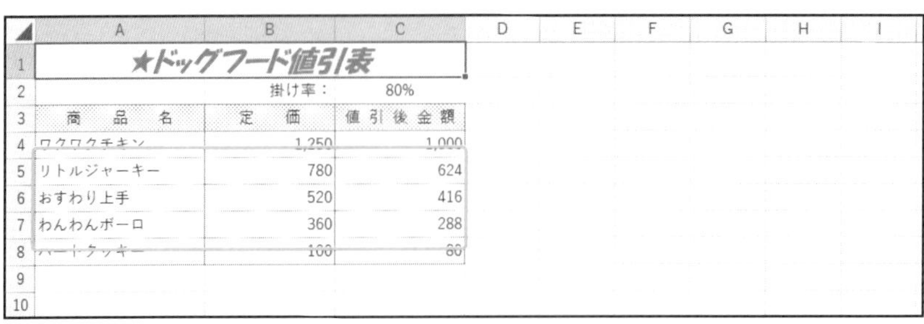

【操作 3】

㊱セル B4 ～ B8 を範囲選択します。

㊲［ホーム］タブの［フォント］グループ右下の ［フォントの設定］ボタンをクリックします。

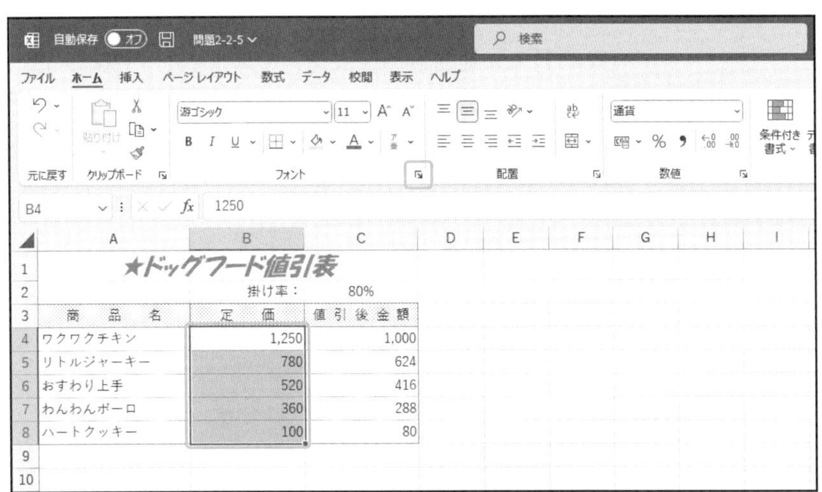

その他の操作方法

ショートカットキー

Ctrl ＋ Shift ＋ P

（［セルの書式設定］ダイアログボックスの［フォント］タブを表示）

㊳［セルの書式設定］ダイアログボックスの［フォント］タブが表示されるので、［色］ボックスをクリックします。

㊴［標準の色］の一覧から［赤］をクリックします。

㊵［文字飾り］の［取り消し線］チェックボックスをオンにします。

㊶［プレビュー］の文字列の色が赤になり、取り消し線が引かれたことを確認します。

㊷［OK］をクリックします。

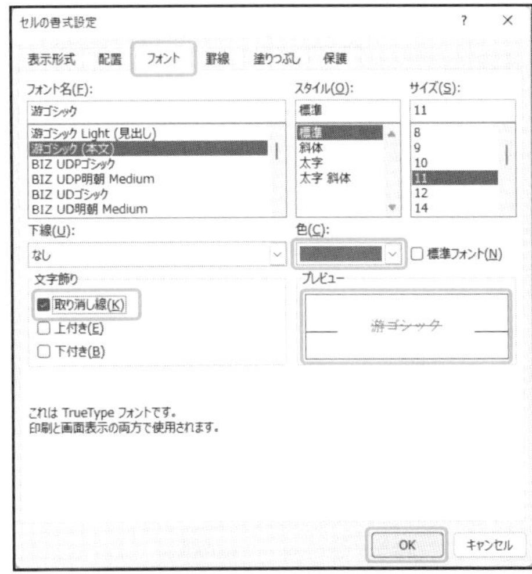

㊸セル B4 ～ B8 の文字列の色が赤になり、取り消し線が引かれます。

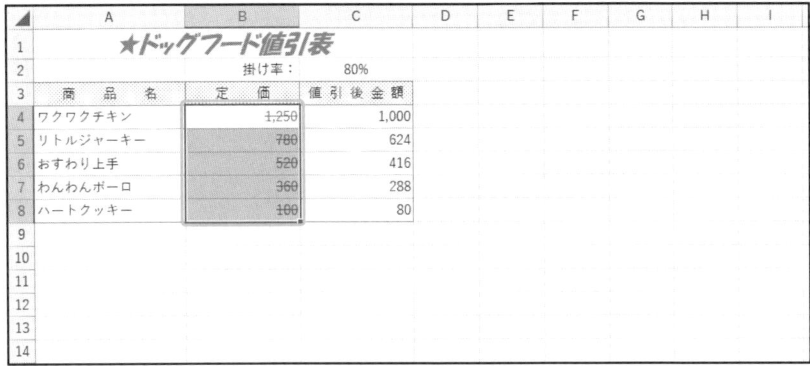

2-2-6 セルのスタイルを適用する

練習問題

問題フォルダー
└問題 2-2-6.xlsx

解答フォルダー
└解答 2-2-6.xlsx

【操作 1】セル範囲 A1:E1 にセルのスタイル「見出し 1」を適用します。
【操作 2】セル範囲 A5:E5 にセルのスタイル「薄い黄 , 60% - アクセント 4」を適用します。

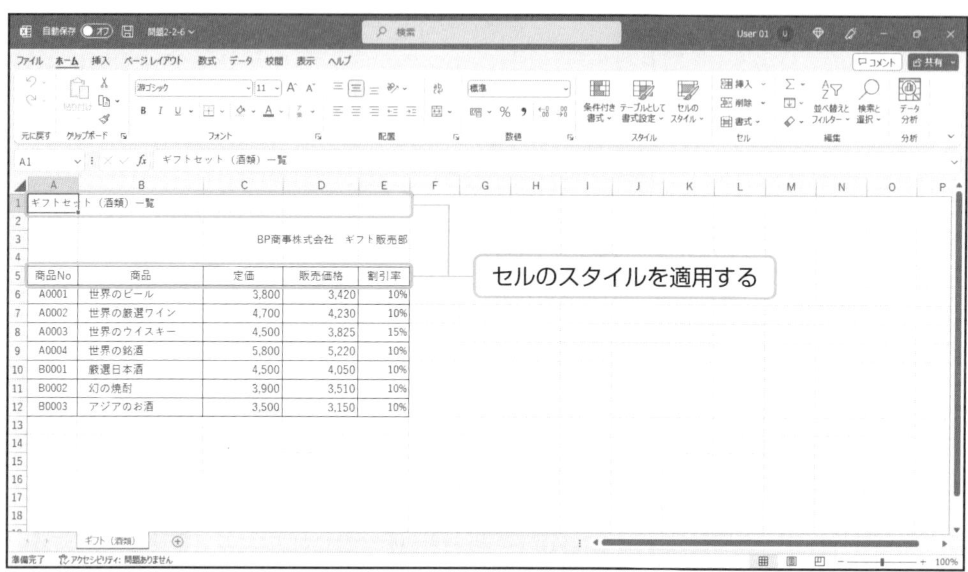

機能の解説

セルのスタイル
[セルのスタイル] ボタン

セルのスタイルは、表示形式、配置、フォント、罫線、塗りつぶしなどの書式をまとめたものです。セルのスタイルを適用すると、セルに複数の書式をまとめて設定することができます。Excel にはあらかじめ多くの種類のセルのスタイルが登録されています。セルのスタイルを適用するには、設定したいセルを選択し、[ホーム] タブの [セルのスタイル] ボタンをクリックし、一覧からスタイルを選択します。

[セルのスタイル] ボタンの一覧

操作手順

【操作 1】

❶セル A1 ～ E1 を範囲選択します。

❷［ホーム］タブの［セルのスタイル］ボタンをクリックします。

❸［タイトルと見出し］の一覧から［見出し 1］をクリックします。

❹セル A1 ～ E1 に指定したスタイルが適用されます。

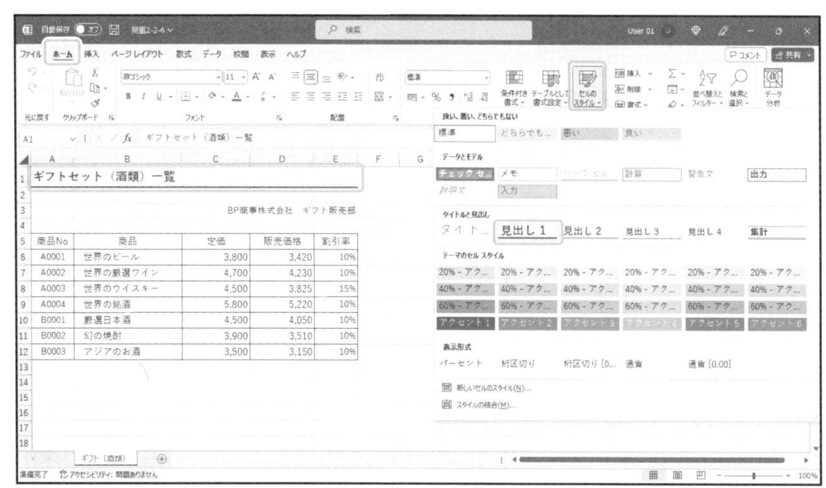

【操作 2】

❺セル A5 ～ E5 を範囲選択します。

❻［ホーム］タブの［セルのスタイル］ボタンをクリックします。

❼［テーマのセルスタイル］の一覧から［薄い黄，60% - アクセント 4］をクリックします。

❽セル A5 ～ E5 にスタイルが適用されます。

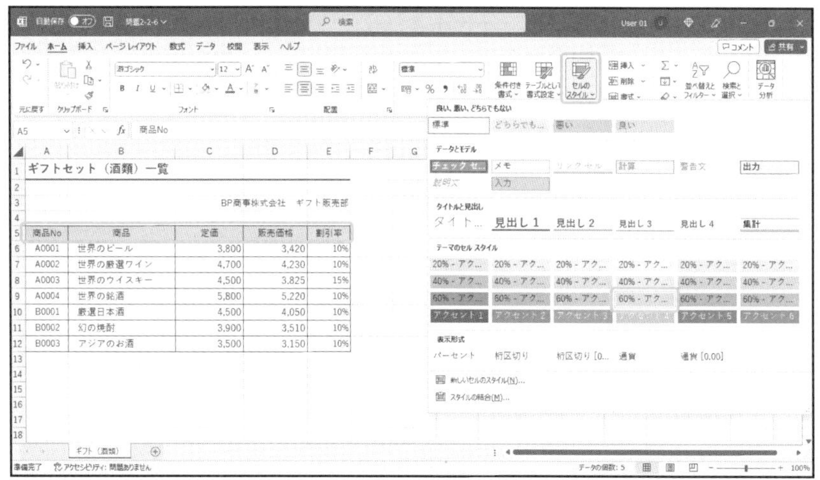

❾任意のセルをクリックし、範囲選択を解除します。

❿セル A5 ～ E5 に指定したスタイルが適用されたことを確認します。

ポイント

設定済みの書式とセルのスタイル

あらかじめ書式が設定されているセルにスタイルを適用すると、スタイルに登録されている書式に変更されます。この例の場合、セル A5 ～ E5 のフォントサイズは「12」ですが、「薄い黄，60% - アクセント 4」に登録されているサイズが適用されて「11」になります。配置は「薄い黄 60% - アクセント 4」に登録されていないので、中央揃えのまま変更されません。

ヒント

セルのスタイルの解除

適用したセルのスタイルを解除するには、セルのスタイルの［良い、悪い、どちらでもない］の一覧から［標準］（左端）をクリックするか、［ホーム］タブの［クリア］ボタンをクリックし、［書式のクリア］をクリックします。ただし、セルのスタイルを適用する前に設定した書式も含め、すべての書式が解除されるので注意しましょう。

2-2-7 書式のコピー / 貼り付け機能を使用してセルに書式を設定する

練習問題

問題フォルダー
└問題 2-2-7.xlsx

解答フォルダー
└解答 2-2-7.xlsx

セル範囲 B3:K8 の書式をコピーして、セル範囲 B10:K15、B17:K22、B24:K29 に貼り付けます。

機能の解説

- 書式のコピー / 貼り付け
- [書式のコピー / 貼り付け] ボタン

[ホーム] タブの [書式のコピー / 貼り付け] ボタンを使用すると、セルに設定されている書式だけをコピー / 貼り付けすることができます。書式だけをコピー / 貼り付けするには、コピーしたい書式が設定されているセルを選択して、[ホーム] タブの [書式のコピー / 貼り付け] ボタンをクリックします。マウスポインターの形がに変わるので、貼り付け先のセルをクリックまたはドラッグします。

なお、[書式のコピー / 貼り付け] ボタンをダブルクリックすると、再度 [書式のコピー / 貼り付け] ボタンをクリックしてオフにするか、**Esc** キーを押すまで同じ書式を何度でも貼り付けることができます。

操作手順

❶ セル B3 ～ K8 を範囲選択します。

❷［ホーム］タブの［書式のコピー / 貼り付け］ボタンをダブルクリックします。

❸ マウスポインターの形が ✚🖌 になるので、セル B10 をクリックします。

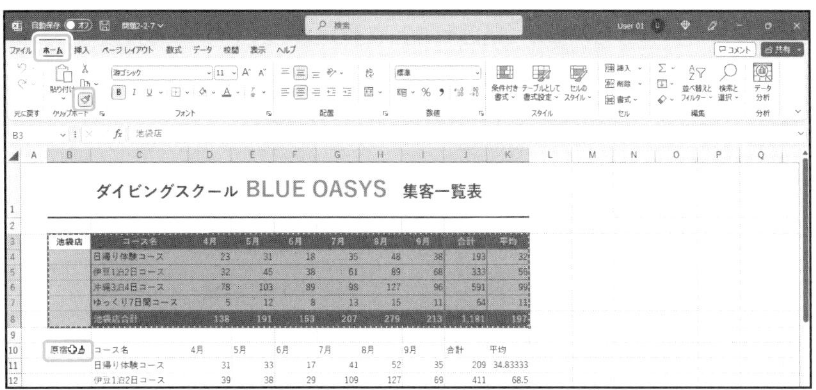

❹ セル B3 ～ K8 の書式がセル B10 ～ K15 に貼り付けられます。

❺ 続けてセル B17 と B24 をクリックします。

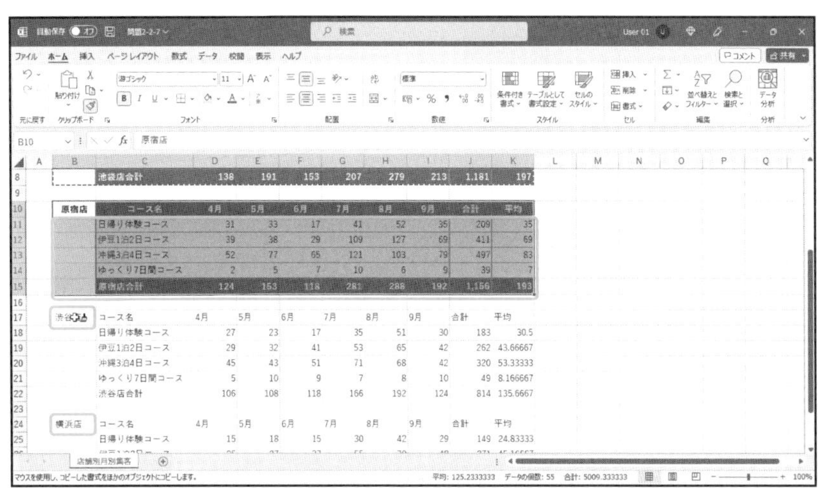

❻ セル B3 ～ K8 の書式がセル B17 ～ K22、B24 ～ K29 に貼り付けられます。

❼［ホーム］タブの［書式のコピー / 貼り付け］ボタンをクリックしてオフにします。

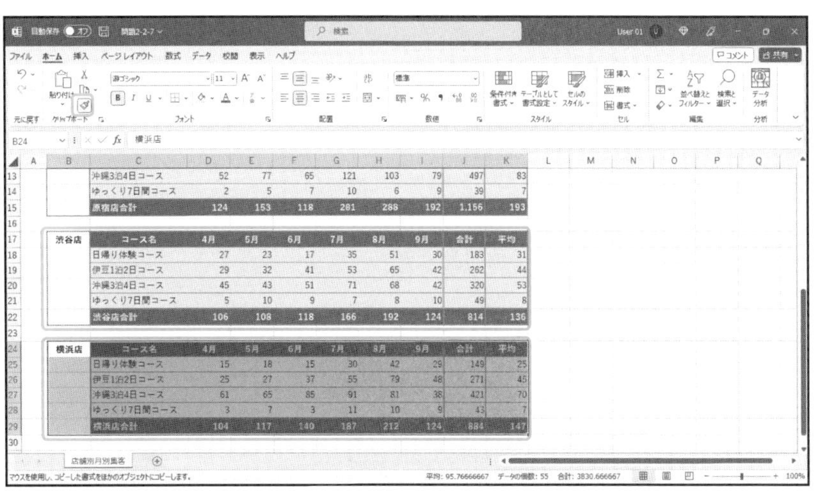

ポイント

書式の貼り付け先のセルの指定

書式の貼り付け先としては、左上端の 1 つのセルだけをクリックして指定します。するとコピー元と同じ行数×列数の範囲に貼り付けられます。コピー元と同じ行数×列数のセル範囲を指定する必要はありません。

ヒント

連続した書式のコピー / 貼り付けの終了

この例のように［書式のコピー / 貼り付け］ボタンをダブルクリックして、連続して書式の貼り付けをする場合は、書式の貼り付けが終了したら、［書式のコピー / 貼り付け］ボタンをクリックしオフにするか、**Esc** キーを押して終了する必要があります。書式のコピー / 貼り付けが終了するとマウスポインターの形が元に戻ります。

なお、［書式のコピー / 貼り付け］ボタンをクリックした場合は、書式の貼り付けが 1 回終わった時点で、マウスポインターの形が自動的に元に戻り、書式のコピー / 貼り付けが終了します。

2-2-8 セルの書式設定をクリアする

練習問題

問題フォルダー
└問題 2-2-8.xlsx

解答フォルダー
└解答 2-2-8.xlsx

セル B2（結合セル）に設定されている書式設定をクリアします。

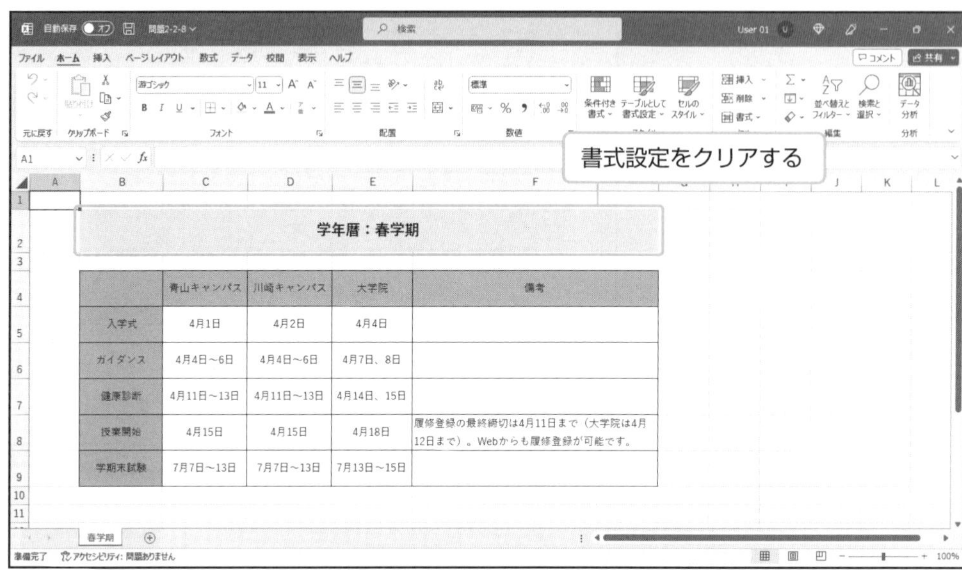

	青山キャンパス	川崎キャンパス	大学院	備考
入学式	4月1日	4月2日	4月4日	
ガイダンス	4月4日～6日	4月4日～6日	4月7日、8日	
健康診断	4月11日～13日	4月11日～13日	4月14日、15日	
授業開始	4月15日	4月15日	4月18日	履修登録の最終締切は4月11日まで（大学院は4月12日まで）。Webからも履修登録が可能です。
学期末試験	7月7日～13日	7月7日～13日	7月13日～15日	

機能の解説

- 書式設定をクリア
- [クリア] ボタン
- [書式のクリア]

セルに設定されている書式設定をすべて解除して、初期値の状態に戻すには、書式のクリアを行います。書式設定を解除する範囲を選択し、[ホーム] タブの [クリア] ボタンをクリックし、一覧から [書式のクリア] をクリックします。

操作手順

【操作 1】

❶ セル B2（結合セル）をクリックします。

❷［ホーム］タブの ◇ˇ［クリア］ボタンをクリックします。

❸ 一覧から［書式のクリア］をクリックします。

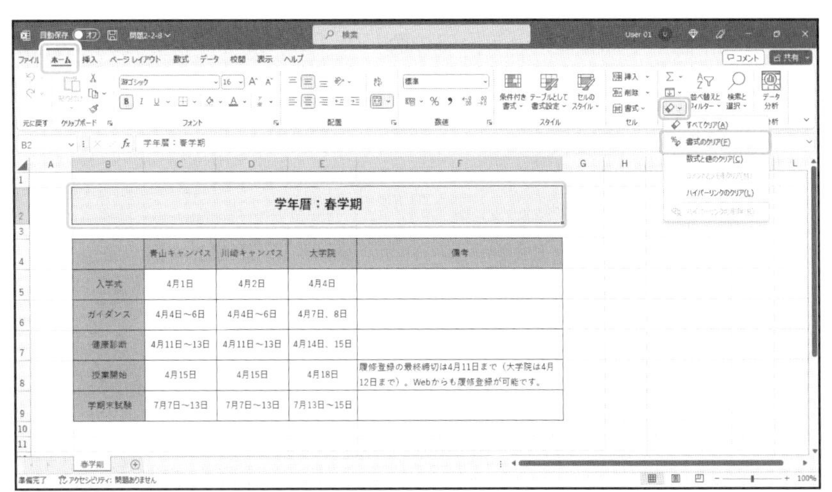

❹ セル B2 の書式設定がクリアされ、フォントサイズが初期値の「11」に戻り、セルの結合、中央揃え、塗りつぶしの色が解除されます。

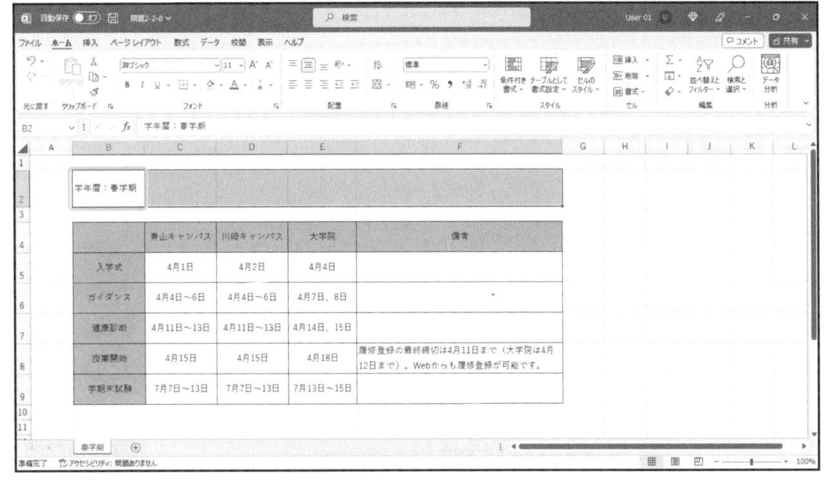

ヒント
列の幅と行の高さ
書式のクリアでは、列の幅と行の高さは初期値には戻りません。

2-2-9 複数のシートをグループ化して書式設定する

練習問題

問題フォルダー
└問題 2-2-9.xlsx

解答フォルダー
└解答 2-2-9.xlsx

ワークシート「池袋店」「恵比寿店」「目黒店」をグループ化し、セル A3 ～ D3 に塗りつぶしの色「テーマの色」の「ゴールド、アクセント 4、白＋基本色 60％」を設定します。設定後、グループを解除します。

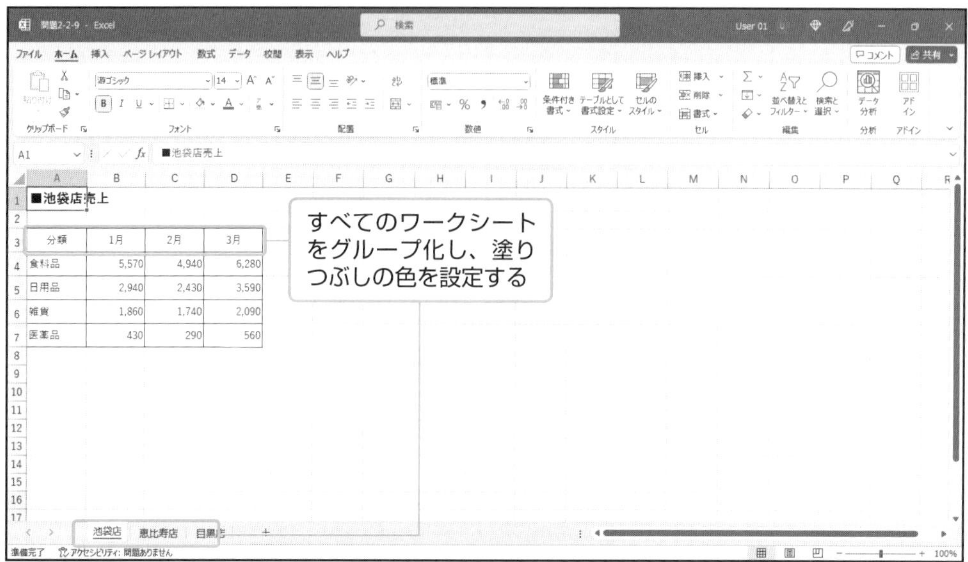

機能の解説

- グループ化
- グループの解除
- [シートのグループ解除]

複数のワークシートの同じ位置に文字を入力したり、書式設定したりするには、ワークシートをグループ化します。連続する複数のワークシートをグループ化するには、先頭のシート見出しをクリックし、**Shift** キーを押しながら最後のシート見出しをクリックします。離れたワークシートをグループ化するには、先頭のシート見出しをクリックし、**Ctrl** キーを押しながら目的のシート見出しをクリックします。ワークシートをグループ化にすると、グループ化されているすべてのワークシートのシート見出しの色が薄くなり選択された状態になります。タイトルバーに「- グループ」という表示が追加されます。

ワークシートがグループ化された状態

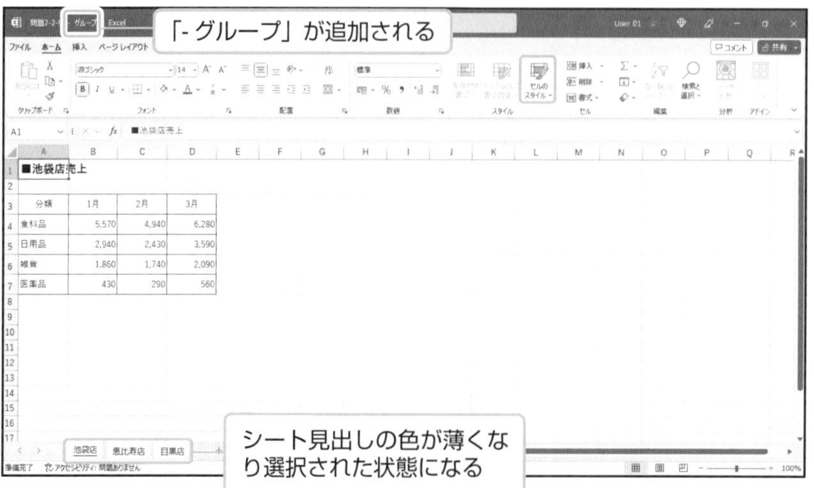

グループを解除するには、グループ化されているシート見出しを右クリックし、ショートカットメニューの［シートのグループ解除］をクリックします。

グループ化されたシート見出しを右クリックした状態

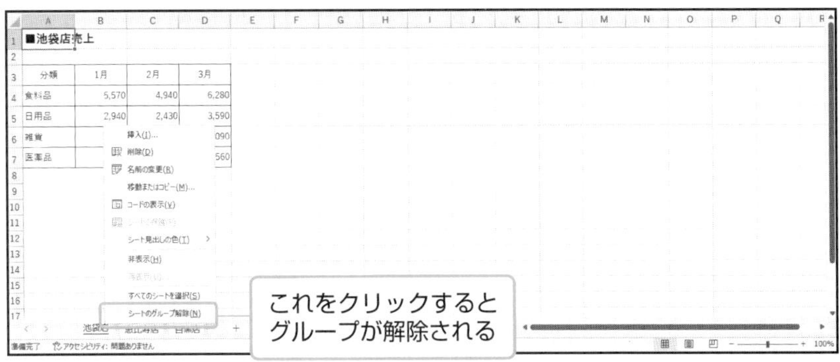

なお、グループ化されていないワークシートがある場合はそのシート見出しをクリックすると解除されます。すべてのワークシートがグループ化されている場合は、現在表示されているワークシート以外のシート見出しをクリックすると解除されます。

操作手順

【操作 1】

❶ 3 枚のワークシートを見比べて、同じ形式の表が同じ位置に入力されていることを確認します。

❷ ワークシート「池袋店」のシート見出しをクリックします。

❸ **Shift** キーを押しながらワークシート「目黒店」のシート見出しをクリックします。

問題2-2-9 - Excel

■池袋店売上

分類	1月	2月	3月
食料品	5,570	4,940	6,280
日用品	2,940	2,430	3,590
雑貨	1,860	1,740	2,090
医薬品	430	290	560

池袋店　恵比寿店　目黒店

その他の操作方法

すべてのワークシートをグループ化

シート見出しを右クリックし、ショートカットメニューの［すべてのシートを選択］をクリックすると、すべてのワークシートを一度にグループ化できます。

❹ワークシート「池袋店」「恵比寿店」「目黒店」のシート見出しの色が薄くなり、選択された状態になります。

❺タイトルバーに「- グループ」と表示されます。

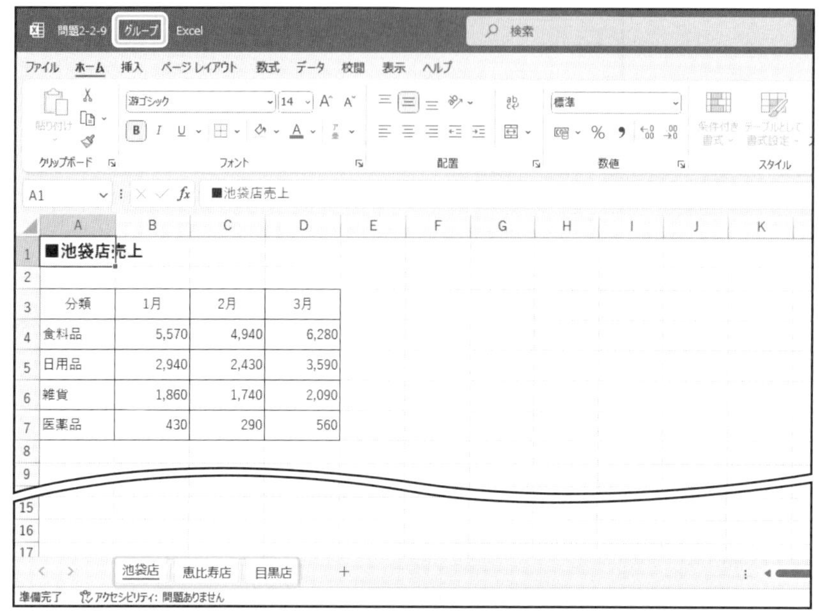

❻セル A3 ～ D3 を範囲選択します。

❼［ホーム］タブの［塗りつぶしの色］ボタンの▼をクリックします。

❽［テーマの色］の一覧から［ゴールド、アクセント 4、白＋基本色 60%］をクリックします。

❾セル A3 ～ D3 に塗りつぶしの色が設定されます。

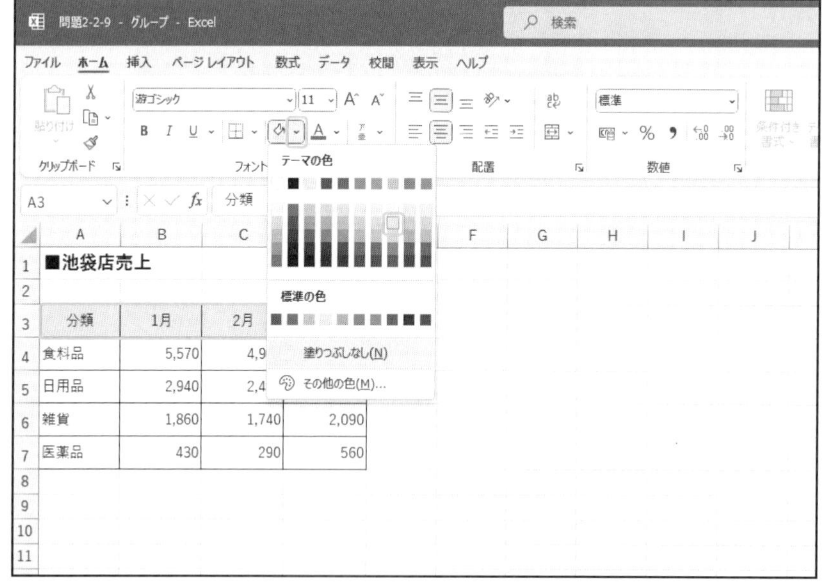

その他の操作方法

グループの解除

この例のように、すべてのワークシートがグループ化されている場合は、現在表示されているワークシート以外のシート見出しをクリックすると解除されます。手順⑩ではワークシート「目黒店」のシート見出しをクリックしてもかまいません。

ポイント

作業が終了したらグループは解除する

グループ化された状態で作業すると、選択されたすべてのシートに、入力や書式設定が行われます。複数のシートに同時に行う作業が終了したら、グループは必ず解除しましょう。

⑩ワークシート「恵比寿店」のシート見出しをクリックします。

⑪グループが解除され、タイトルバーの「- グループ」の表示がなくなります。

⑫ワークシート「恵比寿店」のセル A3 ～ D3 に塗りつぶしの色が設定されていることを確認します。

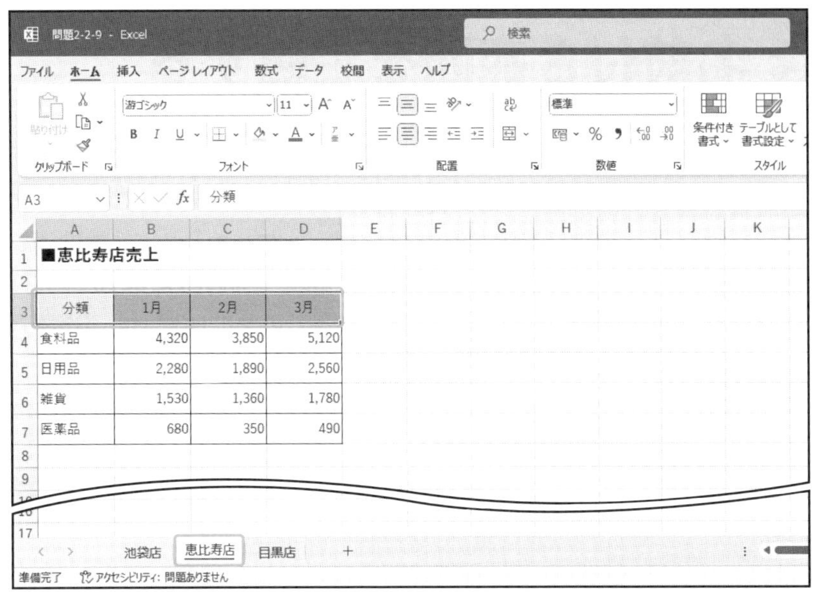

⑬ワークシート「目黒店」のシート見出しをクリックします。

⑭ワークシート「目黒店」のセル A3 ～ D3 に塗りつぶしの色が設定されていることを確認します。

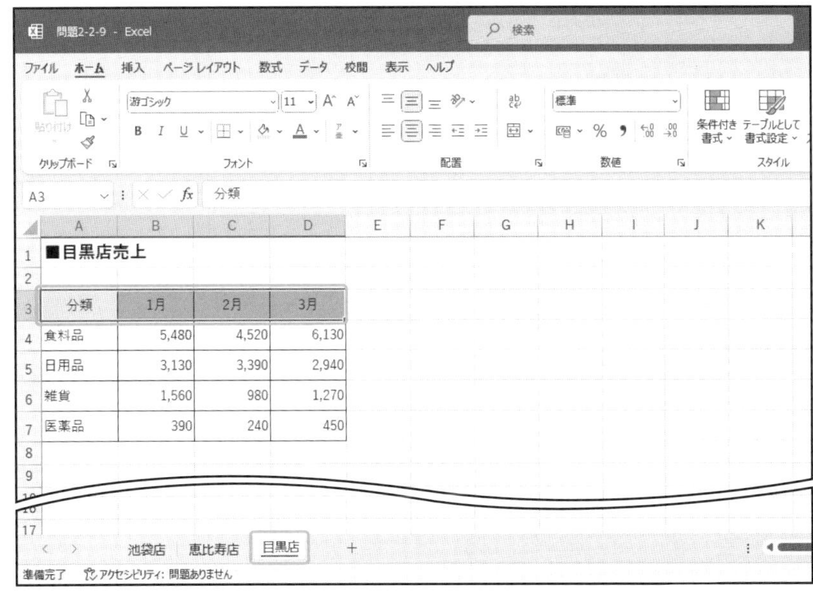

2-3 名前付き範囲を定義する、参照する

セルやセル範囲に名前を付けると、範囲選択を素早く行えたり、数式で使用できたりして便利です。

2-3-1 名前付き範囲を定義する

練習問題

問題フォルダー
└問題 2-3-1.xlsx

解答フォルダー
└解答 2-3-1.xlsx

【操作 1】ワークシート「セール価格表」のセル範囲 A4:D17 の各列の範囲に名前を付けて登録します。その際、セル範囲 A3:I3 の各列の項目名を名前として使用します。

【操作 2】ワークシート「掛率」のセル B3、B4、B5 を同じ行の A 列のセールの名前を付けて登録します。

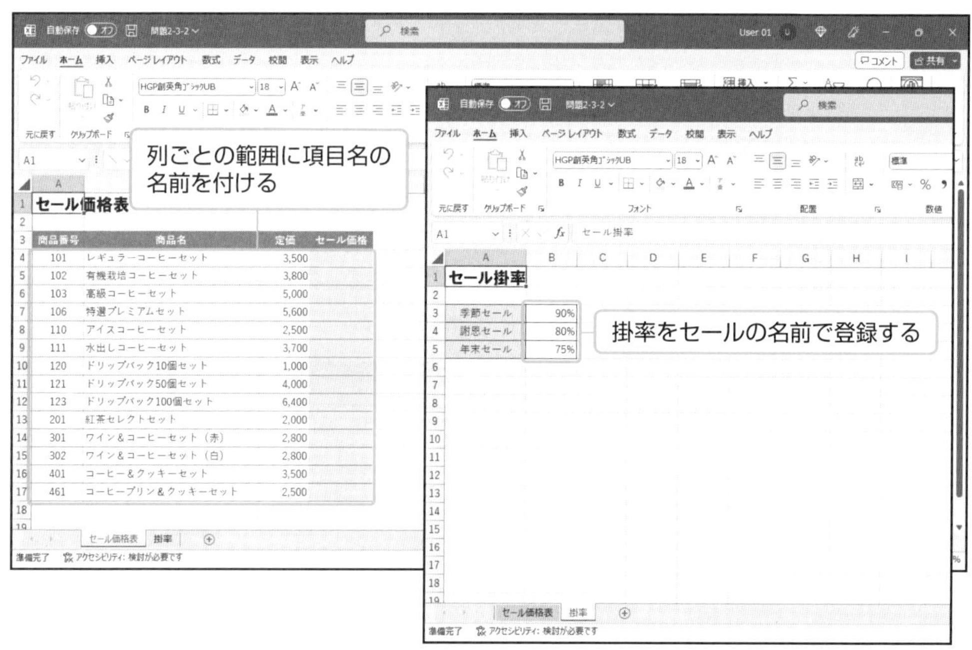

機能の解説

- 名前
- 名前ボックス
- ［名前の定義］ボタン
- ［新しい名前］ダイアログボックス
- ［選択範囲から作成］ボタン
- ［選択範囲から名前を作成］ダイアログボックス
- ［数式で使用］ボタン

セルやセル範囲に名前を付けて登録し、アクティブセルの移動や範囲選択、数式に使用することができます。名前を登録するには、目的のセルや範囲を選択し、名前ボックスに直接名前を入力するか（「1-2-2」参照）、［数式］タブの 名前の定義 ［名前の定義］ボタンをクリックして表示される［新しい名前］ダイアログボックスで指定します。

ポイント

名前に使用できない文字

名前の最初の文字には、文字、アンダーバー (_)、円記号 (¥) しか使用できません。また、スペースは名前の一部として使用できません。単語を区切るときには、アンダーバー (_) やピリオド (.) を使用します。

ヒント

名前の設定

見出しのある表の場合、見出しに隣接したセル範囲を選択し、[数式] タブの [名前の定義] ボタンをクリックして、[新しい名前] ダイアログボックスを表示すると、[名前] ボックスに自動的に見出し名が表示される場合もあります。

[新しい名前] ダイアログボックス

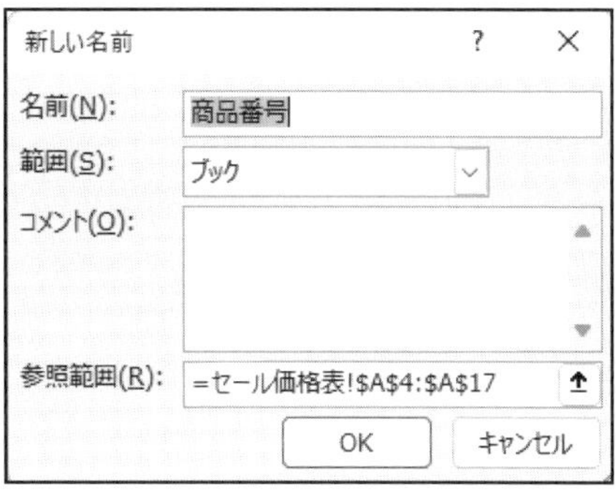

すでに作成されている表の見出しを利用すると、複数範囲に一度に名前を付けることができます。見出しも含めて名前を付けるセル範囲を選択し、[数式] タブの [選択範囲から作成] ボタンをクリックします。表示される [選択範囲から名前を作成] ダイアログボックスで見出しの位置を指定すると、見出しを除いたセル範囲が見出し名と同じ名前で登録されます。

選択範囲から名前を作成

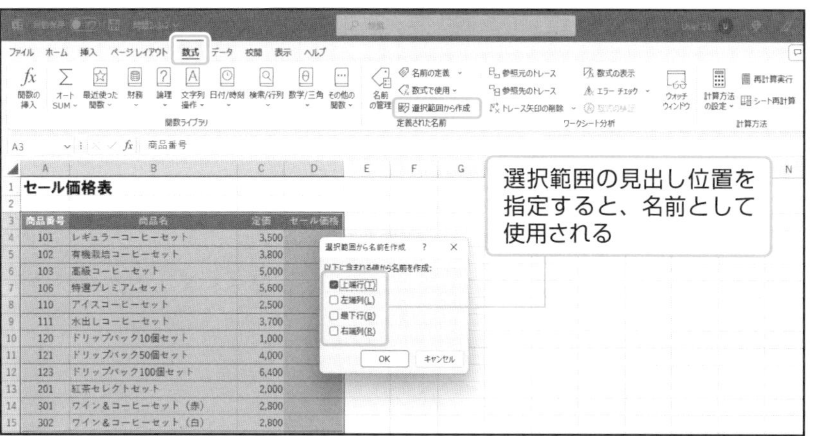

登録した名前は、数式バーの左端の名前ボックスの▼をクリックすると一覧表示され、クリックするとその範囲が選択されます。また、数式に直接入力したり、[数式] タブの [数式で使用] ボタンをクリックして表示される一覧から選択して挿入し、数式に使用することができます (「2-3-2」参照)。

[名前ボックス] の▼の一覧

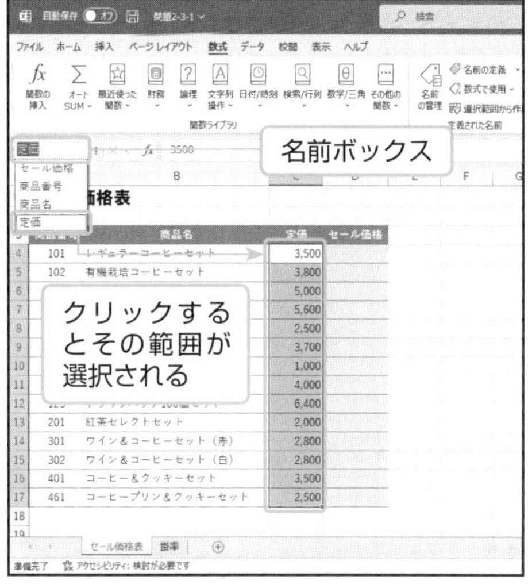

操作手順

その他の操作方法

ショートカットキー

表全体を選択するときは、表内の任意のセルをクリックし、**Ctrl** + **Shift** + **:** キー

【操作 1】

❶ セル A3 ～ D17 を範囲選択します。

❷［数式］タブの［選択範囲から作成］ボタンをクリックします。

❸［選択範囲から名前を作成］ダイアログボックスが表示されるので、［以下に含まれる値から名前を作成］の［上端行］チェックボックスがオンになっていることを確認します。

❹［OK］をクリックします。

ヒント

定義した名前の確認

名前ボックスの▼をクリックすると名前の一覧が表示され、クリックするとその範囲が選択されます。また、［数式］タブの［名前の管理］ボタンをクリックすると、［名前の管理］ダイアログボックスが表示され、登録されている名前と参照範囲を一覧で確認できます。このダイアログボックスで名前や参照範囲の編集、名前の削除などを行うこともできます。

［名前の管理］ボタン

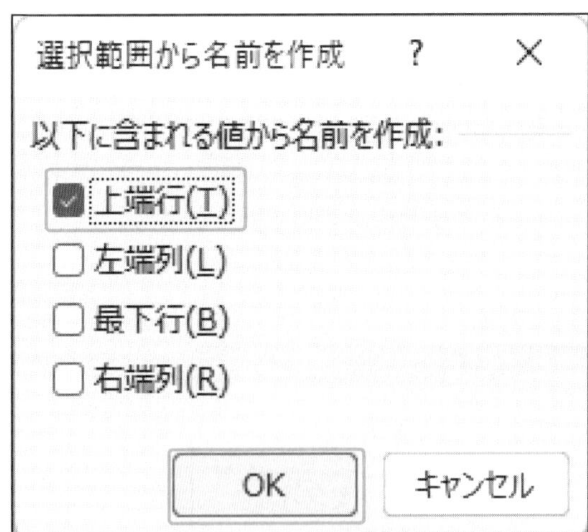

❺ セル A4 ～ D17 の各列の範囲が、セル A3 ～ I3 の各列の項目名で登録されます。

【操作 2】

⑥ ワークシート「掛率」のシート見出しをクリックします。

⑦ セル A3 ～ B5 を範囲選択します。

⑧ ［数式］タブの 選択範囲から作成 ［選択範囲から作成］ボタンをクリックします。

⑨ ［選択範囲から名前を作成］ダイアログボックスが表示されるので、［左端列］チェックボックスがオンになっていることを確認します。

⑩ ［OK］をクリックします。

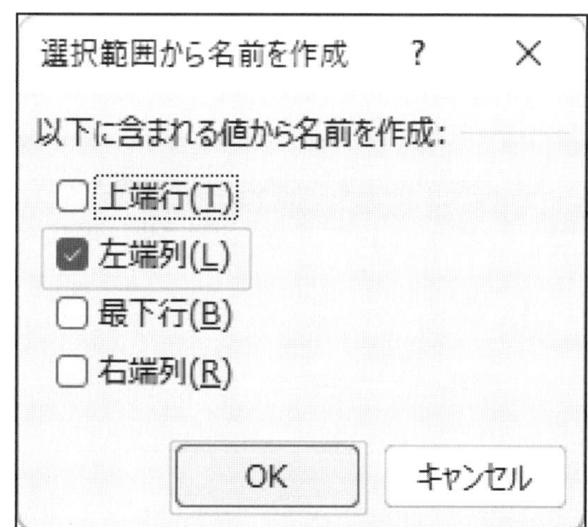

⑪ セル B3、B4、B5 が、同じ行の A 列のセールの名前で登録されます。

2-3-2 名前付き範囲を参照する

練習問題

問題フォルダー
└問題 2-3-2.xlsx

解答フォルダー
└解答 2-3-2.xlsx

ワークシート「セール価格表」の「セール価格」の列に、定価に謝恩セールの掛率を適用する数式を入力します。なお、数式には「2-3-1」で登録した名前を使用します。

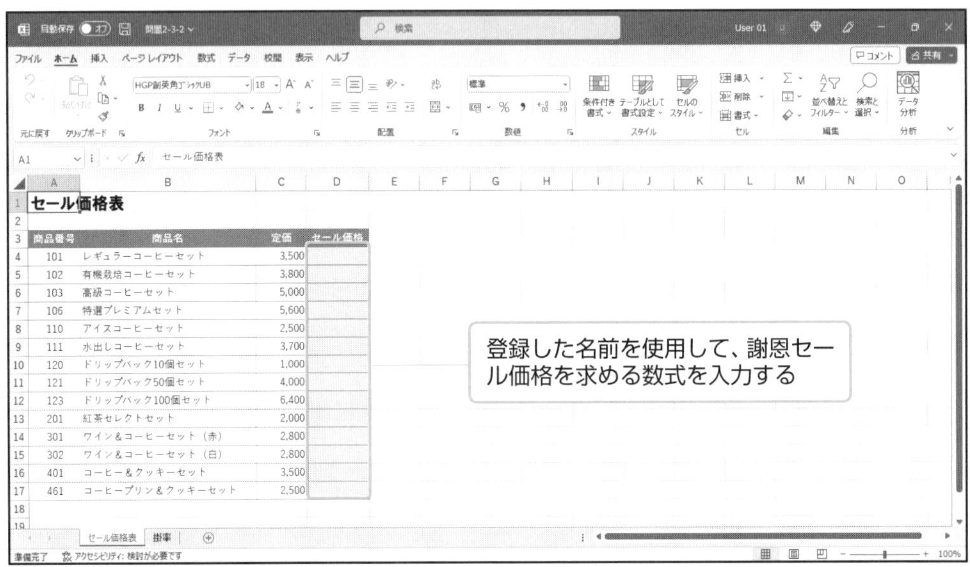

機能の解説

- 名前付き範囲
- 数式に名前を直接入力
- [数式で使用] ボタン

数式でセル範囲を参照する際に、名前付き範囲を指定することができます。名前付き範囲を数式で使用する場合は、数式にその名前を直接入力するか、[数式] タブの 数式で使用 ボタンをクリックして表示される名前の一覧から選択します。

[数式で使用] ボタンをクリックして表示される登録した名前の一覧

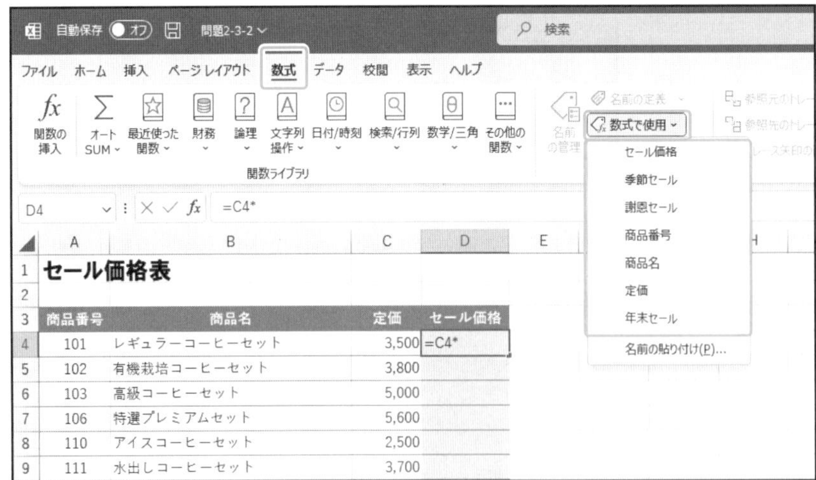

操作手順

【操作 1】

❶ワークシート「セール価格表」のセール価格を表示するセル D4 をクリックします。

❷「=」を入力します。

❸定価のセル C4 をクリックします。

❹掛け算を表す「*」を入力します。

❺［数式］タブの ［数式で使用］ボタンをクリックします。

❻一覧から［謝恩セール］をクリックします。

❼セル D4 と数式バーに「=C4* 謝恩セール」と表示されたことを確認して、**Enter** キーを押します。

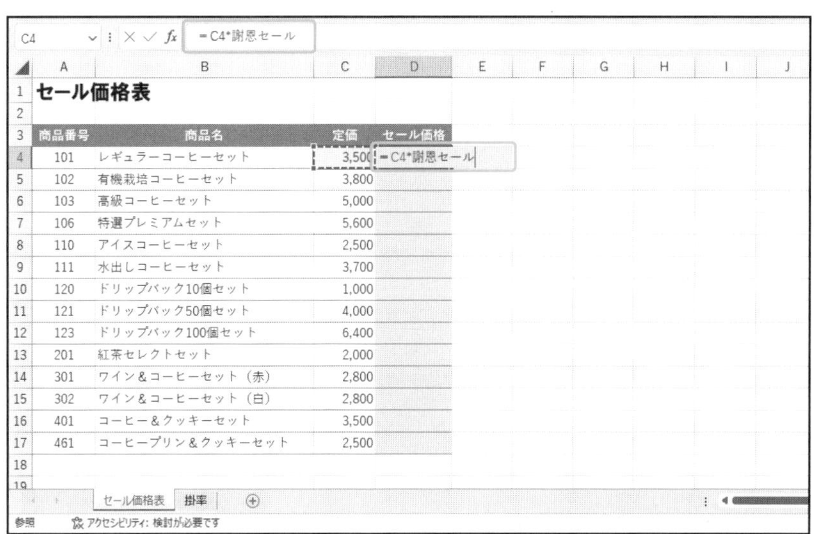

その他の操作方法

名前の入力

数式の入力中に名前付きのセルをクリックしたり、セル範囲をドラッグしたりして引数を指定すると、セル参照ではなく名前が入力されます。

また、数式内に名前を直接入力することも可能です。

ヒント

数式のコピー

フィルハンドルをダブルクリックすると、隣接する列の最終行を認識して、その行まで下方向に自動で数式が相対参照でコピーされます。数式内の名前付き範囲は、絶対参照と同様にコピー操作をしても変化しません。

⑧ セルD4に計算結果「2,800」が表示されます。

⑨ セルD4をクリックして、セルD4の右下のフィルハンドルをポイントします。

⑩ マウスポインターの形が ＋ に変わったら、ダブルクリックします。

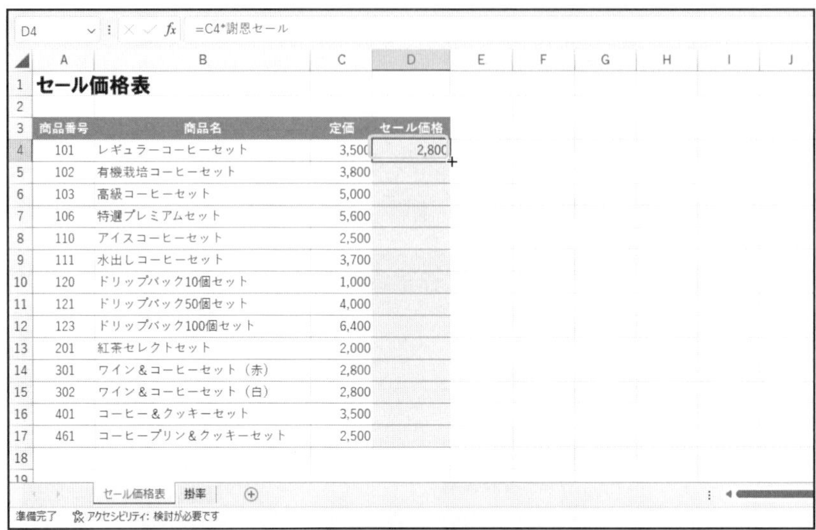

D4 =C4*謝恩セール

	A	B	C	D
1	セール価格表			
2				
3	商品番号	商品名	定価	セール価格
4	101	レギュラーコーヒーセット	3,500	2,800
5	102	有機栽培コーヒーセット	3,800	
6	103	高級コーヒーセット	5,000	
7	106	特選プレミアムセット	5,600	
8	110	アイスコーヒーセット	2,500	
9	111	水出しコーヒーセット	3,700	
10	120	ドリップバック10個セット	1,000	
11	121	ドリップバック50個セット	4,000	
12	123	ドリップバック100個セット	6,400	
13	201	紅茶セレクトセット	2,000	
14	301	ワイン＆コーヒーセット（赤）	2,800	
15	302	ワイン＆コーヒーセット（白）	2,800	
16	401	コーヒー＆クッキーセット	3,500	
17	461	コーヒープリン＆クッキーセット	2,500	

セール価格表　掛率

準備完了　アクセシビリティ: 検討が必要です

⑪ セルD4の数式がセルD5～D17にコピーされます。

セール価格 =C4*謝恩セール

	A	B	C	D
1	セール価格表			
2				
3	商品番号	商品名	定価	セール価格
4	101	レギュラーコーヒーセット	3,500	2,800
5	102	有機栽培コーヒーセット	3,800	3,040
6	103	高級コーヒーセット	5,000	4,000
7	106	特選プレミアムセット	5,600	4,480
8	110	アイスコーヒーセット	2,500	2,000
9	111	水出しコーヒーセット	3,700	2,960
10	120	ドリップバック10個セット	1,000	800
11	121	ドリップバック50個セット	4,000	3,200
12	123	ドリップバック100個セット	6,400	5,120
13	201	紅茶セレクトセット	2,000	1,600
14	301	ワイン＆コーヒーセット（赤）	2,800	2,240
15	302	ワイン＆コーヒーセット（白）	2,800	2,240
16	401	コーヒー＆クッキーセット	3,500	2,800
17	461	コーヒープリン＆クッキーセット	2,500	2,000

セール価格表　掛率

準備完了　アクセシビリティ: 検討が必要です　平均: 2,806　データの個数:

2-4 データを視覚的にまとめる

スパークライン機能を使うと、1 つのセル内にグラフを表示して、値の推移を表すことができます。また、表に条件付き書式を適用すると、表のデータの傾向を色やアイコンなどで視覚的に表すことができます。

2-4-1 スパークラインを挿入する

練習問題

問題フォルダー
└問題 2-4-1.xlsx
解答フォルダー
└解答 2-4-1.xlsx

【操作 1】セル範囲 N3:N8 に、1 月から 12 月の平均気温の変化を表す折れ線スパークラインを作成します。

【操作 2】セル範囲 N12:N17 に、1 月から 12 月の降水量を表す縦棒スパークラインを作成します。

【操作 3】縦棒スパークラインに頂点（山）を表示します。

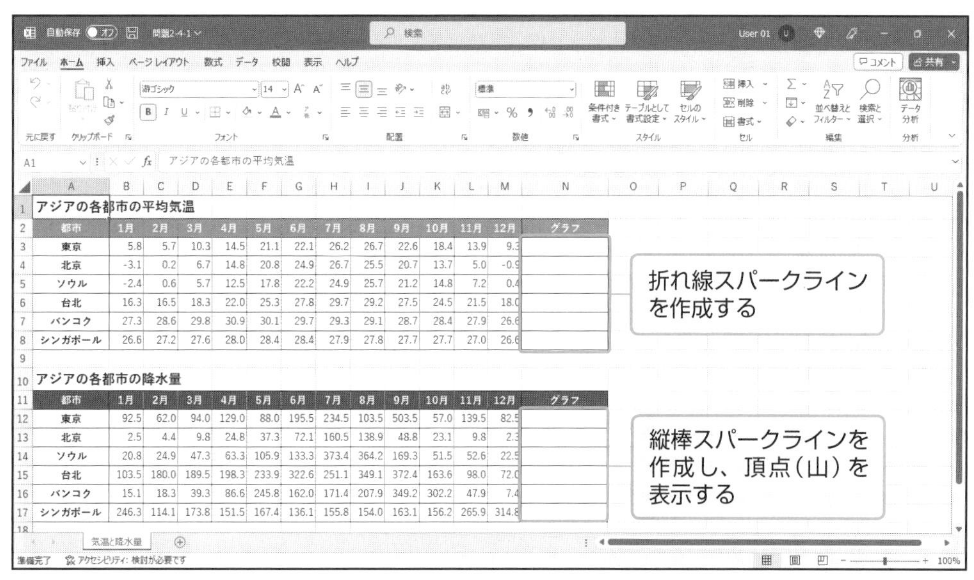

アジアの各都市の平均気温

都市	1月	2月	3月	4月	5月	6月	7月	8月	9月	10月	11月	12月	グラフ
東京	5.8	5.7	10.3	14.5	21.1	22.1	26.2	26.7	22.6	18.4	13.9	9.3	
北京	-3.1	0.2	6.7	14.8	20.8	24.9	26.7	25.5	20.7	13.7	5.0	-0.9	
ソウル	-2.4	0.6	5.7	12.5	17.8	22.2	24.9	25.7	21.2	14.8	7.2	0.4	
台北	16.3	16.5	18.3	22.0	25.3	27.8	29.7	29.2	27.5	24.5	21.5	18.0	
バンコク	27.3	28.6	29.8	30.9	30.1	29.7	29.3	29.1	28.7	28.4	27.9	26.6	
シンガポール	26.6	27.2	27.6	28.0	28.4	28.4	27.9	27.8	27.7	27.7	27.0	26.6	

アジアの各都市の降水量

都市	1月	2月	3月	4月	5月	6月	7月	8月	9月	10月	11月	12月	グラフ
東京	92.5	62.0	94.0	129.0	88.0	195.5	234.5	103.5	503.5	57.0	139.5	82.5	
北京	2.5	4.4	9.8	24.8	37.3	72.1	160.5	138.9	48.8	23.1	9.8	2.3	
ソウル	20.8	24.9	47.3	63.3	105.9	133.3	373.4	364.2	169.3	51.5	52.6	22.5	
台北	103.5	180.0	189.5	198.3	233.9	322.6	251.1	349.1	372.4	163.6	98.0	72.0	
バンコク	15.1	18.3	39.3	86.6	245.8	162.0	171.4	207.9	349.2	302.2	47.9	7.4	
シンガポール	246.3	114.1	173.8	151.5	167.4	136.1	155.8	154.0	163.1	156.2	265.9	314.8	

機能の解説

- スパークライン
- 折れ線スパークライン
- 縦棒スパークライン
- 勝敗スパークライン
- ［挿入］タブの［スパークライン］グループ
- ［スパークライン］タブ

スパークラインは、1 行のセル範囲の数値を 1 系列として、1 つのセルにグラフを表示する機能です。スパークラインのグラフには、折れ線、縦棒、勝敗の 3 種類があります。目的に合わせて適切なグラフを選びます。

折れ線スパークライン

時間の経過に対する数値の変化を見る

アジアの各都市の平均気温

都市	1月	2月	3月	4月	5月	6月	7月	8月	9月	10月	11月	12月	グラフ
東京	5.8	5.7	10.3	14.5	21.1	22.1	26.2	26.7	22.6	18.4	13.9	9.3	
北京	-3.1	0.2	6.7	14.8	20.8	24.9	26.7	25.5	20.7	13.7	5.0	-0.9	
ソウル	-2.4	0.6	5.7	12.5	17.8	22.2	24.9	25.7	21.2	14.8	7.2	0.4	
台北	16.3	16.5	18.3	22.0	25.3	27.8	29.7	29.2	27.5	24.5	21.5	18.0	
バンコク	27.3	28.6	29.8	30.9	30.1	29.7	29.3	29.1	28.7	28.4	27.9	26.0	
シンガポール	26.6	27.2	27.6	28.0	28.4	28.4	27.9	27.8	27.7	27.7	27.0	26.0	

縦棒スパークライン

項目間の数値を比較する

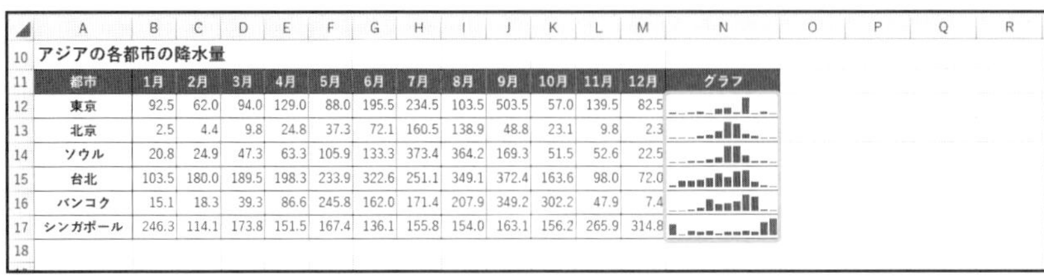

アジアの各都市の降水量

都市	1月	2月	3月	4月	5月	6月	7月	8月	9月	10月	11月	12月	グラフ
東京	92.5	62.0	94.0	129.0	88.0	195.5	234.5	103.5	503.5	57.0	139.5	82.5	
北京	2.5	4.4	9.8	24.8	37.3	72.1	160.5	138.9	48.8	23.1	9.8	2.3	
ソウル	20.8	24.9	47.3	63.3	105.9	133.3	373.4	364.2	169.3	51.5	52.6	22.5	
台北	103.5	180.0	189.5	198.3	233.9	322.6	251.1	349.1	372.4	163.6	98.0	72.0	
バンコク	15.1	18.3	39.3	86.6	245.8	162.0	171.4	207.9	349.2	302.2	47.9	7.4	
シンガポール	246.3	114.1	173.8	151.5	167.4	136.1	155.8	154.0	163.1	156.2	265.9	314.8	

勝敗スパークライン

数値の正負を判別する

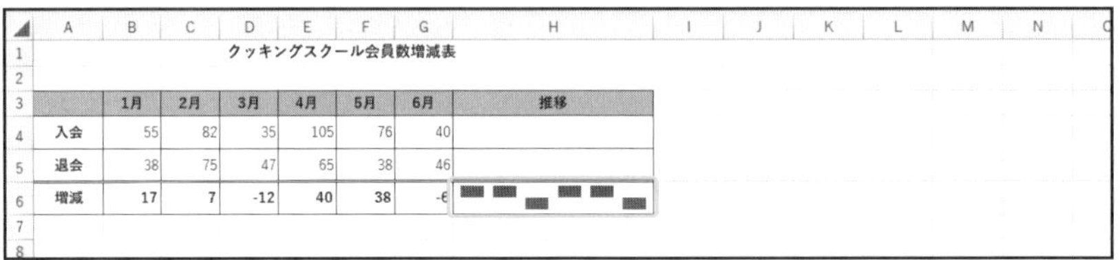

クッキングスクール会員数増減表

	1月	2月	3月	4月	5月	6月	推移
入会	55	82	35	105	76	40	
退会	38	75	47	65	38	46	
増減	17	7	-12	40	38	-6	

スパークラインを作成するには、[挿入] タブの [スパークライン] グループの各ボタンを使用します。

[挿入] タブの [スパークライン] グループ

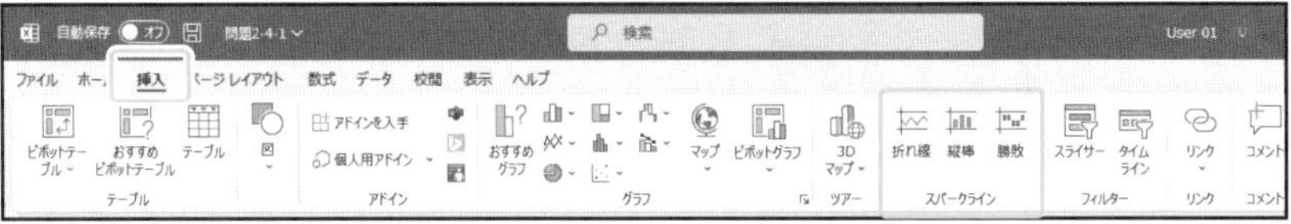

スパークラインは、作成後に種類を変更する、頂点やマーカーを表示する、線やマーカーの色を変更するなどの書式設定が可能です。スパークラインのセルを選択して表示される [スパークライン] タブの各ボタンで設定します。

[スパークライン] タブ

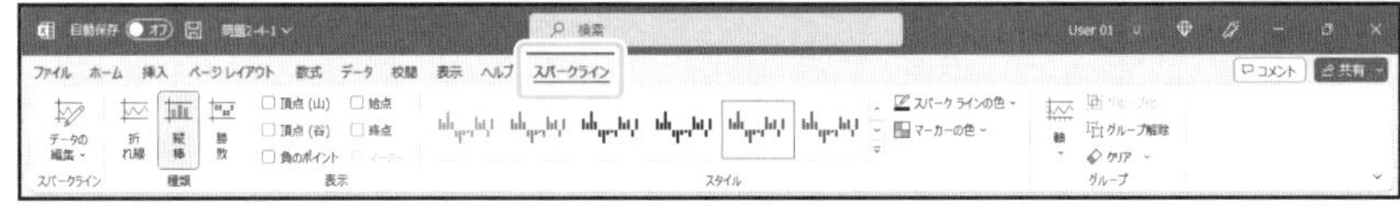

その他の操作方法

[クイック分析] ボタンを使用したスパークラインの作成

スパークラインの作成元のセルを範囲選択して、右下に表示される [クイック分析] ボタンをクリックし、[スパークライン] をクリックすると、スパークラインの種類のボタンが表示されます。目的の種類のボタンをクリックすると、選択範囲の右隣のセルにスパークラインが作成されます。

操作手順

ポイント

スパークラインのグループ化

❶～❸のような手順で一度に作成した複数のスパークラインは、グループ化され、スパークラインの1つのセルをクリックすると、他のスパークラインのセルも含んで青枠が表示されます。この状態でスパークラインの種類やスタイルを変更すると、他のセルのスパークラインにも変更が適用されます。

【操作 1】

❶セル N3 ～ N8 を範囲選択します。

❷[挿入] タブの [折れ線] ボタンをクリックします。

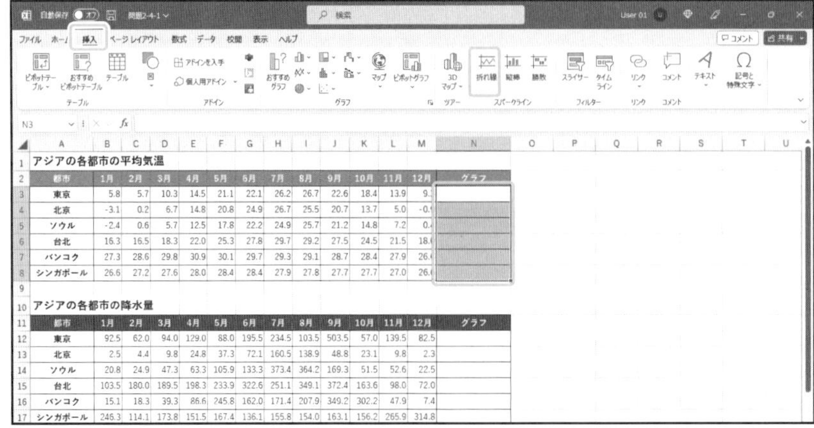

アジアの各都市の平均気温

都市	1月	2月	3月	4月	5月	6月	7月	8月	9月	10月	11月	12月	グラフ
東京	5.8	5.7	10.3	14.5	21.1	22.1	26.2	26.7	22.6	18.4	13.9	9.	
北京	-3.1	0.2	6.7	14.8	20.8	24.9	26.7	25.5	20.7	13.7	5.0	-0.	
ソウル	-2.4	0.6	5.7	12.5	17.8	22.2	24.9	25.7	21.2	14.8	7.2	0.	
台北	16.3	16.5	18.3	22.0	25.3	27.8	29.7	29.2	27.5	24.5	21.5	18.	
バンコク	27.3	28.6	29.8	30.9	30.1	29.7	29.3	29.1	28.7	28.4	27.9	26.	
シンガポール	26.6	27.2	27.6	28.0	28.4	28.4	27.9	27.8	27.7	27.7	27.0	26.	

アジアの各都市の降水量

都市	1月	2月	3月	4月	5月	6月	7月	8月	9月	10月	11月	12月	グラフ
東京	92.5	62.0	94.0	129.0	88.0	195.5	234.5	103.5	503.5	57.0	139.5	82.5	
北京	2.5	4.4	9.8	24.8	37.3	72.1	160.5	138.9	48.8	23.1	9.8	2.3	
ソウル	20.8	24.9	47.3	63.3	105.9	133.3	373.4	364.2	169.3	51.5	52.6	22.5	
台北	103.5	180.0	189.5	198.3	233.9	322.6	251.1	349.1	372.4	163.6	98.0	72.0	
バンコク	15.1	18.3	39.3	86.6	245.8	162.0	171.4	207.9	349.2	302.2	47.9	7.4	
シンガポール	246.3	114.1	173.8	151.5	167.4	136.1	155.8	154.0	163.1	156.2	265.9	314.8	

ヒント

ダイアログボックスの移動

データ範囲をドラッグする際に、［スパークラインの作成］ダイアログボックスでデータが隠れている場合は、ダイアログボックスのタイトルバーをドラッグして移動するか、［データ範囲］ボックスの ボタンをクリックしてダイアログボックスを一時的に小さくします。小さくしたダイアログボックスは ボタンをクリックすると元の大きさに戻ります。

ヒント

スパークラインの削除

スパークラインを選択し、［スパークライン］タブの［クリア］ボタンをクリックします。

③［スパークラインの作成］ダイアログボックスが表示されるので、［データ範囲］ボックスにカーソルがあることを確認し、セル B3 ～ M8 をドラッグします。

④［データ範囲］ボックスに「B3:M8」と表示されます。

⑤［場所の範囲］ボックスに「$N$3:$N$8」と表示されていることを確認します。

⑥［OK］をクリックします。

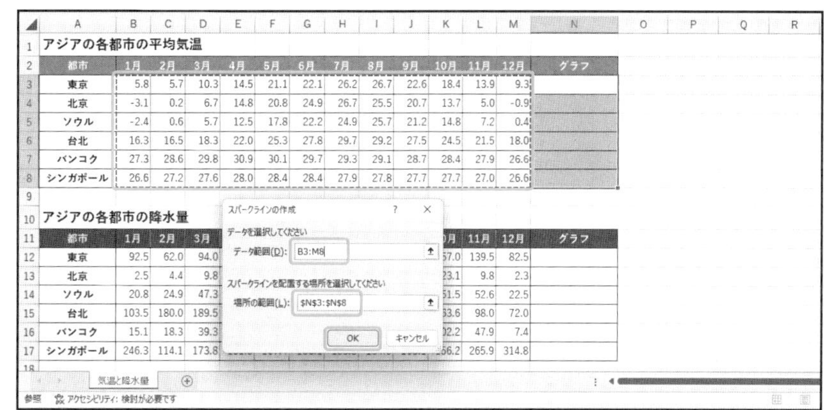

⑦セル N3 ～ N8 にスパークラインの折れ線グラフが作成されます。

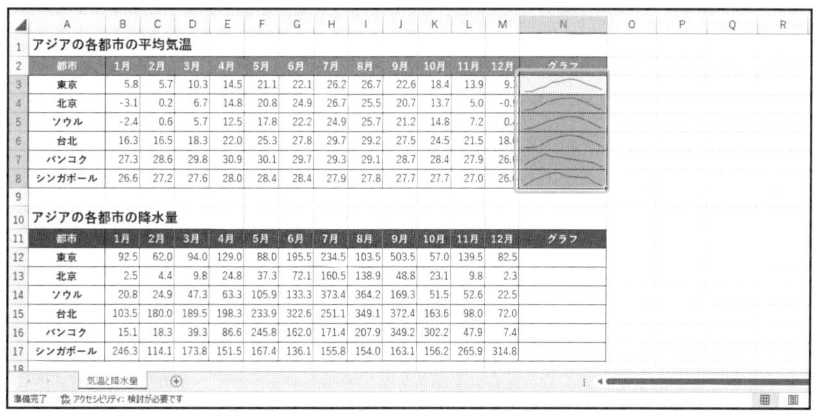

【操作 2】

⑧セル N12 ～ N17 を範囲選択します。

⑨［挿入］タブの［縦棒］ボタンをクリックします。

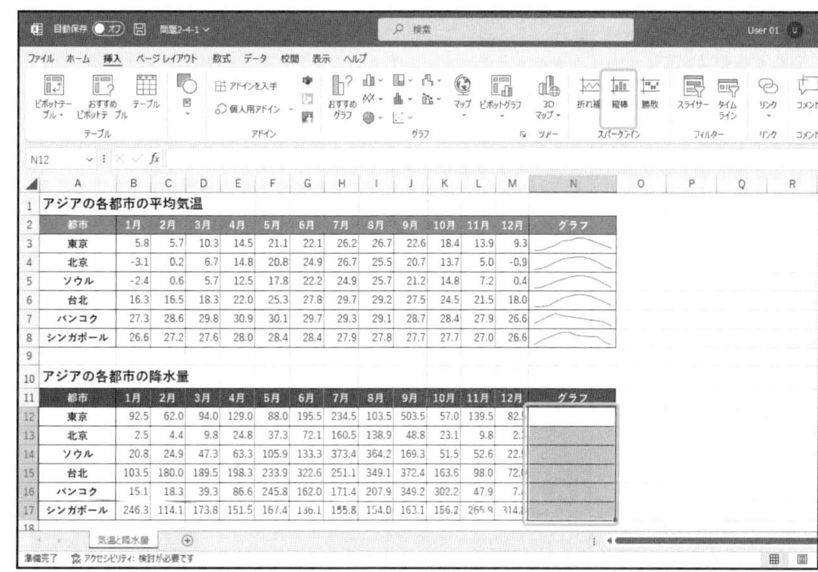

⑩［スパークラインの作成］ダイアログボックスが表示されるので、［データ範囲］ボックスにカーソルがあることを確認し、セルB12～M17をドラッグします。

⑪［データ範囲］ボックスに「B12:M17」と表示されます。

⑫［場所の範囲］ボックスに「$N$12:$N$17」と表示されていることを確認します。

⑬［OK］をクリックします。

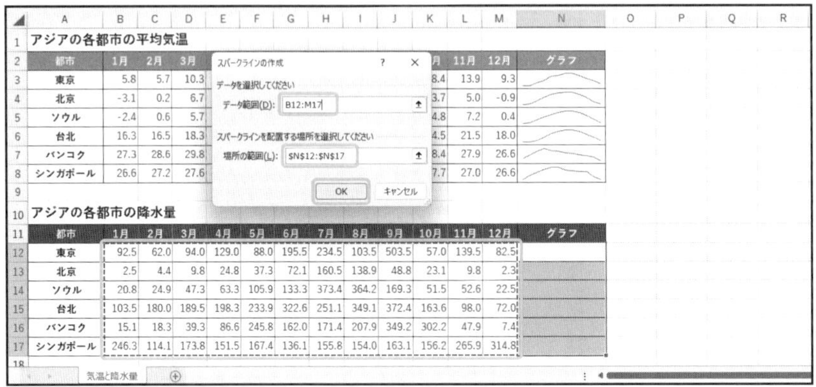

⑭セルN12～N17にスパークラインの縦棒グラフが作成されます。

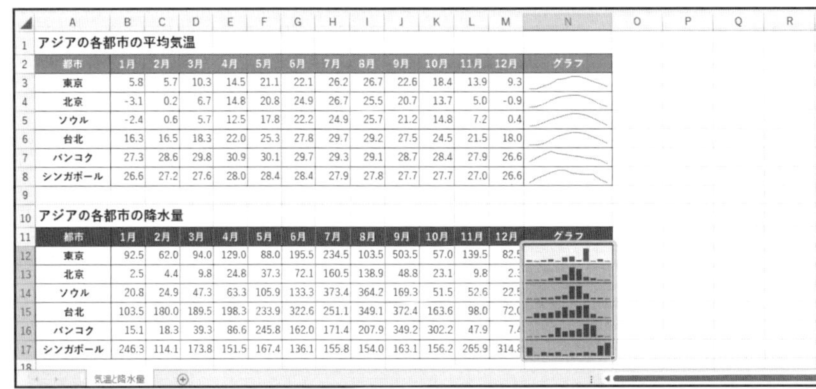

【操作3】

⑮セルN12～N17を選択した状態のまま、［スパークライン］タブの［頂点(山)］チェックボックスをオンにします。

⑯降水量の一番多いデータの系列の色が変更されます。

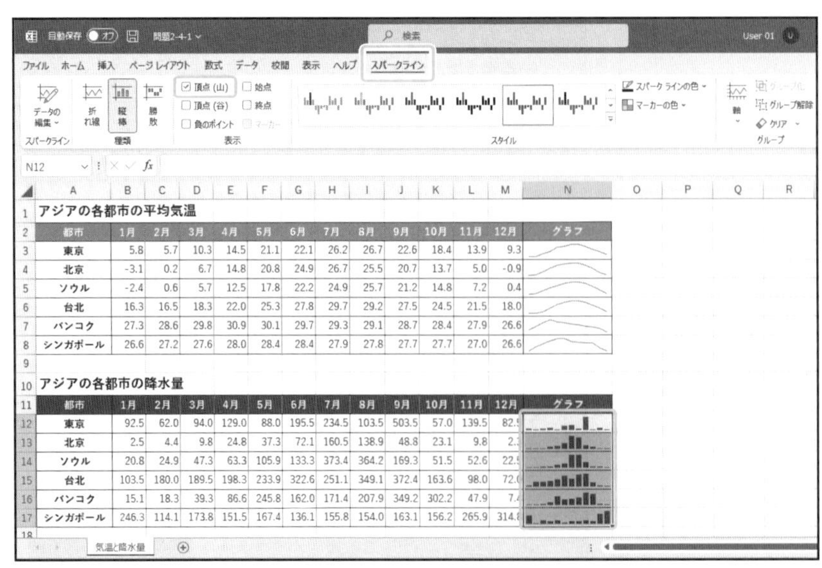

ヒント

頂点の表示

［頂点(山)］チェックボックスまたは［頂点(谷)］チェックボックスをオンにすると、各セル内のスパークラインの最大値または最小値が強調表示されます。縦棒スパークラインの場合は、最大値、最小値を表す系列（棒）の色が変わります。この色は、［スパークライン］タブの［マーカーの色］ボタンをクリックし、［頂点(山)］または［頂点(谷)］をポイントして表示される一覧から選択して変更できます。

ヒント

スタイル

スパークラインの線とマーカーの色の組み合わせは、スタイルとして登録されています。設定するには、［スパークライン］タブの［スタイル］グループの［その他］ボタン（もしくは［スパークラインのスタイル］ボタン）をクリックして、表示される一覧から選択します。

2-4-2 組み込みの条件付き書式を適用する

練習問題

問題フォルダー
└問題 2-4-2.xlsx

解答フォルダー
└解答 2-4-2.xlsx

【操作 1】条件付き書式を使用して、「購入回数」の列のセルに「塗りつぶし（グラデーション）」の「水色のデータバー」を適用します。

【操作 2】条件付き書式を使用して、「購入金額」の列のセルに、「購入金額」が 80,000 円を超える場合、「濃い緑の文字、緑の背景」の書式を適用します。

【操作 3】条件付き書式を使用して、「年齢」の列のセルに「3 つの信号（枠なし）」のアイコンセットを適用し、50 歳以上の場合は緑色の丸、30 歳以上の場合は黄色の丸、30 歳未満の場合は灰色の丸が表示されるようにします。

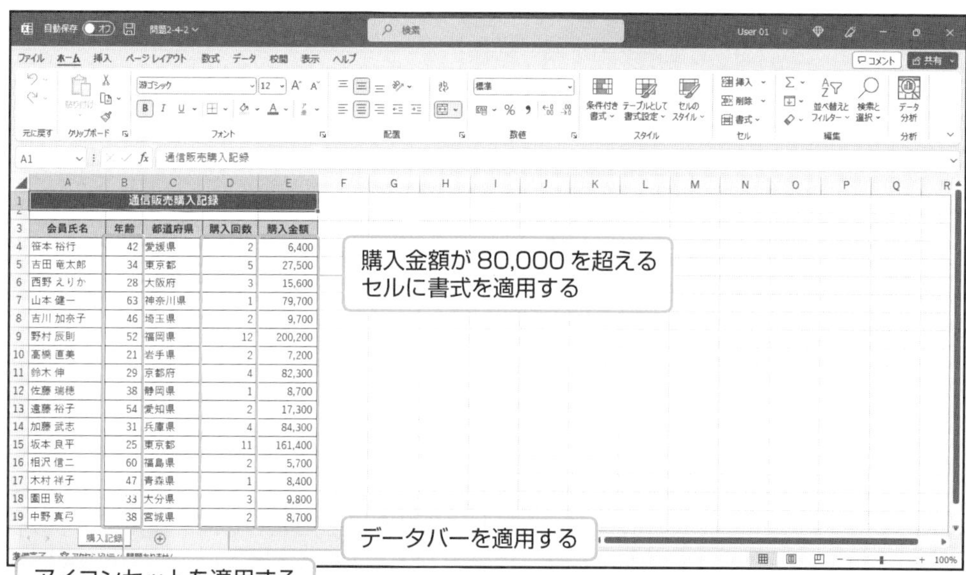

機能の解説

重要用語

- 条件付き書式
- ［条件付き書式］ボタン
- セルの強調表示ルール
- 上位 / 下位ルール
- データバー
- カラースケール
- アイコンセット
- ［ルールの管理］
- ［条件付き書式ルールの管理］ダイアログボックス
- ［ルールの編集］
- ［書式ルールの編集］ダイアログボックス

条件付き書式を使用すると、バーや色、アイコンなどを使ってセルの値の傾向を視覚的に表したり、指定した条件を満たすセルのみに自動的に特定の書式を適用したりすることができます。セルの値が変更されると、それに合わせて各セルの書式も自動的に変更されます。

条件付き書式を適用するには、セル範囲を選択し、［ホーム］タブの ［条件付き書式］ボタンをクリックします。

［条件付き書式］ボタンをクリックし、［セルの強調表示ルール］をポイントした状態

①セルの強調表示ルール：指定の値より大きい／小さい、指定した文字列もしくは日付であるなどの 条件を満たすセルに書式を設定します。
②上位／下位ルール：全体の中の上位／下位（項目数や割合）のセル、平均より上／下の値のセルに書式を設定します。
③データバー：セルの値を色付きのバーの長さで表します。
④カラースケール：セルの値の大小を色の違いや濃淡で表します。
⑤アイコンセット：セルの値やランクやレベルをアイコンで表します。

ルールを適用したあとでも、書式や条件を変更することができます。条件付き書式が設定されているセルを選択し、［ホーム］タブの［条件付き書式］ボタンをクリックし、［ルールの管理］をクリックします。［条件付き書式ルールの管理］ダイアログボックスが表示されるので、ルールを選択し、［ルールの編集］をクリックします。［書式ルールの編集］ダイアログボックスが表示されるので、ルールの内容を編集します。

［条件付き書式ルールの管理］ダイアログボックス

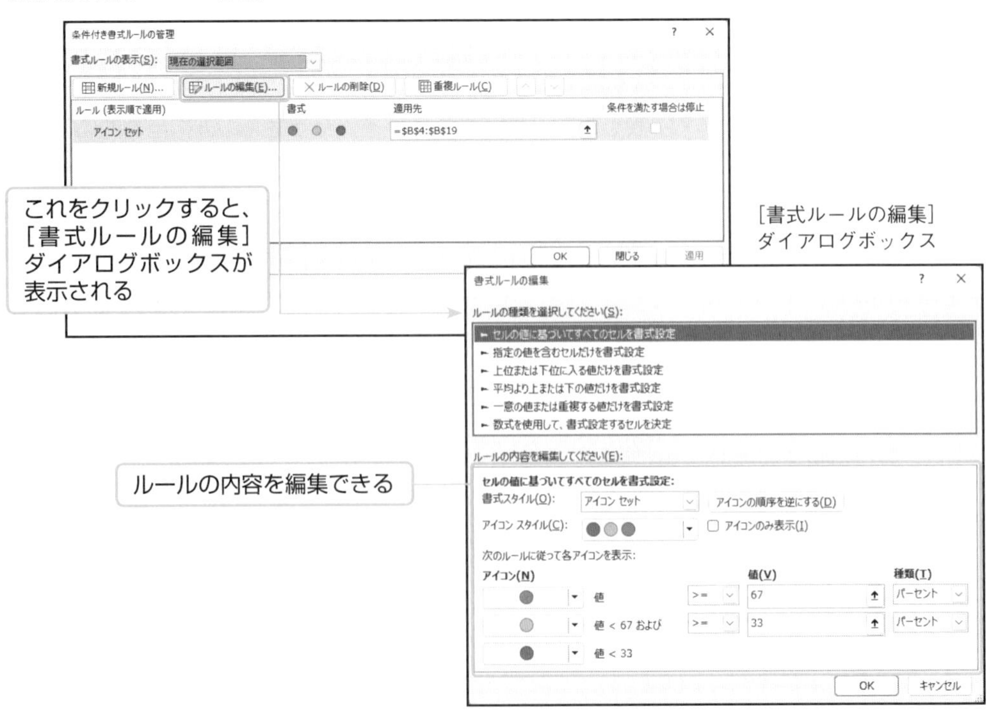

その他の操作方法

［クイック分析］ボタンを使用した条件付き書式

数値の入力されているセルを範囲選択して右下に表示される［クイック分析］ボタンをクリックすると、［書式設定］に［データバー］、［カラー］、［アイコン］、［指定の値］、［上位］、［クリア...］が表示されます。クリックすると、選択範囲に該当する書式が設定されます（［クリア...］をクリックすると、条件付き書式が解除されます）。なお、このボタンを使用した場合、既定のスタイルが設定されます。

操作手順

【操作 1】

❶「購入回数」の列のセル範囲 D4 ～ D19 を範囲選択します。

❷［ホーム］タブの［条件付き書式］ボタンをクリックします。

❸［データバー］の［塗りつぶし（グラデーション）］の一覧から［水色のデータバー］をクリックします。

❹セル D4 ～ D19 に、値に対応した長さの水色のバーが表示されます。

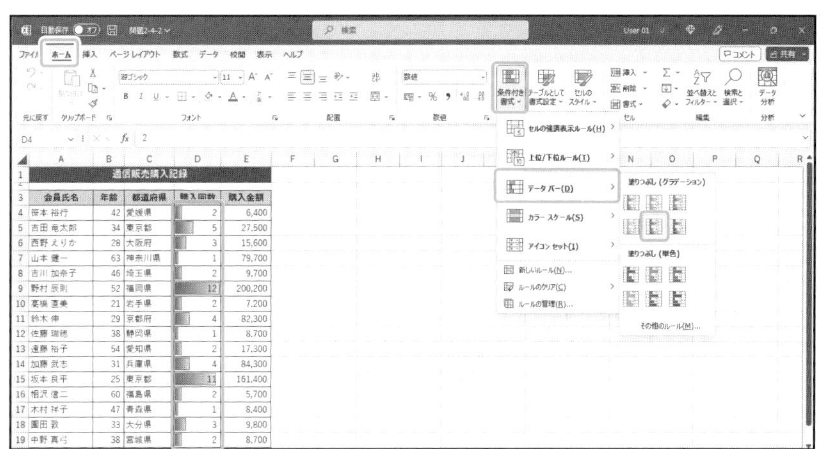

【操作 2】

❺「購入金額」の列のセル範囲 E4 ～ E19 を範囲選択します。

❻［ホーム］タブの［条件付き書式］ボタンをクリックします。

❼［セルの強調表示ルール］の［指定の値より大きい］をクリックします。

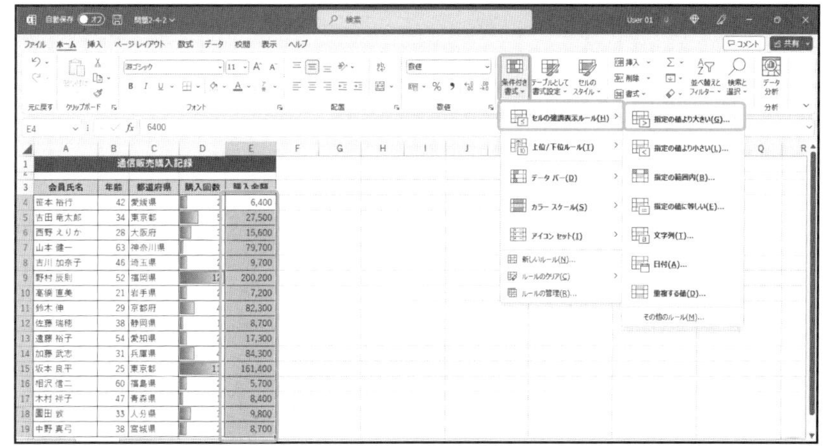

❽［指定の値より大きい］ダイアログボックスが表示されるので、［次の値より大きいセルを書式設定］ボックスの「102,950」が選択されている状態で、「80000」と上書き入力します。

❾［書式］ボックスをクリックします。

❿一覧から［濃い緑の文字、緑の背景］をクリックします。

⓫［OK］をクリックします。

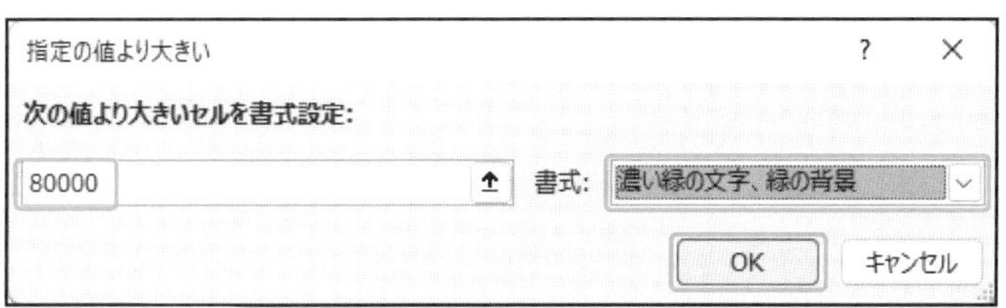

⑫ 任意のセルをクリックして、範囲選択を解除します。

⑬「購入金額」が 80,000 を超えるセルに「濃い緑の文字、緑の背景」の書式が適用されたことを確認します。

通信販売購入記録

会員氏名	年齢	都道府県	購入回数	購入金額
笹本 裕行	42	愛媛県	2	6,400
吉田 竜太郎	34	東京都	5	27,500
西野 えりか	28	大阪府	3	15,600
山本 健一	63	神奈川県	1	79,700
吉川 加奈子	46	埼玉県	2	9,700
野村 辰則	52	福岡県	12	200,200
高槻 直美	21	岩手県	2	7,200
鈴木 伸	29	京都府	4	82,300
佐藤 瑞穂	38	静岡県	1	8,700
遠藤 裕子	54	愛知県	2	17,300
加藤 武志	31	兵庫県	4	84,300
坂本 良平	25	東京都	11	161,400
相沢 信二	60	福島県	2	5,700
木村 祥子	47	青森県	1	8,400
園田 敦	33	大分県	3	9,800
中野 真弓	38	宮城県	2	8,700

【操作 3】

⑭「年齢」の列のセル範囲 B4 ～ B19 を範囲選択します。

⑮［ホーム］タブの［条件付き書式］ボタンをクリックします。

⑯［アイコンセット］の［図形］の一覧から［3 つの信号（枠なし）］をクリックします。

⑰ セル B4 ～ B19 に、緑色、黄色、赤色の丸のアイコンセットが表示されます。

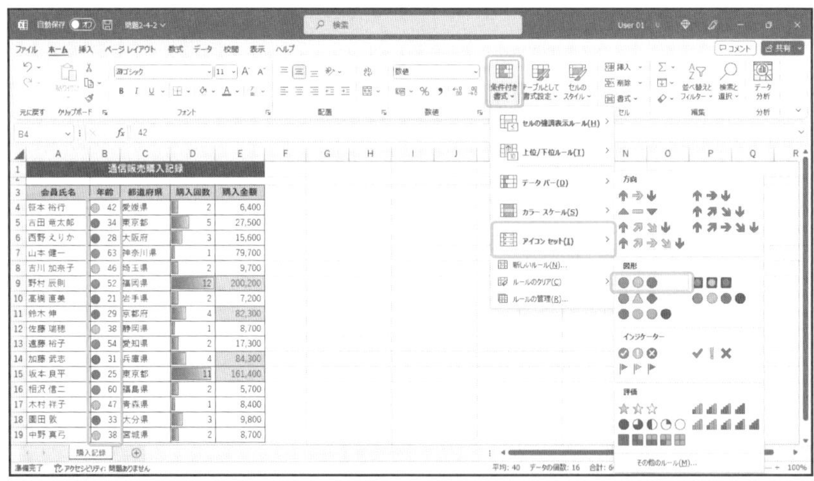

⑱ セル B4 ～ B19 を選択した状態のまま、［ホーム］タブの［条件付き書式］ボタンをクリックします。

⑲ 一覧から［ルールの管理］をクリックします。

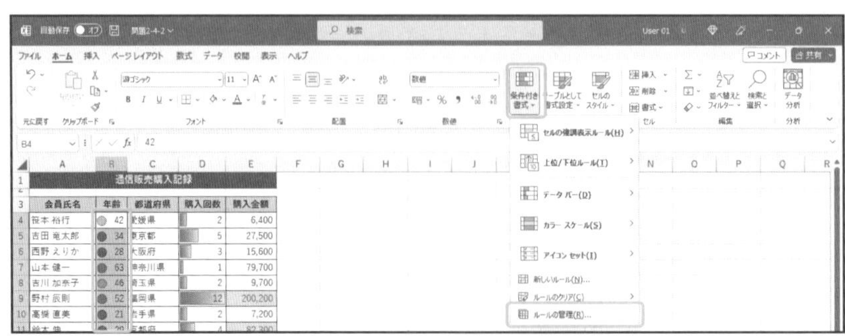

⑳［条件付き書式ルールの管理］ダイアログボックスが表示されるので、ルールの一覧の［アイコンセット］が選択されていることを確認します。

㉑［ルールの編集］をクリックします。

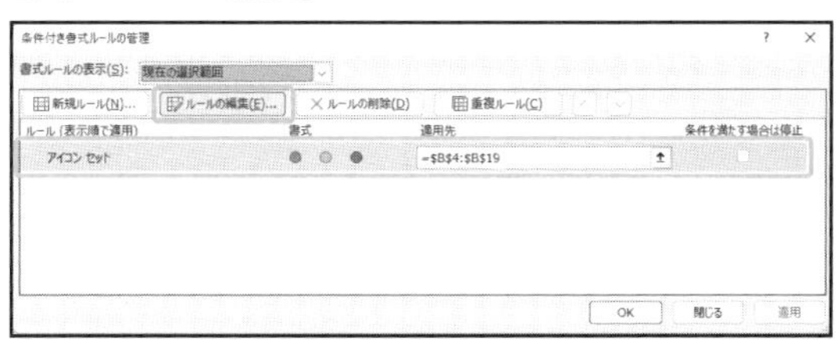

アイコンの振り分け

アイコンセットの初期値では、設定範囲内の最小値と最大値までをアイコンの数で等分して各アイコンを振り分けています。「3つの信号（枠なし）」のアイコンセットの場合は3等分するので、約33パーセントずつになります。

㉒［書式ルールの編集］ダイアログボックスが表示されるので、［次のルールに従って各アイコンを表示］の最初のルールの［アイコン］に緑色の丸、［値］に「67」、［種類］に「パーセント」、2番目のルールの［アイコン］に黄色の丸、［値］に「33」、［種類］に「パーセント」が表示されていることを確認します。

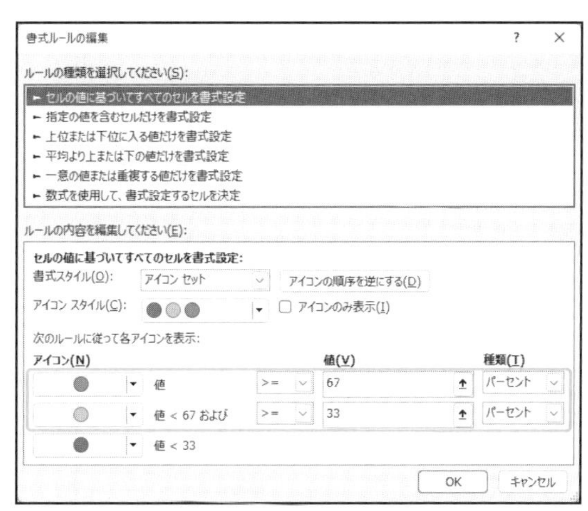

㉓最初のルール（［アイコン］が緑色の丸）の［種類］の「パーセント」と表示されているボックスの▼をクリックします。

㉔一覧から［数値］をクリックします。

㉕［値］が「0」に変わるので、［値］ボックスの「0」の前をクリックし、「5」を入力して「50」にします。

㉖左側のボックスに「>=」が表示されていることを確認します。

㉗同様に2番目のルール（［アイコン］が黄色の丸）の［種類］ボックスに［数値］、［値］ボックスに「30」を指定し、左側のボックスに「>=」が表示されていることを確認します。

ルールの設定

最初のルールとして「>=50」を指定したので、2番目のルールには「値 <50 および」が自動的に表示されます。なお、2番目のルールの［値］ボックス以外のボックスやボタンをクリックすると値が確定し、3番目のルールには「値 <30」が自動的に表示されます。

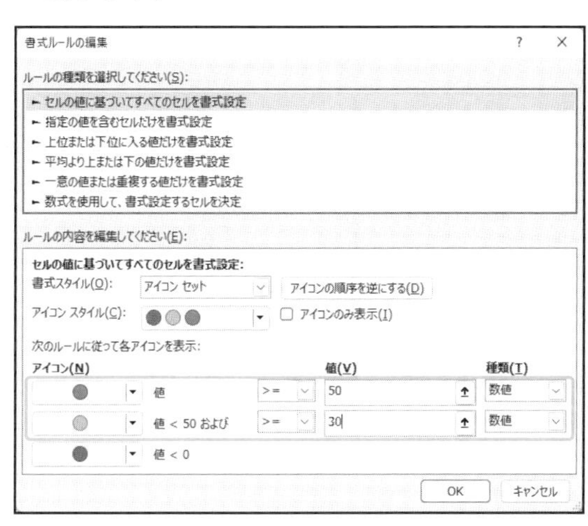

㉘ 3番目のルール（［アイコン］が赤色の丸）の［アイコン］ボックスの▼をクリックします。

㉙ 一覧から［灰色の丸］をクリックします。

㉚［OK］をクリックします。

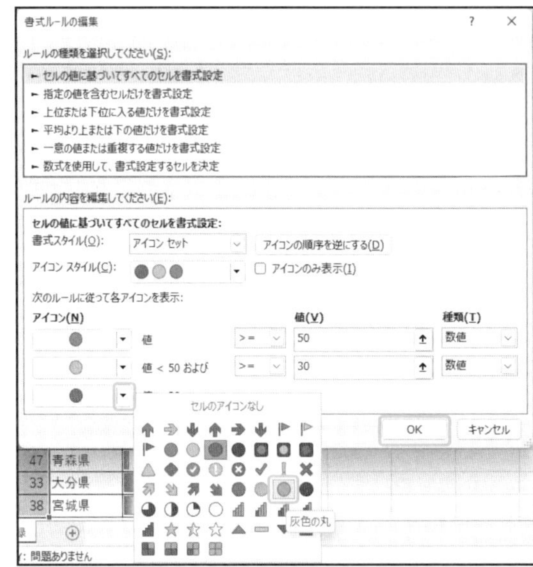

㉛［条件付き書式ルールの管理］ダイアログボックスのアイコンセットの色が緑色、黄色、灰色に変更されたことを確認します。

㉜［OK］をクリックします。

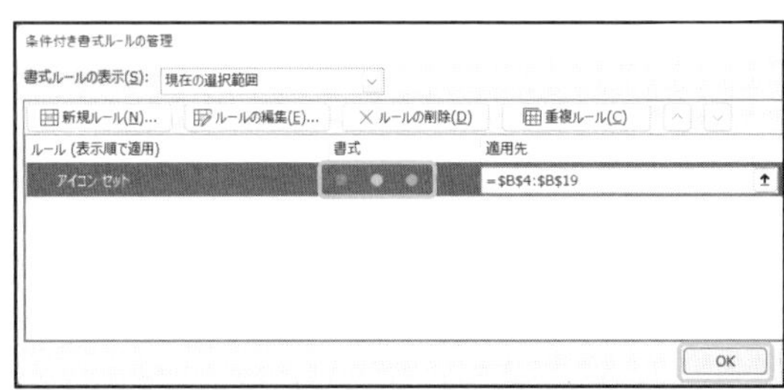

㉝ 任意のセルをクリックして、範囲選択を解除します。

㉞「年齢」が50以上のセルに緑色の丸、30以上のセルに黄色の丸、30未満のセルに灰色の丸が表示されたことを確認します。

通信販売購入記録

会員氏名	年齢	都道府県	購入回数	購入金額
笹本 裕行	42	愛媛県	2	6,400
吉田 竜太郎	34	東京都	5	27,500
西野 えりか	28	大阪府	3	15,600
山本 健一	63	神奈川県	1	79,700
吉川 加奈子	46	埼玉県	2	9,700
野村 辰則	52	福岡県	12	200,200
高橋 直美	21	岩手県	2	7,200
鈴木 伸	29	京都府	4	82,300
佐藤 瑞穂	38	静岡県	1	8,700
遠藤 裕子	54	愛知県	2	17,300
加藤 武志	31	兵庫県	4	84,300
坂本 良平	25	東京都	11	161,400
相沢 信二	60	福島県	2	5,700
木村 祥子	47	青森県	1	8,400
園田 敦	33	大分県	3	9,800
中野 真弓	38	宮城県	2	8,700

2-4-3 条件付き書式を削除する

練習問題

問題フォルダー
└問題 2-4-3.xlsx

解答フォルダー
└解答 2-4-3.xlsx

「購入金額」の列のセルに設定されている条件付き書式を削除します。

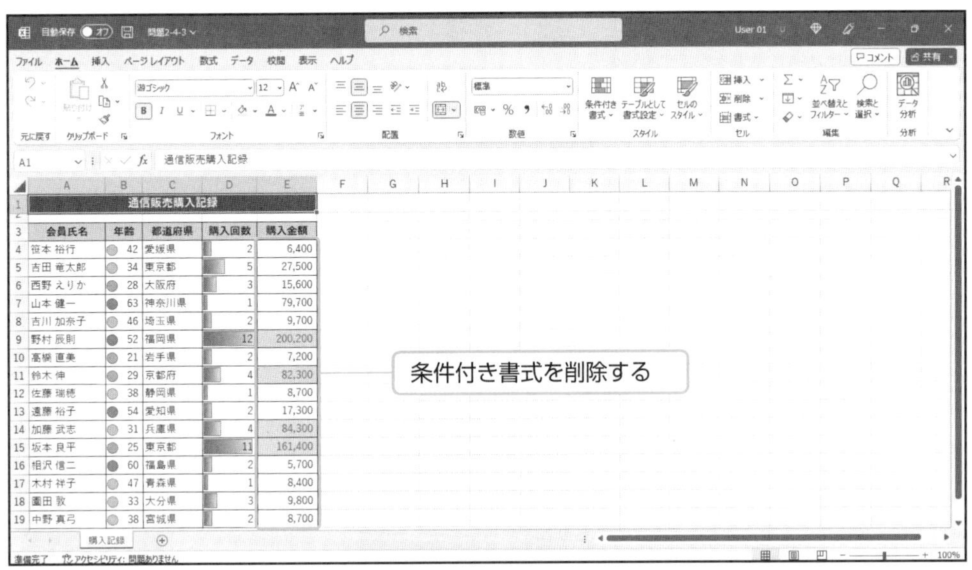

機能の解説

- 条件付き書式の削除
- [条件付き書式] ボタン
- [ルールのクリア]
- [選択したセルからルールをクリア]
- [シート全体からルールをクリア]

設定されている条件付き書式を削除するには、削除する範囲を選択し、[ホーム] タブの [条件付き書式] ボタンをクリックし、[ルールのクリア] の [選択したセルからルールをクリア] をクリックします。また、[ルールのクリア] の [シート全体からルールをクリア] をクリックすると、シート全体の条件付き書式が解除されます。このときはセルの範囲選択は必要ありません。

[ホーム] タブの [条件付き書式] ボタンをクリックし、[ルールのクリア] をポイントした状態

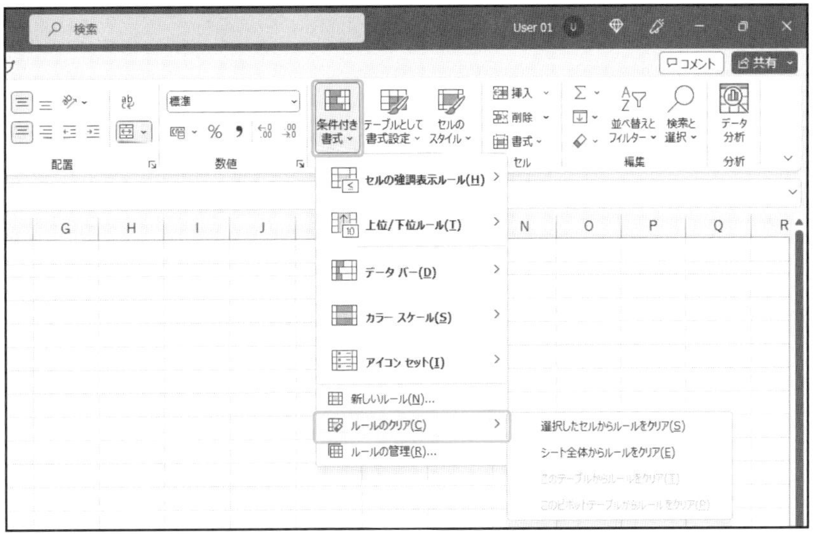

操作手順

【操作 1】

❶「購入金額」の列のセル範囲 E4 ～ E19 を範囲選択します。

❷［ホーム］タブの［条件付き書式］ボタンをクリックします。

❸［ルールのクリア］の［選択したセルからルールをクリア］をクリックします。

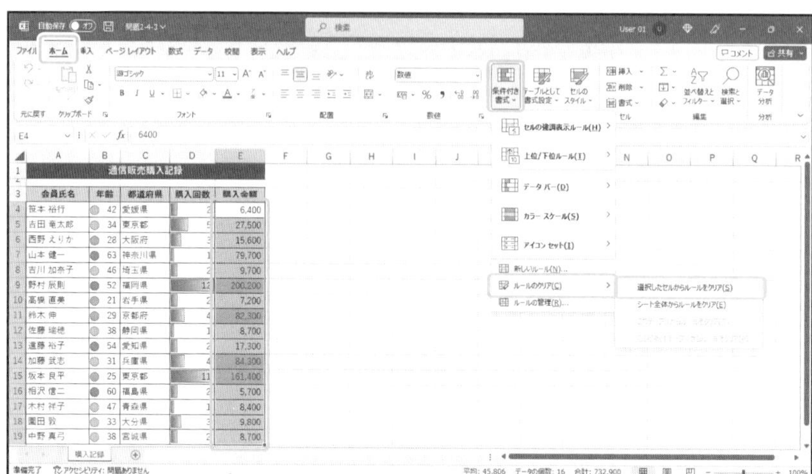

❹セル E4 ～ E19 の条件付き書式が削除されます。

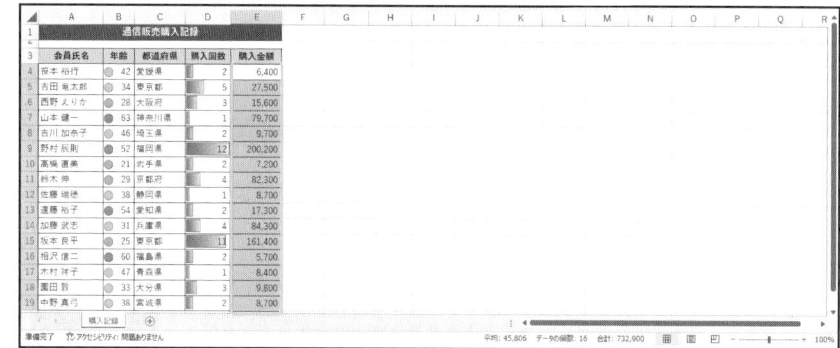

Chapter 3

テーブルとテーブルのデータの管理

本章で学習する項目

- □ テーブルを作成する、書式設定する
- □ テーブルを変更する
- □ テーブルのデータをフィルターする、並べ替える

3-1 テーブルを作成する、書式設定する

ワークシートの表をもとにテーブルを作成すると、スタイルの設定が簡単にできます。またテーブルを解除して標準のセル範囲に変換することも可能です。

3-1-1 セル範囲から Excel のテーブルを作成する

練習問題

問題フォルダー
└問題 3-1-1.xlsx

解答フォルダー
└解答 3-1-1.xlsx

【操作 1】ワークシート「請求一覧」のセル範囲 A3:F32 をもとにテーブルを作成します。
【操作 2】ワークシート「取引先一覧」のセル範囲 A3:H45 にテーブルスタイルの［淡色］の［緑 , テーブルスタイル（淡色）14］を適用し、テーブルを作成します。

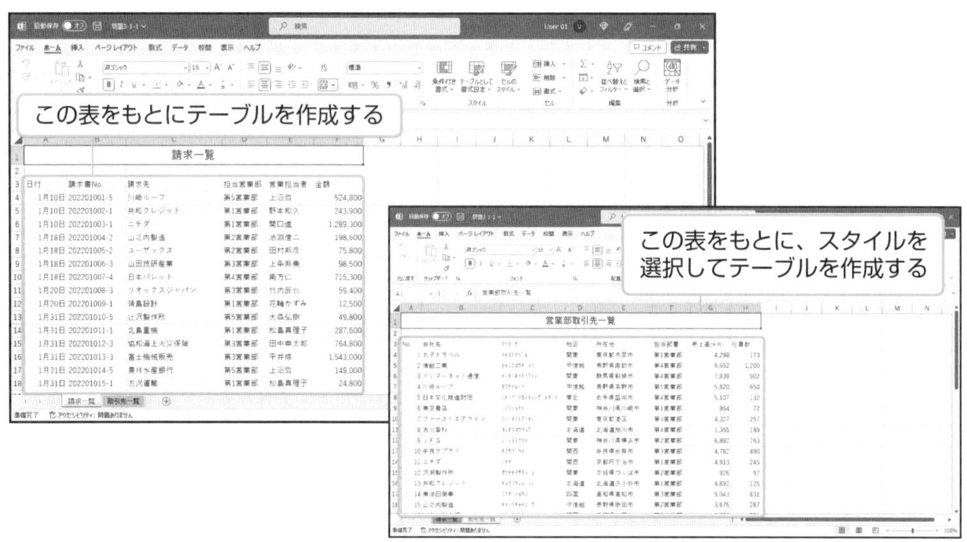

機能の解説

重要用語
- テーブル
- データベース
- テーブルスタイル
- ［テーブル］ボタン
- ［テーブルの作成］ダイアログボックス
- ［テーブルとして書式設定］ボタン

ヒント
テーブルスタイル
罫線、塗りつぶしの色などのテーブルに設定する書式をまとめたものです。

ワークシートに作成された表からテーブルを作成すると、指定したセル範囲はデータベースとして扱われ、集計行の追加、スタイルの設定、データの抽出などが簡単にできるようになります。
テーブルは、既定のスタイルで作成する方法と、テーブルスタイルを選択して作成する方法があります。既定のスタイルのテーブルを作成するには、表内の任意のセルをクリックし、［挿入］タブの［テーブル］ボタンをクリックします。［テーブルの作成］ダイアログボックスが表示されるので、テーブルに変換するセル範囲を指定します。

［テーブルの作成］ダイアログボックス

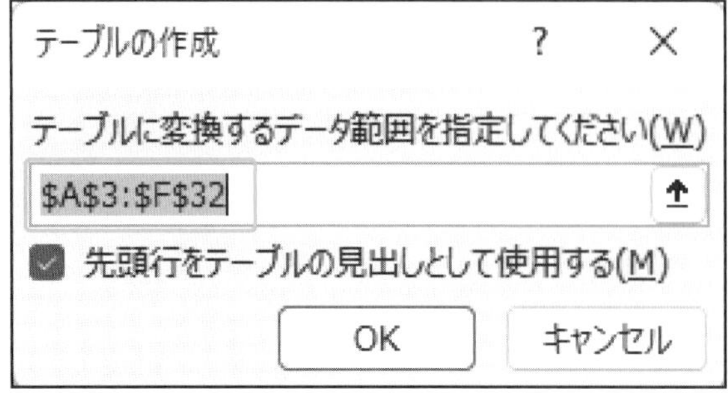

ヒント

スタイルの適用

すでにセルの書式が設定されている場合、テーブルスタイルよりも元の書式が優先されます。

テーブルスタイルを選択して作成するには、表内の任意のセルをクリックし、[ホーム] タブの [テーブルとして書式設定] ボタンをクリックします。テーブルスタイルの一覧が表示されるのでスタイルを選択します。

[テーブルとして書式設定] ボタンをクリックした状態

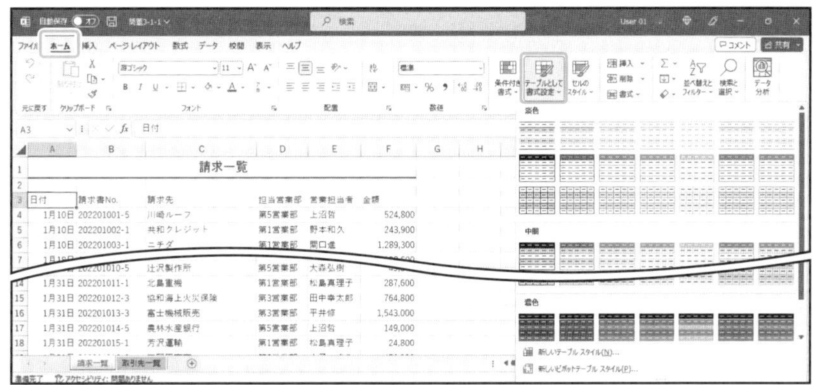

テーブルを作成すると、表にテーブルスタイルが設定され、列の見出しの各セルに▼(フィルターボタン)が表示され、データの抽出や並べ替えが簡単に操作できるようになります。

テーブルに変換された状態

操作手順

その他の操作方法

ショートカットキー

Ctrl + T

([テーブルの作成] ダイアログボックスの表示)

その他の操作方法

[クイック分析] ボタンを使用したテーブルの作成

セルを範囲選択して右下に表示される [クイック分析] ボタンをクリックし、[テーブル] をクリックして [テーブル] ボタンをクリックすると、選択範囲が既定のスタイルのテーブルに変換されます。

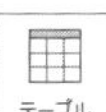
[テーブル] ボタン

【操作 1】

❶ ワークシート「請求一覧」のセル A3 ~ F32 の範囲内の任意のセルをクリックします。

❷ [挿入] タブの [テーブル] ボタンをクリックします。

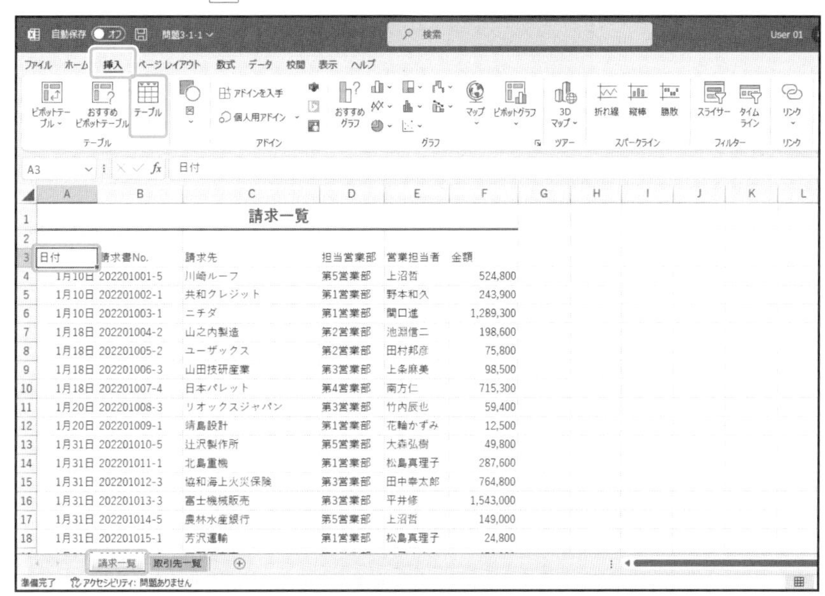

ヒント

データ範囲の自動認識

手順 ❸ の［テーブルに変換するデータ範囲を指定してください］ボックスには、手順 ❶ で指定したセルをもとにワークシート上で認識されたデータベースの範囲が表示されます。ワークシート上では、この範囲が点線で囲まれて表示されます。これが正しくない場合は、正しいセル範囲をドラッグして指定し直します。

ヒント

［先頭行をテーブルの見出しとして使用する］チェックボックス

このチェックボックスがオンになっていると、列の見出しがあるセル範囲をもとにテーブルを作成した場合、自動的に先頭行が見出しとして認識されます。

列の見出しがないセル範囲をもとにテーブルを作成した場合は、このチェックボックスがオフになっていて「列1」「列2」という見出しが付いたテーブルが作成されます。自動作成された見出しは、後で変更することもできます。

ヒント

［テーブルデザイン］タブ

テーブル内のセルが選択されている間は、リボンに［テーブルデザイン］タブが表示されます。

ヒント

テーブル名

テーブルは作成した順に「テーブル1」「テーブル2」…という名前が付き、［テーブルデザイン］タブの［テーブル名］ボックスで確認できます。任意の名前をこのボックスに入力して、テーブル名を変更することもできます。

❸［テーブルの作成］ダイアログボックスが表示されるので、［テーブルに変換するデータ範囲を指定してください］ボックスに「=$A$3:$F$32」と表示されていることを確認します。

❹［先頭行をテーブルの見出しとして使用する］チェックボックスがオンになっていることを確認します。

❺［OK］をクリックします。

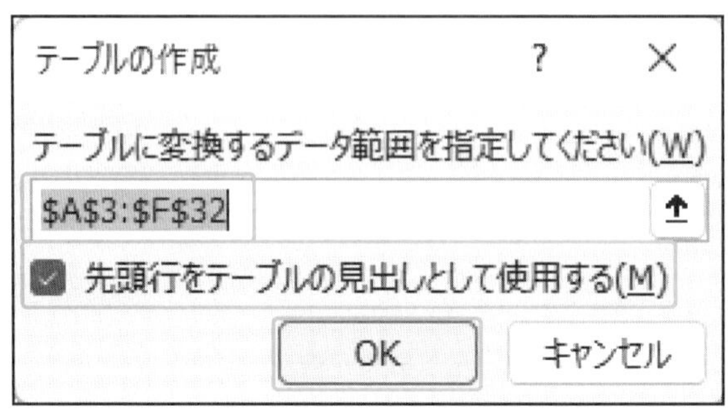

❻表がテーブルに変換され、既定のスタイルが適用されます。

❼表の列の見出しの各セルに▼（フィルターボタン）が表示されます。

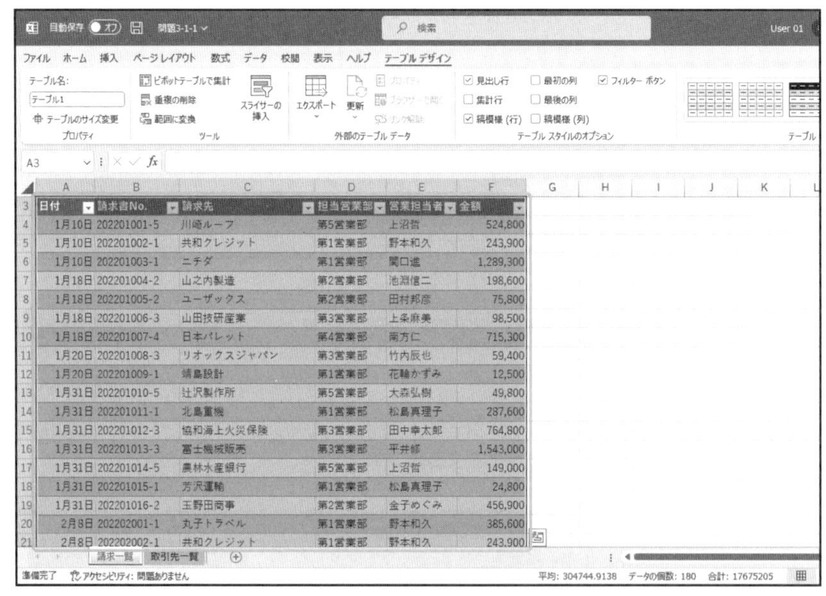

【操作 2】

❽ワークシート「取引先一覧」のシート見出しをクリックします。

❾ワークシート「取引先一覧」が表示されるので、セル A3 ～ H45 の範囲内の任意のセルをクリックします。

❿［ホーム］タブの ［テーブルとして書式設定］ボタンをクリックします。

⑪［淡色］の一覧にある［緑 , テーブルスタイル（淡色）14］をクリックします。

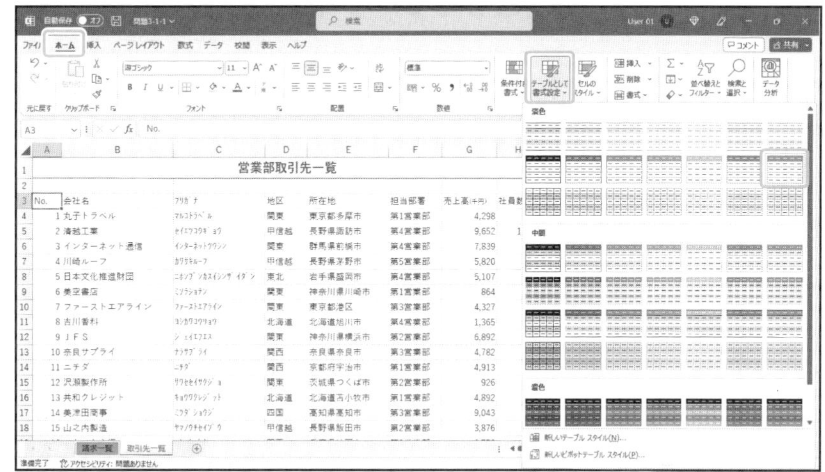

⑫［テーブルの作成］ダイアログボックスが表示されるので［テーブルに変換するデータ範囲を指定してください］ボックスに「=$A$3:$H$45」と表示されていることを確認します。

⑬［先頭行をテーブルの見出しとして使用する］チェックボックスがオンになっていることを確認します。

⑭［OK］をクリックします。

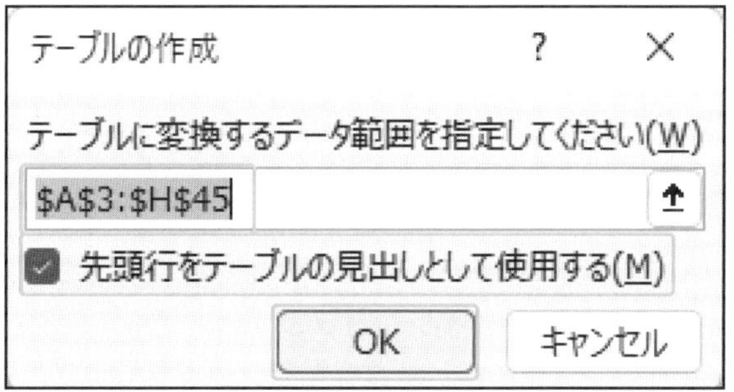

⑮表がテーブルに変換され、テーブルスタイルの［緑 , テーブルスタイル（淡色）14］が適用されます。

3-1-2 テーブルにスタイルを適用する

練習問題

問題フォルダー
└問題 3-1-2.xlsx

解答フォルダー
└解答 3-1-2.xlsx

ワークシート「取引先一覧」のテーブルのテーブルスタイルを［中間］の［白 , テーブルスタイル（中間）15］に変更します。

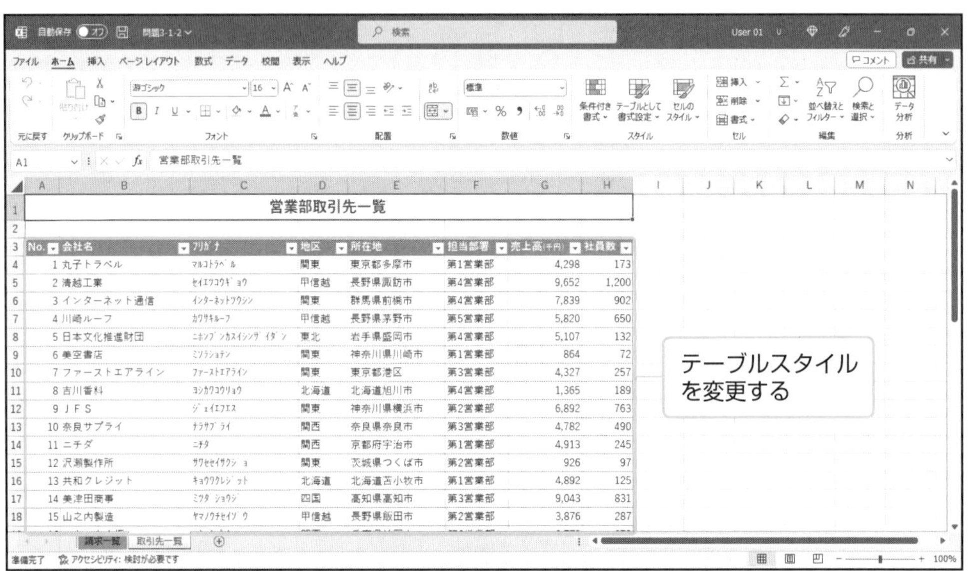

機能の解説

- テーブルスタイル
- ［テーブルスタイル］の［その他］ボタン（もしくは［クイックスタイル］ボタン）

テーブルに設定されたテーブルスタイルを変更するには、テーブル内の任意のセルをクリックし、［テーブルデザイン］タブの［テーブルスタイル］の ［その他］ボタン（もしくは［クイックスタイル］ボタン）をクリックします。スタイルの一覧が表示されるので適用するスタイルを選択します。

一覧から［クリア］を選択すると、テーブルのスタイルを解除することができます。この場合、テーブルスタイルで設定した書式のみが解除され、あらかじめセルに設定していた数値や日付などの書式設定は解除されません。

その他の操作方法

テーブルスタイルの解除

テーブルのセル範囲を選択し、[ホーム] タブの [クリア] ボタンをクリックし、一覧から [書式のクリア] をクリックしてもテーブルに適用したスタイルを解除することができます。この方法では、テーブルスタイルで設定した書式だけでなく、数値や日付などのすべての書式設定が解除されます。

[テーブルスタイル] の一覧

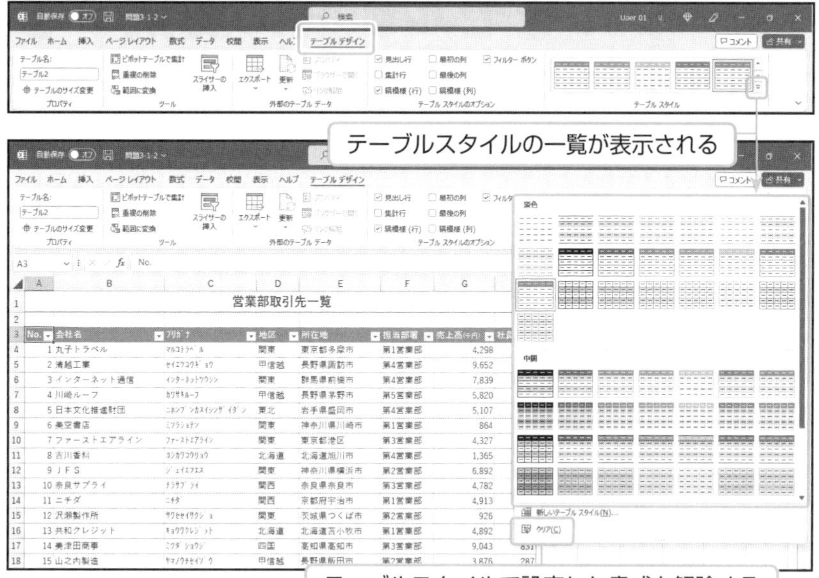

操作手順

その他の操作方法

テーブルスタイルの変更

テーブルを作成するときと同様、[ホーム] タブの [テーブルとして書式設定] ボタンをクリックすることでテーブルスタイルの一覧を表示できます。

[テーブルとして書式設定] ボタン

❶ワークシート「取引先一覧」のテーブル内の任意のセルをクリックします。

❷[テーブルデザイン] タブの [テーブルスタイル] の [その他] ボタン (もしくは [クイックスタイル] ボタン) をクリックします。

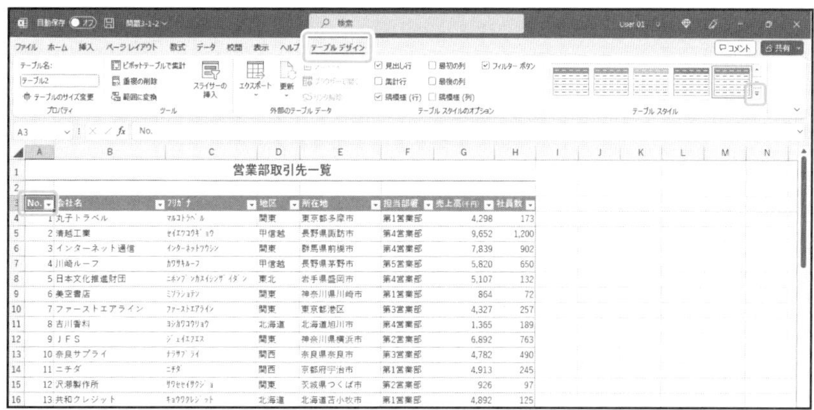

❸[中間] の一覧から [白, テーブルスタイル (中間) 15] をクリックします。

❹テーブルのスタイルが変更されます。

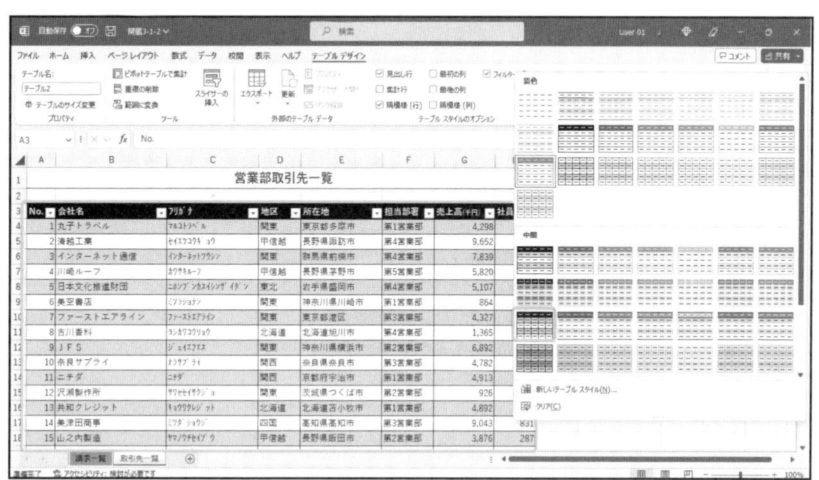

3-1-3 テーブルをセル範囲に変換する

練習問題

問題フォルダー
└問題 3-1-3.xlsx

解答フォルダー
└解答 3-1-3.xlsx

ワークシート「請求一覧」のテーブルを解除して標準のセル範囲に変換します。

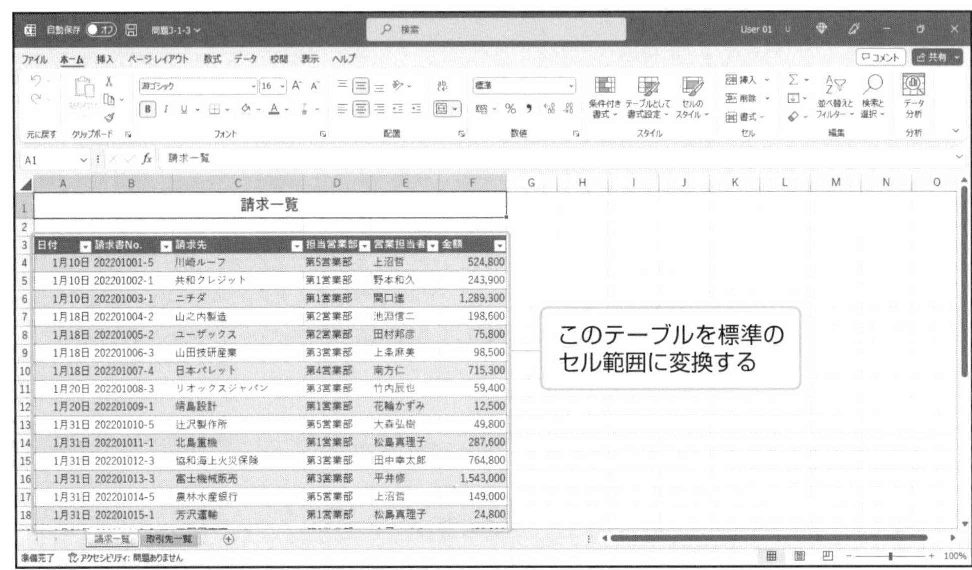

機能の解説

- 標準のセル範囲に変換
- [範囲に変換] ボタン

テーブルを解除して標準のセル範囲に変換することができます。テーブル内の任意のセルをクリックし、[テーブルデザイン] タブの 範囲に変換 [範囲に変換] ボタンをクリックします。「テーブルを標準の範囲に変換しますか？」という確認のメッセージが表示されるので [はい] をクリックします。

確認のメッセージ

テーブルを標準のセル範囲に変換しても、適用したテーブルスタイルの書式は設定されたままの状態です。テーブルスタイルも解除したい場合は、テーブルを解除する前にテーブルスタイルを解除します。テーブルスタイルを解除するには、[テーブルデザイン] タブの [テーブルスタイル] の [その他] ボタン（もしくは [クイックスタイル] ボタン）をクリックし、[クリア] をクリックします。

操作手順

その他の操作方法

範囲に変換

テーブル内の任意のセルを右クリックし、ショートカットメニューの［テーブル］の［範囲に変換］をクリックします。手順③のメッセージが表示され、テーブルを標準のセル範囲に変換できます。

ヒント

［テーブルデザイン］タブ

テーブルが解除されると、［テーブルデザイン］タブは表示されなくなります。

①ワークシート「請求一覧」のテーブル内の任意のセルをクリックします。

②［テーブルデザイン］タブの 範囲に変換 ［範囲に変換］ボタンをクリックします。

③「テーブルを標準の範囲に変換しますか？」という確認のメッセージが表示されるので、［はい］をクリックします。

④列の見出しに表示されていた▼（フィルターボタン）の表示が消え、テーブルが標準のセル範囲になります。

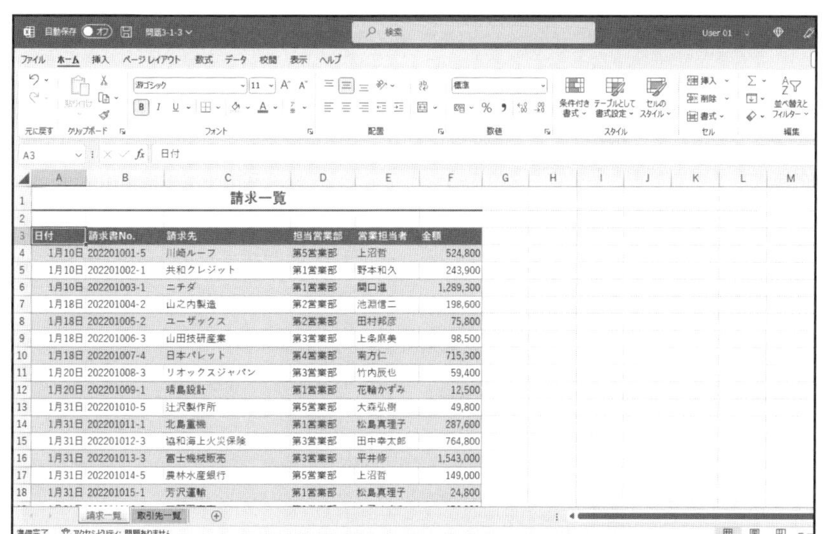

第3章

3-2 テーブルを変更する

テーブルに行や列を追加したり、削除したりするとスタイルや数式が自動的に調整されて適用されます。また、テーブルスタイルのオプションを設定して、縞模様を適用したり、集計行を追加したりすることができます。

3-2-1 テーブルに行や列を追加する、削除する

練習問題

問題フォルダー
└問題 3-2-1.xlsx
解答フォルダー
└解答 3-2-1.xlsx

【操作 1】テーブルの最終行に店名「元町店」、A プラン「136」、B プラン「144」、C プラン「117」、お試し「31」というデータを追加します。
【操作 2】テーブルの「お試し」の列を削除します。

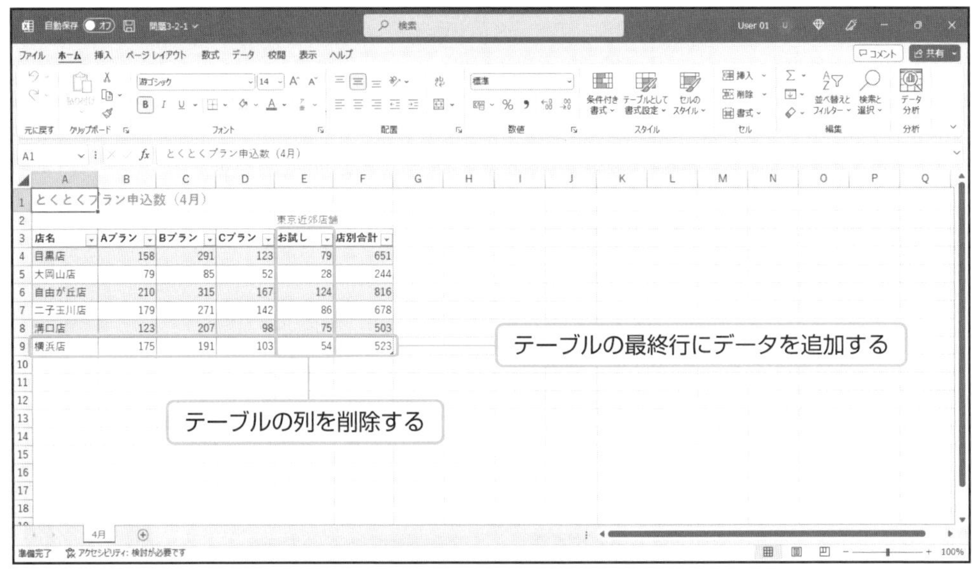

機能の解説

- テーブルの拡張
- [オートコレクトのオプション] ボタン
- テーブルの列の挿入
- テーブルの行の挿入
- [挿入]
- [テーブルの列 (左)]
- [テーブルの行 (上)]
- テーブルの列の削除
- テーブルの行の削除
- [削除]
- [テーブルの列]
- [テーブルの行]

テーブルの最終行または最終列に隣接するセルにデータを入力し、**Enter** キーや **Tab** キー、方向キーで確定すると、自動的にテーブルが拡張されます。追加された行または列にはテーブルに設定されているスタイルや数式が引き継がれます。
テーブルにデータを追加すると、[オートコレクトのオプション] ボタンが表示されます。クリックすると、テーブルを自動拡張するかどうかを選択することができます。

テーブルにデータを追加し、[オートコレクトのオプション] ボタンをクリックした状態

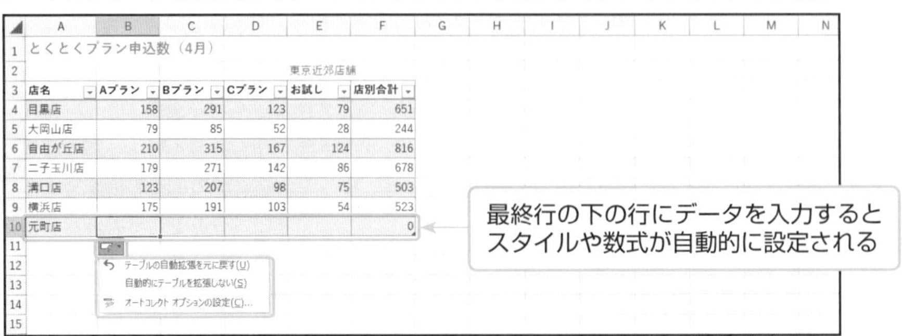

ヒント

［挿入］に表示される列や行の位置

テーブルの最終列のセルを右クリックし、ショートカットメニューの［挿入］をポイントしたときに表示される列の位置は［テーブルの列（左)］、［テーブルの列(右)］です。その他のセルでは［テーブルの列（左)］のみです。同様に、テーブルの最終行のセルでは、［挿入］に表示される行の位置は［テーブルの行（上)］、［テーブルの行（下)］です。その他のセルでは［テーブルの行（上)］のみです。

ヒント

テーブルの見出しの行

テーブルの見出しの行は挿入 / 削除できません。見出しのセルを右クリックし、ショートカットメニューの［挿入］をポイントすると、［テーブルの列（左)］のみ表示され、［テーブルの行（上)］は淡色表示になっていてクリックできません。同様に、ショートカットメニューの［削除］をポイントすると、［テーブルの行］は淡色表示になっていてクリックできません。
なお、テーブルの見出しの行は、ワークシートの行の削除の方法でも削除できません。テーブルの見出しの行の行番号を右クリックすると、ショートカットメニューの［削除］は淡色表示になっていてクリックできません。

テーブル内の任意の位置で列や行を挿入 / 削除するには、ワークシートの列や行を挿入 / 削除する方法（「2-1-3」参照）と、テーブル内の列や行だけを挿入 / 削除する方法の 2 通りがあります。テーブル内の列や行だけを挿入するには、テーブル内の挿入する列や行のセルを右クリックし、ショートカットメニューの［挿入］の［テーブルの列（左)］や［テーブルの行（上)］などをクリックします。選択した位置に列や行が追加されます。テーブルの内の列や行だけを削除するには、テーブル内の削除する列や行のセルを右クリックし、ショートカットメニューの［削除］の［テーブルの列］や［テーブルの行］をクリックします。複数列や複数行を挿入 / 削除する場合は、目的の列数または行数のセル範囲を選択し、選択範囲内で右クリックして、同様の操作をします。

テーブルの列や行を挿入 / 削除すると、自動的にスタイルが設定し直され、合計などの参照範囲も変更されます。ただし、ワークシートの列の挿入 / 削除ではなくテーブルの列の挿入 / 削除を行うと、ワークシートの列の幅は変わらずにデータだけが移動するので、必要に応じて列の幅を調整します。

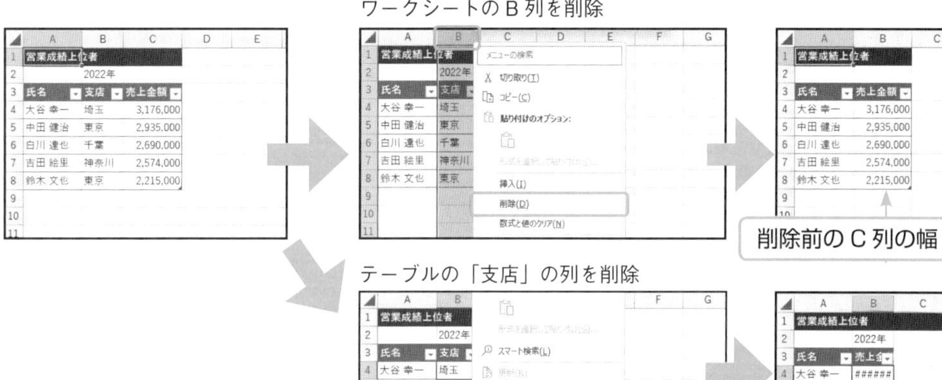

操作手順

その他の操作方法

テーブルの最終行に空白行を追加

テーブルの最後の行の右端のセルを選択して **Tab** キーを押すと、次の行に空白行が追加されます。集計行が表示されている場合は、集計行の直前の行の右端のセルを選択して **Tab** キーを押すと、集計行の直前に空白行が追加されます。

その他の操作方法

テーブルの拡張

拡張したいテーブル内の任意のセルをクリックし、［テーブルデザイン］タブの［テーブルのサイズ変更］ボタンをクリックします。［表のサイズ変更］ダイアログボックスが表示されるのでテーブルのデータ範囲を変更します。

【操作 1】

❶ セル A10 に「元町店」と入力し、**Tab** キーまたは **→** キーを押します。

❷ 自動的にテーブルが拡張され、セル A10 〜 F10 に塗りつぶしの色が設定され、セル F10 に店別合計を求める数式が入力されます。

	A	B	C	D	E	F	G	H	I
1	とくとくプラン申込数（4月）								
2					東京近郊店舗				
3	店名	Aプラン	Bプラン	Cプラン	お試し	店別合計			
4	目黒店	158	291	123	79	651			
5	大岡山店	79	85	52	28	244			
6	自由が丘店	210	315	167	124	816			
7	二子玉川店	179	271	142	86	678			
8	溝口店	123	207	98	75	503			
9	横浜店	175	191	103	54	523			
10	元町店					0			
11									
12									
13									
14									
15									
16									

③セル B10 に「136」、セル C10 に「144」、セル D10 に「117」、セル E10 に「31」と入力します。

④セル F10 に店別合計「428」が表示されます。

F10 =SUM(B10:E10)

とくとくプラン申込数（4月）

東京近郊店舗

店名	Aプラン	Bプラン	Cプラン	お試し	店別合計
目黒店	158	291	123	79	651
大岡山店	79	85	52	28	244
自由が丘店	210	315	167	124	816
二子玉川店	179	271	142	86	678
溝口店	123	207	98	75	503
横浜店	175	191	103	54	523
元町店	136	144	117	31	428

【操作 2】

⑤テーブルの「お試し」の列の任意のセルを右クリックし、ショートカットメニューの［削除］の［テーブルの列］をクリックします。

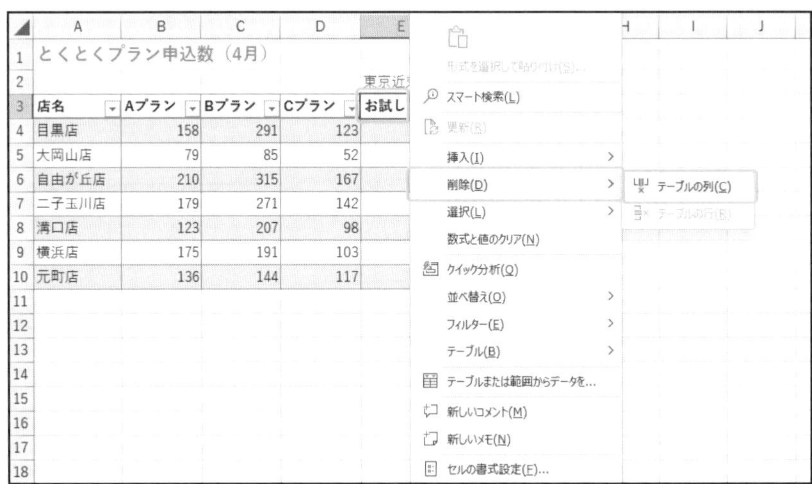

⑥テーブルの「お試し」の列が削除され、「店別合計」の列が E 列になります。店別合計の値も変更されます。

とくとくプラン申込数（4月）

東京近郊店舗

店名	Aプラン	Bプラン	Cプラン	店別合計
目黒店	158	291	123	572
大岡山店	79	85	52	216
自由が丘店	210	315	167	692
二子玉川店	179	271	142	592
溝口店	123	207	98	428
横浜店	175	191	103	469
元町店	136	144	117	397

ヒント

ワークシートの列の削除との違い

ワークシートの列の削除ではその列のすべてのセルが削除されますが、テーブルの列の削除では、同じ列のテーブル以外のセル（この例ではセル E2「東京近郊店舗」）は残ります。

3-2-2 テーブルスタイルのオプションを設定する

練習問題

問題フォルダー
└問題 3-2-2.xlsx

解答フォルダー
└解答 3-2-2.xlsx

【操作 1】テーブルの縞模様（行）を解除し、縞模様（列）を適用します。
【操作 2】テーブルの左端と右端の列を強調します。

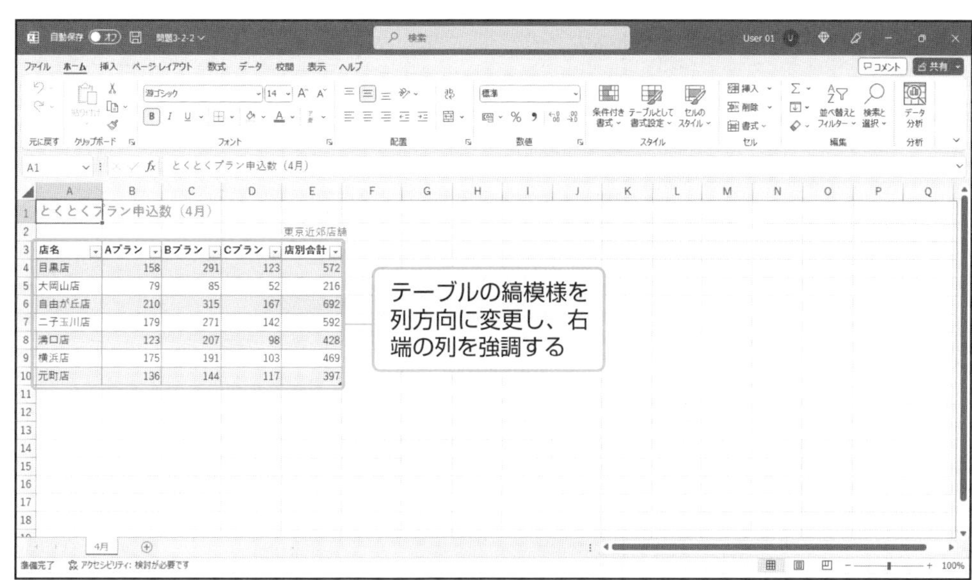

機能の解説

- 縞模様
- ［縞模様（行）］チェックボックス
- ［縞模様（列）］チェックボックス
- ［最初の列］チェックボックス
- ［最後の列］チェックボックス

行や列の塗りつぶしの色を交互に変えて、縞模様で表示すると見やすいレイアウトになります。塗りつぶしの色をセルの書式として設定してしまうと、行や列の削除、データの抽出、並べ替えなどによって、縞模様がずれてしまいます。一方テーブルスタイルのオプションで縞模様を設定すると、行や列の構成が変更されても縞模様は自動的に調整されます。縞模様を設定するには、テーブル内の任意のセルをクリックし、［テーブルデザイン］タブの［縞模様（行）］チェックボックスまたは［縞模様（列）］チェックボックスをオンにします。［縞模様（行）］チェックボックスをオンにすると 1 行おきに異なる背景色になり、［縞模様（列）］チェックボックスをオンにすると 1 列おきに異なる背景色になります。

［テーブルデザイン］タブの［テーブルスタイルのオプション］グループ

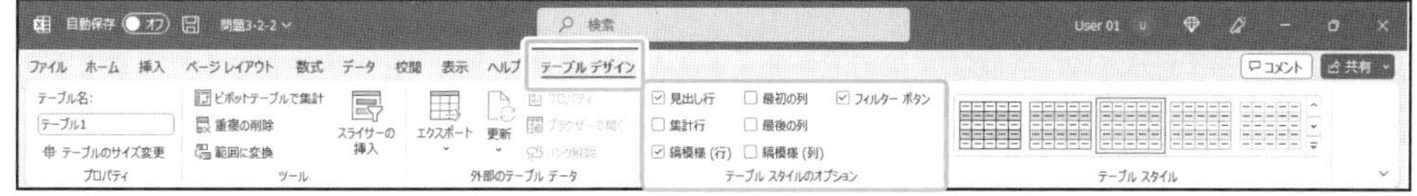

［最初の列］チェックボックスをオンにするとテーブルの左端の列が強調され、［最後の列］チェックボックスをオンにすると右端の列が強調されます。

操作手順

【操作 1】

❶テーブル内の任意のセルをクリックします。

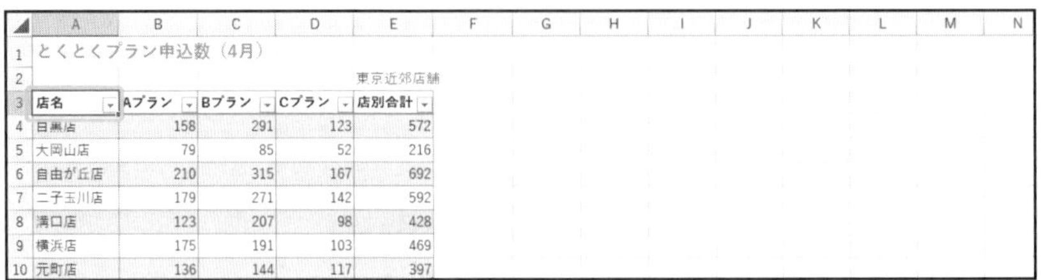

とくとくプラン申込数（4月）

東京近郊店舗

店名	Aプラン	Bプラン	Cプラン	店別合計
目黒店	158	291	123	572
大岡山店	79	85	52	216
自由が丘店	210	315	167	692
二子玉川店	179	271	142	592
溝口店	123	207	98	428
横浜店	175	191	103	469
元町店	136	144	117	397

❷［テーブルデザイン］タブの［縞模様（行）］チェックボックスをオフにします。

❸テーブルの行の交互に付いている色が消え、縞模様が解除されます。

❹［テーブルデザイン］タブの［縞模様（列）］チェックボックスをオンにします。

❺テーブルの列に交互に色が付きます。

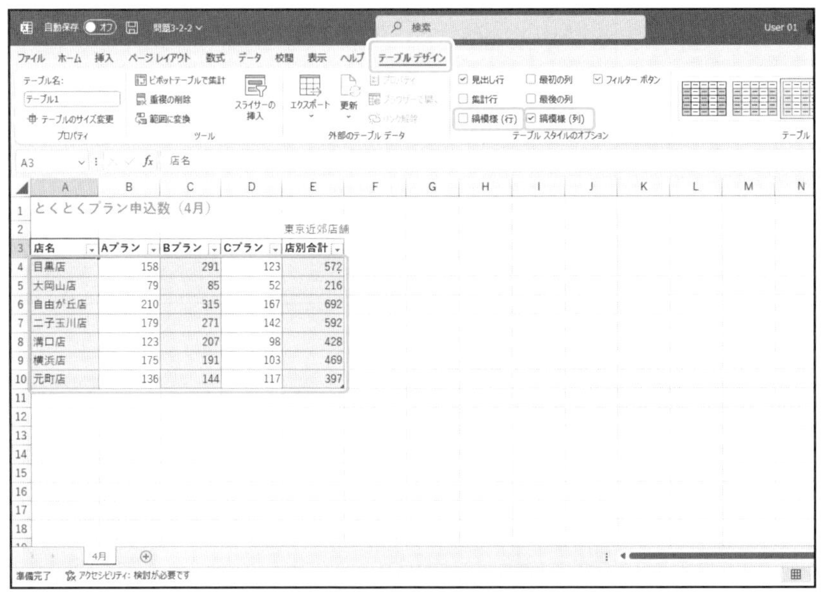

とくとくプラン申込数（4月）

東京近郊店舗

店名	Aプラン	Bプラン	Cプラン	店別合計
目黒店	158	291	123	572
大岡山店	79	85	52	216
自由が丘店	210	315	167	692
二子玉川店	179	271	142	592
溝口店	123	207	98	428
横浜店	175	191	103	469
元町店	136	144	117	397

【操作 2】

❻［テーブルデザイン］タブの［最初の列］と［最後の列］チェックボックスをオンにします。

❼テーブルの左端と右端の列が強調されます。

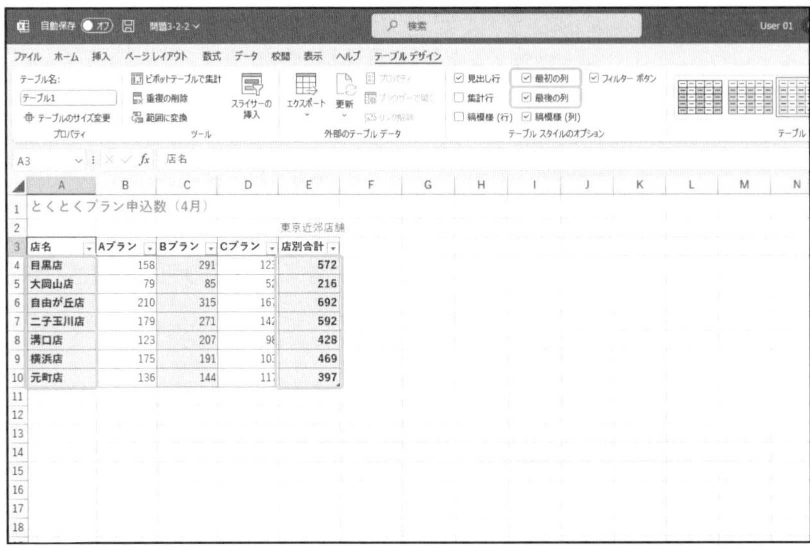

とくとくプラン申込数（4月）

東京近郊店舗

店名	Aプラン	Bプラン	Cプラン	店別合計
目黒店	158	291	123	**572**
大岡山店	79	85	52	**216**
自由が丘店	210	315	167	**692**
二子玉川店	179	271	142	**592**
溝口店	123	207	98	**428**
横浜店	175	191	103	**469**
元町店	136	144	117	**397**

ヒント

強調した列の解除

強調した列を元に戻すには、［テーブルデザイン］タブの［最初の列］、［最後の列］チェックボックスをオフにします。

3-2-3 集計行を挿入する、設定する

練習問題

問題フォルダー
└問題 3-2-3.xlsx

解答フォルダー
└解答 3-2-3.xlsx

【操作 1】テーブルに集計行を追加します。
【操作 2】セル E11 の集計方法を平均に変更し、「店別合計」の列の平均を表示します。
【操作 3】集計行にプラン別の平均を表示します。

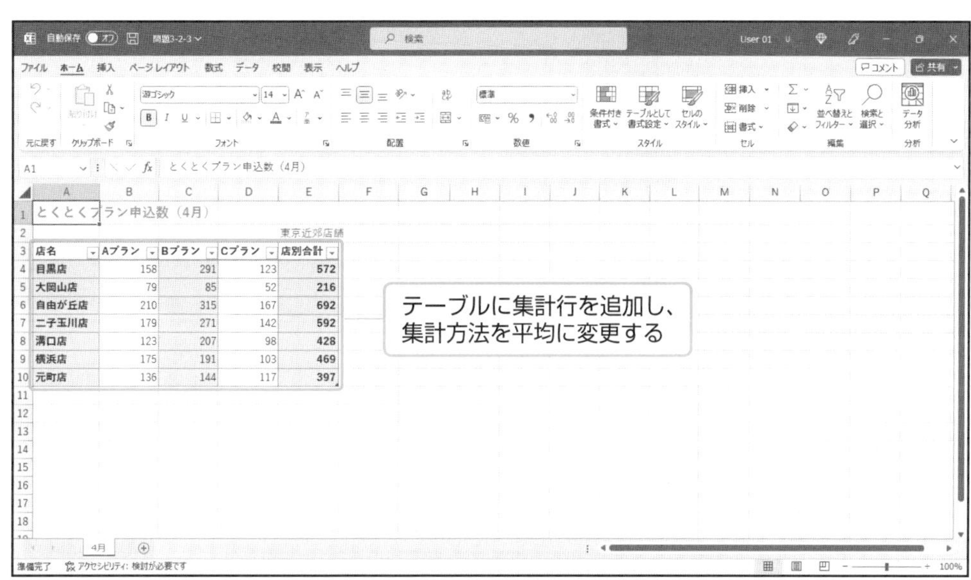

店名	Aプラン	Bプラン	Cプラン	店別合計
目黒店	158	291	123	572
大岡山店	79	85	52	216
自由が丘店	210	315	167	692
二子玉川店	179	271	142	592
溝口店	123	207	98	428
横浜店	175	191	103	469
元町店	136	144	117	397

機能の解説

- 集計行
- [集計行] チェックボックス
- 集計方法の変更

テーブルの最下行に集計行を追加し、列のデータを集計した結果を表示することができます。
集計行を追加するには、テーブル内の任意のセルをクリックし、[テーブルデザイン] タブの [集計行] チェックボックスをオンにします。
集計結果は集計行の右端の列に表示され、その列のデータが数値の場合は合計、文字列の場合はデータの個数が求められます。集計方法を変更する場合は、集計結果が表示されているセルをクリックし、右側に表示される▼をクリックして一覧から目的の集計方法を選択します。

ヒント
データの絞り込み後の集計結果
オートフィルターを使ってデータを絞り込むと、集計行には抽出されたデータのみの集計結果が表示されます。

集計方法の変更

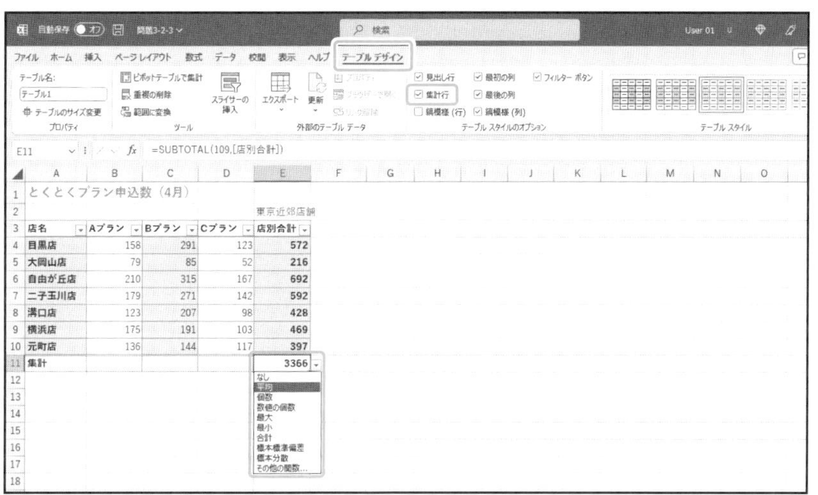

集計行の右端の列以外に集計結果を表示したい場合は、集計結果を表示したいセルをクリックし、右側に表示される▼をクリックして一覧から目的の集計方法を選択します。

集計結果を追加

とくとくプラン申込数（4月）

東京近郊店舗

店名	Aプラン	Bプラン	Cプラン	店別合計
目黒店	158	291	123	572
大岡山店	79	85	52	216
自由が丘店	210	315	167	692
二子玉川店	179	271	142	592
溝口店	123	207	98	428
横浜店	175	191	103	469
元町店	136	144	117	397
集計				3366

なし
平均
個数
数値の個数
最大
最小
合計
標本標準偏差
標本分散
その他の関数...

ヒント

集計結果の非表示

集計行のセルに表示されている集計結果を非表示にするには、集計方法の一覧から［なし］をクリックします。

操作手順

【操作 1】

❶テーブル内の任意のセルをクリックします。

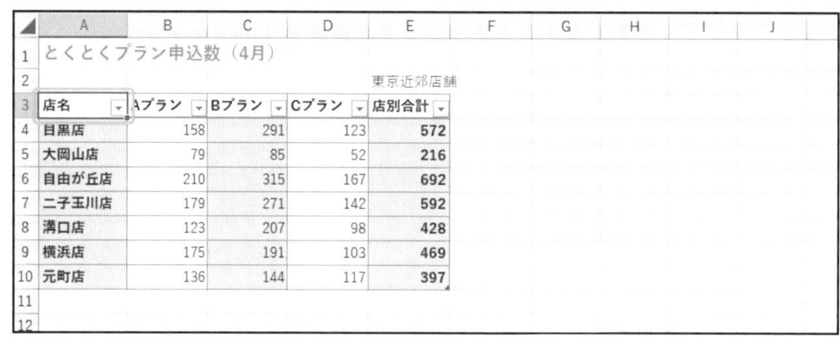

とくとくプラン申込数（4月）

東京近郊店舗

店名	Aプラン	Bプラン	Cプラン	店別合計
目黒店	158	291	123	572
大岡山店	79	85	52	216
自由が丘店	210	315	167	692
二子玉川店	179	271	142	592
溝口店	123	207	98	428
横浜店	175	191	103	469
元町店	136	144	117	397

❷［テーブルデザイン］タブの［集計行］チェックボックスをオンにします。

❸11 行目に集計行が追加され、セル E11 に「店別合計」の列の合計「3366」が表示されます。

ヒント

集計行の非表示

集計行を非表示にするには、［テーブルデザイン］タブの［集計行］チェックボックスをオフにします。

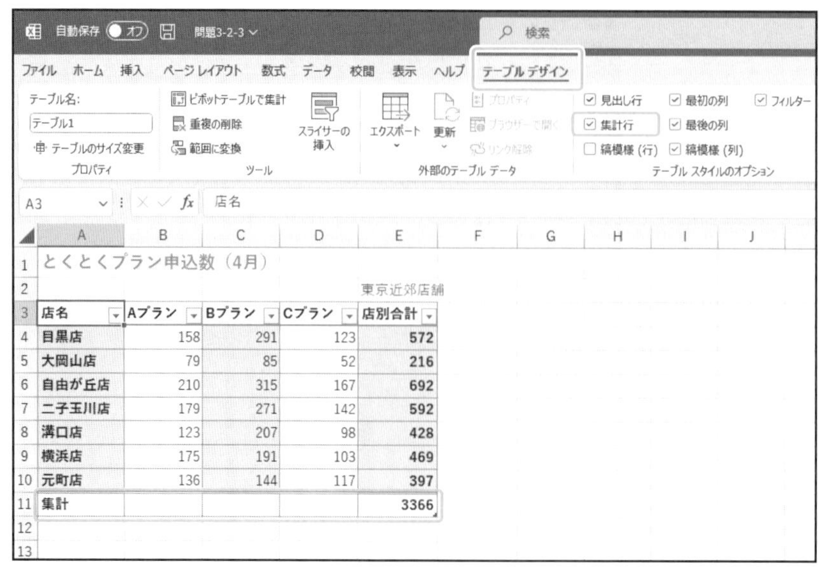

とくとくプラン申込数（4月）

東京近郊店舗

店名	Aプラン	Bプラン	Cプラン	店別合計
目黒店	158	291	123	572
大岡山店	79	85	52	216
自由が丘店	210	315	167	692
二子玉川店	179	271	142	592
溝口店	123	207	98	428
横浜店	175	191	103	469
元町店	136	144	117	397
集計				3366

【操作 2】

❹セル E11 をクリックします。

❺右側に▼が表示されるのでクリックします。

❻一覧から［平均］をクリックします。

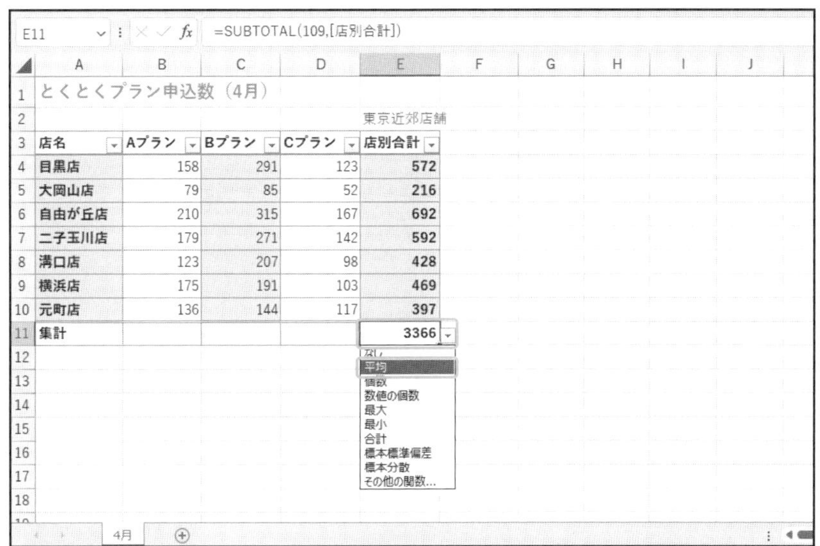

E11 =SUBTOTAL(109,[店別合計])

とくとくプラン申込数（4月）

東京近郊店舗

店名	Aプラン	Bプラン	Cプラン	店別合計
目黒店	158	291	123	572
大岡山店	79	85	52	216
自由が丘店	210	315	167	692
二子玉川店	179	271	142	592
溝口店	123	207	98	428
横浜店	175	191	103	469
元町店	136	144	117	397
集計				3366

❼セル E11 に「店別合計」の列の平均「480.8571」が表示されます。

E11 =SUBTOTAL(101,[店別合計])

とくとくプラン申込数（4月）

東京近郊店舗

店名	Aプラン	Bプラン	Cプラン	店別合計
目黒店	158	291	123	572
大岡山店	79	85	52	216
自由が丘店	210	315	167	692
二子玉川店	179	271	142	592
溝口店	123	207	98	428
横浜店	175	191	103	469
元町店	136	144	117	397
集計				480.8571

【操作 3】

❽セル B11 をクリックします。

❾右側に▼が表示されるのでクリックします。

❿一覧から［平均］をクリックします。

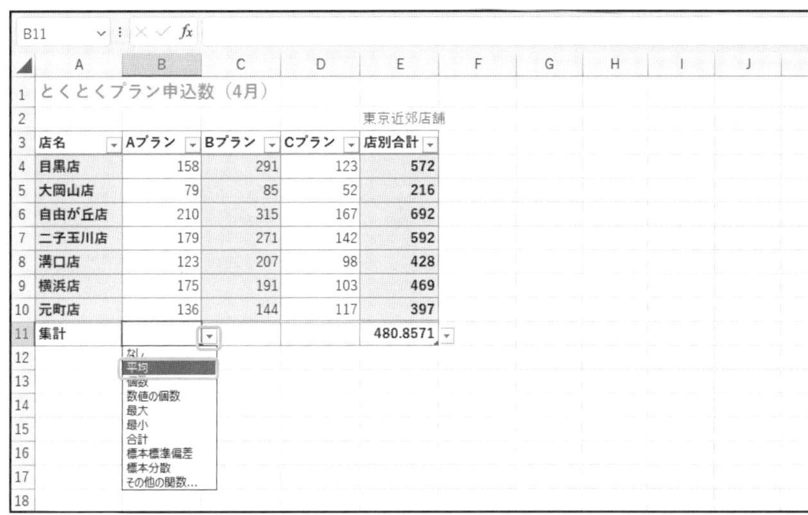

B11

とくとくプラン申込数（4月）

東京近郊店舗

店名	Aプラン	Bプラン	Cプラン	店別合計
目黒店	158	291	123	572
大岡山店	79	85	52	216
自由が丘店	210	315	167	692
二子玉川店	179	271	142	592
溝口店	123	207	98	428
横浜店	175	191	103	469
元町店	136	144	117	397
集計				480.8571

ヒント

集計行で行われる計算

集計行のセルの▼をクリックして選択した集計方法に応じて、SUBTOTAL 関数が自動的に入力されます。SUBTOTAL 関数の書式は「SUBTOTAL(集計方法, 参照1[, 参照2,…])」です。集計方法には次の番号が指定され、フィルター機能によって非表示になっているセルは含まずに、その列のデータを集計します。

101…平均
103…個数
102…数値の個数
104…最大
105…最小
109…合計

ヒント

数式でテーブルの列を参照する方法

テーブルの列を参照する数式は、列見出し名で指定することができます。これを「構造化参照」といいます（「4-1-2」参照）。ここでは、SUBTOTAL 関数の２番目の引数として、セル範囲 E4:E10 の代わりに「[店別合計]」が使われています。

⑪ セル B11 に「A プラン」の列の平均「151.4286」が表示されます。

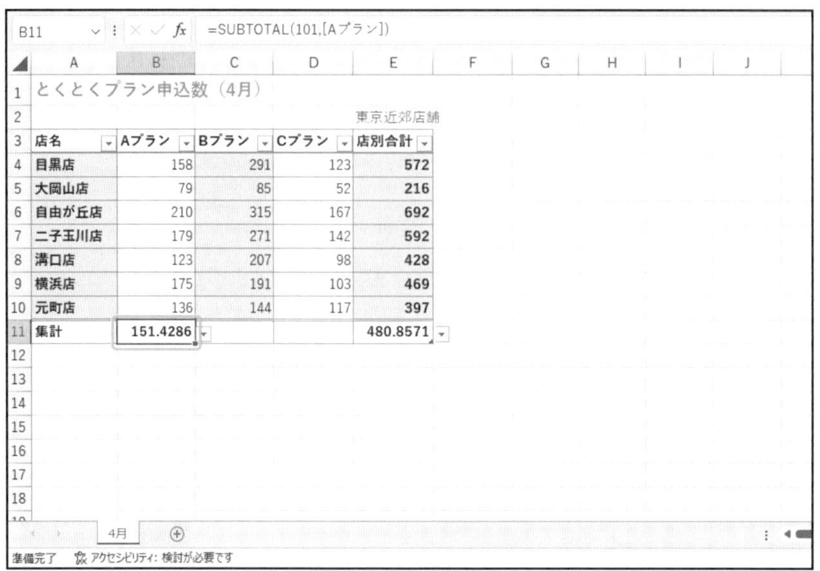

店名	Aプラン	Bプラン	Cプラン	店別合計
目黒店	158	291	123	572
大岡山店	79	85	52	216
自由が丘店	210	315	167	692
二子玉川店	179	271	142	592
溝口店	123	207	98	428
横浜店	175	191	103	469
元町店	136	144	117	397
集計	151.4286			480.8571

⑫ セル B11 の右下のフィルハンドルをポイントします。

⑬ マウスポインターの形が ＋ に変わったら、セル D11 までドラッグします。

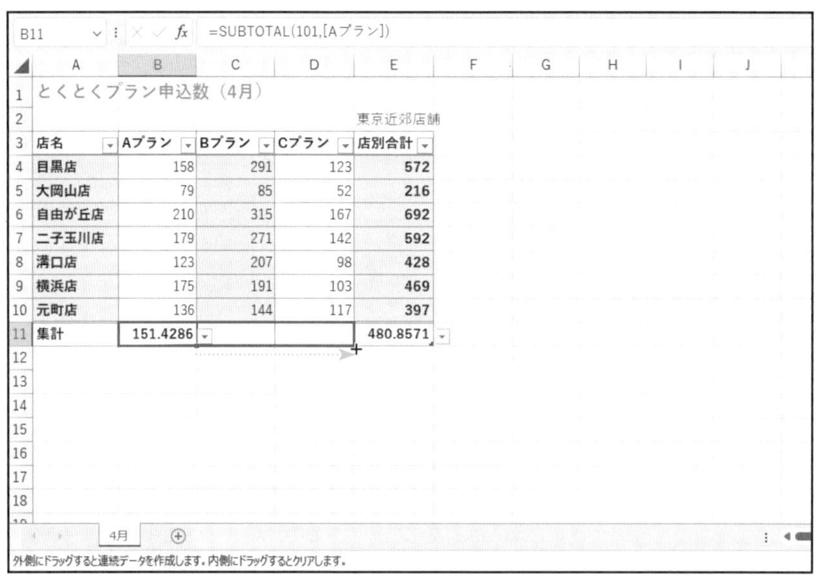

店名	Aプラン	Bプラン	Cプラン	店別合計
目黒店	158	291	123	572
大岡山店	79	85	52	216
自由が丘店	210	315	167	692
二子玉川店	179	271	142	592
溝口店	123	207	98	428
横浜店	175	191	103	469
元町店	136	144	117	397
集計	151.4286			480.8571

⑭ セル B11 の数式がセル C11、D11 にコピーされ、「B プラン」の列と「C プラン」の列の平均「214.8571」と「114.5714」が表示されます。

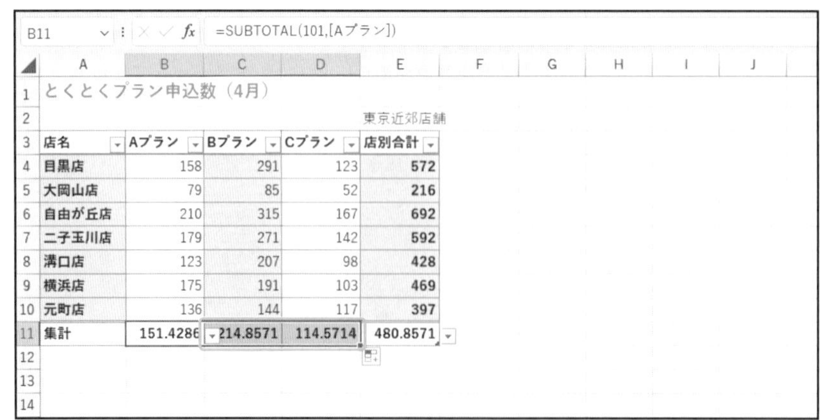

店名	Aプラン	Bプラン	Cプラン	店別合計
目黒店	158	291	123	572
大岡山店	79	85	52	216
自由が丘店	210	315	167	692
二子玉川店	179	271	142	592
溝口店	123	207	98	428
横浜店	175	191	103	469
元町店	136	144	117	397
集計	151.4286	214.8571	114.5714	480.8571

3-3 テーブルのデータをフィルターする、並べ替える

テーブルにはオートフィルターが設定されるので、列の見出しの▼（フィルターボタン）を使って、条件に合うデータだけを抽出したり、データを並べ替えたりすることができます。

3-3-1 レコードをフィルターする

練習問題

問題フォルダー
└問題 3-3-1.xlsx

解答フォルダー
└解答 3-3-1.xlsx

【操作 1】ワークシート「取引先一覧」のテーブルで、オートフィルターを使用して、「地区」が「関東」または「甲信越」の行のデータだけを表示します。

【操作 2】オートフィルターを使用して、「売上高（千円）」が 1000 以上 5000 以下の行のデータだけを表示します。

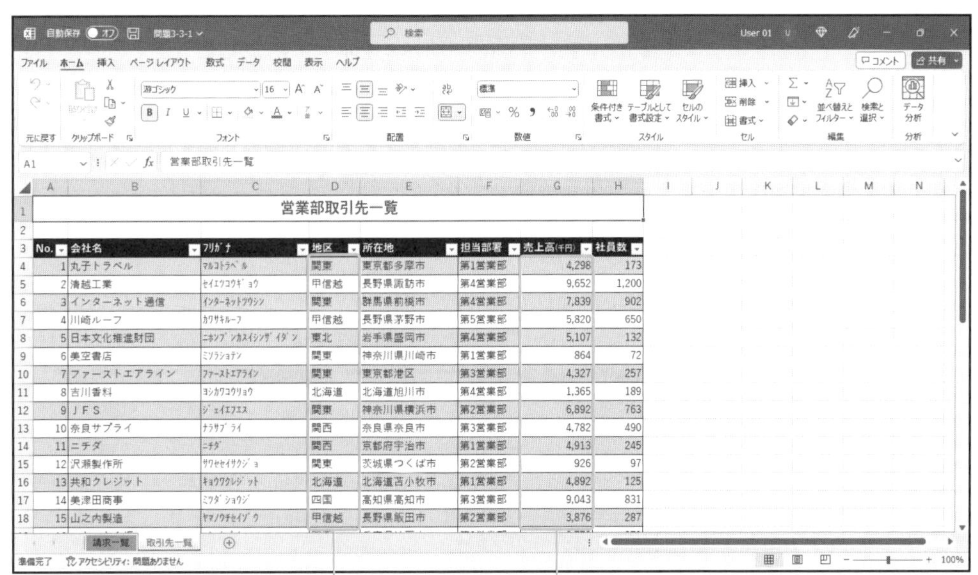

営業部取引先一覧

No.	会社名	フリガナ	地区	所在地	担当部署	売上高(千円)	社員数
1	丸子トラベル	ﾏﾙｺﾄﾗﾍﾞﾙ	関東	東京都多摩市	第1営業部	4,298	173
2	清越工業	ｾｲｴﾂｺｳｷﾞｮｳ	甲信越	長野県諏訪市	第4営業部	9,652	1,200
3	インターネット通信	ｲﾝﾀｰﾈｯﾄﾂｳｼﾝ	関東	群馬県前橋市	第4営業部	7,839	902
4	川崎ルーフ	ｶﾜｻｷﾙｰﾌ	甲信越	長野県茅野市	第5営業部	5,820	650
5	日本文化推進財団	ﾆﾎﾝﾌﾞﾝｶｽｲｼﾝｻﾞｲﾀﾞﾝ	東北	岩手県盛岡市	第4営業部	5,107	132
6	美空書店	ﾐｿﾗｼｮﾃﾝ	関東	神奈川県川崎市	第1営業部	864	72
7	ファーストエアライン	ﾌｧｰｽﾄｴｱﾗｲﾝ	関東	東京都港区	第3営業部	4,327	257
8	吉川香料	ﾖｼｶﾜｺｳﾘｮｳ	北海道	北海道旭川市	第4営業部	1,365	189
9	ＪＦＳ	ｼﾞｪｲｴﾌｴｽ	関東	神奈川県横浜市	第2営業部	6,892	763
10	奈良サプライ	ﾅﾗｻﾌﾟﾗｲ	関西	奈良県奈良市	第3営業部	4,782	490
11	ニチダ	ﾆﾁﾀﾞ	関西	京都府宇治市	第1営業部	4,913	245
12	沢瀬製作所	ｻﾜｾｾｲｻｸｼﾞｮ	関東	茨城県つくば市	第2営業部	926	97
13	共和クレジット	ｷｮｳﾜｸﾚｼﾞｯﾄ	北海道	北海道苫小牧市	第1営業部	4,892	125
14	美津田商事	ﾐﾂﾀﾞｼｮｳｼﾞ	四国	高知県高知市	第3営業部	9,043	831
15	山之内製造	ﾔﾏﾉｳﾁｾｲｿﾞｳ	甲信越	長野県飯田市	第2営業部	3,876	287

「地区」が「関東」か「甲信越」のデータだけを表示する

「売上高（千円）」が 1000 以上 5000 以下のデータだけを表示する

機能の解説

- フィルター
- オートフィルター
- データベース
- レコード
- [並べ替えとフィルター] ボタン
- [フィルター]
- [フィルター] ボタン

フィルター（オートフィルター）を使用すると、指定された条件に合う行だけを抽出することができます。フィルターが適用できる表は、1 行目を各列の見出しとし、2 行目以降は 1 行に 1 件分のデータが入力されているデータベースの形式である必要があります。この 1 件分のデータのことをレコードといいます。

テーブルを作成すると、自動的にオートフィルターが使用できるようになり、列の見出しに▼（フィルターボタン）が表示されます。この▼をクリックして、抽出するレコードの条件を指定します。

テーブルに変換していない表でもフィルターを表示することができます。表内の任意のセルをクリックし、[ホーム] タブの [並べ替えとフィルター] ボタンをクリックして [フィルター] をクリックするか、[データ] タブの [フィルター] ボタンをクリックすると、列の見出しの各セルに▼が表示されます。

抽出条件の設定

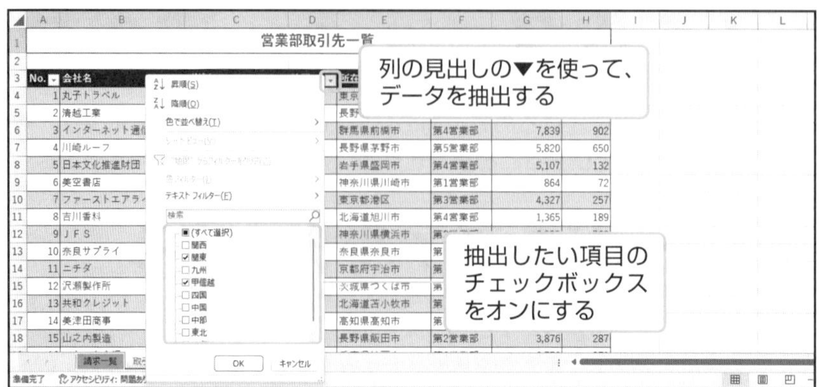

抽出を行った列は、列の見出しの▼が [フィルターボタン] になります。ポイントするとマウスポインターの形が [指ポインター] になり、抽出条件がポップアップ表示されます。フィルターの抽出条件を解除する場合は、[フィルターボタン] をクリックし、["(列の見出し名)" からフィルターをクリア] をクリックします。

抽出した列のフィルターボタンをポイントした状態

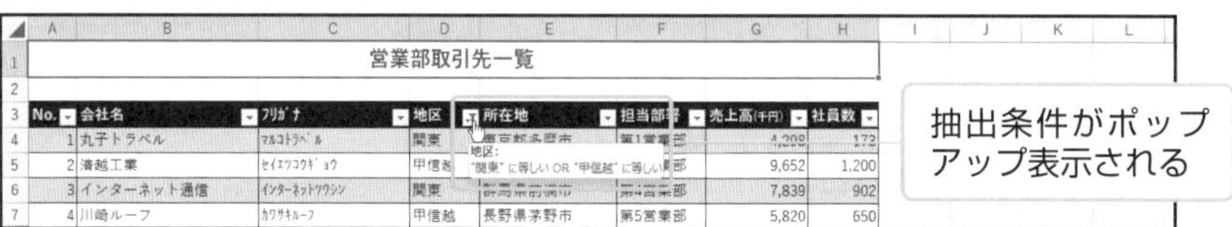

フィルター(抽出条件) の解除

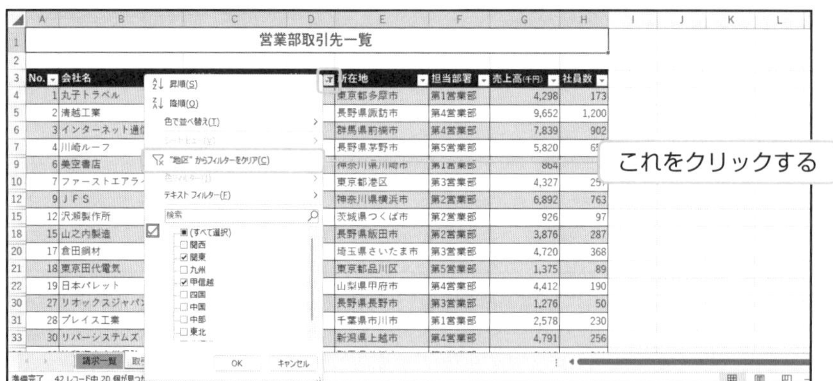

数値が「～以上」「～以下」「～の範囲内」、文字が「～で始まる」「～で終わる」「～を含む」、日付が「～より前」「～より後」「今日」のような詳細な条件を設定してデータを抽出することも可能です。

詳細な条件を設定するには、列の見出しの▼をクリックし、一覧から [数値フィルター]、[テキストフィルター]、[日付フィルター] などを選択し、表示される [カスタムオートフィルター] ダイアログボックスで条件を指定します。

- ["(列の見出し名)" からフィルターをクリア]
- [数値フィルター]
- [テキストフィルター]
- [日付フィルター]
- [カスタムオートフィルター] ダイアログボックス

ポイント

複数列の条件設定

複数の列で条件を設定すると、すべての条件を満たしたレコードのみが表示されます。

ヒント

すべての条件を解除する

データベース内の任意のセルをクリックし、[データ] タブの [クリア] ボタンをクリックすると、設定されているすべての抽出条件と並べ替えが解除されます。

ヒント

フィルターをオフにする

[ホーム] タブの [並べ替えとフィルター] ボタンをクリックし、[フィルター] をクリックしてオフにするか、[データ] タブの [フィルター] ボタンをクリックしてオフにすると、フィルターが解除されます。列の見出しの▼が表示されなくなりすべての行が表示されます。

並べ替えとフィルター [並べ替えとフィルター] ボタン

フィルター [フィルター] ボタン

[カスタムオートフィルター] ダイアログボックス

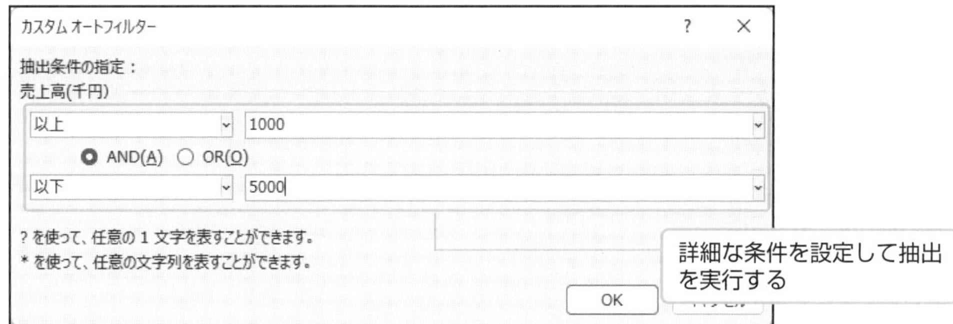

操作手順

【操作 1】

❶ ワークシート「取引先一覧」のセル D3（「地区」の列の見出しのセル）の▼をクリックします。

❷ 一覧の［(すべて選択)］チェックボックスをオフにします。

❸［関東］チェックボックスと［甲信越］チェックボックスをオンにします。

❹［OK］をクリックします。

❺「地区」が「関東」または「甲信越」の行だけが表示されて行番号が青字になり、他の行は非表示になります。

❻ ステータスバーに「42 レコード中 20 個が見つかりました」と表示されます。

営業部取引先一覧

	No.	会社名	フリガナ	地区	所在地	担当部署	売上高(千円)	社員数
4	1	丸子トラベル	ﾏﾙｺﾄﾗﾍﾞﾙ	関東	東京都多摩市	第1営業部	4,298	173
5	2	清越工業	ｾｲｴﾂｺｳｷﾞｮｳ	甲信越	長野県諏訪市	第4営業部	9,652	1,200
6	3	インターネット通信	ｲﾝﾀｰﾈｯﾄﾂｳｼﾝ	関東	群馬県前橋市	第4営業部	7,839	902
7	4	川崎ルーフ	ｶﾜｻｷﾙｰﾌ	甲信越	長野県茅野市	第5営業部	5,820	650
9	6	美空書店	ﾐｿﾗｼｮﾃﾝ	関東	神奈川県川崎市	第1営業部	864	72
10	7	ファーストエアライン	ﾌｧｰｽﾄｴｱﾗｲﾝ	関東	東京都港区	第3営業部	4,327	257
12	9	ＪＦＳ	ｼﾞｪｲｴﾌｴｽ	関東	神奈川県横浜市	第2営業部	6,892	763
15	12	沢瀬製作所	ｻﾜｾｾｲｻｸｼﾞｮ	関東	茨城県つくば市	第2営業部	926	97
18	15	山之内製造	ﾔﾏﾉｳﾁｾｲｿﾞｳ	甲信越	長野県飯田市	第2営業部	3,876	287
20	17	倉田鋼材	ｸﾗﾀｺｳｻﾞｲ	関東	埼玉県さいたま市	第3営業部	4,720	368
21	18	東京田代電気	ﾄｳｷｮｳﾀｼﾛﾃﾞﾝｷ	関東	東京都品川区	第5営業部	1,375	89
22	19	日本パレット	ﾆﾎﾝﾊﾟﾚｯﾄ	甲信越	山梨県甲府市	第4営業部	4,412	190
30	27	リオックスジャパン	ﾘｵｯｸｽｼﾞｬﾊﾟﾝ	甲信越	長野県長野市	第3営業部	1,276	50
31	28	プレイス工業	ﾌﾟﾚｲｽｺｳｷﾞｮｳ	関東	千葉県市川市	第1営業部	2,578	230
33	30	リバーシステムズ	ﾘﾊﾞｰｼｽﾃﾑｽﾞ	甲信越	新潟県上越市	第4営業部	4,791	256

請求一覧　取引先一覧

準備完了　42 レコード中 20 個が見つかりました　アクセシビリティ: 問題ありません

ポイント

チェックボックスの操作

初期状態ではすべてのチェックボックスがオンになっており、いくつかのチェックボックスだけを残して他のすべてをオフにするのは手間がかかります。そこで、ここではまず［(すべて選択)］チェックボックスをクリックしてすべてのチェックボックスをオフにし、改めてオンにしたいチェックボックスをクリックしています。

ヒント

抽出件数の確認

抽出を行うとステータスバーに該当するレコードの件数が表示されます。

ヒント

テーブルの縞模様

表がテーブルに変換されていると、テーブルスタイルが適用されているので、抽出後も行方向の縞模様は自動的に調整されます。

ポイント

その他の抽出方法

フィルターの対象の列が数値や時刻などである場合は［数値フィルター］、文字列の場合は［テキストフィルター］、日付の場合は［日付フィルター］と、それぞれセルの内容に応じたフィルターが一覧に表示されます。また、セルに塗りつぶしの色が設定されている場合は、［色フィルター］も使用可能です。

ヒント

［カスタムオートフィルター］ダイアログボックス

環境によって条件を選ぶボックスと値を入力するボックスは左右が逆のことがあります。

その他の操作方法

カスタムオートフィルターの設定

［数値フィルター］をポイントして表示される一覧のうち、「指定の～」で始まるものと［ユーザー設定フィルター］については、どれをクリックしても［カスタムオートフィルター］ダイアログボックスが表示されます。左側のボックスの▼をクリックして、［以上］［以下］などの条件を切り替えることも可能です。

ポイント

AND と OR

上下の条件をいずれも満たす場合は［AND］、少なくともいずれか一方を満たす場合は［OR］を選択します。

【操作 2】

⑦ セル G3（「売上高（千円）」の列の見出しのセル）の▼をクリックします。

⑧ 一覧の［数値フィルター］の［指定の範囲内］をクリックします。

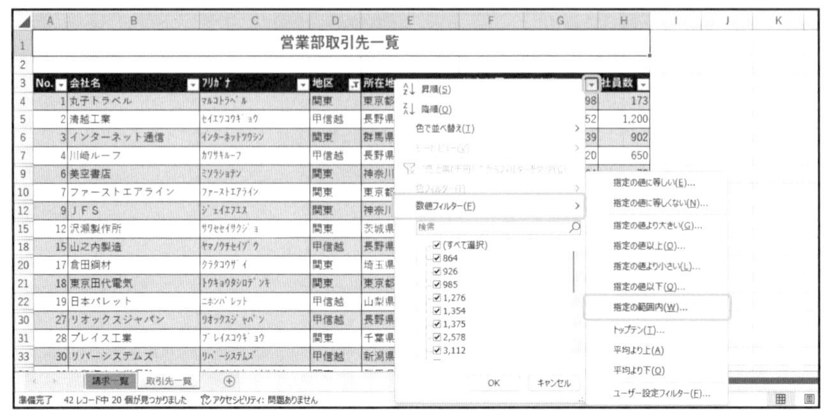

⑨［カスタムオートフィルター］ダイアログボックスが表示されるので、［抽出条件の指定］の［売上高（千円）］のすぐ下の項目の左側のボックスが「以上」となっていることを確認し、その右側のボックスに「1000」と入力します。

⑩［売上高（千円）］の 2 番目の項目の左側のボックスが「以下」となっていることを確認し、その右側のボックスに「5000」と入力します。

⑪ 上下のボックスの間の［AND］が選択されていることを確認します。

⑫［OK］をクリックします。

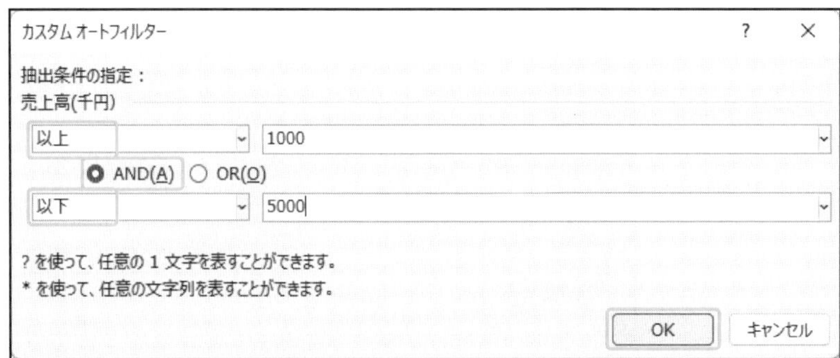

⑬「地区」が「関東」または「甲信越」で、「売上高（千円）」が 1000 以上 5000 以下の行だけが表示されます。

⑭ ステータスバーに「42 レコード中 13 個が見つかりました」と表示されます。

営業部取引先一覧

No.	会社名	ﾌﾘｶﾞﾅ	地区	所在地	担当部署	売上高(千円)	社員数
1	丸子トラベル	ﾏﾙｺﾄﾗﾍﾞﾙ	関東	東京都多摩市	第1営業部	4,298	173
7	ファーストエアライン	ﾌｧｰｽﾄｴｱﾗｲﾝ	関東	東京都港区	第3営業部	4,327	257
15	山之内製造	ﾔﾏﾉｳﾁｾｲｿﾞｳ	甲信越	長野県飯田市	第2営業部	3,876	287
17	倉田鋼材	ｸﾗﾀｺｳｻﾞｲ	関東	埼玉県さいたま市	第3営業部	4,720	368
18	東京田代電気	ﾄｳｷｮｳﾀｼﾛﾃﾞﾝｷ	関東	東京都品川区	第5営業部	1,375	89
19	日本パレット	ﾆﾎﾝﾊﾟﾚｯﾄ	甲信越	山梨県甲府市	第4営業部	4,412	190
27	リオックスジャパン	ﾘｵｯｸｽｼﾞｬﾊﾟﾝ	甲信越	長野県長野市	第3営業部	1,276	50
28	プレイス工業	ﾌﾟﾚｲｽｺｳｷﾞｮｳ	関東	千葉県市川市	第1営業部	2,578	230
30	リバーシステムズ	ﾘﾊﾞｰｼｽﾃﾑｽﾞ	甲信越	新潟県上越市	第4営業部	4,791	256
33	協和海上火災保険	ｷｮｳﾜｶｲｼﾞｮｳｶｻｲﾎｹﾝ	関東	群馬県前橋市	第3営業部	3,112	341
35	長野ＯＡ機器	ﾅｶﾞﾉｵｰｴｰｷｷ	甲信越	長野県伊那市	第1営業部	3,713	380
38	ＮＳＳデータ	ｴﾇｴｽｴｽﾃﾞｰﾀ	関東	茨城県古河市	第2営業部	1,354	142
40	富士機械販売	ﾌｼﾞｷｶｲﾊﾝﾊﾞｲ	関東	群馬県富岡市	第3営業部	3,147	421

準備完了　42 レコード中 13 個が見つかりました　アクセシビリティ: 問題ありません

3-3-2 複数の列でデータを並べ替える

練習問題

問題フォルダー
└問題 3-3-2.xlsx

解答フォルダー
└解答 3-3-2.xlsx

以下の基準に基づいて、テーブルの行の並べ替えを実行します。

基準 1：「最寄り駅」の昇順に並べ替える

基準 2：「最寄り駅」が同じ行については、「家賃」の降順に並べ替える

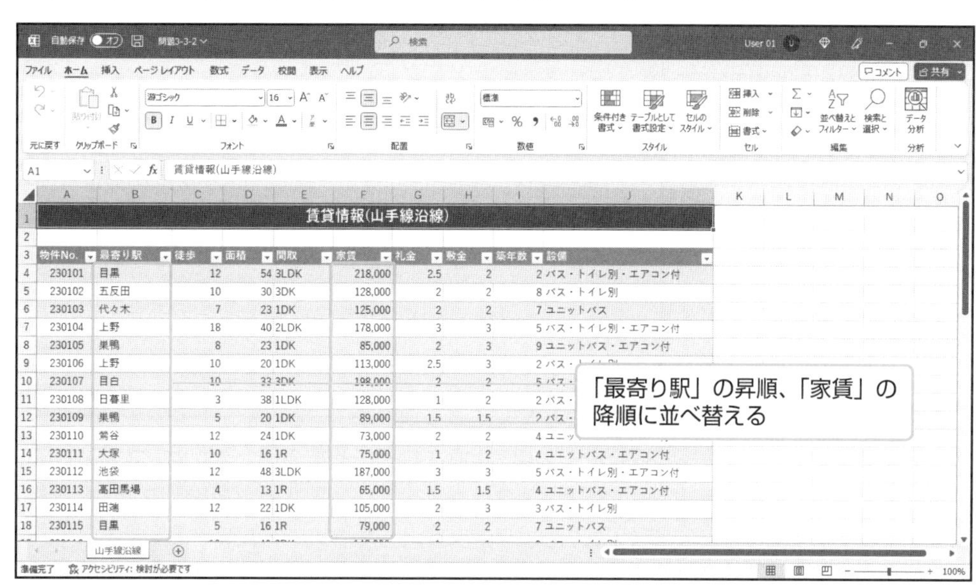

機能の解説

- 並べ替え
- キー
- [並べ替えとフィルター] ボタン
- [昇順]
- [降順]
- [昇順] ボタン
- [降順] ボタン
- [並べ替え] ボタン
- [並べ替え] ダイアログボックス

Excel の表は、特定の列の数値の小さい順、あるいは大きい順などで、行単位で並べ替えを実行することができます。このとき、並べ替えの基準となる列をキーといいます。表の1 行目は、通常は列の見出しとして使用され、並べ替えの対象からは除外されます。

並べ替えの順序は次のとおりです。

並べ替えの順序

データの種類	昇順	降順
数値	0 → 9（小さい順）	9 → 0（大きい順）
文字	あ→ん	ん→あ
英字	A → Z	Z → A
日付	古い順	新しい順

ポイント

文字の並べ替え

漢字が含まれる文字列は、Excel で読みを入力し、日本語変換した場合だけ右の表の順序になります。

1つの列の数値や文字列だけをキーにして並べ替える場合は、キーとなる列内の任意のセルをクリックし、[ホーム] タブの [並べ替えとフィルター] ボタンをクリックして、[昇順] または [降順] をクリックするか、[データ] タブの [昇順] ボタンまたは [降順] ボタンをクリックします。

[並べ替えとフィルター] ボタンから並べ替えの順序を指定

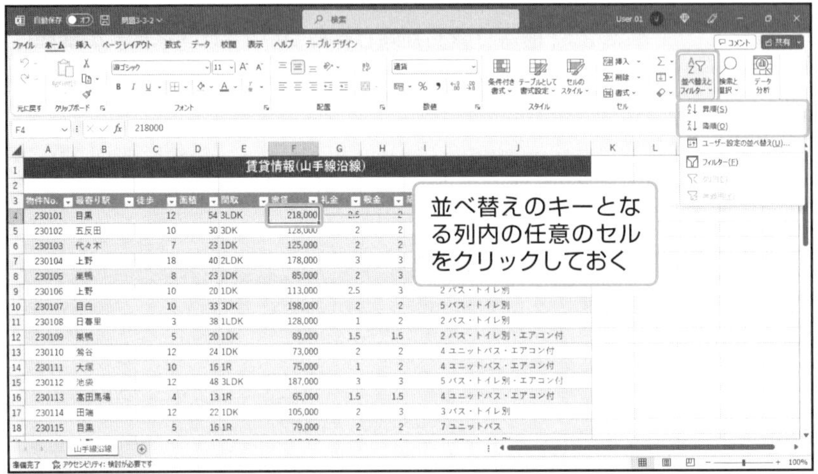

表がテーブルに変換されている場合は、列の見出しのセルに表示されている▼（フィルターボタン）をクリックして、一覧から [昇順] または [降順] をクリックしても並べ替えを行うことができます。

列の見出しの▼（フィルターボタン）から並べ替えの順序を指定

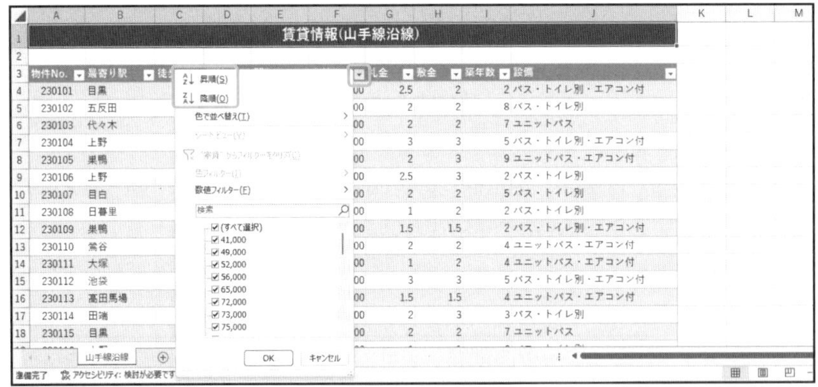

複数のキーを設定して並べ替える場合は、表内の任意のセルをクリックし、[ホーム] タブの [並べ替えとフィルター] ボタンをクリックして [ユーザー設定の並べ替え] をクリックするか、[データ] タブの [並べ替え] ボタンをクリックして [並べ替え] ダイアログボックスを表示します。[レベルの追加] をクリックすると、並べ替えのキーを追加することができます。このダイアログボックスでは、セルの値だけでなく、セルの色やフォントの色、条件付き書式のアイコンをキーとして並べ替えることも可能です。

[並べ替え] ダイアログボックス

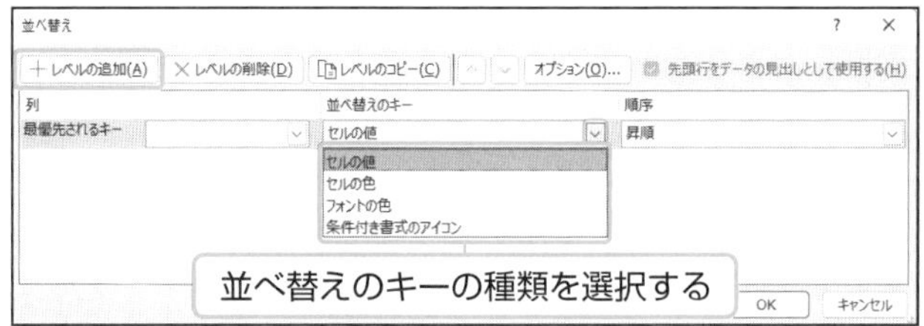

操作手順

❶ テーブル内の任意のセルをクリックします。

❷ [ホーム] タブの [並べ替えとフィルター] ボタンをクリックします。

❸ [ユーザー設定の並べ替え] をクリックします。

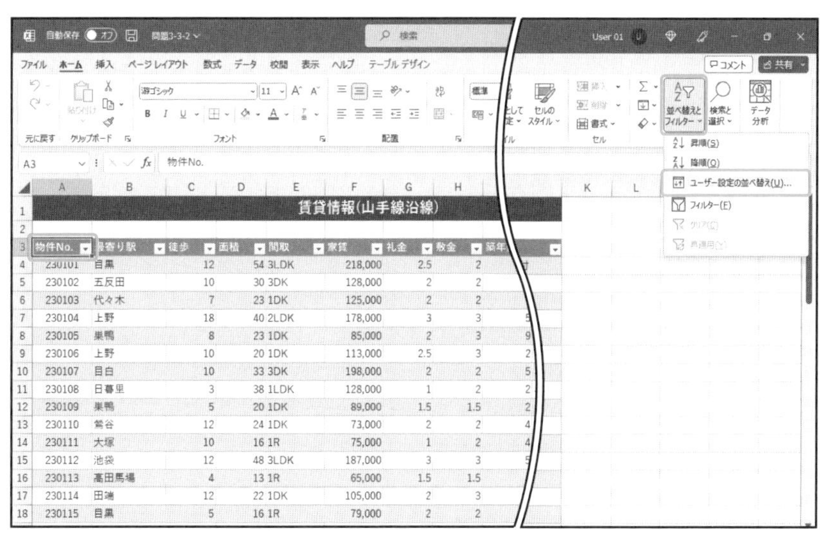

❹ [並べ替え] ダイアログボックスが表示されるので、[列] の [最優先されるキー] ボックスの▼をクリックします。

❺ 一覧から [最寄り駅] を選択します。

❻ [並べ替えのキー] ボックスが [セルの値] になっていることを確認します。

❼ [順序] ボックスが [昇順] になっていることを確認します。

先頭行の扱い

[先頭行をデータの見出しとして使用する] チェックボックスがオンになっていると、表の範囲の先頭行を列の見出しが入っている行とみなし、並べ替え行の対象から除外します。なお、テーブルの場合、このチェックボックスは自動的にオンになり、オフにすることはできません。

❽［レベルの追加］をクリックします。

❾［列］の［次に優先されるキー］が追加されるので、ボックスの▼をクリックします。

❿一覧から［家賃］をクリックします。

⓫［並べ替えのキー］ボックスが［セルの値］になっていることを確認します。

⓬［順序］ボックスの▼をクリックします。

⓭一覧から［大きい順］を選択します。

⓮［OK］をクリックします。

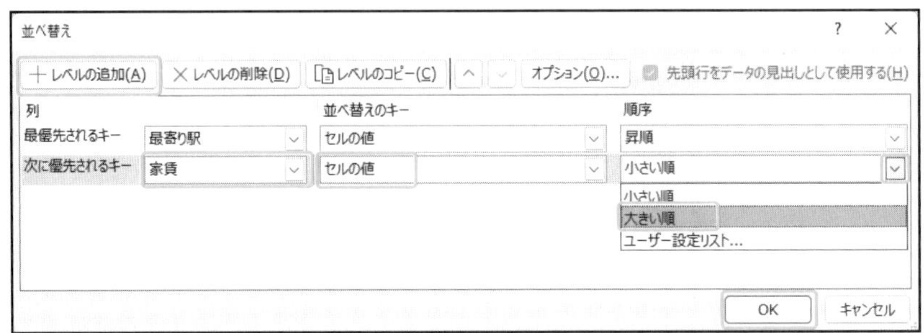

⓯テーブル全体の行が「最寄り駅」の昇順に、「最寄り駅」が同じ場合は「家賃」の降順に並べ替えられます。

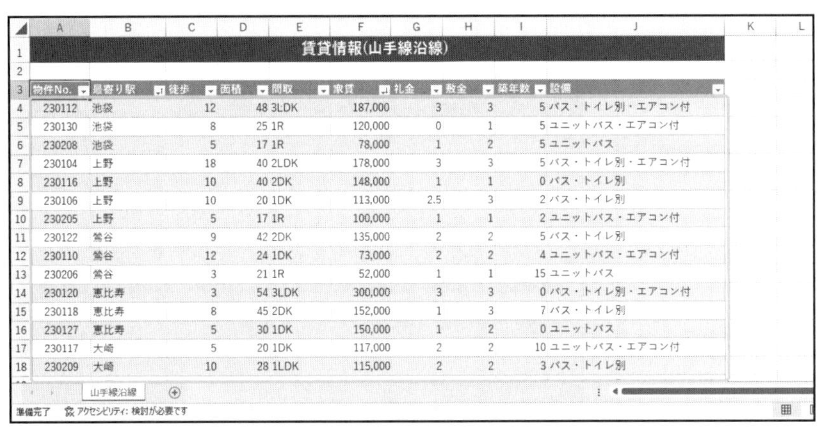

賃貸情報(山手線沿線)

物件No.	最寄り駅	徒歩	面積	間取	家賃	礼金	敷金	築年数	設備
230112	池袋	12	48	3LDK	187,000	3	3	5	バス・トイレ別・エアコン付
230130	池袋	8	25	1R	120,000	0	1	5	ユニットバス・エアコン付
230208	池袋	5	17	1R	78,000	1	2	5	ユニットバス
230104	上野	18	40	2LDK	178,000	3	3	5	バス・トイレ別・エアコン付
230116	上野	10	40	2DK	148,000	1	1	0	バス・トイレ別
230106	上野	10	20	1DK	113,000	2.5	3	2	バス・トイレ別
230205	上野	5	17	1R	100,000	1	1	2	ユニットバス・エアコン付
230122	鶯谷	9	42	2DK	135,000	2	2	5	バス・トイレ別
230110	鶯谷	12	24	1DK	73,000	2	2	4	ユニットバス・エアコン付
230206	鶯谷	3	21	1R	52,000	1	1	15	ユニットバス
230120	恵比寿	3	54	3LDK	300,000	3	3	0	バス・トイレ別・エアコン付
230118	恵比寿	8	45	2DK	152,000	1	3	7	バス・トイレ別
230127	恵比寿	5	30	1DK	150,000	1	2	0	ユニットバス
230117	大崎	5	20	1DK	117,000	2	2	10	ユニットバス・エアコン付
230209	大崎	10	28	1LDK	115,000	2	2	3	バス・トイレ別

山手線沿線

準備完了　アクセシビリティ: 検討が必要です

テーブルの縞模様

表がテーブルに変換されていると、テーブルスタイルが適用されているので、並べ替え後も行方向の縞模様は自動的に調整されます。

Chapter 4

数式や関数を使用した演算の実行

本章で学習する項目

- □ 参照を追加する
- □ データを計算する、加工する
- □ 文字列を整形する、変更する

4-1 参照を追加する

Excel の数式では、数値だけでなく、セル番地や名前付き範囲、テーブル名やテーブルの列見出し名などを使用することができます。これらを使用すると、その中の数値が変更された場合、自動的に再計算され、計算結果が更新されます。

4-1-1 セルの相対参照、絶対参照、複合参照を追加する

練習問題

問題フォルダー
└問題 4-1-1.xlsx

解答フォルダー
└解答 4-1-1.xlsx

【操作 1】セル D4 に、東京本社の上半期と下半期の合計を求める数式を加算で入力し、セル範囲 D5:D10 にコピーします。

【操作 2】セル E4 に、本社と全支店の合計に対する東京本社の合計の構成比を求める数式を入力し、セル範囲 E5:E10 にコピーします。

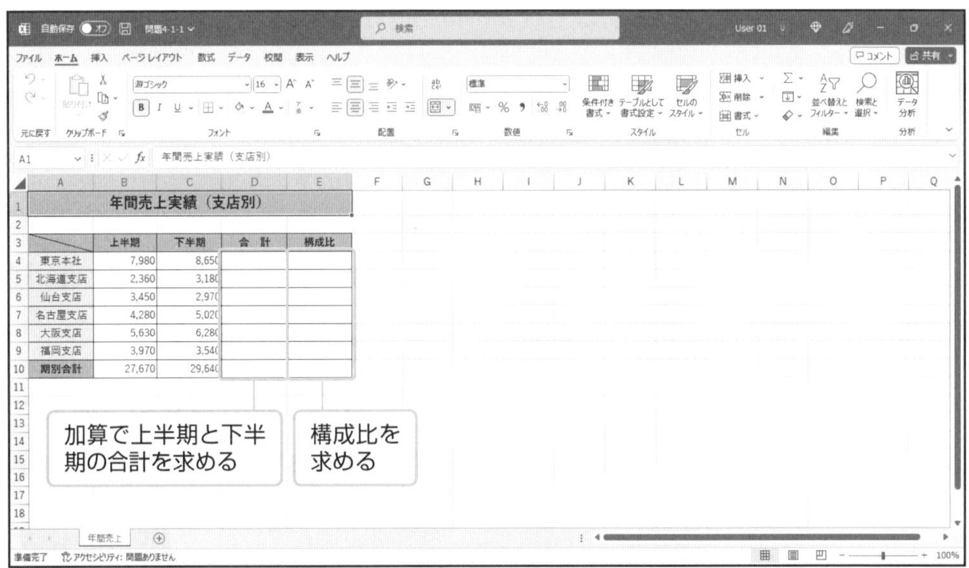

機能の解説

- 数式
- 数式バー
- 演算子
- セル参照
- 相対参照
- 絶対参照
- 複合参照

Excel で数式を入力するには、最初に「=」（等号）を入力し、続いて数式を入力して **Enter** キーを押します。セルには数式の計算結果が表示されます。数式が入力されたセルをクリックしてアクティブにすると、入力されている数式が数式バーに表示されます。

数式の入力

ヒント

別のワークシートにあるセル参照

別のワークシートにあるセルを参照する場合は、「Sheet2!A1」のようにシート名に「!」(エクスクラメーションマーク)を付けてその後にセル番地を指定します。なお、数式を入力する際に、別のワークシートのセルをクリックすると、自動的に「シート名!」とセル番地が入ります。

四則演算などの計算では、次のような記号を演算子として使い、半角で入力します。数式では「=100+500」のような数値だけでなく、「=A2+A3」のようなセル番地を指定することもできます。これをセル参照といいます。なお、数式を入力する際にセルをクリックすると、自動的にセル番地が入ります。セル参照を使用した数式では、参照するセル内の数値が変更された場合、変更された数値で自動的に再計算され、計算結果が更新されます。

計算を実行する算術演算子

演算子	内容	使用例(数値)	使用例(セル参照)
+	加算(+)	=2+3	=A2+A3
-	減算(−)	=2-3	=A2-A3
*	乗算(×)	=2*3	=A2*A3
/	除算(÷)	=2/3	=A2/A3
^	べき乗	=2^2	=A2^2
%	パーセント	=2*80%	=A2*80%

ヒント

数式のコピー

入力した数式をコピーするにはオートフィル機能を使う方法が便利です。数式の入力されているセルをクリックして右下のフィルハンドルをポイントし、マウスポインターの形が ✚ に変わったら、コピー先の最後のセルまでドラッグします(「2-1-2」参照)。

セル参照には、相対参照、絶対参照、複合参照の 3 種類があり、目的に応じて使い分けます。

相対参照は、数式を入力するセルを基点として、参照先のセルがどの位置に存在するかを認識する方法です。相対参照を使用した数式をコピーすると、数式を入力するセルと参照先のセルの相対的な位置関係が保たれるため、セル番地が自動的に変更されます。なお、セルをクリックして指定すると、特に指定しない限り相対参照になります。

相対参照を含むセル D3 の数式(=B3*C3)をセル D4 ~ D6 にコピーした場合

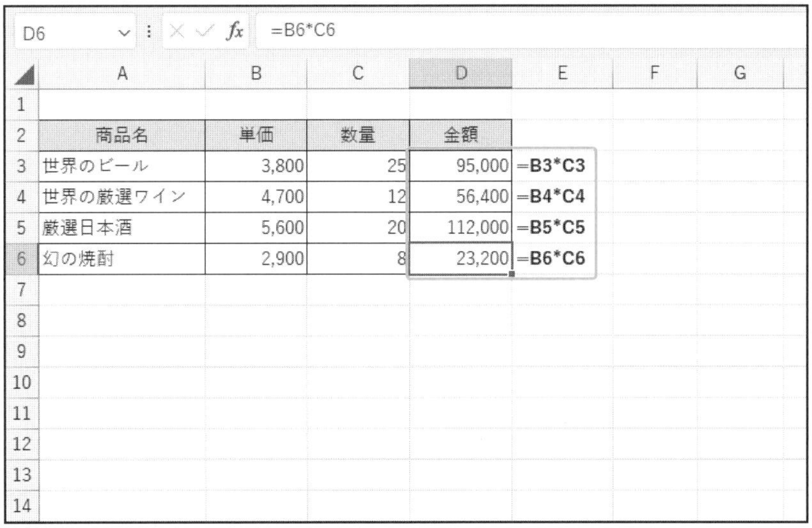

D6 fx =B6*C6

	A	B	C	D	E	F	G
1							
2	商品名	単価	数量	金額			
3	世界のビール	3,800	25	95,000	=B3*C3		
4	世界の厳選ワイン	4,700	12	56,400	=B4*C4		
5	厳選日本酒	5,600	20	112,000	=B5*C5		
6	幻の焼酎	2,900	8	23,200	=B6*C6		
7							
8							
9							
10							
11							
12							
13							
14							

絶対参照は、相対参照のようにセル参照を自動的に変更せず、参照先のセルを常に固定する方法です。絶対参照を指定した場合、数式をコピーしてもセル番地は変更されません。絶対参照にするには、「$A$1」のようにセル番地の列番号と行番号の前に「$」（ドル記号）を付けます。

絶対参照を含むセル E3 の数式（=D3/$D$7）をセル E4 ～ E7 にコピーした場合

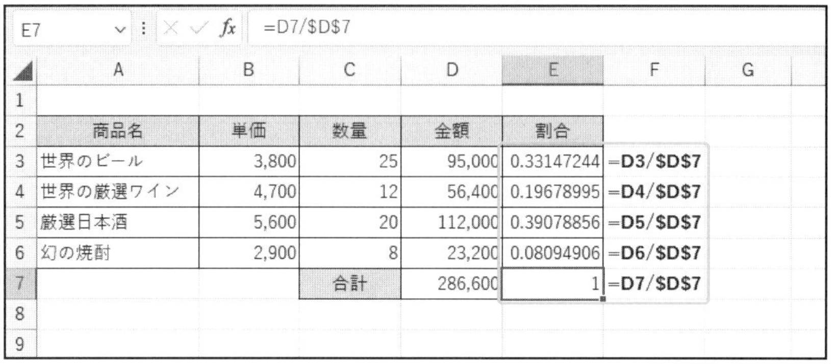

E7 | =D7/$D$7

	A	B	C	D	E	F	G
1							
2	商品名	単価	数量	金額	割合		
3	世界のビール	3,800	25	95,000	0.33147244	**=D3/$D$7**	
4	世界の厳選ワイン	4,700	12	56,400	0.19678995	**=D4/$D$7**	
5	厳選日本酒	5,600	20	112,000	0.39078856	**=D5/$D$7**	
6	幻の焼酎	2,900	8	23,200	0.08094906	**=D6/$D$7**	
7			合計	286,600	1	**=D7/$D$7**	
8							
9							

複合参照は、絶対参照と相対参照を組み合わせたセル参照で、参照先のセルの列番号または行番号のみを固定する方法です。複合参照を指定した場合、数式をコピーすると、「$」が付いている列番号や行番号は固定され、「$」の付いていない列番号や行番号は自動的に変更されます。

複合参照を含むセル C3 の数式（=$B3*C$1）をセル C4 ～ C6 とセル E3 ～ E6 にコピーした場合

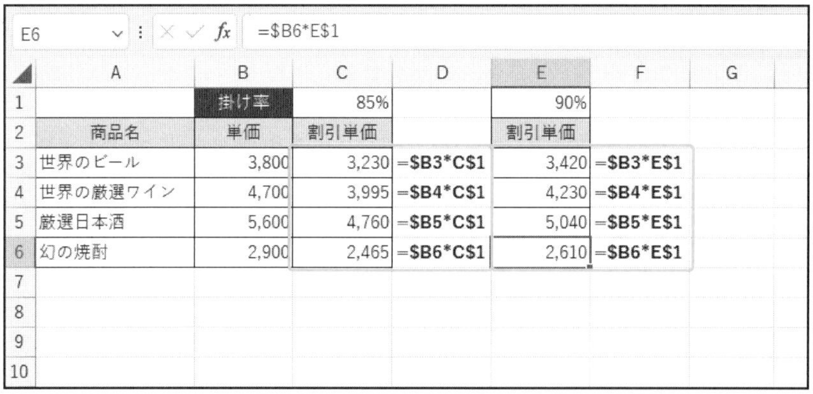

E6 | =$B6*E$1

	A	B	C	D	E	F	G
1		掛け率	85%		90%		
2	商品名	単価	割引単価		割引単価		
3	世界のビール	3,800	3,230	**=$B3*C$1**	3,420	**=$B3*E$1**	
4	世界の厳選ワイン	4,700	3,995	**=$B4*C$1**	4,230	**=$B4*E$1**	
5	厳選日本酒	5,600	4,760	**=$B5*C$1**	5,040	**=$B5*E$1**	
6	幻の焼酎	2,900	2,465	**=$B6*C$1**	2,610	**=$B6*E$1**	
7							
8							
9							
10							

絶対参照や複合参照を指定するには、キーボードから「$」を入力する方法と、参照するセルを選択した状態で **F4** キーを押す方法があります。

F4 キーを使ったセル参照の指定方法

セル	参照方法	F4 キー
$A$1	絶対参照	1 回押す
A$1	複合参照（列：相対参照、行：絶対参照）	2 回押す
$A1	複合参照（列：絶対参照、行：相対参照）	3 回押す
A1	相対参照（初期値に戻る）	4 回押す

操作手順

【操作 1】

❶ 東京本社の合計金額を表示するセル D4 をクリックします。

❷「=」を入力します。

❸ 東京本社の上半期のセル B4 をクリックします。

❹「+」を入力します。

❺ 東京本社の下半期のセル C4 をクリックします。

❻ セル D4 と数式バーに「**=B4+C4**」と表示されていることを確認して、**Enter** キーを押します。

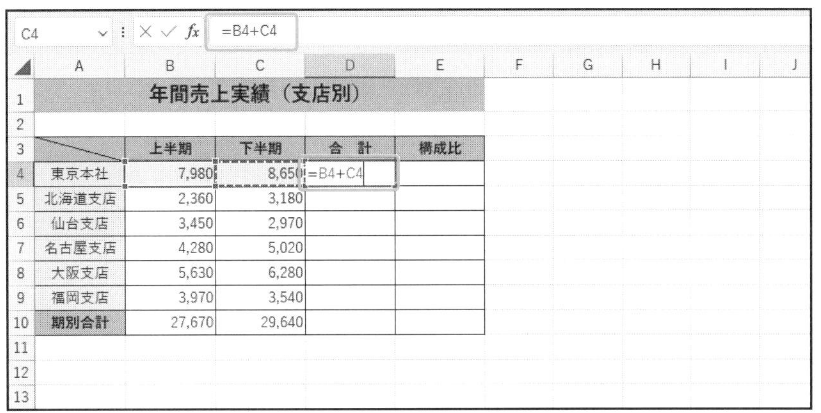

C4 | =B4+C4

	年間売上実績（支店別）			
	上半期	下半期	合　計	構成比
東京本社	7,980	8,650	=B4+C4	
北海道支店	2,360	3,180		
仙台支店	3,450	2,970		
名古屋支店	4,280	5,020		
大阪支店	5,630	6,280		
福岡支店	3,970	3,540		
期別合計	27,670	29,640		

❼ セル D4 に計算結果「16,630」が表示されます。

❽ セル D4 をクリックして、セルの右下のフィルハンドルをポイントします。

❾ マウスポインターの形が ＋ に変わったら、セル D10 までドラッグします。

D4 | =B4+C4

	年間売上実績（支店別）			
	上半期	下半期	合　計	構成比
東京本社	7,980	8,650	16,630	
北海道支店	2,360	3,180		
仙台支店	3,450	2,970		
名古屋支店	4,280	5,020		
大阪支店	5,630	6,280		
福岡支店	3,970	3,540		
期別合計	27,670	29,640		

❿ セル D4 の数式がセル D5 ～ D10 にコピーされ、各支店と期別合計の上半期と下半期の合計が表示されます。

D4 | =B4+C4

	年間売上実績（支店別）			
	上半期	下半期	合　計	構成比
東京本社	7,980	8,650	16,630	
北海道支店	2,360	3,180	5,540	
仙台支店	3,450	2,970	6,420	
名古屋支店	4,280	5,020	9,300	
大阪支店	5,630	6,280	11,910	
福岡支店	3,970	3,540	7,510	
期別合計	27,670	29,640	57,310	

ヒント

桁区切りスタイル

セル D4 ～ D10 には、あらかじめ桁区切りスタイルが設定されているため、数値に 3 桁ごとの「,」（カンマ）が付きます。

その他の操作方法

フィルハンドルをダブルクリックする

フィルハンドルをダブルクリックすると、隣接する列の最終行を認識して、その行まで下方向に自動で数式がコピーされます。

【操作 2】

⑪東京本社の構成比を表示するセル E4 をクリックします。

⑫「=」を入力します。

⑬東京本社の合計のセル D4 をクリックします。

⑭割り算を表す「/」を入力します。

⑮本社と全支店の合計のセル D10 をクリックします。

⑯**F4** キーを 1 回押します。

⑰セル E4 と数式バーに「**=D4/$D$10**」と表示されたことを確認して、**Enter** キーを押します。

D10 =D4/$D$10

	A	B	C	D	E
1	年間売上実績（支店別）				
2					
3		上半期	下半期	合　計	構成比
4	東京本社	7,980	8,650	16,630	=D4/$D$10
5	北海道支店	2,360	3,180	5,540	
6	仙台支店	3,450	2,970	6,420	
7	名古屋支店	4,280	5,020	9,300	
8	大阪支店	5,630	6,280	11,910	
9	福岡支店	3,970	3,540	7,510	
10	期別合計	27,670	29,640	57,310	

⑱セル E4 に計算結果「0.290176235」が表示されます。

⑲セル E4 をクリックして、セルの右下のフィルハンドルをポイントします。

⑳マウスポインターの形が ＋ に変わったら、セル E10 までドラッグします。

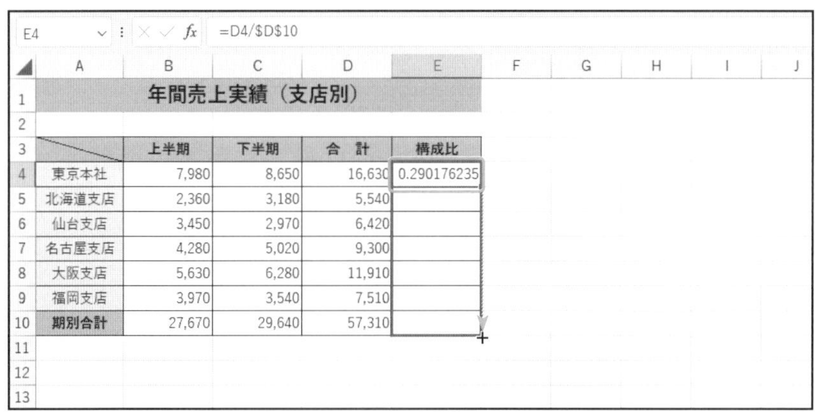

E4 =D4/$D$10

	A	B	C	D	E
1	年間売上実績（支店別）				
2					
3		上半期	下半期	合　計	構成比
4	東京本社	7,980	8,650	16,630	0.290176235
5	北海道支店	2,360	3,180	5,540	
6	仙台支店	3,450	2,970	6,420	
7	名古屋支店	4,280	5,020	9,300	
8	大阪支店	5,630	6,280	11,910	
9	福岡支店	3,970	3,540	7,510	
10	期別合計	27,670	29,640	57,310	

㉑セル E4 の数式がセル E5 ～ E10 にコピーされます。

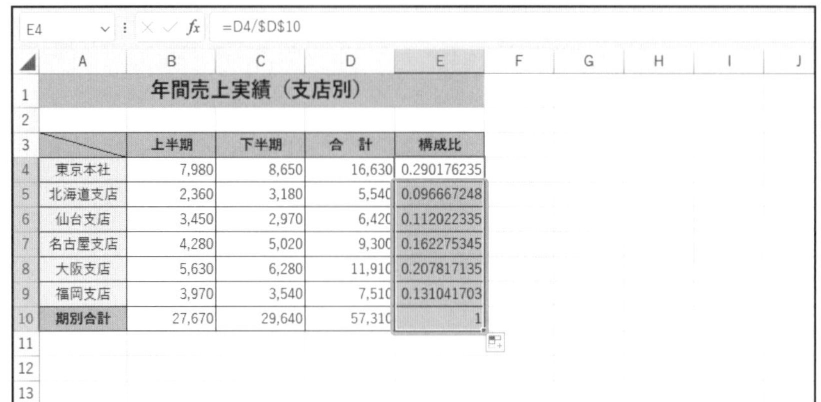

E4 =D4/$D$10

	A	B	C	D	E
1	年間売上実績（支店別）				
2					
3		上半期	下半期	合　計	構成比
4	東京本社	7,980	8,650	16,630	0.290176235
5	北海道支店	2,360	3,180	5,540	0.096667248
6	仙台支店	3,450	2,970	6,420	0.112022335
7	名古屋支店	4,280	5,020	9,300	0.162275345
8	大阪支店	5,630	6,280	11,910	0.207817135
9	福岡支店	3,970	3,540	7,510	0.131041703
10	期別合計	27,670	29,640	57,310	1

ポイント

パーセント表示に変更する

構成比をパーセント表示に変更する場合は、セル範囲を選択し、［ホーム］タブの [%]［パーセントスタイル］ボタンをクリックします。

4-1-2 数式の中で構造化参照を使用する

練習問題

問題フォルダー
└問題 4-1-2.xlsx

解答フォルダー
└解答 4-1-2.xlsx

【操作 1】テーブル「受講状況」の「売上金額」の列に、受講料に受講人数を乗算して売上金額を求める数式を入力します。

【操作 2】セル I3 にテーブル「受講状況」の集計行の売上金額の合計を表示する数式を入力します。その際、関数は使いません。

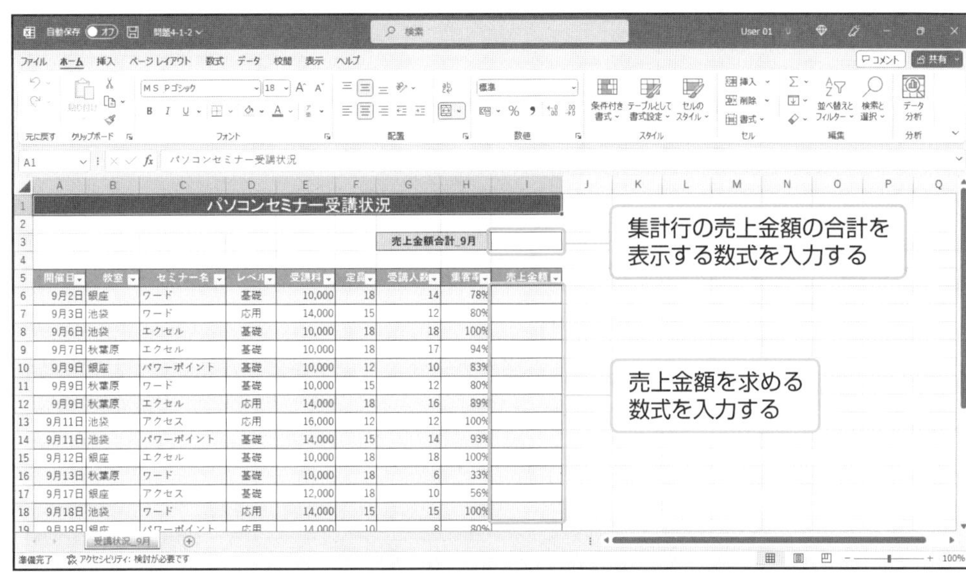

機能の解説

- テーブル
- 構造化参照

テーブルのデータを参照する数式は、テーブル名や列見出し名で指定することができます。これを「構造化参照」といいます。構造化参照を使用すると、テーブルの行や列が追加された場合でもセル参照が自動的に調整されるため、数式を書き換える必要がありません。上図のテーブル「受講状況」を参照する場合の主な構造化参照の指定は次のようになります。

テーブル内のセル範囲	構造化参照	テーブル「受講状況」の場合
見出し行と集計行を除いたテーブル全体	テーブル名	受講状況
見出し行と集計行を含めたテーブル全体	テーブル名 [# すべて]	受講状況 [# すべて]
特定の列（フィールド全体）	テーブル名 [列見出し名]	受講状況 [受講人数]
数式入力セルと同じ行の特定の列のセル	[@列見出し名]	[@受講人数]
数式入力セルと同じ行の連続する列の範囲	テーブル名 [@ [列見出し名]:[列見出し名]]	受講状況 [@ [定員]:[受講人数]]
集計行の特定の列のセル	テーブル名 [[# 集計],[列見出し名]]	受講状況 [[# 集計],[受講人数]]

構造化参照は、通常、数式の作成中にテーブル内を直接クリックまたはドラッグすると自動的に入力されます。

ヒント

数式の自動設定の取り消し

自動設定された数式を取り消すには、入力後に表示される [オートコレクトのオプション] ボタンをクリックし、一覧から [元に戻す - 集計列] をクリックします。

なお、テーブル内のセルに数式を入力すると、同じ列のセルにも自動的に同様の数式が設定されます。オートフィル機能などで数式をコピーする必要はありません。

テーブル内のセルに数式を入力

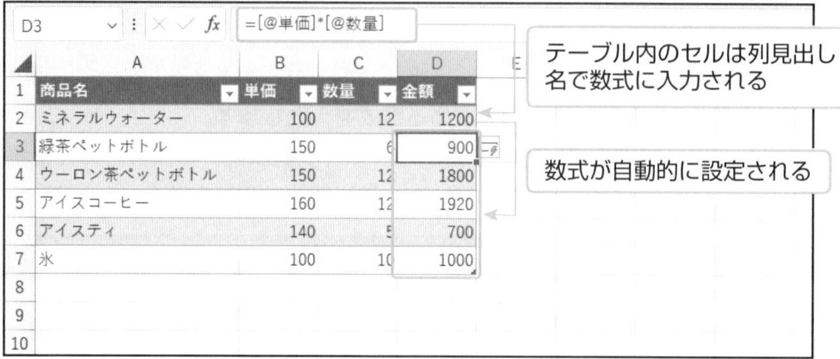

	A	B	C	D
1	商品名	単価	数量	金額
2	ミネラルウォーター	100	12	1200
3	緑茶ペットボトル	150	6	900
4	ウーロン茶ペットボトル	150	12	1800
5	アイスコーヒー	160	12	1920
6	アイスティ	140	5	700
7	氷	100	10	1000

操作手順

【操作 1】

❶ 売上金額を表示する「売上金額」の列のセル I6 をクリックします。

❷ ［テーブルデザイン］タブの［テーブル名］ボックスが「受講状況」となっていることを確認します。

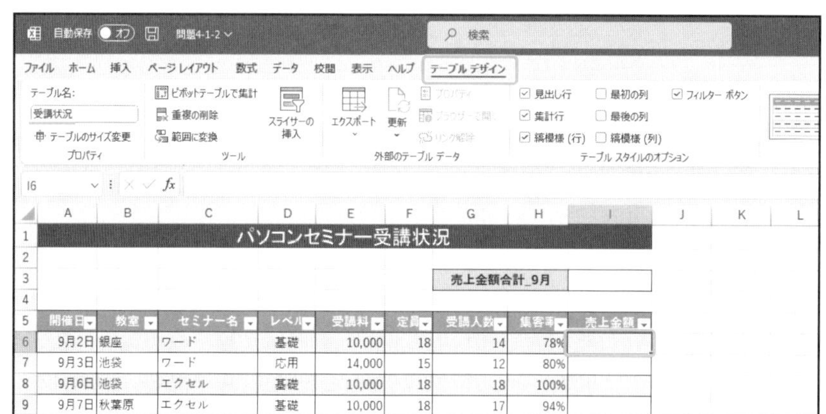

❸「=」を入力します。

❹ 同じ行の「受講料」の列のセル E6 をクリックします。

❺ セル I6 に「=[@ 受講料]」と入力されます。

❻「*」を入力します。

❼ 同じ行の「受講人数」の列のセル G6 をクリックします。

❽ セル I6 に「=[@ 受講料]* [@ 受講人数]」と入力されます。

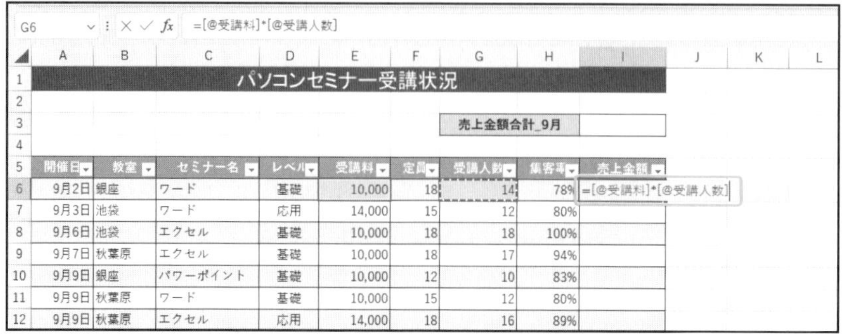

❾ **Enter** キーを押します。

❿ セル I6 に「140,000」と表示されます。

⓫「売上金額」の列全体に数式が自動的に設定され、各行の受講料に受講人数を乗算した売上金額が表示されます。

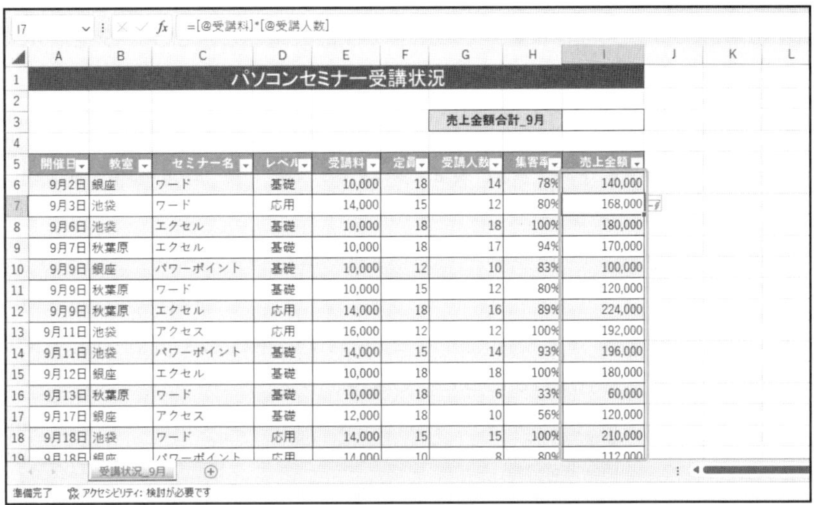

開催日	教室	セミナー名	レベル	受講料	定員	受講人数	集客率	売上金額
9月2日	銀座	ワード	基礎	10,000	18	14	78%	140,000
9月3日	池袋	ワード	応用	14,000	15	12	80%	168,000
9月6日	池袋	エクセル	基礎	10,000	18	18	100%	180,000
9月7日	秋葉原	エクセル	基礎	10,000	18	17	94%	170,000
9月9日	銀座	パワーポイント	基礎	10,000	12	10	83%	100,000
9月9日	秋葉原	ワード	基礎	10,000	15	12	80%	120,000
9月9日	秋葉原	エクセル	応用	14,000	18	16	89%	224,000
9月11日	池袋	アクセス	応用	16,000	12	12	100%	192,000
9月11日	池袋	パワーポイント	基礎	14,000	15	14	93%	196,000
9月12日	銀座	エクセル	基礎	10,000	18	18	100%	180,000
9月13日	秋葉原	ワード	基礎	10,000	18	6	33%	60,000
9月17日	銀座	アクセス	基礎	12,000	18	10	56%	120,000
9月18日	池袋	ワード	応用	14,000	15	15	100%	210,000

【操作 2】

⓬ 集計行の売上金額の合計を表示するセル I3 をクリックします。

⓭「=」を入力します。

開催日	教室	セミナー名	レベル	受講料	定員	受講人数	集客率	売上金額
9月2日	銀座	ワード	基礎	10,000	18	14	78%	140,000
9月3日	池袋	ワード	応用	14,000	15	12	80%	168,000
9月6日	池袋	エクセル	基礎	10,000	18	18	100%	180,000

⓮ 集計行の「売上金額」の列のセル I28 をクリックします。

⓯ 数式バーに「= 受講状況 [[# 集計],[売上金額]] と表示されます。

開催日	教室	セミナー名	レベル	受講料	定員	受講人数	集客率	売上金額
9月13日	秋葉原	ワード	基礎	10,000	18	6	33%	60,000
9月17日	銀座	アクセス	基礎	12,000	18	10	56%	120,000
9月18日	池袋	ワード	応用	14,000	15	15	100%	210,000
9月18日	銀座	パワーポイント	応用	14,000	10	8	80%	112,000
9月18日	秋葉原	エクセル	基礎	10,000	18	18	100%	180,000
9月18日	銀座	エクセル	応用	14,000	15	15	100%	210,000
9月19日	秋葉原	ワード	応用	14,000	15	15	100%	210,000
9月20日	銀座	エクセル	基礎	10,000	18	8	44%	80,000
9月24日	銀座	アクセス	基礎	12,000	18	4	22%	48,000
9月25日	秋葉原	アクセス	応用	16,000	12	10	83%	160,000
9月27日	銀座	パワーポイント	基礎	10,000	12	12	100%	120,000
9月28日	銀座	エクセル	応用	14,000	15	13	87%	182,000
集計						277		3,362,000

⓰ **Enter** キーを押します。

⓱ セル I3 に「3,362,000」と表示されます。

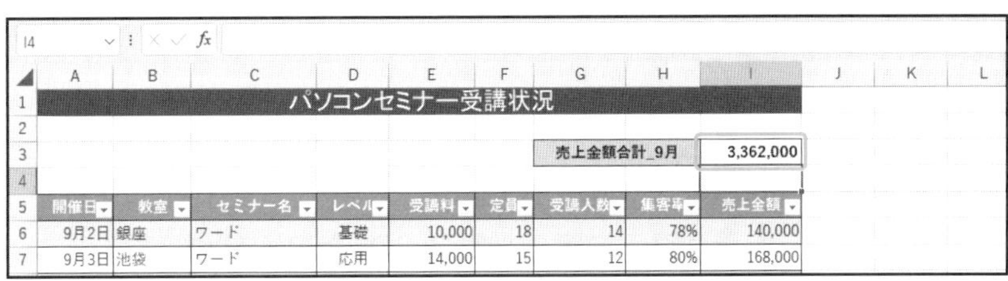

開催日	教室	セミナー名	レベル	受講料	定員	受講人数	集客率	売上金額
9月2日	銀座	ワード	基礎	10,000	18	14	78%	140,000
9月3日	池袋	ワード	応用	14,000	15	12	80%	168,000

4-2 データを計算する、加工する

複雑な計算や処理を簡単に実行するために、Excel に用意されている数式を関数といいます。関数を使うと、合計、平均、最大値、最小値を求めるなどの集計作業がすばやく行えます。また、条件を満たしているかいないかで処理を分けて異なる文字列を表示する関数、データを並べ替えて表示する関数、重複しないデータを表示する関数など、計算以外にデータの加工に使用できる関数もあります。

4-2-1 SUM 関数を使用して計算を行う

練習問題

問題フォルダー
└問題 4-2-1.xlsx

解答フォルダー
└解答 4-2-1.xlsx

関数を使用して、セル B10 に本社と全支店の上半期の合計を求め、数式をセル範囲 C10:D10 にコピーします。

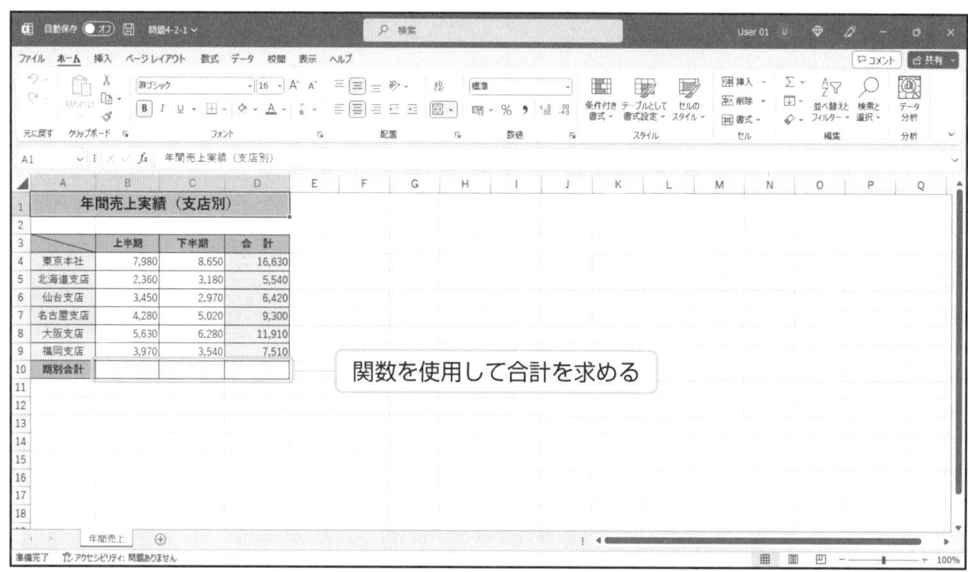

機能の解説

- 関数
- 関数の書式
- 引数
- 合計
- SUM 関数
- ［合計］ボタン
- ［数式］タブの［関数ライブラリ］グループのボタン
- 数式オートコンプリート
- ［関数の引数］ダイアログボックス

Excel には、よく使用される数式が関数として登録されています。関数を使用することで、複雑な計算をより簡単に実行することができます。関数は、次のような書式で表示されます。

引数（ひきすう）には、計算に必要なセル参照やセル範囲、値などを指定します。どのようなデータを引数に指定するかは、関数によって異なります。合計を求める SUM（サム）関数の書式は次のとおりです。なお、書式の［ ］（角かっこ）で囲まれた引数は省略できます。

● SUM 関数

書　式	**SUM(数値 1 [, 数値 2,…])**
引　数	**数値 1**, **数値 2**,…：対象となる数値、セル参照、セル範囲、数式などを指定する
戻り値	**数値 1**, **数値 2**,…の合計の値を返す

例）セル B4 ～ B9 の合計を求める

=SUM(B4:B9)

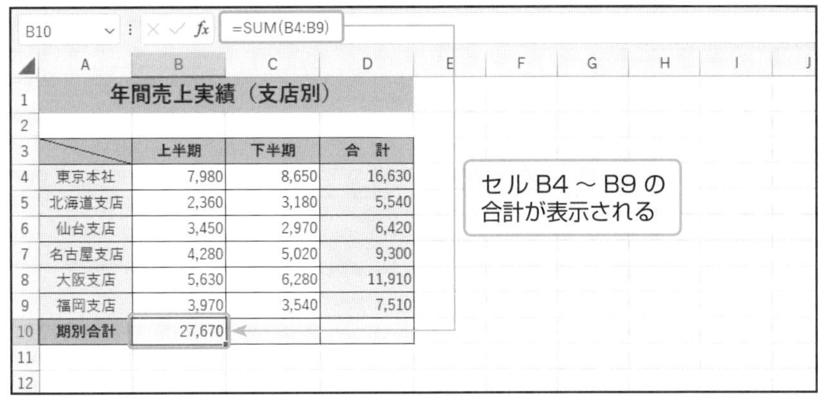

関数を指定するには、［合計］ボタンを使用する方法、［数式］タブの［関数ライブラリ］グループのボタンを使用する方法、数式オートコンプリートを使用する方法の 3 種類があります。

●［合計］ボタンを使用する

よく使用する関数は、ボタンで簡単に挿入することができます。たとえば合計を求める場合には、関数を入力するセルを選択し、［ホーム］タブの Σ ［合計］ボタンをクリックします。続いて合計するセル範囲を引数として指定して、再び Σ ［合計］ボタンをクリックするか、**Enter** キーを押します。

なお、［合計］ボタンの▼をクリックすると、よく使用する関数の一覧が表示されます。一覧の［その他の関数］をクリックすると［関数の挿入］ダイアログボックスが表示され、他の関数も選択することができます。

［合計］ボタンの▼の一覧

項目	挿入される関数
合計	SUM 関数
平均	AVERAGE 関数
数値の個数	COUNT 関数
最大値	MAX 関数
最小値	MIN 関数

ここをクリックすると、［関数の挿入］ダイアログボックスが表示される

［関数の挿入］ダイアログボックス

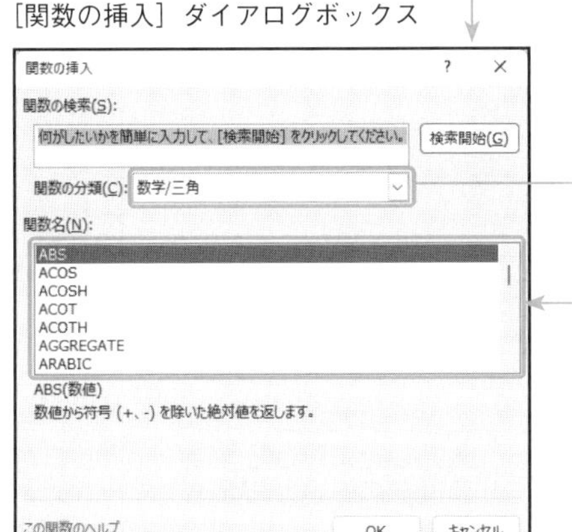

分類を指定し、一覧から関数名を選択する

ヒント

［合計］ボタン

［数式］タブの［合計］ボタンも同じボタンです。

Σ オート SUM ［合計］ボタン

その他の操作方法

［関数の挿入］ダイアログボックスの表示

数式バーの *fx* ［関数の挿入］ボタンまたは［数式］タブの［関数の挿入］ボタンをクリックします。

fx 関数の挿入 ［関数の挿入］ボタン

その他の操作方法

ショートカットキー

Shift ＋ **F3**

（［関数の挿入］ダイアログボックスの表示）

ヒント
[最近使った関数] ボタン
[数式] タブの [最近使った関数] ボタンをクリックすると最近使った関数の一覧が表示され、その中から選ぶことができます。

[最近使った関数] ボタン

●[数式] タブの [関数ライブラリ] グループのボタンを使用する

[数式] タブの [関数ライブラリ] グループには関数を分類したボタンがあり、いずれかをクリックするとそこに分類された関数の一覧が表示されます。目的の関数をクリックすると、その関数の [関数の引数] ダイアログボックスが表示され、関数や引数の説明を読みながら設定し、数式の結果もプレビューで確認できます。

[数式] タブの [関数ライブラリ] グループのボタンと [関数の引数] ダイアログボックス

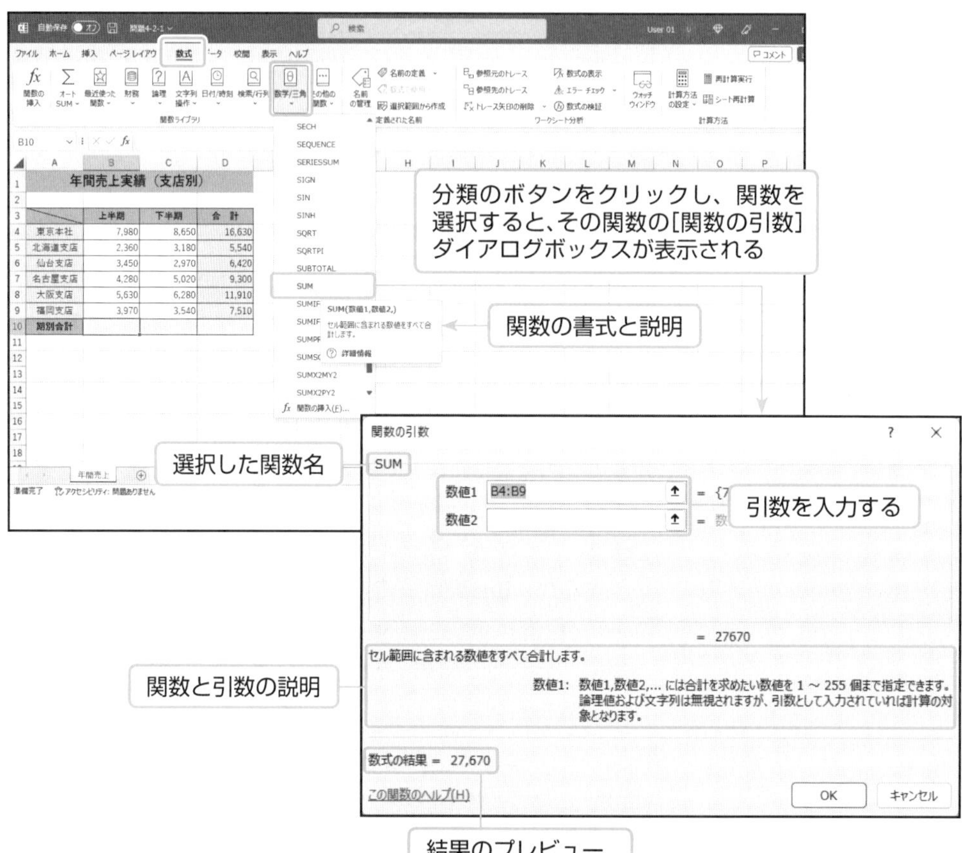

ヒント
ダイアログボックスの移動
引数の範囲をドラッグする際に、[関数の引数] ダイアログボックスで目的のセル範囲が隠れている場合は、ダイアログボックスのタイトルバーをドラッグして移動するか、引数を指定するボックスの ボタンをクリックしてダイアログボックスを一時的に小さくします。小さくしたダイアログボックスは ボタンをクリックすると元の大きさに戻ります。

●数式オートコンプリートを使用する

数式オートコンプリートは、「=」に続けて入力した文字から始まる関数の一覧が表示される機能です。キーボードから適切に関数を入力することができるため、関数名や書式がわかっているときなどに便利です。候補に表示された関数一覧にある関数名をダブルクリックするか、↓ キーで関数を選択して **Tab** キーを押すと、関数名に続いて「(」が表示されるので、引数と「)」を入力し、**Enter** キーを押します。

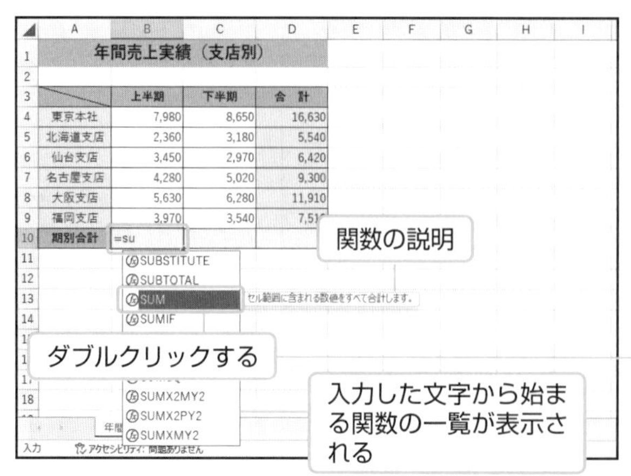

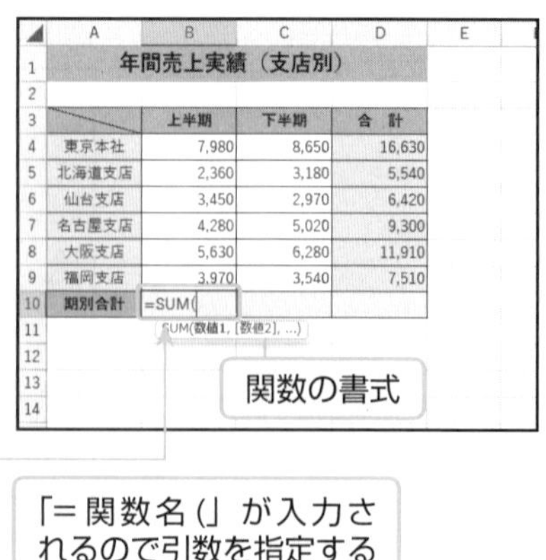

ヒント
関数の入力中に [関数の引数] ダイアログボックスを表示する
「= 関数名 (」の入力後に、数式バーの [関数の挿入] ボタンをクリックすると、その関数の [関数の引数] ダイアログボックスが表示されます。

操作手順

❶本社と全支店の上半期の合計を表示するセル B10 をクリックします。

❷［ホーム］タブの Σ ［合計］ボタンをクリックします。

❸セル B10 と数式バーに「**=SUM(B4:B9)**」と表示されていることを確認し、再び Σ ［合計］ボタンをクリックするか、**Enter** キーを押します。

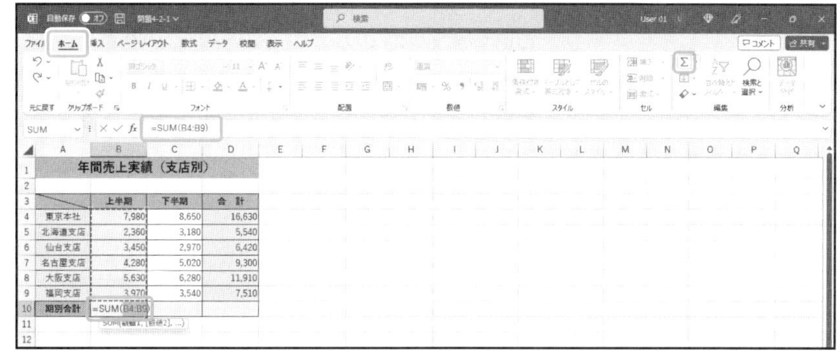

❹セル B10 に計算結果「27,670」が表示されます。

B10　=SUM(B4:B9)

	A	B	C	D
1	年間売上実績（支店別）			
2				
3		上半期	下半期	合　計
4	東京本社	7,980	8,650	16,630
5	北海道支店	2,360	3,180	5,540
6	仙台支店	3,450	2,970	6,420
7	名古屋支店	4,280	5,020	9,300
8	大阪支店	5,630	6,280	11,910
9	福岡支店	3,970	3,540	7,510
10	期別合計	27,670		
11				

❺（セル B10 がアクティブになっていない場合はクリックし、）セル B10 の右下のフィルハンドルをポイントします。

❻マウスポインターの形が **+** に変わったら、セル D10 までドラッグします。

B10　=SUM(B4:B9)

	A	B	C	D
1	年間売上実績（支店別）			
2				
3		上半期	下半期	合　計
4	東京本社	7,980	8,650	16,630
5	北海道支店	2,360	3,180	5,540
6	仙台支店	3,450	2,970	6,420
7	名古屋支店	4,280	5,020	9,300
8	大阪支店	5,630	6,280	11,910
9	福岡支店	3,970	3,540	7,510
10	期別合計	27,670		
11				

❼セル B10 の数式がセル C10、D10 にコピーされ、本社と全支店の下半期の合計と、全期の合計が表示されます。

B10　=SUM(B4:B9)

	A	B	C	D
1	年間売上実績（支店別）			
2				
3		上半期	下半期	合　計
4	東京本社	7,980	8,650	16,630
5	北海道支店	2,360	3,180	5,540
6	仙台支店	3,450	2,970	6,420
7	名古屋支店	4,280	5,020	9,300
8	大阪支店	5,630	6,280	11,910
9	福岡支店	3,970	3,540	7,510
10	期別合計	27,670	29,640	57,310

その他の操作方法

ショートカットキー

Alt + **Shift** + **-**
（SUM 関数の挿入）

ポイント

セル範囲の自動認識

Σ ［合計］ボタンをクリックすると、セルの上または左のデータが入力されている範囲が自動認識されます。この範囲は変更することも可能です。

ポイント

引数に連続したセル範囲を指定

引数に連続したセル範囲を指定するときはセル範囲をドラッグします。「B4:B9」のようにセル番地が「:」（コロン）で区切られて表示されます。「B4:B9」を直接入力してもかまいません。

その他の操作方法

［クイック分析］ボタンを使用した合計の挿入

合計するセル範囲を選択し、右下に表示される ［クイック分析］ボタンをクリックし、［合計］をクリックすると、計算の種類のボタンが表示されます。合計には縦方向もしくは横方向の２種類のボタンがあり、それぞれボタンをクリックすると、縦方向の場合は選択範囲の下のセル、横方向の場合は選択範囲の右隣のセルに SUM 関数が挿入され、合計が表示されます。

［合計］ボタン（縦方向）

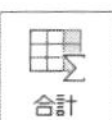

［合計］ボタン（横方向）

その他の操作方法

縦計（または横計）を一度に求める

縦計（または横計）を表示するセルを範囲選択して、Σ ［合計］ボタンをクリックすると、各列（または各行）の合計が一度に表示されます。この例の場合、セル B10 ～ D10 を選択して、Σ ［合計］ボタンをクリックすると、セル B10 ～ D10 に SUM 関数を使った数式が一度に入力され、各列の縦計が表示されます。

4-2-2 MAX関数、MIN関数を使用して計算を行う

練習問題

問題フォルダー
└問題 4-2-2.xlsx

解答フォルダー
└解答 4-2-2.xlsx

【操作 1】関数を使用して、セル範囲 N4:P4 に、1～2 月の 1 日当たりの大人、こども、合計のそれぞれの最大利用者数を求めます。

【操作 2】関数を使用して、セル範囲 N5:P5 に、1～2 月の 1 日当たりの大人、こども、合計のそれぞれの最小利用者数を求めます。

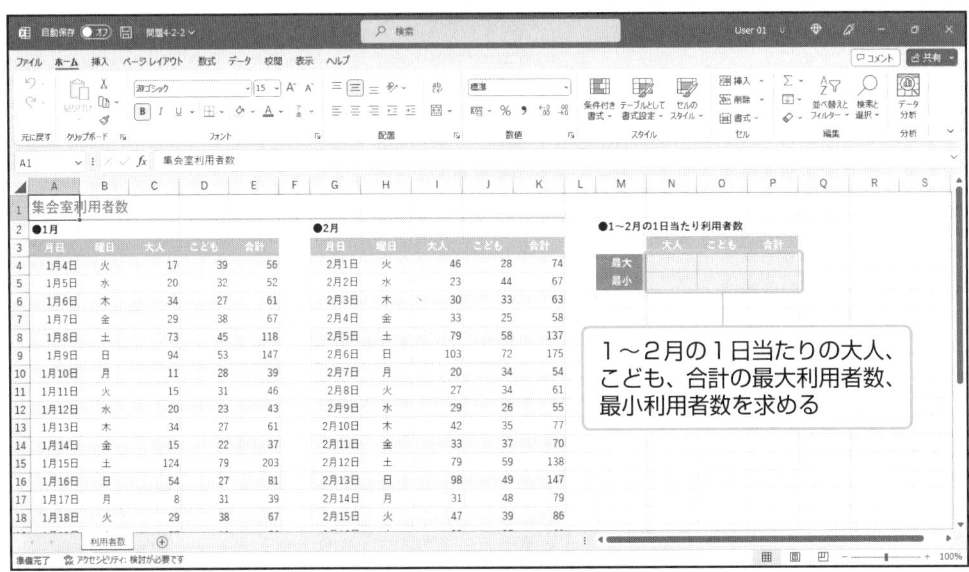

機能の解説

- MAX 関数
- 最大値
- MIN 関数
- 最小値

MAX（マックス）関数を使うと、指定した範囲に入力されている数値の最大値、MIN（ミン、ミニマム）関数を使うと、最小値を求めることができます。

●MAX 関数

書　式	**MAX(数値 1 [, 数値 2,…])**
引　数	**数値 1, 数値 2,**…：対象となる数値、セル参照、セル範囲などを指定する
戻り値	**数値 1, 数値 2,**…の最大値を返す

例）セル D4 ～ D9 の最大値を求める

= MAX(D4:D9)

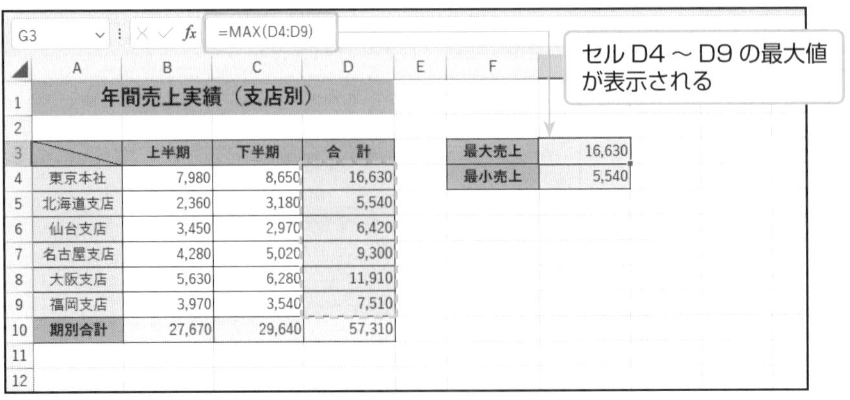

●MIN 関数

書　式	MIN(数値 1 [, 数値 2,…])
引　数	**数値 1**, **数値 2**,…：対象となる数値、セル参照、セル範囲などを指定する
戻り値	**数値 1**, **数値 2**,…の最小値を返す

例）セル D4 ～ D9 の最小値を求める

= MIN(D4:D9)

操作手順

【操作 1】

❶ 大人の最大利用者数を表示するセル N4 をクリックします。

❷［ホーム］タブの Σ ⌄［合計］ボタンの▼をクリックします。

❸ 一覧から［最大値］をクリックします。

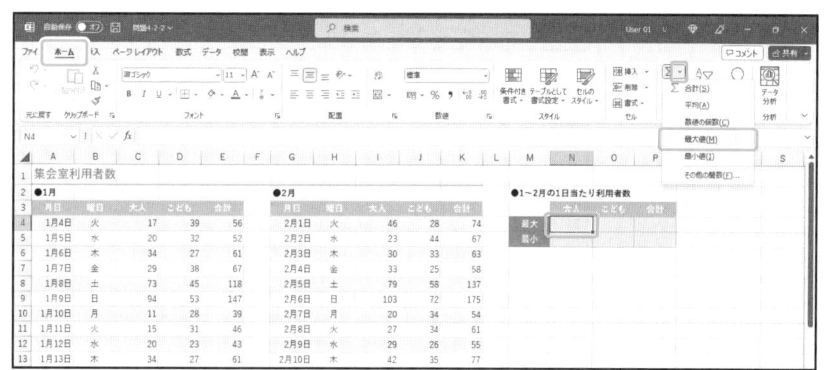

❹ セル N4 に「=MAX(I4:M4)」と表示され、「I4:M4」の引数部分が選択されていることを確認します。

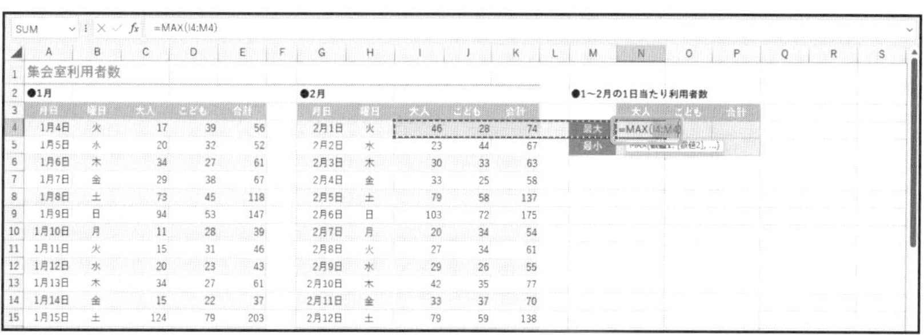

❺ 1 月の大人の利用者数のセル範囲 C4 ～ C31 をドラッグします。

❻ 数式バーに「=MAX(C4:C31)」と表示されたことを確認します。

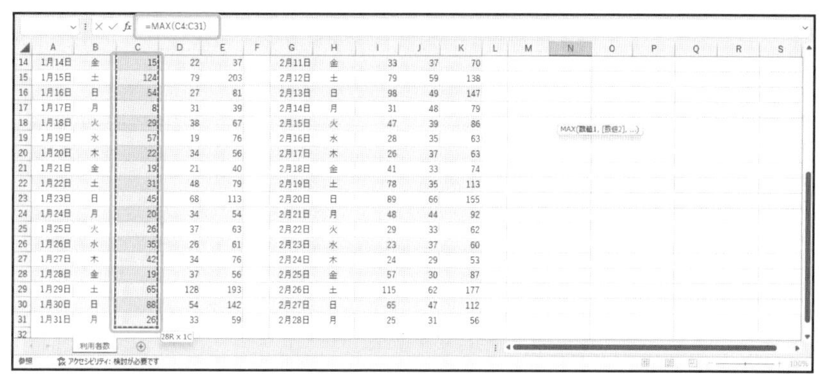

ポイント

セル範囲の修正

Σ ⌄［合計］ボタンをクリックすると、セルの上または左のデータが入力されている範囲が自動認識されます。修正するには、引数部分が選択されている状態で正しいセル範囲をドラッグするか、セル範囲の点線枠の隅をポイントしてマウスポインターの形が ⤡ や ⤢ に変わったらドラッグして正しい範囲に合わせます。

その他の操作方法

データがある列（行）の末尾まで選択する

範囲選択する先頭のセルをクリックし、**Ctrl** + **Shift** + ↓キー（行の場合は **Ctrl** + **Shift** + →キー）を押すと、データがある列（行）の末尾まで連続して選択できます。

ポイント

引数に離れたセル範囲を指定

引数に離れたセル範囲を指定するときは、最初のセル範囲をドラッグし、2番目以降のセル範囲を **Ctrl** キーを押しながらドラッグします。「C4:C31,I4:I31」のようにセル番地が「,」（カンマ）で区切られて表示されます。「C4:C31,I4:I31」を直接入力してもかまいません。

⑦ **Ctrl** キーを押しながら、2 月の大人の利用者数のセル範囲 I4 ～ I31 をドラッグします。

⑧ 数式バーに「**=MAX(C4:C31,I4:I31)**」と表示されたことを確認し、[Σ] ［合計］ボタンをクリックするか、**Enter** キー押します。

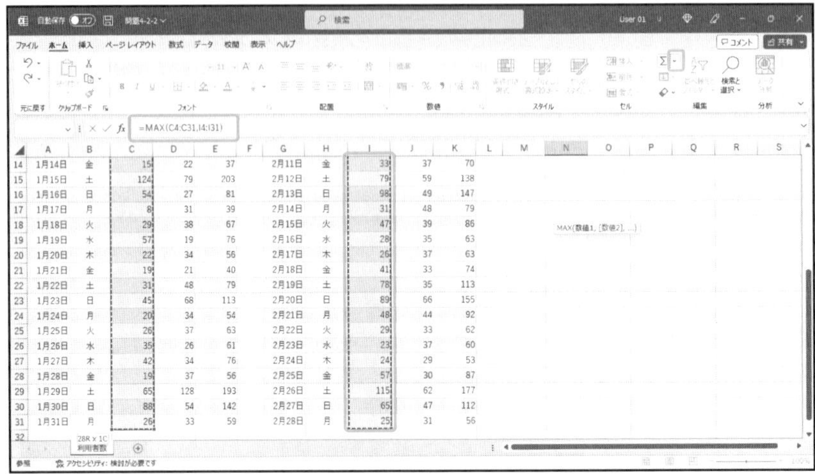

⑨ セル N4 に 1 ～ 2 月の大人の利用者数の最大値「124」が表示されます。

⑩（セル N4 がアクティブになっていない場合はクリックし、）セル N4 の右下のフィルハンドルをポイントします。

⑪ マウスポインターの形が **+** に変わったら、セル P4 までドラッグします。

⑫ セル N4 の数式がセル O4 ～ P4 にコピーされ、1 ～ 2 月のこどもと合計の利用者数の最大値が表示されます。

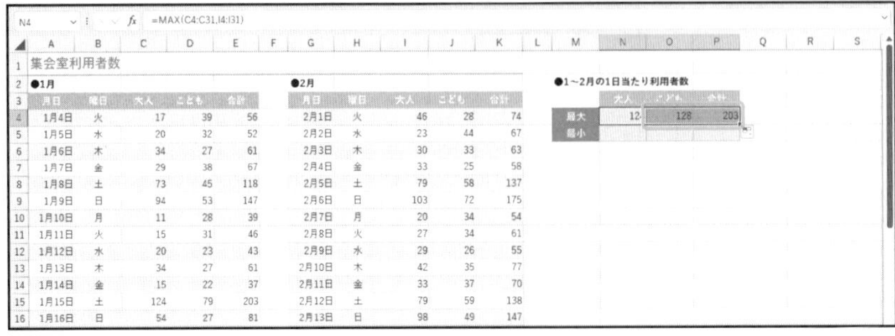

【操作 2】

⑬ 大人の最小利用者数を表示するセル N5 をクリックします。

⑭ ［ホーム］タブの Σ ［合計］ボタンの▼をクリックします。

⑮ 一覧から［最小値］をクリックします。

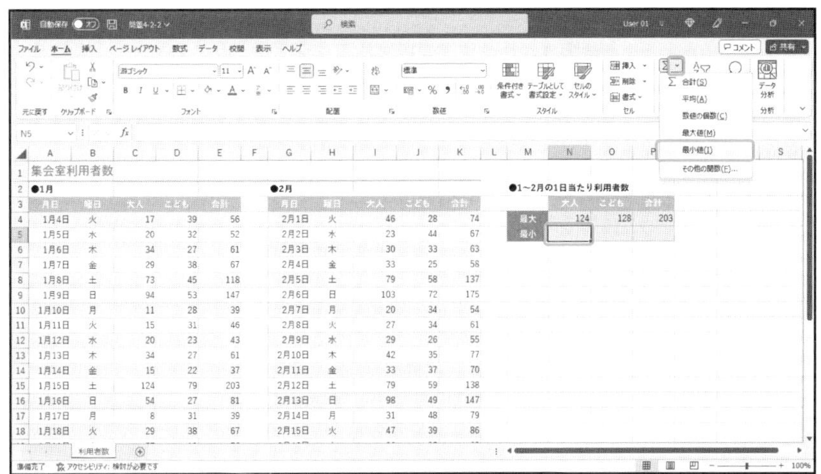

⑯ ⑤～⑦と同様の手順で、1 月の大人の利用者数のセル範囲 C4 ～ C31 と 2 月の大人の利用者数のセル範囲 I4 ～ I31 を指定し、数式バーに「**=MIN(C4:C31,I4:I31)**」と表示されたことを確認し、Σ ［合計］ボタンをクリックするか、**Enter** キー押します。

⑰ セル N5 に 1 ～ 2 月の大人の利用者数の最小値「8」が表示されます。

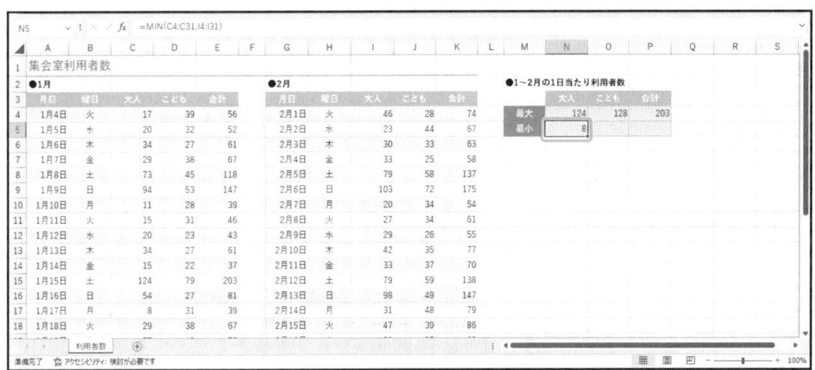

⑱ ⑩～⑪と同様の手順で、セル N5 の数式をセル O5 ～ P5 にコピーし、1 ～ 2 月のこどもと合計の利用者数の最小値を表示します。

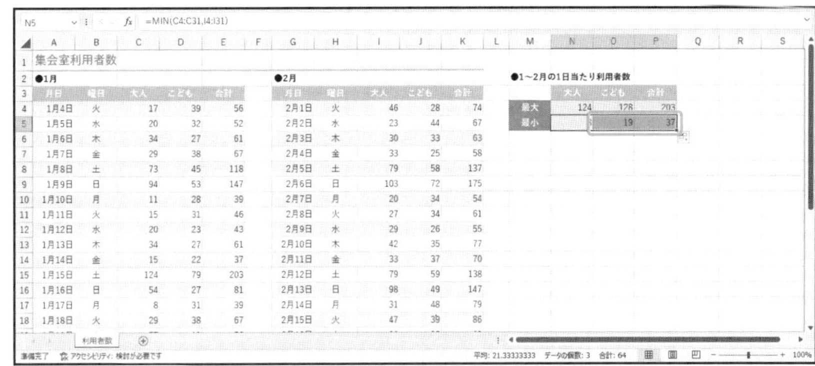

4-2-3 AVERAGE 関数を使用して計算を行う

練習問題

問題フォルダー
└問題 4-2-3.xlsx

解答フォルダー
└解答 4-2-3.xlsx

【操作 1】テーブルの右側に「店別平均」の列を追加します。
【操作 2】関数を使用して、「店別平均」の列に店別の A プラン～ C プランの申込数の平均値を求めます。

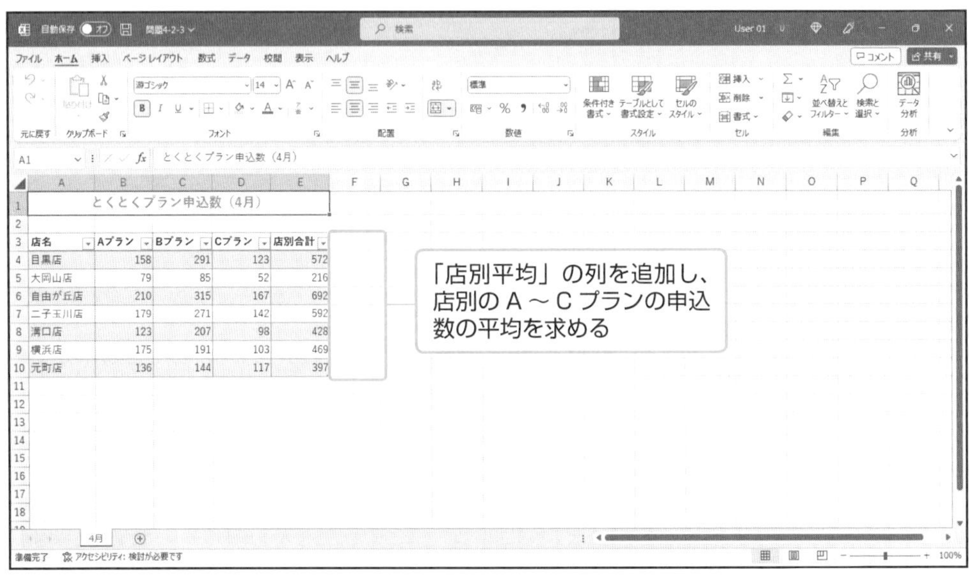

機能の解説

- AVERAGE 関数
- 平均値

AVERAGE（アベレージ）関数を使用すると、指定した範囲に入力されている数値の平均値を求めることができます。

●AVERAGE 関数

書　式	AVERAGE(数値 1 [, 数値 2,…])
引　数	数値 1, 数値 2,…：対象となる数値、セル参照、セル範囲などを指定する
戻り値	数値 1, 数値 2,…の平均値を返す

例）セル D4 ～ D9 の平均値を求める
= AVERAGE(D4:D9)

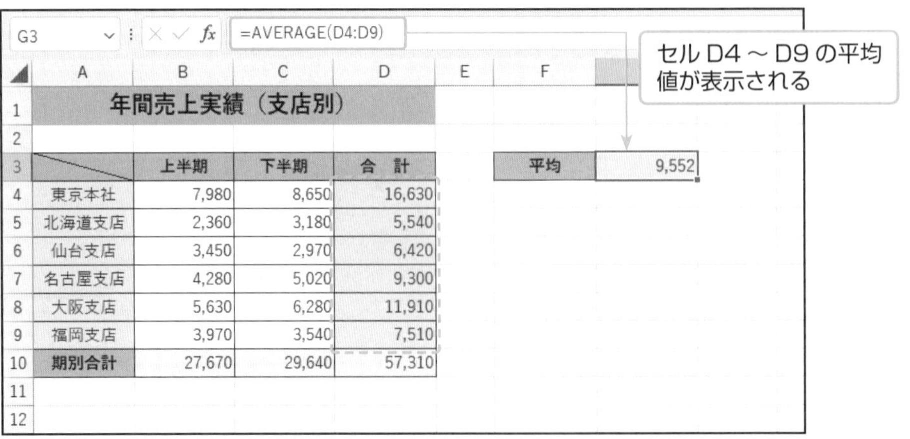

	上半期	下半期	合　計
東京本社	7,980	8,650	16,630
北海道支店	2,360	3,180	5,540
仙台支店	3,450	2,970	6,420
名古屋支店	4,280	5,020	9,300
大阪支店	5,630	6,280	11,910
福岡支店	3,970	3,540	7,510
期別合計	27,670	29,640	57,310

操作手順

> **ヒント**
> **テーブルの拡張**
> [テーブルの最終列に隣接するセルにデータを入力し、**Enter** キーや **Tab** キー、方向キーで確定すると、自動的にテーブルが拡張されます（「3-2-1」参照）。

【操作 1】

❶ セル F3 に「店別平均」と入力し、**Enter** キーを押します。

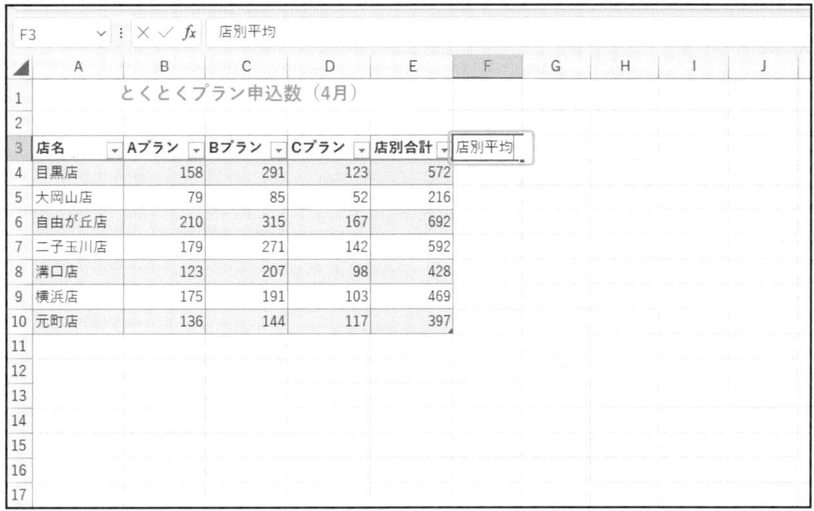

店名	Aプラン	Bプラン	Cプラン	店別合計	店別平均
目黒店	158	291	123	572	
大岡山店	79	85	52	216	
自由が丘店	210	315	167	692	
二子玉川店	179	271	142	592	
溝口店	123	207	98	428	
横浜店	175	191	103	469	
元町店	136	144	117	397	

❷ 自動的にテーブルが拡張され、セル F3 ～ F10 にテーブルスタイルが設定されます。

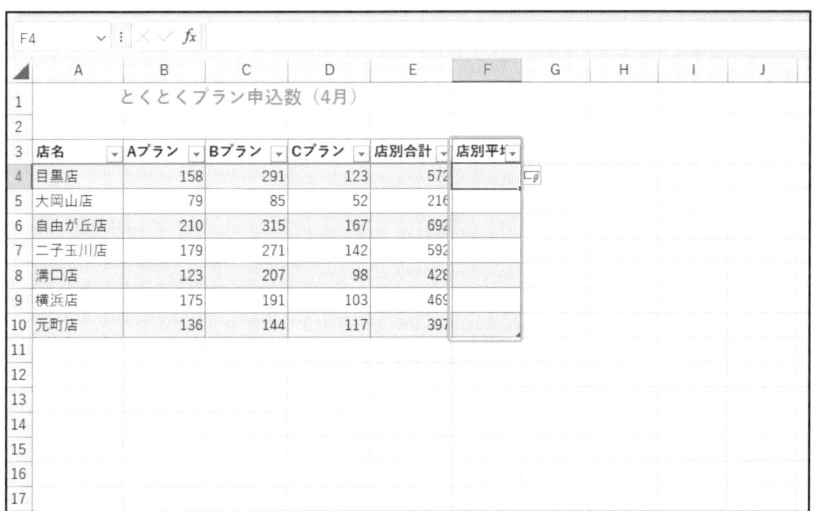

店名	Aプラン	Bプラン	Cプラン	店別合計	店別平均
目黒店	158	291	123	572	
大岡山店	79	85	52	216	
自由が丘店	210	315	167	692	
二子玉川店	179	271	142	592	
溝口店	123	207	98	428	
横浜店	175	191	103	469	
元町店	136	144	117	397	

【操作 2】

❸「店別平均」の列のセル F4 がアクティブになっていることを確認し、［ホーム］タブの [Σ ▾]［合計］ボタンの▼をクリックします。

❹ 一覧から［平均］をクリックします。

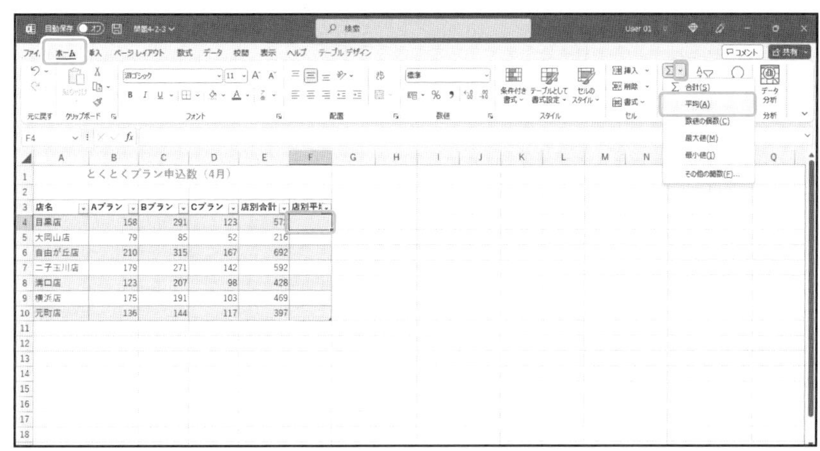

❺ セルF4に「=AVERAGE(テーブル1[@[Aプラン]:[店別合計]])」と表示され、「テーブル…」の引数部分が選択されていることを確認します。

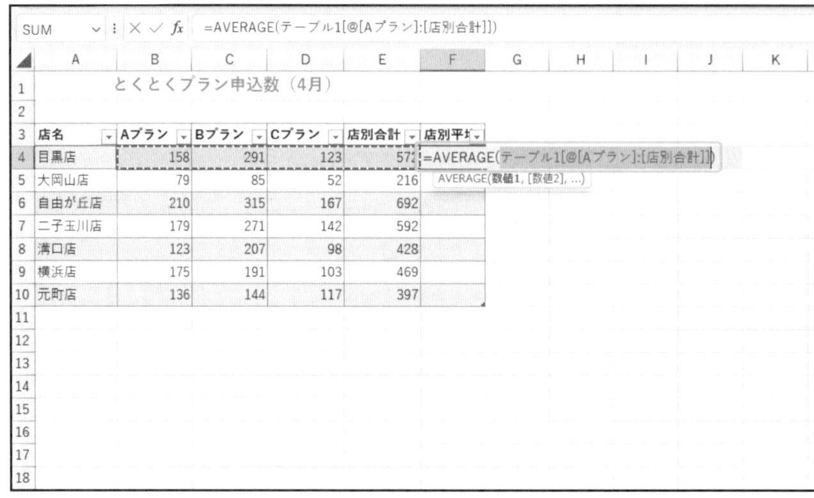

❻ 同じ行の「Aプラン」～「Cプラン」の列のセル範囲B4～D4をドラッグします。

❼ セルF4に「**=AVERAGE(テーブル1[@[Aプラン]:[Cプラン]])**」と入力されたことを確認します。

❽ [ホーム] タブの [Σ ▾] [合計] ボタンをクリックするか、**Enter** キーを押します。

ポイント

構造化参照で列のセル範囲を指定

構造化参照で、数式の入力されているセルと同じ行の1つの列を参照する場合は、[@Aプラン]、[@店別合計]というように列見出し名を[@～]で囲みます。Aプラン～Cプランという列の範囲を参照するときは、列見出し名の範囲を[@～]で囲み、[@[Aプラン]:[Cプラン]]とします。構造化参照は数式の作成中にテーブル内のセルやセル範囲を選択すると自動的に入力されます（「4-1-2」参照）。

❾「店別平均」の列全体に数式が自動的に設定され、各行のAプラン～Cプランの平均値が表示されます。

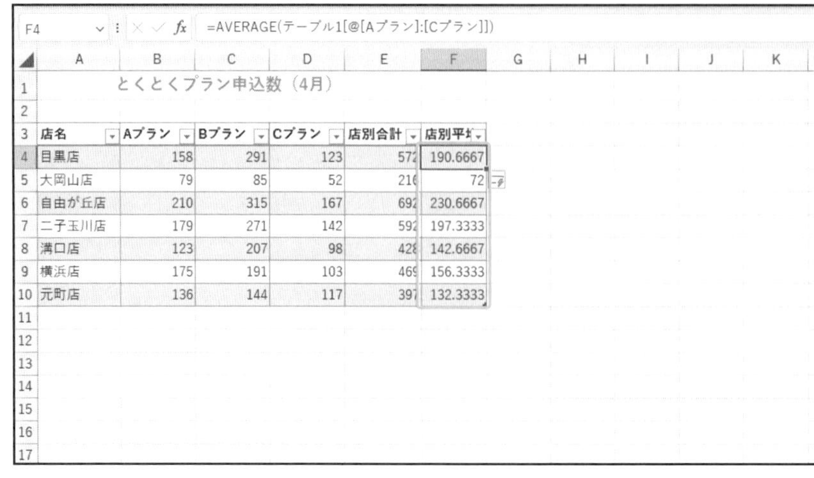

4-2-4 COUNT 関数、COUNTA 関数、COUNTBLANK 関数を使用してセルの数を数える

練習問題

問題フォルダー
└問題 4-2-4.xlsx

解答フォルダー
└解答 4-2-4.xlsx

「会費入金状況」表は各列の範囲が項目名の名前で登録されています。この名前付き範囲を使用して、次の数式を作成します。
【操作 1】関数を使用して、セル F3 に、入金済の人数を求めます。
【操作 2】関数を使用して、セル G3 に、未入金の人数を求めます。
【操作 3】関数を使用して、セル F6 に、氏名欄の人数を求めます。

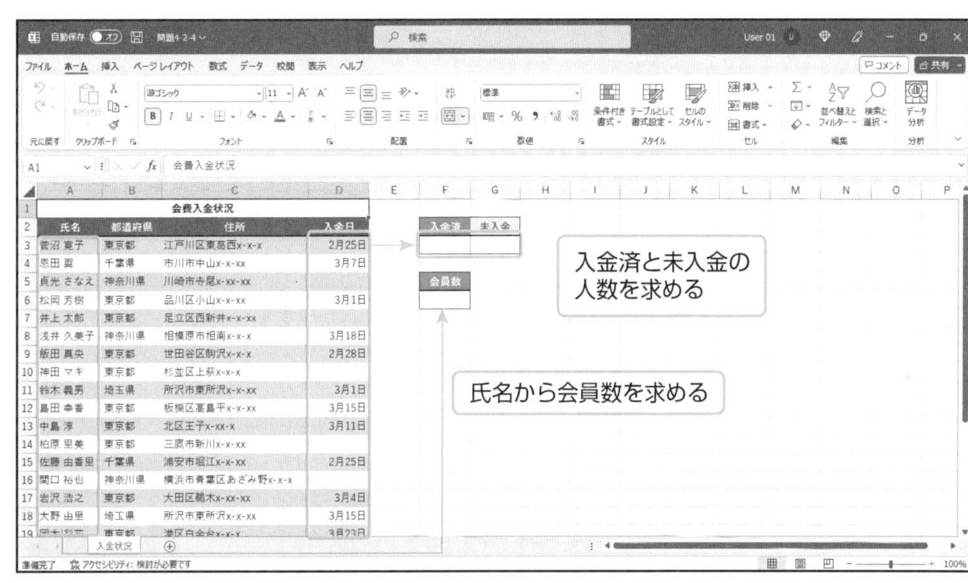

機能の解説

重要用語

- COUNT 関数
- 数値が入力されているセルの個数
- COUNTA 関数
- データが入力されているセルの個数
- COUNTBLANK 関数
- 空白セルの個数

指定した範囲に入力されているデータの個数を求める場合は、セルの個数を数える関数を使います。COUNT（カウント）関数は数値が入力されているセルの個数、COUNTA（カウントエー）関数は文字列、数値、数式などなんらかのデータが入力されているセルの個数を数えることができます。逆に、空白セルの個数を数えるときは COUNTBLANK（カウントブランク）関数を使います。

● COUNT 関数

書　式	COUNT(値 1 [, 値 2,…])
引　数	値 1, 値 2,…：対象となる、数値が入力されたセル参照やセル範囲などを指定する
戻り値	値 1, 値 2,…の数値が入力されているセルの個数を返す

例）セル D4 ～ D9 で数値が入力されているセルの個数を求める
＝COUNT(D4:D9)

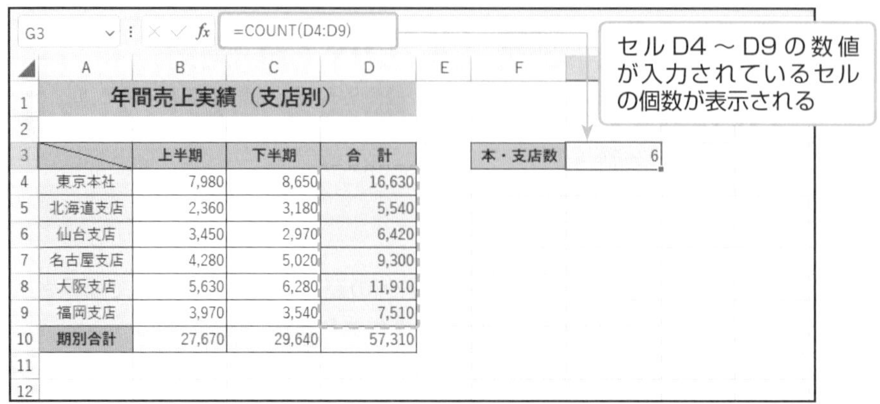

COUNT 関数では、文字列や数式が入力されているセルや空白セルは数えられません。文字列、数値、数式などなんらかのデータが入力されているセルの数を数える場合は、COUNTA 関数を使用します。

●COUNTA 関数

書　式	**COUNTA(値 1 [, 値 2,…])**
引　数	**値 1**, **値 2**,…：対象となるセル参照やセル範囲などを指定する
戻り値	**値 1**, **値 2**,…のデータが入力されているセルの個数を返す

例）セル A4 ～ A9 でデータが入力されているセルの個数を求める

= COUNTA(A4:A9)

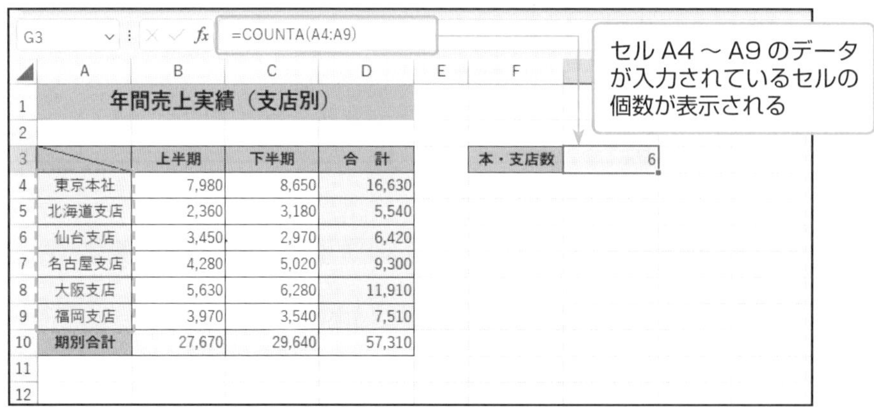

●COUNTBLANK 関数

書　式	**COUNTBLANK (範囲)**
引　数	**範囲**：対象となるセル範囲を指定する
戻り値	指定された**範囲**に含まれる空白セルの個数を返す

例）セル B4 ～ C9 の空白セルの個数を求める

= COUNTBLANK(B4:C9)

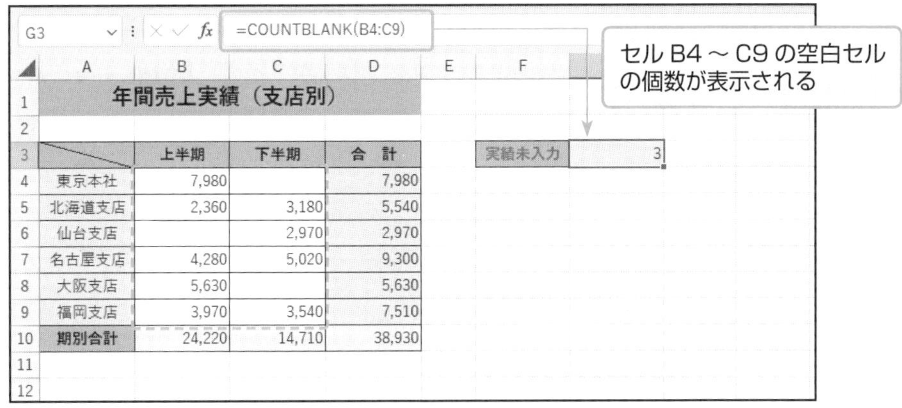

	A	B	C	D
1	年間売上実績（支店別）			
2				
3		上半期	下半期	合　計
4	東京本社	7,980		7,980
5	北海道支店	2,360	3,180	5,540
6	仙台支店		2,970	2,970
7	名古屋支店	4,280	5,020	9,300
8	大阪支店	5,630		5,630
9	福岡支店	3,970	3,540	7,510
10	期別合計	24,220	14,710	38,930

操作手順

ポイント

個数を求める関数

この例では、入金済の人数として、入金日が入力されているセルの個数を数えます。入金日は文字列に見えますが、表示形式は日付でもデータとしては数値なので、数値が入力されているセルの個数を数えるCOUNT関数が使えます。

ヒント

名前付き範囲「入金日」のセル範囲

表の各列の範囲が項目名の名前で登録されているので、名前付き範囲「入金日」のセル範囲は「入金日」の列のセルD3～D27です。

【操作 1】

❶ 入金済の人数を表示するセル F3 をクリックします。

❷［ホーム］タブの［Σ ˅］［合計］ボタンの▼をクリックします。

❸ 一覧から［数値の個数］をクリックします。

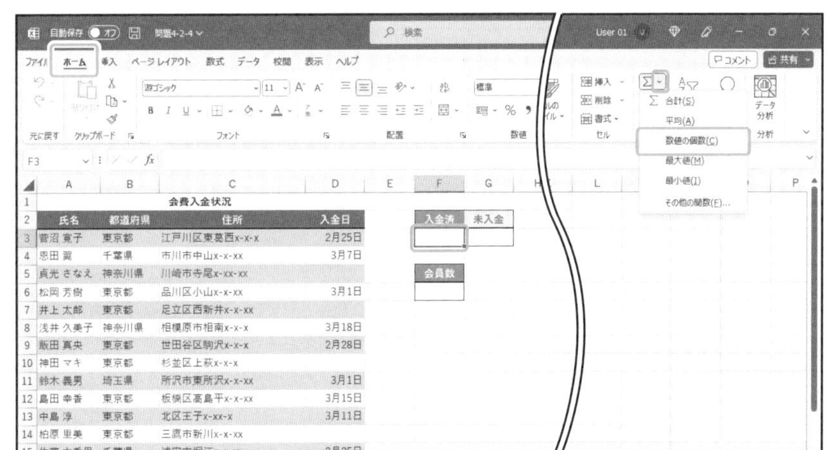

❹ セル F3 に「=COUNT()」と表示されます。

❺［数式］タブの［数式で使用 ˅］［数式で使用］ボタンをクリックします。

❻ 一覧から［入金日］をクリックします。

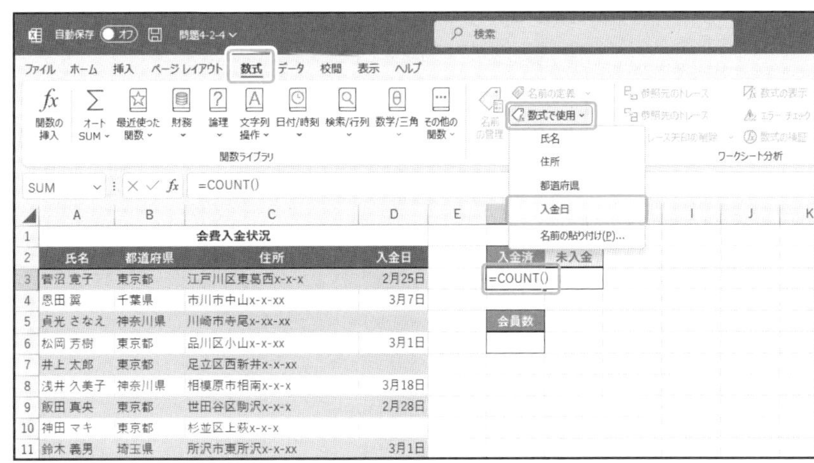

ヒント

名前付き範囲

数式に名前付き範囲を指定すると、そのセル範囲が範囲選択されます。

また、数式で名前の付いている範囲をドラッグすると、セル参照ではなく、名前が入力されます。

ヒント

[合計] ボタン

[数式] タブの [合計] ボタンは、[ホーム] タブの [Σ] [合計] ボタンと同じものです。手順 5 で [数式] タブに切り替えているので、ここでは [ホーム] タブに戻る必要はありません。

[Σ オート SUM] [合計] ボタン

7 セル F3 と数式バーに「**=COUNT(入金日)**」と表示されたことを確認し、[Σ オート SUM] [オート SUM] ボタンをクリックするか、**Enter** キーを押します。

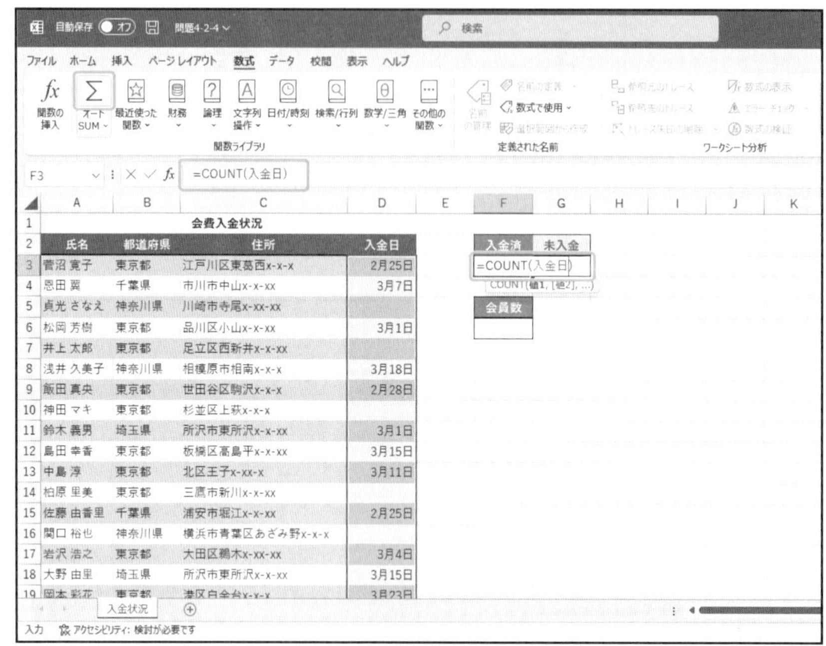

	A	B	C	D
1			会費入金状況	
2	氏名	都道府県	住所	入金日
3	菅沼 寛子	東京都	江戸川区東葛西x-x-x	2月25日
4	恩田 翼	千葉県	市川市中山x-x-xx	3月7日
5	貞光 さなえ	神奈川県	川崎市寺尾x-xx-xx	
6	松岡 芳樹	東京都	品川区小山x-x-xx	3月1日
7	井上 太郎	東京都	足立区西新井x-x-xx	
8	浅井 久美子	神奈川県	相模原市相南x-x-x	3月18日
9	飯田 真央	東京都	世田谷区駒沢x-x-x	2月28日
10	神田 マキ	東京都	杉並区上荻x-x-x	
11	鈴木 義男	埼玉県	所沢市東所沢x-x-xx	3月1日
12	島田 幸香	東京都	板橋区高島平x-x-xx	3月15日
13	中島 淳	東京都	北区王子x-xx-x	3月11日
14	柏原 里美	東京都	三鷹市新川x-x-xx	
15	佐藤 由香里	千葉県	浦安市堀江x-x-xx	2月25日
16	関口 裕也	神奈川県	横浜市青葉区あざみ野x-x-x	
17	岩沢 浩之	東京都	大田区鵜木x-xx-xx	3月4日
18	大野 由里	埼玉県	所沢市東所沢x-x-xx	3月15日
19	岡本 彩花	東京都	港区白金台x-x-x	3月23日

8 セル F3 に、「入金日」の列の数値が入力されているセルの個数「17」が表示されます。

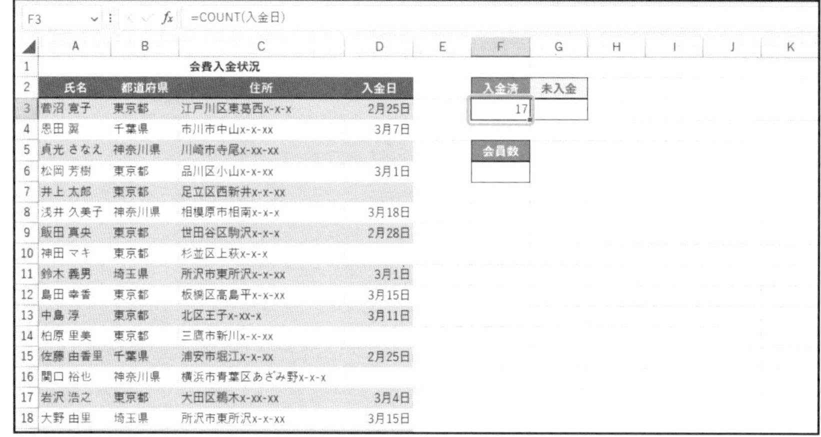

	A	B	C	D
1			会費入金状況	
2	氏名	都道府県	住所	入金日
3	菅沼 寛子	東京都	江戸川区東葛西x-x-x	2月25日
4	恩田 翼	千葉県	市川市中山x-x-xx	3月7日
5	貞光 さなえ	神奈川県	川崎市寺尾x-xx-xx	
6	松岡 芳樹	東京都	品川区小山x-x-xx	3月1日
7	井上 太郎	東京都	足立区西新井x-x-xx	
8	浅井 久美子	神奈川県	相模原市相南x-x-x	3月18日
9	飯田 真央	東京都	世田谷区駒沢x-x-x	2月28日
10	神田 マキ	東京都	杉並区上荻x-x-x	
11	鈴木 義男	埼玉県	所沢市東所沢x-x-xx	3月1日
12	島田 幸香	東京都	板橋区高島平x-x-xx	3月15日
13	中島 淳	東京都	北区王子x-xx-x	3月11日
14	柏原 里美	東京都	三鷹市新川x-x-xx	
15	佐藤 由香里	千葉県	浦安市堀江x-x-xx	2月25日
16	関口 裕也	神奈川県	横浜市青葉区あざみ野x-x-x	
17	岩沢 浩之	東京都	大田区鵜木x-xx-xx	3月4日
18	大野 由里	埼玉県	所沢市東所沢x-x-xx	3月15日

【操作 2】

9 未入金の人数を表示するセル G3 をクリックします。

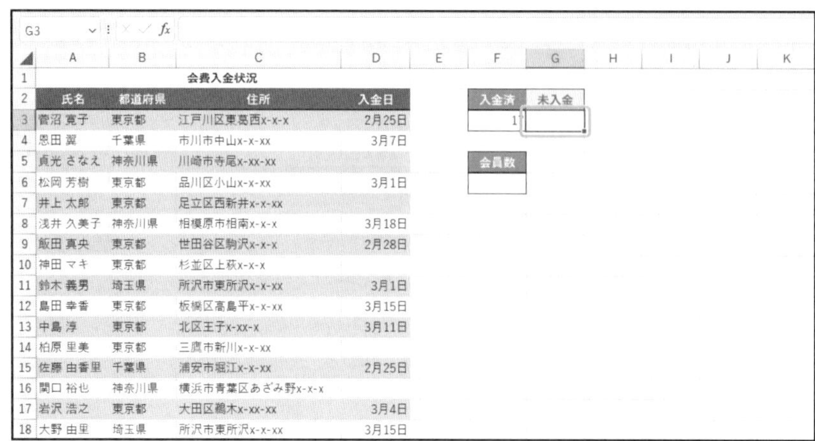

	A	B	C	D
1			会費入金状況	
2	氏名	都道府県	住所	入金日
3	菅沼 寛子	東京都	江戸川区東葛西x-x-x	2月25日
4	恩田 翼	千葉県	市川市中山x-x-xx	3月7日
5	貞光 さなえ	神奈川県	川崎市寺尾x-xx-xx	
6	松岡 芳樹	東京都	品川区小山x-x-xx	3月1日
7	井上 太郎	東京都	足立区西新井x-x-xx	
8	浅井 久美子	神奈川県	相模原市相南x-x-x	3月18日
9	飯田 真央	東京都	世田谷区駒沢x-x-x	2月28日
10	神田 マキ	東京都	杉並区上荻x-x-x	
11	鈴木 義男	埼玉県	所沢市東所沢x-x-xx	3月1日
12	島田 幸香	東京都	板橋区高島平x-x-xx	3月15日
13	中島 淳	東京都	北区王子x-xx-x	3月11日
14	柏原 里美	東京都	三鷹市新川x-x-xx	
15	佐藤 由香里	千葉県	浦安市堀江x-x-xx	2月25日
16	関口 裕也	神奈川県	横浜市青葉区あざみ野x-x-x	
17	岩沢 浩之	東京都	大田区鵜木x-xx-xx	3月4日
18	大野 由里	埼玉県	所沢市東所沢x-x-xx	3月15日

ポイント

関数の入力

本書では［数式］タブの［関数ライブラリ］グループの関数の分類のボタンから関数を選択し、表示される［関数の引数］ダイアログボックスを使用して引数を指定する方法を解説しています。選択したセルや数式バーに数式（手順の太字部分）を直接入力してもかまいません。記号、英数字は半角で入力します。英字の大文字 / 小文字は問いません。

ポイント

空白セルの個数を求める関数

この例では未入金の人数として、入金日が入力されていない空白セルの個数を数えます。COUNTBLANK関数を使います。

ヒント

名前付き範囲の指定

［関数の引数］ダイアログボックスで、引数のボックスの文字列が選択されている状態で、［数式で使用］ボタンをクリックして一覧から名前をクリックすると、その名前に書き換わります。

⑩［数式］タブの［その他の関数］ボタンをクリックします。

⑪［統計］の一覧から［COUNTBLANK］をクリックします。

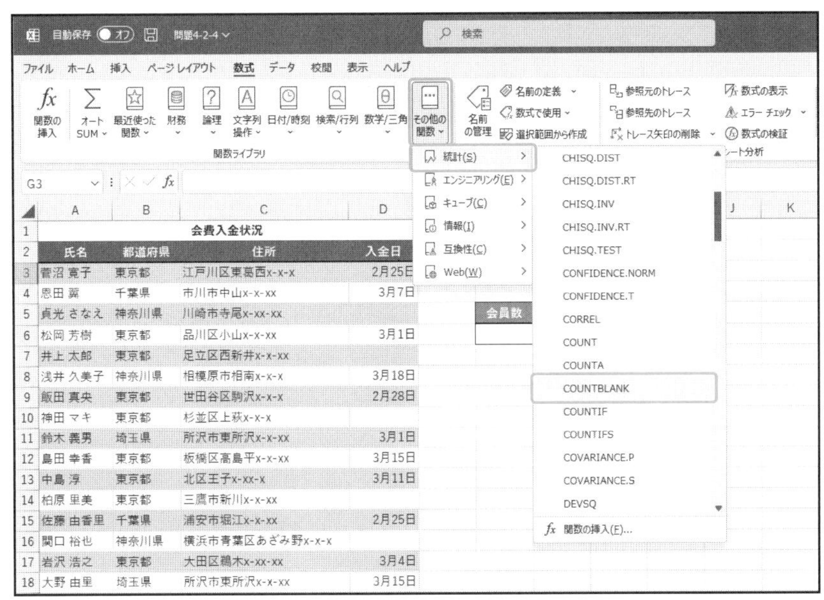

⑫COUNTBLANK関数の［関数の引数］ダイアログボックスが表示されるので、［範囲］ボックスの「F3」が選択されていることを確認し、数式で使用［数式で使用］ボタンをクリックします。

⑬一覧から［入金日］をクリックします。

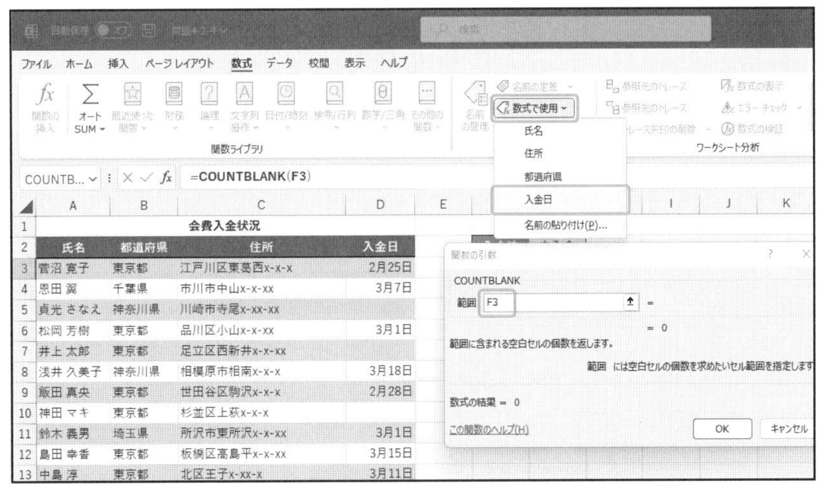

⑭［範囲］ボックスに「入金日」と表示されます。

⑮［数式の結果 =］に名前付き範囲「入金日」の空白セルの個数「8」が表示されていることを確認します。

⑯［OK］をクリックします。

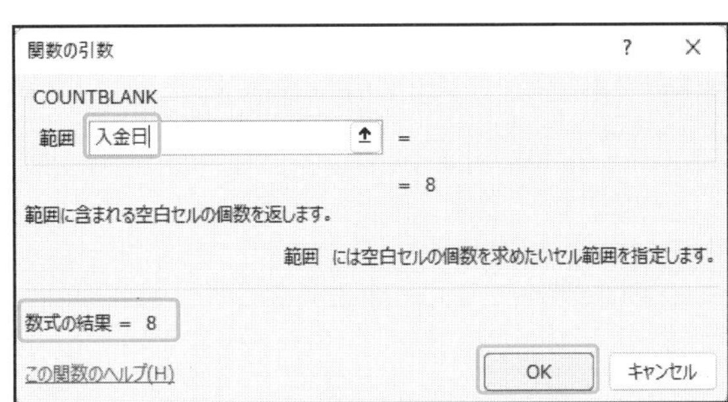

⑰ 数式バーに「**=COUNTBLANK(入金日)**」と表示されたことを確認します。

⑱ セル G3 に、「入金日」の列の空白セルの個数「8」が表示されます。

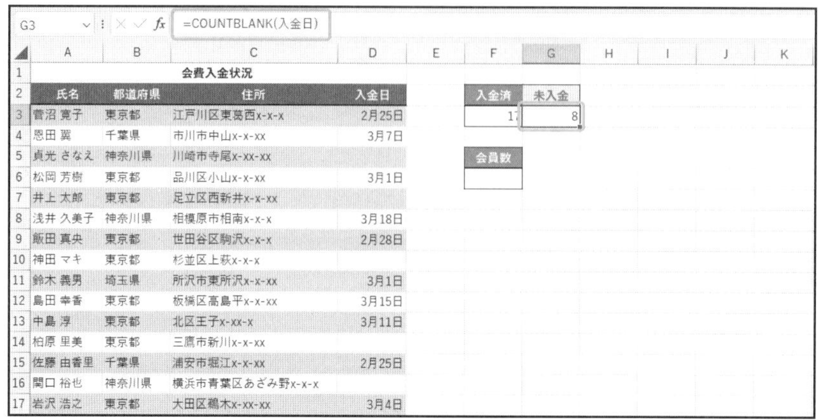

G3 =COUNTBLANK(入金日)

	A	B	C	D
1			会費入金状況	
2	氏名	都道府県	住所	入金日
3	菅沼 寛子	東京都	江戸川区東葛西x-x-x	2月25日
4	恩田 翼	千葉県	市川市中山x-x-xx	3月7日
5	貞光 さなえ	神奈川県	川崎市寺尾x-xx-xx	
6	松岡 芳樹	東京都	品川区小山x-x-xx	3月1日
7	井上 太郎	東京都	足立区西新井x-x-xx	
8	浅井 久美子	神奈川県	相模原市相南x-x-x	3月18日
9	飯田 真央	東京都	世田谷区駒沢x-x-x	2月28日
10	神田 マキ	東京都	杉並区上荻x-x-x	
11	鈴木 義男	埼玉県	所沢市東所沢x-x-xx	3月1日
12	島田 幸香	東京都	板橋区高島平x-x-xx	3月15日
13	中島 淳	東京都	北区王子x-xx-x	3月11日
14	柏原 里美	東京都	三鷹市新川x-x-xx	
15	佐藤 由香里	千葉県	浦安市堀江x-x-xx	2月25日
16	関口 裕也	神奈川県	横浜市青葉区あざみ野x-x-x	
17	岩沢 浩之	東京都	大田区鵜木x-xx-xx	3月4日

	F	G
2	入金済	未入金
3	17	8
5	会員数	

【操作 3】

⑲ 会員数を表示するセル F6 をクリックします。

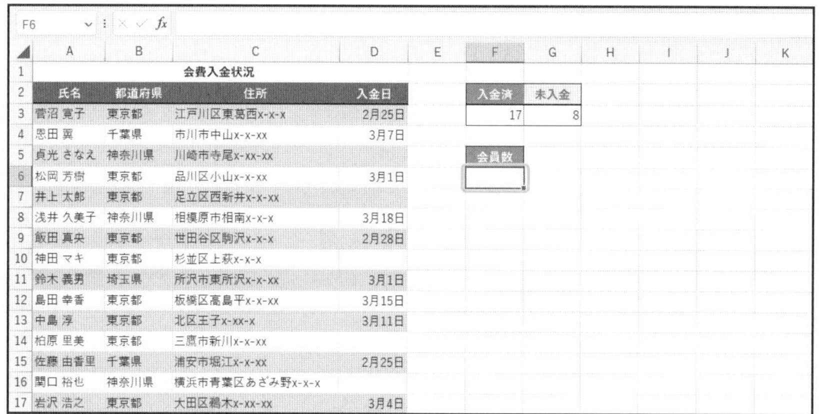

F6

	A	B	C	D
1			会費入金状況	
2	氏名	都道府県	住所	入金日
3	菅沼 寛子	東京都	江戸川区東葛西x-x-x	2月25日
4	恩田 翼	千葉県	市川市中山x-x-xx	3月7日
5	貞光 さなえ	神奈川県	川崎市寺尾x-xx-xx	
6	松岡 芳樹	東京都	品川区小山x-x-xx	3月1日
7	井上 太郎	東京都	足立区西新井x-x-xx	
8	浅井 久美子	神奈川県	相模原市相南x-x-x	3月18日
9	飯田 真央	東京都	世田谷区駒沢x-x-x	2月28日
10	神田 マキ	東京都	杉並区上荻x-x-x	
11	鈴木 義男	埼玉県	所沢市東所沢x-x-xx	3月1日
12	島田 幸香	東京都	板橋区高島平x-x-xx	3月15日
13	中島 淳	東京都	北区王子x-xx-x	3月11日
14	柏原 里美	東京都	三鷹市新川x-x-xx	
15	佐藤 由香里	千葉県	浦安市堀江x-x-xx	2月25日
16	関口 裕也	神奈川県	横浜市青葉区あざみ野x-x-x	
17	岩沢 浩之	東京都	大田区鵜木x-xx-xx	3月4日

	F	G
2	入金済	未入金
3	17	8
5	会員数	

⑳［数式］タブの［その他の関数］ボタンをクリックします。

㉑［統計］の一覧から［COUNTA］をクリックします。

ポイント

個数を求める関数

この例では会員数として氏名が入力されているセルの個数を数えます。氏名は文字列なのでデータが入力されているセルの個数を数える COUNTA 関数を使います。

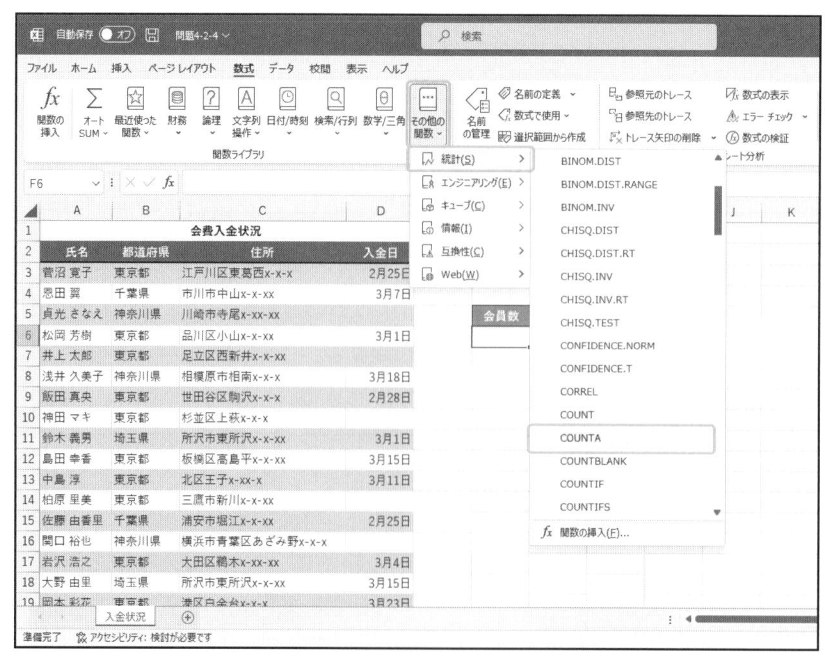

ヒント

名前付き範囲「氏名」のセル範囲

表の各列の範囲が項目名の名前で登録されているので、名前付き範囲「氏名」のセル範囲は「氏名」の列のセル A3 ～ A27 です。

㉒ COUNTA 関数の［関数の引数］ダイアログボックスが表示されるので、［範囲］ボックスの「F3:F5」が選択されていることを確認し、［数式で使用］ボタンをクリックします。

㉓ 一覧から［氏名］をクリックします。

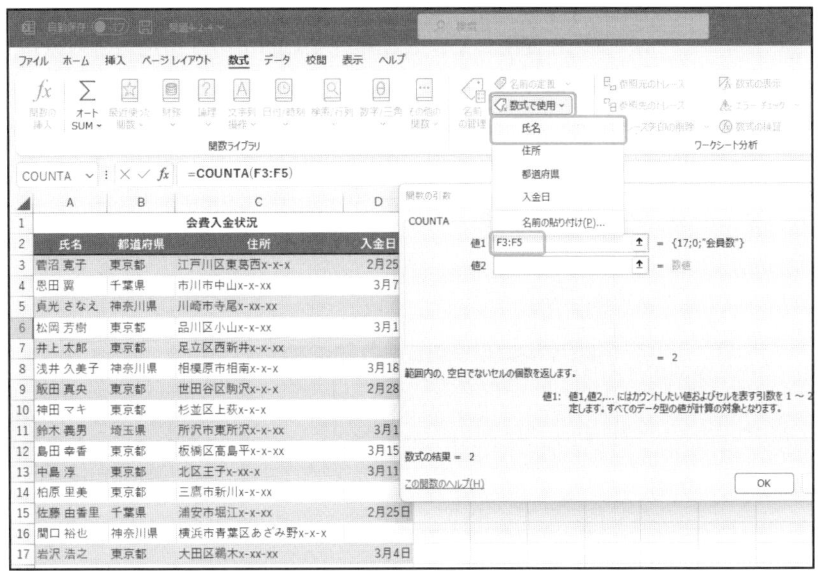

㉔［値 1］ボックスに「氏名」と表示されます。

㉕［数式の結果 =］に、名前付き範囲「氏名」のデータが入力されているセルの個数「25」が表示されていることを確認します。

㉖［OK］をクリックします。

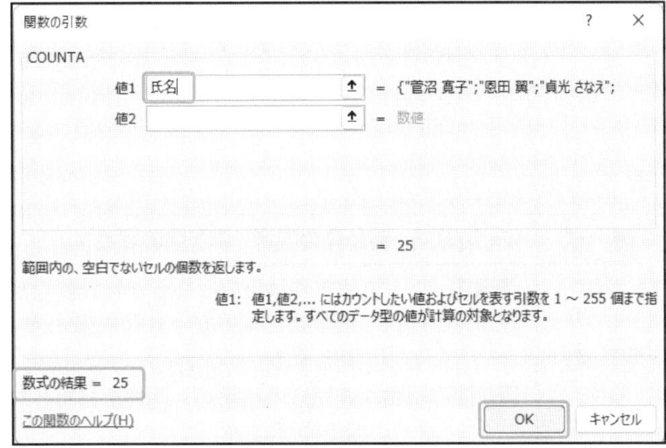

㉗ 数式バーに「**=COUNTA(氏名)**」と表示されたことを確認します。

㉘ セル F6 に、「氏名」の列のデータが入力されているセルの個数「25」が表示されます。

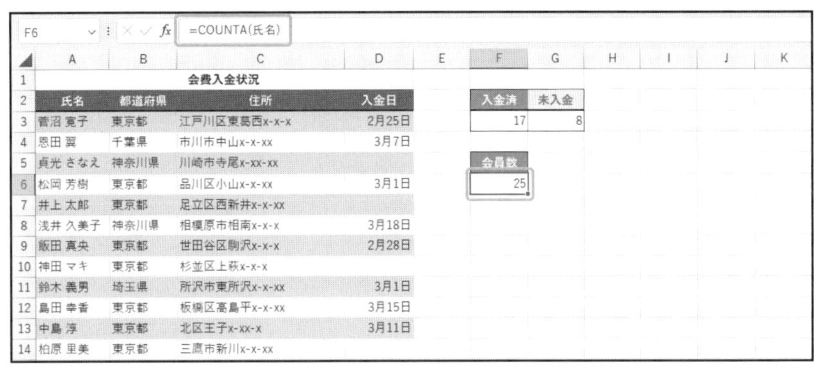

4-2-5 IF 関数を使用して条件付きの計算を実行する

練習問題

問題フォルダー
└問題 4-2-5.xlsx

解答フォルダー
└解答 4-2-5.xlsx

関数を使用して、セル範囲 E4:E11 の「特別報酬対象者」の列に、達成率が 100%以上の場合は「○」を表示し、そうでない場合は空白にします。

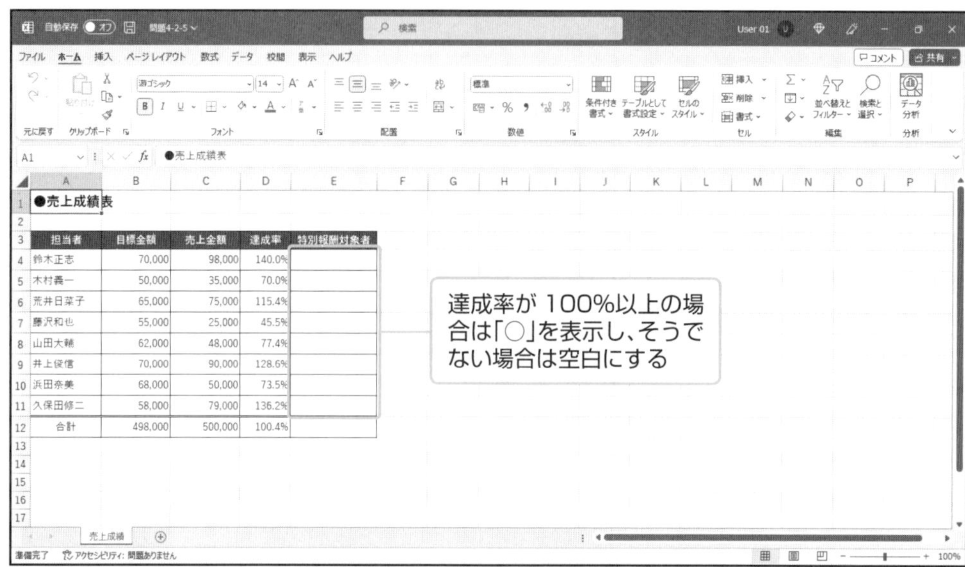

機能の解説

重要用語

- IF 関数
- 指定した条件を満たしているかいないかで異なる処理をする
- 比較演算子

IF（イフ）関数を使用すると、指定した条件を満たしているか満たしていないかによって、異なる処理をすることができます。

●IF 関数

書　式	IF(論理式 , 値が真の場合 , 値が偽の場合)
引　数	**論理式**　：真または偽のどちらかに評価できる値または式を指定する **値が真の場合**：論理式の結果が、条件を満たす「真（TRUE）」の場合に返す値を指定する **値が偽の場合**：論理式の結果が、条件を満たさない「偽（FALSE）」の場合に返す値を指定する
戻り値	**論理式**を満たす場合は**値が真の場合**の値を返し、満たさない場合は**値が偽の場合**の値を返す

論理式では、「真（TRUE)」または「偽（FALSE)」のいずれかで評価できる値か式を引数に指定する必要があります。式には、次のような比較演算子を使用することができます。

比較演算子の使い方

比較演算子	意味	使用例
=	等しい	D2=150
<	～より小さい（未満）	D2<150
>	～より大きい	D2>150
<=	～以下	D2<=150
>=	～以上	D2>=150
<>	等しくない	D2<>150

ポイント
引数に文字列を設定する
関数の引数が文字列の場合、文字列は「"」（ダブルクォーテーション）で囲んで入力します。

例）合計点が 150 点以上なら「合格」、150 点未満なら「不合格」と表示する

=IF(D2>=150," 合格 "," 不合格 ")

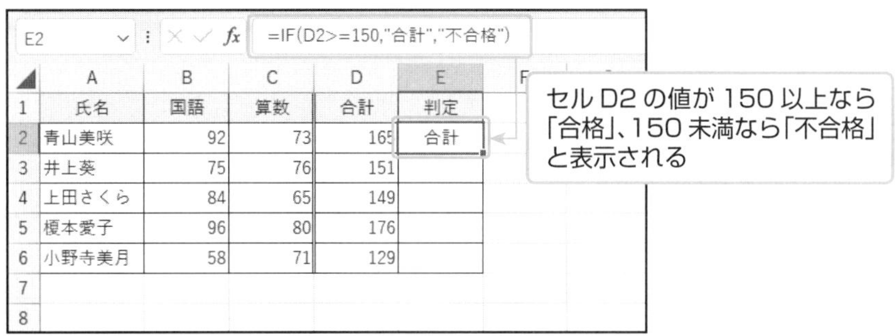

操作手順

❶ 達成率が 100％の場合に「○」を表示する「特別報酬対象者」の列のセル E4 をクリックします。

❷［数式］タブの［論理］ボタンをクリックします。

❸ 一覧から［IF］をクリックします。

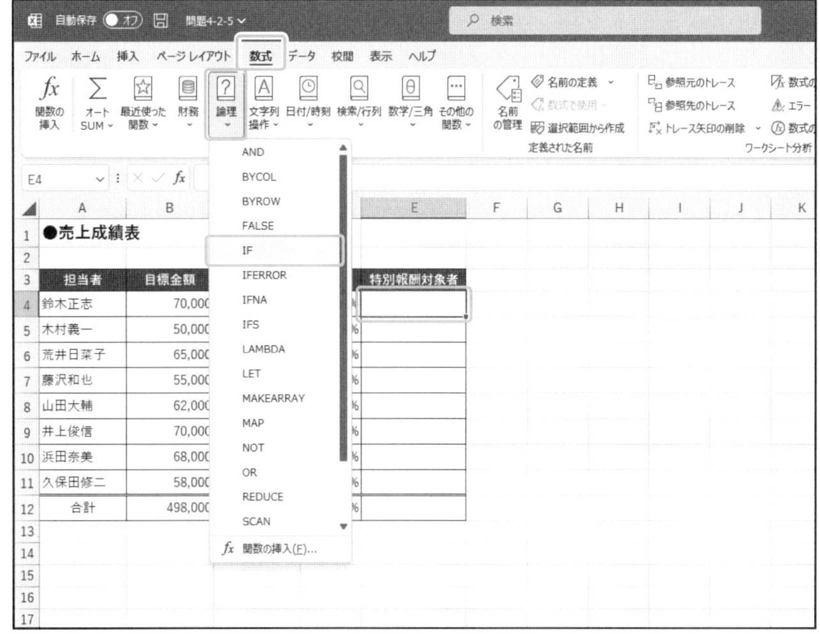

④ IF 関数の［関数の引数］ダイアログボックスが表示されるので、［論理式］ボックスにカーソルが表示されていることを確認し、同じ行の「達成率」の列のセル D4 をクリックします。

⑤［論理式］ボックスに「D4」と表示されるので、続けて「>＝100%」と入力します。

⑥［値が真の場合］ボックスをクリックし、「○」と入力します。

⑦［値が偽の場合］ボックスをクリックし、「""」（ダブルクォーテーション２つ）と入力します。

⑧［数式の結果＝］に、値が真の場合の値「○」が表示されていることを確認します。

⑨［OK］をクリックします。

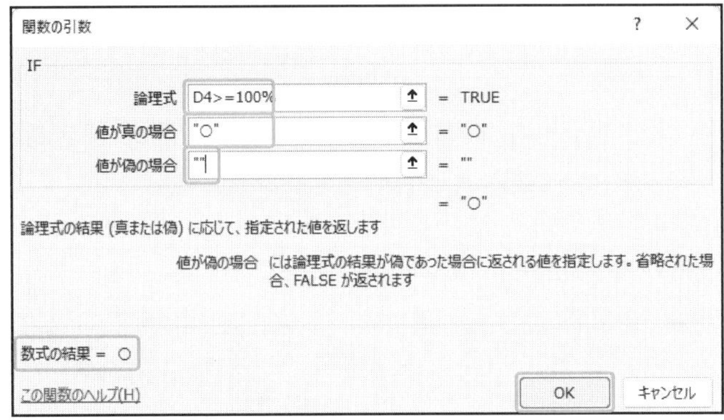

⑩ 数式バーに「**=IF(D4>=100%,"○","")**」と表示されたことを確認します。

⑪ セル E4 に値が真の場合の値「○」が表示されます。

	A	B	C	D	E
1	●売上成績表				
2					
3	担当者	目標金額	売上金額	達成率	特別報酬対象者
4	鈴木正志	70,000	98,000	140.0%	○
5	木村義一	50,000	35,000	70.0%	
6	荒井日菜子	65,000	75,000	115.4%	
7	藤沢和也	55,000	25,000	45.5%	

⑫ セル E4 の右下のフィルハンドルをポイントします。

⑬ マウスポインターの形が ＋ に変わったら、セル E11 までドラッグします。

⑭ セル E4 の数式がセル E5 ～ E11 にコピーされ、達成率が 100％以上の行に「○」が表示されます。

⑮ ［オートフィルオプション］ボタンをクリックし、一覧から［書式なしコピー（フィル）］をクリックします。

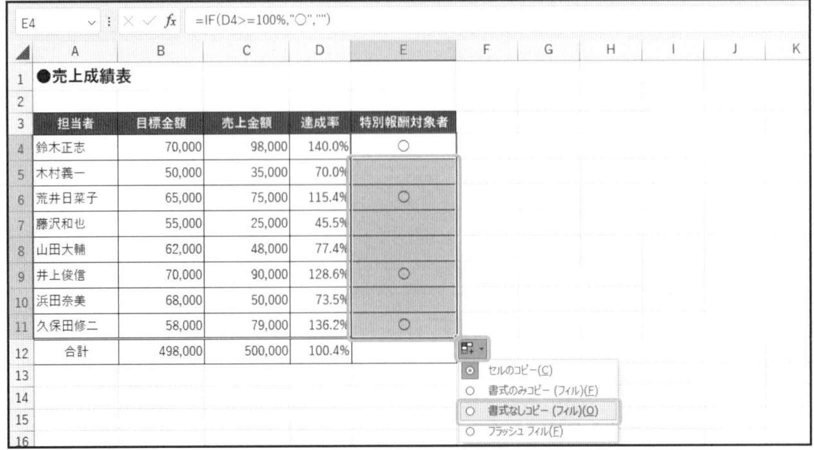

	A	B	C	D	E
1	●売上成績表				
2					
3	担当者	目標金額	売上金額	達成率	特別報酬対象者
4	鈴木正志	70,000	98,000	140.0%	○
5	木村義一	50,000	35,000	70.0%	
6	荒井日菜子	65,000	75,000	115.4%	○
7	藤沢和也	55,000	25,000	45.5%	
8	山田大輔	62,000	48,000	77.4%	
9	井上俊信	70,000	90,000	128.6%	○
10	浜田奈美	68,000	50,000	73.5%	
11	久保田修二	58,000	79,000	136.2%	○
12	合計	498,000	500,000	100.4%	

ポイント

文字列を含む引数

［関数の引数］ダイアログボックスで引数に文字列を入力した場合、ボックスの内容が確定した時点で自動的に「"」（ダブルクォーテーション）で囲まれます。

ヒント

空白を表示する引数

論理式の結果によってセルを空白にしたい場合は、引数に「""」（ダブルクォーテーション２つ）を指定します。

ヒント

書式なしコピーにする理由

オートフィルを使用してコピーすると、書式もコピーされるため、手順⑭では、セル E11 の下の二重線がセル E4 の下と同様の一本線に変わります。これを二重線に戻すため、手順⑮の操作をします。

⑯ 任意のセルをクリックして、範囲選択を解除し、セル E11 の下の横線が二重線のままになっていることを確認します。

●売上成績表

担当者	目標金額	売上金額	達成率	特別報酬対象者
鈴木正志	70,000	98,000	140.0%	○
木村義一	50,000	35,000	70.0%	
荒井日菜子	65,000	75,000	115.4%	○
藤沢和也	55,000	25,000	45.5%	
山田大輔	62,000	48,000	77.4%	
井上俊信	70,000	90,000	128.6%	○
浜田奈美	68,000	50,000	73.5%	
久保田修二	58,000	79,000	136.2%	○
合計	498,000	500,000	100.4%	

4-2-6 SORT 関数を使用してデータを並べ替える

練習問題

問題フォルダー
└問題 4-2-6.xlsx

解答フォルダー
└解答 4-2-6.xlsx

関数を使用して、セル範囲 G3：I12 に、左側の売上表の社員番号を除くデータを、売上金額の大きい順に並べ替えて表示します。

機能の解説

- SORT 関数
- データを並べ替えた結果を別の位置に表示
- スピル機能
- ゴーストのセル

SORT（ソート）関数を使うと、データを並べ替えた結果を別の位置に表示することができます。スピル機能に対応しているので、先頭のセルに数式を入力すると、数式に応じて他のセルにも自動で計算結果が表示されます。

●SORT 関数

書　式	SORT（配列 , [並べ替えインデックス], [並べ替え順序], [並べ替え基準]）
引　数	**配列**：並べ替える元となる範囲または配列を指定する **並べ替えインデックス**：替べ替えの基準となる列または行を配列の先頭から数えた数値で指定する。省略時は「1」とみなされる **並べ替え順序**：昇順の場合は「1」、降順の場合は「-1」を指定する。省略時は昇順とみなされる **並べ替え基準**：論理値（「TRUE」または「FALSE」）を指定する。行で並べ替える場合は「FALSE」、列で並べ替える場合は「TRUE」を指定する。省略時は「FALSE」とみなされる
戻り値	データを並べ替えた結果を返す

例）セル A3 ～ B7 の表を、2 列目を基準に降順で並べ替えて表示する

= SORT(A3:B7,2,-1)

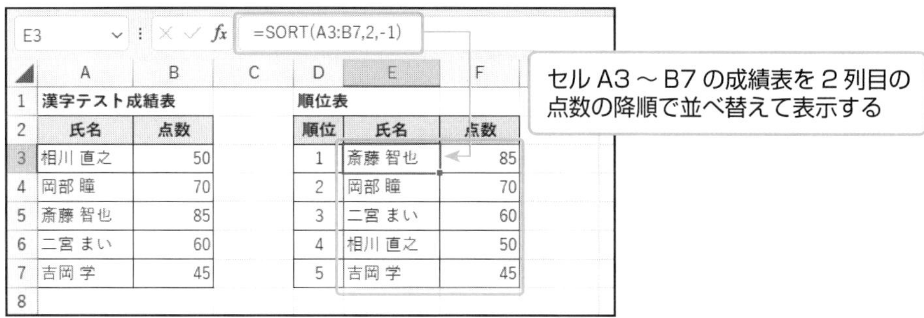

● スピル機能

Microsoft 365 の新機能「スピル」（spill）は、「こぼれる、あふれる」を意味し、数式を入力したセルから結果があふれて隣接するセルにも自動的に表示されます。
たとえば、順位表の氏名を表示するセルに SORT 関数を入力する際に、引数「配列」に成績表の氏名と隣接する点数の範囲を指定すると、関数を入力した列に氏名、右に隣接する列に点数が自動的に表示されます。
スピルによって自動的に結果が表示されたセルを「ゴースト」と呼びます。点数のセルをクリックすると、数式バーの数式が淡色表示になっています。ゴーストのセルで **Delete** キーを押して削除しても自動的に復活するため削除できません。ゴーストのセルの数式を削除するには、スピル元のセルの数式を削除します。

SORT 関数で表示された氏名に隣接する点数のセルをアクティブにした状態

また、ゴーストのセルに任意の値を入力すると、元の数式が入力されているセルに「# スピル !」というエラーが表示されます。

ゴーストのセルに任意の値を入力した状態

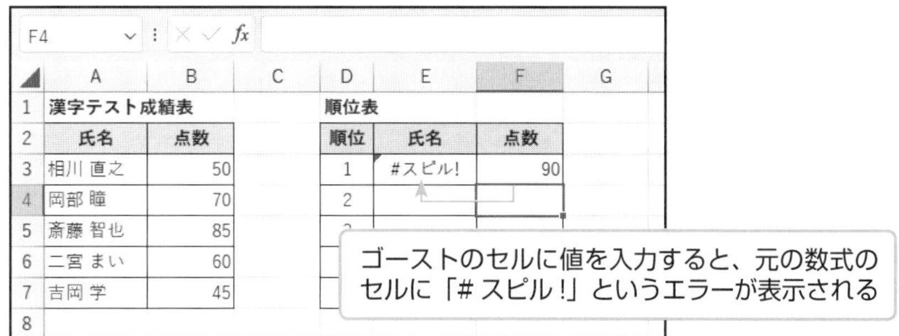

第4章 数式や関数を使用した計算の実行

操作手順

【操作 1】

❶売上金額の一番大きい人の氏名を表示するセル G3 をクリックします。

❷［数式］タブの［検索 / 行列］ボタンをクリックします。

❸一覧から［SORT］をクリックします。

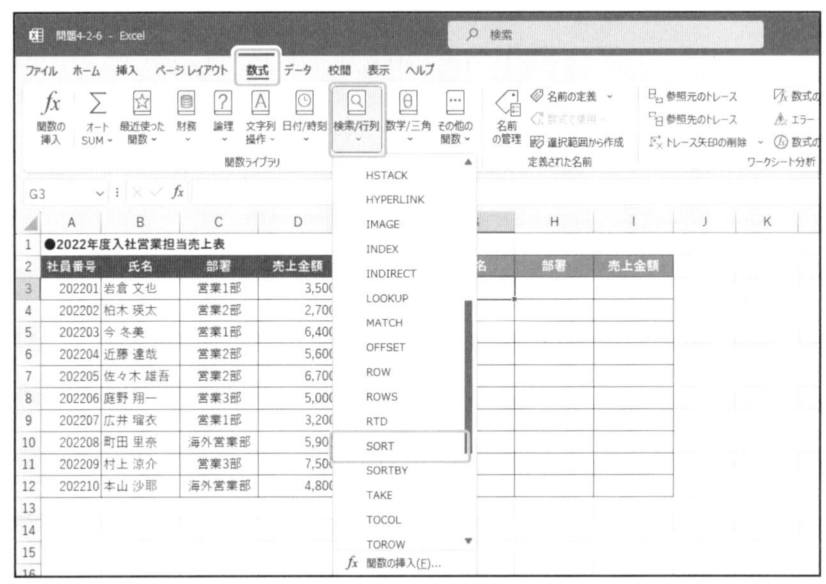

❹SORT 関数の［関数の引数］ダイアログボックスが表示されるので、［配列］ボックスにカーソルが表示されていることを確認し、売上表の「氏名」～「売上金額」の列のセル範囲 B3 ～ D12 を範囲選択します。

❺［配列］ボックスに「B3:D12」と表示されます。

❻［並べ替えインデックス］ボックスをクリックし、「3」と入力します。

❼［並べ替え順序］ボックスをクリックし、「-1」と入力します。

❽［並べ替え基準］ボックスには何も入力しません。

❾［数式の結果 =］に、売上金額の一番大きい人の氏名「村上 涼介」が表示されます。

❿［OK］をクリックします。

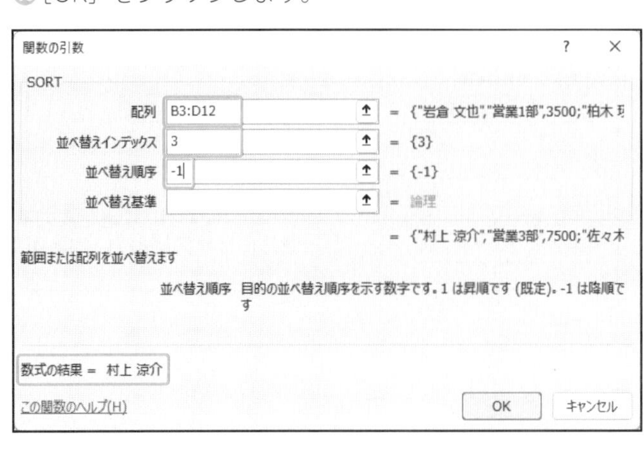

ポイント

引数「配列」の指定

引数「配列」には並べ替える元となる範囲または配列を指定します。ここでは左の売上表の社員番号を除いた範囲になり、［配列］ボックスにセル範囲 B3:D12 を指定します。

ポイント

引数「並べ替えインデックス」の指定

引数「並べ替えインデックス」は並べ替えの基準となる列を引数「配列」の左から数えた番号で指定します。ここでは左の表の「売上金額」の列が「並べ替えインデックス」となりますが、引数「配列」が左の表の社員番号を除いた「氏名」の列からなので、「売上金額」の列は 3 列目となり、「3」と指定します。

ポイント

引数「並べ替え順序」

引数「並べ替え順序」は昇順は「1」、降順の場合は「-1」を指定します。ここでは売上金額の大きい順すなわち降順なので、［並べ替え順序］ボックスには「-1」を指定します。

ヒント

引数「並べ替え基準」

ここでは、行で並べ替えるため、引数「並べ替え基準」には「FALSE」を指定します。省略しても「FALSE」とみなされるので［並べ替え基準］ボックスの入力は省略します。

⑪数式バーに「**=SORT(B3:D12,3,-1)**」が表示されます。

※［関数の引数］ダイアログボックスを使わずに、この数式を直接セルに入力してもかまいません。

⑫セル G3 に売上金額の一番大きい人の氏名「村上 涼介」が表示されます。

⑬スピル機能により、売上金額の大きい順に、セル G4 ～ G12 に氏名、H3 ～ I12 に部署と売上金額が表示されます。

G3 =SORT(B3:D12,3,-1)

	A	B	C	D	E	F	G	H	I
1	●2022年度入社営業担当売上表					★売上金額順			
2	社員番号	氏名	部署	売上金額		順位	氏名	部署	売上金額
3	202201	岩倉 文也	営業1部	3,500		1	村上 涼介	営業3部	7,500
4	202202	柏木 瑛太	営業2部	2,700		2	佐々木 雄吾	営業2部	6,700
5	202203	今 冬美	営業1部	6,400		3	今 冬美	営業1部	6,400
6	202204	近藤 達哉	営業2部	5,600		4	町田 里奈	海外営業部	5,900
7	202205	佐々木 雄吾	営業2部	6,700		5	近藤 達哉	営業2部	5,600
8	202206	庭野 翔一	営業3部	5,000		6	庭野 翔一	営業3部	5,000
9	202207	広井 瑠衣	営業1部	3,200		7	本山 沙耶	海外営業部	4,800
10	202208	町田 里奈	海外営業部	5,900		8	岩倉 文也	営業1部	3,500
11	202209	村上 涼介	営業3部	7,500		9	広井 瑠衣	営業1部	3,200
12	202210	本山 沙耶	海外営業部	4,800		10	柏木 瑛太	営業2部	2,700

4-2-7 UNIQUE関数を使用して一意の値を返す

練習問題

問題フォルダー
└問題 4-2-7.xlsx

解答フォルダー
└解答 4-2-7.xlsx

関数を使用して、「会員都道府県」の列に、会員名簿の都道府県の一意（重複しない）のデータを表示します。

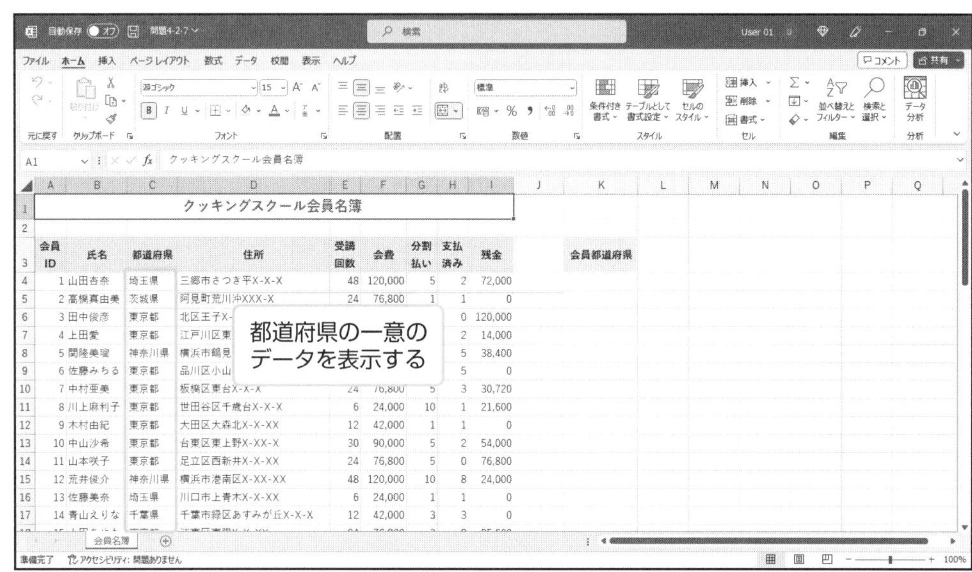

機能の解説

- UNIQUE 関数
- 一意（重複しない）のデータを表示する
- スピル機能

UNIQUE（ユニーク）関数を使うと、指定された範囲の一意（重複しない）のデータを表示することができます。スピル機能に対応しているので、先頭のセルに数式を入力すると、該当するデータがすべて表示されます（「4-2-6」参照）。

●UNIQUE 関数

書　式	**UNIQUE（配列 ,[列の比較],[回数指定]）**
引　数	**配　　列**：一意の行または列を返す範囲または配列を指定する **列の比較**：論理値（「TRUE」または「FALSE」）を指定する。行同士を比較して一意の行を返す場合は「FALSE」を指定する、列同士を比較して一意の列を返す場合は「TRUE」を指定する。省略時は「FALSE」とみなされる **回数指定**：論理値（「TRUE」または「FALSE」）を指定する。配列から 1 回だけ出現する行または列を返す場合は「TRUE」を指定する、配列から個別の行または列をすべて返す場合は「FALSE」を指定する。省略時は「FALSE」とみなされる
戻り値	一意（重複しない）のデータを返す

例）セル B4 ～ B16 の一意のデータを表示する

= UNIQUE(B4:B16)

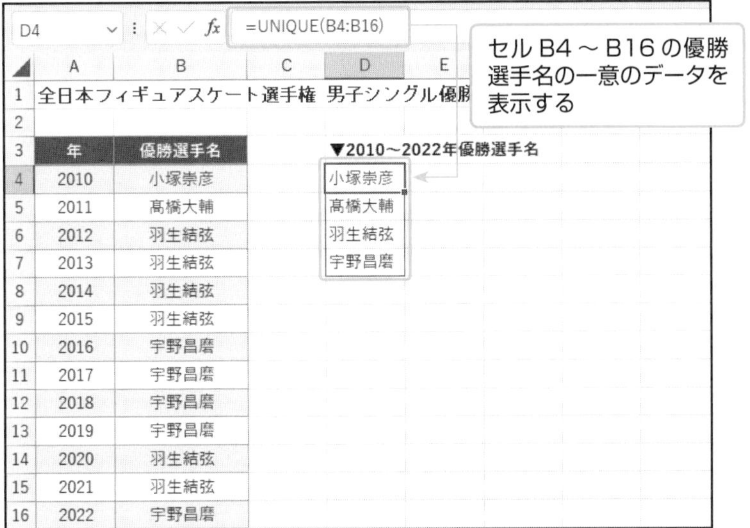

操作手順

【操作 1】

❶ 都道府県の一意のデータを表示する先頭のセル K4 をクリックします。

❷［数式］タブの ［検索 / 行列］ボタンをクリックします。

❸ 一覧から［UNIQUE］をクリックします。

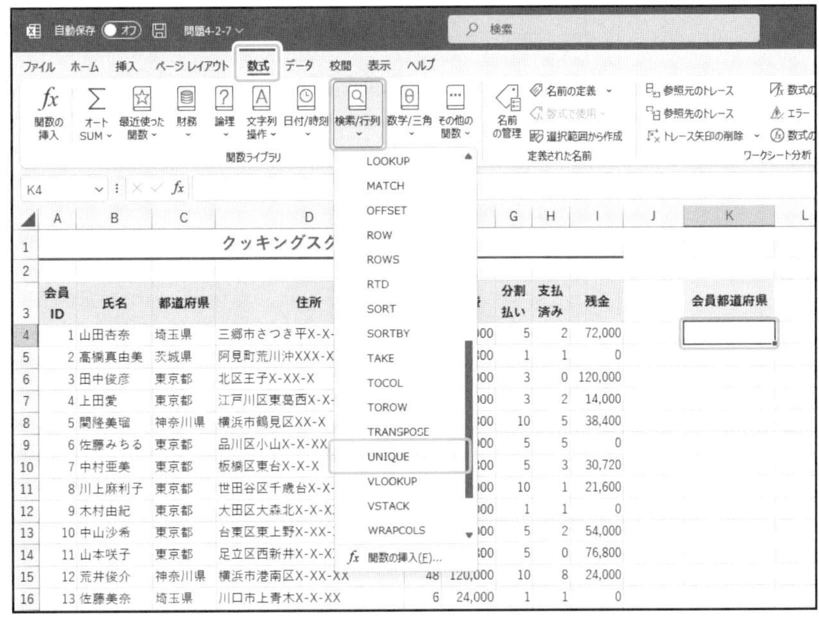

❹ UNIQUE 関数の［関数の引数］ダイアログボックスが表示されるので、［配列］ボックスにカーソルが表示されていることを確認し、「都道府県」の列のセル範囲 C4 ～ C63 を範囲選択します。

❺［配列］ボックスに「C4:C63」と表示されます。

❻［列の比較］、［回数指定］ボックスには何も入力しません。

❼［数式の結果 =］に「埼玉県」と表示されます。

❽［OK］をクリックします。

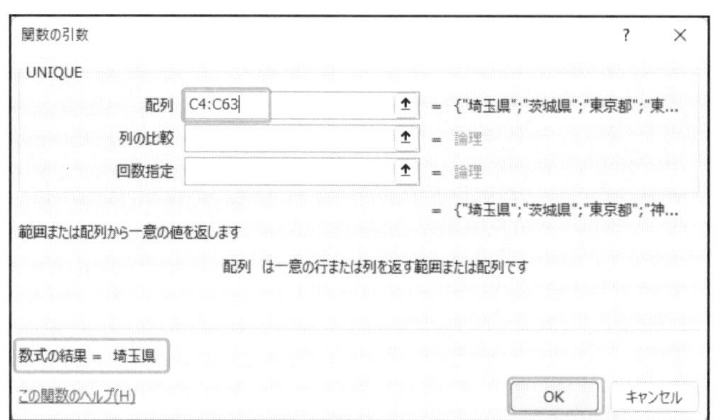

ヒント
引数「列の比較」
ここでは、行同士を比較して一意の行を返すため、引数「列の比較」には「FALSE」を指定します。省略しても「FALSE」とみなされるので［列の比較］ボックスの入力は省略します。

ヒント
引数「回数指定」
ここでは、引数「配列」から個別の行をすべて返すので、引数「回数指定」には「FALSE」を指定します。省略しても「FALSE」とみなされるので［回数指定］ボックスの入力は省略します。

❾ 数式バーに「**=UNIQUE(C4:C63)**」が表示されます。

※［関数の引数］ダイアログボックスを使わずに、この数式を直接セルに入力してもかまいません。

❿ セル K4 に「埼玉県」と表示されます。

⓫ スピル機能により、セル K5 ～ K9 に都道府県の一意のデータが表示されます。

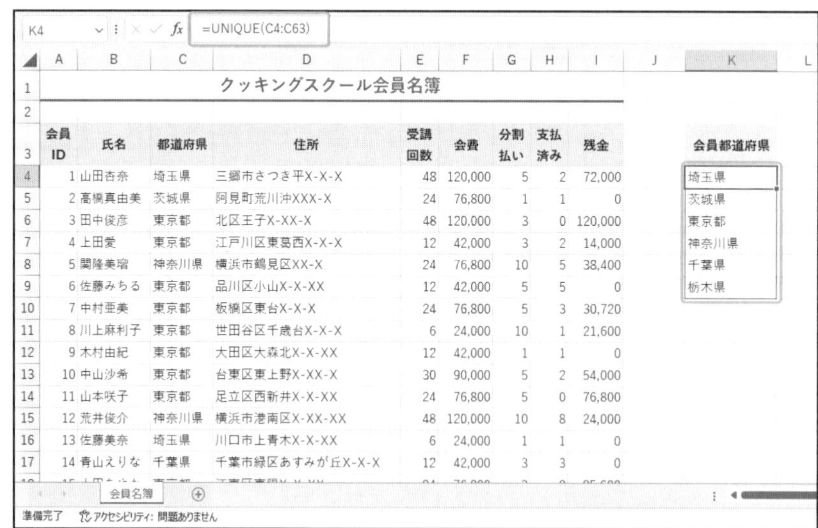

K4 =UNIQUE(C4:C63)

クッキングスクール会員名簿

会員ID	氏名	都道府県	住所	受講回数	会費	分割払い	支払済み	残金		会員都道府県
1	山田杏奈	埼玉県	三郷市さつき平X-X-X	48	120,000	5	2	72,000		埼玉県
2	高橋真由美	茨城県	阿見町荒川沖XXX-X	24	76,800	1	1	0		茨城県
3	田中俊彦	東京都	北区王子X-XX-X	48	120,000	3	0	120,000		東京都
4	上田愛	東京都	江戸川区東葛西X-X-X	12	42,000	3	2	14,000		神奈川県
5	関隆美瑠	神奈川県	横浜市鶴見区XX-X	24	76,800	10	5	38,400		千葉県
6	佐藤みちる	東京都	品川区小山X-X-XX	12	42,000	5	5	0		栃木県
7	中村亜美	東京都	板橋区東台X-X-X	24	76,800	5	3	30,720		
8	川上麻利子	東京都	世田谷区千歳台X-X-X	6	24,000	10	1	21,600		
9	木村由紀	東京都	大田区大森北X-X-XX	12	42,000	1	1	0		
10	中山沙希	東京都	台東区東上野X-XX-X	30	90,000	5	2	54,000		
11	山本咲子	東京都	足立区西新井X-X-XX	24	76,800	5	0	76,800		
12	荒井俊介	神奈川県	横浜市港南区X-XX-XX	48	120,000	10	8	24,000		
13	佐藤美奈	埼玉県	川口市上青木X-X-XX	6	24,000	1	1	0		
14	青山えりな	千葉県	千葉市緑区あすみが丘X-X-X	12	42,000	3	3	0		

会員名簿
準備完了 アクセシビリティ: 問題ありません

4-3 文字列を整形する、変更する

文字列関数を使うと、文字列の一部を取り出す、英字の小文字を大文字に変換する、複数のセルの文字列を連結するなどの文字列の整形や変更ができます。

4-3-1 LEFT 関数、RIGHT 関数、MID 関数を使用して文字列を整形する

練習問題

問題フォルダー
└問題 4-3-1.xlsx

解答フォルダー
└解答 4-3-1.xlsx

【操作 1】関数を使用して、「入会日」の列に、同じ行の会員番号の左から 6 文字分を取り出して、入会日として表示します。

【操作 2】関数を使用して、「性別」の列に、同じ行の会員番号の右端の 1 文字を取り出して、性別として表示します。

【操作 3】関数を使用して、「番号」の列に、同じ行の会員番号の 7 文字目から 4 文字分を取り出して、番号として表示します。

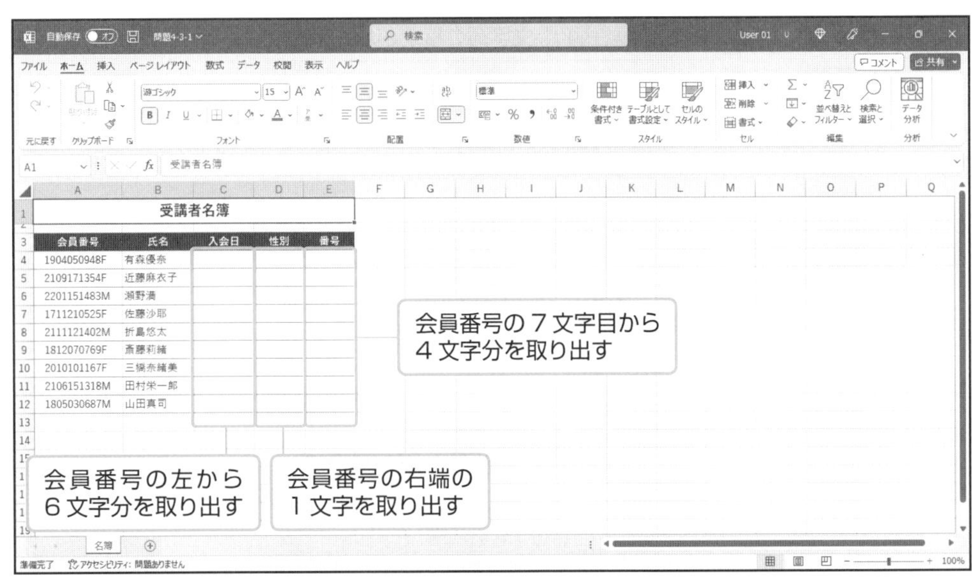

機能の解説

重要用語

- LEFT 関数
- 文字列の左から指定した文字数分の文字を取り出す
- RIGHT 関数
- 文字列の右から指定した文字数分の文字を取り出す
- MID 関数
- 指定した位置から指定した文字数分の文字を取り出す

LEFT（レフト）関数、RIGHT（ライト）関数、MID（ミッド）関数を使うと、文字列の左、右、指定した位置から指定した文字数分の文字を取り出すことができます。どの関数も、全角、半角を問わず、すべての文字を 1 文字と数えます。

●LEFT 関数

書　式	**LEFT(文字列 [,文字数])**
引　数	**文字列**：文字列または文字列を含むセル参照を指定する **文字数**：取り出す文字数（文字列の左端からの文字数）を指定する。省略時は「1」とみなされる
戻り値	**文字列**の左端（先頭）から、指定された**文字数**分だけ取り出した文字列を返す

第 4 章 数式や関数を使用した演算の実行

例）セル A1 の文字列の左から 3 文字を取り出す

= LEFT(A1,3)

●RIGHT 関数

書　式	**RIGHT(文字列 [,文字数])**
引　数	**文字列**：文字列または文字列を含むセル参照を指定する **文字数**：取り出す文字数（文字列の右端からの文字数）を指定する。省略時は「1」とみなされる
戻り値	**文字列**の右端（末尾）から、指定された**文字数**分だけ取り出した文字列を返す

例）セル A1 の文字列の右から 4 文字を取り出す

= RIGHT(A1,4)

●MID 関数

書　式	**MID(文字列 , 開始位置 , 文字数)**
引　数	**文字列**　：文字列または文字列を含むセル参照を指定する **開始位置**：文字列から取り出す先頭文字の位置（文字列の先頭からの文字数）を数値で指定する。省略はできない **文字数**　：取り出す文字数を指定する。省略はできない
戻り値	**文字列**の指定された**開始位置**から、指定された**文字数**の文字を取り出す

例）セル A1 の文字列の 4 文字目から 3 文字分を取り出す

= MID(A1,4,3)

ヒント
LEFTB、RIGHTB、MIDB 関数
文字数でなくバイト数（全角の文字は 2 バイト、半角の文字は 1 バイトと数える）で指定して文字数を取り出す場合に使用します。引数は、文字数の代わりにバイト数を使う以外、それぞれ LEFT、RIGHT、MID 関数と同じです。

操作手順

【操作 1】

❶会員番号の左から 6 文字を表示する「入会日」の列のセル C4 をクリックします。

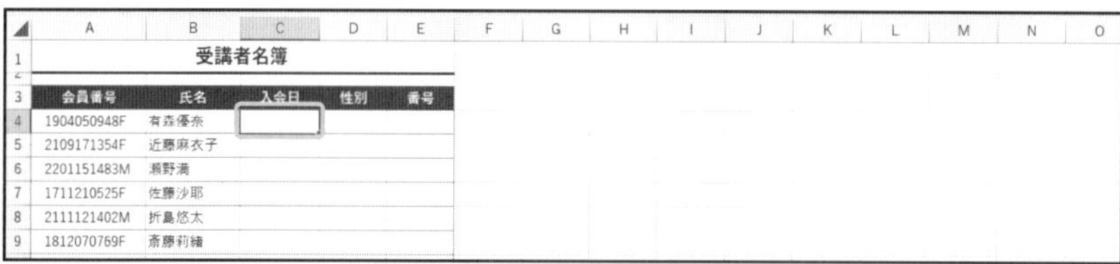

❷［数式］タブの［文字列操作］ボタンをクリックします。

❸一覧から［LEFT］をクリックします。

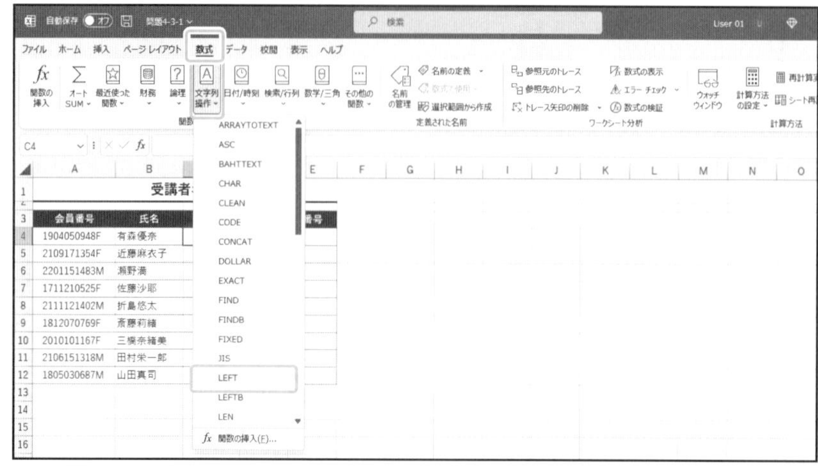

④ LEFT 関数の［関数の引数］ダイアログボックスが表示されるので、［文字列］ボックスにカーソルが表示されていることを確認し、同じ行の「会員番号」の列のセル A4 をクリックします。

⑤［文字列］ボックスに「A4」と表示されます。

⑥［文字数］ボックスをクリックし、「6」と入力します。

⑦［数式の結果 =］に、セル A4 の左から 6 文字分の文字列「190405」が表示されていることを確認します。

⑧［OK］をクリックします。

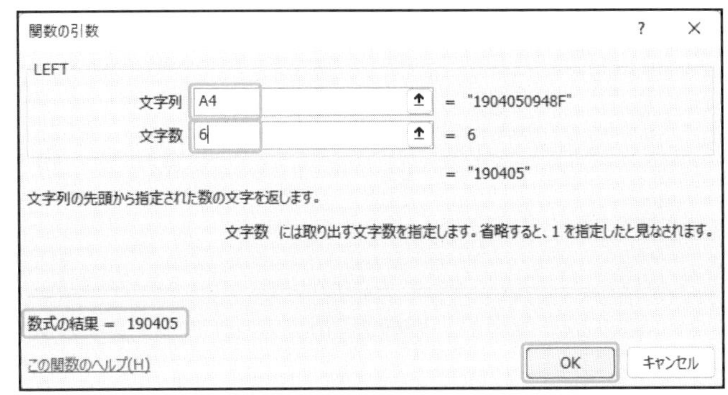

⑨ 数式バーに「**=LEFT(A4,6)**」と表示されたことを確認します。

⑩ セル C4 に、セル A4 の会員番号の左から 6 文字分の文字列「190405」が表示されます。

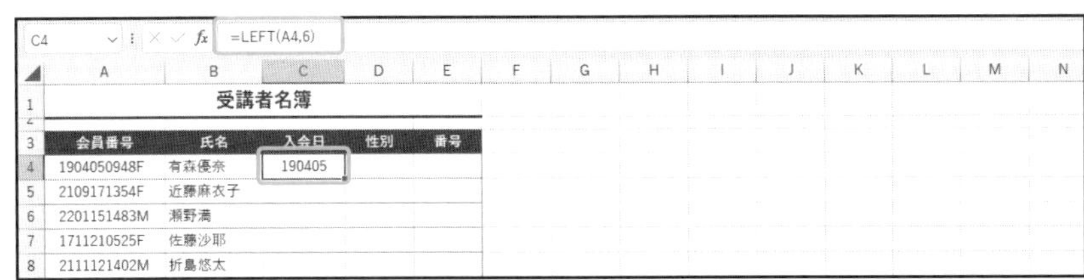

⑪ セル C4 の右下のフィルハンドルをポイントします。

⑫ マウスポインターの形が ＋ に変わったら、ダブルクリックします。

⑬ セル C4 の数式がセル C5 ～ C12 にコピーされ、各行の会員番号の左から 6 文字が表示されます。

【操作 2】

⑭ 会員番号の右端の 1 文字を表示する「性別」の列のセル D4 をクリックします。

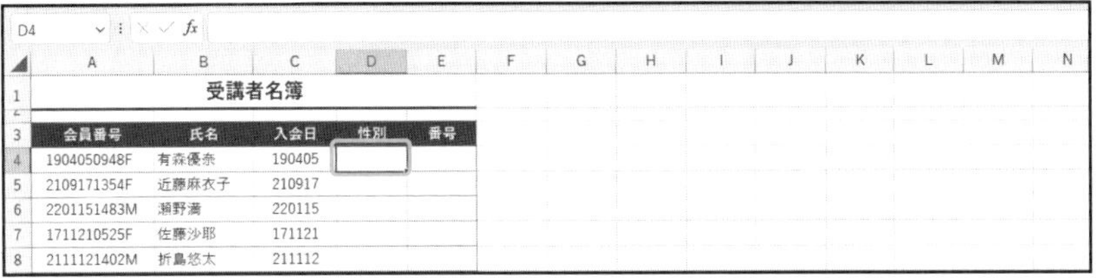

⑮ [数式] タブの [文字列操作] ボタンをクリックします。

⑯ 一覧から [RIGHT] をクリックします。

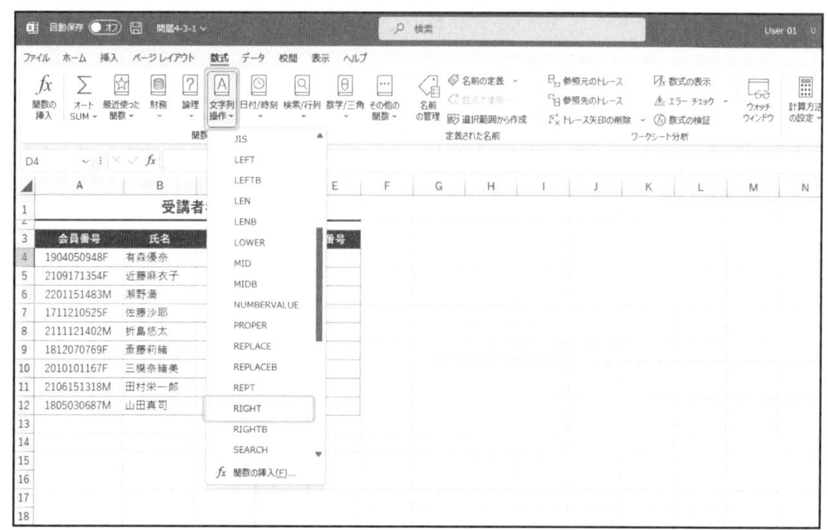

⑰ RIGHT 関数の [関数の引数] ダイアログボックスが表示されるので、[文字列] ボックスにカーソルが表示されていることを確認し、同じ行の「会員番号」の列のセル A4 をクリックします。

⑱ [文字列] ボックスに「A4」と表示されます。

⑲ [文字数] ボックスをクリックし、「1」と入力します。

⑳ [数式の結果 =] に、セル A4 の右端の文字「F」が表示されていることを確認します。

㉑ [OK] をクリックします。

その他の操作方法

引数「文字数」の指定

引数「文字数」を省略すると「1」とみなされます。この例の場合、[文字数] ボックスに何も入力しないで [OK] をクリックすると、「=RIGHT(A4)」という数式になります。

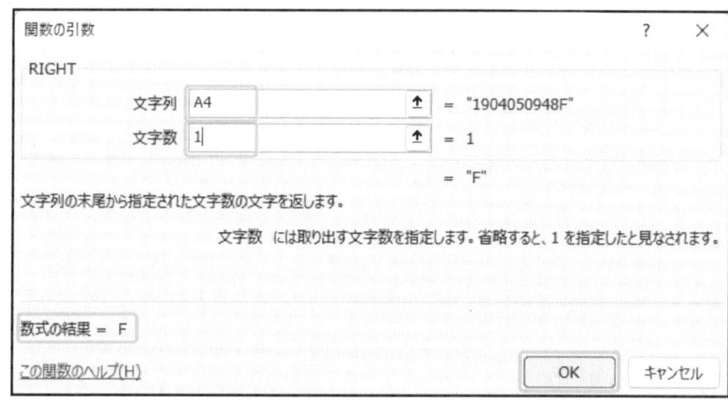

㉒ 数式バーに「**=RIGHT(A4,1)**」と表示されたことを確認します。

㉓ セル D4 に、セル A4 の会員番号の右端の文字「F」が表示されます。

㉔ ⑪ ～ ⑫ の手順で、セル D4 の数式をセル D5 ～ D12 にコピー、各行の会員番号の右端の 1 文字を表示します。

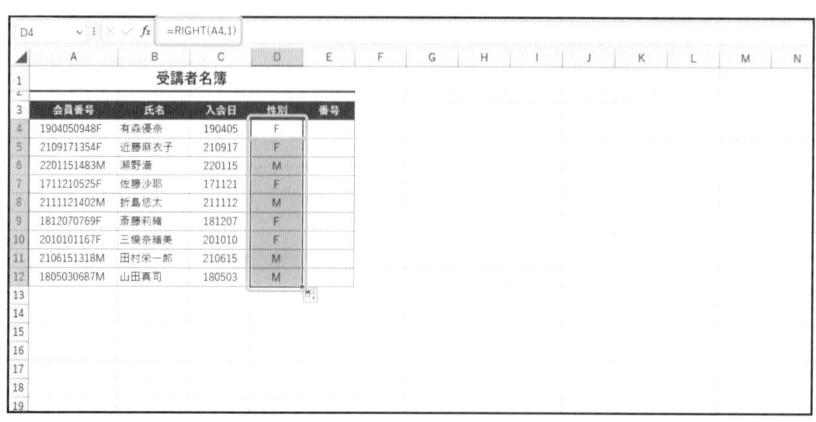

【操作 3】

㉕ 会員番号の 7 文字目から 4 文字分を表示する「番号」の列のセル E4 をクリックします。

㉖［数式］タブの［文字列操作］ボタンをクリックします。

㉗ 一覧から［MID］をクリックします。

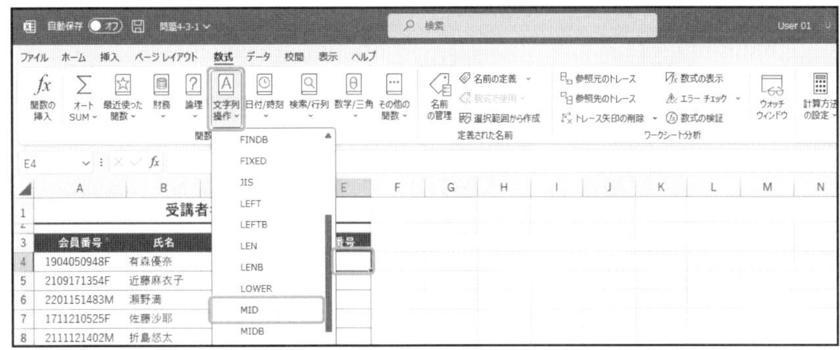

㉘ MID 関数の［関数の引数］ダイアログボックスが表示されるので、［文字列］ボックスにカーソルが表示されていることを確認し、同じ行の「会員番号」の列のセル A4 をクリックします。

㉙［文字列］ボックスに「A4」と表示されます。

㉚［開始位置］ボックスをクリックし、「7」と入力します。

㉛［文字数］ボックスをクリックし、「4」と入力します。

㉜［数式の結果 =］に、セル A7 の 7 文字目から 4 文字分の文字列「0948」が表示されていることを確認します。

㉝［OK］をクリックします。

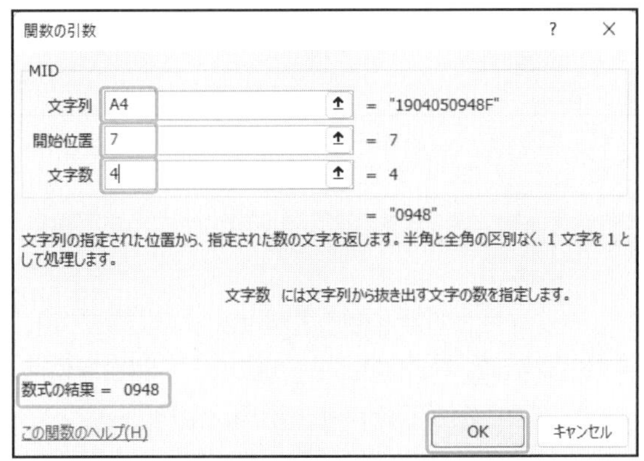

㉞ 数式バーに「**=MID(A4,7,4)**」と表示されたことを確認します。

㉟ セル E4 に、セル A4 会員番号の 7 文字目から 4 文字分の文字列「0948」が表示されます。

㊱ ⑪ ～ ⑫ の手順で、セル E4 の数式をセル E5 ～ E12 にコピーし、各行の会員番号の 7 文字目から 4 文字分を表示します。

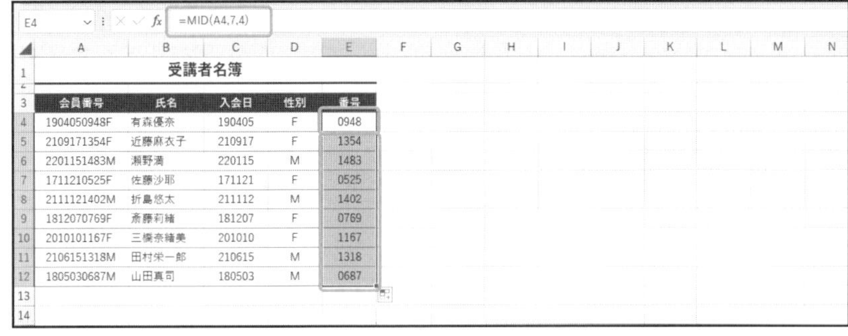

4-3-2 UPPER 関数、LOWER 関数、PROPER 関数、LEN 関数を使用して文字列を整形する

練習問題

問題フォルダー
└問題 4-3-2.xlsx

解答フォルダー
└解答 4-3-2.xlsx

【操作 1】関数を使用して、「No.（整形後）」の列に、同じ行の No. を大文字に変換して表示します。

【操作 2】関数を使用して、「Name（整形後）」の列に、同じ行の Name を先頭だけ大文字、他を小文字に変換して表示します。

【操作 3】関数を使用して、「桁数」の列に、同じ行の「Mobile」の文字数を表示します。

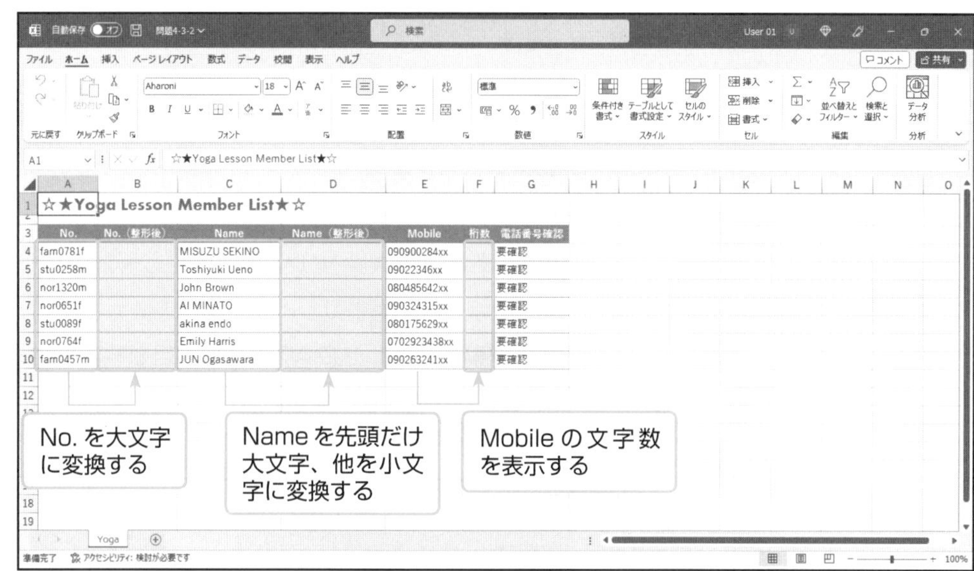

機能の解説

- UPPER 関数
- 英字をすべて大文字に変換
- LOWER 関数
- 英字をすべて小文字に変換
- PROPER 関数
- 英字の単語の先頭だけを大文字、他を小文字に変換
- LEN 関数
- 文字数を取得

UPPER（アッパー）関数を使うと英字をすべて大文字に、LOWER（ローワー）関数を使うとすべて小文字に、PROPER（プロパー）関数を使うと単語の先頭だけを大文字、他を小文字に変換することができます。半角、全角のいずれの英字でも変換可能で、元の文字が半角なら半角、全角なら全角に変換されます。

●UPPER 関数

書　式	**UPPER (文字列)**
引　数	**文字列**：文字列または文字列を含むセル参照を指定する
戻り値	**文字列**に含まれる英字をすべて大文字に変換した文字列を返す

例）セル A1 の文字列に含まれる英字をすべて大文字に変換する

= UPPER(A1)

ヒント
英字以外の文字の変更
UPPER、LOWER、PROPER関数とも、引数で指定された文字列に英字以外の文字が含まれている場合は、英字だけが変換され、それ以外の文字列はそのまま表示されます。

●LOWER 関数

書　式	**LOWER (文字列)**
引　数	**文字列**：文字列または文字列を含むセル参照を指定する
戻り値	**文字列**に含まれる英字をすべて小文字に変換した文字列を返す

例）セル A1 の文字列に含まれる英字をすべて小文字に変換する

= LOWER(A1)

●PROPER 関数

書　式	**PROPER(文字列)**
引　数	**文字列**：文字列または文字列を含むセル参照を指定する
戻り値	**文字列**に含まれる英字の単語の先頭だけを大文字、他を小文字に変換した文字列を返す

例）セル A1 の文字列に含まれる単語の先頭だけを大文字、他を小文字に変換する

= PROPER(A1)

LEN（レン）関数を使うと、文字数を取得することができます。全角、半角を問わず、すべての文字を 1 文字と数えます。

ヒント
LENB 関数
文字数でなくバイト数を取得します。全角 1 文字の場合は 2、半角 1 文字の場合は 1 となります。引数は LEN 関数と同じです。

●LEN 関数

書式	**LEN（文字列）**
引数	**文字列**：文字列または文字列を含むセル参照を指定する
戻り値	**文字列**の文字数を返す

例）セル A1 の文字列の文字数を求める

= LEN(A1)

操作手順

【操作 1】

❶大文字の No. を表示する「No.（整形後）」の列のセル B4 をクリックします。

❷［数式］タブの［文字列操作］ボタンをクリックします。

❸一覧から［UPPER］をクリックします。

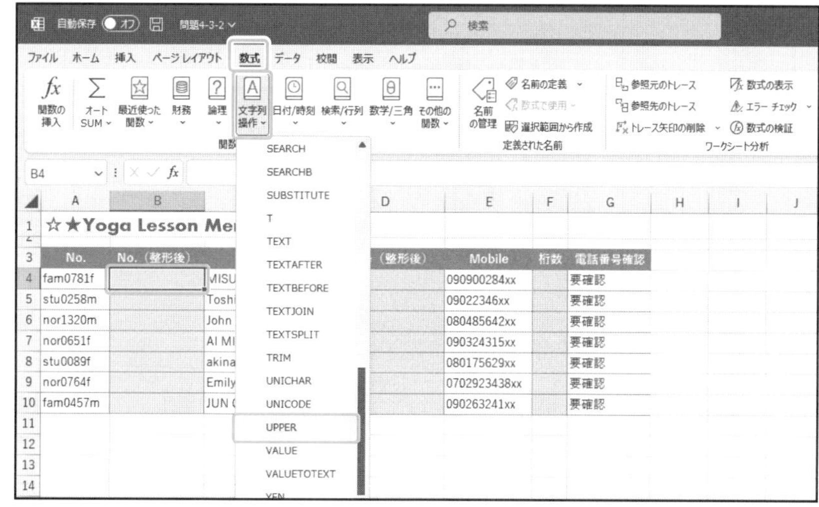

④UPPER 関数の［関数の引数］ダイアログボックスが表示されるので、［文字列］ボックスにカーソルが表示されていることを確認し、同じ行の「No.」の列のセル A4 をクリックします。

⑤［文字列］ボックスに「A4」と表示されます。

⑥［数式の結果 =］に、セル A4 の No. を大文字に変換した文字列「FAM0781F」が表示されます。

⑦［OK］をクリックします。

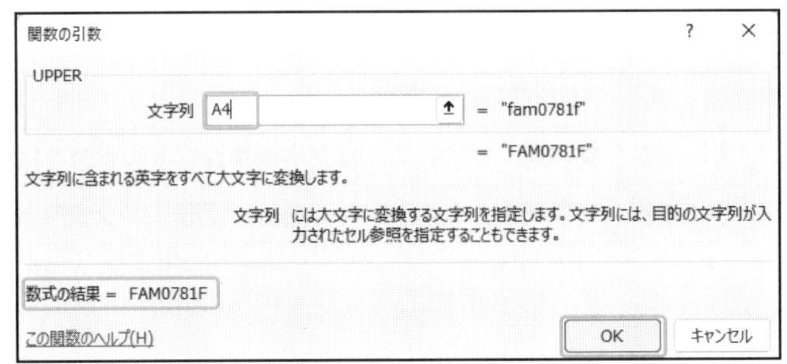

⑧数式バーに「=UPPER(A4)」と表示されたことを確認します。

⑨セル B4 に、セル A4 の No. を大文字に変換した文字列「FAM0781F」が表示されます。

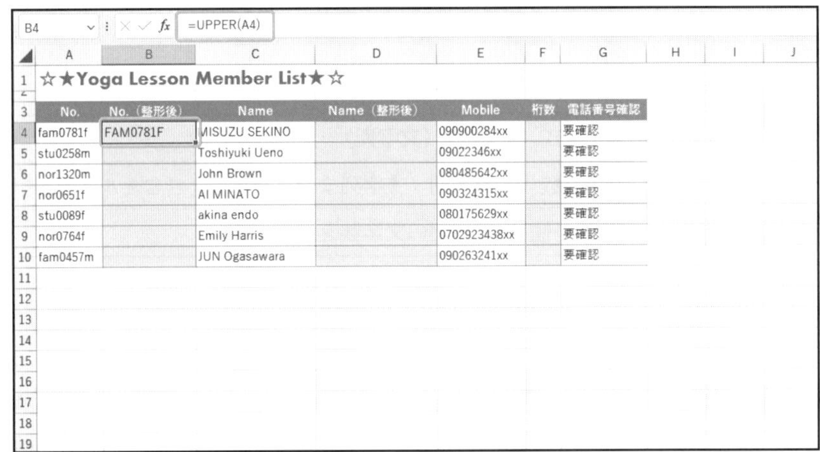

No.	No.（整形後）	Name	Name（整形後）	Mobile	桁数	電話番号確認
fam0781f	FAM0781F	MISUZU SEKINO		090900284xx		要確認
stu0258m		Toshiyuki Ueno		09022346xx		要確認
nor1320m		John Brown		080485642xx		要確認
nor0651f		AI MINATO		090324315xx		要確認
stu0089f		akina endo		080175629xx		要確認
nor0764f		Emily Harris		0702923438xx		要確認
fam0457m		JUN Ogasawara		090263241xx		要確認

⑩セル B4 の右下のフィルハンドルをポイントします。

⑪マウスポインターの形が ＋ に変わったら、ダブルクリックします。

⑫セル B4 の数式がセル B5 ～ B10 にコピーされ、各行の No. を大文字に変換した文字列が表示されます。

No.	No.（整形後）	Name	Name（整形後）	Mobile	桁数	電話番号確認
fam0781f	FAM0781F	MISUZU SEKINO		090900284xx		要確認
stu0258m	STU0258M	Toshiyuki Ueno		09022346xx		要確認
nor1320m	NOR1320M	John Brown		080485642xx		要確認
nor0651f	NOR0651F	AI MINATO		090324315xx		要確認
stu0089f	STU0089F	akina endo		080175629xx		要確認
nor0764f	NOR0764F	Emily Harris		0702923438xx		要確認
fam0457m	FAM0457M	JUN Ogasawara		090263241xx		要確認

【操作 2】

⑬「Name（整形後）」の列のセル D4 をクリックします。

⑭［数式］タブの ［文字列操作］ボタンをクリックします。

⑮一覧から［PROPER］をクリックします。

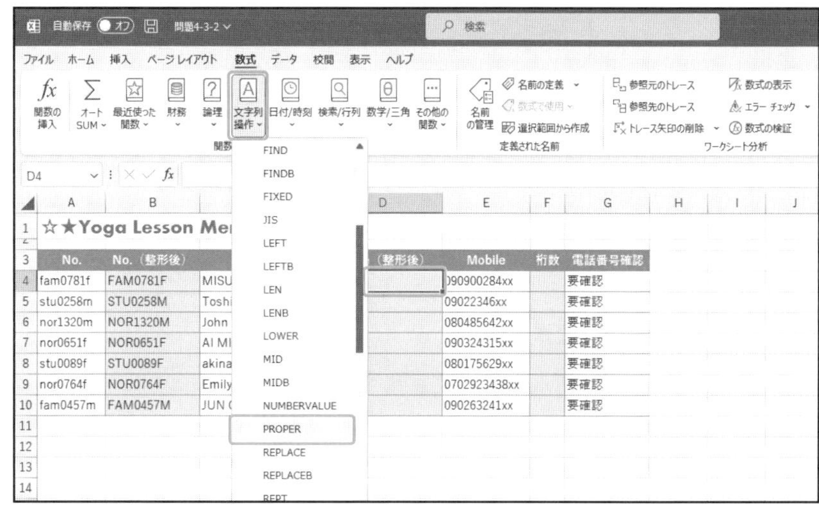

⑯ PROPER 関数の［関数の引数］ダイアログボックスが表示されるので、［文字列］ボックスにカーソルが表示されていることを確認し、同じ行の「Name」の列のセル C4 をクリックします。

⑰［文字列］ボックスに「C4」と表示されます。

⑱［数式の結果 =］に、セル C4 の Name の名と姓のそれぞれ先頭だけを大文字、他を小文字に変換した文字列「Misuzu Sekino」が表示されます。

⑲［OK］をクリックします。

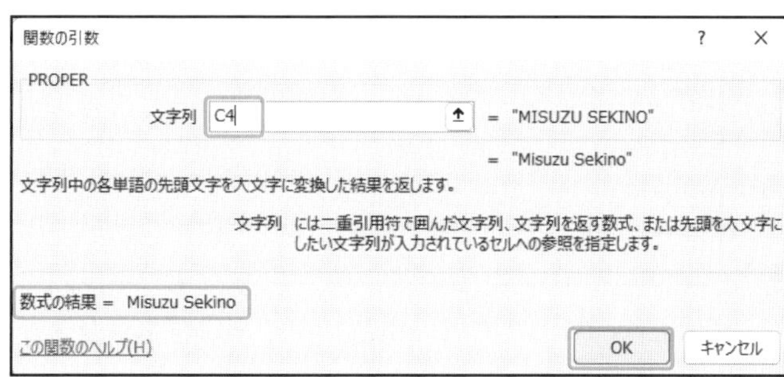

⑳数式バーに「**=PROPER(C4)**」と表示されたことを確認します。

㉑セル D4 にセル C4 の Name の名と姓のそれぞれ先頭だけを大文字、他を小文字に変換した文字列「Misuzu Sekino」が表示されます。

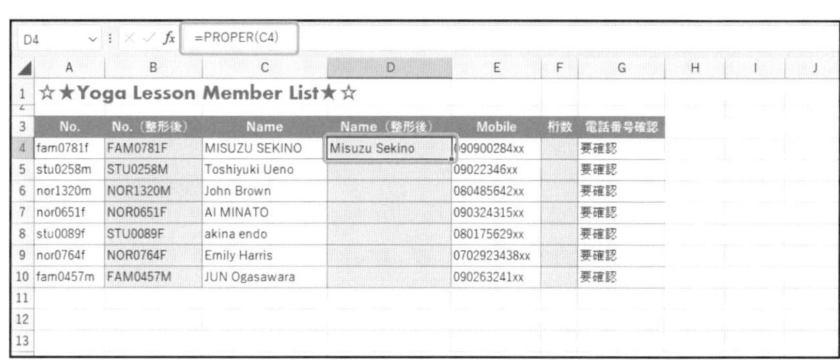

ヒント

単語の認識

PROPER 関数では、スペースで区切られた英字のまとまりをそれぞれ単語と認識します。そのため、名と姓はそれぞれ先頭だけが大文字、他が小文字に変換されます。

㉒⑩～⑪の手順で、セルD4の数式をセルD5～D10にコピーし、各行のNameの名と姓のそれぞれ先頭だけを大文字、他を小文字に変換した文字列を表示します。

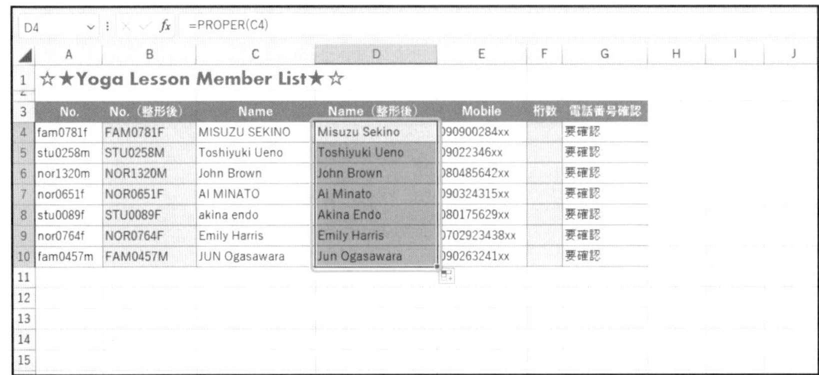

【操作3】

㉓Mobileの文字数を求める「桁数」の列のセルF4をクリックします。

㉔［数式］タブの［文字列操作］ボタンをクリックします。

㉕一覧から［LEN］をクリックします。

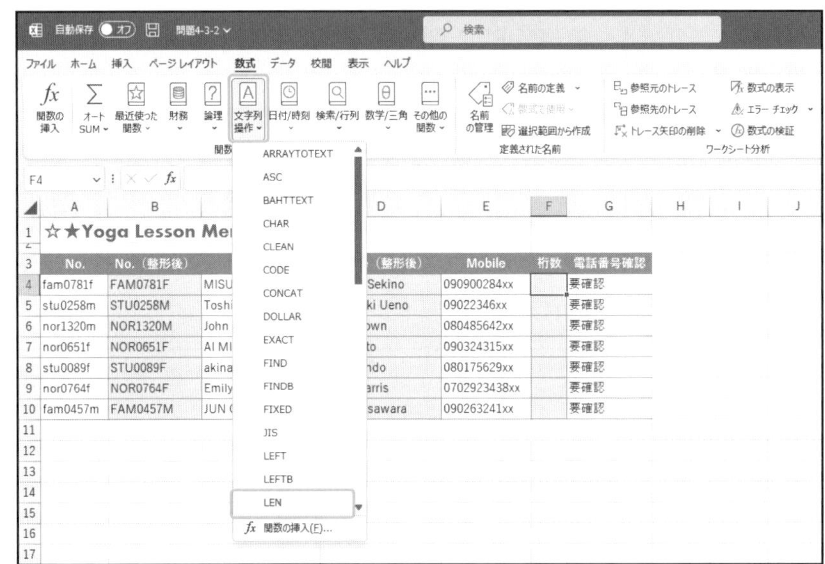

㉖LEN関数の［関数の引数］ダイアログボックスが表示されるので、［文字列］ボックスにカーソルが表示されていることを確認し、同じ行の「Mobile」の列のセルE4をクリックします。

㉗［文字列］ボックスに「E4」と表示されます。

㉘［数式の結果＝］に、セルE4の文字数「11」が表示されます。

㉙［OK］をクリックします。

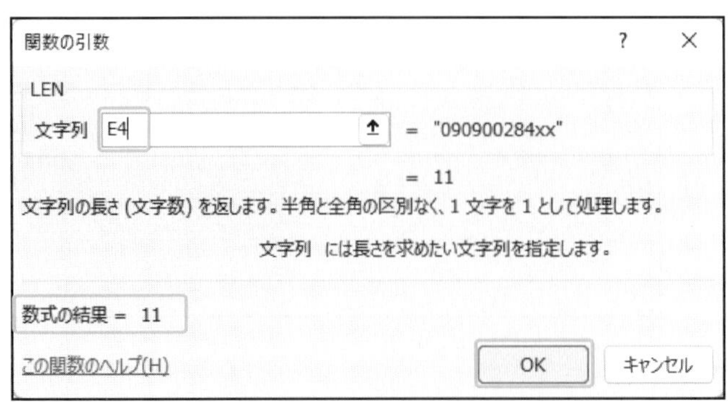

ヒント

「電話番号確認」の列

電話番号が正しい桁数で入力されているかを調べています。「電話番号確認」の列には、あらかじめ、IF関数を使用して、同じ行のMobileの桁数が「11」でなかったときに、「要確認」と表示される数式が設定されています。

㉚ 数式バーに「**=LEN(E4)**」と表示されたことを確認します

㉛ セルF4にセルE4のMobileの文字数「11」が表示されます。

F4 =LEN(E4)

☆★Yoga Lesson Member List★☆

	No.	No.（整形後）	Name	Name（整形後）	Mobile	桁数	電話番号確認
4	fam0781f	FAM0781F	MISUZU SEKINO	Misuzu Sekino	090900284xx	11	
5	stu0258m	STU0258M	Toshiyuki Ueno	Toshiyuki Ueno	09022346xx		要確認
6	nor1320m	NOR1320M	John Brown	John Brown	080485642xx		要確認
7	nor0651f	NOR0651F	AI MINATO	Ai Minato	090324315xx		要確認
8	stu0089f	STU0089F	akina endo	Akina Endo	080175629xx		要確認
9	nor0764f	NOR0764F	Emily Harris	Emily Harris	0702923438xx		要確認
10	fam0457m	FAM0457M	JUN Ogasawara	Jun Ogasawara	090263241xx		要確認

㉜ ⑩～⑪の手順で、セルF4の数式をセルF5～F10にコピーし、各行のMobileの文字数を表示します。

F4 =LEN(E4)

☆★Yoga Lesson Member List★☆

	No.	No.（整形後）	Name	Name（整形後）	Mobile	桁数	電話番号確認
4	fam0781f	FAM0781F	MISUZU SEKINO	Misuzu Sekino	090900284xx	11	
5	stu0258m	STU0258M	Toshiyuki Ueno	Toshiyuki Ueno	09022346xx	10	要確認
6	nor1320m	NOR1320M	John Brown	John Brown	080485642xx	11	
7	nor0651f	NOR0651F	AI MINATO	Ai Minato	090324315xx	11	
8	stu0089f	STU0089F	akina endo	Akina Endo	080175629xx	11	
9	nor0764f	NOR0764F	Emily Harris	Emily Harris	0702923438xx	12	要確認
10	fam0457m	FAM0457M	JUN Ogasawara	Jun Ogasawara	090263241xx	11	

4-3-3 CONCAT 関数、TEXTJOIN 関数を使用して文字列を整形する

練習問題

問題フォルダー
└問題 4-3-3.xlsx

解答フォルダー
└解答 4-3-3.xlsx

【操作 1】関数を使用して、「エントリーコード」の列に、同じ行の No.、区分、構成、人数を連結して表示します。

【操作 2】関数を使用して、「メンバー」の列に、同じ行のパートの名前を「,」（半角のカンマ）で区切って連結して表示します。空のセルは無視します。

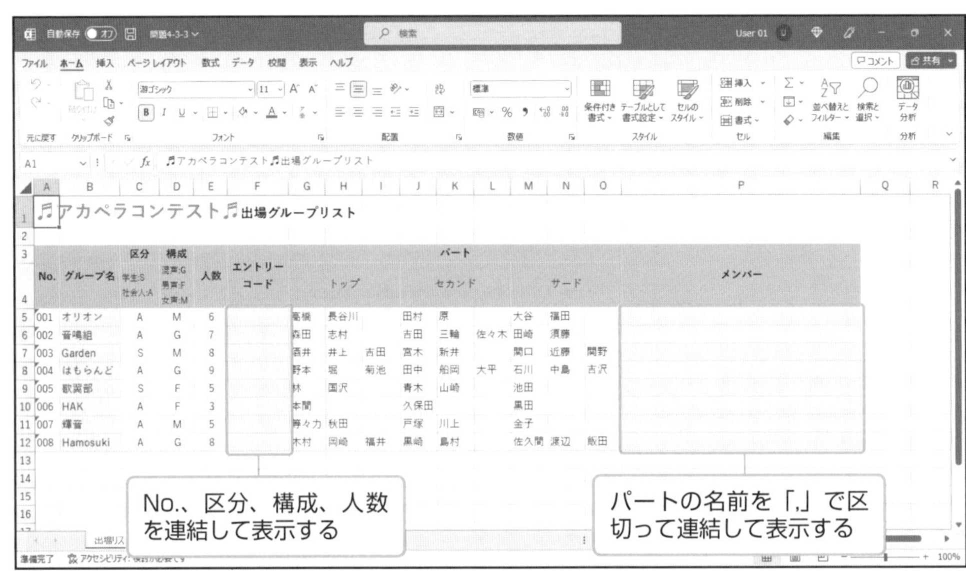

機能の解説

- CONCAT 関数
- TEXTJOIN 関数
- 文字列を連結
- 区切り文字

CONCAT（コンカット）関数、TEXTJOIN（テキストジョイン）関数を使うと、文字列を連結することができます。数値も扱えるので、数値と数値や、数値と文字列を連結したり、計算結果を連結したりすることも可能です。さらに、TEXTJOIN 関数では、各項目間に「-」（ハイフン）や「,」（カンマ）などの区切り文字を指定して連結できます。ただし、いずれも連結された結果は文字列として返されるため、この値で計算を行うことはできません。

● CONCAT 関数

書　式	**CONCAT(テキスト 1 [, テキスト 2, …])**
引　数	**テキスト 1, テキスト 2,**…：文字列、文字列を含むセル参照やセル範囲を指定する
戻り値	**テキスト 1, テキスト 2,**…を連結した文字列を返す

例）セル A4 ～ C4 の文字列を連結する

= CONCAT(A4:C4)

	A	B	C	D	E
1			伝票番号管理台帳		
2					
3	注文番号	部署コード	担当者コード		伝票番号
4	230001	E1	P0029		230001E1P0029
5	230002	E3	S0114		230002E3S0114
6	230003	E3	S0097		230003E3S0097
7	230004	E2	P0065		230004E2P0065
8	230005	E1	P0029		230005E1P0029
9	230006	E1	S0228		230006E1S0228
10	230007	E2	S0169		230007E2S0169
11					
12					

●TEXTJOIN 関数

書　式	**TEXTJOIN(区切り文字 , 空のセルは無視 , テキスト 1[, テキスト 2,…])**
引　数	**区切り文字**：各**テキスト**間に挿入する文字または文字列を指定する
	空のセルは無視：論理値（「TRUE」または「FALSE」）を指定する。空のセルを無視する場合は「TRUE」、空のセルを無視しない場合は「FALSE」を指定する。省略時は「TRUE」とみなされる
	テキスト 1, テキスト 2,…：文字列、文字列を含むセル参照やセル範囲を指定する
戻り値	**テキスト 1, テキスト 2,…**を**区切り文字**でつないで連結した文字列を返す

ヒント

引数「空のセルは無視」

引数「空のセルは無視」に「TRUE」を指定すると空のセルは無視され、入力されているセルの内容のみが区切り文字で連結して表示されます。「FALSE」を指定すると、空のセルの区切り文字も表示されます。

例）セル A4 ～ C4 の文字列を区切り文字「-」（半角のハイフン）で区切って連結する。空のセルは無視する。

= TEXTJOIN("-",TRUE,A4:C4)

	A	B	C	D	E
1			伝票番号管理台帳		
2					
3	注文番号	部署コード	担当者コード		伝票番号
4	230001	E1	P0029		230001-E1-P0029
5	230002	E3	S0114		230002-E3-S0114
6	230003	E3	S0097		230003-E3-S0097
7	230004	E2	P0065		230004-E2-P0065
8	230005	E1	P0029		230005-E1-P0029
9	230006	E1	S0228		230006-E1-S0228
10	230007	E2	S0169		230007-E2-S0169
11					
12					

操作手順

【操作 1】

❶ No.、区分、構成、人数を連結して表示する「エントリーコード」の列のセル F5 をクリックします。

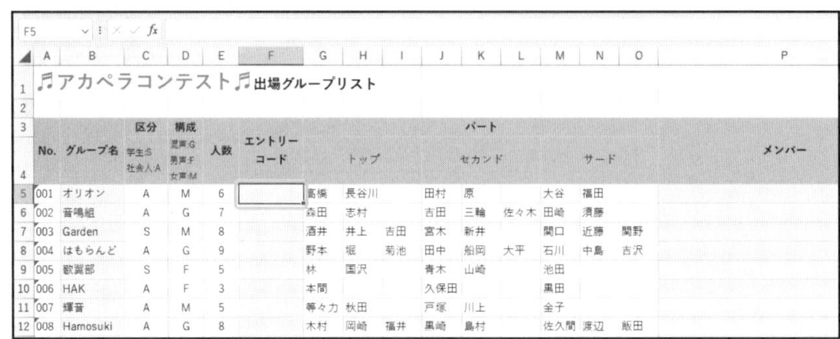

❷［数式］タブの［文字列操作］ボタンをクリックします。

❸ 一覧から［CONCAT］をクリックします。

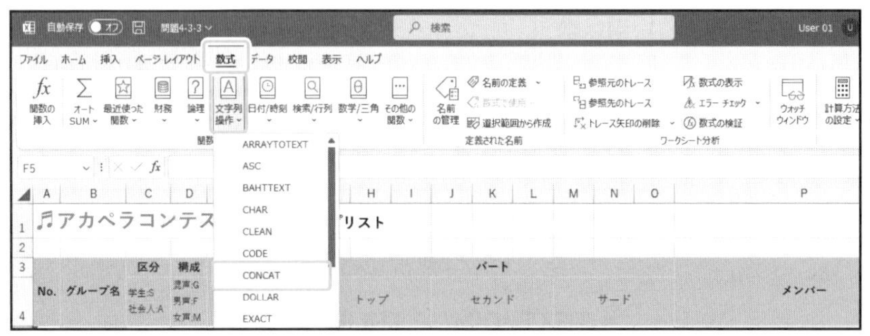

❹ CONCAT 関数の［関数の引数］ダイアログボックスが表示されるので、［テキスト 1］ボックスにカーソルが表示されていることを確認し、同じ行の「No.」の列のセル A5 をクリックします。

❺［テキスト 1］ボックスに「A5」と表示されます。

❻［テキスト 2］ボックスをクリックし、同じ行の「区分」～「人数」の列のセル範囲 C5 ～ E5 を範囲選択します。

❼［テキスト 2］ボックスに「C5:E5」と表示されます。

❽［数式の結果 =］に、セル A5、C5 ～ E5 の文字列を連結した文字列「001AM6」が表示されていることを確認します。

❾［OK］をクリックします。

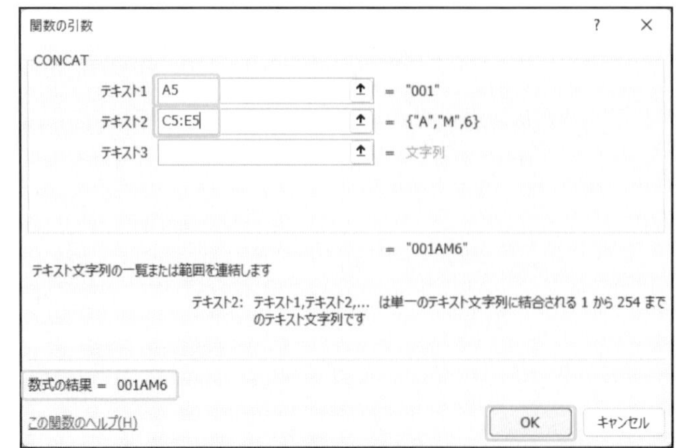

⑩数式バーに「**=CONCAT(A5,C5:E5)**」と表示されたことを確認します。

⑪セル F5 に、セル A5 の No.、C5 ～ E5 の区分、構成、人数の文字列を連結した文字列「001AM6」が表示されます。

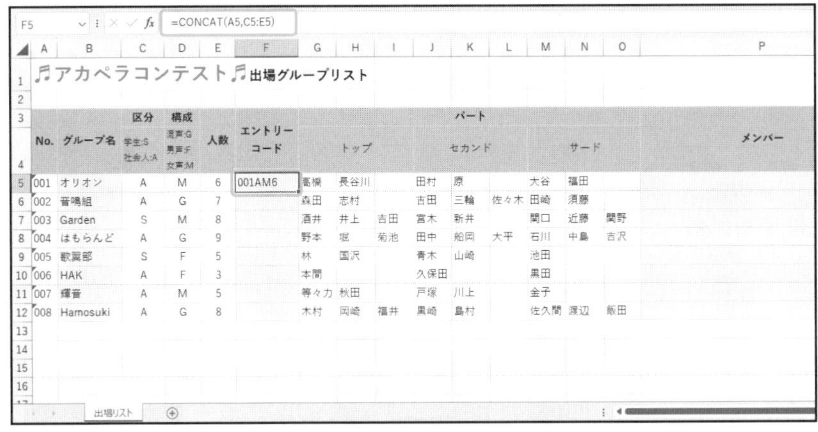

⑫セル F5 の右下のフィルハンドルをポイントします。

⑬マウスポインターの形が ＋ に変わったらダブルクリックします。

⑭セル F5 の数式がセル F6 ～ F12 にコピーされ、各行の No.、区分、構成、人数を連結した文字列が表示されます。

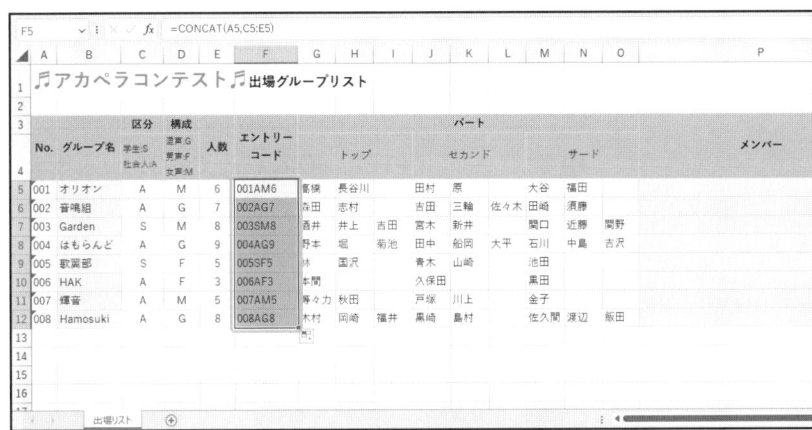

【操作 2】

⑮「メンバー」の列のセル P5 をクリックします。

⑯［数式］タブの［文字列操作］ボタンをクリックします。

⑰一覧から［TEXTJOIN］をクリックします。

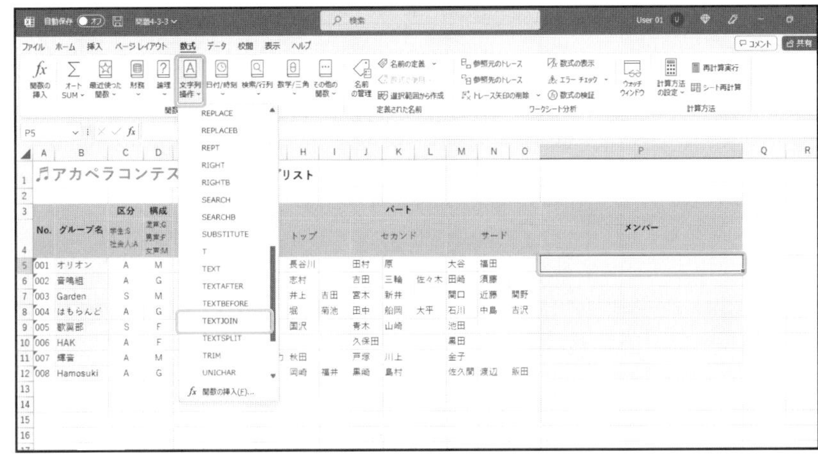

その他の操作方法

文字列演算子「&」

CONCAT 関数を使わずに文字列演算子「&」（アンパサンド）を使用しても、文字列を連結できます。この例の場合は「=A5&C5&D5&E5」と入力します。

⑱ TEXTJOIN 関数の［関数の引数］ダイアログボックスが表示されるので、［区切り文字］ボックスにカーソルが表示されていることを確認し、「，」（半角のカンマ）を入力します。

⑲［空のセルは無視］には何も入力しません。

⑳［テキスト 1］ボックスをクリックし、同じ行の「パート」の列のセル範囲 G5 ～ O5 を範囲選択します。

㉑［テキスト 1］ボックスに「G5:O5」と表示されます。

㉒［数式の結果 =］に、セル G5 ～ O5 の文字列を「,」で区切って連結した文字列「高橋 , 長谷川 , 田村 , 原 , 大谷 , 福田」が表示されていることを確認します。

㉓［OK］をクリックします。

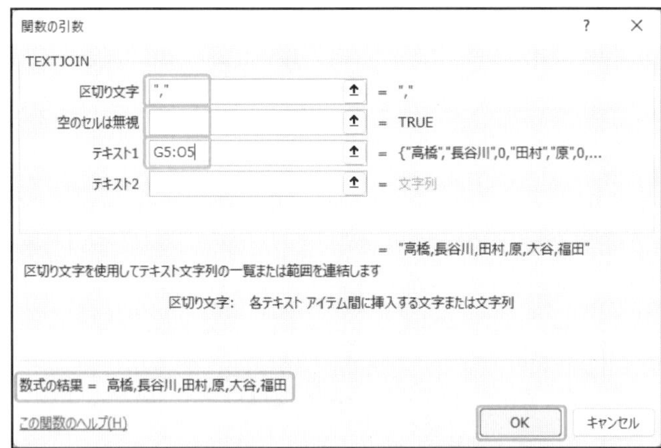

㉔ 数式バーに「**=TEXTJOIN (",",,G5:O5)**」と表示されたことを確認します。

㉕ セル P5 に、セル G5 ～ O5 のパートの名前を「,」で区切って連結した文字列「高橋 , 長谷川 , 田村 , 原 , 大谷 , 福田」が表示されます。

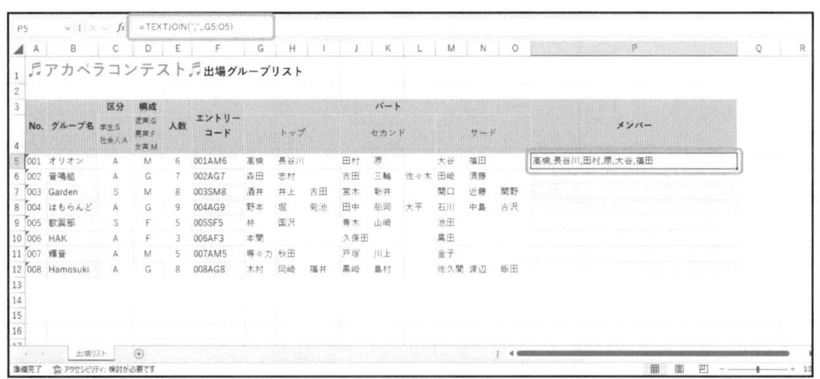

㉖ ⑫～⑬の手順で、セル P5 の数式をセル P6 ～ P12 にコピーし、各行のパートの名前を「,」で区切って連結して表示します。

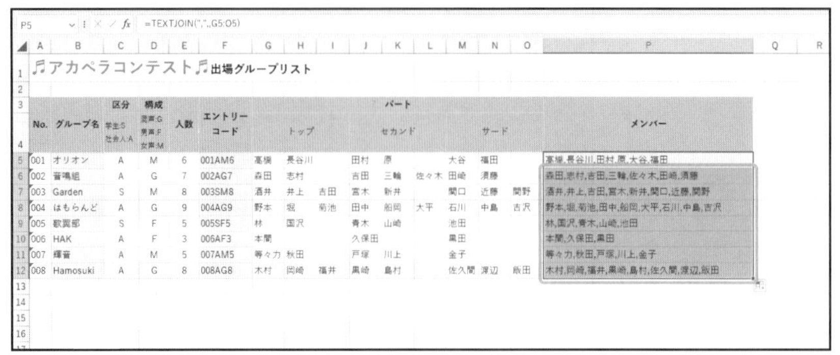

その他の操作方法

引数「空のセルは無視」の指定

引数「空のセルは無視」は省略すると「TRUE」とみなされるため、手順⑲では何も入力していません。［空のセルは無視］ボックスに「TRUE」を入力して、「=TEXTJOIN ("," ,TRUE,G5:O5)」という数式にしてもかまいません。

Chapter 5

グラフの管理

本章で学習する項目

□ グラフを作成する

□ グラフを変更する

□ グラフを書式設定する

5-1 グラフを作成する

ワークシートに入力されたデータを視覚的に表すときはグラフを作成します。グラフにすると数値の大小や推移などがひと目でわかるようになります。グラフは作成元のデータと連動していて、作成元のデータを変更するとグラフも更新されます。

5-1-1 グラフを作成する

練習問題

問題フォルダー
└問題 5-1-1.xlsx
解答フォルダー
└解答 5-1-1.xlsx

【操作 1】[おすすめグラフ] ボタンを使って、月別に各支店の売上を比較する積み上げ縦棒グラフを作成し、グラフをセル範囲 I2:O15 に配置します。

【操作 2】グラフの種類のボタンを使って、各支店の合計売上の割合を表す 2-D 円グラフを作成し、グラフをセル範囲 B10:F18 に配置します。

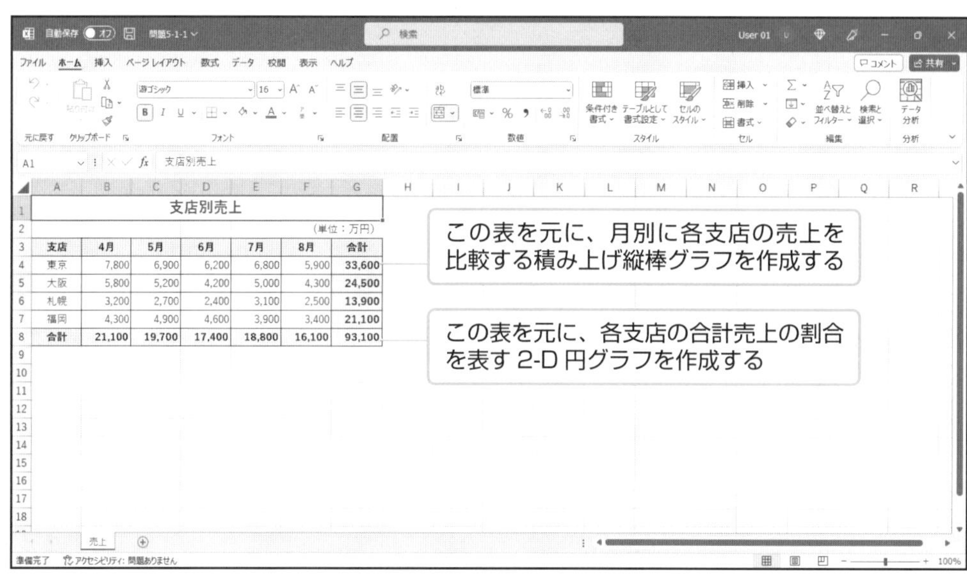

支店別売上

(単位：万円)

支店	4月	5月	6月	7月	8月	合計
東京	7,800	6,900	6,200	6,800	5,900	33,600
大阪	5,800	5,200	4,200	5,000	4,300	24,500
札幌	3,200	2,700	2,400	3,100	2,500	13,900
福岡	4,300	4,900	4,600	3,900	3,400	21,100
合計	21,100	19,700	17,400	18,800	16,100	93,100

機能の解説

- グラフ
- [おすすめグラフ] ボタン
- グラフの種類のボタン
- [クイック分析] ボタン
- [グラフの挿入] ダイアログボックスの [おすすめグラフ] タブ

Excel で作成できるグラフには、縦棒、横棒、折れ線、円などの分類があり、さらにそれぞれの中に数種類の形の異なるグラフが用意されています。目的に合わせて適切なグラフを選びます。

縦棒グラフ / 横棒グラフ
項目間の数値を比較する

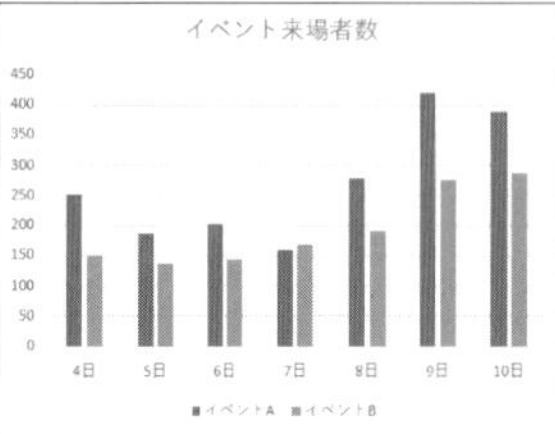

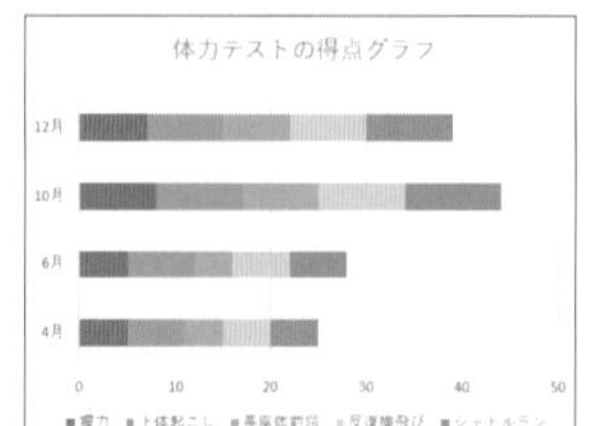

折れ線グラフ
時間の経過に対する数値の変化を見る

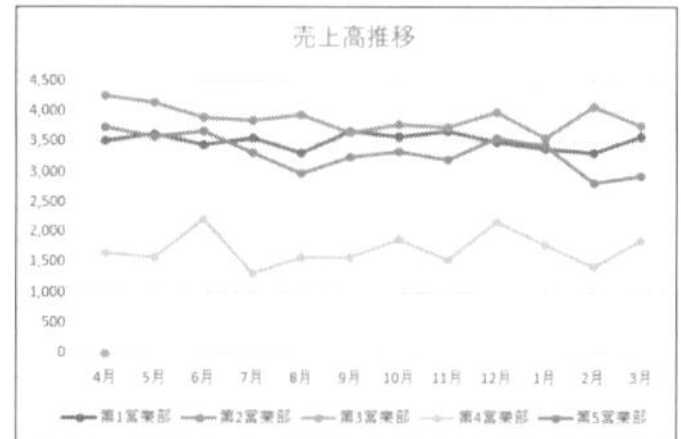

ヒント

その他のグラフ

このほか、ツリーマップ、サンバースト、パレート図、バブル、株価チャート、マップグラフなどがあります。また、縦棒、横棒、折れ線など異なる種類のグラフを組み合わせる複合グラフも作成できます。

円グラフ
各項目の割合を見る

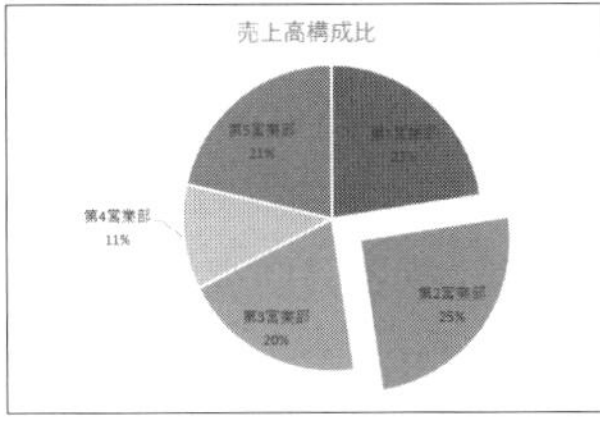

散布図
2つの項目の相関関係を見る

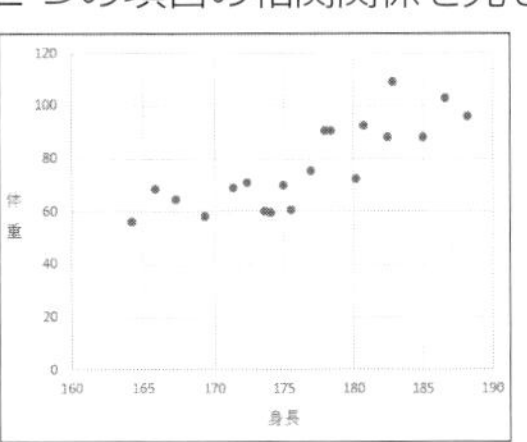

レーダーチャート
複数のデータ系列の違いを比較する

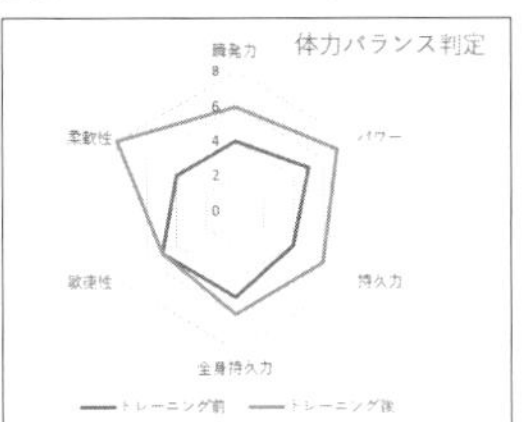

グラフを作成するには、**［おすすめグラフ］ボタン**を使う方法、**グラフの種類のボタン**を使う方法、**［クイック分析］ボタン**を使う方法があります。

［おすすめグラフ］は、データを効果的に見せるおすすめのグラフの一覧を表示する機能です。グラフの元になるデータ範囲を選択し、［挿入］タブの［おすすめグラフ］ボタンをクリックすると、**［グラフの挿入］ダイアログボックスの［おすすめグラフ］タブ**に元データに適したグラフを自動で選び出します。画面左側の一覧からいずれかのグラフを選択すると、右側にグラフのプレビューと説明が表示されます。確認して［OK］をクリックすると、グラフが作成されます。

ヒント

［グラフの挿入］ダイアログボックス

［すべてのグラフ］タブをクリックするとすべてのグラフの種類の一覧が表示されます。

［グラフの挿入］ダイアログボックスの［おすすめグラフ］タブ

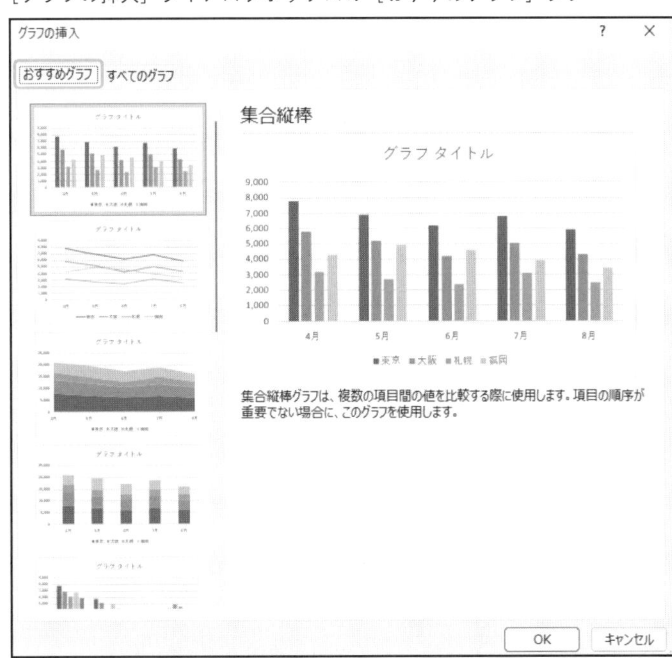

ヒント

グラフの種類の変更

グラフは作成後に種類を変更することができます。グラフをクリックし、［グラフのデザイン］タブの［グラフの種類の変更］ボタンをクリックします。［グラフの種類の変更］ダイアログボックス（内容は右図の［グラフの挿入］ダイアログボックスと同じ）の［すべてのグラフ］タブが表示されるので、新たにグラフの種類を選択します。

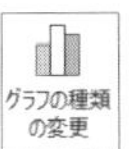
［グラフの種類の変更］ボタン

グラフの種類のボタンを使って作成する場合は、データ範囲を選択し、［挿入］タブの［グラフ］グループから適切なグラフの種類のボタンをクリックし、そこで表示される一覧からいずれかを選択します。

［挿入］タブの［グラフ］グループ

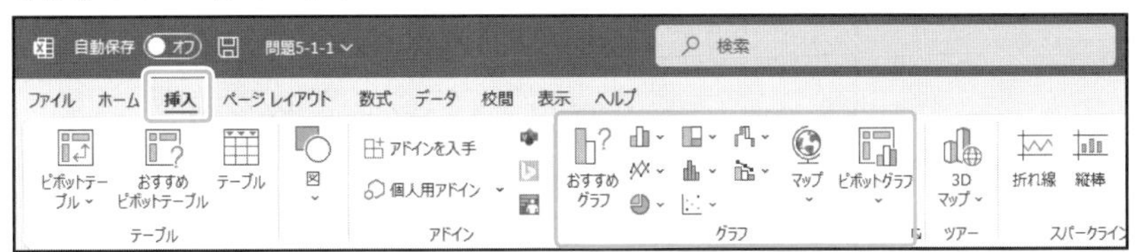

グラフを作成するには、[クイック分析] ボタンを使用する方法もあります。データ範囲を選択して、その右下に表示される [クイック分析] ボタンをクリックします。表示されたメニューから [グラフ] をクリックすると、[集合縦棒]、[折れ線]、[積み上げ面] などのグラフのボタンが表示されます。いずれかのボタンをクリックすると、そのグラフが既定のスタイルで作成されます。他の種類のグラフを作成する場合は [その他の] ボタンをクリックすると、[グラフの挿入] ダイアログボックスの [おすすめグラフ] タブが表示されます。

[クイック分析] ボタンの [グラフ] の一覧

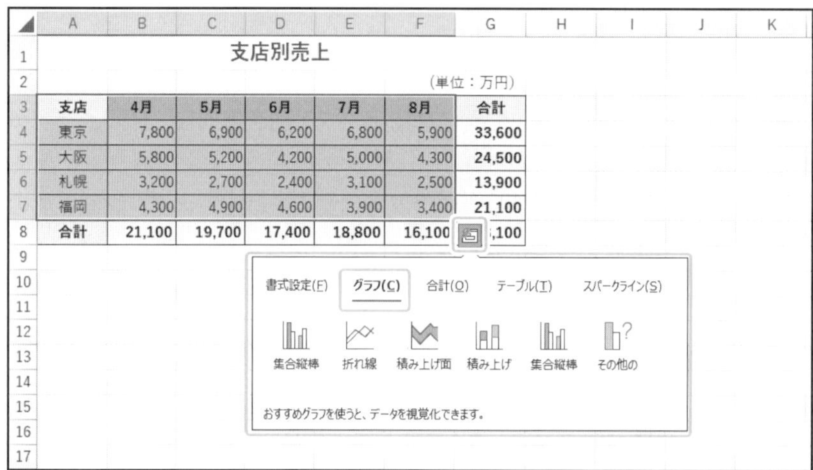

支店別売上

(単位：万円)

支店	4月	5月	6月	7月	8月	合計
東京	7,800	6,900	6,200	6,800	5,900	33,600
大阪	5,800	5,200	4,200	5,000	4,300	24,500
札幌	3,200	2,700	2,400	3,100	2,500	13,900
福岡	4,300	4,900	4,600	3,900	3,400	21,100
合計	21,100	19,700	17,400	18,800	16,100	,100

グラフの移動やサイズ変更はドラッグ操作で行えます。グラフをクリックするとグラフ全体が選択されて、周囲に枠線および枠線上にサイズ変更ハンドル（○）が表示されます。枠線内をポイントし、「グラフエリア」とポップアップ表示される部分をドラッグすると、グラフを移動できます。グラフの周囲のサイズ変更ハンドル（○）をドラッグするとサイズを変更できます。グラフ以外の場所をクリックすると選択が解除されます。

操作手順

ポイント

データ範囲の選択

グラフの元になるデータ範囲は項目名（タイトル行）を含んで選択します。項目名はグラフの項目軸や凡例に表示されます。

【操作 1】

❶ グラフの元になる各支店の月別の売上データのセル範囲 A3 ～ F7 を範囲選択します。

❷ [挿入] タブの [おすすめグラフ] ボタンをクリックします。

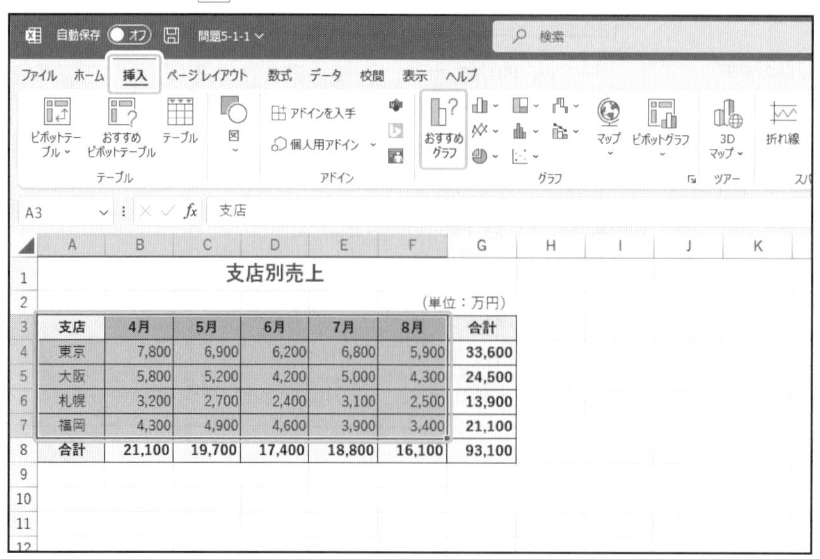

支店別売上

(単位：万円)

支店	4月	5月	6月	7月	8月	合計
東京	7,800	6,900	6,200	6,800	5,900	33,600
大阪	5,800	5,200	4,200	5,000	4,300	24,500
札幌	3,200	2,700	2,400	3,100	2,500	13,900
福岡	4,300	4,900	4,600	3,900	3,400	21,100
合計	21,100	19,700	17,400	18,800	16,100	93,100

③［グラフの挿入］ダイアログボックスの［おすすめグラフ］タブが表示されるので、左側の一覧の上から4番目をクリックします。

④右側に［積み上げ縦棒］が表示されます。

⑤［OK］をクリックします。

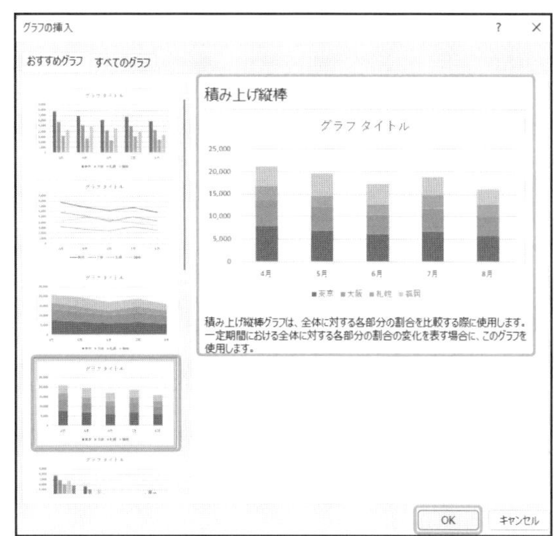

⑥積み上げ縦棒グラフが作成されます。

⑦グラフ内の［グラフエリア］と表示される部分をポイントし、マウスポインターの形が ✥ に変わったら、グラフの左上がセルI2になるようにドラッグします。

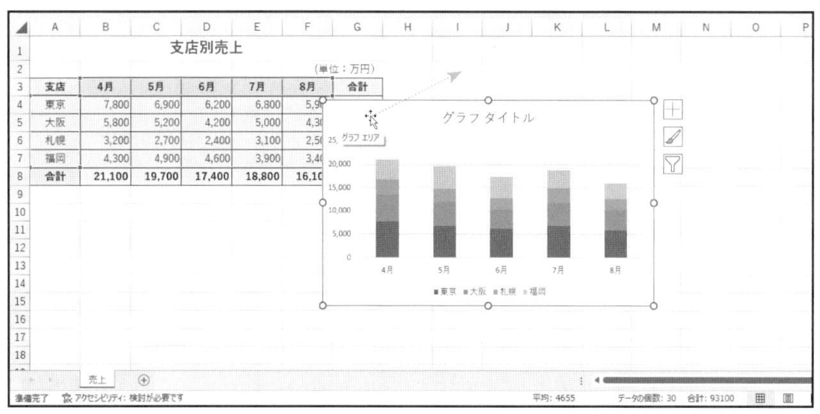

支店別売上

（単位：万円）

支店	4月	5月	6月	7月	8月	合計
東京	7,800	6,900	6,200	6,800	5,9	
大阪	5,800	5,200	4,200	5,000	4,3	
札幌	3,200	2,700	2,400	3,100	2,5	
福岡	4,300	4,900	4,600	3,900	3,4	
合計	21,100	19,700	17,400	18,800	16,10	

⑧グラフが移動します。

⑨グラフの右下のサイズ変更ハンドル（○）をポイントし、マウスポインターの形が ⤡ に変わったら、セルO15の方向にドラッグします。

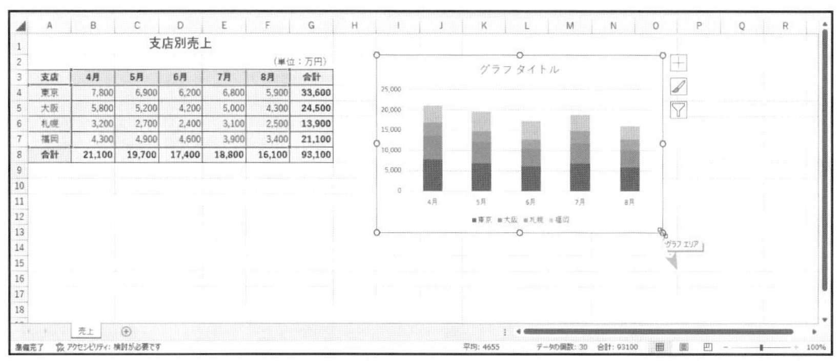

支店別売上

（単位：万円）

支店	4月	5月	6月	7月	8月	合計
東京	7,800	6,900	6,200	6,800	5,900	33,600
大阪	5,800	5,200	4,200	5,000	4,300	24,500
札幌	3,200	2,700	2,400	3,100	2,500	13,900
福岡	4,300	4,900	4,600	3,900	3,400	21,100
合計	21,100	19,700	17,400	18,800	16,100	93,100

⑩グラフのサイズが変更されます。

ヒント
グラフの削除
グラフを選択し、**Delete**キーを押します。

ヒント
セルの枠線に合わせて移動
［グラフエリア］を**Alt**キーを押しながらドラッグすると、グラフをセルの枠線に合わせて移動することができます。

ヒント
セルの枠線に合わせてサイズ変更
サイズ変更ハンドル（○）を**Alt**キーを押しながらドラッグすると、グラフのサイズをセルの枠線に合わせて変更することができます。

その他の操作方法

円グラフのデータ範囲

円グラフの元になるデータ範囲の項目名（タイトル行）はグラフタイトルに表示されます。円グラフを作成する際に項目名を含めずにデータ範囲を選択してもかまいません。その場合、作成した円グラフのグラフタイトルには「グラフタイトル」と表示されます。

【操作 2】

⑪ グラフの元になる支店名のセル範囲 A3 ～ A7 を範囲選択します。

⑫ **Ctrl** キーを押しながら、合計売上のセル範囲 G3 ～ G7 を範囲選択します。

⑬［挿入］タブの［円またはドーナツグラフの挿入］ボタンをクリックします。

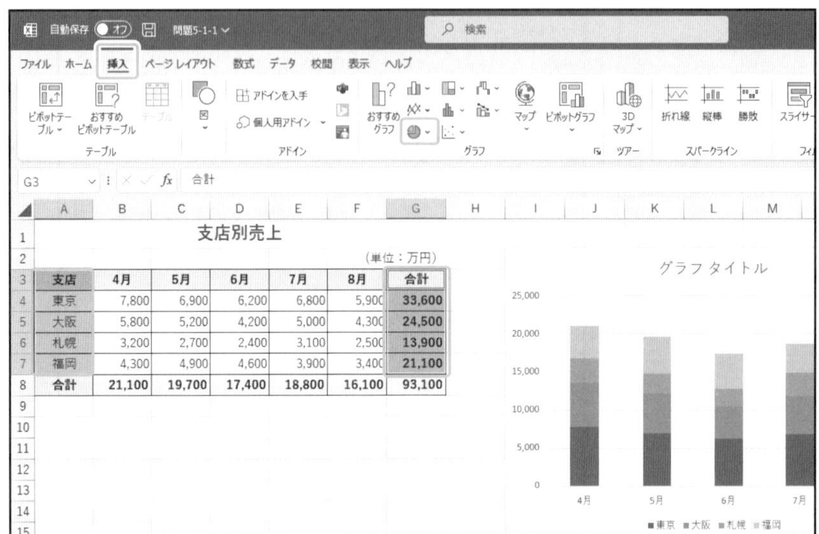

⑭［2-D 円］の一覧から［円］をクリックします。

⑮ 2-D の円グラフが挿入されます。

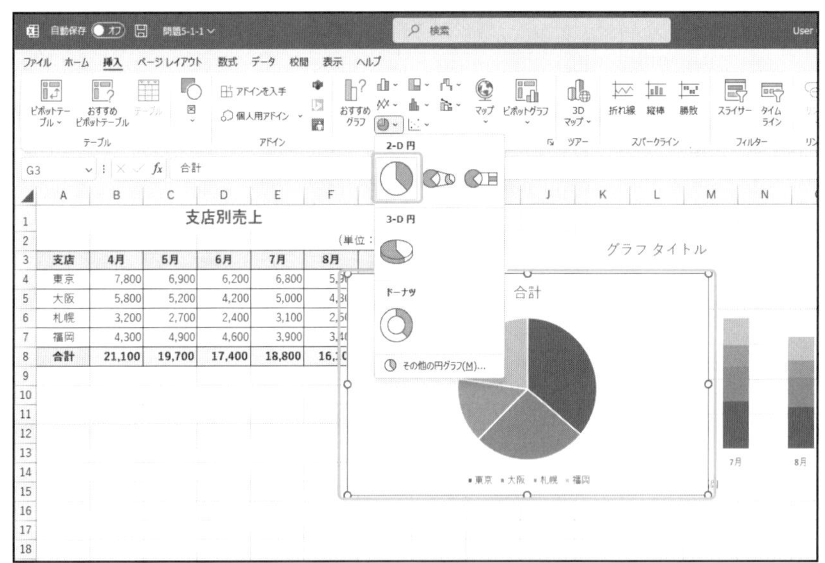

⑯ ⑦ ～ ⑨ と同様の手順で、円グラフをセル B10 ～ F18 の範囲内に配置します。

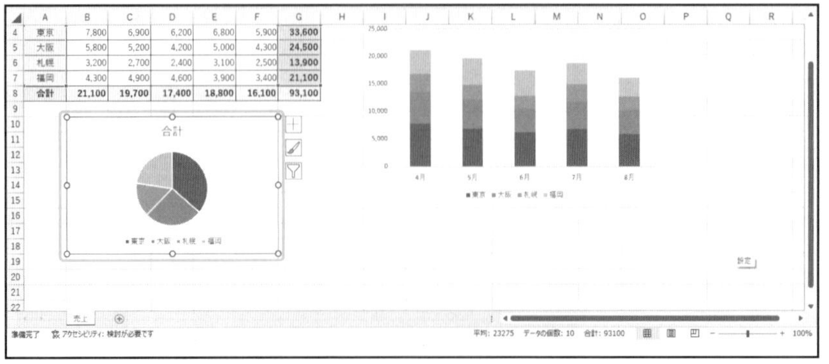

5-1-2 グラフシートを作成する

練習問題

問題フォルダー
└問題 5-1-2.xlsx

解答フォルダー
└解答 5-1-2.xlsx

円グラフをグラフシートに移動します。グラフシート名は「支店別売上割合グラフ」とします。

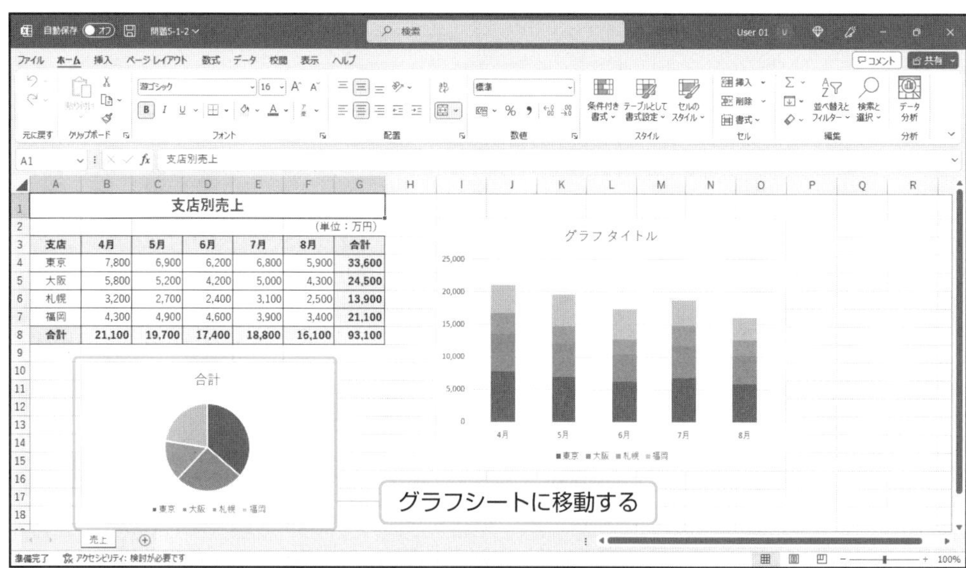

支店別売上						
						(単位：万円)
支店	4月	5月	6月	7月	8月	合計
東京	7,800	6,900	6,200	6,800	5,900	33,600
大阪	5,800	5,200	4,200	5,000	4,300	24,500
札幌	3,200	2,700	2,400	3,100	2,500	13,900
福岡	4,300	4,900	4,600	3,900	3,400	21,100
合計	21,100	19,700	17,400	18,800	16,100	93,100

機能の解説

重要用語

- グラフシートに移動
- [グラフの移動] ボタン
- [グラフの移動] ダイアログボックス
- [新しいシート]
- グラフシート名

グラフはグラフシートというグラフ専用の別シートに移動することができます。グラフを選択し、[グラフのデザイン] タブの [グラフの移動] ボタンをクリックします。[グラフの移動] ダイアログボックスが表示されるので、[グラフの配置先] の [新しいシート] をクリックして、[OK] をクリックすると、グラフシートが作成され、選択したグラフが移動します。

グラフシート名は [グラフの移動] ダイアログボックスの [新しいシート] の右側のボックスで指定した名前になります。グラフシート名はワークシート名と同様にシート見出しをダブルクリックして変更できます。

[グラフの移動] ダイアログボックス

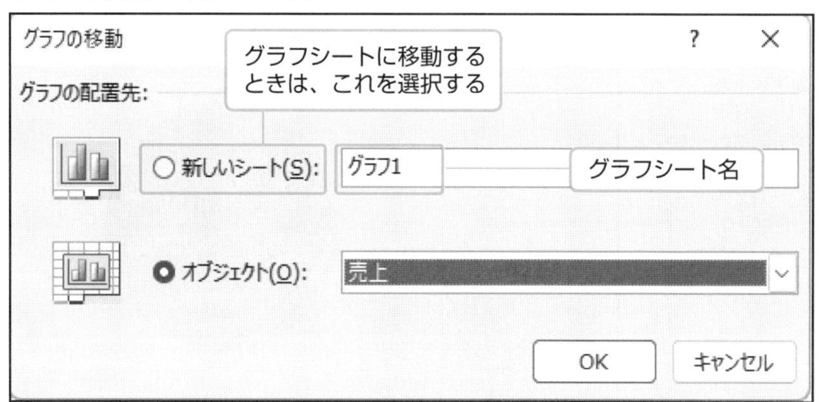

操作手順

❶円グラフをクリックします。

❷［グラフのデザイン］タブの グラフの移動［グラフの移動］ボタンをクリックします。

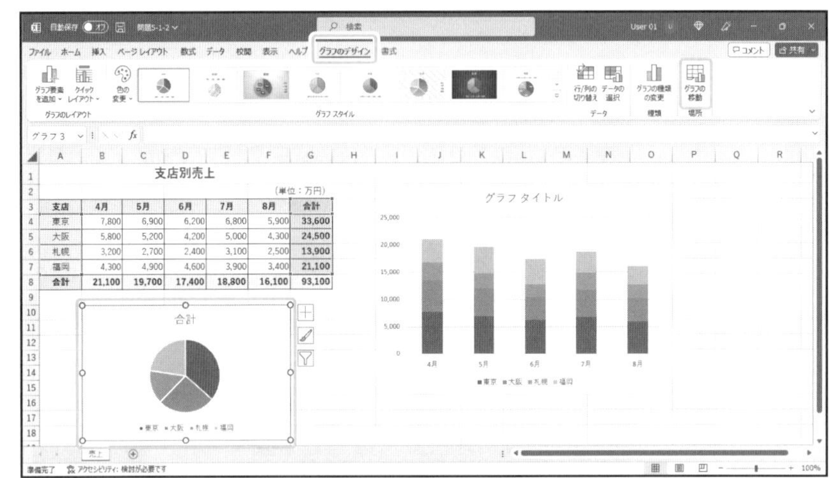

❸［グラフの移動］ダイアログボックスが表示されるので、［グラフの配置先］の［新しいシート］をクリックします。

❹右側のボックスの「グラフ 1」が選択されている状態で、「支店別売上割合グラフ」と上書き入力します。

❺［OK］をクリックします。

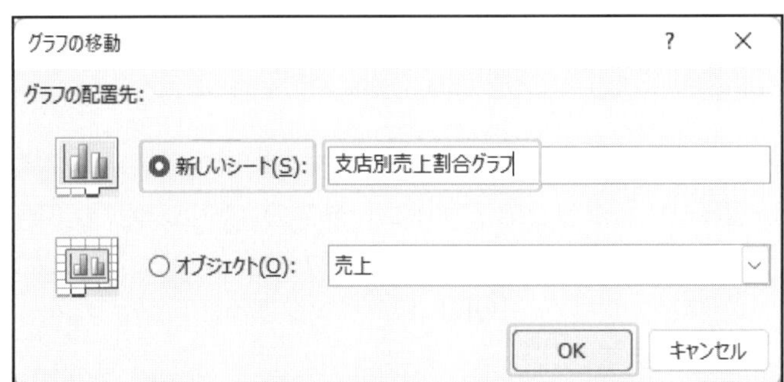

❻グラフシート「支店別売上割合グラフ」がワークシート「売上」の左側に作成され、円グラフが移動します。

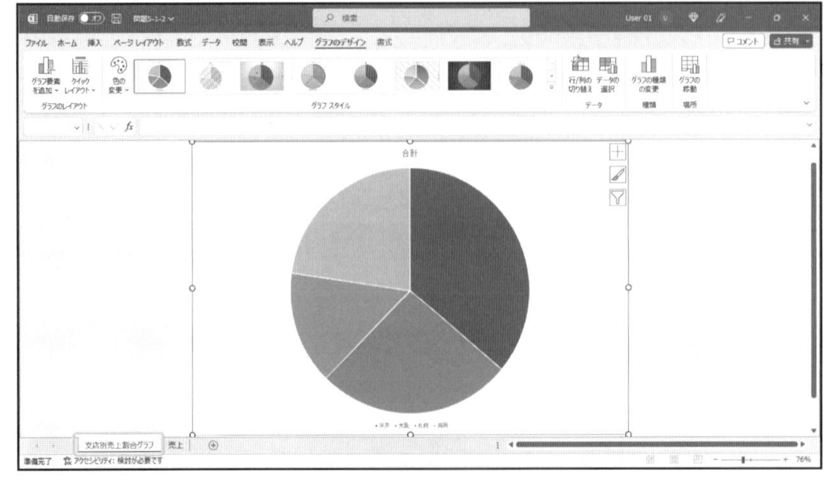

ヒント

［グラフのデザイン］タブ

グラフをクリックして選択すると、リボンに［グラフのデザイン］タブと［書式］タブが追加されます。

ヒント

グラフシートのグラフをワークシートに移動する

グラフシートのグラフを選択し、［グラフのデザイン］タブの［グラフの移動］ボタンをクリックします。［グラフの移動］ダイアログボックスが表示されるので、［グラフの配置先］の［オブジェクト］をクリックし、右側のボックスで移動先のワークシートを指定し、［OK］をクリックします。グラフシートのグラフが指定したワークシートに移動し、グラフシートは自動的に削除されます。

［グラフの移動］ボタン

5-2 グラフを変更する

作成したグラフは、後からデータ範囲を追加したり、元データの行と列を切り替えたグラフに変更したりすることができます。また、グラフタイトルやラベルなどの要素を追加して、目的に合ったわかりやすいグラフに編集します。

5-2-1 グラフにデータ範囲（系列）を追加する

練習問題

問題フォルダー
└問題 5-2-1.xlsx

解答フォルダー
└解答 5-2-1.xlsx

【操作 1】棒グラフに国内支店の 9 月のデータを追加します。
【操作 2】円グラフに海外支店の合計売上のデータを追加します。

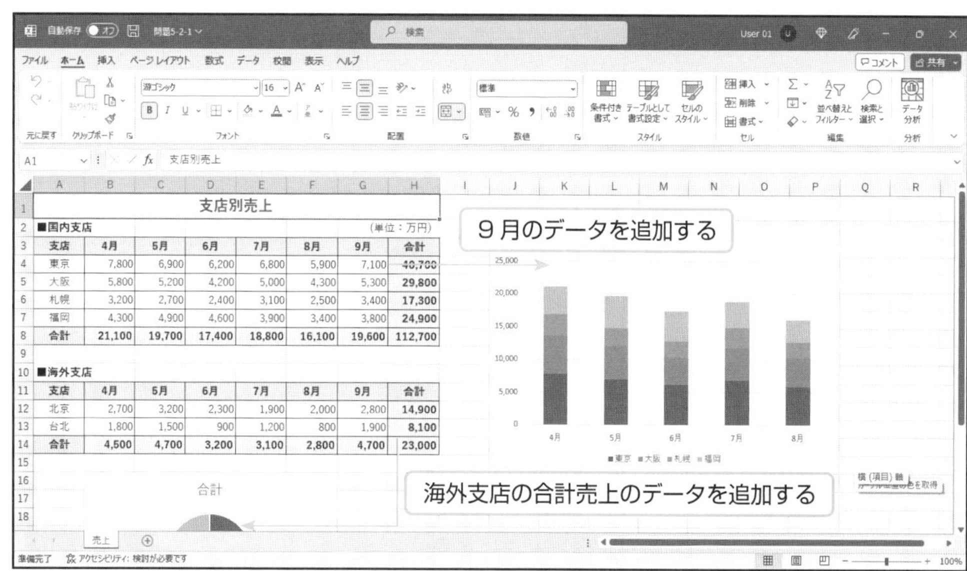

支店別売上

■国内支店 （単位：万円）

支店	4月	5月	6月	7月	8月	9月	合計
東京	7,800	6,900	6,200	6,800	5,900	7,100	40,700
大阪	5,800	5,200	4,200	5,000	4,300	5,300	29,800
札幌	3,200	2,700	2,400	3,100	2,500	3,400	17,300
福岡	4,300	4,900	4,600	3,900	3,400	3,800	24,900
合計	21,100	19,700	17,400	18,800	16,100	19,600	112,700

■海外支店

支店	4月	5月	6月	7月	8月	9月	合計
北京	2,700	3,200	2,300	1,900	2,000	2,800	14,900
台北	1,800	1,500	900	1,200	800	1,900	8,100
合計	4,500	4,700	3,200	3,100	2,800	4,700	23,000

機能の解説

- データ範囲
- データの変更
- グラフの更新
- データ範囲を追加
- サイズ変更ハンドルをドラッグ
- ［コピー］ボタン
- ［貼り付け］ボタン

グラフは作成元のデータと連動しています。グラフを選択すると、作成元のデータ範囲が色付きの枠線で囲まれます。この範囲内のデータを変更するとグラフも更新されます。データ範囲を追加する場合は、データ範囲の枠線のサイズ変更ハンドル（■）をドラッグしてグラフにするデータを枠線内に含めます。

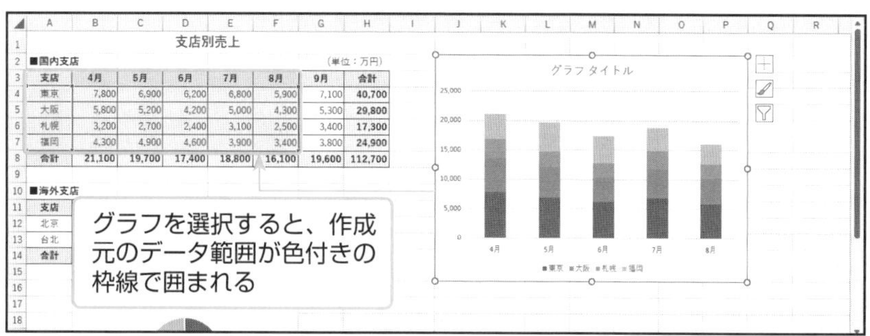

離れたデータ範囲を追加する場合はコピー / 貼り付け機能を使用します。追加するデータ範囲を選択し、［ホーム］タブの ［コピー］ボタンをクリックし、グラフ内をクリックして［ホーム］タブの 貼り付け ［貼り付け］ボタンをクリックします。

第5章 グラフの管理

操作手順

【操作 1】

❶ 棒グラフの空白部分をクリックします。

❷ グラフの作成元のデータ範囲セル B4 ～ F7 に青色の枠線が表示され、グラフの作成元に 9 月のデータが含まれていないことが確認できます。

❸ セル F7 の右下のサイズ変更ハンドル（■）をポイントし、マウスポインターの形が ↘ になったら、セル G7 の右下までドラッグします。

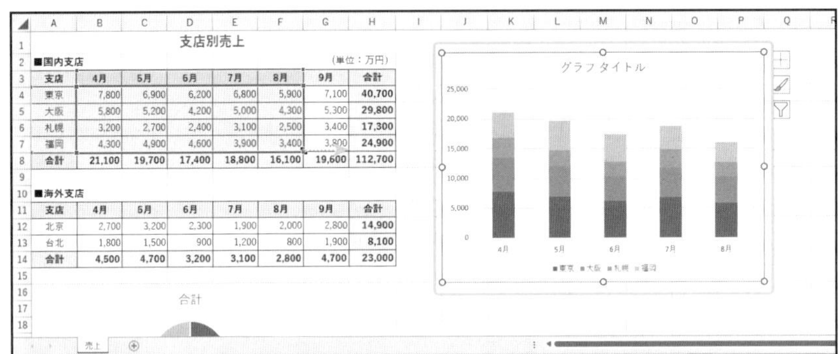

支店別売上

■国内支店 (単位：万円)

支店	4月	5月	6月	7月	8月	9月	合計
東京	7,800	6,900	6,200	6,800	5,900	7,100	40,700
大阪	5,800	5,200	4,200	5,000	4,300	5,300	29,800
札幌	3,200	2,700	2,400	3,100	2,500	3,400	17,300
福岡	4,300	4,900	4,600	3,900	3,400	3,800	24,900
合計	21,100	19,700	17,400	18,800	16,100	19,600	112,700

■海外支店

支店	4月	5月	6月	7月	8月	9月	合計
北京	2,700	3,200	2,300	1,900	2,000	2,800	14,900
台北	1,800	1,500	900	1,200	800	1,900	8,100
合計	4,500	4,700	3,200	3,100	2,800	4,700	23,000

❹ グラフに 9 月のデータが追加されます。

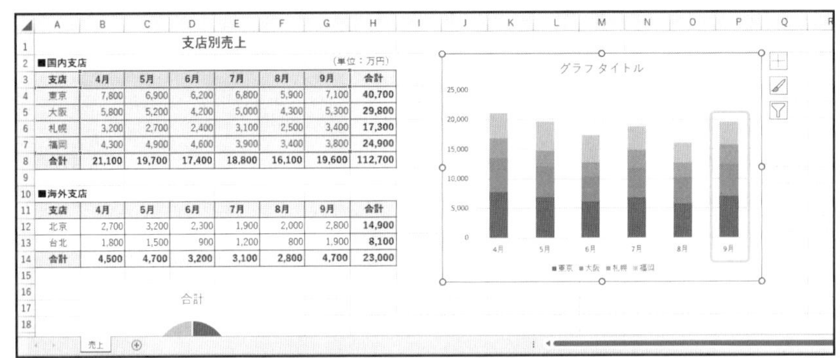

支店別売上

■国内支店 (単位：万円)

支店	4月	5月	6月	7月	8月	9月	合計
東京	7,800	6,900	6,200	6,800	5,900	7,100	40,700
大阪	5,800	5,200	4,200	5,000	4,300	5,300	29,800
札幌	3,200	2,700	2,400	3,100	2,500	3,400	17,300
福岡	4,300	4,900	4,600	3,900	3,400	3,800	24,900
合計	21,100	19,700	17,400	18,800	16,100	19,600	112,700

■海外支店

支店	4月	5月	6月	7月	8月	9月	合計
北京	2,700	3,200	2,300	1,900	2,000	2,800	14,900
台北	1,800	1,500	900	1,200	800	1,900	8,100
合計	4,500	4,700	3,200	3,100	2,800	4,700	23,000

【操作 2】

❺ 円グラフの空白部分をクリックします。

❻ グラフの作成元のデータ範囲 A4 ～ A7 と H4 ～ H7 に青色の枠線が表示され、国内支店の合計売上のデータを元にグラフが作成されていることが確認できます。

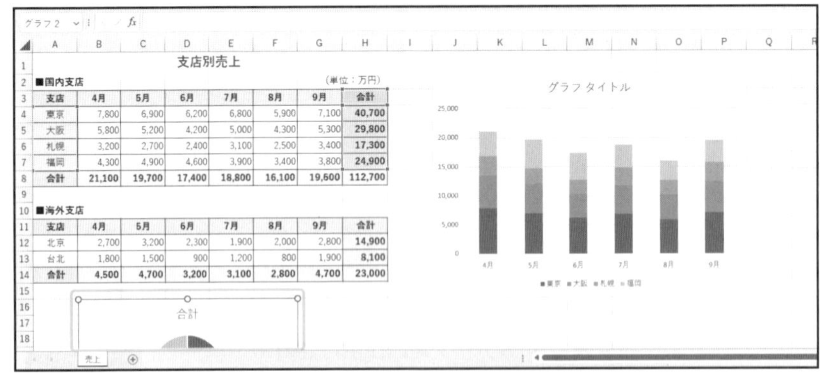

支店別売上

■国内支店 (単位：万円)

支店	4月	5月	6月	7月	8月	9月	合計
東京	7,800	6,900	6,200	6,800	5,900	7,100	40,700
大阪	5,800	5,200	4,200	5,000	4,300	5,300	29,800
札幌	3,200	2,700	2,400	3,100	2,500	3,400	17,300
福岡	4,300	4,900	4,600	3,900	3,400	3,800	24,900
合計	21,100	19,700	17,400	18,800	16,100	19,600	112,700

■海外支店

支店	4月	5月	6月	7月	8月	9月	合計
北京	2,700	3,200	2,300	1,900	2,000	2,800	14,900
台北	1,800	1,500	900	1,200	800	1,900	8,100
合計	4,500	4,700	3,200	3,100	2,800	4,700	23,000

⑦ グラフに追加する海外支店の支店名のセル範囲 A12 ～ A13 を範囲選択します。

⑧ **Ctrl** キーを押しながら、海外支店の合計売上のセル範囲 H12 ～ H13 を範囲選択します。

⑨ ［ホーム］タブの ［コピー］ボタンをクリックします。

⑩ 選択したセルが点線で囲まれます。

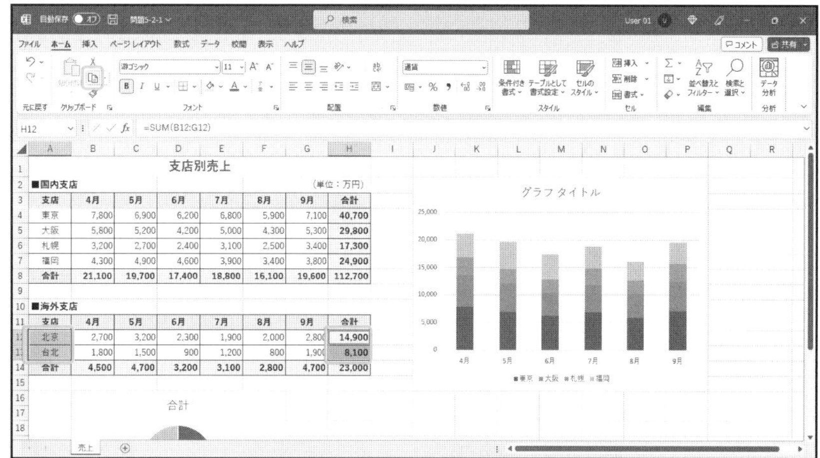

支店別売上

■国内支店（単位：万円）

支店	4月	5月	6月	7月	8月	9月	合計
東京	7,800	6,900	6,200	6,800	5,900	7,100	40,700
大阪	5,800	5,200	4,200	5,000	4,300	5,300	29,800
札幌	3,200	2,700	2,400	3,100	2,500	3,400	17,300
福岡	4,300	4,900	4,600	3,900	3,400	3,800	24,900
合計	21,100	19,700	17,400	18,800	16,100	19,600	112,700

■海外支店

支店	4月	5月	6月	7月	8月	9月	合計
北京	2,700	3,200	2,300	1,900	2,000	2,800	14,900
台北	1,800	1,500	900	1,200	800	1,900	8,100
合計	4,500	4,700	3,200	3,100	2,800	4,700	23,000

⑪ 円グラフをクリックします。

⑫ ［ホーム］タブの ［貼り付け］ボタンをクリックします。

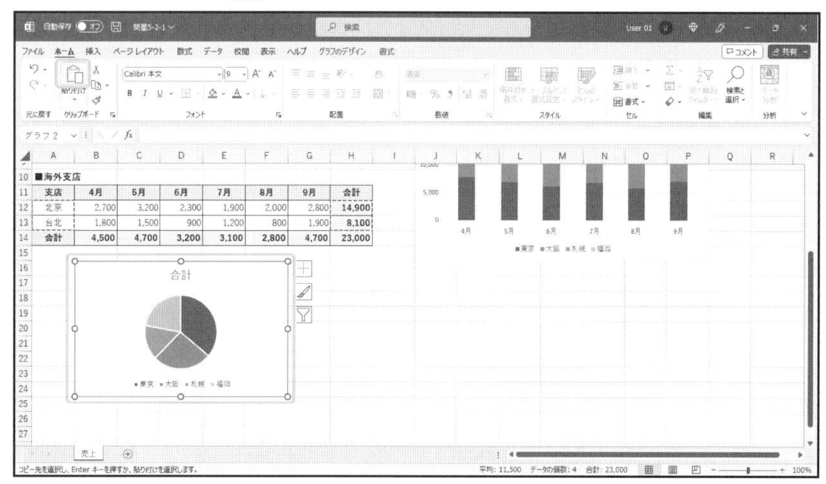

⑬ 円グラフに海外支店の「北京」と「台北」の合計売上のデータが追加されます。

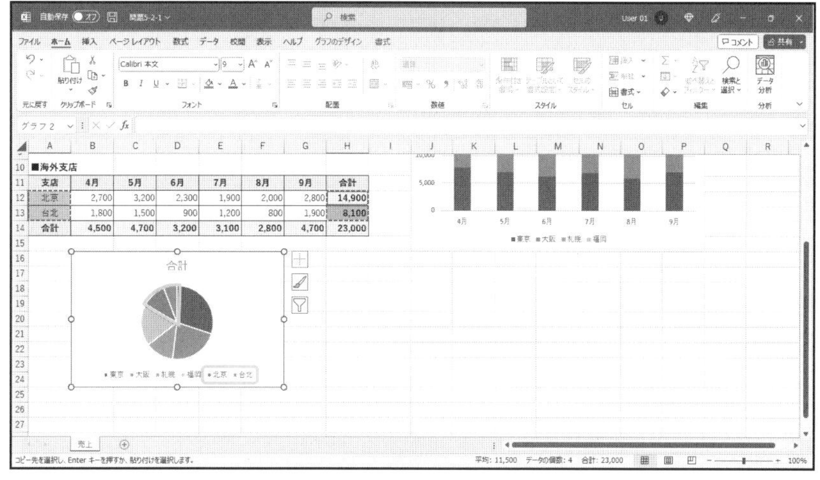

5-2-2 ソースデータの行と列を切り替える

練習問題

問題フォルダー
└問題 5-2-2.xlsx

解答フォルダー
└解答 5-2-2.xlsx

棒グラフの行と列を切り替えて、横（項目）軸に支店名、凡例に月を表示します。

支店	4月	5月	6月	7月	8月	9月	合計
東京	7,800	6,900	6,200	6,800	5,900	7,100	40,700
大阪	5,800	5,200	4,200	5,000	4,300	5,300	29,800
札幌	3,200	2,700	2,400	3,100	2,500	3,400	17,300
福岡	4,300	4,900	4,600	3,900	3,400	3,800	24,900
合計	21,100	19,700	17,400	18,800	16,100	19,600	112,700

支店	4月	5月	6月	7月	8月	9月	合計
北京	2,700	3,200	2,300	1,900	2,000	2,800	14,900
台北	1,800	1,500	900	1,200	800	1,900	8,100
合計	4,500	4,700	3,200	3,100	2,800	4,700	23,000

機能の解説

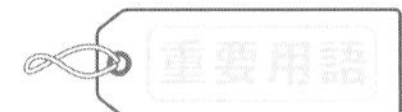

- グラフの構成要素
- グラフタイトル
- 縦（値）軸
- 横（項目）軸
- グラフエリア
- プロットエリア
- 系列
- 凡例
- [行 / 列の切り替え] ボタン
- [データの選択] ボタン
- [データソースの選択] ダイアログボックス
- [系列の編集] ダイアログボックス

グラフの構成要素にはそれぞれ名前が付いていて、要素をポイントすると要素名がポップアップ表示されます。

グラフの構成要素

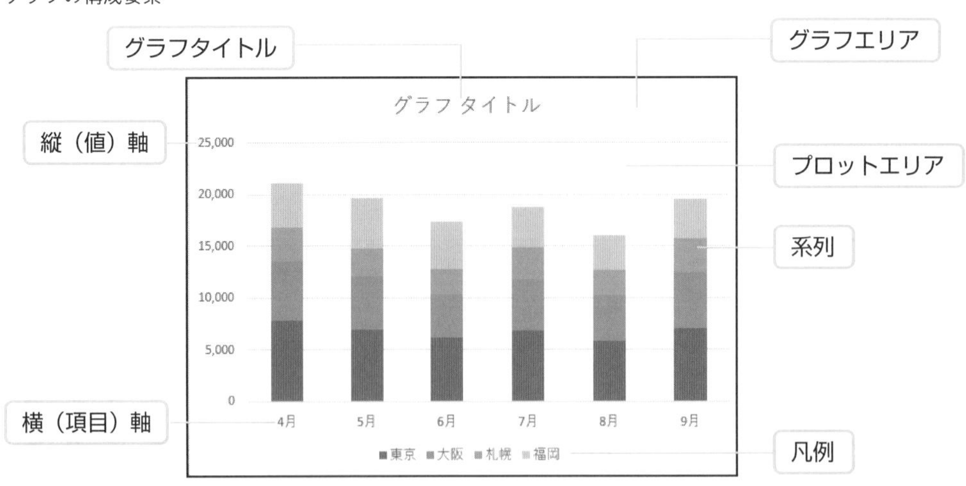

標準では、作成元のデータの行と列の項目数の、多いほうが横（項目）軸に表示され、少ないほうがデータ系列として凡例に表示されます。切り替えるには、グラフを選択し、[グラフのデザイン] タブの [行 / 列の切り替え] ボタンをクリックします。

ポイント

系列と要素

系列はグラフ内で同じ色で表されるものです。この例の棒グラフの場合、「東京」「大阪」「札幌」「福岡」の４つの系列があります。系列は凡例項目として表示されます。
要素は系列を構成している各データです。この例の棒グラフの場合、「4月」「5月」「6月」「7月」「8月」「9月」の６つの要素があります。要素は横軸の項目として表示されます。
グラフの系列をポイントすると、系列名、要素名、値がポップアップ表示されます。

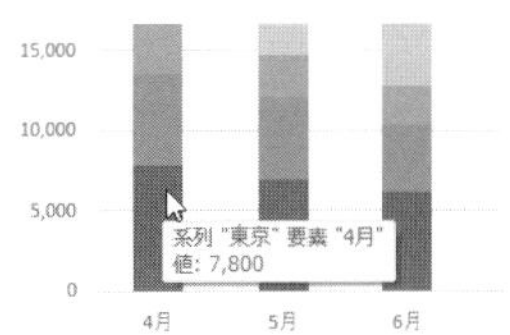

行 / 列の切り替えだけでなく、凡例項目（系列）の追加や削除、系列名や軸ラベルの変更などの詳細な設定を行いたいときは、［グラフのデザイン］タブの［データの選択］ボタンをクリックし、［データソースの選択］ダイアログボックスを表示します。例えば、系列名を変更したいときは［凡例項目（系列）］ボックスの系列名をクリックし、［編集］をクリックします。［系列の編集］ダイアログボックスが表示されるので、［系列名］ボックスに変更する名前を入力し、［OK］をクリックします。

［データソースの選択］ダイアログボックス

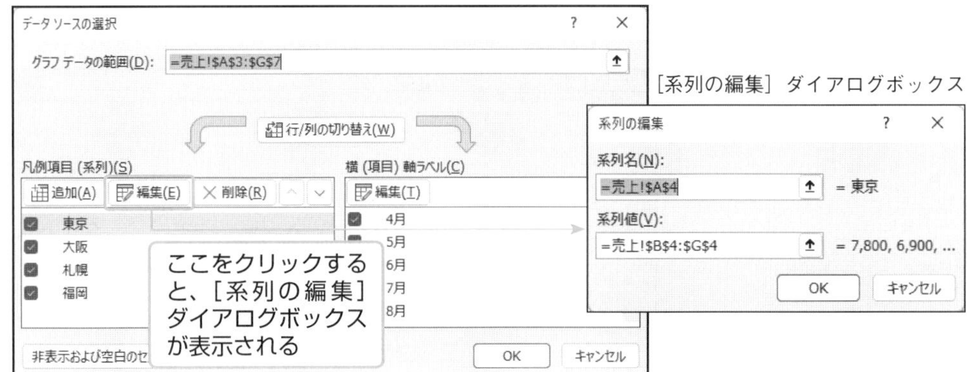

操作手順

❶ 棒グラフをクリックします。

❷［グラフのデザイン］タブの［行 / 列の切り替え］ボタンをクリックします。

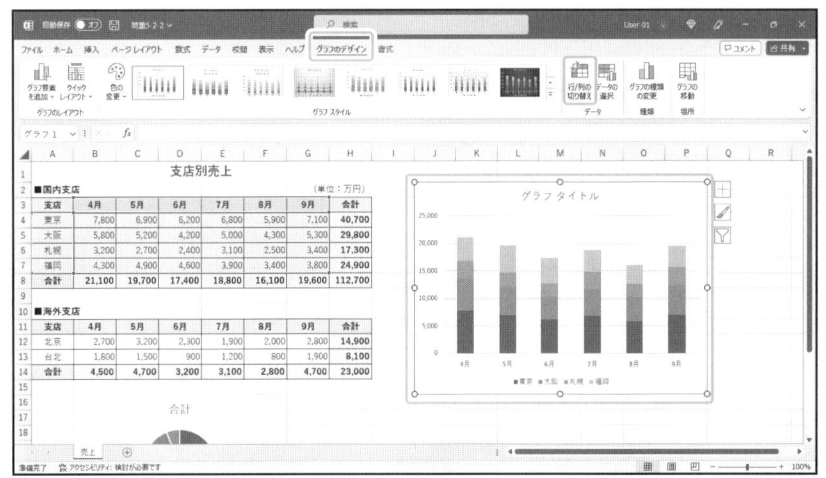

支店別売上

■国内支店　（単位：万円）

支店	4月	5月	6月	7月	8月	9月	合計
東京	7,800	6,900	6,200	6,800	5,900	7,100	40,700
大阪	5,800	5,200	4,200	5,000	4,300	5,300	29,800
札幌	3,200	2,700	2,400	3,100	2,500	3,400	17,300
福岡	4,300	4,900	4,600	3,900	3,400	3,800	24,900
合計	21,100	19,700	17,400	18,800	16,100	19,600	112,700

■海外支店

支店	4月	5月	6月	7月	8月	9月	合計
北京	2,700	3,200	2,300	1,900	2,000	2,800	14,900
台北	1,800	1,500	900	1,200	800	1,900	8,100
合計	4,500	4,700	3,200	3,100	2,800	4,700	23,000

❸ グラフの横（項目）軸に支店名、凡例に月が表示されます。

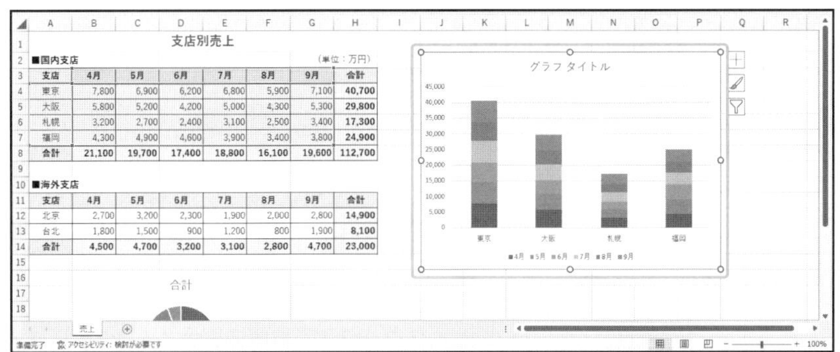

支店別売上

■国内支店　（単位：万円）

支店	4月	5月	6月	7月	8月	9月	合計
東京	7,800	6,900	6,200	6,800	5,900	7,100	40,700
大阪	5,800	5,200	4,200	5,000	4,300	5,300	29,800
札幌	3,200	2,700	2,400	3,100	2,500	3,400	17,300
福岡	4,300	4,900	4,600	3,900	3,400	3,800	24,900
合計	21,100	19,700	17,400	18,800	16,100	19,600	112,700

■海外支店

支店	4月	5月	6月	7月	8月	9月	合計
北京	2,700	3,200	2,300	1,900	2,000	2,800	14,900
台北	1,800	1,500	900	1,200	800	1,900	8,100
合計	4,500	4,700	3,200	3,100	2,800	4,700	23,000

5-2-3 グラフの要素を追加する、変更する

練習問題

問題フォルダー
└問題 5-2-3.xlsx

解答フォルダー
└解答 5-2-3.xlsx

【操作 1】棒グラフのタイトルを「上半期国内支店別売上」にします。
【操作 2】棒グラフにデータラベルを追加します。
【操作 3】棒グラフの凡例の位置を右にします。

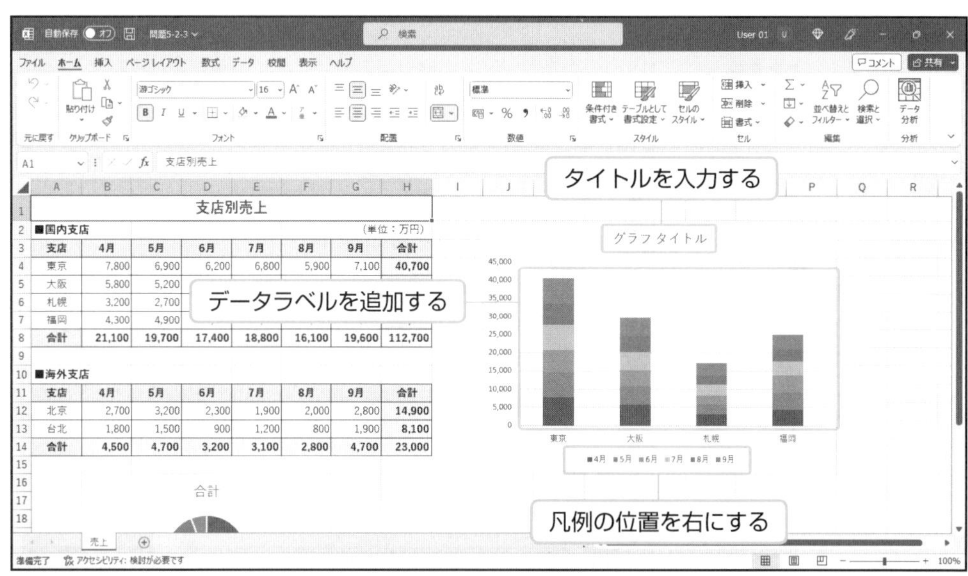

機能の解説

- グラフの構成要素
- [グラフ要素] ボタン
- [その他のオプション]
- 要素の書式設定の作業ウィンドウ

グラフの構成要素は必要に応じて表示したり、非表示にしたりできます。また配置を変更することも可能です。グラフを選択すると、右上に ＋ [グラフ要素] ボタンが表示され、クリックすると構成要素の一覧が表示されます。表示される構成要素は軸、軸ラベル、グラフタイトル、データラベル（値など個々のデータの情報）、目盛線、凡例などです。

チェックボックスがオンになっている要素が現在表示されているものです。要素の表示 / 非表示はこのチェックボックスで切り替えられます。要素をポイントすると右側に▶が表示され、クリックすると詳細な設定項目が表示されます。[その他のオプション] をクリックすると、その要素の書式設定の作業ウィンドウが表示され、さらに詳細な設定ができます。

ヒント
[グラフフィルター] ボタン
グラフの系列や項目の一部を非表示にするには、グラフを選択して右上に表示される [グラフフィルター] ボタンをクリックします。系列とカテゴリ（項目名）の一覧が表示されるので、チェックボックスをオフにすると非表示になります。

[グラフ要素] ボタンの一覧

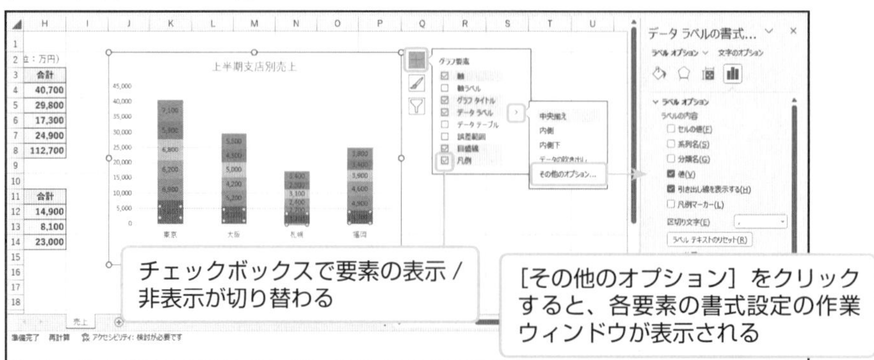

操作手順

【操作 1】

❶ 棒グラフの［グラフタイトル］をクリックします。

❷「グラフタイトル」の文字列をドラッグして選択します。

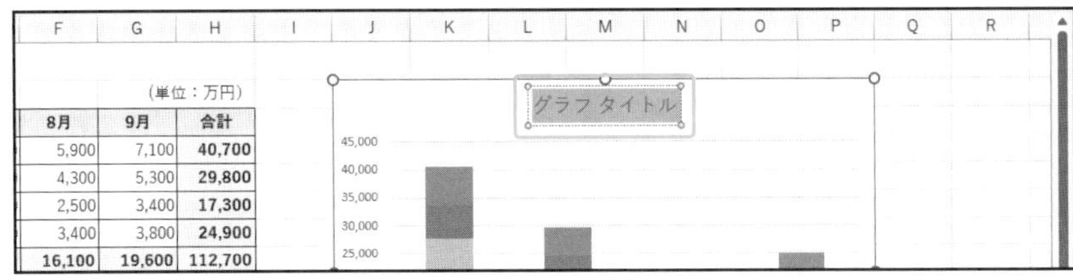

❸「上半期国内支店別売上」と上書き入力します。

❹ グラフタイトル以外の場所をクリックして、グラフタイトルの選択を解除します。

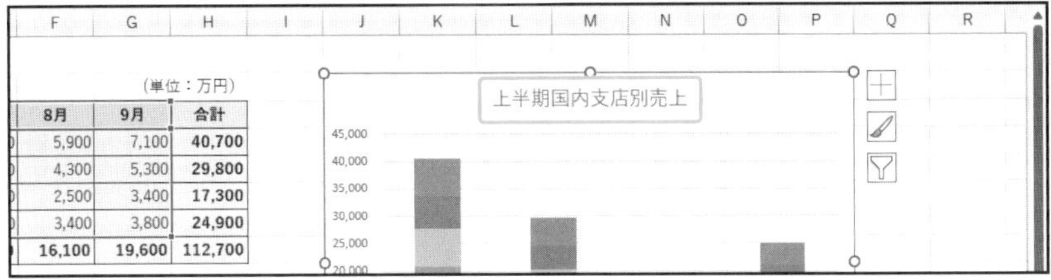

【操作 2】

❺ 棒グラフを選択している状態で、右上の［グラフ要素］ボタンをクリックします。

❻［グラフ要素］の［データラベル］チェックボックスをオンにします。

❼ データ系列にデータの値（データラベル）が表示されます。

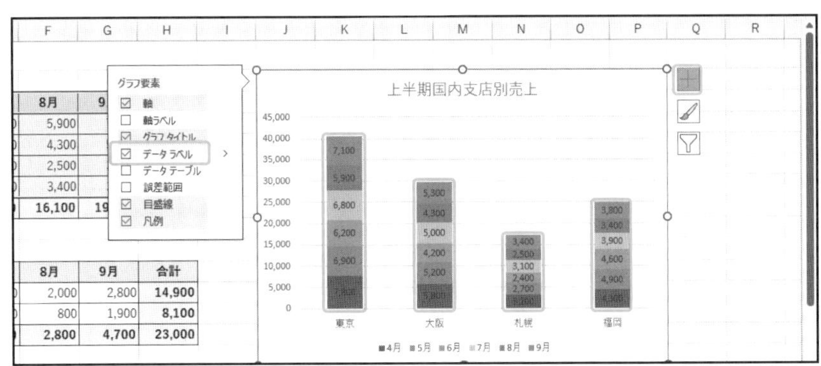

【操作 3】

❽［グラフ要素］の［凡例］をポイントし、表示される▶をクリックします。

❾ 一覧から［右］をクリックします。

❿ 凡例がグラフの右に表示されます。

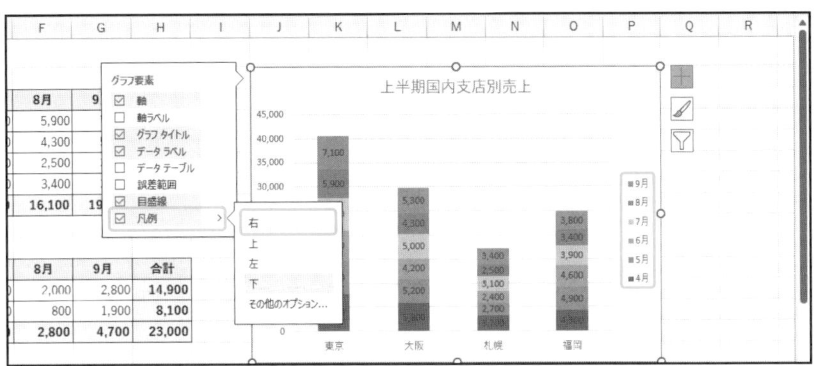

⓫ グラフ以外の場所をクリックして、グラフの選択を解除します。

ヒント

グラフ名の変更

作成したグラフには自動的に「グラフ 1」「グラフ 2」…という名前が付きます。この名前を変更するには、グラフを選択し、名前ボックスに名前を入力します。

その他の操作方法

グラフ要素を追加

グラフを選択し、［グラフのデザイン］タブの［グラフ要素を追加］ボタンをクリックして、追加する要素をポイントし、表示される一覧から配置や種類などをクリックします。

［グラフ要素を追加］ボタン

5-3 グラフを書式設定する

グラフの構成要素の配置や書式は、クイックレイアウトやグラフスタイルでまとめて設定した後、各要素ごとに詳細な設定をすると効率的です。

5-3-1 グラフのレイアウトを適用する

練習問題

問題フォルダー
└問題 5-3-1.xlsx

解答フォルダー
└解答 5-3-1.xlsx

【操作 1】円グラフのレイアウトを「レイアウト 1」に変更します。
【操作 2】円グラフの「東京」の要素を 30%切り出します。

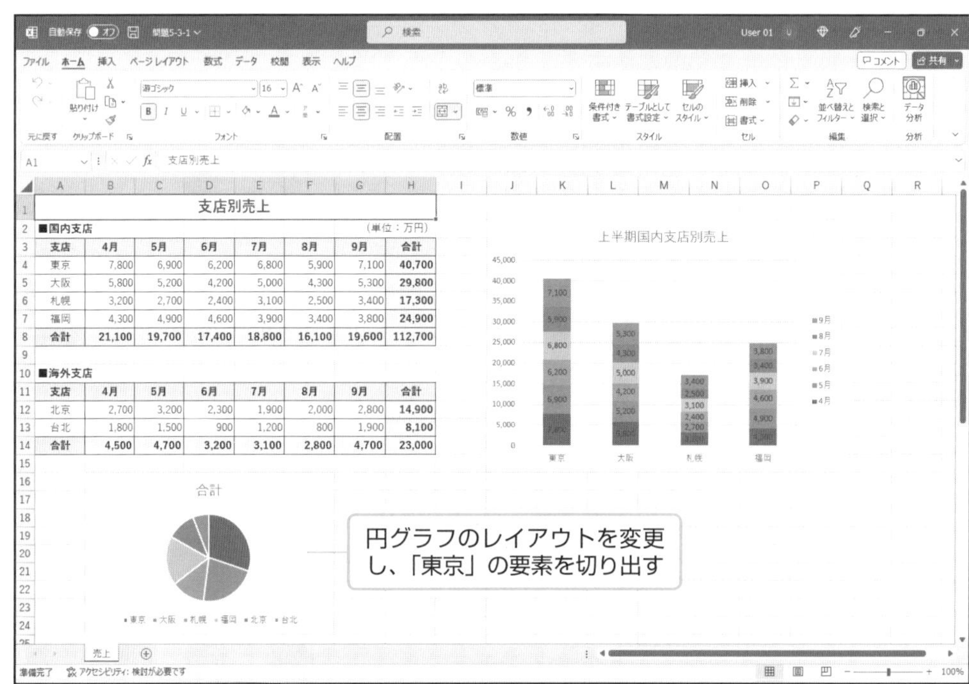

支店	4月	5月	6月	7月	8月	9月	合計
東京	7,800	6,900	6,200	6,800	5,900	7,100	40,700
大阪	5,800	5,200	4,200	5,000	4,300	5,300	29,800
札幌	3,200	2,700	2,400	3,100	2,500	3,400	17,300
福岡	4,300	4,900	4,600	3,900	3,400	3,800	24,900
合計	21,100	19,700	17,400	18,800	16,100	19,600	112,700

支店	4月	5月	6月	7月	8月	9月	合計
北京	2,700	3,200	2,300	1,900	2,000	2,800	14,900
台北	1,800	1,500	900	1,200	800	1,900	8,100
合計	4,500	4,700	3,200	3,100	2,800	4,700	23,000

機能の解説

- クイックレイアウト
- [クイックレイアウト] ボタン
- [選択対象の書式設定] ボタン
- 要素の書式設定の作業ウィンドウ

グラフの構成要素の配置は、クイックレイアウトでまとめて変更できます。グラフを選択し、[グラフのデザイン] タブの [クイックレイアウト] ボタンをクリックします。レイアウトの一覧が表示されるので選択します。

［クイックレイアウト］ボタンの一覧

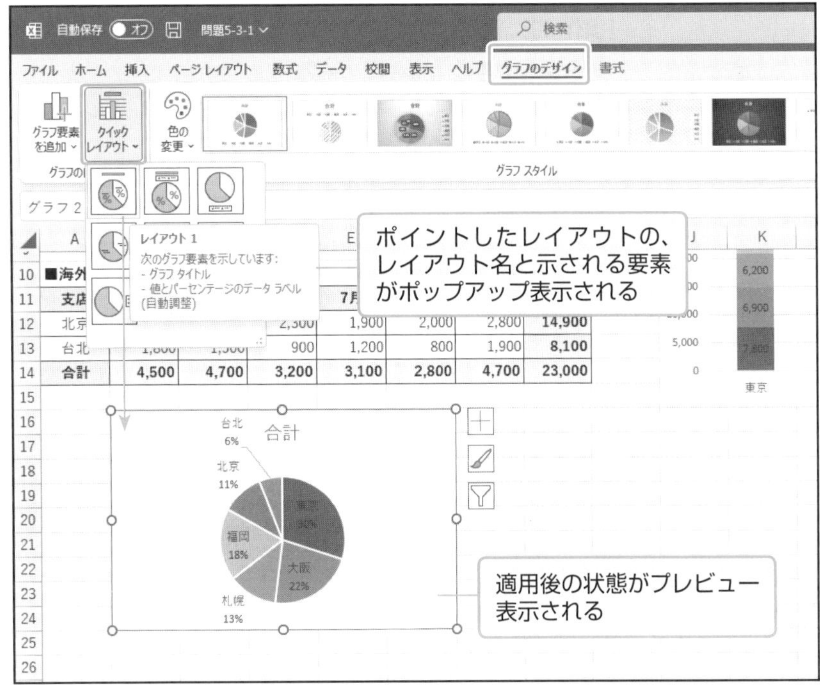

グラフの各要素の書式やレイアウトを変更するには、要素を選択し、［書式］タブの 選択対象の書式設定 ［選択対象の書式設定］ボタンをクリックします。その要素の書式設定の作業ウィンドウが表示されるので、詳細な設定をします。

要素の書式設定の作業ウィンドウ

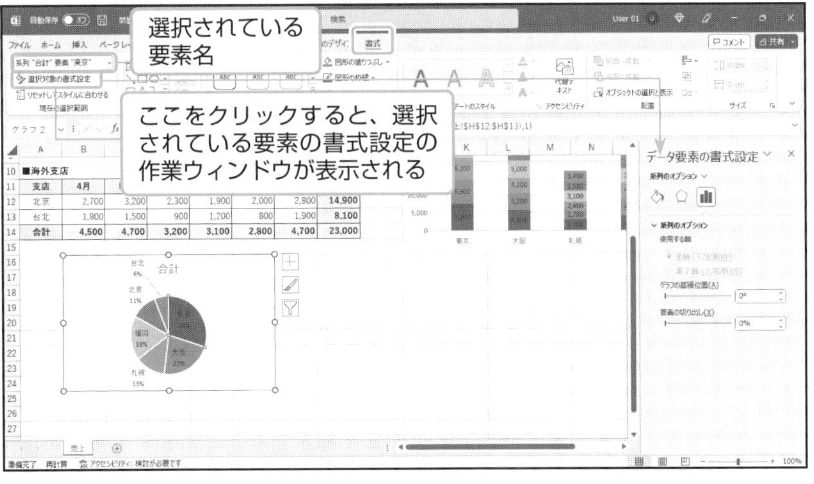

第5章 グラフの管理

操作手順

【操作 1】

① 円グラフをクリックします。

② ［グラフのデザイン］タブの ［クイックレイアウト］ボタンをクリックします。

③ 一覧から［レイアウト 1］をクリックします。

④ グラフのレイアウトが変更されます。

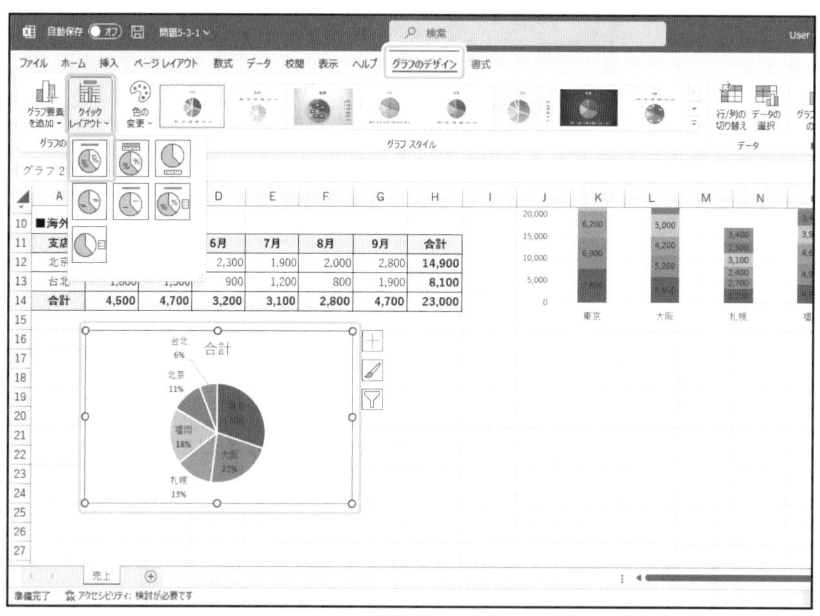

【操作 2】

⑤「東京」の要素を 2 回クリックして、「東京」の要素だけが選択され、サイズ変更ハンドル（◯）が表示されたことを確認します。

⑥［書式］タブの［現在の選択範囲］ボックスに「系列 "合計" 要素 "東京"」と表示されていることを確認します。

⑦ 選択対象の書式設定 ［選択対象の書式設定］ボタンをクリックします。

その他の操作方法

要素の書式設定の作業ウィンドウの表示

要素をダブルクリックするか、右クリックしてショートカットメニューの［(要素名) の書式設定］をクリックしても、表示することができます。

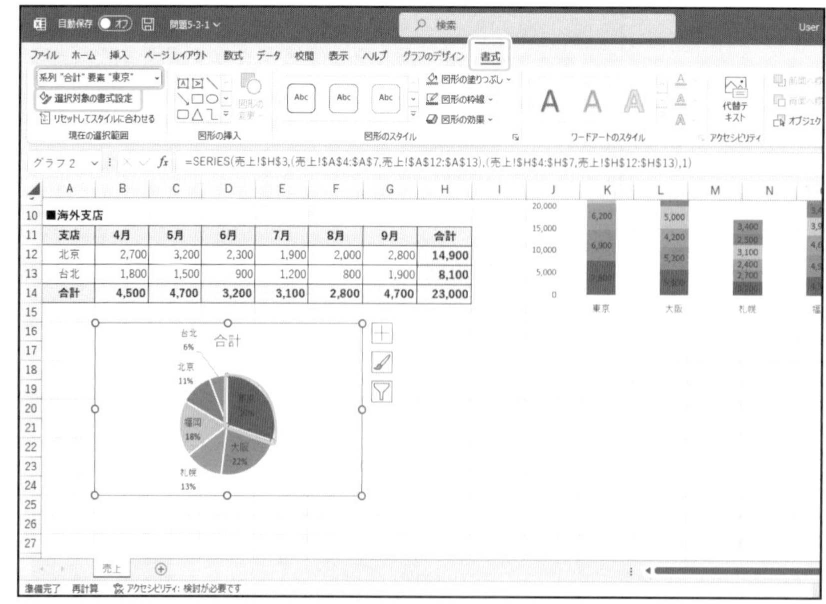

ヒント

切り出し率の入力

［要素の切り出し］ボックスに入力する際に「%」は省略できます。数値を入力して **Enter** キーを押すと、「%」が自動的に付き、その割合で切り出しが適用されます。

その他の操作方法

要素の切り出し率の設定

［要素の切り出し］のつまみをドラッグして変更することもできます。

❽［データ要素の書式設定］作業ウィンドウが表示されるので、［系列のオプション］の［要素の切り出し］ボックスの「0%」をドラッグして選択し「30」と上書き入力するか、「0%」の前をクリックして「3」を入力し、**Enter** キーを押します。

❾［要素の切り出し］ボックスに「30%」と表示されます。

❿「東京」の要素が切り出されます。

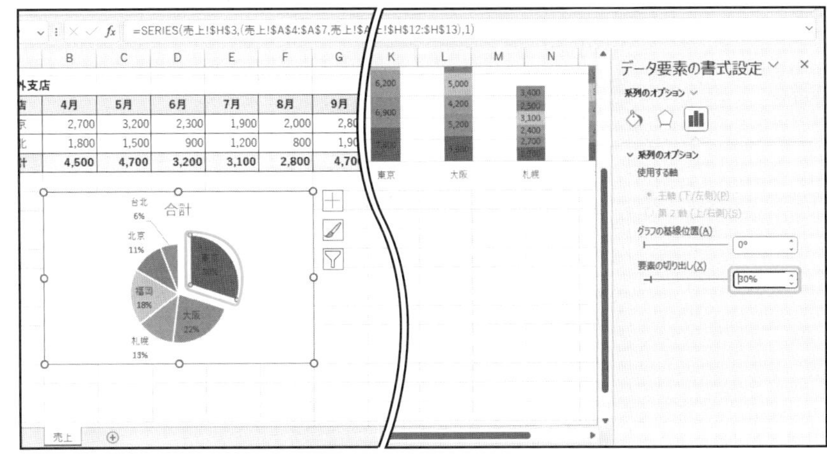

第5章 グラフの利用

5-3-2 グラフのスタイルを適用する

練習問題

問題フォルダー
└問題 5-3-2.xlsx

解答フォルダー
└解答 5-3-2.xlsx

【操作 1】棒グラフのスタイルを「スタイル 9」に変更します。
【操作 2】棒グラフの色を「カラフル」の「カラフルなパレット 3」に変更します。

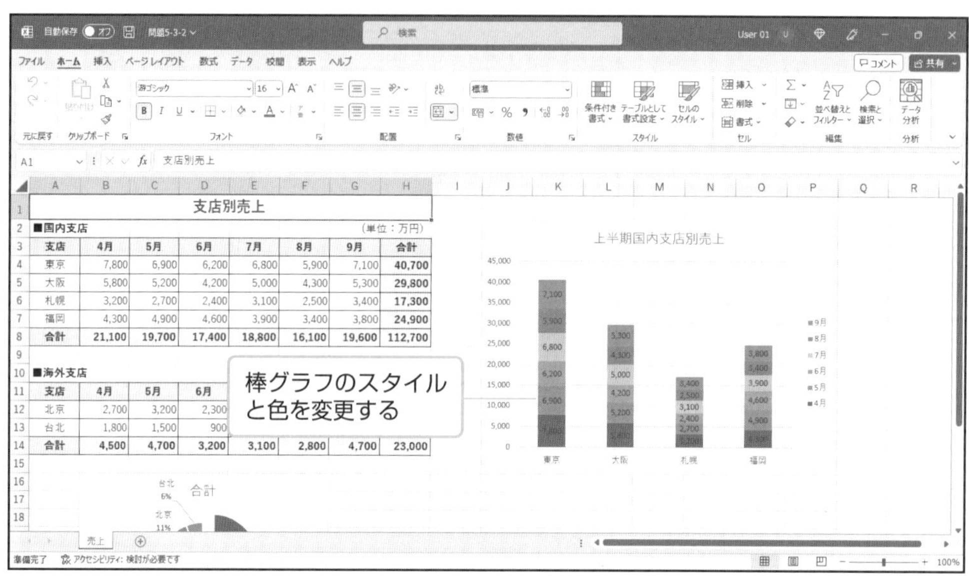

機能の解説

- グラフスタイル
- [グラフスタイル] ボタン
- [色]

グラフスタイルを適用すると、グラフの要素の配置や書式をまとめて設定できます。グラフを選択すると右上に表示される [グラフスタイル] ボタンをクリックするとスタイルの一覧が表示され、選択したスタイルがグラフに適用されます。また、[色] をクリックすると配色の一覧に切り替わり、選択した色がグラフに適用されます。

[グラフスタイル] ボタンの一覧

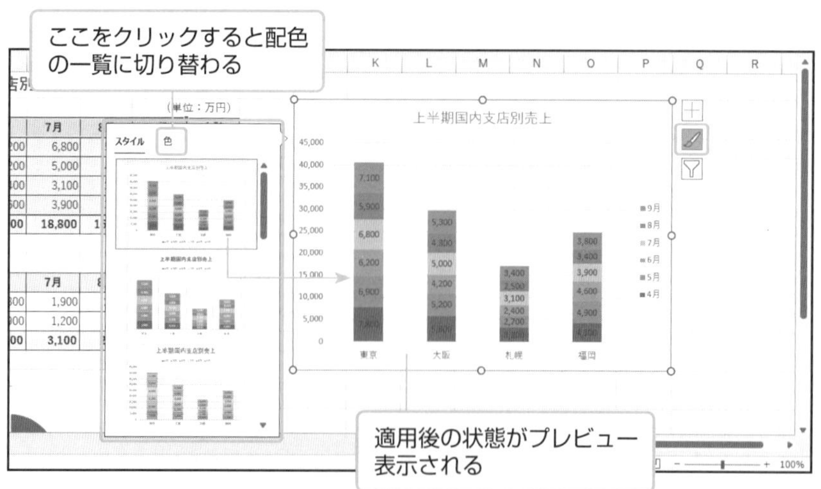

操作手順

その他の操作方法

グラフスタイルの設定

［グラフのデザイン］タブの［グラフスタイル］グループの［その他］ボタン（もしくは［クイックスタイル］ボタン）をクリックすることにより、手順❸と同じスタイルの一覧を表示できます。

その他の操作方法

グラフの色の変更

［グラフのデザイン］タブの［色の変更］ボタンをクリックすることにより、手順❻と同じ色の一覧を表示できます。

［色の変更］ボタン

【操作 1】

❶ 棒グラフをクリックします。

❷ グラフの右上に表示される［グラフスタイル］ボタンをクリックします。

❸［スタイル］の一覧から［スタイル 9］をクリックします。

❹ グラフのスタイルが変更されます。

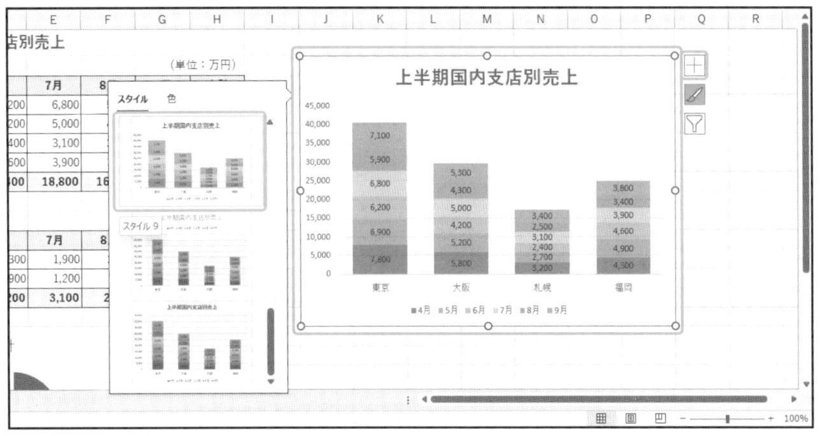

【操作 2】

❺［色］をクリックします。

❻［カラフル］の一覧から［カラフルなパレット 3］をクリックします。

❼ グラフの色が変更されます。

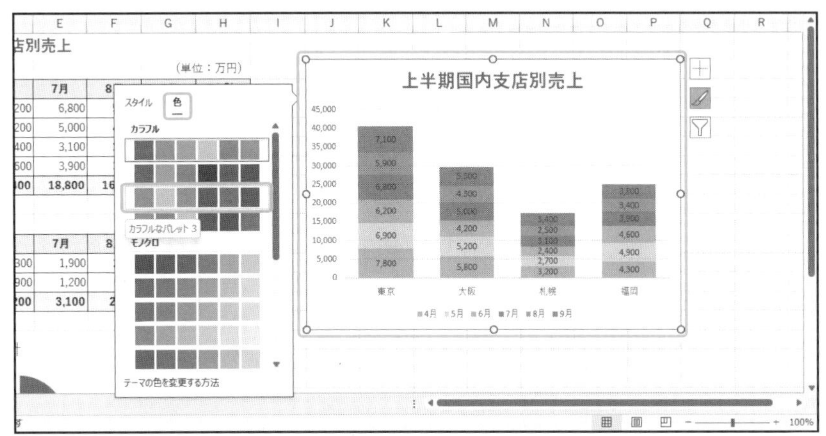

❽ グラフ以外の場所をクリックして、グラフの選択を解除します。

第5章 グラフの管理

5-3-3 アクセシビリティ向上のため、グラフに代替テキストを追加する

練習問題

問題フォルダー
└問題 5-3-3.xlsx

解答フォルダー
└解答 5-3-3.xlsx

棒グラフに「国内支店別売上棒グラフ」、円グラフに「国内外支店別売上割合円グラフ」という代替テキストを設定します。

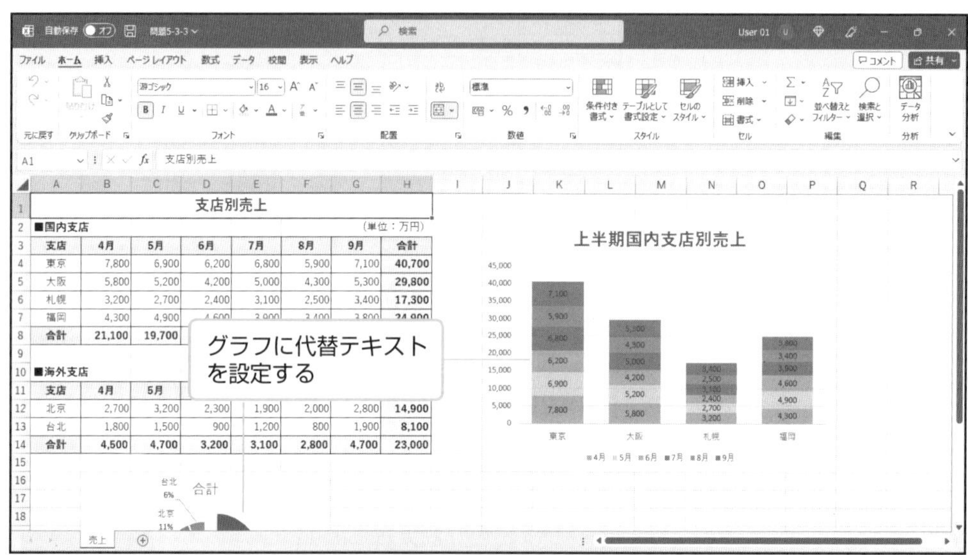

機能の解説

- 代替テキスト
- アクセシビリティ
- [代替テキスト] ボタン
- [代替テキスト] 作業ウィンドウ

グラフには代替テキストを設定することができます。代替テキストは、アクセシビリティ(「1-5-8」参照)向上のため、読み上げに使う情報として使用されます。また、Web ページとして保存した場合に、Web ブラウザーで読み込んでいる間に表示されたり、検索に利用されたりします。グラフに代替テキストを設定するには、グラフをクリックし、[書式] タブの [代替テキスト] ボタンをクリックします。[代替テキスト] 作業ウィンドウが表示されるので、テキストボックスに代替テキストを入力します。

[代替テキスト] 作業ウィンドウ

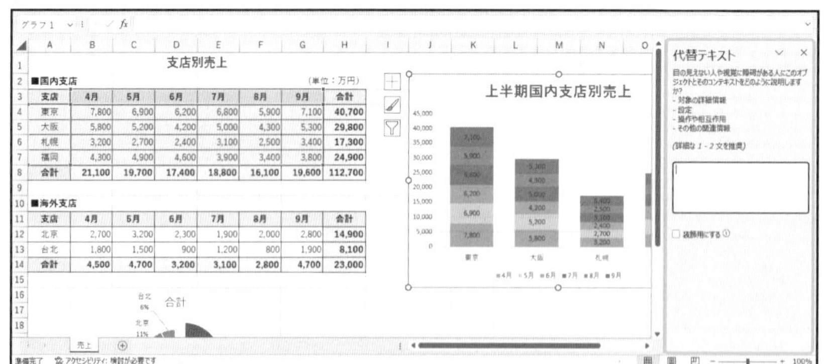

操作手順

その他の操作方法

代替テキストの設定

グラフを右クリックし、ショートカットメニューの［代替テキストを表示］をクリックすることにより［代替テキスト］作業ウィンドウを表示できます。

❶ 棒グラフをクリックします。

❷［書式］タブの［代替テキスト］ボタンをクリックします。

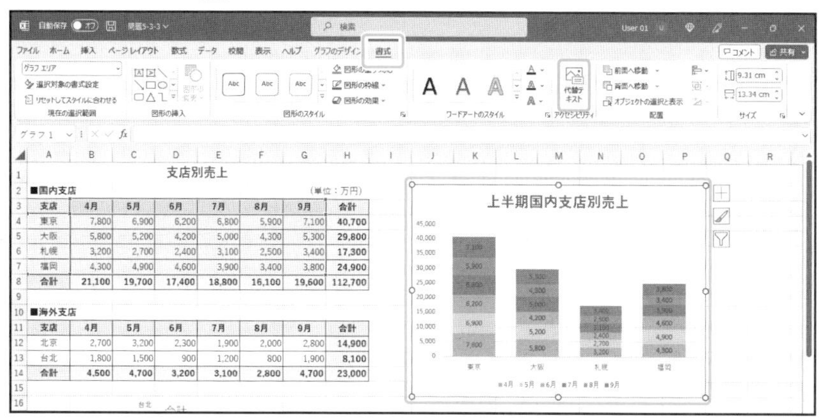

支店別売上

■国内支店　（単位：万円）

支店	4月	5月	6月	7月	8月	9月	合計
東京	7,800	6,900	6,200	6,800	5,900	7,100	40,700
大阪	5,800	5,200	4,200	5,000	4,300	5,300	29,800
札幌	3,200	2,700	2,400	3,100	2,500	3,400	17,300
福岡	4,300	4,900	4,600	3,900	3,400	3,800	24,900
合計	21,100	19,700	17,400	18,800	16,100	19,600	112,700

■海外支店

支店	4月	5月	6月	7月	8月	9月	合計
北京	2,700	3,200	2,300	1,900	2,000	2,800	14,900
台北	1,800	1,500	900	1,200	800	1,900	8,100
合計	4,500	4,700	3,200	3,100	2,800	4,700	23,000

❸［代替テキスト］作業ウィンドウが表示されるので、テキストボックスにカーソルが表示されていることを確認し、「国内支店別売上棒グラフ」と入力します。

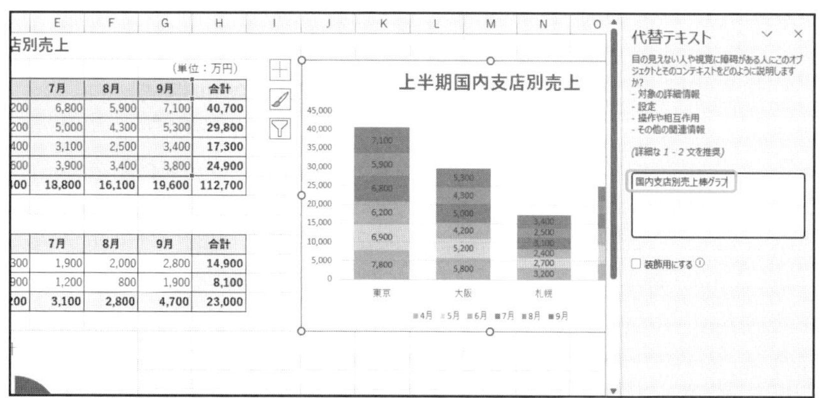

❹ 円グラフをクリックします。

❺［代替テキスト］作業ウィンドウのテキストボックスをクリックし、「国内外支店別売上割合円グラフ」と入力します。

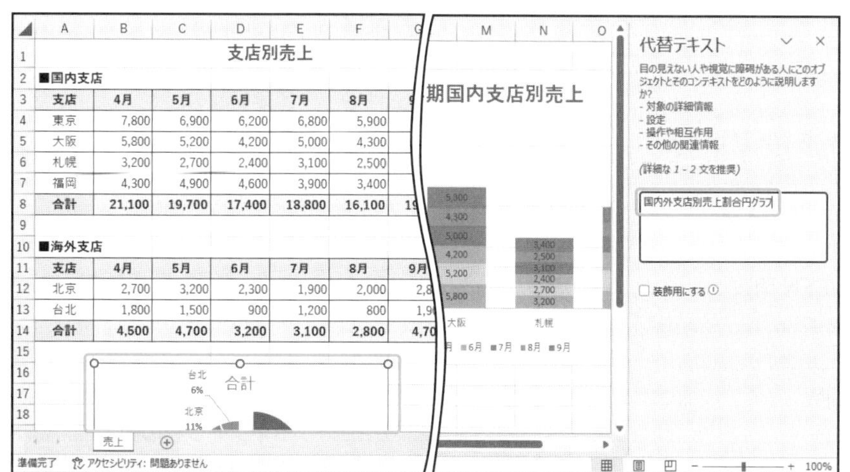

❻［代替テキスト］作業ウィンドウを閉じるために、［閉じる］ボタンをクリックします。

索引

英字・アルファベット

あ行

か行

さ行

た行

な行

は行

ま行

や行

ら行

わ行

模擬練習問題

マルチプロジェクトという試験形式に慣れるための模擬問題です。プロジェクト単位で解答が終了したらファイルを保存し、解答（PDF ファイル）および完成例ファイルと比較し、答え合わせを行ってください。
解答に必要なファイル、解答（PDF ファイル）、完成例ファイルは、[ドキュメント] フォルダーの [Excel365_2023 年版（実習用）] フォルダーにある [模擬練習問題] フォルダーに入っています。もしファイルがない場合は、「実習用データ」のインストールを行ってください。解答（PDF ファイル）およびそれを印刷したものは、本書を購入したお客様だけがご利用いただけます。第三者への貸与、賃貸、販売、譲渡は禁止します。

●模擬練習問題 1

プロジェクト 1　模擬 1-1_ 売上実績

洋品メーカーで傘部門の売上実績表を作成しています。売上合計を集計し、グラフを作成しましょう。

【1】ワークシート「売上実績」のテーブルに集計行を追加し、年ごとの売上合計を表示し、5 年間売上推移の集計欄には何も表示しないようにします。
【2】ワークシート「売上実績」に、2022 年の商品別の売上割合を表す 2-D 円グラフを作成し、グラフタイトルを「2022 年売上割合」とします。
【3】新しいウィンドウを開き、画面を半分ずつ使って、左のウィンドウにワークシート「売上実績」、右のウィンドウにワークシート「流通経路」を表示します。
【4】このブックの、以前のバージョンの Excel との互換性の問題を検査します。

プロジェクト 2　模擬 1-2_ クリスマス会

クリスマス会の資料を作成しています。出演者一覧表を編集し、資料を完成させましょう。

【1】セル A1（結合セル）の書式をセル A13、D13 に適用します。
【2】セル範囲 A3:A4、B3:B4、C3:C4、K3:K4 を結合して中央揃えにします。
【3】関数を使用して、「出演者名」の列に、同じ行の全出演者名を「、」（読点）で区切って表示します。
【4】名前付き範囲「詳細」にセルのスタイル「見出し 4」を適用します。

プロジェクト 3　模擬 1-3_ 顧客リスト

顧客リストのデータを整理しています。テーブルのスタイルを変更し、追加のリストを読み込みましょう。

【1】ワークシート「顧客リスト 1」のテーブル名を「顧客 K0100 まで」にし、「No.」の列の強調を解除します。
【2】ワークシート「顧客リスト 1」のテーブルのスタイルを「ゴールド、テーブルスタイル（中間）5」に変更します。
【3】[模擬練習問題] フォルダーに保存されているタブ区切りのテキストファイル「顧客追加 _bp.txt」を、ワークシート「顧客リスト 2」のセル A2 を基点とする位置にインポートします。なお、テキストファイルの 1 行目を見出しとして表示します。

プロジェクト 4　模擬 1-4_ バスツアー予約

バスツアーの予約状況を分析しています。英語のツアー名を設定し、並べ替えをしましょう。

【1】ワークシート「ツアー料金表」のテーブルの行の高さを 25 にします。
【2】関数を使用して、ワークシート「ツアー料金表」のテーブルの「英語ツアー名 2」の列に、同じ行の「英語ツアー名」の列の英字を、先頭だけ大文字、他を小文字に変換して表示します。
【3】ワークシート「ツアー料金表」のセル D3（「英語ツアー名 2」の列の見出し）に、メモ「英語ツアー名を整形」を付けます。
【4】ワークシート「予約状況」のテーブルを「ツアー ID」の昇順、「ツアー ID」が同じ場合は人数の多い順に並べ替えます。
【5】ワークシート「予約状況」の 3 行目がタイトル行として繰り返し印刷されるように設定します。
【6】ワークシート「予約分析」のグラフの横（値）軸の最大値を「100.0%」にします。

プロジェクト 5　模擬 1-5_ 来客数集計

美容室の店舗別の来客者数を集計しています。合計を求め、グラフや印刷の設定をしましょう。

【1】関数を使用して、全店舗合計を求めます。なお、あらかじめ設定されている書式は変更しません。
【2】各店舗のメニュー別の来客数のセルに「塗りつぶし（グラデーション）」の「青のデータバー」を適用します。
【3】セル範囲 A4:A7 を「東京店舗」、A9:A11 を「神奈川店舗」という名前で登録します。
【4】グラフの横（項目）軸と凡例を入れ替えて、横（項目）軸にメニュー名、凡例に東京店舗集計、神奈川店舗集計を表示します。
【5】印刷の向きを横にし、すべての行を 1 ページに印刷する設定にします。

プロジェクト 6　模擬 1-6_ 登録者一覧

求職者の登録一覧を作成しています。表を編集し、登録状況を分析しましょう。

【1】ワークシート「登録者一覧（5 月）」のセル I1 の文字列を折り返して表示します。
【2】ワークシート「登録者一覧（5 月）」の 23 行目（登録日が 5 月 22 日以降）が 2 ページ目になるように改ページします。
【3】ワークシート「登録者一覧（5 月）」に「シート名, 機密, 1 ページ」の形式の組み込みのヘッダーを表示します。
【4】関数を使用して、ワークシート「都道府県一覧」のセル A2 を基点とする位置に、テーブル「登録者 _5 月」の「職種」の一意（重複しない）のデータを表示します。

プロジェクト 7　模擬 1-7_ ギフトセット

ギフトセットの売上を集計しています。売上金額を求め、テーブルの編集や配布の準備をしましょう。

【1】ワークシート「商品台帳」「売上記録」「商品別集計」をグループ化し、セル A1 のフォントサイズを「14」、太字にします。設定後、グループを解除します。
【2】ワークシート「売上記録」のテーブルの「金額」の列に同じ行の単価と数量を乗算する数式を入力します。
【3】ワークシート「商品台帳」のテーブルを解除します。
【4】ワークシート「商品台帳」のセル範囲 D4:D18 の値と数値の書式をコピーして、ワークシート「商品別集計」のセル範囲 C4:C18 に貼り付けます。
【5】ドキュメントのプロパティと個人情報がブックに含まれないようにします。

プロジェクト 8　模擬 1-8_ 成績最優秀者

年間売上の成績最優秀者の一覧を作成しています。最高売上金額の平均と最大値を求め、グラフを編集しましょう。

【1】「成績最優秀者」のテーブルの「前年比」の列に年間売上金額の前年度売上との比率を 求め、パーセントスタイルにします。
【2】ワークシート「最高売上分析」のセル E2 にワークシート「成績最優秀者」のテーブルの年間売上金額の平均、セル E3 に年間売上金額の最大値を求めます。
【3】ワークシート「最高売上分析」のグラフのスタイルを「スタイル 4」に変更します。

【4】ワークシート「支店一覧」のテーブルの行の縞模様を解除し、列に縞模様を設定します。

●模擬練習問題 2

プロジェクト 1　模擬 2-1_ 宅配サービス

宅配サービスの注文セットを集計しています。請求金額を求め、グラフシートを作成しましょう。

【1】ワークシート「注文一覧 _5 月」のテーブルの「利用回数」の列に設定されている条件付き書式を削除します。
【2】関数を使用して、ワークシート「注文一覧 _5 月」のテーブルの「請求金額（税別）」の列に、会員種別が「お試し」の場合は価格の金額、それ以外の会員種別の場合は価格に送料を加算した金額を求めます。なお、送料は登録されている名前付き範囲を使用します。
【3】ワークシート「注文分析 _5 月」のグラフをグラフシートに移動します。グラフシート名は「注文分析グラフ _5 月」とします。

プロジェクト 2　模擬 2-2_ 企画書

企画書を作成しています。配置の調整やグラフの編集をし、印刷の準備をしましょう。

【1】セル B4、E4（結合セル）、セル範囲 A6:A11、E11（結合セル）の横位置の配置を「均等割り付け」にし、1 文字分のインデントを設定します。
【2】セル範囲 A1:I40 を印刷範囲として設定します。
【3】円グラフのレイアウトを「レイアウト 1」に変更します。
【4】ワークシートの目盛線が表示されないようにし、ページレイアウトビューで表示します。
【5】このブックにだけ、クイックアクセスツールバーに［印刷プレビューと印刷］ボタンを追加します。

プロジェクト 3　模擬 2-3_ ペンション予約

ペンションの予約を集計しています。ブック内のデータを整理し、プレゼントの割当をしましょう。

【1】ワークシート「予約」のセル A1 の書式をクリアします。
【2】関数を使用して、セル D1 に代表者名をもとに予約件数を求めます。
【3】ワークシート「予約」のセル E1 にハイパーリンクを設定します。パイパーリンクには「ペンション RION」と表示し、リンク先は「https://rion.example.jp/」とします。
【4】ワークシート「食事付き」のプランが「朝食付き」または「二食付き」のデータを抽出します。
【5】関数を使用して、ワークシート「プレゼント割当」のテーブルの「プレゼント」の列に 1 ～ 3 の範囲内の整数を乱数（ランダムな値）で生成します。

プロジェクト 4　模擬 2-4_ 部員名簿

部員名簿を作成しています。ファイルを変換し、チーム分けをしましょう。

【1】互換モードであるこのブックを、Excel365/2021 のすべての機能が利用できるファイル形式に変換します。
※この問題を操作するとファイルが上書きされます。元の問題ファイルを残す場合は操作前にファイルをコピーしておきます。
【2】関数を使用して、ワークシート「2023 名簿」のテーブルの「作業用」の列に、同じ行の学籍番号を小文字に変換して表示します。
【3】ワークシート「2023 名簿」の 23 行目をテーブルに含めます。
【4】関数を使用して、ワークシート「チーム分け」のセル A4 を先頭とする 5 行 4 列に、1 から始まる連続する整数を生成します。

プロジェクト 5　模擬 2-5_ 請求書

請求書を作成しています。PDF を作成し、商品一覧表の編集をしましょう。

【1】ワークシート「請求書」のセル F15 の負の数の表示形式を「数値」の「▲ 1,234」に変更します。
【2】ワークシート「請求書」を、［模擬練習問題］フォルダーに「請求書 _bp」という名前で、PDF として保存します。その際、発行後にファイルは開かない設定にします。
【3】ワークシート「請求書（未入力）」に数式を表示します。
【4】関数を使用して、ワークシート「商品一覧」のテーブルの「注文番号」の列に、同じ行の「分類」、「商品番号」、「色番号」の列の値を結合して表示します。

プロジェクト 6　模擬 2-6_ 売上実績

洋品メーカーで傘部門の売上実績を集計しています。テーブルやグラフを編集して、分析しましょう。

【1】ワークシート「売上実績」のテーブルの「分類」の列に、同じ行の商品名の最後の 1 文字を表示します。
【2】ワークシート「売上実績」の縦棒グラフを積み上げ縦棒グラフに変更します。
【3】関数を使用して、ワークシート「流通経路」のセル範囲 L4:M6 に、名前付き範囲「実店舗」の行を割合の大きい順に並べ替えて表示します。

プロジェクト 7　模擬 2-7_ ツアーアンケート

ツアーの終了アンケートを作成しています。調査結果を見やすい表にしましょう。

【1】ワークシート「アンケート項目」のヘッダーの右側に「BP トラベル」（「BP」は半角）、フッターの左側にワークシート名を表示します。
【2】ワークシート「アンケート結果（10 月 1 日）」のセル範囲 A6:F39 を既定のスタイルのテーブルにします。
【3】ワークシート「アンケート結果（10 月 1 日）」のセル範囲 H4:I4 にセルのスタイル「入力」を適用します。
【4】ワークシート「名簿（10 月 1 日）」のセル D17、D19、D21、セル範囲 D34:D36 のセルを削除して表を正しい形にします。
【5】ワークシート「名簿（10 月 1 日）」の氏名「坂本　志乃」を検索し、その行のデータを「標準の色」の「赤」の二重罫線で囲みます。

プロジェクト 8　模擬 2-8_ 会員数増減

会員数の増減表を作成しています。店舗一覧表を読み込み、スパークラインを使用してデータを分析しましょう。

【1】［模擬練習問題］フォルダーに保存されている PDF ファイル「店舗一覧 _bp.pdf」の表を、新しいワークシートにテーブルとしてインポートします。その際、PDF ファイルの 1 行目を見出しとして表示します。ワークシート名は「店舗一覧」とします。
【2】ワークシート「会員数増減」のセル A1（結合セル）と A9（結合セル）を縦書きにします。
【3】ワークシート「会員数増減」の「推移」の列に、1 ～ 12 月の入会 / 退会の会員数を比較する縦棒スパークラインを表示し、頂点（山）を表示します。
【4】ワークシート「会員数増減」のセル P2 のコメントを削除します。
【5】アクセシビリティの問題を検査し、グラフに「入会者数と退会者数の比較グラフ」という代替テキストを設定してエラーを修正します。
【6】ブックのプロパティのタイトルを「会員数増減表」、サブタイトルを「2022 年度」にします。

模擬テストプログラムの使い方

1. 模擬テスト実施前に必ずお読みください

模擬テストプログラム「MOS 模擬テスト Excel365（2023 年版）」（以下、本プログラム）をご利用の際は、以下を必ずご確認ください。

● Microsoft Office のインストールを確認する

本プログラムは、Microsoft 365 および Office 2021 日本語版以外のバージョンや Microsoft 以外の互換 Office では動作いたしません。また、複数の Office が混在した環境では、本プログラムの動作を保証しておりません。なお、日本語版 Office であってもストアアプリ版では動作しないことがあります。その場合は、デスクトップアプリ版に入れ替えてご利用ください。くわしくは本書のウェブページ（https://nkbp.jp/050529）を参照してください。

●インストールが進行しない場合

「インストールしています」の画面が表示されてからインストールが開始されるまで、かなり長い時間がかかる場合があります。インストールの進行を示すバーが変化しなくても、そのまましばらくお待ちください。

●起動前に Excel を終了する

Excel が起動していると、本プログラムを起動できません。事前に Excel を終了させてください。

●ダイアログボックスのサイズが大きいとき

Windows で［ディスプレイ］の設定を 100%より大きくしていると、一部の項目や文字が表示されなくなることが あります。その場合は表示の設定を 100%にしてください。

●文字や数値の入力

文字や数値を入力する場合は、問題文の該当する文字（リンクになっています）をクリックすると、クリップボードにコピーできます。自分で入力する場合、特別な指示がなければ、英数字は半角で入力します。入力する文字列が「」で囲むように指示されている問題では、「」内の文字だけを入力します。

●ダイアログボックスは閉じる

Excel のダイアログボックスを開いたまま、［採点］、［次のプロジェクト］、［レビューページ］、［リセット］、［テスト中止］をクリックすると、正しく動作しないことがあります。ダイアログボックスを閉じてからボタンをクリックしてください。

●保存したファイルが残る場合

ファイルやテンプレートに名前を付けて保存する問題で、問題の指示と異なる名前で保存したり、異なるフォルダーに保存したりすると、テスト終了後にファイルが残ってしまう場合があります。その場合は、該当する保存先を開いて、作成したファイルを削除してください。［ドキュメント］フォルダーに保存する指示がある場合、OneDrive の［ドキュメント］ではなくコンピューターの［ドキュメント］に保存するよう気をつけてください。

●ディスクの空き容量が少ない場合

本番モードで模擬テストを実施し、［テスト終了］ボタンをクリックすると、「保存先のディスクに十分な空き容量がないか、準備ができていません。」というメッセージが表示されることがあります。成績ファイルを保存するフォルダーの変更は［オプション］ダイアログボックスで行います。

●判定基準

正誤判定は弊社独自の基準で行っています。MOS 試験の判定基準と同じであるという保証はしておりません。

●正しい操作をしているのに不正解と判定される場合

主に Office の更新などに伴い、環境によっては正解操作をしても本プログラムが不正解と判定することがあります。その場合は、正しい操作で解答していることを確認したうえで、判定は不正解でも実際には正解であると判断して学習を進めてください。

●利用環境による影響

本プログラムの正解判定は、利用環境によって変わる可能性があります。Office の各種設定を既定以外にしている場合や、Office が更新された場合などに、正解操作をしても不正解と判定されることや正解操作ができないことがあります。正解操作と思われる場合はご自分で正解と判断し学習を進めてください。

●複数の操作がある場合の判定

解答操作の方法が複数ある場合は、実行した結果が同じであればどの方法で解答しても同じ判定結果になります。［解答を見る］および後ろのページにある「模擬テストプログラム　問題と解答」ではそのうちの一つの操作方法を解答の例として記述しているので、ほかの操作方法で解答しても正解と判定されることがあります。

※ このほか、模擬テストプログラムの最新情報は本書のウェブページ（https://nkbp.jp/050529）を参照してください。

2. 利用環境

本プログラムを利用するには、次の環境が必要です。以下の条件を満たしていても、コンピューターの個別の状態などにより利用できない場合があります。

OS	Windows 10 および 11（ただし S モードを除く）
アプリケーションソフト	Microsoft 365 または Microsoft Office 2021（いずれも日本語版、32 ビットおよび 64 ビット）をインストールし、ライセンス認証を完了させた状態。ただし上記の Office であっても、環境によってストアアプリ版では動作しないことがあります。その場合はデスクトップ版に入れ替える必要があります。くわしくは本書のウェブページ（https://nkbp.jp/050529）をご覧ください。

インターネット	本プログラムの実行にインターネット接続は不要ですが、本プログラムの更新プログラムの適用にはインターネット接続が必要です。
ハードディスク	200MB 以上の空き容量。動画解答をハードディスクにインストールする場合はさらに 1.2GB 以上が必要です。
画面解像度	横 1366 ピクセル以上を推奨します。
DVD-ROM ドライブ	付録ディスクでインストールした場合、本プログラムのインストールが完了していれば不要です。ただし、動画解答をハードディスクにインストールしないで、動画解答を表示したいときは、DVD-ROM ドライブに付録ディスクが挿入されている必要があります。

※ 本プログラムは、Microsoft 365 および Office 2021 以外のバージョンや Microsoft 以外の互換 Office では動作しません。また、複数の Office が混在した環境では、本プログラムの動作を保証しておりません。

※Office のインストールは、本プログラムのインストールより先に行ってください。本プログラムのインストール後に Office のインストールや再インストールを行う場合は、いったん本プログラムをアンインストールしてください。

3. 初回起動時のライセンス認証

本プログラムを利用するには、ライセンス認証が必要です。初めて本プログラムを起動する際、ライセンスキーを入力するよう求められます。画面の質問に従って、ライセンスキーを「答え」の欄に入力し、「次へ」ボタンをクリックしてください。正しいライセンスキーが入力されていれば、本プログラムが起動します。誤った入力をした場合には、起動を中止し、本プログラムは終了します。その場合は本プログラムを再度起動し、ライセンス認証を行ってください。

ライセンス認証には本書が必要です。認証時はお手元にご用意ください。

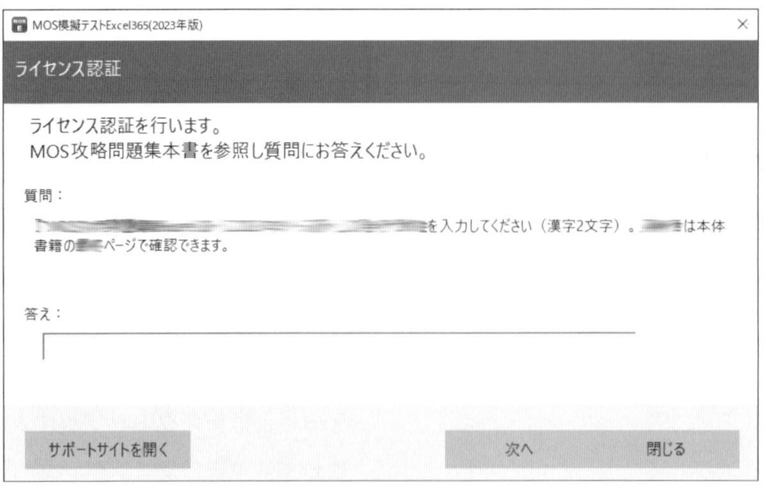

4. プログラムの更新

本プログラムは、問題の正解判定に影響があるようなOfficeの更新が行われた場合や、データの誤りが判明した場合などに、更新プログラムを提供することがあります。コンピューターがインターネットに接続されている場合、更新プログラムがあるとその数を以下のようにかっこで表示します。

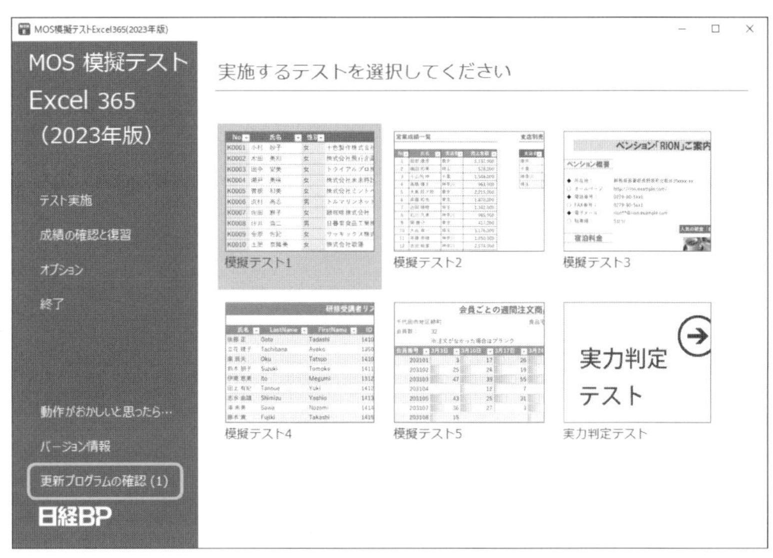

［更新プログラムの確認］をクリックすると、更新内容が確認できますので、必要に応じて［インストール］ボタンをクリックしてください。あとは自動でプログラムが更新されます。その際、Windowsの管理者のパスワードを求められることがあります。

5. 模擬テストの実施

① Excelが起動している場合は終了します。

②デスクトップの MOS E ［MOS模擬テスト Excel365（2003年版）］のショートカットアイコンをダブルクリックします。

③［テスト実施］画面が表示されます。

●［テスト実施］画面

●練習モードで模擬テストを実施

一つのタスクごとに採点するモードです。

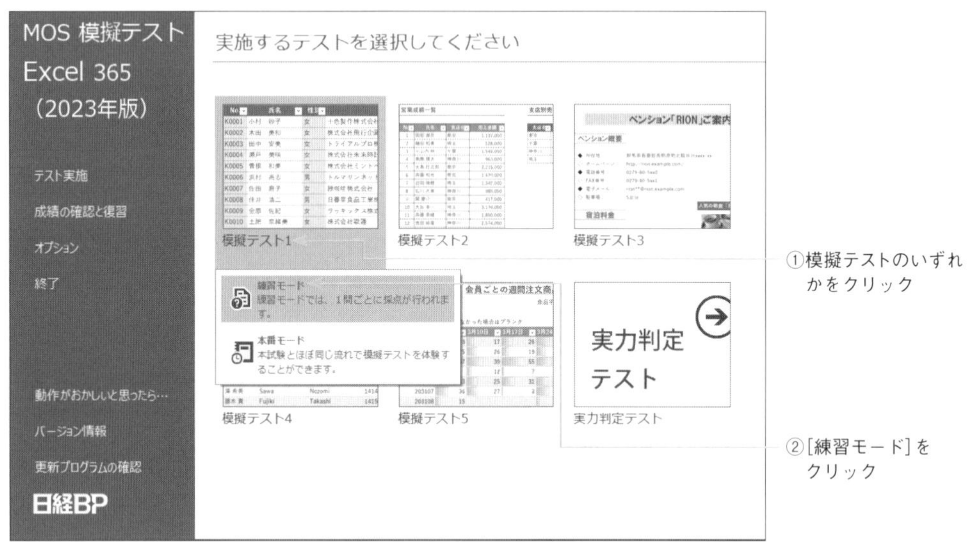

出題するタスクを選択する画面が表示されます。チェックボックスを使って出題されるタスクを選択します。

問題文に従って解答操作を行い、［採点］をクリックします。

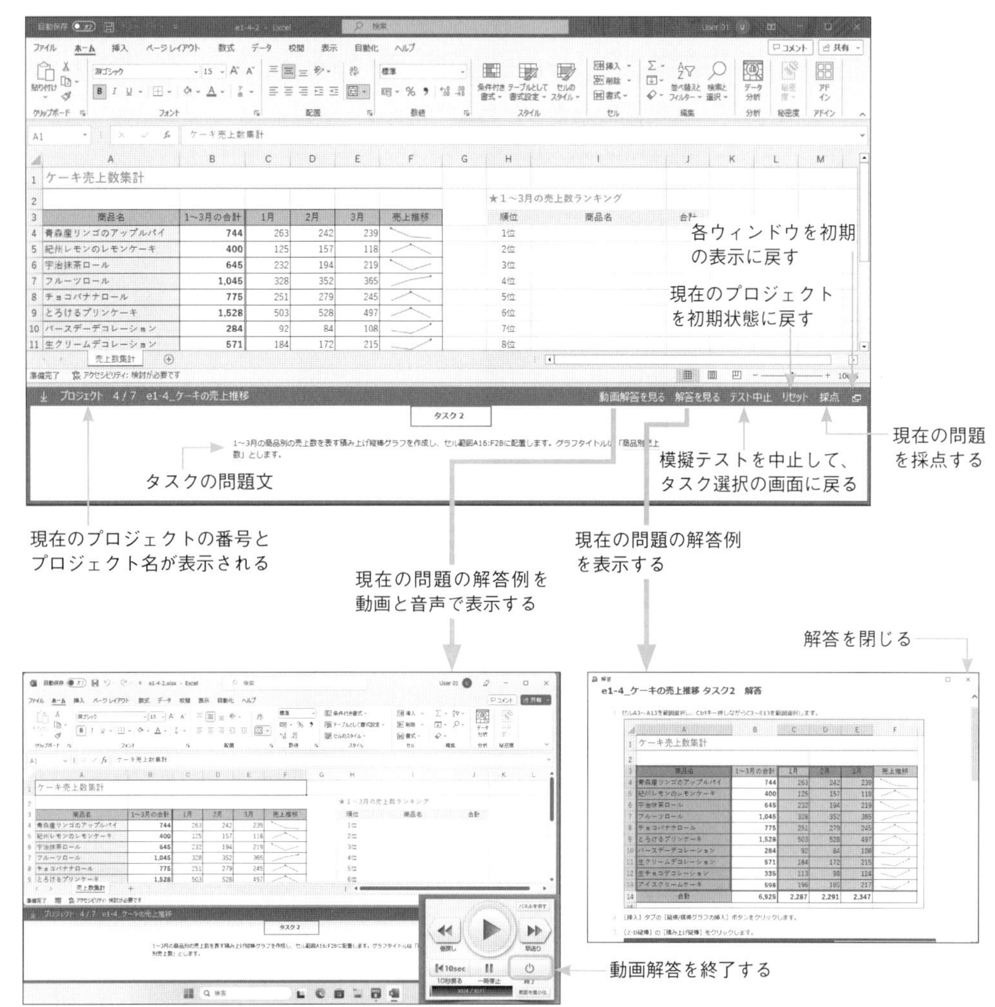

●本番モードで模擬テストを実施

MOS 試験と同様、50 分で 1 回分のテストを行い最後に採点するモードです。[実力判定テスト] は毎回異なる問題（プロジェクト）が出題されます。制限時間は 50 分で、制限時間を過ぎると自動的に終了します。

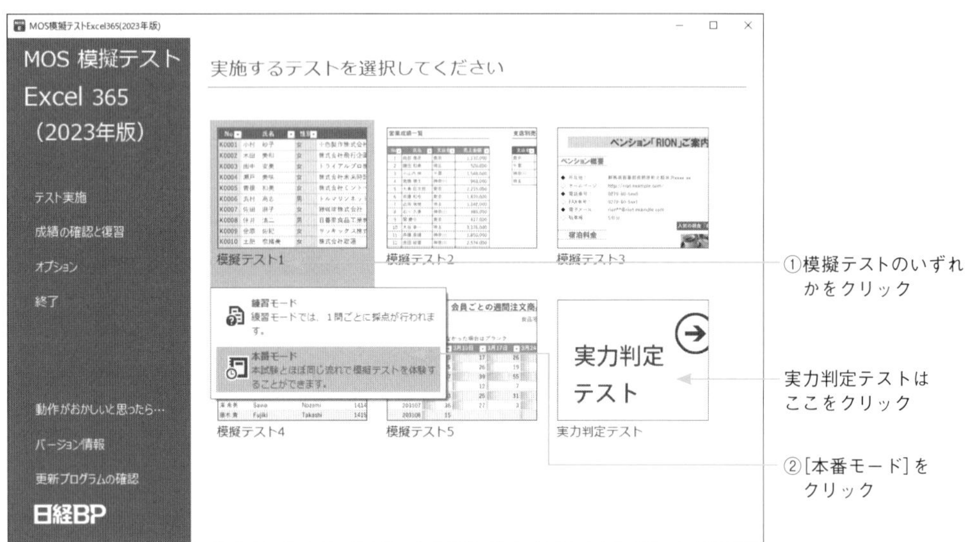

プロジェクト中の全部のタスクを解答またはスキップしたら次のプロジェクトに移行します。

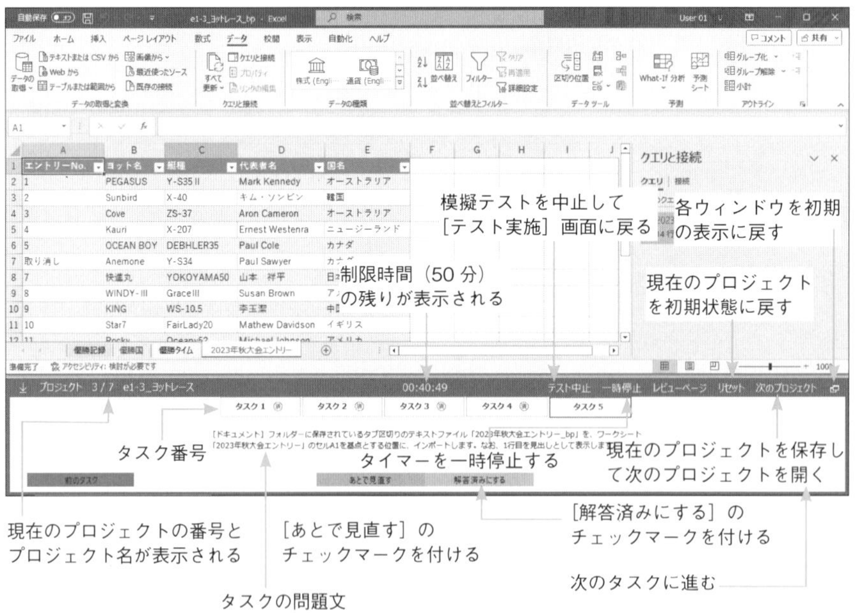

全部のプロジェクトが終了したら、レビューページが表示されます。タスク番号をクリックすると試験の操作画面に戻ります。

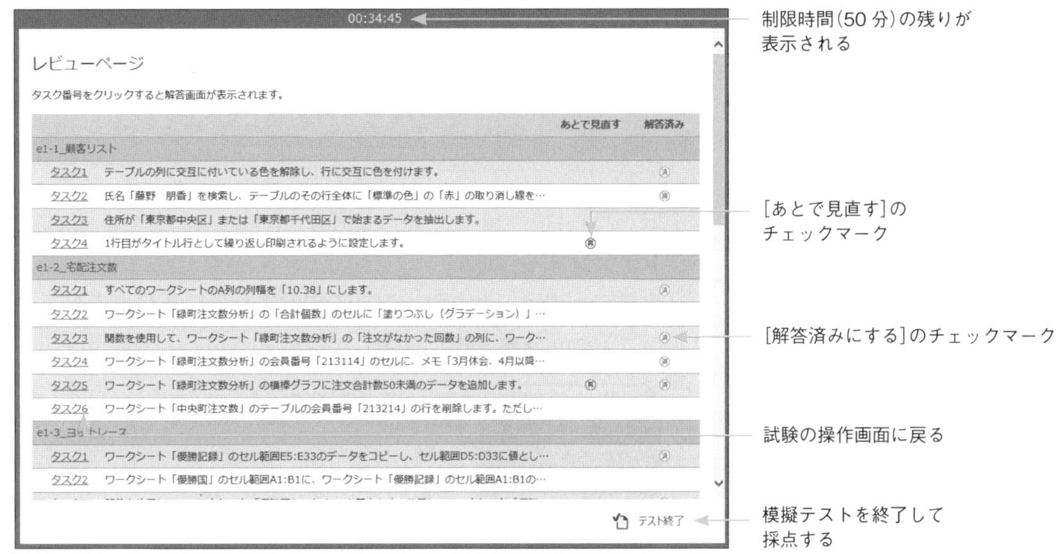

●［結果レポート］画面

本番モードを終了すると、合否と得点、各問題の正解 / 不正解を示す［結果レポート］画面が表示されます。

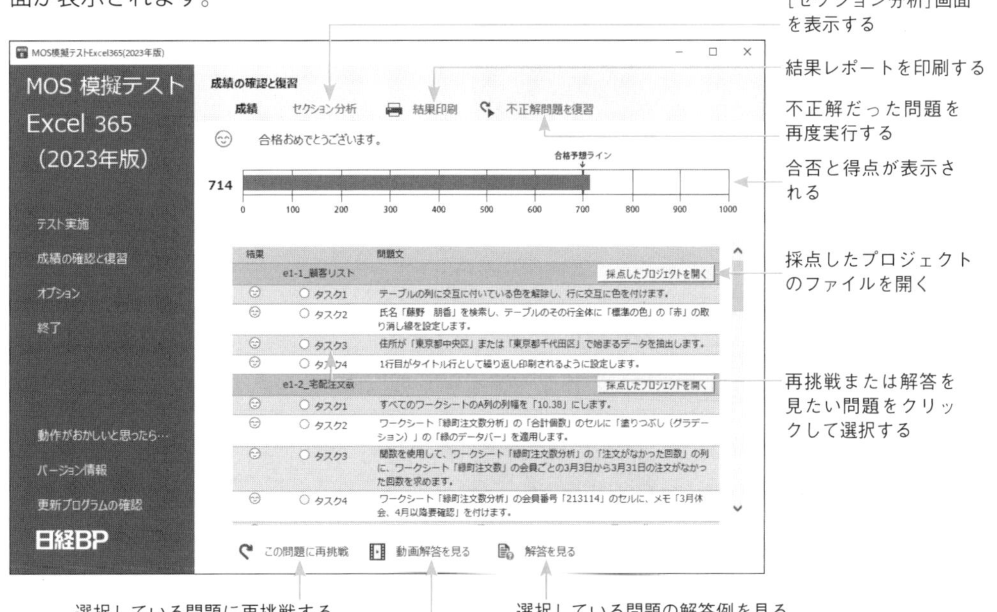

[採点したプロジェクトを開く]

模擬テスト終了時のブックのExcel画面が表示され、確認することができます（ブックに保存されないオプション設定は反映されません）。ここで開いたブックを保存したい場合は、Excelで［名前を付けて保存］を実行し、適当なフォルダーに適当なファイル名で保存してください。Excel画面を閉じると、［結果レポート］画面に戻ります。

[セクション分析]

本誌のどの章（セクション）で説明されている機能を使うかでタスクを分類し、セクションごとの正答率を示します。

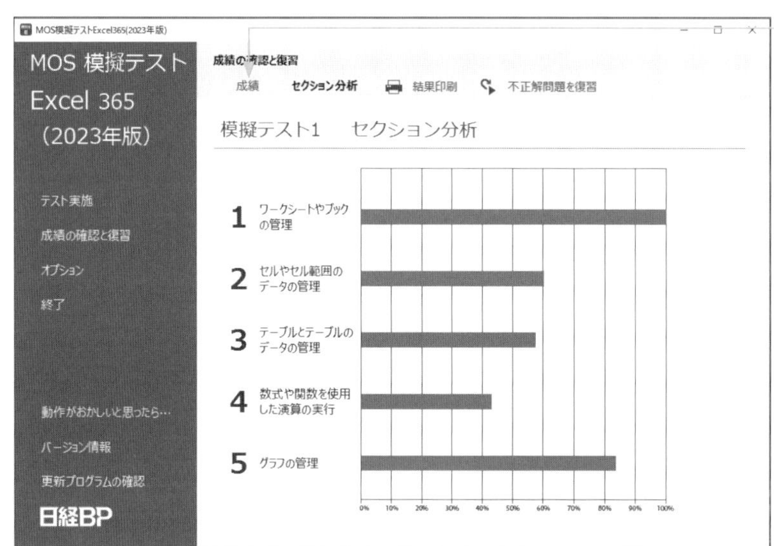

[印刷]

模擬テストの結果レポートを印刷できます。

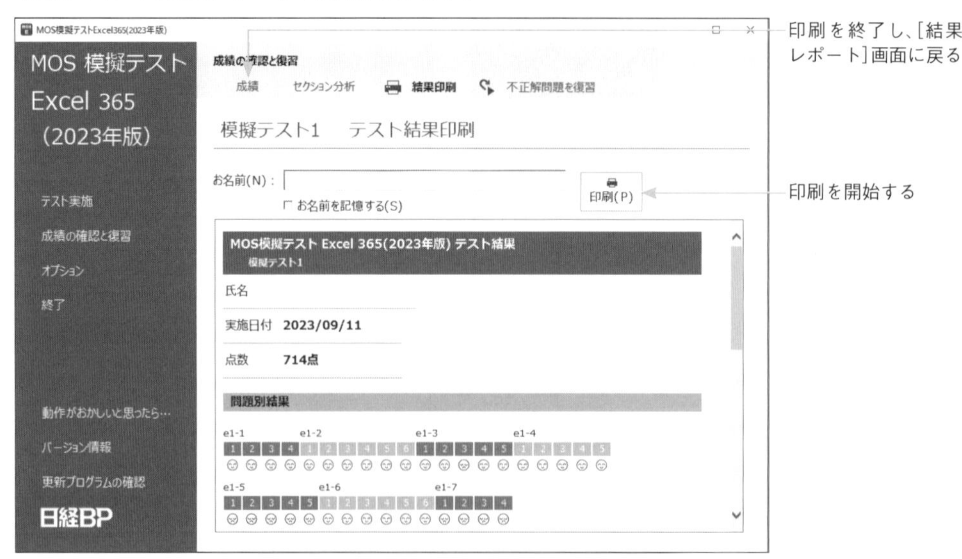

●［成績の確認と復習］画面

これまでに実施した模擬テストの成績の一覧です。問題ごとに正解 / 不正解を確認したり復習したりするときは、各行をクリックして［結果レポート］画面を表示します。成績は新しいものから 20 回分が保存されます。

成績は Windows にサインイン / ログオンしたアカウントごとに記録されます。別のアカウントで模擬テストを実施した場合、それまでの成績は参照できないのでご注意ください。

●［オプション］ダイアログボックス

成績ファイルを保存するフォルダーと、成績を印刷する場合の既定のお名前を指定できます。

成績ファイルを保存するフォルダーには、現在のユーザーの書き込み権限と、約 20MB 以上の空き容量が必要です。［保存先フォルダー］ボックスを空白にして［OK］ボタンをクリックすると、既定のフォルダーに戻ります。

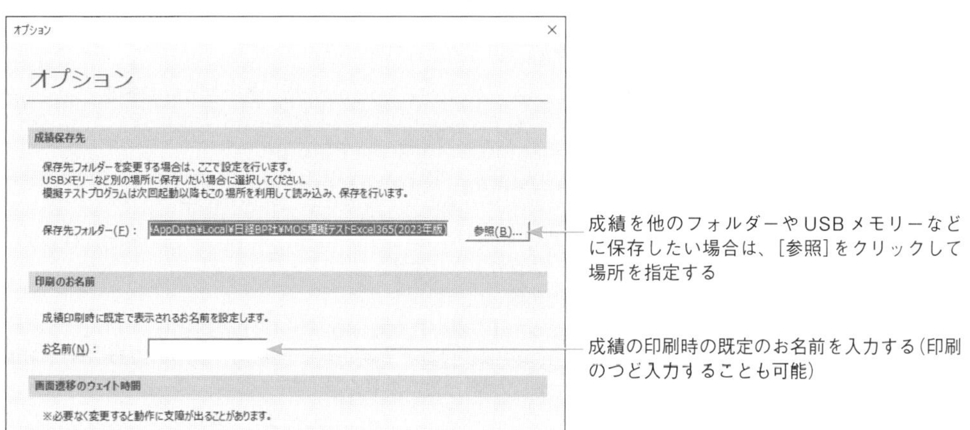

●終了

［テスト実施］画面で［終了］をクリックすると、模擬テストプログラムが終了します。

模擬テストプログラム 問題と解答

●模擬テスト 1

プロジェクト 1　顧客リスト

【タスク 1】テーブルの列に交互に付いている色を解除し、行に交互に色を付けます。

① テーブル内のセルがアクティブになっていることを確認します。
② ［テーブルデザイン］タブの［縞模様（列）］チェックボックスをオフにします。
③ テーブルの列の交互に付いている色が消え、縞模様が解除されます。
④ ［縞模様（行）］チェックボックスをオンにします。
⑤ テーブルの行に交互に色が付きます。

【タスク 2】氏名「藤野　朋香」を検索し、テーブルのその行全体に「標準の色」の「赤」の取り消し線を設定します。

① ［ホーム］タブの［検索と選択］ボタンをクリックします。
② 一覧から［検索］をクリックします。
③ ［検索と置換］ダイアログボックスの［検索］タブが表示されます。
④ 問題文の「藤野　朋香」をクリックしてコピーします。
⑤ ［検索と置換］ダイアログボックスの［検索する文字列］ボックスをクリックし、Ctrl+V キーを押します。
⑥ ［検索する文字列］ボックスに「藤野　朋香」が貼り付けられます。
⑦ ［すべて検索］をクリックします。
⑧ 検索結果の一覧が表示され、セル B239（「藤野　朋香」のセル）が選択されます。
⑨ セル A239 ～ H239（239 行目の「No.」の列のセルから「メールアドレス」の列のセル）を範囲選択します。
⑩ ［ホーム］タブの［フォント］グループ右下の［フォントの設定］ボタンをクリックします。
⑪ ［セルの書式設定］ダイアログボックスの［フォント］タブが表示されるので、［色］ボックスの▼をクリックします。
⑫ ［標準の色］の一覧から［赤］をクリックします。
⑬ ［文字飾り］の［取り消し線］チェックボックスをオンにします。
⑭ ［プレビュー］の文字列の色が赤になり、取り消し線が引かれたことを確認します。
⑮ ［OK］をクリックします。
⑯ セル A239 ～ H239 の文字列の色が赤になり、取り消し線が引かれます。
⑰ ［検索と置換］ダイアログボックスの［閉じる］をクリックします。

【タスク 3】住所が「東京都中央区」または「東京都千代田区」で始まるデータを抽出します。

① セル F1（「住所」の列の見出しのセル）の▼をクリックします。
② ［テキストフィルター］の［指定の値で始まる］をクリックします。
③ ［カスタムオートフィルター］ダイアログボックスが表示され、［抽出条件の指定］の［住所］のすぐ下の項目の左側のボックスに［で始まる］が表示されていることを確認します。
④ 問題文の「東京都中央区」をクリックしてをコピーします。
⑤ ［カスタムオートフィルター］ダイアログボックスの［住所］のすぐ下の項目の右側のボックスをクリックし、Ctrl+V キーを押します。
⑥ ボックスに「東京都中央区」が貼り付けられます。
⑦ ［OR］をクリックします。
⑧ ［住所］の 2 番目の項目の左側のボックスの▼をクリックし、一覧から［で始まる］をクリックします。
⑨ 問題文の「東京都千代田区」をクリックしてコピーします。
⑩ ［カスタムオートフィルター］ダイアログボックスの 2 番目の項目の右側のボックスをクリックし、Ctrl+V キーを押します。
⑪ ボックスに「東京都千代田区」が貼り付けられます。
※ 右側のボックスに貼り付ける文字列は上下逆でも構いません。
⑫ ［OK］をクリックします。
⑬ 住所が「東京都中央区」または「東京都千代田区」で始まる行だけが表示され、他の行は非表示になります。
⑭ ステータスバーに「420 レコード中 46 個が見つかりました」と表示されます。

【タスク 4】1 行目がタイトル行として繰り返し印刷されるように設定します。

① ［ページレイアウト］タブの［印刷タイトル］ボタンをクリックします。
② ［ページ設定］ダイアログボックスの［シート］タブが表示されるので、［印刷タイトル］の［タイトル行］ボックスをクリックします。
③ 行番号 1 をクリックします。
④ ［タイトル行］ボックスに「$1:$1」と表示されます。
⑤ ［OK］をクリックします。

プロジェクト 2　宅配注文数

【タスク 1】すべてのワークシートの A 列の列幅を「10.38」にします。

① ワークシート「緑町注文数」のシート見出しをクリックします。
② Shift キーを押しながらワークシート「中央町注文数」のシート見出しをクリックします。
③ すべてのシート見出しが選択されます。
④ タイトルバーに「- グループ」と表示されます。
⑤ A 列の列番号を右クリックします。
⑥ ショートカットメニューの［列の幅］をクリックします。
⑦ ［セルの幅］ダイアログボックスが表示されます。
⑧ 問題文の「10.38」をクリックしてコピーします。
⑨ ［セルの幅］ダイアログボックスの［列の幅］ボックスの「8.38」をドラッグして選択し、Ctrl+V キーを押します 。
⑩ ［列の幅］ボックスに「10.38」が貼り付けられ、上書きされます。
⑪ ［OK］をクリックします。
⑫ A 列の列幅が広がります。
⑬ ワークシート「緑町注文数分析」のシート見出しをクリックします。
※ ワークシート「緑町注文数分析」の代わりにワークシート「中央町注文数」でもかまいません。
⑭ グループが解除され、タイトルバーの「- グループ」の表示がなくなります。

【タスク 2】ワークシート「緑町注文数分析」の「合計個数」のセルに「塗りつぶし（グラデーション）」の「緑のデータバー」を適用します。

① ワークシート「緑町注文数分析」のシート見出しをクリックします。
② セル B6 ～ B37 を範囲選択します。
③ ［ホーム］タブの［条件付き書式］ボタンをクリックします。
④ ［データバー］の［塗りつぶし（グラデーション）］の［緑のデータバー］をクリックします。
⑤ セル B6 ～ B37 に、値に対応した長さの緑のグラデーションのバーが表示されます。

【タスク 3】関数を使用して、ワークシート「緑町注文数分析」の「注文がなかった回数」の列に、ワークシート「緑町注文数」の会員ごとの 3 月 3 日から 3 月 31 日の注文がなかった回数を求めます。

① ワークシート「緑町注文数分析」のセル F6 をクリックします。
② ［数式］タブの［その他の関数］ボタンをクリックします。
③ ［統計］の一覧から［COUNTBLANK］をクリックします。
④ COUNTBLANK 関数の［関数の引数］ダイアログボックスが表示されるので、［範囲］ボックスの「A6：E6」が選択されていることを確認し、ワークシート「緑町注文数」のシート見出しをクリックします。
⑤ ワークシート「緑町注文数」が表示されるので、セル B6 ～ F6 を範囲選択します。
⑥ ［範囲］ボックスに「緑町注文数 [@[3 月 3 日]:[3 月 31 日]]」と表示されたことを確認します。
※ すべての引数が見えない場合は数式バーで確認します。
⑦ ［数式の結果 =］にワークシート「緑町注文数」のセル B6 ～ F6 の空白のセルの個数「0」が表示されます。
⑧ ［OK］をクリックします。
⑨ 数式バーに「=COUNTBLANK(緑町注文数 [@[3 月 3 日]:[3 月 31 日]])」と表示されたことを確認します。
※ ［関数の引数］ダイアログボックスを使わずに、この数式を直接セルに入力してもかまいません。
⑩ セル F6 に、ワークシート「緑町注文数」のセル B6 ～ F6 の空白のセルの個数「0」が表示されます。
⑪ 「注文がなかった回数」の列全体に自動的に数式が設定され、各行の 3 月 3 日～ 3 月 31 日の注文数が空白のセルの個数が表示されます。

【タスク 4】ワークシート「緑町注文数分析」の会員番号「213114」のセルに、メモ「3 月休会、4 月以降要確認」を付けます。

① ワークシート「緑町注文数分析」の会員番号「213114」のセル A18 をクリックします。
② ［校閲］タブの［メモ］ボタンをクリックします。
※ ［メモ］ボタンがない場合は、［校閲］タブに切り替えて次の手順に進みます。
③ ［新しいメモ］をクリックします。
※ 手順②で［メモ］ボタンがなかった場合は、［コメント］ボタンをクリックし、以下の手順でも［メモ］を［コメント］と読み替えてください。
④ セル A18 にメモの吹き出しが表示されます。
⑤ 問題文の「3 月休会、4 月以降要確認」をクリックしてコピーします。
⑥ セル A18 のメモの吹き出し内をクリックし、Ctrl+V キーを押します。
⑦ メモに「3 月休会、4 月以降要確認」が貼り付けられます。
⑧ ワークシート上のメモ以外の部分をクリックします。
⑨ メモが確定し、セル A18 の右上にメモがあることを示す赤い三角が表示されます。

【タスク 5】ワークシート「緑町注文数分析」の横棒グラフに注文合計数 50 未満のデータを追加します。

① ワークシート「緑町注文数分析」の横棒グラフをクリックします。
② グラフのデータ範囲のセル H2 ～ I5 に枠線が表示され、セル H6 ～ I6 の 50 未満のデータが含まれていないことを確認します。
③ セル I5 の右下のサイズ変更ハンドル（■）をポイントし、マウスポインターの形が両方向印になったら、セル I6 の右下までドラッグします。
④ グラフに 50 未満のデータが追加されます。

【タスク 6】ワークシート「中央町注文数」のテーブルの会員番号「213214」の行を削除します。ただしテーブル以外のデータが変更されないようにします。

① ワークシート「中央町注文数」のシート見出しをクリックします。
② 会員番号「213214」の行（19 行目）のテーブル内にある任意のセルを右クリックし、ショートカットメニューの［削除］の［テーブルの行］をクリックします。
③ テーブル内の会員番号「213214」の行が削除されます。
④ セル G19 の文字列「※213214 は退会」は残ったままであることを確認します。

プロジェクト 3 ヨットレース

【タスク 1】ワークシート「優勝記録」のセル範囲 E5:E33 のデータをコピーし、セル範囲 D5:D33 に値として貼り付けた後、E 列を削除します。

① ワークシート「優勝記録」のセル E5 ～ E33 を範囲選択します。
② ［ホーム］タブの［コピー］ボタンをクリックします。
③ 選択したセル範囲が点線で囲まれます。
④ セル D5 をクリックします。
⑤ ［ホーム］タブの［貼り付け］ボタンの▼をクリックします。
⑥ ［値の貼り付け］の一覧から［値］をクリックします。
⑦ セル D5 ～ D33 に、セル E5 ～ E33 の値のみが貼り付けられます。
⑧ 列番号 E を右クリックし、ショートカットメニューの［削除］をクリックします。
⑨ E 列が削除されます。

【タスク 2】ワークシート「優勝国」のセル範囲 A1:B1 に、ワークシート「優勝記録」のセル範囲 A1:B1 の書式をコピーします。

① ワークシート「優勝記録」のセル A1 ～ B1 を範囲選択します。
② ［ホーム］タブの［書式のコピー / 貼り付け］ボタンをクリックします。
③ ワークシート「優勝国」のシート見出しをクリックします。
④ セル A1 をクリックします。
⑤ セル A1 ～ B1 にワークシート「優勝記録」のセル A1 ～ B1 の書式が貼り付けられます。

【タスク 3】関数を使用して、ワークシート「優勝国」のセル A3 を基点とする位置に、ワークシート「優勝記録」の「国名」の一意（重複しない）のデータを表示します。

① ワークシート「優勝国」のセル A3 をクリックします。
② ［数式］タブの［検索 / 行列］ボタンをクリックします。
③ 一覧から［UNIQUE］をクリックします。
④ UNIQUE 関数の［関数の引数］ダイアログボックスが表示されるので、［配列］ボックスにカーソルが表示されていることを確認し、ワークシート「優勝記録」のシート見出しをクリックします。
⑤ セル G5 ～ G33 を範囲選択します。
⑥ ［配列］ボックスに「優勝記録 !G5:G33」と表示されます。
⑦ ［列の比較］、［回数指定］ボックスには何も入力しません。
⑧ ［数式の結果 =］に「オーストラリア」と表示されます。
⑨ ［OK］をクリックします。
⑩ 数式バーに「=UNIQUE(優勝記録 ! 国名)」が表示されます。
※ ［関数の引数］ダイアログボックスを使わずに、この数式を直接セルに入力してもかまいません。
⑪ セル A3 に「オーストラリア」と表示されます。
⑫ スピル機能により、セル A4 ～ A8 に国名の一意のデータが表示されます。

【タスク 4】ワークシート「優勝タイム」に数式を表示します。

① ワークシート「優勝タイム」のシート見出しをクリックします。
② ［数式］タブの［数式の表示］ボタンをクリックします。
③ 数式が入力されているセルに、結果ではなく数式が表示されます。

【タスク 5】［ドキュメント］フォルダーに保存されているタブ区切りのテキストファイル「2023 年秋大会エントリー _bp」を、ワークシート「2023 年秋大会エントリー」のセル A1 を基点とする位置に、インポートします。なお、1 行目を見出しとして表示します。

① ワークシート「2023 年秋大会エントリー」のシート見出しをクリックします。
② セル A1 がアクティブになっていることを確認します。
③ ［データ］タブの［テキストまたは CSV から］ボタンをクリックします。
④ ［データの取り込み］ダイアログボックスが表示されるので、［ファイルの場所］ボックスに［ドキュメント］フォルダーを指定します。
⑤ ファイルの一覧から［2023 年秋大会エントリー _bp］をクリックします。
⑥ ［インポート］をクリックします。
⑦ ［2023 年 秋大会エントリー _bp.txt］ウィンドウが表示されるので、［区切り記号］ボックスに［タブ］と表示されていて、プレビューにデータの各列が正しく区切られていることを確認します。
⑧ プレビューの 1 行目 に「Column1」…「Column5」と表示されていて、その下の行に「エントリー No.」…「国名」が見出しではなくデータとして表示されていることを確認します。
⑨ ［データの変換］をクリックします。
⑩ ［2023 年秋大会エントリー _bp-Power Query エディター］ウィンドウが表示されるので、ワークシートの列見出しに「Column1」…「Column5」と表示されていることを確認します。
⑪ ［ホーム］タブの［1 行目をヘッダーとして使用］ボタンをクリックします。
⑫ ワークシートの列見出しに「エントリー No.」…「国名」が表示されます。
⑬ ［閉じて読み込む］の▼をクリックします。
⑭ ［閉じて次に読み込む］をクリックします。
⑮ ［データのインポート］ダイアログボックスが表示されるので、［このデータをブックでどのように表示するかを選択してください。］の［テーブル］が選択されていることを確認します。
⑯ ［データを返す先を選択してください。］の［既存のワークシート］をクリックし、下のボックスに［=$A$1］と表示されていることを確認します。
⑰ ［OK］をクリックします。
⑱ ワークシート「2023 年秋大会エントリー」のセル A1 を基点とする位置にテーブルがインポートされます。
⑲ テーブルの見出しが「エントリー No.」…「国名」となっていることを確認します。
⑳ ［クエリと接続］作業ウィンドウに「2023 年秋大会エントリー _bp　14 行読み込まれました。」と表示されていることを確認します。
㉑ ［クエリと接続］作業ウィンドウを閉じるために、［閉じる］ボタンをクリックします。

プロジェクト 4　ケーキの売上推移

【タスク 1】「売上推移」の列に、1 ～ 3 月の売上数の推移を表す折れ線スパークラインを表示し、頂点（山）を表示します。

① セル F4 ～ F13 を範囲選択します。
② ［挿入］タブの［スパークライン］の［折れ線］ボタンをクリックします。
③ ［スパークラインの作成］ダイアログボックスが表示されるので、［データを選択してください］の［データ範囲］ボックスにカーソルが表示されていることを確認し、セル C4 ～ E13 をドラッグします。
④ ［データ範囲］ボックスに「C4:E13」と表示されます。
⑤ ［スパークラインを配置する場所を選択してください］の［場所の範囲］ボックスに「$F$4:$F$13」と表示されていることを確認します。
⑥ ［OK］をクリックします。
⑦ セル F4 ～ F13 に折れ線スパークラインが表示されます。
⑧ セル F4 ～ F13 を選択した状態のまま、［スパークライン］タブの［頂点（山）］チェックボックスをオンにします。
⑨ 折れ線スパークラインの最大値にマーカーが表示されます。

【タスク 2】1 ～ 3 月の商品別の売上数を表す積み上げ縦棒グラフを作成し、セル範囲 A16:F28 に配置します。グラフタイトルは「商品別売上数」とします。

① セル A3 ～ A13 を範囲選択し、Ctrl キー押しながら C3 ～ E13 を範囲選択します。
② ［挿入］タブの［縦棒 / 横棒グラフの挿入］ボタンをクリックします。
③ ［2-D 縦棒］の［積み上げ縦棒］をクリックします。
④ ワークシートに積み上げ縦棒グラフが作成されます。
⑤ グラフ内の［グラフエリア］と表示される部分をポイントし、グラフの左上がセル A16 になるようにドラッグします。
⑥ グラフの右下隅のサイズ調整ハンドル（○）をポイントし、マウスポインターの形が両方向矢印に変わったら、セル F28 の方向にドラッグします。
⑦ グラフのサイズが変更されます。
⑧ 問題文の「商品別売上数」をクリックしてコピーします。
⑨ 積み上げ縦棒グラフの［グラフタイトル］をクリックします。
⑩「グラフタイトル」の文字列をドラッグして選択し、Ctrl+V キーを押します。
⑪「グラフタイトル」に「商品別売上数」が貼り付けられ、上書きされます。
⑫ グラフタイトル以外の場所をクリックして、グラフタイトルの選択を解除します。

【タスク 3】関数を使用して、セル範囲 I4：J13 に、左の集計表の商品名と 1 ～ 3 月の合計を、合計の大きい順に並べ替えて表示します。

① セル I4 をクリックします。
② ［数式］タブの［検索 / 行列］ボタンをクリックします。
③ 一覧から［SORT］をクリックします。
④ SORT 関数の［関数の引数］ダイアログボックスが表示されるので、［配列］ボックスにカーソルが表示されていることを確認し、セル A4 ～ B13 を範囲選択します。
⑤ ［配列］ボックスに「A4:B13」と表示されます。
⑥ ［並べ替えインデックス］ボックスをクリックし、「2」と入力します。
⑦ ［並べ替え順序］ボックスをクリックし、「-1」と入力します。
⑧ ［並べ替え基準］ボックスには何も入力しません。
⑨ ［数式の結果 =］に 1 ～ 3 月の合計の一番大きい商品名「とろけるプリンケーキ」と表示されます。

⑩［OK］をクリックします。
⑪ 数式バーに「=SORT(A4:B13,2,-1)」が表示されます。
※［関数の引数］ダイアログボックスを使わずに、この数式を直接セルに入力してもかまいません。
⑫ セル I4 に合計の一番大きい商品名「とろけるプリンケーキ」が表示されます。
⑬ スピル機能により、合計の大きい順に、セル I5 〜 I13 に商品名、J4 〜 J13 に 1 〜 3 月の合計が表示されます。

【タスク 4】ワークシートの印刷の向きを「横」にし、A4 用紙 1 ページに収まるように印刷の設定をします。

① ［ファイル］タブをクリックします。
② ［印刷］をクリックします。
③ ［設定］の［縦方向］をクリックし、一覧から［横方向］をクリックします。
④ 印刷プレビューで用紙の向きが横方向になったことを確認します。
⑤ 用紙サイズが「A4」になっていることを確認します。
⑥ ［拡大縮小なし］をクリックして、［シートを 1 ページに印刷］をクリックします。
⑦ 印刷プレビューの下の表示が「1/1 ページ」になり、シート全体が 1 ページに収まったことを確認します。

【タスク 5】ブックのプロパティのタイトルを「ケーキ売上数集計」、サブタイトルを「1 〜 3 月」、会社名を「BP 洋菓子店」にします。

① ［ファイル］タブをクリックします。
※ 本番モードですでに［ファイル］タブが開いている場合、この操作は不要です。
② ［情報］をクリックします
③ ［情報］画面が表示されます。
④ 問題文の「ケーキ売上数集計」をクリックしてコピーします。
⑤ ［情報］画面の［プロパティ］の［タイトル］の［タイトルの追加］をクリックし、Ctrl+V キーを押します。
⑥ ［タイトル］ボックスに「ケーキ売上数集計」が貼り付けられます。
⑦ ［プロパティ］の一番下の［プロパティをすべて表示］をクリックします。
⑧ すべてのプロパティが表示されます。
⑨ 問題文の「1 〜 3 月」をクリックしてコピーします。
⑩ ［情報］画面の［プロパティ］の［サブタイトル］の［サブタイトルの指定］をクリックし、Ctrl+V キーを押します。
⑪ ［サブタイトル］ボックスに「1 〜 3 月」が貼り付けられます。
⑫ 問題文の「BP 洋菓子店」をクリックしてコピーします。
⑬ ［情報］画面の［プロパティ］の［会社］の［会社名の指定］をクリックし、Ctrl+V キーを押します。
⑭ ［会社］ボックスに「BP 洋菓子店」が貼り付けられます。
⑮ ［会社］ボックス以外の場所をクリックして、入力を確定します。

プロジェクト 5　ラーニングカフェ

【タスク 1】ワークシート「利用記録」のセル範囲 A1:C1 を結合し、横位置を均等割り付け、「1」文字分のインデントを設定します。

① ワークシート「利用記録」のセル A1 〜 C1 を範囲選択します。
② ［ホーム］タブの［配置］グループ右下の［配置の設定］ボタンをクリックします。
③ ［セルの書式設定］ダイアログボックスの［配置］タブが表示されるので、［文字の制御］の［セルを結合する］チェックボックスをオンにします。
④ ［文字の配置］の［横位置］ボックスの▼をクリックし、一覧から［均等割り付け（インデント）］をクリックします。
⑤ 問題文の「1」をクリックしてコピーします。
⑥ ［セルの書式設定］ダイアログボックスの［配置］タブの［インデント］ボックスの「0」をドラッグし、Ctrl+V キーを押します。
⑦ ［インデント］ボックスに「1」が貼り付けられ、上書きされます。
⑧ ［OK］をクリックします。
⑨ セル A1 〜 C1 が結合され、横位置が均等割り付け、1 文字分のインデントが設定されます。

【タスク 2】ワークシート「利用記録」の「料金」の列に、関数を使用して、「クーポン _1 割引」が「あり」の場合は利用料に利用時間と 0.9 を掛けた数値を、そうでない場合は利用料に利用時間を掛けた数値を表示します。

① ワークシート「利用記録」のセル H5 をクリックします。
② ［数式］タブの［論理］ボタンをクリックします。
③ 一覧から［IF］をクリックします。
④ IF 関数の［関数の引数］ダイアログボックスが表示されるので、［論理式］ボックスにカーソルが表示されていることを確認し、クーポン _1 割引のセル G5 をクリックします。
⑤ ［論理式］ボックスに「G5」と表示されるので、続けて「=" あり "」（「あり」は「"」（半角のダブルクォーテーション）で囲む）と入力します。
⑥ ［値が真の場合］ボックスをクリックし、利用料のセル H3 をクリックし、絶対参照にするため F4 キーを押して「$H$3」とします。
⑦ 続けて「*」を入力し、利用時間のセル F5 をクリックします。
⑧ ［値が真の場合］ボックスに「$H$3*F5」と表示されるので、続けて「*0.9」と入力します。
⑨ ［値が偽の場合］ボックスに同様に「$H$3*F5」と入力します。
⑩ ［数式の結果 =］に「900」が表示されていることを確認します。
⑪ ［OK］をクリックします。
⑫ 数式バーに「=IF(G5=" あり ",$H$3*F5*0.9,$H$3*F5)」と表示されたことを確認します。
※ ［関数の引数］ダイアログボックスを使わずに、この数式を直接セルに入力してもかまいません。
⑬ セル H5 に「900」が表示されます。
⑭ セル H5 の右下のフィルハンドルをポイントします。
⑮ マウスポインターの形が＋に変わったら、ダブルクリックします。
⑯ セル H5 の数式がセル H6 〜 H35 にコピーされ、各行の料金が表示されます。

【タスク 3】ワークシート「利用時間順」のテーブルの行を、以下の基準に基づいて並べ替えます。
基準 1：利用時間の降順
基準 2：利用時間が同じ場合は年齢の昇順

① ワークシート「利用時間順」のシート見出しをクリックします。
② テーブル内の任意のセルをクリックします。
③ ［ホーム］タブの［並べ替えとフィルター］ボタンをクリックします。
④ ［ユーザー設定の並べ替え］をクリックします。
⑤ ［並べ替え］ダイアログボックスが表示されるので、［列］の［最優先されるキー］ボックスの▼をクリックし、一覧から［利用時間］をクリックします。
⑥ ［並べ替えのキー］ボックスが［セルの値］になっていることを確認します。
⑦ ［順序］ボックスの▼をクリックし、一覧から［大きい順］をクリックします。
⑧ ［レベルの追加］をクリックします。
⑨ ［次に優先されるキー］が追加されます。
⑩ ［列］の［次に優先されるキー］ボックスの▼をクリックし、一覧から［年齢］をクリックします。
⑪ ［並べ替えのキー］ボックスが［セルの値］になっていることを確認します。

⑫［順序］ボックスが［小さい順］になっていることを確認します。
⑬［OK］をクリックします。
⑭テーブル全体の行が「利用時間」の降順に、「利用時間」が同じ場合は「年齢」の昇順に並べ替えられます。

【タスク 4】ワークシート「利用分析」のセル B7 に、関数を使用して、ワークシート「利用記録」の表の平均利用時間を求めます。数式には登録されている名前付き範囲を使用します。

①ワークシート「利用分析」のシート見出しをクリックします。
②セル B7 をクリックします。
③［ホーム］タブの［合計］ボタンの▼をクリックします。
④一覧から［平均］をクリックします。
⑤セル B7 に「=AVERAGE(B3:B6)」と入力され、「B3:B6」が選択されていることを確認します。
⑥［数式］タブの［数式で使用］ボタンをクリックします。
⑦一覧から［利用時間］をクリックします。
⑧セル B7 に「=AVERAGE(利用時間)」と入力されるので、［数式］タブの［合計］ボタンをクリックするか、Enter キーを押します。
※［合計］ボタンを使わずに、この数式を直接セルに入力してもかまいません。
⑨セル B7 にワークシート「利用記録」の利用時間の平均「2.919355」が表示されます。

【タスク 5】ワークシート「利用分析」の円グラフのスタイルを「スタイル 12」に変更します。

①ワークシート「利用分析」の円グラフをクリックします。
②グラフの右上に表示される［グラフスタイル］ボタンをクリックします。
③［スタイル］の一覧から［スタイル 12］をクリックします。
④円グラフのスタイルが変更されます。

プロジェクト 6　宿泊施設評価

【タスク 1】ワークシート「ランキング分析」のセル B4 の宿泊施設名に「https://example.com/tabinoomoide/」へのハイパーリンクを設定し、ヒントとして「2022 年リニューアル」を設定します。

①ワークシート「ランキング分析」のセル B4 をクリックします。
②［挿入］タブの［リンク］ボタンをクリックします。
③［ハイパーリンクの挿入］ダイアログボックスが表示されるので、［リンク先］の［ファイル、Web ページ］が選択されていることを確認します。
④［表示文字列］ボックスに「ホテル旅の思い出」と表示されていることを確認します。
⑤問題文の「https://example.com/tabinoomoide/」をクリックしてコピーします。
⑥［ハイパーリンクの挿入］ダイアログボックスの［アドレス］ボックスをクリックし、Ctrl+V キーを押します。
⑦［アドレス］ボックスに「https://example.com/tabinoomoide/」が貼り付けられます。
⑧［ヒント設定］をクリックします。
⑨［ハイパーリンクのヒント設定］ダイアログボックスが表示されます。
⑩問題文の「2022 年リニューアル」をクリックしてコピーします。
⑪［ハイパーリンクのヒント設定］ダイアログボックスの［ヒントのテキスト］ボックスをクリックし、Ctrl+V キーを押します。
⑫［ヒントのテキスト］ボックスに「2022 年リニューアル」が貼り付けられます。
⑬［OK］をクリックします。
⑭［ハイパーリンクの挿入］ダイアログボックスの［OK］をクリックします。
⑮セル B4 にハイパーリンクが設定され、フォントの色が青になり、下線が引かれたことを確認します 。
⑯セル B4 をポイントすると、「2022 年リニューアル」とポップアップ表示されることを確認します。

【タスク 2】名前付き範囲「回収数」のセルの内容を消去し、書式設定をクリアします。

①名前ボックスの▼をクリックします。
②一覧から［回収数］をクリックします。
③ワークシート「前回順位」のセル E1 ～ F3 が選択されます。
④［ホーム］タブの［クリア］ボタンをクリックします。
⑤一覧から［すべてクリア］をクリックします。
⑥セル E1 ～ F3 のセルの内容が消去され、書式設定がクリアされます。

【タスク 3】関数を使用して、ワークシート「ランキング分析」のテーブルの「種別」の列に、「コード No.」の英字を表示します。

①ワークシート「ランキング分析」のシート見出しをクリックします。
②セル C3 をクリックします。
③［数式］タブの［文字列操作］ボタンをクリックします。
④一覧から［MID］をクリックします。
⑤MID 関数の［関数の引数］ダイアログボックスが表示されるので、［文字列］ボックスにカーソルが表示されていることを確認し、コード No. のセル A3 をクリックします。
⑥［文字列］ボックスに「[@[コード No.]]」と表示されます。
⑦［開始位置］ボックスをクリックし、「4」と入力します。
⑧［文字数］ボックスをクリックし、「1」と入力します。
⑨［数式の結果 =］に、セル A3 の左から 4 文字目の文字「R」が表示されていることを確認します。
⑩［OK］をクリックします。
⑪数式バーに「=MID([@[コード No.]],4,1)」と表示されたことを確認します。
※［関数の引数］ダイアログボックスを使わずに、この数式を直接セルに入力してもかまいません。
⑫セル C3 に、セル A3 の左から 4 文字目の文字「R」が表示されます。
⑬「種別」の列全体に数式が自動的に設定され、各行のコード No. の左から 4 文字目の文字が表示されます。

【タスク 4】ワークシート「ランキング分析」のレーダーチャートグラフの項目と凡例を入れ替えて、項目に評価項目、凡例に宿泊施設名を表示します。

①ワークシート「ランキング分析」のレーダーチャートグラフをクリックします。
②［グラフのデザイン］タブの［行 / 列の切り替え］ボタンをクリックします。
③グラフの項目に評価項目、凡例に宿泊施設名が表示されます。

【タスク 5】ワークシート「ランキング分析」のレーダーチャートグラフの代替テキストに「総合上位 3 施設の評価比較グラフ」を設定します。

①ワークシート「ランキング分析」のレーダーチャートグラフをクリックします。
②［書式］タブの［代替テキスト］ボタンをクリックします。
③［代替テキスト］作業ウィンドウが表示されます。
④問題文の「総合上位 3 施設の評価比較グラフ」をクリックしてコピーします。

⑤ ［代替テキスト］作業ウィンドウのテキストボックスをクリックし、Ctrl+V キーを押します。
⑥ テキストボックスに「総合上位 3 施設の評価比較グラフ」が貼り付けられます。
⑦ ［代替テキスト］作業ウィンドウを閉じるために、［閉じる］ボタンをクリックします。

【タスク 6】ワークシート「前回順位」のセル範囲 A2:B13 を、テーブルスタイル「青、テーブルスタイル（淡色）9」のテーブルにした後、テーブルを解除します。

① ワークシート「前回順位」のシート見出しをクリックします。
② セル A2 ～ B13 の範囲内の任意のセルをクリックします。
③ ［ホーム］タブの［テーブルとして書式設定］ボタンをクリックします。
④ ［淡色］の一覧の［青、テーブルスタイル（淡色）9］をクリックします。
⑤ ［テーブルの作成］ダイアログボックスが表示され、セル A1 ～ B13 が点線で囲まれます。
⑥ ［テーブルに変換するデータ範囲を指定してください］ボックスに「=$A$1:$B$13」と表示されていて、1 行目が範囲に含まれてしまっていることを確認します。
⑦ セル A2 ～ B13 を範囲選択します。
⑧ ［テーブルに変換するデータ範囲を指定してください］ボックスに「=$A$2:$B$13」と表示されたことを確認します。
⑨ ［先頭行をテーブルの見出しとして使用する］チェックボックスがオンになっていることを確認します。
⑩ ［OK］をクリックします。
⑪ セル A2 ～ B13 がテーブルに変換され、テーブルスタイルの「青、テーブルスタイル（淡色）9」が適用されます。
⑫ テーブルが選択された状態のまま、［テーブルデザイン］タブの［範囲に変換］ボタンをクリックします。
⑬「テーブルを標準の範囲に変換しますか？」という確認のメッセージが表示されるので、［はい］をクリックします。
⑭ 列の見出しに表示されていた▼（フィルターボタン）が非表示になり、テーブルが標準のセル範囲になります。

プロジェクト 7　アミューズメント営業記録

【タスク 1】ワークシート「営業記録（7 月）」のテーブルに集計行を追加し、「年齢」の列の平均を表示します。

① ワークシート「営業記録（7 月）」のテーブル内の任意のセルをクリックします。
② ［テーブルデザイン］タブの［集計行］チェックボックスをオンにします。
③ テーブルの最終行（87 行目）に集計行が追加されます。
④「年齢」の列の集計行のセル D87 をクリックし、右側に表示される▼をクリックします。
⑤ 一覧から「平均」をクリックします。
⑥ セル D87 に年齢の平均「28.48」が表示されます。

【タスク 2】関数を使用して、ワークシート「営業記録（7 月）」のセル I4 に、ワークシート「料金表」のセル範囲 A9:A12 の文字列を「、」（読点）で区切って結合します。

① ワークシート「営業記録（7 月）」のセル I4 をクリックします。
② ［数式］タブの［文字列操作］ボタンをクリックします。
③ 一覧から［TEXTJOIN］をクリックします。
④ TEXTJOIN 関数の［関数の引数］ダイアログボックスが表示されます。
⑤ 問題文の「、」をクリックしてコピーします。
⑥ ［区切り文字］ボックスにカーソルが表示されていることを確認し、Ctrl+V キーを押します。
⑦ ［区切り文字］ボックスに「、」が入力されます。
⑧ ［空のセルは無視］ボックスには何も入力しません。
⑨ ［テキスト 1］ボックスをクリックし、ワークシート「料金表」のシート見出しをクリックします。
⑩ セル A9 ～ A12 を範囲選択します。
⑪ ［テキスト 1］ボックスに「料金表 !A9:A12」と表示されます。
⑫ ［数式の結果 =］にセル A9 ～ A12 を「、」で区切って結合した文字列「一般、大学・専門生、高校・中学生、小学生以下」が表示されていることを確認します。
⑬ ［OK］をクリックします。
⑭ 数式バーに「=TEXTJOIN("、",, 料金表 !A9:A19) と表示されたことを確認します。
※ ［関数の引数］ダイアログボックスを使わずに、この数式を直接セルに入力してもかまいません。
⑮ セル I4 に、ワークシート「料金表」のセル A9 ～ A12 の文字列を「、」で区切って結合した文字列「一般、大学・専門生、高校・中学生、小学生以下」が表示されます。

【タスク 3】ワークシート「6 月分集計」のセル A1（結合セル）の日付を「2023 年 6 月」の形式で表示します。

① ワークシート「6 月分集計」のシート見出しをクリックします。
② セル A1（結合セル）がアクティブになっていることを確認します。
③ ［ホーム］タブの［数値］グループ右下の［表示形式］ボタンをクリックします。
④ ［セルの書式設定］ダイアログボックスの［表示形式］タブが表示され、［分類］ボックスの一覧の［日付］が選択されていることを確認します。
⑤ ［種類］ボックスの一覧から［2012 年 3 月］をクリックします。
⑥ ［サンプル］に「2023 年 6 月」と表示されたことを確認します。
⑦ ［OK］をクリックします。
⑧ セル A1 の日付が「2023 年 6 月」の形式で表示されます。

【タスク 4】ワークシート「6 月分集計」のテーブルに、土日の行だけを表示します。

① ワークシート「6 月分集計」のセル B3（「曜日」の列の見出しのセル）の▼をクリックします。
② 一覧の［（すべて選択）］チェックボックスをオフにします。
③ ［土］と［日］のチェックボックスをオンにします。
④ ［OK］をクリックします。
⑤ 曜日が「土」または「日」の行だけが表示され、他の行は非表示になります。
⑥ ステータスバーに「30 レコード中 8 個が見つかりました」と表示されます。

●模擬テスト 2

プロジェクト 1　営業成績

【タスク 1】テーブル「営業成績表」に集計行を追加し、売上金額の合計を表示します。

① 名前ボックスの▼をクリックします。
② 一覧から［営業成績表］をクリックします。
③ ワークシート「営業成績」のセル A4 ～ D23 が選択されます。
④［テーブルデザイン］タブの［集計行］チェックボックスをオンにします。
⑤ テーブルの最終行（24 行目）に集計行が追加され、「売上金額」の列の集計行のセル（セル D24）に売上金額の合計「30,640,000」が表示さます。

【タスク 2】ワークシート「営業成績」のグラフのレイアウトを「レイアウト 1」に変更します。

① ワークシート「営業成績」の円グラフをクリックします。
②［グラフのデザイン］タブの［クイックレイアウト］ボタンをクリックします。
③ 一覧から［レイアウト 1］をクリックします。
④ グラフのレイアウトが変更されます。

【タスク 3】ワークシート「営業成績」のグラフの「東京」の要素を 25%切り出します。

① ワークシート「営業成績」の円グラフの「東京」の要素を 2 回クリックして、「東京」だけにサイズ変更ハンドルが表示され、選択されたことを確認します。
②［書式］タブの［現在の選択範囲］ボックスに「系列 1 要素 " 東京 "」と表示されていることを確認します。
③［選択対象の書式設定］ボタンをクリックします。
④［データ要素の書式設定］作業ウィンドウが表示されます。
⑤ 問題文の「25」をクリックしてコピーします。
⑥［データ要素の書式設定］作業ウィンドウの［系列のオプション］の［要素の切り出し］ボックスの「0%」をドラッグして選択し、Ctrl+V キーを押します。
⑦［要素の切り出し］ボックスに「25」が貼り付けられ、上書きされます。
⑧ Enter キーを押します。
⑨［要素の切り出し］ボックスに「25%」と表示されます。
⑩ グラフの「東京」の要素が切り出されます。
⑪［データ要素の書式設定］作業ウィンドウを閉じるために、［閉じる］ボタンをクリックします。

【タスク 4】ワークシート「成績上位者」のグラフの縦軸を万単位の表示にし、「万円」という縦書きのラベルを表示します。

① ワークシート「成績上位者」のシート見出しをクリックします。
② 縦棒グラフの縦（値）軸をダブルクリックします。
③［軸の書式設定］作業ウィンドウが表示されるので、［軸のオプション］の［表示単位］ボックスの▼をクリックし、一覧から［万］をクリックします。
④ 縦（値）軸が万単位になり、縦（値）軸表示単位ラベルの「万」が表示されます。
⑤ 問題文の「万円」をクリックしてをコピーします。
⑥ 縦（値）軸表示単位ラベルの［万］をクリックし、「万」をドラッグして、Ctrl+V キーを押します。
⑦ 縦（値）軸表示単位ラベルに「万円」が貼り付けられ、上書きされます。
⑧ 縦（値）軸表示単位ラベル内にカーソルがある状態で、［表示単位ラベルの書式設定］作業ウィンドウの［配置］の［文字列の方向］ボックスの▼をクリックし、一覧から［縦書き］をクリックします。
⑨ 縦（値）軸表示単位ラベルの「万円」が縦書きになります。
⑩［表示単位ラベルの書式設定］作業ウィンドウを閉じるために、［閉じる］ボタンをクリックします。

【タスク 5】ワークシート「成績上位者」のヘッダーの中央に「営業成績上位 5 位」、フッターの左側に現在の日付を追加します。

① ワークシート「成績上位者」が表示されていることを確認し、［挿入］タブの［テキスト］ボタンをクリックし、［ヘッダーとフッター］ボタンをクリックします。
② ページレイアウトビューに切り替わります。
③ 問題文の「営業成績上位 5 位」をクリックしてコピーします。
④ ヘッダーの中央をクリックして、Ctrl+V キーを押します。
⑤ ヘッダーの中央に「営業成績上位 5 位」と表示されます。
⑥［ヘッダーとフッター］タブの［フッターに移動］ボタンをクリックします。
⑦ フッターの中央にカーソルが表示されるので、フッターの左をクリックします。
⑧［ヘッダーとフッター］タブの［現在の日付］ボタンをクリックします。
⑨「&[日付]」と表示されます。
⑩ 任意のセルをクリックして、フッターの選択を解除します。
⑪ フッターの左に現在の日付が表示されたことを確認します。

プロジェクト 2　請求書

【タスク 1】ワークシート「請求書」のセル D6 のハイパーリンクを削除します。

① ワークシート「請求書」のセル D6 を右クリックし、ショートカットメニューの［ハイパーリンクの削除］をクリックします。
② セル D6 のフォントの色が黒になり、下線がなくなります。

【タスク 2】ワークシート「請求書」の用紙サイズを B5 に変更します。

① ワークシート「請求書」が表示されていることを確認し、［ページレイアウト］タブの［サイズ］ボタンをクリックします。
② 一覧から［B5］をクリックします。
※ この表記は設定されているプリンターによって異なる場合があります。

【タスク 3】リボンの下にクイックアクセスツールバーを表示し、［PDF または XPS 形式で発行］ボタンを追加します。

① リボンの右端の［リボンの表示オプション］ボタンをクリックします。
②［クイックアクセルツールバーを表示する］をクリックします。
※ 環境により手順①および手順②の操作ができないことがあります。その場合、本タスクは正解に判定されません。
③ リボンの上にクイックアクセスツールバーが表示されます。
※ リボンの下にクイックアクセスツールバーが表示された場合は、手順⑤、手順⑥の操作が必要ありません。
④ クイックアクセスツールバーの［クイックアクセスツールバーのユーザー設定］ボタンをクリックします。
⑤［リボンの下に表示］をクリックします。
⑥ リボンの下に表示された［クイックアクセスツールバーのユーザー設定］ボタンをクリックします。

⑦ 一覧から［その他のコマンド］をクリックします。
⑧［Excel のオプション］ダイアログボックスの［クイックアクセスツールバー］が表示されるので、［コマンドの選択］ボックスの▼をクリックします。
⑨ 一覧から［ファイルタブ］をクリックします。
⑩ 下側のボックスの一覧から［PDF または XPS 形式で発行］をクリックします。
⑪［クイックアクセスツールバーのユーザー設定］が［すべてのドキュメントに適用（既定）］になっていることを確認します。
⑫［追加］をクリックします。
⑬ 右側のボックスに［PDF または XPS 形式で発行］が追加されます。
⑭［OK］をクリックします。
⑮ クイックアクセスツールバーに［PDF または XPS］ボタンが追加されます。

【タスク 4】ワークシート「商品一覧」のテーブルスタイルを「白、テーブルスタイル（中間）18」に変更し、テーブル名を「キャンペーン商品一覧」とします。

① ワークシート「商品一覧」のシート見出しをクリックします。
② テーブル内の任意のセルをクリックします。
③［テーブルデザイン］タブの［テーブルスタイル］グループの［その他］ボタンをクリックします。
※［その他］ボタンは、環境によって［クイックスタイル］ボタンになっていることがあります。
④［中間］の一覧から［白、テーブルスタイル（中間）18］をクリックします。
⑤ テーブルスタイルが変更されます。
⑥ 問題文の「キャンペーン商品一覧」をクリックしてコピーします。
⑦［テーブルデザイン］タブの［テーブル名］ボックスをクリックし、「テーブル 1」の文字列が選択されている状態で、Ctrl+V キーを押します。
⑧［テーブル名］ボックスに「キャンペーン商品一覧」が貼り付けられ、上書きされます。
⑨ Enter キーを押します。

【タスク 5】ワークシート「商品一覧」の条件付き書式を削除します。

① ワークシート「商品一覧」が表示されていることを確認します。
②［ホーム］タブの［条件付き書式］ボタンをクリックします。
③［ルールのクリア］の［シート全体からルールをクリア］をクリックします。
④ ワークシート「商品一覧」に表示されていたすべての条件付き書式（「価格」の列のアイコンセット）がなくなります。

【タスク 6】フィルターを使って、ワークシート「商品一覧」のテーブルに、商品名が「ワイシャツケース」の行だけを表示します。

① ワークシート「商品一覧」のセル D4（「商品名」の列の見出しのセル）の▼をクリックします。
② 一覧の［（すべて選択）］チェックボックスをオフにします。
③［ワイシャツケース］チェックボックスをオンにします。
④［OK］をクリックします。
⑤「商品名」が「ワイシャツケース」の行だけが表示され、他の行は非表示になります。
⑥ ステータスバーに「41 レコード中 5 個が見つかりました」と表示されます。

プロジェクト 3　売上記録

【タスク 1】ワークシート「売上記録」のセル範囲 A3:I88 を、既定のスタイルのテーブルにします。

① ワークシート「売上記録」のセル A3 ～ I88 の任意のセルをクリックします。
②［挿入］タブの［テーブル］ボタンをクリックします。
③［テーブルの作成］ダイアログボックスが表示されるので、［テーブルに変換するデータ範囲を指定してください］ボックスに「=$A$3:$I$88」と表示されていることを確認します。
④［先頭行をテーブルの見出しとして使用する］チェックボックスがオンになっていることを確認します。
⑤［OK］をクリックします。
⑥ セル A3 ～ I88 がテーブルに変換され既定のスタイルが設定されます。

【タスク 2】ワークシート「売上記録」の「金額」の列が平均より大きい場合、そのセルのフォントを太字、「標準の色」の「青」にします。

① ワークシート「売上記録」のセル G4 ～ G88 を範囲選択します。
②［ホーム］タブの［条件付き書式］ボタンをクリックします。
③［上位 / 下位ルール］の［平均より上］をクリックします。
④［平均より上］ダイアログボックスが表示されるので、［平均より上のセルを書式設定］の［選択範囲内での書式］ボックスの▼をクリックします。
⑤ 一覧から［ユーザー設定の書式］をクリックします。
⑥［セルの書式設定］ダイアログボックスが表示されるので、［フォント］タブの［スタイル］ボックスの［太字］をクリックします。
⑦［色］ボックスの▼をクリックます。
⑧［標準の色］の一覧から［青］をクリックします。
⑨［OK］をクリックします。
⑩［平均より上］ダイアログボックスの［OK］をクリックします。
⑪ 金額が平均より大きいセルのフォントが太字、「標準の色」の「青」になります。

【タスク 3】ワークシート「年代別」のセル範囲 A2:A6 の書式をクリアします。

① ワークシート「年代別」のシート見出しをクリックします。
② セル A2 ～ A6 を範囲選択します。
③［ホーム］タブの［クリア］ボタンをクリックします。
④ 一覧から［書式のクリア］をクリックします。
⑤ セル A2 ～ A6 の書式がクリアされます。

【タスク 4】ワークシート「年代別」のセル B6 に年代別の合計を求めます。

① ワークシート「年代別」のセル B6 をクリックします。
②［ホーム］タブの［合計］ボタンをクリックします。
③ セル B6 に「=SUM(B2:B5)」と表示されます。
④［ホーム］タブの［合計］ボタンをクリックするか、Enter キーを押します。
⑤ セル B6 にセル B2 ～ B5 の合計「453700」が表示されます。

【タスク 5】ワークシート「年代別」に年代別の売上金額の割合を表す 3-D 円グラフを作成します。グラフタイトルは削除します。

① ワークシート「年代別」のセル A2 ～ B5 を範囲選択します。
② [挿入] タブの [円またはドーナツグラフの挿入] ボタンをクリックします。
③ [3-D 円] の [3-D 円] をクリックします。
④ 3-D の円グラフが挿入されます。
⑤ グラフを選択している状態で、グラフの右上に表示される [グラフ要素] ボタンをクリックします。
⑥ [グラフ要素] の [グラフタイトル] チェックボックスをオフにします。
⑦ グラフタイトルが削除されます。

プロジェクト 4　お天気カレンダー

【タスク 1】ワークシート「お天気カレンダー」のセル A1 の文字列を、セルを結合せずにセル範囲 A1:H1 の中央に配置します。

① セル A1 ～ H1 を範囲選択します。
② [ホーム] タブの [配置] グループ右下の [配置の設定] ボタンをクリックします。
③ [セルの書式設定] ダイアログボックスの [配置] タブが表示されるので、[文字の配置] の [横位置] ボックスの▼をクリックします。
④ 一覧から [選択範囲内で中央] をクリックします。
⑤ [OK] をクリックします。
⑥ セル A1 の文字列の横位置がセル A1 ～ H1 内で中央に配置されます。

【タスク 2】オートフィル機能を使用して、ワークシート「お天気カレンダー」のセル範囲 D20:G20 に日付を入力します。その際、セルの書式はコピーしません。

① ワークシート「お天気カレンダー」のセル B20 ～ C20 を範囲選択します。
② セル C20 の右下のフィルハンドルをポイントします。
③ マウスポインターの形が＋に変わったら、セル G20 までドラッグします。
④ セル B20 ～ C20 に「28」～「31」が入力され、フォントの色がセル B20 ～ C20 と同じ色になります。
⑤ [オートフィルオプション] ボタンをクリックし、一覧から [書式なしコピー（フィル)] をクリックします。
⑥ フォントの色がセルにあらかじめ設定されている色になります。

【タスク 3】ワークシート「お天気カレンダー」のセル範囲 B22:G23 をコピーして、ワークシート「気温グラフ」のセル AA3:AF4 にリンク貼り付けします。

① ワークシート「お天気カレンダー」のセル B22 ～ G23 を範囲選択します。
② [ホーム] タブの [コピー] ボタンをクリックします。
③ 選択したセル範囲が点線で囲まれます。
④ ワークシート「気温グラフ」のシート見出しをクリックします。
⑤ セル AA3 をクリックします。
⑥ [ホーム] タブの [貼り付け] ボタンの▼をクリックします。
⑦ [その他の貼り付けオプション] の一覧から [リンク貼り付け] をクリックします。
⑧ セル AA3 ～ AF4 にワークシート「お天気カレンダー」のセル B22 ～ G23 のデータがリンク貼り付けされます。

【タスク 4】ワークシート「気温グラフ」のグラフに最低気温の系列を追加します。

① ワークシート「気温グラフ」の折れ線グラフのグラフエリアをクリックします。
② グラフのデータ範囲のセル A3 ～ AF3 に枠線が表示されます。
③ セル AF3 の右下のサイズ変更ハンドルをポイントし、マウスポインターの形が両方向矢印になったら、セル AF4 の右下までドラッグします。
④ グラフに最低気温の系列が追加されます。

【タスク 5】ワークシート「気温グラフ」のグラフをマーカー付き折れ線に変更します。

① ワークシート「気温グラフ」の折れ線グラフのグラフエリアをクリックします。
② [グラフのデザイン] タブの [グラフの種類の変更] ボタンをクリックします。
③ [グラフの種類の変更] ダイアログボックスの [すべてのグラフ] タブが表示されるので、[折れ線] の右上の一覧から [マーカー付き折れ線] をクリックします。
④ [OK] をクリックします。
⑤ グラフがマーカー付き折れ線グラフに変更されます。

プロジェクト 5　マンション情報

【タスク 1】関数を使用して、ワークシート「物件一覧」の「契約形態」の列に、物件番号の末尾の 1 文字を表示します。

① ワークシート「物件一覧」のセル K6 をクリックします。
② [数式] タブの [文字列操作] ボタンをクリックします。
③ 一覧から [RIGHT] をクリックします。
④ RIGHT 関数の [関数の引数] ダイアログボックスが表示されるので、[文字列] ボックスにカーソルが表示されていることを確認し、物件番号のセル A6 をクリックします。
⑤ [文字列] ボックスに「A6」と表示されます。
⑥ [文字数] ボックスをクリックし「1」と入力するか、[文字数] ボックスの入力を省略します。
⑦ [数式の結果 =] にセル A6 の右端の文字「U」が表示されていることを確認します。
⑧ [OK] をクリックします。
⑨ 数式バーに「=RIGHT(A6,1)」または「=RIGHT(A6)」と表示されたことを確認します。
※ [関数の引数] ダイアログボックスを使わずに、この数式を直接セルに入力してもかまいません。
⑩ セル K6 に、セル A6 の右端の文字「U」が表示されます。
⑪ セル K6 の右下のフィルハンドルをポイントし、マウスポインターの形が＋に変わったら、ダブルクリックします。
⑫ セル K6 の数式がセル K7 ～ K48 にコピーされ、各行の物件番号の末尾の 1 文字が表示されます。

【タスク 2】ワークシート「物件一覧」のセル範囲 A5:K48 の列ごとの範囲に名前を付けて登録します。その際、セル範囲 A5:K5 の項目名を名前として使用します。

① ワークシート「物件一覧」のセル A5 ～ K48 を範囲選択します。
② [数式] タブの [選択範囲から作成] ボタンをクリックします。
③ [選択範囲から名前を作成] ダイアログボックスが表示されるので、[以下に含まれる値から名前を作成] の [上端行] チェックボックスがオンになっていることを確認します。
④ [左端列] チェックボックスをオフにします。
⑤ [OK] をクリックします。

【タスク 3】ワークシート「エリア別物件一覧」を印刷したときに、エリアが「東京」が 1 ページ目、「神奈川県」が 2 ページ目になるように設定します。

① ワークシート「エリア別物件一覧」のシート見出しをクリックします。
② セル A27 をクリックします。
③［ページレイアウト］タブの［改ページ］ボタンをクリックします。
④ 一覧から［改ページの挿入］をクリックします。
⑤ 26 行目と 27 行目の間に改ページを示す線が表示されます。

【タスク 4】以下の 2 つの基準に基づいて、ワークシート「物件一覧（並べ替え用）」の表を並べ替えます。
基準 1：「最寄り駅」のセルの色が「緑」、「黄色」、塗りつぶしなしの順
基準 2：「最寄り駅」のセルの色が同じ場合は価格の安い順

① ワークシート「物件一覧（並べ替え用）」のシート見出しをクリックします。
② セル A5 ～ J48 の範囲内の任意のセルをクリックします。
③［ホーム］タブの［並べ替えとフィルター］ボタンをクリックします。
④ 一覧から［ユーザー設定の並べ替え］をクリックします。
⑤［並べ替え］ダイアログボックスが表示されるので、［列］の［最優先されるキー］ボックスの▼をクリックし、一覧から［最寄り駅］をクリックします。
⑥［並べ替えのキー］ボックスの▼をクリックし、一覧から［セルの色］をクリックします。
⑦［順序］ボックスの▼をクリックし、一覧から緑をクリックします。
⑧ 右側のボックスに［上］と表示されていることを確認します。
⑨［レベルの追加］をクリックします。
⑩［列］の［次に優先されるキー］ボックスの▼をクリックし、一覧から［最寄り駅］をクリックします。
⑪［並べ替えのキー］ボックスの▼をクリックし、一覧から［セルの色］をクリックします。
⑫［順序］ボックスの▼をクリックし、一覧から黄色をクリックします。
⑬ 右側のボックスに［上］と表示されていることを確認します。
⑭［レベルの追加］をクリックします。
⑮［列］の［次に優先されるキー］ボックスの▼をクリックし、一覧から［価格（万円）］をクリックします。
⑯［並べ替えのキー］ボックスが［セルの値］になっていることを確認します。
⑰［順序］ボックスが［小さい順］になっていることを確認します。
⑱［OK］をクリックします。
⑲「最寄り駅」のセルの塗りつぶしの色が「緑」、「黄色」、塗りつぶしなしの順、「最寄り駅」のセルの塗りつぶしの色が同じ場合は価格の安い順に、表の行が並べ替えられます。

【タスク 5】ワークシート「物件分析」をページレイアウトビューで表示します。

① ワークシート「物件分析」のシート見出しをクリックします。
②［表示］タブの［ページレイアウト］ボタンをクリックします。
③ ページレイアウトビューで表示されます。

プロジェクト 6　アウトレットセール

【タスク 1】ワークシート「セール商品リスト」のテーブルの「商品カテゴリ」と「在庫」の列を削除します。列の幅は自動調整します。

① ワークシート「セール商品リスト」のテーブル内の「商品カテゴリ」の列の任意のセルを右クリックし、ショートカットメニューの［削除］の［テーブルの列］をクリックします。
② テーブル内の「商品カテゴリ」の列が削除されます。
③ 同様にテーブル内の「在庫」の列の任意のセルを右クリックし、ショートカットメニューの［削除］の［テーブルの列］をクリックします。
④ テーブル内の「在庫」の列が削除されます。
⑤ 列番号 A ～ G をドラッグして、A ～ G 列を選択します。
⑥ 選択したいずれかの列の右の境界線上をポイントし、マウスポインターの形が両方向矢印に変わったらダブルクリックします。
⑦ A ～ G 列の列幅が各列のそれぞれ最も長い文字列の幅に合わせて変更されます。

【タスク 2】ワークシート「セール商品リスト」のテーブルの「販売額」の列に、定価に割引率を適用した販売額を求めます。

① ワークシート「セール商品リスト」のセル G4 をクリックします。
②「=」を入力します。
③「定価」の列のセル E4 をクリックします。
④ セル G4 に「=[@ 定価]」と表示されます。
⑤「*(1-」と入力します。
⑥「割引率」の列のセル F4 をクリックします。
⑦ セル G4 に「=[@ 定価]*(1-[@ 割引率]」と表示されます
⑧「)」を入力します。
⑨ Enter キーを押します。
⑩ セル G4 に「12,600」と表示されます。
⑪「販売額」の列全体に数式が自動的に設定され、各商品の定価に割引率を適用した販売額が表示されます。

【タスク 3】関数を使用して、ワークシート「クーポンコード発行用」の「クーポン金額」の列に、合計ポイントが 1000 以上の場合は「￥1,000」と表示し、1000 未満の場合は「￥500」と表示します。

① ワークシート「クーポンコード発行用」のシート見出しをクリックします。
② セル G3 をクリックします。
③［数式］タブの［論理］ボタンをクリックします。
④ 一覧から［IF］をクリックします。
⑤ IF 関数の［関数の引数］ダイアログボックスが表示されるので、［論理式］ボックスにカーソルが表示されていることを確認し、「合計ポイント」の列のセル F3 をクリックします。
⑥［論理式］ボックスに「F3」と表示されるので、続けて「>=」と入力します。
⑦ 問題文の「1000」をクリックしてコピーします。
⑧ IF 関数の［関数の引数］ダイアログボックスの［論理式］ボックスの［F3>=］の後ろをクリックし、Ctrl+V キーを押します。
⑨［論理式］ボックスに「1000」が貼り付けられ、「F3>=1000」となります。
⑩［値が真の場合］ボックスをクリックし、Ctrl+V キーを押します。
⑪［値が真の場合］ボックスに「1000」が貼り付けられます。
⑫ 問題文の「500」をクリックしてコピーします。
⑬ IF 関数の［関数の引数］ダイアログボックスの［値が偽の場合］ボックスをクリックし、Ctrl+V キーを押します。
⑭［値が偽の場合］ボックスに「500」が貼り付けられます。

⑮ ［数式の結果 =］に「¥500」が表示されていることを確認します。
※ セル G3 にはあらかじめ通貨表示形式が設定されています。
⑯ ［OK］をクリックします。
⑰ 数式バーに「=IF(F3>=1000,1000,500)」と表示されたことを確認します。
※ ［関数の引数］ダイアログボックスを使わずに、この数式を直接セルに入力してもかまいません。
⑱ セル G3 に「¥500」が表示されます。
⑲ セル G3 の右下のフィルハンドルをダブルクリックします。
⑳ セル G3 の数式がセル G4 ～ G60 にコピーされ、各行に合計ポイントに応じたクーポン金額が表示されます。

【タスク 4】関数を使用して、ワークシート「クーポンコード発行用」の作業欄に会員 ID の英字を小文字に変換した英数字を表示します。

① ワークシート「クーポンコード発行用」のセル J3 をクリックします。
② ［数式］タブの［文字列操作］ボタンをクリックします。
③ 一覧から［LOWER］をクリックします。
④ LOWER 関数の［関数の引数］ダイアログボックスが表示されるので、［文字列］ボックスにカーソルが表示されていることを確認し、セル A3 をクリックします。
⑤ ［数式の結果 =］に、セル A3 の会員番号の英字を小文字に変換した文字列「sjk0110001f」が表示されます。
⑥ ［OK］をクリックします。
⑦ 数式バーに「=LOWER(A3)」が表示されます。
※ ［関数の引数］ダイアログボックスを使わずに、この数式を直接セルに入力してもかまいません。
⑧ セル J3 の右下のフィルハンドルをポイントし、マウスポインターの形が＋に変わったらセル I60 までドラッグします。
⑨ セル J4 ～ J60 に数式がコピーされ、各行の会員番号の英字を小文字に変換した文字列が表示されます。

【タスク 5】ワークシート「クーポンコード発行用」のウィンドウを 10 行目付近で上下に分割して、下のウィンドウには登録店が「HRJ02」の最初の行以降を表示します。

① ワークシート「クーポンコード発行用」の行番号 11 をクリックします。
② ［表示］タブの［分割］ボタンをクリックします。
③ 任意のセルをクリックして、行の選択を解除します。
④ 10 行目と 11 行目の間に分割バーが表示されて、ウィンドウが分割されたことを確認します。
⑤ 下のウィンドウのスクロールバーの▼をクリックするかスクロールボックスをドラッグして、16 行目（登録店が「HRJ02」の最初の行）以降を表示します。

プロジェクト 7　修了テスト

【タスク 1】関数を使用して、ワークシート「研修受講者」の「メールアドレス」の列に、「LastName」の列の文字列と「ID」の列の数字、「@bp.co.jp」の文字列を結合して表示します。**

① ワークシート「研修受講者」のセル G4 をクリックします。
② ［数式］タブの［文字列操作］ボタンをクリックします。
③ 一覧から［CONCAT］をクリックします。
④ CONCAT 関数の［関数の引数］ダイアログボックスが表示されるので、［文字列 1］ボックスにカーソルが表示されていることを確認し、セル C4 をクリックします。
⑤ ［テキスト 1］ボックスに「C4」と表示されます。
⑥ ［テキスト 2］ボックスをクリックし、セル E4 をクリックします。
⑦ ［テキスト 2］ボックスに「E4」と表示されます。
⑧ 問題文の「@bp**.co.jp」をクリックしてコピーします。
⑨ CONCAT 関数の［関数の引数］ダイアログボックスの［テキスト 3］ボックスをクリックし、Ctrl+V キーを押します。
⑩ ［テキスト 3］ボックスに「@bp**.co.jp」が貼り付けられます。
⑪ ［OK］をクリックします。
⑫ 数式バーに「= CONCAT(C4,E4,"@bp**.co.jp")」と表示されたことを確認します。
※ ［関数の引数］ダイアログボックスを使わずに、この数式を直接セルに入力してもかまいません。
⑬ セル G4 に、セル C4 の LastName とセル E4 の ID、「@bp**.co.jp」の文字列を結合した文字列「goto14101@bp**.co.jp」が表示されます。
⑭ セル G4 の右下のフィルハンドルをポイントし、マウスポインターの形が＋に変わったら、ダブルクリックします。
⑮ セル G4 に入力された数式がセル G5 ～ G23 にコピーされ、各行の LastName と ID、「@bp**.co.jp」の文字列を結合した文字列が表示されます。

【タスク 2】関数を使用して、ワークシート「研修受講者」のセル J1 に 1 ～ 20 の範囲内の整数を乱数（ランダムな値）で生成します。

① ワークシート「研修受講者」のセル J1 をクリックします。
② ［数式］タブの［数学 / 三角］ボタンをクリックします。
③ 一覧から［RANDBETWEEN］をクリックします。
④ RANDBETWEEN 関数の［関数の引数］ダイアログボックスが表示されます。
⑤ 問題文の「1」をクリックしてコピーします。
⑥ RANDBETWEEN 関数の［関数の引数］ダイアログボックスの［最小値］ボックスをクリックし、Ctrl+V キーを押します。
⑦ ［最小値］ボックスに「1」が貼り付けられます。
⑧ 問題文の「20」をクリックしてコピーします。
⑨ RANDBETWEEN 関数の［関数の引数］ダイアログボックスの［最大値］ボックスをクリックし、Ctrl+V キーを押します。
⑩ ［最大値］ボックスに「20」が貼り付けられます。
⑪ ［OK］をクリックします。
⑫ 数式バーに「=RANDBETWEEN(1,20)」と表示されたことを確認します。
※ ［関数の引数］ダイアログボックスを使わずに、この数式を直接セルに入力してもかまいません。
⑬ セル J1 に、1 ～ 20 の範囲内の乱数が生成されます。

【タスク 3】ワークシート「修了テスト成績」の「推移」の列に表示されているスパークラインの種類を折れ線に変更します。

① ワークシート「修了テスト成績」のシート見出しをクリックします。
② セル D4 をクリックします。
※ クリックするのはスパークラインが設定されているセル D4 ～ D23 であれば、どのセルでもかまいません。
③ セル D4 ～ D23 が青枠で囲まれたことを確認します。
④ ［スパークライン］タブの［折れ線］ボタンをクリックします。
⑤ セル D4 ～ D23 の縦棒スパークラインが折れ線スパークラインに変更されます。

【タスク 4】関数を使用して、ワークシート「修了テスト成績」のセル I4 に基礎研修、セル J4 に応用研修の各平均点を求めます。数式には定義されている名前付き範囲を使用します。

① ワークシート「修了テスト成績」のセル I4 をクリックします。
② ［ホーム］タブの［合計］ボタンの▼をクリックします。
③ 一覧から［平均］をクリックします。

④ セル I4 に「=AVERAGE(B4:H4)」と表示され、引数の「B4:H4」が選択されていることを確認します。
⑤ セル B4 ～ B23 をドラッグします。
⑥ セル I4 に「=AVERAGE(基礎研修)」と表示されたことを確認します。
※［合計］ボタンを使わずに、この数式を直接セルに入力してもかまいません。
⑦［ホーム］タブの［合計］ボタンをクリックします。
⑧ セル I4 に基礎研修の平均点「73.6」が表示されます。
⑨ セル I4 の右下のフィルハンドルをポイントし、マウスポインターの形が＋に変わったら、セル J4 までドラッグします。
⑩ セル I4 の数式がセル J4 にコピーされます。
⑪ セル J4 をクリックします。
⑫ 数式バーの「基礎」をドラッグして選択し、「応用」に上書き入力します。
⑬ 数式バーに「=AVERAGE(応用研修) と表示されたことを確認し、Enter キーを押します。
⑭ セル J4 に応用研修の平均点「69.8」が表示されます。

●模擬テスト 3

プロジェクト 1　ペンション案内

【タスク 1】ワークシート「予約」のテーブルの「日付」の列の強調を解除します。

① ワークシート「予約」のシート見出しをクリックします。
② セル A1 がアクティブになっていることを確認します。
③［テーブルデザイン］タブの［最初の列］チェックボックスをオフにします。
④ テーブルの最初の列（「日付」の列）の強調が解除されます。

【タスク 2】ワークシート「予約」のテーブルの「プラン」の列の左側に 2 列挿入し、元の「プラン」の列と同じ書式を設定し、列名を「代表者名」「連絡先」にします。

① ワークシート「予約」の列番号 C ～ D をドラッグし、C ～ D 列を選択します。
② 選択範囲内で右クリックし、ショートカットメニューの［挿入］をクリックします。
③ C ～ D 列に「列 1」、「列 2」列が挿入され、B 列と同じ書式が設定されます。
④［挿入オプション］ボタンをクリックします。
⑤［右側と同じ書式を適用］をクリックします。
⑥ C ～ D 列に E 列と同じ書式が適用され、E 列と同じ列幅になります。
⑦ 問題文の「代表者名」をクリックしてコピーします。
⑧ セル C1 をクリックし、Ctrl+V キーを押します。
⑨ セル C1 に「代表者名」が貼り付けられ、上書きされます。
⑩ 問題文の「連絡先」をクリックしてをコピーします。
⑪ セル D1 をクリックし、Ctrl+V キーを押します。
⑫ セル D1 に「連絡先」が貼り付けられ、上書きされます。

【タスク 3】ワークシート「予約」のヘッダーの右側にワークシート名が表示されるようにします。

① ワークシート「予約」が表示されていることを確認します。
②［挿入］タブの［テキスト］ボタンをクリックし、［ヘッダーとフッター］ボタンをクリックします。
③ ページレイアウトビューに切り替わり、ヘッダー領域の中央にカーソルが表示されます。
④ ヘッダー領域の右側をクリックします。
⑤［ヘッダーとフッター］タブの［シート名］ボタンをクリックします。
⑥ ヘッダー領域の右側に「&［シート名］」と表示されます。
⑦ 任意のセルをクリックして、ヘッダーの選択を解除します。
⑧ ヘッダーの右側にワークシート名「予約」が表示されます。

【タスク 4】名前付き範囲「プラン別集計」の「素泊まり」の人数を「39」に変更します。

① 名前ボックスの▼をクリックします。
② 一覧から［プラン別集計］をクリックします。
③ ワークシート「分析」のセル A16 ～ B19 が選択されます。
④ 問題文の「39」をクリックしてコピーします。
⑤ セル B17 をクリックし、Ctrl+V キーを押します。
⑥ セル B17 の値が「39」に変更されます。

【タスク 5】ワークシート「分析」の円グラフをグラフシートに移動します。グラフシート名は「プラン別割合グラフ」とします。

① ワークシート「分析」の円グラフをクリックします。
②［グラフのデザイン］タブの［グラフの移動］ボタンをクリックします。
③［グラフの移動］ダイアログボックスが表示されるので、［グラフの配置先］の［新しいシート］をクリックします。
④ 問題文の「プラン別割合グラフ」をクリックしてコピーします。
⑤［グラフの移動］ダイアログボックスの［新しいシート］の右側のボックスの「グラフ 1」をドラッグして選択し、Ctrl+V キーを押します 。
⑥［新しいシート］の右側のボックスに「プラン別割合グラフ」が貼り付けられ、上書きされます。
⑦［OK］をクリックします。
⑧ グラフシート「プラン別割合グラフ」がワークシート「分析」の左側に作成され、ワークシート「分析」の円グラフが移動します。

プロジェクト 2　勤務管理表

【タスク 1】関数を使用して、セル C4 に名前付き範囲「出勤」の時刻の入力されているセルの個数を求めます。

① セル C4 をクリックします。
②［ホーム］タブの［合計］ボタンの▼をクリックします。
③ 一覧から［数値の個数］をクリックします。
④ セル C4 に「=COUNT(A4:B4)」と表示され、引数の「A4:B4」が選択されていることを確認します。
⑤［数式］タブの［数式で使用］ボタンをクリックします。
⑥ 一覧から［出勤］をクリックします。
⑦ セル C4 に「=COUNT(出勤)」と表示されたことを確認し、［数式］タブの［合計］ボタンをクリックするか、Enter キーを押します。
※［合計］ボタンを使わずに、この数式を直接セルに入力してもかまいません。
⑧ セル C4 に「出勤」の列の数値のセルの個数「6」が表示されます。

【タスク 2】セル J3（結合セル）に常に K40 の値が表示されるようにします。なお、あらかじめ設定されている書式は変更しません。

① セル J3（結合セル）をクリックします。
②「=」を入力し、セル K40 をクリックします。
③ 数式バーに「=K40」と表示されたことを確認し、Enter キーを押します。
④ セル J3 にセル K40 の値が通貨表示形式で「¥67,100」、中央揃えで表示されます。

【タスク 3】セルの I3（結合セル）のコメントを削除します。

① セルの I3（結合セル）をクリックします。
②［校閲］タブの［削除］ボタンをクリックします。
③ セル I3 のコメントが削除されます。

【タスク 4】改ページプレビューで表示し、1 ページに収まって印刷されるように設定します。

①［表示］タブの［改ページプレビュー］ボタンをクリックします。
② 改ページプレビューで表示されます。
③ J 列と K 列の間の改ページ位置を示す青点線をポイントし、マウスポインターの形が両側矢印に変わったら、K 列と L 列の間の印刷範囲を表す青線までドラッグします。
④ 画面を下方向にスクロールし、印刷範囲が 1 ページに収まっていることを確認します。

プロジェクト 3　会員数増減

【タスク 1】セル範囲 B3:B7 および B9:B13 の横位置を均等割り付け、1 文字分のインデントを設定します。

① セル B3 ～ B7 を範囲選択し、Ctrl キーを押しながらセル B9 ～ B13 を範囲選択します。
②［ホーム］タブの［配置］グループ右下の［配置の設定］ボタンをクリックします。
③［セルの書式設定］ダイアログボックスの［配置］タブが表示されるので、［文字の配置］の［横位置］ボックスの▼をクリックします。
④ 一覧から［均等割り付け（インデント）］をクリックします。
⑤［インデント］ボックスの▲をクリックして「1」にします。
⑥［OK］をクリックします。
⑦ セル B3 ～ B7 およびセル B9 ～ B13 の文字列が、セル内の左右 1 文字分インデントした範囲内で均等割り付けされます。

【タスク 2】各店舗の入会、退会の月別データに設定されているデータバーを削除します。

① セル C3 ～ N7 を範囲選択し、Ctrl キーを押しながらセル C9 ～ N13 を範囲選択します。
②［ホーム］タブの［条件付き書式］ボタンをクリックします。
③［ルールのクリア］の［選択したセルからルールをクリア］をクリックします。
④ 各店舗の月別データに表示されていたデータバーがなくなります。

【タスク 3】セル O15 に会員数の増減を表す勝敗スパークラインを表示し、スタイルを「赤、スパークライン スタイル 濃色 # 3」に変更します。

① セル O15 をクリックします。
②［挿入］タブの［勝敗］ボタンをクリックします。
③［スパークラインの作成］ダイアログボックスが表示されるので、［データを選択してください］の［データ範囲］ボックスにカーソルが表示されていることを確認し、セル C15 ～ N15 をドラッグします。
④［データ範囲］ボックスに「C15:N15」と表示されます。
⑤［スパークラインを配置する場所を選択してください］の［場所の範囲］ボックスに「$O$15」と表示されていることを確認します。
⑥［OK］をクリックします。
⑦ セル O15 に勝敗スパークラインが表示されます。
⑧ セル O15 がアクティブな状態のまま、［スパークライン］タブの［スタイル］グループの［その他］ボタンをクリックします。
※［その他］ボタンは、環境によって［スパークラインのスタイル］ボタンになっていることがあります。
⑨ 一覧から［赤、スパークライン スタイル 濃色 # 3］をクリックします。
⑩ スパークラインのスタイルが変更されます。

【タスク 4】入会 / 退会者数比較グラフの色を「カラフルなパレット 4」に変更します。

① 縦棒グラフをクリックします。
② グラフの右上に表示される［グラフスタイル］ボタンをクリックします。
③［色］をクリックします。
④［カラフル］の一覧から［カラフルなパレット 4］をクリックします。
⑤ グラフの色が変更されます。

【タスク 5】入会 / 退会者数比較グラフの横（項目）軸と凡例を入れ替えて、横（項目）軸に月、凡例に入会合計、退会合計を表示します。

① 縦棒グラフをクリックします。
②［グラフのデザイン］タブの［行 / 列の切り替え］ボタンをクリックします。
③ グラフの横（項目）軸に月、凡例に入会合計、退会合計が表示されます。

【タスク 6】ワークシートの余白を「広い」にします。

①［ページレイアウト］タブの［余白］ボタンをクリックします。
② 一覧から［広い］をクリックします。

プロジェクト 4　ケーキの売上集計

【タスク 1】ワークシート「2 月売上記録」のセル範囲 A1:G1 にセルのスタイル「見出し 1」を適用します。

① ワークシート「2 月売上記録」のセル A1 ～ G1 を範囲選択します。
②［ホーム］タブの［セルのスタイル］ボタンをクリックします。
③［タイトルと見出し］の一覧から［見出し 1］をクリックします。
④ セル A1 ～ G1 に「見出し 1」スタイルが設定されます。

【タスク 2】ワークシート「2 月売上記録」の「金額」の列に単価と数量を乗算した金額を求める数式を入力します。

① ワークシート「2 月売上記録」のセル G4 をクリックします。
②「=」を入力します。
③「単価」の列のセル E4 をクリックします。
④ セル G4 に「=[@ 単価]」と表示されます。
⑤「*」を入力します。
⑥「数量」の列のセル F4 をクリックします。
⑦ セル G4 に「=[@ 単価]*[@ 数量]」と表示されます。
⑧ Enter キーを押します。
⑨ セル G4 に「1800」が表示されます。
⑩「金額」の列全体に数式が自動的に設定され、各行の単価と数量を乗算した値が表示されます。

【タスク 3】ワークシート「2 月売上記録」のテーブルの下に集計行を追加し、数量と金額の合計を表示します。

① ワークシート「2 月売上記録」のテーブル内の任意のセルをクリックします。
②［テーブルデザイン］タブの［集計行］チェックボックスをオンにします。
③ テーブルの最終行（39 行目）に集計行が追加され、「金額」の列の集計行のセル（セル G39）に金額の合計「105900」が表示されます。
※ 本番モードで【タスク 2】（「金額」の列に数式を設定）を実行していない場合は、集計の種類を［個数］から［合計］に変更します。

④「数量」の列の集計行のセル（セル F39）をクリックし、右側に表示される▼をクリックします。
⑤ 一覧から［合計］をクリックします。
⑥「数量」の列の集計行のセルに数量の合計「52」が表示されます。

【タスク 4】ワークシート「2 月売上記録」の「バースデーデコレーション」を検索し、そのセルの塗りつぶしの色を「テーマの色」の「ゴールド、アクセント 4, 白 + 基本色 60%」にします。

① ワークシート「2 月売上記録」が表示されていることを確認します。
②［ホーム］タブの［検索と選択］ボタンをクリックします。
③ 一覧から［検索］をクリックします。
④［検索と置換］ダイアログボックスの［検索］タブが表示されます。
⑤ 問題文の「バースデーデコレーション」をクリックしてコピーします。
⑥［検索と置換］ダイアログボックスの［検索する文字列］ボックスをクリックし、Ctrl+V キーを押します。
⑦［検索する文字列］ボックスに「バースデーデコレーション」が貼り付けられます。
⑧［次を検索］をクリックします。
⑨ セル D10（「バースデーデコレーション」のセル）が選択されます。
⑩［ホーム］タブの［塗りつぶしの色］ボタンの▼をクリックします。
⑪［テーマの色］の一覧から［ゴールド、アクセント 4, 白 + 基本色 60%］をクリックします。
⑫ セル D10 に塗りつぶしの色が設定されます。
⑬［検索と置換］ダイアログボックスの［次を検索］をクリックします。
⑭ セル D21（「バースデーデコレーション」のセル）が選択されます。
⑮［ホーム］タブの［塗りつぶしの色］ボタンをクリックします。
⑯ セル D21 に手順⑫と同じ塗りつぶしの色が設定されます。
⑰［検索と置換］ダイアログボックスの［次を検索］をクリックします。
⑱ セル D36（「バースデーデコレーション」のセル）が選択されます。
⑲［ホーム］タブの［塗りつぶしの色］ボタンをクリックします。
⑳ セル D21 に手順⑫と同じ塗りつぶしの色が設定されます。
㉑［検索と置換］ダイアログボックスの［次を検索］をクリックし、セル D7 が再び選択されたことを確認します。
㉒［検索と置換］ダイアログボックスの［閉じる］をクリックします。

【タスク 5】関数を使用して、ワークシート「商品別売上」のセル A2 を基点とする位置に、ワークシート「2 月売上記録」の「商品名」の一意（重複しない）のデータを表示します。

① ワークシート「商品別売上」のシート見出しをクリックします。
② セル A2 をクリックします。
③［数式］タブの［検索 / 行列］ボタンをクリックします。
④ 一覧から［UNIQUE］をクリックします。
⑤ UNIQUE 関数の［関数の引数］ダイアログボックスが表示されるので、［配列］ボックスにカーソルが表示されていることを確認し、ワークシート「2 月売上記録」のシート見出しをクリックします。
⑥ セル D4 ～ D38 を範囲選択します。
⑦［配列］ボックスに「テーブル 1[商品名]」と表示されます。
⑧［列の比較］、［回数指定］ボックスには何も入力しません。
⑨［数式の結果 =］に「フルーツロール」と表示されます。
⑩［OK］をクリックします。
⑪ 数式バーに「=UNIQUE(テーブル 1[商品名])」が表示されます。
※［関数の引数］ダイアログボックスを使わずに、この数式を直接セルに入力してもかまいません。
⑫ セル A2 に「フルーツロール」と表示されます。
⑬ スピル機能により、ヤル A3 ～ A10 に商品名の一意のデータが表示されます。

【タスク 6】関数を使用して、ワークシート「日別売上」のセル A2 を先頭とする 28 行に、「"2023/2/1"」から始まる連続する日付データを生成します（数式の引数に日付を設定する場合は「"」（ダブルクォーテーション）で囲みます）。なお、A 列にはあらかじめ「〇月〇日」の日付の表示形式が設定されています。

① ワークシート「日別売上」のシート見出しをクリックします。
② セル A2 をクリックします。
③［数式］タブの［数学 / 三角］ボタンをクリックします。
④ 一覧から［SEQUENCE］をクリックします。
⑤ SEQUENCE 関数の［関数の引数］ダイアログボックスが表示されます。
⑥ 問題文の「28」をクリックしてコピーします。
⑦［関数の引数］ダイアログボックスの［行］ボックスをクリックし、Ctrl+V キーを押します。
⑧［行］ボックスに「28」が貼り付けられます。
⑨ 問題文の「"2023/2/1"」をクリックしてコピーします。
⑩ SEQUENCE 関数の［関数の引数］ダイアログボックスの［開始］ボックスをクリックし、Ctrl+V キーを押します。
⑪［開始］ボックスに「"2023/2/1"」が貼り付けられます。
※［列］ボックス、［目盛り］ボックスには何も入力しません。
⑫［数式の結果 =］に「2 月 1 日」と表示されます。
⑬［OK］をクリックします。
⑭ 数式バーに「=SEQUENCE(28,,"2023/2/1")」が表示されます。
※［関数の引数］ダイアログボックスを使わずに、この数式を直接セルに入力してもかまいません。
⑮ セル A2 に「2 月 1 日」と表示されます。
⑯ スピル機能により、セル A3 ～ A29 に 2 月 2 日～ 2 月 28 日の日付が表示されます。

プロジェクト 5 会員リスト

【タスク 1】ワークシート「クーポンコード発行用」のセル範囲 C3:F3 に入力されている文字列をセル内で折り返して表示します。

① ワークシート「クーポンコード発行用」のセル C3 ～ F3 を範囲選択します。
②［ホーム］タブの［折り返して全体を表示する］ボタンをクリックします。
③ 行の高さが変わり、セル C3 ～ F3 の各セル内で文字列が折り返して表示されます。

【タスク 2】ワークシート「クーポンコード発行用」のシートをスクロールしても 1 ～ 3 行目が常に表示されるようにします。

① ワークシート「クーポンコード発行用」の行番号 4 をクリックします。
②［表示］タブの［ウィンドウ枠の固定］ボタンをクリックします。
③ 一覧から［ウィンドウ枠の固定］をクリックします。
④ 任意のセルをクリックし、行の選択を解除します。
⑤ 3 行目と 4 行目の間に境界線が表示されたことを確認します。
⑥ シートを縦方向にスクロールして、1 ～ 3 行目の表示が固定されていることを確認します。

【タスク 3】ワークシート「クーポンコード発行用」の「クーポンコード」の列に、関数を使用して、「クーポンコード」の列に、作業欄に入力されている文字列と合計ポイントの数字を結合して表示します。

① ワークシート「クーポンコード発行用」のセル G4 をクリックします。
② [数式] タブの [文字列操作] ボタンをクリックします。
③ 一覧から [CONCAT] をクリックします。
④ CONCAT 関数の [関数の引数] ダイアログボックスが表示されるので、[テキスト 1] ボックスにカーソルが表示されていることを確認し、「作業欄」の列のセル I4 をクリックします。
⑤ [テキスト 1] ボックスに「I4」と表示されます。
⑥ [テキスト 2] ボックスをクリックし、「合計ポイント」の列のセル F4 をクリックします。
⑦ [テキスト 2] ボックスに「F4」と表示されます。
⑧ [数式の結果 =] に、作業欄の文字列と合計ポイントを結合した文字列「sjk0110001f648」が表示されていることを確認します。
⑨ [OK] をクリックします。
⑩ 数式バーに「= CONCAT (I4,F4)」と表示されたことを確認します。
※ [関数の引数] ダイアログボックスを使わずに、この数式を直接セルに入力してもかまいません。
⑪ セル G4 に「sjk0110001f648」と表示されます。
⑫ セル G4 の右下のフィルハンドルをポイントし、マウスポインターの形が＋に変わったら、ダブルクリックします。
⑬ セル G4 に入力された数式がセル G5 ～ G61 にコピーされ、各行の作業欄の文字列と合計ポイントを結合した文字列が表示されます。

【タスク 4】ワークシート「店舗コード」の「名古屋」と「京都」の間に空白行を 3 行挿入します。

① ワークシート「店舗コード」のシート見出しをクリックします。
② 行番号 8 ～ 10 をドラッグして、8 ～ 10 行目を選択します。
③ 選択したいずれかの範囲内で右クリックし、ショートカットメニューの [挿入] をクリックします。
④ 8 ～ 10 行目に空白行が挿入されます。

プロジェクト 6　来客数集計

【タスク 1】ワークシート「来客数集計」のセル G1 にハイパーリンクを設定します。ハイパーリンク先とヒントは「https://shine.example.com/」とし、「ビューティサロン Shine」と表示します。

① ワークシート「来客数集計」のセル G1 をクリックします。
② [挿入] タブの [リンク] ボタンをクリックします。
③ [ハイパーリンクの挿入] ダイアログボックスが表示されます。
④ [ハイパーリンクの挿入] ダイアログボックスの [表示文字列] ボックスに「ビューティサロン Shine」と表示されていることを確認します。
⑤ 問題文の「https://shine.example.com/」をクリックしてコピーします。
⑥ [ハイパーリンクの挿入] ダイアログボックスの [アドレス] ボックスをクリックし、Ctrl+V キーを押します。
⑦ [アドレス] ボックスに「https://shine.example.com/」が貼り付けられます。
⑧ [ヒント設定] をクリックします。
⑨ [ハイパーリンクのヒントの設定] ダイアログボックスが表示されます。
⑩ [ハイパーリンクのヒントの設定] ダイアログボックスの [ヒントのテキスト] ボックスをクリックし、Ctrl+V キーを押します。
⑪ [ヒントのテキスト] ボックスに「https://shine.example.com/」が貼り付けられます。
⑫ [OK] をクリックします。
⑬ [ハイパーリンクの挿入] ダイアログボックスの [OK] をクリックします。
⑭ セル G1 の「ビューティサロン Shine」にハイパーリンクが設定され、フォントの色が青になり、下線が引かれたことを確認します。

【タスク 2】ワークシート「来客数集計」の 3 ～ 13 行目の行の高さを「30」にし、文字列を下揃えにします。

① ワークシート「来客数集計」の行番号 3 ～ 13 をドラッグして、3 ～ 13 行目を選択します。
② 選択範囲内で右クリックし、ショートカットメニューの [行の高さ] をクリックします。
③ [行の高さ] ダイアログボックスが表示されます。
④ 問題文の「30」をクリックしてコピーします。
⑤ [行の高さ] ダイアログボックスの [行の高さ] ボックスの「18.75」をドラッグして選択し、Ctrl+V キーを押します。
⑥ [行の高さ] ボックスに「30」が貼り付けられ、上書きされます。
⑦ [OK] をクリックします。
⑧ 3 ～ 13 行目の行の高さが広がります。
⑨ 3 ～ 13 行目を選択した状態のまま、[ホーム] タブの [下揃え] ボタンをクリックします。
⑩ 3 ～ 13 行目の文字列がセルの下揃えで表示されます。

【タスク 3】ワークシート「来客数集計」の各店舗の合計が 500 を上回る場合、そのセルに「明るい赤の背景」の書式を適用します。

① ワークシート「来客数集計」のセル H4 ～ H7 を範囲選択し、Ctrl キーを押しながらセル H9 ～ H11 を範囲選択します。
② [ホーム] タブの [条件付き書式] ボタンをクリックします。
③ [セルの強調表示ルール] の [指定の値より大きい] をクリックします。
④ [指定の値より大きい] ダイアログボックスが表示されます。
⑤ 問題文の「500」をクリックしてコピーします。
⑥ [指定の値より大きい] ダイアログボックスの [次の値より大きいセルを書式設定] ボックスの「518」をドラッグして選択し、Ctrl+V キーを押します。
⑦ [次の値より大きいセルを書式設定] ボックスに「500」が貼り付けられ、上書きされます。
⑧ [書式] ボックスの▼をクリックします。
⑨ 一覧から [明るい赤の背景] をクリックします。
⑩ [OK] をクリックします。
⑪ 合計が 500 を上回るセルに「明るい赤の背景」の書式が設定されます。

【タスク 4】グラフシート「店舗別集計グラフ」のグラフに、ワークシート「来客数集計」の神奈川店舗のデータを追加します。

① ワークシート「来客数集計」のセル A9 ～ A11 を範囲選択し、Ctrl キーを押しながらセル C9 ～ G11 を範囲選択します。
② [ホーム] タブの [コピー] をクリックします。
③ 選択したセル範囲が点線で囲まれます。
④ グラフシート「店舗別集計グラフ」のシート見出しをクリックします。
⑤ 3-D 積み上げ縦棒グラフが選択されていることを確認し、Ctrl+V キーを押します。
⑥ 3-D 積み上げ縦棒グラフに「川崎店」、「横浜店」、「みなとみらい店」のデータが追加されます。

【タスク 5】グラフシート「店舗別集計グラフ」のグラフに、凡例マーカーありのデータテーブルを表示し、凡例を削除します。

① グラフシート「店舗別集計グラフ」の 3-D 積み上げ縦棒グラフの右上に表示されている［グラフ要素］ボタンをクリックします。
② ［グラフ要素］の［データテーブル］をポイントし、表示される>をクリックします。
③ ［凡例マーカーあり］をクリックします。
④ グラフに凡例マーカー付きのデータテーブルが表示されます。
⑤ ［グラフ要素］の［凡例］チェックボックスをオフにします。
⑥ グラフの凡例が非表示になります。

プロジェクト 7　営業成績

【タスク 1】ワークシート「営業成績」のセル A1 の書式を、セル範囲 F1:G1、F9:G9 に適用します。

① ワークシート「営業成績」のセル A1 がアクティブになっていることを確認します。
② ［ホーム］タブの［書式のコピー / 貼り付け］ボタンをダブルクリックします。
③ マウスポインターが刷毛の形に変わるので、セル F1 ～ G1 をドラッグします。
④ 続けてセル F9 ～ G9 をドラッグします。
⑤ ［ホーム］タブの［書式のコピー / 貼り付け］ボタンをクリックしてオフにします。
⑥ マウスポインターの形が元に戻ります。
⑦ 任意のセルをクリックして範囲選択を解除し、セル F1 ～ G1、F9 ～ G9 に、セル A1 と同じ書式が適用されたことを確認します。

【タスク 2】関数を使用して、ワークシート「営業成績」のセル G12 に「営業成績一覧」のテーブルの売上金額の平均を求めます。

① ワークシート「営業成績」のセル G12 をクリックします。
② ［ホーム］タブの［合計］ボタンの▼をクリックします。
③ 一覧から［平均］をクリックします。
④ セル G12 に「=AVERAGE(G11)」と表示され、引数の「G11」が選択されていることを確認します。
⑤ セル D4 ～ D23 を範囲選択します。
⑥ セル G12 に「=AVERAGE(テーブル 1[売上金額])」と表示されます。
※ ［合計］ボタンを使わずに、この数式を直接セルに入力してもかまいません。
⑦ ［ホーム］タブの［合計］ボタンをクリックするか、Enter キーを押します。
⑧ セル G12 に「営業成績一覧」のテーブルの売上金額の平均値「1,532,000」が表示されます。

【タスク 3】ワークシート「営業成績」の「営業成績一覧」のテーブルを、ワークシート「成績下位者」のセル A3 を基点とする位置にコピーします。その際、元の列幅を保持します。

① ワークシート「営業成績」のセル A3 ～ D23 を範囲選択します。
② ［ホーム］タブの［コピー］ボタンをクリックします。
③ 選択したセル範囲が点線で囲まれます。
④ ワークシート「成績下位者」のシート見出しをクリックします。
⑤ セル A3 をクリックします。
⑥ ［ホーム］タブの［貼り付け］ボタンの▼をクリックします。
⑦ ［貼り付け］の一覧から［元の列幅を保持］をクリックします。
⑧ セル A3 ～ D23 にワークシート「営業成績」のセル A3 ～ D23 のデータが罫線や塗りつぶしの色などの書式を含めてコピーされます。A ～ D 列の列幅は、ワークシート「営業成績」の A ～ D 列の列幅と同じになります。

【タスク 4】ワークシート「営業成績」のセル範囲 F1:G12 を印刷範囲として設定します。

① ワークシート「営業成績」のシート見出しをクリックします。
② セル F1 ～ G12 を範囲選択します。
③ ［ページレイアウト］タブの［印刷範囲］ボタンをクリックします。
④ ［印刷範囲の設定］をクリックします。
⑤ 任意のセルをクリックして範囲選択を解除します。
⑥ セル F1 ～ G12 の範囲に印刷範囲を示す実線が表示されます。
※ 設定されているプリンターによっては実線が表示されないこともあります。

【タスク 5】ワークシート「成績上位者」のテーブルに売上金額の上位「5」名を抽出し、売上金額の高い順に並べ替えます。

① ワークシート「成績上位者」のシート見出しをクリックします。
② セル D3（「売上金額」の列の見出しのセル）の▼をクリックします。
③ ［数値フィルター］の［トップテン］をクリックします。
④ ［トップテンオートフィルター］ダイアログボックスが表示されるので、［表示］の左側のボックスに［上位］が表示されていることを確認します。
⑤ 問題文の「5」をクリックしてコピーします
⑥ ［トップテンオートフィルター］ダイアログボックスの［表示］の中央のボックスの「10」をドラッグして選択し、Ctrl+V キーを押します。
⑦ ［表示］の中央のボックスに「5」が貼り付けられ、上書きされます。
⑧ 左側のボックスに［項目］が表示されていることを確認します。
⑨ ［OK］をクリックします。
⑩ 売上金額の上位 5 位までの行だけが表示され、他の行は非表示になります。
⑪ セル D3（「売上金額」の列の見出しのセル）の▼をクリックします。
⑫ ［降順］をクリックします。
⑬ テーブルの行が売上金額の高い順に並べ替えられます。

●模擬テスト 4

プロジェクト 1　修了テスト

【タスク 1】関数を使用して、ワークシート「研修受講者」のセル G2 に、「氏名」の列の人数を求めます。

① ワークシート「研修受講者」のセル G2 をクリックします。
② [数式] タブの [その他の関数] ボタンをクリックします。
③ [統計] の一覧から [COUNTA] をクリックします。
④ COUNTA 関数の [関数の引数] ダイアログボックスが表示されるので、[値 1] ボックスにカーソルが表示されていることを確認し、セル A4 ～ A23 を範囲選択します。
⑤ [値 1] ボックスに「テーブル 1[氏名]」と表示されます。
⑥ [数式の結果 =] にセル A4 ～ A23 のデータが入力されているセルの個数「20」が表示されます。
⑦ [OK] をクリックします。
⑧ 数式バーに「COUNTA(テーブル 1[氏名])」と表示されたことを確認します。
※ [関数の引数] ダイアログボックスを使わずに、この数式を直接セルに入力してもかまいません。
⑨ セル G2 に「氏名」の列のデータが入力されているセルの個数「20」が表示されます。

【タスク 2】以下の 2 つの基準に基づいて、ワークシート「研修受講者」のテーブルの行を並べ替えます。
基準 1：部署コードの昇順
基準 2：部署コードが同じ場合は ID の昇順

① ワークシート「研修受講者」のテーブル内の任意のセルをクリックします。
② [ホーム] タブの [並べ替えとフィルター] ボタンをクリックします。
③ [ユーザー設定の並べ替え] をクリックします。
④ [並べ替え] ダイアログボックスが表示されるので、[列] の [最優先されるキー] ボックスの▼をクリックし、一覧から [部署コード] をクリックします。
⑤ [並べ替えのキー] ボックスが [セルの値] になっていることを確認します。
⑥ [順序] ボックスが [小さい順] になっていることを確認します。
⑦ [レベルの追加] をクリックします。
⑧ [列] の [次に優先されるキー] ボックスの▼をクリックし、一覧から [ID] をクリックします。
⑨ [並べ替えのキー] ボックスが [セルの値] になっていることを確認します。
⑩ [順序] ボックスが [小さい順] になっていることを確認します。
⑪ [OK] をクリックします。
⑫ テーブル全体の行が、「部署コード」の昇順に、「部署コード」が同じ場合は「ID」の昇順に並べ替えられます。

【タスク 3】ワークシート「研修受講者」のテーブルに集計行を追加し、「基礎研修」と「応用研修」の列に平均を表示し、小数点以下第 2 位までの表示にします。

① ワークシート「研修受講者」のテーブル内の任意のセルをクリックします。
② [テーブルデザイン] タブの [集計行] チェックボックスをオンにします。
③ テーブルの最終行（24 行目）に集計行が追加されます。
④「基礎研修」の列の集計行のセル（セル F24）をクリックし、右側に表示される▼をクリックします。
⑤ 一覧から [平均] をクリックします。
⑥「基礎研修」の列の集計行のセルに基礎研修の平均「73.63158」が表示されます。
⑦「応用研修」の列の集計行のセル（セル G24、「1186」と表示されている）をクリックし、右側に表示される▼をクリックします。
⑧ 一覧から [平均] をクリックします。
⑨「応用研修」の列の集計行のセルに応用研修の平均「69.76471」が表示されます。
⑩「基礎研修」から「応用研修」の列の集計行のセル（セル F24 ～ G24）を範囲選択します。
⑪ [ホーム] タブの [小数点以下の表示桁数を減らす] ボタンを 3 回クリックします。
⑫「基礎研修」の列の集計行のセルが「73.63」、「応用研修」の列の集計行のセルが「69.76」と小数点以下第 2 位までの表示になります。

【タスク 4】ワークシート「研修受講者」に「シート名，機密，1 ページ」の形式の組み込みのフッターを表示します。

① ワークシート「研修受講者」が表示されていることを確認します。
② [挿入] タブの [テキスト] ボタンをクリックし、[ヘッダーとフッター] ボタンをクリックします。
③ ページレイアウトビューに切り替わり、ヘッダー領域にカーソルが表示されます。
④ [ヘッダーとフッター] タブの [フッター] ボタンをクリックします。
⑤ 一覧から [研修受講者，機密，1 ページ] をクリックします。
⑥ フッターの左側に「研修受講者」、中央に「機密」、右側に「1 ページ」と表示されていることを確認します。

【タスク 5】グラフシート「成績グラフ」のグラフの軸を反転し、横（値）軸の最小値を「40」に変更します。

① グラフシート「成績グラフ」のシート見出しをクリックします。
② 横棒グラフの縦（項目）軸をダブルクリックします。
③ [軸の書式設定] 作業ウィンドウが表示されるので、[軸のオプション] の [軸を反転する] チェックボックスをオンにします。
④ グラフの縦（項目）軸の項目の並び順が反転し、横（値）軸がグラフの上部に表示されます。
⑤ グラフの横（値）軸をクリックします。
⑥ [軸の書式設定] 作業ウィンドウの内容が横（値）軸の設定項目に変わります。
⑦ 問題文の「40」をクリックしてコピーします。
⑧ [軸の書式設定] 作業ウィンドウの [軸のオプション] の [境界値] の [最小値] ボックスの「0.0」をドラッグして選択し、Ctrl+V キーを押します。
⑨ [最小値] ボックスに「40」が貼り付けられ、上書きされます。
⑩ Enter キーを押します。
⑪ [最小値] ボックスに「40.0」と表示されます。
⑫ グラフの横（値）軸の最小値が 40 になります。
⑬ [軸の書式設定] 作業ウィンドウを閉じるために、[閉じる] ボタンをクリックします。

プロジェクト2　ツアーアンケート

【タスク1】ワークシート「アンケート項目」の問番号と質問内容のセル範囲（見出しを除く）を「質問内容」という名前で登録します。

① ワークシート「アンケート項目」のセルA4～B7を範囲選択します。
② 問題文の「質問内容」をクリックしてコピーします。
③ 名前ボックス内をクリックし、「A4」が選択された状態で、Ctrl+Vキーを押します。
④ 名前ボックス内に「質問内容」が貼り付けられ、上書きされます。
⑤ Enterキーを押します。

【タスク2】ワークシート「アンケート結果（10月1日）」のセルC3（結合セル）に「https://bptravel.example.co.jp/1001」へのハイパーリンクを設定します。セルC3には「道央ツアー3日間」を表示します。

① ワークシート「アンケート結果（10月1日）」のシート見出しをクリックします。
② セルC3（結合セル）をクリックします。
③ ［挿入］タブの［リンク］ボタンをクリックします。
④ ［ハイパーリンクの挿入］ダイアログボックスが表示されるので、［リンク先］の［ファイル、Webページ］が選択されていることを確認します。
⑤ ［表示文字列］ボックスに「道央ツアー3日間」と表示されていることを確認します。
⑥ 問題文の「https://bptravel.example.co.jp/1001」をクリックしてコピーします。
⑦ ［ハイパーリンクの挿入］ダイアログボックスの［アドレス］ボックスをクリックし、Ctrl+Vキーを押します。
⑧ ［アドレス］ボックスに「https:// bptravel.exmaple.co.jp/1001」」が貼り付けられます。
⑨ ［OK］をクリックします。
⑩ セルC3の「道央ツアー3日間」にハイパーリンクが設定され、フォントの色が青になり、下線が引かれたことを確認します。

【タスク3】［ドキュメント］フォルダーに保存されているタブ区切りのテキストファイル「アンケート結果1001_bp」を、ワークシート「アンケート結果（10月1日）」のセルA6を基点とする位置にテーブルとしてインポートします。

① ワークシート「アンケート結果（10月1日）」のセルA6をクリックします。
② ［データ］タブの［テキストまたはCSVから］ボタンをクリックします。
③ ［データの取り込み］ダイアログボックスが表示されるので、［ファイルの場所］ボックスが［ドキュメント］フォルダーであることを確認します。
④ ファイルの一覧から［アンケート結果1001_bp.txt］をクリックします。
⑤ ［インポート］をクリックします。
⑥ ［アンケート結果1001_bp.txt］ウィンドウが表示されるので、［区切り記号］ボックスに［タブ］と表示されていて、プレビューにデータの各列が正しく区切られていることを確認します。
⑦ ［読み込み］の▼をクリックします。
⑧ ［読み込み先］をクリックします
⑨ ［データのインポート］ダイアログボックスが表示されるので、［このデータをブックでどのように表示するかを選択してください。］の［テーブル］が選択されていることを確認します。
⑩ ［データを返す先を選択してください。］の［既存のワークシート］をクリックし、下のボックスに［=$A$6］と表示されていることを確認します。
⑪ ［OK］をクリックします。
⑫ ワークシート「アンケート結果（10月1日）」のセルA6を基点とする位置にテーブルがインポートされます。
⑬ ［クエリと接続］作業ウィンドウに「アンケート結果1001_bp　34行読み込まれました。」と表示されていることを確認します。
⑭ ［クエリと接続］作業ウィンドウを閉じるために、［閉じる］ボタンをクリックします。

【タスク4】ワークシート「名簿（10月1日）」のテーブルの「年代」の列を削除します。

① ワークシート「名簿（10月1日）」のシート見出しをクリックします。
② テーブル内の「年代」の列の任意のセルを右クリックし、ショートカットメニューの［削除］の［テーブルの列］をクリックします。
③ テーブル内の「年代」の列が削除されます。

【タスク5】ワークシート「参加者年代（10月1日）」のグラフの凡例を「上」に表示します。

① ワークシート「参加者年代（10月1日）」のシート見出しをクリックします。
② 円グラフをクリックします。
③ グラフの右上に表示される［グラフ要素］ボタンをクリックします。
④ ［グラフ要素］の［凡例］をポイントし、表示される>をクリックします。
⑤ ［上］をクリックします。
⑥ グラフの凡例が上に表示されます。

【タスク6】アクセシビリティの問題を検査し、グラフに「参加者年代別人数グラフ」という代替テキストを設定してエラーを修正します。

① ［校閲］タブの［アクセシビリティチェック］ボタンをクリックします。
② ［アクセシビリティ］作業ウィンドウが表示されるので、［検索結果］の［エラー］の［不足オブジェクトの説明］（1）］をクリックします。
③ ［グラフ1（参加者年代（10…］が表示されるのでクリックします。
④ ワークシート「参加者年代（10月1日）」の円グラフが選択されます。
⑤ ［おすすめアクション］の［説明を追加］をクリックします。
⑥ ［代替テキスト］作業ウィンドウに切り替わります。
⑦ 問題文の「参加者年代別人数グラフ」をクリックしてコピーします。
⑧ ［代替テキスト］作業ウィンドウのテキストボックスをクリックし、Ctrl+Vキーを押します。
⑨ テキストボックスに「参加者年代別人数グラフ」が貼り付けられます。
⑩ 作業ウィンドウ右上の［アクセシビリティ］ボタンをクリックします。
⑪ ［アクセシビリティ］作業ウィンドウに切り替わるので、［検査結果］の［エラー］の表示がなくなったことを確認します。
⑫ ［アクセシビリティ］作業ウィンドウを閉じるために［閉じる］ボタンをクリックします。
⑬ ［代替テキスト］作業ウィンドウを閉じるために［閉じる］ボタンをクリックします。

プロジェクト 3　アパレル集計

【タスク 1】ワークシート「売上集計」のセル B12 に売上の合計を求めます。

① ワークシート「売上集計」のセル B12 をクリックします。
② ［ホーム］タブの［合計］ボタンをクリックします。
③ セル B12 に「=SUM(B4:B11)」と表示され、「B4:B11」の引数部分が選択されていることを確認します。
④ セル B4 ～ B10 をドラッグします。
⑤ セル B12 に「=SUM(B4:B10)」と表示されます。
⑥ ［ホーム］タブの［合計］ボタンをクリックするか、Enter キーを押します。
⑦ セル B12 に売上の合計「16,382」が表示されます。

【タスク 2】ワークシート「売上集計」の 3-D 円グラフのデータ系列が売上の高い順に並ぶようにします。

① ワークシート「売上集計」の 3-D 円グラフをクリックします 。
② セル A4 ～ A10 およびセル B3 ～ B10 が色付きの枠線で囲まれ、グラフの作成元のデータであることがわかります。
③ セル B3 ～ B10 の範囲内の任意のセルをクリックします。
④ ［ホーム］タブの［並べ替えとフィルター］ボタンをクリックします。
⑤ 一覧から［降順］をクリックします。
⑥ セル A4 ～ B10 の範囲が売上の高い順に並べ替えられます。
⑦ 3-D 円グラフのデータ系列の並び順が連動して売上の高い順に変更されます。

【タスク 3】ワークシート「返品理由」の表の「その他」の行を削除します。

① ワークシート「返品理由」のシート見出しをクリックします。
② 行番号 8 ～ 9 をドラッグして、8 ～ 9 行目（返品理由が「その他」の行）を選択します。
③ 選択したいずれかの範囲内で右クリックし、ショートカットメニューの［削除］をクリックします。
④ 8 ～ 9 行目が削除されます。

【タスク 4】ワークシート「返品理由」のセル A1 のメモを削除します。

① ワークシート「返品理由」のセル A1 をクリックします。
② ［校閲］タブの［削除］ボタンをクリックします。
③ セル A1 のメモが削除されます。

【タスク 5】ブックのプロパティの分類に「アパレル」を追加します。

① ［ファイル］タブをクリックします。
② ［情報］をクリックします。
③ ［情報］画面が表示されます。
④ 問題文の「アパレル」をクリックしてコピーします。
⑤ ［情報］画面の［プロパティ］の［分類］の［分類の追加］をクリックし、Ctrl+V キーを押します。
⑥ ［分類］ボックスに「アパレル」が貼り付けられます。

プロジェクト 4　登録者一覧

【タスク 1】関数を使用して、ワークシート「登録者一覧」のテーブルの「氏名」の列に、同じ行の「姓」と「名」を結合して表示します。姓と名の間は全角スペースを空けます。

① ワークシート「登録者一覧」のセル E3 をクリックします。
② ［数式］タブの［文字列操作］ボタンをクリックします。
③ 一覧から［CONCAT］をクリックします。
④ CONCAT 関数の［関数の引数］ダイアログボックスが表示されるので、［テキスト 1］ボックスにカーソルが表示されていることを確認し、「姓」の列のセル C3 をクリックします。
⑤ ［テキスト 1］ボックスに「[@ 姓]」と表示されます。
⑥ ［テキスト 2］ボックスをクリックし、全角スペースを入力します。
⑦ ［テキスト 3］ボックスをクリックし、「名」の列のセル D3 をクリックします。
⑧ ［テキスト 3］ボックスに「[@ 名」と表示されます。
⑨ ［数式の結果 =］に、セル C3 の姓、全角スペース、セル D3 の名を結合した文字列「小林　信久」が表示されていることを確認します。
⑩ ［OK］をクリックします。
⑪ 数式バーに「= CONCAT([@ 姓],"　",[@ 名])」と表示されたことを確認します。
※ ［関数の引数］ダイアログボックスを使わずに、この数式を直接セルに入力してもかまいません。
⑫ セル E3 に「小林　信久」と表示されます。
⑬「氏名」の列全体に数式が自動的に設定され、各行の姓、全角スペース、名を結合した文字列が表示されます。

【タスク 2】ワークシート「登録者一覧」のテーブルの最後の列を強調します。

① ワークシート「登録者一覧」のテーブル内の任意のセルをクリックします。
② ［テーブルデザイン］タブの［最後の列］チェックボックスをオンにします。
③ テーブルの最後の列（「備考」の列）が強調されます。

【タスク 3】ワークシート「登録者一覧」の 2 行目がタイトル行として繰り返し印刷されるように設定します。

① ワークシート「登録者一覧」が表示されていることを確認します。
② ［ページレイアウト］タブの［印刷タイトル］ボタンをクリックします。
③ ［ページ設定］ダイアログボックスの［シート］タブが表示されるので、［印刷タイトル］の［タイトル行］ボックスをクリックします。
④ 行番号 2 をクリックします。
⑤ ［タイトル行］ボックスに「$2:$2」と表示されます。
⑥ ［OK］をクリックします。

【タスク 4】テーブル「景品割当」の「景品番号」の列に、関数を使用して、1 ～ 5 の範囲内の整数を乱数（ランダムな値）で生成します。

① 名前ボックスの▼をクリックします。
② 一覧から［景品割当］をクリックします。
③ ワークシート「景品割当」のセル A3 ～ C35 が選択されます。
④ セル C3（「景品番号」列の 3 行目）をクリックします。
⑤ ［数式］タブの［数学 / 三角］ボタンをクリックします。
⑥ 一覧から［RANDBETWEEN］をクリックします。
⑦ RANDBETWEEN 関数の［関数の引数］ダイアログボックスが表示されます。

⑧ 問題文の「1」をクリックしてコピーします。
⑨ RANDBETWEEN 関数の［関数の引数］ダイアログボックスの［最小値］ボックスをクリックして選択し、Ctrl+V キーを押します 。
⑩［最小値］ボックスに「1」が貼り付けられます。
⑪ 問題文の「5」をクリックしてコピーします。
⑫ RANDBETWEEN 関数の［関数の引数］ダイアログボックスの［最大値］ボックスをクリックし、Ctrl+V キーを押します。
⑬［最大値］ボックスに「5」が貼り付けられます。
⑭［OK］をクリックします。
⑮ 数式バーに「=RANDBETWEEN(1,5)」と表示されたことを確認します。
※［関数の引数］ダイアログボックスを使わずに、この数式を直接セルに入力してもかまいません。
⑯ セル C3 に、1 ～ 5 の範囲内の整数が乱数で生成されます。
⑰「景品番号」の列全体に数式が自動的に設定され、1 ～ 5 の範囲内の整数が乱数で生成されます。

【タスク 5】ワークシート「登録者数推移」の表の、D 列の合計の左、7 行目の合計の上の罫線を二重線にします。

① ワークシート「登録者数推移」のシート見出しをクリックします。
② セル D1 ～ D7 を範囲選択します。
③［ホーム］タブの［フォント］グループ右下の［フォントの設定］ボタンをクリックします。
④［セルの書式設定］ダイアログボックスが表示されるので、［罫線］タブの［線］の［スタイル］の一覧にある二重線をクリックします。
⑤［罫線］の左罫線のボタンをクリックするか、プレビューの左側の罫線をクリックします。
⑥ プレビューの左側の罫線が二重線になります。
⑦［OK］をクリックします。
⑧ セル A6 ～ D6 を範囲選択します。
⑨［ホーム］タブの罫線のボタンの▼をクリックします。
⑩ 一覧から［下二重罫線］をクリックします。
⑪ 範囲選択を解除し、D 列の合計の左、7 行目の合計の上の罫線が二重線になったことを確認します。

【タスク 6】ワークシート「登録者数推移」のグラフのデータラベルを「内側」に表示します。

① ワークシート「登録者数推移」の縦棒グラフをクリックします。
② グラフの右上に表示される［グラフ要素］ボタンをクリックします。
③［グラフ要素］の［データラベル］をポイントし、表示される>をクリックします。
④［内側］をクリックします。
⑤ グラフの各系列の内側に値が表示されます。

プロジェクト 5　宿泊施設評価

【タスク 1】ワークシート「ランキング分析」のテーブルのスタイルを「オレンジ , テーブルスタイル（中間）10」に変更します。

① ワークシート「ランキング分析」のテーブル内の任意のセルをクリックします。
②［テーブルデザイン］タブの［テーブルスタイル］グループの［その他］ボタンをクリックします。
※［その他］ボタンは、環境によって［クイックスタイル］ボタンになっていることがあります。
③［中間］の一覧から［オレンジ , テーブルスタイル（中間）10］をクリックします。
④ テーブルスタイルが変更されます。

【タスク 2】ワークシート「ランキング分析」のセル B4 に、メモ「新装オープン後高評価」を付けます。

① ワークシート「ランキング分析」のセル B4 をクリックします。
②［校閲］タブの［メモ］ボタンをクリックします。
※［メモ］ボタンがない場合は、［校閲］タブに切り替えて次の手順に進みます。
③ 一覧から［新しいメモ］をクリックします。
※［新しいメモ］がリボンにない場合は、［新しいコメント］をクリックし、以降の手順では「メモ」を「コメント」に読み替えてください。
④ セル B4 にメモの吹き出しが表示されます。
⑤ 問題文の「新装オープン後高評価」をクリックしてコピーします。
⑥ セル B4 のメモの吹き出しをクリックし、Ctrl+V キーを押します 。
⑦ メモ内に「新装オープン後高評価」が貼り付けられます。

【タスク 3】ワークシート「ランキング分析」のレーダーチャートグラフに「立地」の項目を追加します。

① ワークシート「ランキング分析」のレーダーチャートグラフをクリックします。
② ワークシートを上方向にスクロールして、グラフの作成元のデータ範囲（青枠）に E 列（「立地」の列）が入っていないことを確認します。
③ セル F5 の左下のサイズ変更ハンドルをポイントし、マウスポインターの形が両側矢印になったら、セル E5 の左側までドラッグして、E 列（「立地」の列）を含めます。
④ レーダーチャートグラフに「立地」の項目が追加されたことを確認します。

【タスク 4】ワークシート「前回順位」の B 列の幅を「21」にします。

① ワークシート「前回順位」のシート見出しをクリックします。
② B 列を右クリックし、ショートカットメニューの［列の幅］をクリックします。
③［セルの幅］ダイアログボックスが表示されます。
④ 問題文の「21」をクリックしてコピーします。
⑤［セルの幅］ダイアログボックスの［列の幅］ボックスの「30」をドラッグして選択し、Ctrl+V キーを押します。
⑥「21」が貼り付けられ、上書きされます。
⑦［OK］をクリックします。
⑧ B 列の列幅が変更されます。

【タスク5】関数を使用して、ワークシート「振興会班分け」のセルD4を先頭とする6行3列に、1から始まる連続する数値データを生成します。

① ワークシート「振興会班分け」のシート見出しをクリックします。
② セルD4をクリックします。
③［数式］タブの［数学/三角］ボタンをクリックします。
④ 一覧から［SEQUENCE］をクリックします。
⑤ SEQUENCE関数の［関数の引数］ダイアログボックスが表示されます。
⑥ 問題文の「6」をクリックしてコピーします。
⑦ SEQUENCE関数の［関数の引数］ダイアログボックスの［行］ボックスをクリックし、Ctrl+Vキーを押します。
⑧［行］ボックスに「6」が貼り付けられます。
⑨ 問題文の「3」をクリックしてコピーします。
⑩ SEQUENCE関数の［関数の引数］ダイアログボックスの［列］ボックスをクリックし、Ctrl+Vキーを押します。
⑪［列］ボックスに「3」が貼り付けられます。
⑫ 問題文の「1」をクリックしてコピーします。
⑬ SEQUENCE関数の［関数の引数］ダイアログボックスの［開始］ボックスをクリックし、Ctrl+Vキーを押します。
⑭［開始］ボックスに「1」が貼り付けられます。
⑮［目盛り］ボックスには何も入力しません。
⑯［数式の結果＝］に「1」と表示されます。
⑰［OK］をクリックします。
⑱ 数式バーに「=SEQUENCE(6,3,1)」が表示されます。
※［関数の引数］ダイアログボックスを使わずに、この数式を直接セルに入力してもかまいません。
⑲ セルD4に「1」と表示されます。
⑳ スピル機能により、セルE4～F9の6行3列の範囲に2～18の連続する数値データが生成されます。

プロジェクト6　移動店舗

【タスク1】ワークシート「売上集計」のセル範囲A1:L18を印刷範囲として設定します。

① ワークシート「売上集計」のセルA1～L18を範囲選択します。
②［ページレイアウト］タブの［印刷範囲］ボタンをクリックします。
③［印刷範囲の設定］をクリックします。
④ 任意のセルをクリックして範囲選択を解除します。
⑤ セルA1～L18の範囲に印刷範囲を示す実線が表示されます。
※ 設定されているプリンターによっては実線が表示されないこともあります。

【タスク2】ワークシート「売上集計」のセルO4の数式を変更し、売上合計の高い順の表にします。

① ワークシート「売上集計」のセルO4をクリックします。
② 数式バーに「=SORT(A4:C15,1,-1,FALSE)」と表示されます。第2引数「並べ替えインデックス」が「1」となっているので、セルA4～C15の範囲の1列目の「店舗名」の列を基準に降順で並べ替えられています。
③「売上合計」の列（表の3列目）を基準に降順で並べ替えるため、数式バーの「1」をドラッグして選択し、「3」に上書き入力します。
④ 数式バーに「=SORT(A4:C15,3,-1,FALSE)」と表示されたことを確認し、Enterキーを押します。
⑤ セルO4に売上合計の一番高い店舗名「代々木店」が表示されます。
⑥ スピル機能により、売上合計の高い順にセルO5～O15に店舗名、P4～Q15に店舗種類と売上合計が表示されます。

【タスク3】ワークシート「売上集計」のセルE4の金額に会計「¥」の表示形式を設定します。

① ワークシート「売上集計」のセルE4をクリックします。
②［ホーム］タブの［数値］グループ右下の［表示形式］ボタンをクリックします。
③［セルの書式設定］ダイアログボックスの［表示形式］タブが表示されるので、［分類］ボックスの一覧から［会計］をクリックします。
④［記号］ボックスの▼をクリックし、一覧から「¥」をクリックします。
⑤［サンプル］に「¥8,362,700」と表示されたことを確認します。
⑥［OK］をクリックします。
⑦ セルE4の表示形式が変更され、「¥8,362,700」と表示されます。

【タスク4】ワークシート「5月の売上」と「6月の売上」のテーブルを解除します。

① ワークシート「5月の売上」のシート見出しをクリックします。
② テーブル内の任意のセルをクリックします。
③［テーブルデザイン］タブの［範囲に変換］ボタンをクリックします。
④「テーブルを標準の範囲に変換しますか？」という確認のメッセージが表示されるので、［はい］をクリックします。
⑤ 列の見出しに表示されていた▼（フィルターボタン）が非表示になり、テーブルが標準のセル範囲になります。
⑥ ワークシート「6月の売上」のシート見出しをクリックします。
⑦ ②～④と同様の手順でテーブルを標準のセル範囲に変換します。

プロジェクト7　新規契約

【タスク1】セル範囲A1:C2を結合します。その際、文字の配置は変更しません。

① セルA1～C2を範囲選択します。
②［ホーム］タブの［セルを結合して中央揃え］ボタンの▼をクリックします。
③ 一覧から［セルの結合］をクリックします。
④ セルA1～C2が結合されます。

【タスク2】セルH2にセルのスタイル「計算」を適用します。

① セルH2をクリックします。
②［ホーム］タブの［セルのスタイル］ボタンをクリックします。
③［データとモデル］の一覧から［計算］をクリックします。
④ セルH2に「計算」スタイルが設定されます。

【タスク3】テーブルに「契約番号」の列を含めます。

① セルB4～I79のテーブル内の任意のセルをクリックします。
②［テーブルデザイン］タブの［テーブルのサイズ変更］ボタンをクリックします。
③［表のサイズ変更］ダイアログボックスが表示されるので、［テーブルに変換する新しいデータ範囲を指定してください］ボックスの「=$B$4:$I$79」を「=$A$4:$I$79」に変更します。
④［OK］をクリックします。
⑤ テーブルにA列（「契約番号」の列）が含まれ、テーブルの書式が適用されます。

【タスク4】「請求額」を、初期費用と月額料金に名前付き範囲「初回請求月数」を乗算した金額を加算して求めます。

① セルI5をクリックします。
②「=」を入力します。
③「初期費用」の列のセルF5をクリックします。
④ セルI5に「=[@初期費用]」と表示されます。

⑤「+」を入力します。
⑥「月額料金」の列のセル G5 をクリックします。
⑦ セル I5 に「=[@ 初期費用]+[@ 月額料金]」と表示されます。
⑧「*」を入力します。
⑨［数式］タブの［数式で使用］ボタンをクリックします。
⑩ 一覧から［初回請求月数］をクリックします。
⑪ セル I5 に「=[@ 初期費用]+[@ 月額料金]* 初回請求月数」と表示されます。
⑫ Enter キーを押します。
⑬ セル I5 に「1800」と表示されます。
⑭「金額」の列全体に数式が自動的に設定され、各契約の請求額が表示されます。

●模擬テスト 5

プロジェクト 1　宅配注文数

【タスク 1】ワークシート「緑町注文数」の条件付き書式を削除します。

① ワークシート「緑町注文数」が表示されていることを確認します。
②［ホーム］タブの［条件付き書式］ボタンをクリックします。
③［ルールのクリア］の［シート全体からルールをクリア］をクリックします。
④ ワークシート「緑町注文数」に表示されていたすべての条件付き書式（データバー）がなくなります。

【タスク 2】ワークシート「緑町注文数」の「合計」の列を強調します。

① ワークシート「緑町注文数」のテーブル内の任意のセルをクリックします。
②［テーブルデザイン］タブの［最後の列］チェックボックスをオンにします。
③ テーブルの最後の列（「合計」の列）が強調されます。

【タスク 3】ワークシート「緑町注文数分析」のセル A2 に、ワークシート「緑町注文数」のセル A2 へのハイパーリンクを設定し、「緑町注文数 3 月」と表示します。

① ワークシート「緑町注文数分析」のシート見出しをクリックします。
② セル A2 をクリックします。
③［挿入］タブの［リンク］ボタンをクリックします。
④［ハイパーリンクの挿入］ダイアログボックスが表示されるので、［リンク先］の［このドキュメント内］をクリックします。
⑤「またはドキュメント内の場所を選択してください］ボックスの［セル範囲］の下にある［緑町注文数］をクリックします。
⑥［セル参照を入力してください］ボックスをクリックし、「A2」と入力します。
⑦ 問題文の「緑町注文数 3 月」をクリックしてコピーします。
⑧［ハイパーリンクの挿入］ダイアログボックスの［表示文字列］ボックスの「緑町注文数」をドラッグして選択し、Ctrl+V キーを押します。
⑨［表示文字列］ボックスに「緑町注文数 3 月」が貼り付けられ、上書きされます。
⑩［OK］をクリックします。
⑪ セル A2 に「緑町注文数 3 月」と表示され、ハイパーリンクが設定されてフォントの色が青になり、下線が引かれたことを確認します。

【タスク 4】ワークシート「緑町注文数分析」のセル F5 の文字列を折り返して表示します。

① ワークシート「緑町注文数分析」のセル F5 をクリックします。
②［ホーム］タブの［折り返して全体を表示する］をクリックします。
③ 行の高さが変わり、セル F5 の文字列がセル内で折り返して表示されます。

【タスク 5】ワークシート「緑町注文数分析」のフッターの右側にページ番号を表示します。

① ワークシート「緑町注文数分析」が表示されていることを確認します。
②［挿入］タブの［テキスト］ボタンをクリックし、［ヘッダーとフッター］ボタンをクリックします。
③ ページレイアウトビューに切り替わり、ヘッダー領域の中央にカーソルが表示されます。
④［ヘッダーとフッター］タブの［フッターに移動］ボタンをクリックします。
⑤ フッター領域の中央にカーソルが表示されます。
⑥ フッター領域の右側をクリックします。
⑦［ヘッダーとフッター］タブの［ページ番号］ボタンをクリックします。
⑧ フッター領域の右側に「&［ページ番号]」と表示されます。
⑨ 任意のセルをクリックして、フッターの選択を解除します。
⑩ フッターの右側にページ番号「1」が表示されます。

【タスク 6】［ドキュメント］フォルダーに保存されているカンマ区切りの .csv ファイル「中央町注文数 _bp」を、ワークシート「中央町注文数」のセル A5 を基点とする位置にインポートします。なお、.csv ファイルの 1 行目を見出しとして表示します。

① ワークシート「中央町注文数」のシート見出しをクリックします。
② セル A5 をクリックします。
③［データ］タブの［テキストまたは CSV から］ボタンをクリックします。
④［データの取り込み］ダイアログボックスが表示されるので、［ファイルの場所］ボックスが［ドキュメント］フォルダーであることを確認します。
⑤ ファイルの一覧から［中央町注文数 _bp.csv］をクリックします。
※ 環境により拡張子の「.csv」は表示されないことがあります。
⑥［インポート］をクリックします。
⑦［中央町注文数 _bp.csv］ウィンドウが表示されるので、プレビューの 1 行目に「Column1」…「Column6」と表示されていて、データの 1 行目「会員番号」…「3 月 29 日」が見出しとして表示されていないことを確認します。
⑧［データの変換］をクリックします。
⑨［中央町注文数 _bp-Power Query エディター］ウィンドウが表示されるので、ワークシートの列見出しに「Column1」…「Column6」と表示されていることを確認します。
⑩［ホーム］タブの［1 行目をヘッダーとして使用］ボタンをクリックします。
⑪ ワークシートの列見出しに「会員番号」…「3 月 29 日」が表示されます。
⑫［閉じて読み込む］の▼をクリックします。
⑬［閉じて次に読み込む］をクリックします。
⑭［データのインポート］ダイアログボックスが表示されるので、［このデータをブックでどのように表示するかを選択してください。］の［テーブル］が選択されていることを確認します。

⑮ ［データを返す先を選択してください。］の［既存のワークシート］をクリックし、下のボックスに［=$A$5］と表示されていることを確認します。
⑯ ［OK］をクリックします。
⑰ ワークシート「中央町注文数」のセル A5 を基点とする位置にテーブルがインポートされます。
⑱ テーブルの見出しが「会員番号」…「3 月 29 日」となっていることを確認します。
⑲ ［クエリと接続］作業ウィンドウに「中央町注文数 _bp　23 行読み込まれました。」と表示されていることを確認します。
⑳ ［クエリと接続］作業ウィンドウを閉じるために、［閉じる］ボタンをクリックします。

プロジェクト 2　マンション情報

【タスク 1】ワークシート「売りマンション一覧」の 1 行目がスクロールしても常に表示されるようにします。

① ワークシート「売りマンション一覧」が表示されていることを確認します。
② ［表示］タブの［ウィンドウ枠の固定］ボタンをクリックします。
③ 一覧から［先頭行の固定］をクリックします。
④ 1 行目と 2 行目の間に境界線が表示されたことを確認します。
⑤ シートを下方向にスクロールして、1 行目が常に表示されていることを確認します。

【タスク 2】ワークシート「売りマンション一覧」の「値下げ（万円）」の列の負の数の表示形式を「△ 1,234」に変更します。

① ワークシート「売りマンション一覧」のセル L2 ～ L44 を範囲選択します。
② ［ホーム］タブの［数値］グループ右下の［表示形式］ボタンをクリックします。
③ ［セルの書式設定］ダイアログボックスの［表示形式］タブが表示されるので、［分類］ボックスの［数値］が選択されていることを確認します。
④ ［負の数の表示形式］ボックスの［△ 1,234］をクリックします。
⑤ ［サンプル］に「△ 140」と表示されたことを確認します。
⑥ ［OK］をクリックします。
⑦ セル L2 ～ L44 の負の数の表示形式が「△ 1,234」の形式に変更されます。

【タスク 3】ワークシート「物件分析」のグラフをグラフシートに移動します。グラフシート名は「間取り別価格グラフ」とします。

① ワークシート「物件分析」のシート見出しをクリックします。
② 縦棒グラフをクリックします。
③ ［グラフのデザイン］タブの［グラフの移動］ボタンをクリックします。
④ ［グラフの移動］ダイアログボックスが表示されるので、［グラフの配置先］の［新しいシート］をクリックします。
⑤ 問題文の「間取り別価格グラフ」をクリックしてコピーします。
⑥ ［グラフの移動］ダイアログボックスの［新しいシート］の右側のボックスの「グラフ 1」が選択されている状態で、Ctrl+V キーを押します。
⑦ ［新しいシート］の右側のボックスに「間取り別価格グラフ」が貼り付けられ、上書きされます。
⑧ ［OK］をクリックします。
⑨ グラフシート「間取り別価格グラフ」がワークシート「物件分析」の左側に作成されます。

【タスク 4】ワークシート「物件分析」の数式を表示します。

① ワークシート「物件分析」のシート見出しをクリックします。
② ［数式］タブの［数式の表示］ボタンをクリックします。
③ 数式が入力されていたセルに、結果ではなく数式が表示されます。

プロジェクト 3　ヨットレース

【タスク 1】ワークシート「優勝記録」のセル範囲 B7:B33 に「2010 年春大会、2010 年秋大会、…、2023 年春大会」を入力します。

① ワークシート「優勝記録」のセル B5 ～ B6 を範囲選択します。
② セル B6 の右下のフィルハンドルをポイントし、マウスポインターの形が＋に変わったらダブルクリックします。
③ セル B7 ～ B33 に「2010 年春大会、2010 年秋大会、…、2023 年春大会」と入力されます。

【タスク 2】ワークシート「優勝記録」のセル F12 およびセル範囲 F26:F28 のセルを削除して表を正しい形にします。

① ワークシート「優勝記録」のセル F12 をクリックし、Ctrl キーを押しながらセル F26 ～ F28 を範囲選択します。
② 選択範囲内で右クリックし、ショートカットメニューの［削除］をクリックします。
③ ［削除］ダイアログボックスが表示されるので、［削除］の［左方向にシフト］が選択されていることを確認します。
④ ［OK］をクリックします。
⑤ セル F12、セル F26 ～ F28 の空白セルが削除され、セル G12 ～ I12、セル G26 ～ I28 に入力されていたデータが 1 つ左のセル F12 ～ H12、セル F26 ～ H28 に移動します。

【タスク 3】関数を使用して、ワークシート「優勝記録」の「代表者名（整形後）」の列に、それぞれ同じ行の代表者名の先頭を大文字、他を小文字に変換して表示します。代表者名が英字でない場合はそのまま表示します。

① ワークシート「優勝記録」のセル E5 をクリックします。
② ［数式］タブの［文字列操作］ボタンをクリックします。
③ 一覧から［PROPER］をクリックします。
④ PROPER 関数の［関数の引数］ダイアログボックスが表示されるので、［文字列］ボックスにカーソルが表示されていることを確認し、「代表者名」の列のセル D5 をクリックします。
⑤ ［文字列］ボックスに「D5」と表示されます。
⑥ ［数式の結果 =］に、セル D5 の名と姓のそれぞれ先頭だけを大文字、他を小文字に変換した文字列「Tony Torth」が表示されます。
⑦ ［OK］をクリックします。
⑧ 数式バーに「=PROPER(D5)」が表示されます。
※ ［関数の引数］ダイアログボックスを使わずに、この数式を直接セルに入力してもかまいません。
⑨ セル E5 に、セル D5 の名と姓のそれぞれ先頭だけを大文字、他を小文字に変換した文字列「Tony Torth」が表示されます。
⑩ セル E5 の右下のフィルハンドルをポイントし、マウスポインターの形が＋に変わったらダブルクリックします。
⑪ セル E6 ～ E33 に数式がコピーされ、各行に代表者名の先頭を大文字、他を小文字に変換した文字列（英字の場合）、または代表者名そのまま（英字でない場合）が表示されます。

【タスク 4】ワークシート「優勝分析」のテーブルを優勝回数の多い順に並べ替えた後、テーブルを解除します。

① ワークシート「優勝分析」のシート見出しをクリックします。
② セル B3（「優勝回数」の列の見出しのセル）の▼をクリックします。
③［降順］をクリックします。
④ テーブルの行が優勝回数の多い順に並べ替えられます。
⑤ テーブル内の任意のセルが選択されていることを確認します。
⑥［テーブルデザイン］タブの［範囲に変換］ボタンをクリックします。
⑦「テーブルを標準の範囲に変換しますか？」という確認メッセージが表示されるので、［はい］をクリックします。
⑧ 列の見出しに表示されていた▼（フィルターボタン）が非表示になり、テーブルが標準のセル範囲になります。

【タスク 5】ワークシート「優勝分析」のセル D3 に、関数を使用して、名前付き範囲「所要時間」の最小値を求めます。

① ワークシート「優勝分析」のセル D3 をクリックします。
②［ホーム］タブの［合計］ボタンの▼をクリックします。
③ 一覧から［最小値］をクリックします。
④ セル D3 に「=MIN()」と表示されます。
⑤［数式］タブの［数式で使用］ボタンをクリックします。
⑥ 一覧から［所要時間］をクリックします。
⑦ セル D3 に「=MIN(所要時間)」と表示されます。
⑧［数式］タブの［合計］ボタンをクリックするか、Enter キーを押します。
⑨ セル D4 に名前付き範囲「所要時間」の最小値「5:29:27」が表示されます。

【タスク 6】ブックを検査して、コメントとドキュメントのプロパティが含まれないようにします。

①［ファイル］タブをクリックします。
②［情報］をクリックします。
③［情報］画面が表示されるので、［問題のチェック］ボタンをクリックします。
④ 一覧から［ドキュメント検査］をクリックします。
※ ファイルの保存を確認するメッセージが表示された場合は、［はい］をクリックします。
⑤［ドキュメントの検査］ダイアログボックスが表示されるので、［コメント］と［ドキュメントのプロパティと個人情報］チェックボックスがオンになっていることを確認します。
⑥［検査］をクリックします。
⑦ ドキュメント検査が実行され、［コメント］に「次のアイテムが見つかりました：」、［ドキュメントのプロパティと個人情報］に「次のドキュメント情報が見つかりました：」と表示されていることを確認します。
⑧［コメント］の［すべて削除］をクリックします。
⑨［コメント］の表示が「すべてのアイテムが削除されました。」に変わります。
⑩［ドキュメントのプロパティと個人情報］の［すべて削除］をクリックします。
⑪［ドキュメントのプロパティと個人情報］の表示が「ドキュメントのプロパティと個人情報が削除されました。」に変わります。
⑫［閉じる］をクリックします。

プロジェクト 4 アウトレットセール

【タスク 1】ワークシート「セール商品リスト」のセル範囲 A2:C3 のデータをコピーし、行と列を入れ替えてセル J2 を基点とする位置に貼り付けます。

① ワークシート「セール商品リスト」のセル A2 ～ C3 を範囲選択します。
②［ホーム］タブの［コピー］ボタンをクリックします。
③ 選択した列が点線で囲まれます。
④ セル J2 をクリックします。
⑤［ホーム］タブの［貼り付け］ボタンの▼をクリックします。
⑥［貼り付け］の一覧の［行 / 列の入れ替え］ボタンをクリックします。
⑦ セル J2 ～ K4 に、セル A2 ～ C3 のデータが行列を入れ替えて貼り付けられます。

【タスク 2】ワークシート「セール商品リスト」のテーブルの「販売額」の列に、定価に割引率を適用した販売額を求める数式を入力します。

① ワークシート「セール商品リスト」のセル H5 をクリックします。
②「=」を入力します。
③「定価」の列のセル F5 をクリックします。
④ セル H5 に「=[@ 定価]」と表示されます。
⑤「*(1-」と入力します。
⑥「割引率」の列のセル G5 をクリックします。
⑦ セル H5 に「=[@ 定価]*(1-[@ 割引率]」と表示されます。
⑧「)」を入力します。
⑨ Enter キーを押します。
⑩ セル H5 に「12,600」と表示されます。
⑪「販売額」の列全体に数式が自動的に設定され、各商品の定価に割引率を適用した販売額が表示されます。

【タスク 3】名前付き範囲「品薄」のフォントの色を「標準の色」の「濃い赤」にします。

① 名前ボックスの▼をクリックします。
②［品薄］をクリックします。
③ ワークシート「在庫」のセル G3 ～ I6 が範囲選択されます。
④［ホーム］タブの［フォントの色］ボタンの▼をクリックします。
⑤［標準の色］の一覧から［濃い赤］をクリックします。
⑥ セル G3 ～ I6 のフォントの色が濃い赤になります。

【タスク 4】ワークシート「販売強化商品」のセル B3 を基点とする位置に、関数を使用して、ワークシート「在庫」の「■在庫が多い商品」の表を在庫の多い順に並べ替えた表を作成します。

① ワークシート「販売強化商品」のシート見出しをクリックします。
② セル B3 をクリックします。
③［数式］タブの［検索 / 行列］ボタンをクリックします。
④ 一覧から［SORT］をクリックします。
⑤ SORT 関数の［関数の引数］ダイアログボックスが表示されるので、［配列］ボックスにカーソルが表示されていることを確認し、ワークシート「在庫」のシート見出しをクリックします。
⑥ セル A3 ～ E9 を範囲選択します。
⑦［配列］ボックスに「在庫 !A3:E9」と表示されます。
⑧［並べ替えインデックス］ボックスをクリックし、並べ替えの基準となる「在庫」の列は、手順⑦で指定した引数「配列」のセル範囲の 5 列目なので「5」と入力します。

⑨［並べ替え順序］ボックスをクリックし、降順を示す「-1」を入力します。
⑩［並べ替え基準］ボックスには何も入力しません。
⑪［数式の結果 =］に「ナイロンリュック」と表示されます。
⑫［OK］をクリックします。
⑬ 数式バーに「=SORT(在庫 !A3:E9,5,-1)」が表示されます。
※［関数の引数］ダイアログボックスを使わずに、この数式を直接セルに入力してもかまいません。
⑭ セル B3 に在庫の一番多い商品名「ナイロンリュック」が表示されます。
⑮ スピル機能により、在庫の多い順に、セル B4 ～ B9 に商品名、C3 ～ F9 に、サイズ、色、定価、在庫が表示されます。

プロジェクト 5　アミューズメント営業記録

【タスク 1】ワークシート「営業記録（7 月）」のセル範囲 A3:B3 の結合を解除します。

① ワークシート「営業記録（7 月）」のシート見出しをクリックします。
② セル A3（結合セル）をクリックします。
③［ホーム］タブの［セルを結合して中央揃え］ボタンの▼をクリックします。
④［セル結合の解除］をクリックします。
⑤ セルの結合が解除され、「Booth：A」の文字列がセル A3 の中央に表示されます。

【タスク 2】テーブル「営業記録 _7 月」の集計行を削除します。

① 名前ボックスの▼をクリックします。
②［営業記録 _7 月］をクリックします。
③ ワークシート「営業記録（7 月）」のセル A5 ～ G86 が範囲選択されます。
④［テーブルデザイン］タブの［集計行］チェックボックスをオフにします。
⑤ テーブルの最終行（87 行目）に表示されていた集計行がなくなります。

【タスク 3】テーブル「集計 _6 月」のフィルター（抽出条件）を解除します。

① 名前ボックスの▼をクリックします。
②［集計 _6 月］をクリックします。
③ ワークシート「6 月分集計」のセル A6 ～ D28 が範囲選択されます。
④ セル B3（「曜日」の列見出しのセル）のフィルターボタンがフィルターと▼の形になっていてこの列でフィルター（抽出）されていることを確認し、フィルターボタンをクリックします。
⑤ 一覧から［" 曜日 " からフィルターをクリア］をクリックします。
⑥［OK］をクリックします。
⑦ フィルターが解除され、セル B3 のフィルターボタンの形が▼になります。
⑧ 4 行目～ 33 行目のすべての行が表示されます。

【タスク 4】アクセシビリティの問題を検査し、オブジェクトに「ボウリングのイラスト」という代替テキストを設定してエラーを修正します。

①［校閲］タブの［アクセシビリティチェック］ボタンをクリックします。
②［アクセシビリティ］作業ウィンドウが表示されるので、［検査結果］の［エラー］の［不足オブジェクトの説明］（1）］をクリックします。
③［図 2（料金表）］が表示されるのでクリックします。
④ ワークシート「料金表」のボウリングのイラストが選択されます。
⑤［おすすめアクション］の［説明を追加］をクリックします。
⑥［代替テキスト］作業ウィンドウに切り替わります。
⑦ 問題文の「ボウリングのイラスト」をクリックしてコピーします。
⑧［代替テキスト］作業ウィンドウのテキストボックスをクリックし、入力可能な状態になったことを確認して Ctrl+V キーを押します。
⑨［代替テキスト］作業ウィンドウのテキストボックスに「ボウリングのイラスト」が貼り付けられます。
⑩ 作業ウィンドウ右上の［アクセシビリティ］ボタンをクリックします。
⑪［アクセシビリティ］作業ウィンドウに切り替わるので、［検査結果］の［エラー］の表示がなくなったことを確認します。
⑫［アクセシビリティ］作業ウィンドウを閉じるために［閉じる］ボタンをクリックします。
⑬［代替テキスト］作業ウィンドウを閉じるために［閉じる］ボタンをクリックします。

プロジェクト 6　成績最優秀者

【タスク 1】ワークシート「成績最優秀者」の「雇用形態」の列に、関数を使用して、社員コードの先頭の 2 文字を表示します。

① ワークシート「成績最優秀者」のセル F4 をクリックします。
②［数式］タブの［文字列操作］ボタンをクリックします。
③ 一覧から［LEFT］をクリックします。
④ LEFT 関数の［関数の引数］ダイアログボックスが表示されるので、［文字列］ボックスにカーソルが表示されていることを確認し、「社員コード」の列のセル E4 をクリックします。
⑤［文字列］ボックスに「[@ 社員コード]」と表示されます。
⑥ 問題文の「2」をクリックしてコピーします。
⑦ LEFT 関数の［関数の引数］ダイアログボックスの［文字数］ボックスをクリックし、Ctrl+V キーを押します。
⑧［文字数］ボックスに「2」が貼り付けられます。
⑨［数式の結果 =］にセル E4 の先頭の 2 文字「RE」が表示されていることを確認します。
⑩［OK］をクリックします。
⑪ 数式バーに「=LEFT([@ 社員コード],2)」と表示されたことを確認します。
※［関数の引数］ダイアログボックスを使わずに、この数式を直接セルに入力してもかまいません。
⑫「雇用形態」の列全体に数式が自動的に設定され、各行の社員コードの先頭の 2 文字が表示されます。

【タスク 2】ワークシート「成績最優秀者」の「年間売上金額」の列のセルに「3 つの図形」のアイコンセットを適用し、3200 以上の場合は緑の丸、3000 以上の場合は黄色の三角、3000 未満の場合は赤のひし形が表示されるようにします。

① ワークシート「成績最優秀者」のセル H4 ～ H25 を範囲選択します。
②［ホーム］タブの［条件付き書式］ボタンをクリックします。
③［アイコンセット］の［図形］の［3 つの図形］をクリックします。
④ セル H4 ～ H25 に 3 つの図形のアイコンセットが表示されます。
⑤ セル H4 ～ H25 を選択した状態のまま、［ホーム］タブの［条件付き書式］ボタンをクリックします。
⑥ 一覧から［ルールの管理］をクリックします。
⑦［条件付き書式ルールの管理］ダイアログボックスが表示されるので、ルールの一覧の［アイコンセット］が選択されていることを確認します。
⑧［ルールの編集］をクリックします。
⑨［書式ルールの編集］ダイアログボックスが表示されるので、［次のルールに従って各アイコンを表示］の最初のルールの［アイコン］に緑の丸が表示されていることを確認します。

⑩［種類］の「パーセント」と表示されているボックスの▼をクリックします。
⑪一覧から［数値］をクリックします。
⑫問題文の「3200」をクリックしてコピーします。
⑬［書式ルールの編集］ダイアログボックスの［次のルールに従って各アイコンを表示］の最初のルールの［値］ボックスの「0」をドラッグして選択し、Ctrl+V キーを押します。
⑭［値］ボックスに「3200」が貼り付けられ、上書きされます。
⑮左側のボックスに「>=」が表示されていることを確認します。
⑯ 2 番目のルールの［アイコン］に黄色の三角が表示されていることを確認し、⑩～⑭と同様の手順で、［種類］ボックスに［数値］、［値］ボックスに「3000」を指定し、その左側のボックスに「>=」が表示されていることを確認します。
⑰ 3 番目のルールの［アイコン］に赤のひし形が表示されていることを確認します。
⑱［OK］をクリックします。
⑲［条件付き書式ルールの管理］ダイアログボックスの［OK］をクリックします。
⑳年間売上金額が 3200 以上のセルに緑の丸、3000 以上のセルに黄色の三角、3000 未満のセルに赤の丸が表示されたことを確認します。

【タスク 3】ワークシート「成績最優秀者」の印刷範囲をクリアします。

①ワークシート「成績最優秀者」が表示されていることを確認します。
②［ページレイアウト］タブの［印刷範囲］ボタンをクリックします。
③［印刷範囲のクリア］をクリックします。

【タスク 4】ワークシート「最高売上分析」の「成績最優秀者人数」の表をもとに集合縦棒グラフを作成します。タイトルは「成績最優秀者人数」とし、人数が「0」の支店は非表示にします。

①ワークシート「最高売上分析」のシート見出しをクリックします。
②セル A2 ～ B9 を範囲選択します。
③右下に表示される［クイック分析］ボタンをクリックします。
④［グラフ］をクリックし、［集合縦棒］をクリックします。
⑤「成績最優秀者人数」の縦棒グラフが作成されます。
⑥グラフの右上に表示される［グラフフィルター］ボタンをクリックします。
⑦人数が「0」である［横浜支店］と［福岡支店］のチェックボックスをオフにします。
⑧［適用］ボタンをクリックします。
⑨グラフの［横浜支店］と［福岡支店］が非表示になります。

【タスク 5】ワークシート「支店一覧」のセル範囲 A2:E9 を既定のスタイルのテーブルにし、先頭行を見出しとして設定します。

①ワークシート「支店一覧」のシート見出しをクリックします。
②セル A2 ～ E9 の範囲内の任意のセルをクリックします。
③［挿入］タブの［テーブル］ボタンをクリックします。
④［テーブルの作成］ダイアログボックスが表示され、セル A1 ～ E9 が点線で囲まれます。
⑤［テーブルに変換するデータ範囲を指定してください］ボックスに「=$A$1:$E$9」と表示されていて 1 行目が範囲に含まれてしまっていることを確認します。
⑥セル A2 ～ E9 を範囲選択します。
⑦［テーブルに変換するデータ範囲を指定してください］ボックスに「=$A$2:$E$9」と表示されたことを確認します。
⑧［先頭行をテーブルの見出しとして使用する］チェックボックスをオンにします。
⑨［OK］をクリックします。
⑩セル A2 ～ E9 が既定のスタイルのテーブルに変換され、先頭の行が見出しとして設定されます。

プロジェクト 7　セミナー申込状況

【タスク 1】ワークシート「申込状況」の「備考」の列に、申込人数が定員と同じ場合は「満席」と表示します。

①ワークシート「申込状況」のセル I5 をクリックします。
②［数式］タブの［論理］ボタンをクリックします。
③一覧から［IF］をクリックします。
④ IF 関数の［関数の引数］ダイアログボックスが表示されるので、［論理式］ボックスにカーソルが表示されていることを確認し、「申込人数」の列のセル F5 をクリックします。
⑤［論理式］ボックスに「[@ 申込人数]」と表示されるので、続けて「=」と入力します。
⑥「定員」の列のセル E5 をクリックします。
⑦［論理式］ボックスに「[@ 申込人数] = [@ 定員]」と表示されます。
⑧問題文の「満席」をクリックしてコピーします。
⑨ IF 関数の［関数の引数］ダイアログボックスの［値が真の場合］ボックスをクリックし、Ctrl+V キーを押します。
⑩［値が真の場合］ボックスに「満席」が貼り付けられます。
⑪［値が偽の場合］ボックスをクリックし、「""」（ダブルクォーテーション 2 つ）を入力します。
⑫［OK］をクリックします。
⑬数式バーに「=IF([@ 申込人数] = [@ 定員]," 満席 ","")」と表示されたことを確認します。
※［関数の引数］ダイアログボックスを使わずに、この数式を直接セルに入力してもかまいません。
⑭セル I5 には何も表示されません。
⑮「備考」の列全体に数式が自動的に設定され、各行の申込人数が定員と同じ場合は「満席」と表示されます。

【タスク 2】ワークシート「申込状況」のテーブルに縞模様（行）を設定します。

①ワークシート「申込状況」のテーブル内の任意のセルをクリックします。
②［テーブルデザイン］タブの［縞模様（行）］チェックボックスをオンにします。
③テーブルの行に交互に色が付きます。

【タスク 3】ワークシート「申込状況」を、［ドキュメント］フォルダーに「申込状況 _bp」という名前で、PDF として保存します。その際、発行後にファイルは開かない設定にします。

①ワークシート「申込状況」が表示されていることを確認します。
②［ファイル］タブをクリックします。
③［エクスポート］をクリックします。
④［エクスポート］画面が表示されるので、［PDF/XPS ドキュメントの作成］が選択されていることを確認します。
⑤［PDF/XPS の作成］ボタンをクリックします。
⑥［PDF または XPS 形式で発行］ダイアログボックスが表示されるので、保存先のフォルダーが「ドキュメント」であることを確認します。
⑦問題文の「申込状況 _bp」をクリックしてコピーします。
⑧［PDF または XPS 形式で発行］ダイアログボックスの［ファイル名］ボックスのファイル名をドラッグして選択し、Ctrl+V キーを押します。

⑨［ファイル名］ボックスに「申込状況 _bp」が貼り付けられ、上書きされます。
⑩［ファイルの場所］ボックスに「PDF」と表示されていることを確認します。
※「XPS 文書」と表示されている場合は、［ファイルの種類］ボックスをクリックして、一覧から［PDF］をクリックします。
⑪［発行後にファイル開く］チェックボックスがオンの場合はオフにします。
⑫［発行］をクリックします。
※ 手順⑪の操作をせずに PDF を開いてしまった場合は手動で閉じる必要があります。また、［ドキュメント］フォルダーに「申込状況 _bp.pdf」が残ってしまった場合は削除します。

【タスク 4】ワークシート「申込人数集計」のセル F4 に構成比を求める数式を入力し、数式をセル範囲 F5:F8 にコピーします。その際、セルの書式が変わらないようにします。

① ワークシート「申込人数集計」のシート見出しをクリックします。
② セル F4 をクリックします。
③「=」を入力します。
④「合計」の列のセル E4 をクリックします。
⑤ セル F4 に「=E4」と表示されます。
⑥「/」を入力します。
⑦ 総計のセル E8 をクリックし、絶対参照にするため F4 キーを押して「$E$8」とします。
⑧ セル F4 に「=E4/$E$8」と表示されたことを確認します。
⑨ Enter キーを押します。
⑩ セル F4 に「42%」と表示されます。
⑪ セル F4 をクリックして、セルの右下のフィルハンドルをポイントします。
⑫ マウスポインターの形が＋に変わったら、セル F8 までドラッグします。
⑬ セル F4 の数式がセル F5 ～ F8 にコピーされ、各行の構成比が表示されます。
⑭［オートフィルオプション］ボタンをクリックし、一覧から［書式なしコピー（フィル）］をクリックします。
⑮ 任意のセルをクリックして範囲選択を解除し、セル F7 の下罫線が太線になっていることを確認します。

【タスク 5】ワークシート「申込人数集計」の縦棒グラフの横（項目）軸に教室名、凡例にセミナー名が表示されるように変更します。

① ワークシート「申込人数集計」の縦棒グラフをクリックします。
②［グラフのデザイン］タブの［行 / 列の切り替え］ボタンをクリックします。
③ グラフの横（項目）軸に教室名､凡例にセミナー名が表示されます。

【タスク 6】ワークシート「申込人数集計」のグラフのレイアウトを「レイアウト 2」に変更します。

① ワークシート「申込人数集計」の縦棒グラフをクリックします。
②［グラフのデザイン］タブの［クイックレイアウト］ボタンをクリックします。
③ 一覧から［レイアウト 2］をクリックします。
④ グラフのレイアウトが変更されます。

模擬テストプログラムの使用許諾契約について

以下の使用許諾契約書は、お客様と株式会社日経BP（以下、「日経BP」といいます）との間に締結される法的な契約書です。本プログラムおよびデータ（以下、「プログラム等」といいます）を、インストール、複製、ダウンロード、または使用することによって、お客様は本契約書の条項に拘束されることに同意したものとします。本契約書の条項に同意されない場合、日経BPは、お客様に、プログラム等のインストール、複製、アクセス、ダウンロード、または使用のいずれも許諾いたしません。

●使用許諾契約書

1. 許諾される権利について
日経BPは、本契約に基づき、以下の非独占的かつ譲渡不可能な使用権をお客様に許諾します。
(1) プログラム等のコピー1部を、1台のコンピューターへインストールし、1人が当該コンピューター上で使用する権利。
(2) 保存のみを目的とした、プログラム等のバックアップコピー1部を作成する権利。

2. 著作権等
(1) プログラム等およびプログラム等に付属するすべてのデータ、商標、著作、ノウハウおよびその他の知的財産権は、日経BPまたは著作権者に帰属します。これらのいかなる権利もお客様に帰属するものではありません。
(2) お客様は、プログラム等およびプログラム等に付属する一切のデータは、日経BPおよび著作権者の承諾を得ずに、第三者へ、賃貸、貸与、販売、または譲渡できないものとします。
(3) 本許諾契約の各条項は、プログラム等を基に変更または作成されたデータについても適用されます。

3. 保証の限定、損害に関する免責
(1) プログラム等を収録した媒体に物理的損傷があり、使用不能の場合には、日経BPは当該メディアを無料交換いたします。ただし、原則として、交換できるのは購入後90日以内のものに限ります。
(2) 前項の場合を除いては、日経BPおよび著作権者は、プログラム等およびプログラム等に付属するデータに関して生じたいかなる損害についても保証いたしません。
(3) 本契約のもとで、日経BPがお客様またはその他の第三者に対して負担する責任の総額は、お客様が書籍購入のために実際に支払われた対価を上限とします。

4. 契約の解除
(1) お客様が本契約に違反した場合、日経BPは本契約を解除することができます。その場合、お客様は、データの一切を使用することができません。またこの場合、お客様は、かかるデータの複製等すべてを遅滞なく破棄する義務を負うものとします。
(2) お客様は、プログラム等およびそれに付属するデータ、プログラム等の複製、プログラム等を基に変更・作成したデータの一切を破棄することにより、本契約を終了することができます。ただし、本契約のもとでお客様が支払われた一切の対価は返還いたしません。

5. その他
(1) 本契約は、日本国法に準拠するものとします。
(2) 本契約に起因する紛争が生じた場合は、東京簡易裁判所または東京地方裁判所のみをもって第1審の専属管轄裁判所とします。
(3) お客様は事前の承諾なく日本国外へプログラム等を持ち出すことができないものとします。日経BPの事前の承諾がない場合、お客様の連絡・通知等一切のコンタクトの宛先は、日本国内に限定されるものとします。

■ 本書についての最新情報、訂正、重要なお知らせについては、下記 Web ページを開き、書名もしくは ISBN で検索してください。ISBN で検索する際は -（ハイフン）を抜いて入力してください。

https://bookplus.nikkei.com/catalog/

■ 本書に掲載した内容および模擬テストプログラムについてのお問い合わせは、下記 Web ページのお問い合わせフォームからお送りください。電話およびファクシミリによるご質問には一切応じておりません。なお、本書の範囲を超えるご質問にはお答えできませんので、ご了承ください。ご質問の内容によっては、回答に日数を要する場合があります。

https://nkbp.jp/booksQA

装　　丁●折原カズヒロ
編 集 協 力●株式会社 ZUGA
D T P 制 作●真壁 みき
模擬テスト
プログラム開発●エス・ビー・エス株式会社

MOS攻略問題集 Excel 365（2023年リリース版）

2023年10月16日　初版第1刷発行
2024年 3月25日　初版第2刷発行

著　　者：土岐 順子
発 行 者：中川 ヒロミ
発　　行：株式会社日経 BP
　　　　　〒105-8308　東京都港区虎ノ門 4-3-12
発　　売：株式会社日経 BP マーケティング
　　　　　〒105-8308　東京都港区虎ノ門 4-3-12
印　　刷：大日本印刷株式会社

ISBN978-4-296-05052-9　Printed in Japan